KB070213

성공적
삶의
심리학

정신건강이란 무엇인가

나남
nanam

나남신서 297

성공적 삶의 심리학

정신건강이란 무엇인가

1993년 12월 10일 초판 발행
2003년 9월 5일 초판 4쇄
2004년 4월 5일 2판 발행
2010년 9월 5일 2판 3쇄
2019년 8월 20일 3판 발행
2022년 9월 20일 3판 3쇄

지은이_ 조지 E. 베일런트
옮긴이_ 韓聖悅
발행자_ 趙相浩
발행처_ (주) 나남
주소_ 10881 경기도 파주시 회동길 193
전화_ (031) 955-4601 (代)
FAX_ (031) 955-4555
등록_ 제 1-71호(79. 5. 12)
홈페이지_ www.nanam.net
전자우편_ post@nanam.net

ISBN 978-89-300-3297-1
책값은 뒤표지에 있습니다.

나남신서 297

성공적
삶의
심리학

정신건강이란 무엇인가

조지 E. 베일런트 지음
한성열 옮김

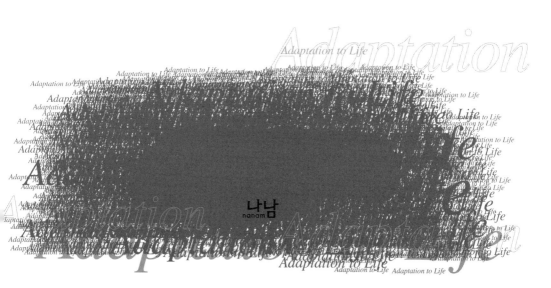

나남
nanam

Adaptation to Life

by George E. Vaillant

옮긴이 서문

이 책을 번역하게 된 동기는 지극히 간단하다. 평소 심리적으로 성숙하고 건강하게 사는 것이 어떤 것인가에 대해서 관심을 가지고 공부한 심리학자로서 책을 처음 접하고 느낀 감동을 같은 관심을 가진 여러 사람들과 함께 하고 싶어서이다. 이 책을 읽고 감동을 느낀 이유는 다음 몇 가지로 설명할 수 있다.

첫째, 정신건강이라는 비교적 애매한 현상을 마치 신체적 질병처럼 분명하게 손에 잡힐 듯이 보여주고 있다는 점이다. 우리 모두가 한평생 사는 동안 신체적으로 건강하기를 원한다는 것은 너무나 당연한 사실일 것이다. 그러나 사람은 다른 동물과는 달리 단지 신체적으로 건강하다는 것뿐만 아니라 정신적으로도 건강하게 살고 싶다는 소망 또한 절실하다. 그러나 정신적 건강이라는 것은 신체적 질병과는 달리 쉽게 알 수 있는 뚜렷한 증상을 보이는 것도 아니고, 또 그 원인과 치유방법이 간단하지도 않다. 그러므로 전문적 지식과 훈련을 쌓은 전문가가 관심을 가지고 자세히 살펴보지 않으면 정신적으로 건강한지 아닌지 여부를 쉽게 구별해낼 수 없다.

또 정신적으로 건강하지 않다고 판단을 했다 하더라도 그 원인이 무엇인지 알기는 더욱 어려우며, 어떠한 방법으로 정신적으로 건강한 삶을 이끌어갈 수 있는가는 매우 힘든 과제일 수밖에 없다. 따라서 우리 모두는 정신적으로 건강하게 살고 싶다는 깊은 소망을 가지고 있으면서도 그 꿈을 실제로 이루기가 쉽지 않다. 그러나 이 책은 정신적으로 건강하다는 것이 과연 어떤 것인지를, 실제의 삶을 여러 가지 다양한 변인들과의 관계를 통해서 자세하게, 관심을 가지고 읽으면 쉽게 이해할 수 있도록 소개해 주었다.

둘째는 정신건강을 연구한 방법이 기존의 연구와는 전혀 다르다는 점이다. 지금까지 정신건강에 대한 심리학적·정신의학적 연구는 거의 대부분이 횡단적(cross sectional) 방법이나 과거를 회상하는(retrospective) 방법을 사용해서 이루어졌다. 횡단적 연구방법은 한 번의 검사나 실험을 통해서 인과관계나 상관관계를 밝히는 것이므로 경제적으로 유리하고 시간상 단시간 내에 이루어질 수 있다는 장점이 있다. 그러나 이 방법은 정신건강과 같이 평생을 통해서 여러 요인들이 복잡하게 상호연관을 가지고 발전하는 주제를 다루기에는 결정적 취약점을 가지고 있다. 즉, 현재의 상태에 영향을 준 과거의 영향을 밝힐 수 없고 앞으로 어떻게 발전할 것이라는 미래에 대한 예측이 불분명하다.

회고적 방법은 과거의 영향을 이해할 수 있기는 하지만 현재의 시점에서 과거를 회상하는 것이므로 많은 왜곡이 일어나게 된다. 과거의 사실을 기억한다는 것은 과거에 일어난 여러 가지 사건이나 인물에 대해서 선택적으로 주의를 기울이게 해줄 뿐만 아니라 그 과정에서도 내용이나 느낌이 왜곡될 수밖에 없다. 그러나 이 책에서는 종단적(longitudinal)이고 미래를 계속 추적하는(prospective) 방법으로 연구하였다. 따라서 연구대상자들을 30여 년간 여러 번에 걸쳐 추적하면서 얻은 자료를 토대로 정신건강을 밝힐 수 있을 뿐만 아니라 과거의 영향과 앞으로 나이가 듦에 따라 어떤 모습으로 변화하는가를 비교적 정확하게 밝힐 수가 있다.

셋째는 연구대상자가 독특하다는 점이다. 이 책은 세계적으로 자타가 공인하는 명문대학인 하버드대학교 학생들 중에서 신체적으로나 심리적으로 건강하다고 평가되어서 특별히 선발된 학생을 대상으로 연구한 책이다. 지금까지 대부분의 정신건강에 대한 연구는 정신적으로 건강한 사람을 대상으로 하기보다는 건강하지 못한 사람을 대상으로 그 원인과 치료에 많은 관심을 두고 이루어졌다. 이러한 연구는 마치 신체적 질병에 대한 연구가 병을 앓는 사람을 대상으로 그 원인을 밝혀내고 치료법을 발전시키는 것을 통해서 많은 공헌을 한 것처럼, 정신적으로 건강하지 못한 사람을 이해하고 전문적 도움을 통해 건강한 삶을 살 수 있도록 많은 공헌을 한 것이 사실이다.

그러나 정신적으로 건강하다는 것이 단지 병이 없다는 것을 의미하는 소극적인 것은 아니다. 마치 좋은 씨앗이 적합한 토양과 기후조건 하에서 성장해서 만개한 모습을 보여야 잘 성숙한 꽃의 참다운 모습을 알 수 있듯이, 정신적으로 건강한 삶의 모습은 자신이 타고난 잠재력을 잘 발휘해서 성숙하고 즐거운 모습으로 살아가는 사람들에게 분명히 나타날 수 있다는 의미에서 적극적인 것이다. 이 모습은 우리의 꿈이기도 하지만 또 가능한 현실이기도 하다.

넷째는 정신건강을 방어기제(*defense mechanism*) 사용과 그 발달을 통해 설명하고 있다는 점이다. 방어기제는 우리의 일상적 삶에 대한 강한 영향을 미치는 본능, 양심 그리고 외부현실 사이에서 일어나는 필연적 갈등을 해결하기 위해서 자아가 사용하는 무의식적 기제이다. 이것이 무의식적이라는 것은 방어기제를 사용하는 자신도 무슨 방어기제를 사용하는지 분명히 의식하지 못한 채 사용하고 있다는 의미이다. 우리의 일상적 삶을 살면서 행하는 다양한 행동들 속에서 그 기저에 깔린 무의식적 방어기제를 찾아낸다는 것은 전문적 지식이나 훈련을 쌓은 전문가가 아니면 매우 어려운 일이다. 더구나 방어기제를 전문가가 아닌 일반인에게 알기 쉽게 설명하고 분명하게 이해시킨다는 것은 더욱 어려운 일이다. 그러나 이 책에서 저자는 인간행동에 대해 관심을 가진 독자라면 비교적 쉽게 이해하고 공감할 수 있도록 다양한 예와 생생한 실례를 보여줌으로써 이 어려운 과제를 해결하였다.

마지막으로 연구진이 다양하다는 점이다. 이 책은 30여 년 동안의 연구결과를 토대로 한 것이다. 따라서 여러 연구진이 바뀌었을 뿐만 아니라 처음부터 심리학자·정신의학자·인류학자·사회사업학자 등이 공동으로 참여하여 다양한 조망을 가지고 출발하였다. 따라서 이 책은 비록 한 저자에 의해서 집필된 것이긴 하지만 다양한 배경과 조망을 가진 여러 학자들의 공동노력의 결과이다. 이 점은 특정한 학문적 배경을 가진 동일한 연구자의 연구가 빠지기 쉬운 관점의 협소함과 시간적 제약을 뛰어넘게 해주었다.

흔히 번역은 '제2의 창조'라고도 하고 '반역'이라고 하기도 한다. 우리와는 서로 상이한 문화적 배경과 언어로 씌어진 책을, 그 저자의 의도를 비교적 정확하게 전달해야 한다는 과제는 당연히 '제2의 창조'의 과정을 거치지 않으면 불가능할 것이고, 따라서 필연적으로 '반역'이 될 수밖에 없을 것이다. 따라서 역자는 제2의 창조를 한다는 생각을 가지고 저자가 전달하고자 하는 내용과 의도를 크게 훼손시키지 않는 범위에서 몇 가지 원전과는 다른 변화를 주었다.

첫째로 제목을 약간 바꿨다. 이 책의 원제는 조지 베일런트(George E. Vaillant)가 1977년에 리틀 브라운 출판사(Little, Brown and Company)에서 출판한 《삶에의 적응》(*Adaptation to Life*)이다. 그러나 이 제목이 우리나라 독자들에게는 그 의미하는 내용이 쉽게 이해되지 않는 것 같아서 《성공적 삶의 심리학》으로 바꾸었으며 '정신건강이란 무엇인가?'라는 부제를 달았다.

둘째로 독자들의 이해를 돕기 위해서 필요한 곳에는 역자 나름대로의 소제목을 달아서 관련된 부분의 내용을 좀더 쉽게 이해하고 관심 있는 부분을 용이하게 찾을 수 있도록 하였다.

마지막으로 전문적 용어나 우리에게 생소하게 여겨지리라 생각되는 인물이나 내용에는 역자 주를 달아서 심리학이나 정신적 의학을 전공하지 않은 일반독자들도 저자가 전달하고자 하는 내용을 정확히 이해할 수 있도록 하였다. 이러한 변화가 제 2의 창조를 넘어서 저자의 의도를 크게 훼손하는 반역이 아니기를 바란다.

서두에서도 언급했듯이 이 책의 번역동기는 역자가 받은 감동과 도움을 가능하면 영어원전을 접할 기회가 적은 많은 분들과 함께 나누고 싶어서이다. 이 책의 번역을 시작해서 마칠 때까지 거의 3년에 가까운 기간 동안 역자는 계속 "저자는 과연 어떤 독자를 머리 속으로 그리면서 이 책을 썼을까?" 하는 질문을 하였다.

저자가 책을 쓸 때 비록 직접적 접촉은 하지 않더라도 계속 상상의 독자와 간접적으로나마 대화를 나누면서 그들의 입장에서 이해할 수 있도록 쓰려고 노력했을 것이기 때문이다. 비록 저자가 분명히 밝히지는 않았지만 역자 나름대로 정신건강에 대해 전문지식을 가지고 있는 독자와 그렇지 않은 독자를 동시에 머리 속에 그리면서 썼다고 짐작한다. 왜냐하면 전문가만을 대상으로 했다고 하기에는 일반적 전문서적의 집필양식이나 체계에서 많이 벗어나 있기 때문이다. 그러나 정신건강 분야의 전문가들도 많은 도움을 받을 수 있도록 연구대상자의 선발과정과 이유를 비교적 상세하게 제시하였고, 연구방법과 사용한 질문지나 면담내용 등을 부록에 제시하였으므로 많은 도움이 되리라고 생각한다. 그러나 저자가 더 많은 배려를 한 독자는 전문지식이 없는 일반독자들이라고 짐작이 된다. 왜냐하면 방어기제와 같이 어려운 내용을 구체적이고 생생한 실례를 들어줌으로써 쉽게 이해할 수 있도록 하는 독특한 방식을 택하고 있기 때문이다. 그리고 정신건강이라는 것이 우리들의 일상생활에서 어떻게 구체적으로 나타나는가를 누구라도 알 수 있는 요인들과의 상관관계 통해서 보여주기 때문이다.

따라서 역자도 나름대로 넓게는 인간의 다양한 행동에 대해서 그리고 좁게는 정신건강과 그에 관련된 요인들에 대해 관심을 가진 일반독자들도 이해할 수 있도록 번역하였다. 그러므로 일반적 수준의 교양을 갖춘 독자라면 이해할 수 있는 용어와 문체를 사용하려고 노력하였다. 그러나 처음으로 정신건강에 관련된 내용을 접하는 독자들은 먼저 용어 자체가 생소하기 때문에 처음에는 어렵다고 느껴지리라 생각된다. 하지만 초기의 이 단계를 넘어서면 이 책의 내용에 공감을 하고 많은 도움을 받으리라고 생각한다. 그리고 방어기제에 대한 간단한 해설이 부록에 있으므로 책을 읽어가는 동안 필요할 때마다 참고하는 것도 좋을 것이다.

마지막으로 이 책을 번역하려고 마음을 먹기 시작해서부터 출판이 되기까지 도움을 주신 많은 분들에게 감사드린다. 이 감사의 글을 쓰면서 여러분의 모습이 머리에 떠오른다. 특히 시작부터 끝까지 심리적 지지를 해주고 좋은 비평가가 돼주신 분들에게 특별한 감사를 드린다. 그리고 초고의 타이핑부터 여러 번의 수정을 맡아 수고해 준 채정민, 김윤주, 이홍표, 남순현, 심진섭 등 여러분과 고려대학교 대학원 심리학과 학생들에게도 고마운 마음을 전하고 싶다. 끝으로 이 책의 출판을 흔쾌히 승낙해 주신 나남출판의 조상호 사장님과 편집부 여러분에게 감사드린다.

2005년 3월

한 성 열

저자 서문

지난 20여 년 동안 내가 매우 흥미를 느끼면서 저술한 이 책을 다양한 독자들이 다양하게 받아들였다. 놀랍게도 《월스트리트 저널》(*Wall Street Journal*)의 평론가는 이 책을 좋아했다. 하지만 《현대 심리학》(*Contemporary Psychology*)의 평론가는 이 책을 부정적으로 평가하면서 "사람의 발달에 관해 과학적으로나 전문적으로 관심을 가지고 있는 심리학자는 베일런트가 제시하는 증거나 통찰에서 얻을 것이 거의 없을 것이다"라고 평했다. 하지만 대단히 만족스럽게도 오랜 기간에 걸쳐 나타난 결과는 그 평론가가 크게 틀렸다는 것을 보여주었다. 그 평론가의 예상에도 불구하고, 이 책은 과학잡지에서 지속적이고도 광범위하게 인용되고 있다.

하지만 사실상 내 자신을 포함하여 많은 평론가들의 주요한 관심의 하나는 이 책이 오직 특정한 남성 엘리트 집단에 대해서만 연구하고 있다는 점이다. 이 책에서 얻은 결과를 보다 다양한 집단에 일반화할 수 있을까? 예를 들면, 한 여성은 나에게 다음과 같이 항변하였다. "저는 너무나 느낌과 생각이 많아서 선생님에게 편지를 쓰지 않고는 견딜 수가 없었습니다. 본질적으로는 선생님의 결론에 동의하고 또한 이 책이 명료하고도 재미있다는 것은 사실이나 한편으로는 계속 화가 납니다. 그 첫 번째 이유는 연구대상자들을 '적응을 잘한 사람', '적응을 잘하지 못한 사람' 혹은 '중간에 있는 사람' 등으로 분류하는 데 사용한 객관적 기준 때문이었습니다. 선생님은 책의 전반에 걸쳐 이 점에 대해 해명하였지만, 그러나 그들은 매우 엘리트들이고 특수한 계급에 속한 사람들입니다. ···"《성공적 삶의 심리학》(*Adaptation to Life*)이 출판된 이후 나는 대조적인 두 집단이 살아가는 과정을 연구할 수 있는 기회와 특권을 가졌다. 한 집단은 셀던과 엘리노어 글뤼크(Sheldon and Eleanor Glueck)가 처음 연구한 '대도시 빈민가에 살면서 사회적으로나 경제적으로 거의 혜택을 받지 못한 동년배의 남자집단'이고, 또 하나는 루이스 터먼(Lewis Terman)이 연구를 처음 시작했고 후에 로버트 시어스(Robert Sears)가 계속 연구한 '지능이 뛰어난 여성집단'에 대한 것이다. 두 집단 모두 반세기가 넘게 미래를 추적해가는 방식으로 연구되었는데, 그 연구결과는 이 책의 일반적 제안들을 확인시켜 주었다.

첫째로, 방어의 성숙성이 세 집단 모두의 정신건강에 중요할 뿐만 아니라 이 성숙성은 사회적 계급이나 교육, 또는 성(*gender*)의 산물이 아니다. 대도시 빈민가에 사는 별로 교육을 받지 못한 남성들이 이 책에 소개된 하버드대 졸업생보다 성숙하고 영리하게 적응할 수 있는 능력이 떨어지는 것처럼 보이지는 않는다. 오히려 내가 예상했던 것과는 반대로 하버드대 졸업생들이 가장 많이 사용하는 방어유형은 지능이 뛰어난 여성들이나 대도시 빈민가의 남성들이 사용하는 유형과 유사하였다.

둘째로, 제 10장에서 설명한 에릭슨(Erikson)의 발달단계가 하버드대 졸업생들에게뿐만 아니라 다른 두 집단에게도 역시 적용된다. 간단히 말하면, 성숙한 방어뿐만 아니라 생산성(*generativity*)과 경력강화(*career consolidation*)도 역시 단순히 사회적 계급이나 성에 대한 편향의 결과로 나타나는 이익보다 보다 더 공평하게 분포되어 있다〔이 결과들은 하버드대학교 출판부에서 출간한 《자아의 지혜》(*Wisdom of the Ego*)에 소개되어 있다〕.

여러 해 동안 《성공적 삶의 심리학》이 비록 독자를 화나게 했을 때조차, 그들에게 실제적 즐거움을 주었다는 사실이 또한 기쁘다. 나의 편향 때문에 3쪽에 걸쳐 질책했던 바로 그 여성은 다음과 같은 글로 편지를 마쳤다. "자, 이제 제 생각을 마칩니다. 하지만 선생님의 연구는 얼마나 재미있는지 모릅니다. 그리고 이런 책을 쓰신 것에 대해 감사드립니다. 오랫동안 이런 자극을 느끼지 못했습니다. 제가 만약 여러 면에서 이의를 제기했다면 그것은 이 책을 통해 오랜 친구와 긴 대화를 나눈 것처럼 느꼈기 때문입니다."

이 책이 출판된 이래 그랜트 연구(*the Grant Study*)의 대상자들이 내가 이 책의 장점과 단점을 올바로 평가할 수 있도록 도와주었다. 이 책의 가장 큰 약점의 하나는—또한 가장 큰 장점은—적절한 보상을 주지도 못한 채 자신들을 연구하고 또 고통스러웠던 생활의 여러 단면들조차도 출판하도록 허락해 준 연구대상자들의 용기와 관대함에 크게 의존하고 있다는 점이다. 예를 들면, 한 연구대상자는 자신이 "다른 사람들의 성장을 위한 연구에 이용당하고 있다"고 당연히 언짢게 느꼈으며, 또 자신이 "현미경 아래에서 빠져 나오려고 몸을 뒤트는 가엾은 표본처럼" 관찰당하는 느낌이라고 하였다. 또 다른 연구대상자의 부인은 전화에 대고 다음과 같이 소리쳤다. "당신은 뒷짐 지고 앉아서 다른 사람이 술 때문에 죽어가는 것을 보고만 있군요. 아무 도움도 주지 않으면서 … ." 하지만 두 사람 모두 계속 연구에 참여하였다.

물론 지난 25년 동안 많은 경우 연구대상자들은 현미경 아래 있는 것을 고마워했다. 또한 나와 그랜트 연구가 이들의 삶에 의미 있고 도움이 되는 개입을 할 수 있는 경우도 있었다. 어떤 개입들은 직접적이었고, 다른 것들은 간접적이었다. 예를 들면, 연구팀의 한 동료는 내가 보내준 《성공적 삶의 심리학》에 대해 다음과 같은 반응을 보였다.

그것은 나에게 흥미 있는 효과가 있었습니다. 비록 저는 연구대상자는 아니지만, 선생님의 책은 야릇하게도 참회의 기분에 젖어들게 했습니다. … 그러나 나는 이 참회의 충동을 다 억제하였습니다. 하지만 예외가 하나 있습니다. 그것은 선생님의 책이 저에게 특히 치료적 효과를 가지고 있는 것과 깊은 관련이 있습니다. 선생님의 책을 읽으면서 저는 아버지와의 어려움과 가시적 성공에 대한 저의 반응 사이에 관련이 있다는 것을 이해하게 되었습니다. 그 통찰 자체는 그리 기분 좋은 것은 아닙니다. 하지만 어쨌든 그것을 이해하게 된 것이 상당히 좋았습니다. 그리고 그렇게 되도록 도와주신 선생님께 깊이 감사드리고 있습니다. 과학적 연구에서조차 선생님께서 직접적·정신의학적 도움을 주고 계시다는 사실을 아시고 기뻐하시길 바랍니다.

젊은 작가들에 대해 그답게 관대하게 대해주고 있는 알란 포(Alan Poe)는 — 그는 이 책의 마지막이자 가장 극적인 주인공이다 — 그동안 나에게 몇 통의 편지를 보냈다. 그 중 두 통에서 다음의 글을 발췌하였다. "당신이 보내준 부분의 마지막에 이르렀을 때 눈에 눈물이 고였소. 드디어 나는 이해하였소. 아니 더 적절히 말한다면 당신이 나에게 작가인 내 자신도 단지 부러워할 수밖에 없는 매우 우아한 방식으로 알려주었소."

5년 후 포(Poe)가 통제할 수 없을 정도로 술을 마시는 것이 그의 창조력과 건강 모두를 해칠 것이라고 계속 관심을 가지고 염려를 하자 그는 다음과 같이 정리하였다. "8월 7일에 보내준 편지에 감사하오. 그 편지에 담긴 큰 배려 때문에 눈이 휘둥그레질 지경이었소. 염려해 주어 고맙고 심각하게 받아들이고 있소. … 편지를 받은 후, 1975년에 했던 우리의 면담에 관해 당신이 정리한 보고서를 다시 읽었소. 그 보고서에 당신은 '포의 주위에는 죽음, 자살, 그리고 우범지대가 만연하다고 느꼈다'고 적고 있소."〔그리고는 내가 비관적으로 내린 예후 이후 5년 동안 그는 3권의 소설을 출판하였고, 또한 2편의 성공적 오프브로드웨이(*off-Broadway*) 희곡을 썼다는 점을 지적하였다.〕 그는 계속해서 "물론 지금 죽음에 대해 예견하는 것은 아마 맞을 확률이 높을 것이오. 나는 지금 61세요. 젠장, 아마 당신이 이 편지를 받을 때 내가 죽었을 수도 있소. 그러나 정말 그렇게 됐다고 해도, 특히 최근 5년간 나의 모든 재능을 한 방울도 남김없이 다 끄집어냈다는 것을 나를 비난하는 자들에게도 분명히 알게 해주시오." 이율배반적이다.

2년 후 알란 포는 죽었고, 너무 많은 사람들이 그를 사랑하였으며 애도하였다. 그가 대낮부터 술에 취해 저지른 어리석은 사고 때문에 죽은 것은 사실이다. 그러나 그가 63세 때였다. 그는 충만한 삶을 살았다. 그는 고통 없이 편안히 죽었으며, 그리고 그의 모든 재능을 한 방울도 남김없이 끄집어내었다.

이 책의 첫 번째 주인공인 굿하트(Goodhart) 씨도 역시 정신건강을 연구하는 데 따르는 이율배반적인 면에 관심이 있었다. 출판된 책을 읽은 후, 그는 다음과 같은 편지를 보냈다.

굿하트에겐 명성을 얻으려는 욕망이 확연히 부족하다는 포의 지적에 나는 낄낄거리며 웃었습니다. 왜냐하면 굿하트에 대한 묘사를 보고 나도 그와 비슷한 느낌을 받았기 때문입니다. 사회적 가치와 성숙한 적응 사이에는 일견 아무런 관련이 없는 것처럼 보인다는 포의 조심스러운 지적에 나도 동의합니다. 조 매카시(Joe MaCarthy)와 닉슨(Nixon)에 대한 인정 … 현상유지에 내재되어 있는 불공평에 대한 무비판적인 수용 — 나는 이것들 또는 이와 유사한 태도들을 정서적 성숙과 조화시키기가 어렵습니다. 내가 보기에 그것들은 선생님의 정의에 따르면 오히려 투사에 더 맞는 것 같습니다. 이것은 진보주의 대 보수주의의 문제라기보다는 오히려 감정이입과 인간성의 공개적 표현과 개인적 표현 사이의 불일치 문제입니다. …

우리들에게서 주도적으로 나타나는 심리적 특성들과 공존하는 모순, 양가감정, 모호함에 대해 선생님이 조금 더 강조했어야 하지 않았나 생각합니다. … 선생님의 분석은 모든 결혼을 유지하는 것이 그 결혼의 질과는 상관없이 긍정적 지표라고 제안하는 듯합니다. 하지만 그것은 나 자신이나 주변의 몇몇 친구들의 경험과는 일치하지 않는 것 같습니다. 되돌아보건대, 첫 번째 결혼생활을 더 빨리 끝냈다면 정서적으로 더 성숙했고 개인적으로 성장했을 것이라고 확신합니다.

나의 두 번째 결혼에서 느끼는 즐거움과 충만함은 이러한 나의 생각을 더욱 확신하게 해줍니다. 돌이켜보면, 문제 있는 결혼생활을 유지하면서 나는 계속해서 죄책감과 낮은 자긍심과 싸웠고, 내 에너지를 고갈시켰으며, 자녀들과의 관계도 지장을 받았습니다. 언젠가 매혹적인 후속편을 읽을 수 있기를 또한 기대합니다.

지금은 1995년이고, 연구대상자들은 그들의 25회 동창회에서 처음 본 후로 많은 변화가 있었다. 처음 그들을 알게 되었을 때, 이제 막 내가 원하는 일이 무엇인지를 알기 시작한, 해리와 반동형성으로 가득 찬 33살의 청년이었다. 그들은 이미 청소년의 자녀를 둔 경험 많은 부모였으며, 직업적 영향력에서도 절정에 도달해 있었다. 나는 기꺼이 참고 견디며 자신들이 느끼는 우울에 대해 이야기하려는 그들의 모습에 외경심을 느꼈고, 현실세계에서 그들의 영향력이 지대한 것에 매료되었다. 이제 그들의 삶에 대한 연구를 통해 나의 경력은 강화되었다. 나는 할아버지가 되었고, 그들 중 대부분은 증조할아버지가 되었다. 50회 동창회에서 나는 그들 상당수를 다시 인터뷰하였고, 그들의 '영향력'의 일부는 아마도 내가 젊은 시절에 그들을 지나치게 이상적으로 생각한 결과였다는 것을 알았다. 나는 슬픔이 — 직면해야 할, 표현되어야 할, 그리고 부인되지 말아야 할 — 인간 삶의 조건의 일부라는 사실을 이제 훨씬 편안하게 받아들인다. 나는 그들이 나이들어 가는 것에 적응하는 것을 이해하고 균형 있게 바라보려고 열심히 노력하고 있다. 한때 그들이 나에게 하버드를 졸업한 이후의 삶에 대해 기대하게 만들었던 것처럼, 지금은 70대 이후의 인생을 기대하게 만든다. 물론 굿하트 씨가 요청한 책을 지금 준비하고 있고, 몇 년 후에는 출판될 것이다.

1995년 4월
조지 E. 베일런트

감사의 글

성인발달을 주제로 한 〈그랜트연구〉는, 내가 3살이던 1937년에 계획되었고, 1967년이 되어서야 나는 이 연구의 연구진으로 참여하였다. 따라서 이 책을 집필하면서, 나는 다른 여러 학자들이 30여 년 동안 정성스레 심고 가꾸어왔던 연구수확을 대신 거두게 되었다.

나는 이 연구를 계획했던 윌리엄 그랜트(William T. Grant), 얼 본드(Earl Bond) 박사와 알리 보크(Arlie V. Bock) 박사에 대해 깊은 감사를 드린다. 또 초기 17년간 이 연구를 이끌어온 클라크 히스(Clark W. Heath) 박사와 비록 이 지면에 일일이 열거할 수는 없지만 그를 도와 연구하며 자료를 수집한 사회과학자 여러분들께도 감사드린다. 특히 연구가 시작된 이후 지금까지 연구진으로 남아 있는 루이스 그레고리 데이비스(Lewise W. Gregory Davies) 여사에게 심심한 감사를 드린다. 약 40년간 그녀는 특유의 인간적 따뜻함으로, 살아 있는 사람들을 성인발달 연구라는 추상성에 접합시키는 시멘트와 같은 역할을 했다고 할 수 있다.

아울러 지난 수 년간 이 책을 구성하는 데 간접적으로 지도해 주신 여러 선생님들의 호의에 대해서도 고맙게 생각한다. 이분들 중에는 리 로빈스(Lee Robins), 피터 듀스(Peter Dews), 노마 한(Norma Haan), 윌리엄 빈스톡(William Binstock) 등이 있으며, 특히 이 책에 기술된 방어기제들의 위계에 대해 처음으로 훌륭한 착상을 제시해 주신 엘빈 셈라드(Elvin Semrad)에게 깊은 감사를 드린다.

내가 그랜트연구에 참여하여 이 책을 구상·연구하고 집필하는 10 여 년 동안 필요한 지적 분위기와 재정적 지원을 아끼지 않은 여러분들 이 계셨다. 먼저 국립정신보건원 그랜트연구 프로그램 담당자인 버트 부스(Bert Boothe)와 그랜트재단의 더글러스 본드(Douglas Bond), 필 립 사피어(Philip Sapir) 등이 나의 재정후원자였다. 그리고 보조연구 원인 폴 마이어슨(Paul Myerson)과 존 마크(John Mack)는 오랜 시간 동안 내 아래서 열심히 일해 주었으며, 상임연구원인 다나 팬스워스 (Dana Farnsworth), 그의 후임자인 워렌 워커(Warren Wacker)는 나 의 어리석음을 항상 참고 지켜봐 주었다. 달리 말하면, 그랜트재단 연 구기금과 국립정신보건원의 연구지원금인 MH-10361과 MH-38798을 통해 연구에 대한 재정지원이 이루어졌다.

이 책이 나오기까지 연구보조자로 혹은 객관적 연구평가자로 보다 직접적으로 도와준 여러분이 계시다. 제인 브라이톤(Jane Brighton), 낸시 소보웨일(Nancy Sobowale), 찰스 듀시(Charles Ducey), 아나마 리아 리주토(Ana-Maria Rizzuto), 케네스 롭슨(Kenneth Robson), 엘 리노 위크스(Eleanor Weeks), 헨리 베일런트(Henry Vaillant), 그리고 에바 밀로프스키(Eva Milofsky)에게 감사를 드린다. 레온 사피로 (Leon Shapiro), 레스턴 하벤스(Leston Havens), 노만 진버그(Norman Zinberg), 베네트 시몬(Benett Simon), 존 맥(John Mack), 제롬 캐건 (Jerome Kagan), 조지 괴탈스(George Goethals), 헨리 그룬바움 (Henry Grunebaum) 그리고 스튜어트 하우저(Stuart Hauser) 등이 지 적 비판을 해주셨다. 클라크 히스(Clark Heath), 수잔나 베일런트 하 트(Suzannah Vaillant Hatt), 특히 리틀 브라운 출판사의 레웰린 하우

랜드 3세(Llewelyn Howland Ⅲ) 등은 편집을 도와주었다. 필리스 레모레이더(Phyllis Remolador)는 한마디 불평 없이 연구보조, 편집일과 동시에 로니 벤추라(Ronie Ventura)와 리브 보나드(Liv Bjornard)와 함께 많은 양의 수정본을 여러 차례에 걸쳐 타이핑해 주었다.

그 밖에 다양한 역할을 맡아서 해준 분께도 감사드린다. 먼저 1955년부터 1972년까지 본 연구의 총지휘자였던 찰스 맥아더(Charles C. McArthur)의 실질적 도움이 없었다면 잘 다듬어진 연구가 이루어질 수 없었을 것이다. 그는 연구에 필요한 다량의 자료를 수집해주고, 가끔 나를 자신의 실험실로 불러 적절한 조언과 도움을 주면서 나의 연구가 훌륭한 결실을 맺을 수 있게끔 좋은 연구분위기를 조성해 주었다. 또한 그는 내게 정신적 힘이 되어 주면서 그의 도움이 없었더라면 불가능했을 이 작업의 공로를 모두 내게 돌려주는 가장 어렵고 힘든 일을 해주었다.

다음은 나의 부인, 캐롤린 베일런트(Caroline Officer Vaillant)다. 그녀는 연구보조자, 지적인 비평가 그리고 편집자로서의 역할을 마다 않고 이 책의 집필에 크나큰 공헌을 해주었다. 그녀는 놀라울 정도로 이 책에 대한 적절한 의문점을 제기해 주었고, 결국 책을 써나간 몇 해 동안을 내 인생에 있어 가장 행복한 순간으로 맛볼 수 있게끔 해주었다.

그러나 그랜트연구에 참여해 주신 분들의 크나큰 도움이 없었다면 아마 이 책은 불가능했을 것이다.

조지 베일런트(George E. Vaillant)

성공적
삶의
심리학

정신건강이란 무엇인가

차례

제1부

정신건강 연구

방법과 예

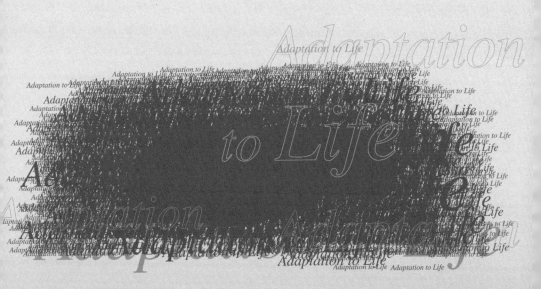

서 론

개인의 힘과 적절함으로 삶의 문제들을 관리하는 방식들을 직접 다루는 연구가 하나라면 이에 대한 부적응 연구는 수천 개이다.

— 루이 머피, 《넓어지는 아동기의 세계》

1937년 자선사업가인 윌리엄 그랜트(William T. Grant)는 한 대학교의 보건소장인 알리 보크(Arlie V. Bock) 박사를 만나서 의학연구가 너무 질병 쪽에만 비중을 두고 있다는 데 뜻을 같이하였다. 그들은, "병자 혹은 정신적·신체적 장애자들에 대한 연구계획에 많은 기부금이 회사되었고 여러 기술들이 질병연구에 효과를 미쳤다. … 그러나 건강하게 잘 살고 있는 사람들에 대한 체계적 탐구 역시 타당하다고 생각한 사람들은 거의 없었다"라는 점에 동의하였다.[1] 그 결과로, 이 자선사업가와 보건소장은 몇 년간 계속해서 학부 강의를 듣는 학생들 중에서 적은 수의 건강한 표본을 뽑아 이들에 대해 철저한 의학적·심리학적 연구를 하기로 하였다. 그래서 건강하게 보이는 비슷한 또래의 남자들을 선발하였다. 이 책은 그 이후 35년간에 걸친 이들의 삶에 대한 서술이다. 그랜트연구(Grant Study)라고 불리게 된 이 연구의 대상자들이 그 이후 모두 행복하게 산 것은 아니지만 이들의 경험은 우리 모두에게 의미가 있다.

이와 비슷한 연구로, 캘리포니아대학교의 심리학 박사인 프랭크 배론(Frank Barron)도 건강한 대학원 학생들에 대해 매우 자세히 연구했다. 그 연구의 주요한 결과는, "이 평가에서 보면 특별히 축복받은 사람들은 발견되지 않았다. 아주 운 좋은 사람도 다른 사람들과 마찬가지로 많은 어려움과 개인적 절망감을 가지고 있었다. … 이 평가연구는 정신병리(psycho-pathology)가 항상 우리와 함께 있으며, '건강함'이란 문제에 대한 하나의 반응양식이지 문제가 없는 것이 아니라는 결론에 도달하였다"고 밝혔다.[2] 이 결론이 이 책의 주된 주제가 될 것이다.

그랜트연구의 대상자들은 입학경쟁이 치열한 문과대학에서 좋은 학업성적을 얻고 있었다. 이들 중 대부분은 이후 2차 세계대전의 학구적이지 않은 상황에서도 장교까지 승진하였으며 탁월한 전과를 올렸다. 그곳에서 이들은 지적 성취가 아닌 다른 기술들로도 평가되었다. 30년이 지나 50세가 되었을 때에도 이들 중 대부분은 신체적 지병 없이 살고 있었다. 90% 이상이 안정된 가정을 가지고 있었으며 실제로 모두가 직업적으로 상당한 지위에 올라 있었다. 그러나 이들 중 어느 누구도 순조로운 항해만 한 것은 아니다. 따라서 여러 해를 거치면서 그랜트연구의 초점은 어떻게 사람들이 삶에 적응하는가 하는 데 맞추어졌다.

1937년 출간된 《자아심리학과 적응문제》(Ego Psychology and Problem of Adaptation)라는 책에서 하인즈 하르트만(Heinz Hartmann)은 건강과 적응은 분리할 수 없다고 하였다. 그는, "적응이란 개념은 비록 단순하게 보일지라도 상당히 많은 문제들을 포함하고 있다. 이 개념의 분석은 정상 및 이상심리학의 많은 문제들, 그 중에서도 정신건강에 대한 개념을 분명하게 해줄 것으로 기대된다"라고 적고 있다. 3) 하르트만은 분명히 그랜트연구를 알지 못하였고, 또 비록 그의 책이 현대적인 정신분석학적 사고의 초석이 되었을지라도, 그랜트연구의 연구자들조차도 하인즈 하르트만을 알지 못했다.

그랜트연구가 시작될 당시 연구자들은 내과의사, 정신과의사, 심리학자, 생리학자 및 인류학자로 구성되었다. 이들은 전문가들로서 정상인의 표준에서 벗어나거나 예외적 사람들에 대해 초점을 맞춘다면 그들 각각의 전공분야가 왜곡될 것이라는 점을 인식했다. 연구자들은 공동으로 일단의 건강한 젊은 남자들을 검사하기로 결정하였다. 1940년대에 중반에서야 이 연구에 대한 두 권의 책이 최초로 발간되었다. 클락 히드(Clark Heath)의 《사람이란 무엇인가?》(What People Are?)와 어네스트 후톤(Ernest Hooton)의 《젊은이여, 그대는 정상이다》(Young Man, You Are Normal)라는 책에 대해서 사람들은 별 관심을 보이지 않았다. 4) 이 초기 저서들은 그때까지 이루어진 연구들의 요약으로 이루어졌다. 그러나 그 당시조차도 초기 연구자들은 책 출간이 시기상조라는 점을 인정하였다. 후톤은 "우선, 전체인류에 비해 너무도 적은 사람들을 대상으로 그들의 청년기를 두세 개의 작은 단면으로 쪼갠다는 것 자체가 충분치 못하다. 이들 삶의 전과정(entire career)을 관찰하고 연구해야 한다"고 경고했다. 5) 담근 지 1년밖에 안 된 상태에서 훌륭한 보르도(Bordeaux) 포도주의 참맛을 음미할 순 없는 노릇이다.

그 후 30년이 흘렀고, 그랜트연구 대상자들은 놀라울 정도로 끈기 있게 연구에 계속 참여하고 있다. 점점 성숙해감에 따라서 이들에 대한 연구도 점차 흥미로워지고 있다. 이들은 베스트셀러 작가가 되거나 각료, 학자, 회사대표, 의사, 일류교사, 판사 및 잡지편집장이 되었다. 하지만 이들 모두에게서 프로이트(S. Freud)가 '일상생활에서의 정신병리'라고 부른 현상들이 흔하게 나타났다.

이들이 어떻게 삶에 적응했는가를 서술하려는 나의 시도는 주제넘기도 하고 또 수많은 어려움에 둘러싸여 있는 과제이기도 하다. 그 중에서도 제일 큰 함정은, 내가 어떤 행동들이 다른 것들보다 '더 건강하다'고 시사하려 한다는 점이다. 그러나 건강에 대한 정의들, 특히 정신건강에 대한 정의들은 모두 상대적이다. 좋은 건강은 더 나빠질 수는 있지만 더 좋아질 수는 없는 것이기 때문에 나는 '평균이다' 혹은 '정상이다'라는 식의 논의는 필요가 없다는 관점을 취해왔다. 평균시력, 평균수명 혹은 평균지능은 모집단에서 나타나는 질병이나 무력감의 평균량을 반영하고 있다. 따라서 정의상 '건강하다'라는 것이 '평균이다'라는 것을 의미하지는 않을 것이다.

그렇다면 과연 누구의 관점으로 정신건강을 판단해야 하는가? 정신건강은 연구대상자 개개인의 주관적 관점〔기분이 좋다(feeling good) 등〕에 의해 고려될 수도 있고 혹은 집단의 관점〔상례에서 벗어나지 않았다(nondeviant) 등〕에 의할 수도 있을 것이다. 그러나 만약 집단의 합의에 의해 '건강'을 판단한다면, 과연 어느 집단이 그 합의가 무엇인지 결정할 것인가? '건강'은 또한 임상가의 관점〔유기체의 객관적 안녕(well-being)에 장애를 주지 않는다면 어떤 경우든 건강한 것이다 등〕에서 정의할 수도 있다. 그러나 그렇다면 정신분석학자 에드워드 글로버(Edward Glover)가 말했듯이 건강이 단지 현실에 잘 적응했기 때문에 인식되지 못하는 광기(madness)의 한 형태에 불과할 수도 있지 않을까? 글로버는 '갈등에 영향받지 않는 행동'으로 건강을 평가하자고 대안을 제시했다.[6] 그렇지만 건강한 행동이 갈등에 대한 현명한 반응의 결과일 수도 있지 않을까? 논쟁의 가능성은 끝이 없다.

건강한가를 알아내기 위해서 개개인의 삶 중에서 어느 측면을 조사해야 하는가 하는 문제가 새롭게 제기된다. 분명히 말하거니와, 우리가 점점 더 정교해지고 민감해질수록 그 기준은 점점 더 말할 수 없을 만큼 복잡해질 것이다. 창의성에 대한 프랭크 배론의 초기 연구들은 건강한 사람들은 '유머감각', '개인적 용기', '상상력의 순수함과 행동의 자발성', '사고의 진실성', '사회적 책임감', '과거의 수용과 미래에 대한 두려움 없음' 및 '인간적 사랑을 통해 세상에 공헌할 수 있는 능력' 등의 특성을 보여준다고 가정하고 있다. 7) 나는 진심으로 이러한 기준에 동의한다. 그러나 어떤 단위로 이것들을 측정할 수 있을까? 불행하게도, 이상적 정의를 실제 사람들에게 체계적으로 적용할 수는 없다. 아름다움과 마찬가지로 이런 추상적 개념에 대한 지각은 자주 관찰자의 안목에 의해 좌우된다.

정신건강에 대한 실용적 정의를 마련해 준 점에서 반문화(counter culture)의 수호신격인 레오 톨스토이(Leo Tolstoy)는 프로이트가 언급한 중류층의 "사랑하고 일하는 것"(lieben und arbeiten)이라는 개념을 반세기 앞서 예견하였다. 톨스토이가 거의 약혼할 뻔했던 발레리 아르세네프(Valery Arsenev)에게 "어떻게 일하고 사랑하는가 하는 방법, 즉 사랑하는 사람을 위해서 일하고, 일을 사랑하는 것을 알게 되면 사람들은 이 세상을 멋지게 살 수 있다"8) 라고 충고했을 때 프로이트는 불과 태어난 지 6개월밖에 되지 않았다. 이 연구에서 가장 건전한 연구 대상자 중의 하나도 톨스토이와 같은 생각을 갖고 있었다. 그는 "나는 일할 만한 좋은 사업을 가지고 있고, 또 좋은 가정을 위해서 일하기 때문에 미래에 대해서 의욕적이다" 라고 적고 있었다. 또 다른 연구참여자도 건강은 "다른 사람들과 어떻게 교제하는가?"에 의해 측정할 수 있을 것이라고 제안하였다. 그는 건강한 사람은 성공적으로 "자신의 목표에 도달하고 또 주위에 있는 사람들이 그들의 목표에 도달하도록" 해주는 반면에, 적응하지 못하는 사람의 삶이란 "친구보다 적을 더 많이 만들고, 그 자신의 욕구를 좌절시키는 삶"이라고 믿고 있었다.

건강에 대한 고정된 정의에 구속받기보다 나는 정신병리학자인 로이 그린커 1세(Roy Grinker I)의 편에 서고 싶은데, 그는 심리적 건강에 대한 이해에 중요한 공헌을 하였다. 그는 "'건강'에 관하여 씌어진 논문과 책은 많지만 그 내용들은 너무 같은 내용을 되풀이한다. … 논의의 대부분은 이론적이고 개념적인데다 조작적 대상이 결여되어 있다"9)라고 제언하고 있다. 따라서 그린커의 제언과 "건전함이란 문제에 반응하는 방식이지 문제가 없는 것이 아니다"라는 배론의 인용문에 의거하여, 나도 적응의 구체적 측면에 관해서만 논의를 국한하려고 한다. 이 책에서는 '건강'을 객관적인 임상적 증거에 의해서 정의할 것이다. 적응이 잘 된 사람이란 특정한 한 분야에서의 탁월성보다는 얼마나 많은 분야에서 잘 기능하는가에 의해서 판단될 것이다. 마지막으로, 사람들이 말하는 자신의 느낌보다는 그의 행동을 기준으로 판단할 것이다. 이런 의미에서 뇌종양을 부정하는 크리스천 사이언스(Christian Science)*신자보다는 튼튼한 건강염려증(hypochondria) 환자가 더 건강하다고 여겨질 것이다. 그럼에도 불구하고 사람이 행동하는 것과 느끼는 것이 밀접하게 관련되어 있다는 것을 보여주고 싶다.

서론에서는 저자가 다소의 자유를 누릴 수 있으므로 이 기회를 통해 독자들에게 나의 이론적 편파성을 더 분명히 하겠다. 이 연구의 초점이 삶에의 적응에 있으므로 자아의 방어기제에 많은 주의를 기울일 것이다. 이러한 기제들은 때때로 조개가 한 알의 모래에 대항해서 진주를 만들어 내는 수단과 유사하다. 사람도 역시 갈등에 직면해서 무의식적이지만 종종 창조적 행동을 한다. 이러한 심리내부의 적응양식들은 정신병리학자에 의해서 개별적으로 이름이 붙여졌다. 투사, 억압, 승화 등이 잘 알려진 예들이다. 이 적응양식들을 하나의 부류로 묶어서 일반적으로 자아의 방어기제(ego mechanisms of defence)라고 한다.

---

* 병에 걸렸을 때 약품사용이나 병원치료 대신 신앙요법을 특색으로 하는 기독교의 한 교파 — 옮긴이.

이러한 맥락에서 자아란 두뇌의 적응적 측면과 실행적 측면을 구체화한 것을 의미한다. 이 책에서는 이른바 정신분석학 이론의 방어기제를 종종 대처 혹은 적응기제로 부를 것이다. 이는 방어가 병적인 것이라기보다는 오히려 건강한 것이라는 사실을 강조하기 위한 것이다. 나는 방어를 정신기능을 나타내기 위한 이론적 구성개념이라기보다는 방어적 목적을 수행하는 실제적 행동, 감정, 생각으로서 논할 것이다. 시종 외부적으로 관찰할 수 있는 것을 통해서 사람의 내부에서 무엇이 진행되는가를 추론하려고 노력할 것이다. 비록 레스턴 하벤스(Leston Havens)가 마음(mind)에 대한 현대적 접근들을 개관하면서 객관적·서술적 방식만이 마음을 이해할 수 있는 유일한 접근은 아니라는 것을 지적했지만, 나는 이 방식을 택했다. 10)

처음에는 독자들이 적응기제들에 대한 나의 개념과 명명법이 인위적이고 어렵다고 느낄 것이다. 많은 사람들의 경우, 사육자 어깨에 내려앉는 새들은 모두 비슷하게 보이고 따라서 분류는 불필요하게 보일 것이다. 그러나 많은 예를 접하고 경험이 쌓이면서 관찰자는 동고비(nuthatch)는 박새(chickadee)와는 많이 다르다는 것을 알고 즐거움과 숙련감을 갖게 될 것이다. 그러나 방어기제들은 새의 경우보다는 훨씬 실체가 분명하지 않다는 점을 처음부터 인정해야만 한다. 게다가 이른바 방어기제란 생물학적 종(species)도 아니고 시계장치의 일부도 아닌 단지 은유에 지나지 않는다. 독자들은 이들에 대해 스스로 이름을 지어도 무방하다. 그러나 정신과정을 서술하기 위해서는 어느 정도의 간결한 상징적 표현이 필요하다는 것을 염두에 두어야 한다. 나는 정신분석학이 제공하는 은유적 용어들이 유용하다고 여긴다.

적응기제에 대해 논하면서 나는 문제에 대한 의식적 회피, 의지, 인내 혹은 다른 사람들에게 도움을 청하는 것 등에 대해 논하려는 것은 아니다. 이들 모두가 문제를 처리하는 수단으로 사용되기는 한다. 그러나 나는 그보다도 훨씬 미묘하고 거의 무의식적인 과정에 대해서 논하고 있다. 게다가 자아의 방어기제는 프로이트가 1894년에서 1896년

에 걸쳐 발표한 초기의 정신병리학 논문에서야 비로소 인식되었다. 11)
오늘날에는 최근에 대학을 졸업한 사람들이라면 대부분 아마도 승화,
투사, 억압, 반동형성 및 전위 등과 같은 용어들을 알고 있을 것이다.
많은 사람들이 완전히 건강한 친구의 행동 중에서 그 예를 찾아볼 수도
있을 것이다. 그러나 20세기 이전에는 이런 기제에 대한 의식이 없었
다. 지구표면의 굴곡과 마찬가지로 적응기제는 항상 보이기는 하지만
누군가가 지적해 주기 전에는 알아챌 수 없는 것이다.

무의식적 적응행동의 구체적 예를 들어보자. 캘리포니아의 한 혈액
학자(hematologist)가 살아있는 세포를 시험관에 배양하는 취미를 갖게
되었다. 최근의 면담에서 그는 매우 흥미로운 배양조직에 대해 특별한
관심과 활기를 가지고 이야기하였는데, 그것은 자기 어머니의 생체조
직에서 떼어내 성장시킨 것이었다. 면담의 막바지에 이르러서야 그는
불쑥 불과 3주 전에 어머니가 뇌졸중으로 사망하였다고 고백하였다.
아직도 살아 있는 배양조직에 관해 서술할 때만큼이나 어머니의 죽음
에 대한 언급은 덤덤한 것이었다. 교묘하게도, 그리고 무의식적으로
그는 취미와 의사로서의 특별한 기술을 이용하여 어머니의 죽음으로
인한 고통을 일시적으로나마 완화시키려 한 것이다. 그는 관심을 돌림
으로써 비록 어머니가 더 이상 살아있지 않다 하더라도 계속 어머니를
돌볼 수 있었다. 그의 이야기방식에서도 병적인 점은 없었다. 그리고
자아의 기제는 무의식적이므로 그는 자신의 방어적 행동에 대해서 알
지 못했다. 그랜트연구의 많은 건강한 연구대상들도 비슷한 종류의 주
의전환, 즉 전위(displacement)를 사용했다. 훈련받은 관찰자가 유심히
지켜보지 않는다면 이러한 행동은 거의 간과되기 마련이다.

자아가 교묘하다는 것은 매우 점잖고 이상주의자인 한 변호사의 예
에서도 볼 수 있다. 젊었을 적에 그는 부인이 들볶는 바람에 돈을 많
이 벌 수 있는 이혼소송을 맡곤 했다. 그러나 일을 끝내고 밤에서야
집에 돌아오면, 하녀는 종종 부인은 외출하였고 저녁은 준비되지 않았
다고 말하곤 하였다. 차차 그는 부인이 남자친구와 함께 타호호수

(Lake Tohoe)에 있는 카지노에 간다는 것을 알았는데, 결과적으로 그 남자친구의 도박습관을 조장해 주는 꼴이 되고 말았다. 분해서 어떻게 했느냐고 물었더니, "남이 알까봐 숨겨버리려고 했습니다. 마치 그런 일이 없는 것처럼 행동했습니다"라고 대답했다. 더 이야기할 것이 있을까 해서 기다렸다. 그는 잠시동안 조용히 있더니 그런 날 저녁에는 코믹한 연극을 무대에 올리는 아마추어 연극인들과 주로 어울리곤 했다며, "그곳이 승화시킬 수 있는 제일 좋은 장소였습니다. 일종의 가정을 대신하는 곳이지요"라고 대수롭지 않게 말했다. 이런 방식으로 그는 자신을 분노로부터 해리(dissociate)시킬 수 있었다.

변호사와 의사에게서 보이는 겉으로 드러난 행동은 이들에게는 예사로운 것일지 모르지만 외부 관찰자에게는 분명히 유별난 것으로 보인다. 이런 무의식적 행동은 심리내적 갈등의 외적 지표인 불안과 우울을 겪지 않고 일상적 삶을 살아갈 수 있도록 해준다.

독자는 아마도 이 예들에 대해 비웃으면서 어떻게 건강한 사람들이 살아가는 데 그런 일이 일어날 수 있을까 의아해 할 것이다. 그러나 자아의 방어기제는 역동적인 회복의 과정을 나타내는 것이지 결코 비정상적임을 의미하지는 않는다. 오히려 방어는 마치 재빨리 죽은 것처럼 가장하는 주머니쥐(opossum)나 새끼들을 보호하기 위해 '다친' 날개를 치료하는 척하는 뇌조류(grouse)의 행동과 공통점이 많다. 순조롭게 기능하는 이런 행동이야말로 건강하다는 표시이다.

이와 비슷하게 수세기 동안 열과 고름은 질병과 거의 같은 의미로 여겨져 왔지만 실제로는 몸에 들어온 박테리아에 대한 신체의 적응반응인 것이다. 만약 합병증만 일어나지 않는다면 이런 반응은 정상이다. 비정상적인 것은 외부의 전염병이다. 자아의 기제도 마찬가지이다. 이것들은 비정상적 상황에 대한 정상적 반응이다.

좀더 공식적 용어로 한다면 자아의 방어기제는 우리들 내적 생활의 네 가지 길잡이, 즉 본능, 현실세계, 중요한 사람들, 양심과 문화에 의해서 마련된 내재화된 금지들간의 갈등을 해결하기 위해 자아가 사용하는 무의식적이고 때로는 병적인 정신과정을 나타낸다. 갈등은 인간동기의 이 네 가지 근원 모두에서 일어날 수도 있고, 혹은 단지 두 가지 사이에서도 일어날 수 있다.

보통 자아기제는 ① (죽음과 같은 사건을 접한 뒤) 갑작스러운 생의 위기 동안 감정을 추스를 수 있도록 하기 위해, ② (사춘기 때와 같이) 생물학적 욕구의 급작스런 증가를 지연시키거나 방향을 잡아줌으로써 감정의 균형을 잡기 위해, ③ (대수술이나 기대치 않은 승진과 같은 일 뒤에) 자신의 이미지 변화에 익숙할 수 있는 약간의 시간을 벌기 위해, ④ (앞서 언급한 변호사의 부인이나 혈액학 전문의의 어머니 사례처럼) 떠나보내기 힘든, 살아 있거나 혹은 죽은 사람과의 풀리지 않는 갈등을 다루기 위해, ⑤ (전쟁시의 살상이나 부모를 양로원에 보내는 경우와 같이) 양심과의 주요한 갈등을 이기기 위해 사용된다.

심리학적 지식이 있는 독자는 드러난 행동을 설명하는 데 이론적 개념인 자아의 방어기제를 사용하는 것에 대해 반대할지도 모른다. 만약에 내가 실제로 '정신적 기제'(mental mechanisms)가 아니라 적응 스타일에 대해서 쓰고 있다고 말한다면 그들의 그러한 비평은 맞다.

그러나 그들에게 책에서 다루는 시기가 전 생애이지 치료시간만이 아니라는 것을 주지시키고자 한다. '정신적 기제'가 얼마나 오랫동안 지속되어야만 생활양식에 영향을 주는 것일까? 이외에도 성인들의 삶에 대한 연구는 연구자들에게 소아정신과 의사들이 놀이요법(play therapy)에서 관찰하는 것과 본질적으로 비슷한 자료를 제공할 것이다. 보통사람들에 비해 상대적으로 높은 지능과 교육수준 때문에 그랜트연구 대상자들은 직업의 선택이나 생활양식 모두에서 많은 자유를 가지고 있었다. 따라서 50세가 되었을 때에는 이 연구의 대상자들 대부분은 자신의 계획에 따라 독특한 경력을 가지고 있었다. 이러한 경력은 자주 이들 자신만의 문제에 대한 해답이었고, 또 부분적으로는 갈등을 해결하기 위한 방법이기도 했다.

이들의 행동을 연구하는 학자로서 나는 이들의 이상이나 무의식적 환상이나 말의 실수(slips of the tongue)에 대해서는 거의 알지 못했다. 그러나 나는 이들이 살아가면서 무엇을 했는지에 대해서는 많은 것을 알게 되었다.

어떤 사람이 말하거나 느끼는 것이 아니라 그의 행동을 보고 그를 판단하는 것은 물론 위험한 일이다. 그럼에도 불구하고 마구간에 있는 말의 외모를 신중하게 검사하기보다는 경기성적을 보고 우승말을 예상하는 쪽이 훨씬 더 쉬운 일이다. 마찬가지로 사람의 외적 행동을 주의 깊게 관찰하면 쉽게 임상적 판단을 확인할 수 있다. 적응양식을 찾아내고 해석하는 과정에서 실수는 일어나기 마련이고 개인적 편견도 나타나기 마련이다. 기대하지 않았던 행동이 갖는 적응적 목적을 헤아리려고 노력하는 것은 부분적으로는 로르샤하(Rorschach) 검사의 잉크 반점을 해석하려고 노력하는 것과 유사하다. 즉, 개인 자신의 투사가 일어난다. 그러나 전 생애에 대한 연구는 많은 편견을 막아준다. 예를 들어 반 고흐(Van Gogh)의 일생을 놓고 보면 그의 천재성과 정신적 고뇌에 대한 개인적 판단들 사이의 일치점을 찾기란 어렵지 않다. 지속적 인기와 현재의 그림가격이 말해주듯이, 그의 그림들이 대단한 즐거움을 주기 때문에 반 고흐는 천부적 재질이 있다고 평가될 것이다. 한편 그가 정신적 질환으로 입원했고 스스로 귀를 잘랐기 때문에 그는 우울했고 분노를 느꼈다고 여겨질 수도 있다.

세 가지 비평을 예상할 수 있다. 첫째, 연구대상자들의 적응책략을 기술하면서 나는 이들의 삶이 "과학의 대상이 되기에는 너무나 인간적이고, 숫자로 나타내기에는 너무나 아름다우며, 진단되기에는 너무나 슬프고, 제한된 잡지의 지면에 실리기에는 마르지 않는 샘과 같이 너무나 무궁무진하다"라는 생각을 되풀이하여 떠올렸다. 인간은 과학을 필요로 한다. 그러나 과학은 인간을 결코 올바르게 평가하지 못한다. 그랜트연구 대상자들은 실험동물로 간주되기보다는 그 이상의 대접을 받을 만한 가치가 있다.

둘째, 나는 임상가이고 따라서 이들의 삶을 임상적으로 공정하게 다루고 있다. 이 연구에서 거론되는 예들과 살아있거나 죽은 사람들 사이에서 보이는 어떤 유사점은 전적으로 의도적인 것이다. 그러나 나는 이 연구의 참여자들 중에서 어느 한 사람에 관한 설명으로 그치지 않을 사례들을 신중하게 선택했는데, 또한 이 예들이 연구에 참여한 사람들뿐만 아니라 많은 사람들에 대해 설명해 주기를 바란다. 이 연구에서는 참여자들 삶의 실제 세부사항들을 위장하려고 노력하였다. 만약에 임상적 세부사항들이 독자가 친하게 잘 알고 있는 사람, 즉 1940년대 대학에 다녔던 사람과 맞는다고 해도 거의 확실히 그는 사람을 잘못 짚은 것일 것이다. 연구대상자들이 자신이라고 알아차린다고 할 경우조차도 맞을 확률은 반반이다. 그러나 알아차린다면 알 만한 가치가 있는 것들을 이들이 배우게 되기를 기대한다(이 책에 있는 모든 개인기록들은 살아 있는 당사자들에 의해서 재검토되었고, 또 위장된 이야기 형태로 출판하는 것에 대해 허락을 받았다).

셋째, 대상자들에게 붙여진 데이비드 굿하트(David Goodhart)와 호레이스 램(Horace Lamb)과 같은 가상의 이름들은 인간적 약점을 조롱하거나 익살을 부리기 위한 의도에 의한 것이 결코 아니다. 나의 의도는 오히려 바쁜 독자들이 매 장마다 나오는 각각의 예들을 잘 기억하도록 하는 것이다. '사례 I' 혹은 '의사 ○○' 등과 같이 표시하는 것이 짧은 글에서는 유용할지 모르지만 이 책에서는 그렇지 않을 것이다.

마지막으로 단서를 달고자 한다. 이 책은 나의 제한된 경험을 통해서 나의 관점으로 씌어졌다. 따라서 어쩔 수 없이 부분적으로는 내 자신의 적응기제에 의한 왜곡이 반영되었을 것이다. 그러므로 독자들은 그들 자신에 맞도록 이론을 자유로이 편집하거나 혹은 원한다면 내 자신의 편견과 적응적 왜곡에 대한 이론을 만들 수도 있다.

독자가 내가 속한 사회적 시간과 장소를 잘 새기고 나의 편견을 잘 헤아릴 수 있도록 나의 경력을 약간 밝히고자 한다. 나는 뉴욕시에서 학구적이며 '앵글로색슨계 백인 신교도'(WASP)*인 부모 밑에서 태어났다. '동부에 있는' 사립 중·고등학교**를 졸업한 후 아이비리그

(Ivy League)***에 속해 있는 대학에서 공부하였다. 그 후 하버드대학 의과대학에 진학했는데, 당시 가르치고 봉사하는 것은 선하고 사업이나 개업은 나쁜 것이라고 내심 굳게 믿고 있었다. 정치적으로는 《뉴욕 타임스》가 제일 사실보도를 한다고 믿고 있으며, 공화당원이지만 민주당을 지지하는 투표를 한다. 이혼한 적이 있고, 그 후 재혼하여 매사추세츠주의 케임브리지에서 두번째 아내와 네 자녀를 데리고 행복하게 살고 있다. 내가 제시한 성인기의 적응, 방어 및 어린 시절의 환경을 재는 '척도'상에서 나 자신은 중간쯤에 해당하리라 여겨진다. 정신병리학자로서는 대부분의 동료들과 마찬가지로 어느 특정한 학파에도 속해 있지 않다고 자처한다.

그러나 독자들은 내가 정신분석학자로 훈련받았으며, 아돌프 마이어(Adolf Meyer)와 에릭 에릭슨(Erik Erikson)의 열렬한 숭배자라는 것을 금방 알 수 있을 것이다. 중요한 것임에도 그리 분명하게 드러나지 않는 사실은 2년 동안 스키너학파의 실험실에서 일했다는 것과, 진실을 발견하는 수단으로서 실험적 방법이 직관보다 더 우수하다고 믿는 것이다.

---

* 미국의 지배적 특권계급을 가리킨다 — 옮긴이.
** 주로 보수적이고 부유한 명문가 자녀들이 다닌다 — 옮긴이.
*** 미국 북동부의 8개 명문대학 — 옮긴이.

제 1 장
정신건강이란 무엇인가

클라우드 경(Sir Claude), 만약 당신 자신이 원하는 조건
으로 삶과 타협할 힘이 없거든, 삶이 제시하는 조건을 수락
해야 한다.

— 엘리엇, 《심복》

· 등장인물 소개 ·

▪ 데이비드 굿하트 : 디트로이트에 사는 편견이 심한 노동자의 아들, 포드재단의 도시업무 자문역.
— 적응양식: 이타주의, 유머, 승화 및 억제.
▪ 칼톤 태리타운 : 플로리다의 이비인후과 전문의, 외로운 사람, 쾌락주의자, 불행한 어린 시절을 보낸 알코올중독자.
— 적응양식: 해리와 투사.

정신건강이란 무엇인가? 나는 '건강은 적응'이라고 가정하며, 적응은 엘리엇(Eliot)의 위 인용구와는 전혀 반대되는 것으로 본다. 만약에 삶이 제시하는 조건을 수락할 힘이 없다면 자기방어를 위해서라도 당신 자신의 조건을 삶에 강요해야만 한다. 만약에 당신 자신이 혹은 당신이 처한 환경이 그 과정에서 너무 많이 왜곡된다면 적응하려는 당신의 노력은 정신질환이라고 불릴 것이다.

　이 책은 삶에 적응하기 위해 사람들이 자신과 주위의 세계를 변화시키는 특수한 방법들에 대해 알아보려고 한다. 예들은 구체적이며, 서론에서 언급한 대로 심리적으로 건강해 특별히 선발된 남자들의 삶에서 따온 것이다(그랜트연구에 여성 참여자가 없다는 것은 용서받을 수 없는 잘못이다. 이를 수정하기 위해서는 다른 연구가 필요하다). 심리적 건강은 역경에 처했을 때에만 뚜렷해지므로 이 책에서는 이들이 직면한 어려움에 초점을 맞추려 한다. 적응과 방어라는 용어는 서로 바뀌어서 사용되기도 한다.

　처음부터, 사람들이 스스로를 돕기 위해 적응하는 방식은 다른 사람에게서 도움받는 일상적 방식과는 매우 다르다는 점을 알아두는 것이 중요하다. 이 책의 기초가 된 연구를 고안해 낸 알리 보크 박사의 임상적 원칙은 어려움에 처한 사람은 '버팀대', 즉 다른 사람들로부터 도움받을 필요가 있다는 것이었다. 그러나 건강을 연구하기 위하여 보크 박사는 연구대상자가 될 2학년 학생들을 각각 자립능력(self-reliance)에 근거하여 뽑도록 하였다.

　위기에 처했을 때 모든 사람들이 친구, 부모, 스승 혹은 의사에게 도움을 청한다. 한 어린이가 공원에서 넘어져 무릎을 다쳤다. 울음소리를 듣고 어머니가 일으켜 달래주고 반창고를 붙여준다. 그의 어머니는 '버팀대'를 제공하는 것이고, 삶이 제시하는 조건과 타협이 이루어진다. 다른 사람으로부터 도움받기 때문에 그의 무의식적 자아가 도움을 주려고 나설 필요가 없다.

　그러나 다른 사람의 도움이 아무리 가치 있다 하더라도 스스로 해야만 할 일들이 많이 있다. 어머니를 달려오게 만든 무심결에 나오는 울음이나 상처를 봉해 주는 피의 응고기제를 생각해 보라. 이것들은 그가 스스로를 돌보는 방식이다. 좀더 복잡한 예로, 사랑에 실패한 후 한 사람은 위대한 시를 쓰고 다른 사람은 자살하는 경우를 살펴보자. 두 반응 모두 괴로움을 변화시켜 견딜 만한 것으로 하려는 개개인의 적응노력을 나타낸 것이다. 그러나 두 과정 모두 완전한 의식적 통제 밑에 있는 것은 아니다.

많은 사람이 좋은 시를 쓰는 것은 건강한 것이고 자살하는 것은 병든 것이라고 여기기 때문에 이 시점에서 정신건강을 정의하려는 유혹을 느끼지만 기다리자. '건강'과 '질병' 같은 단어는 단지 유용한 추상적 개념에 불과하다. 비록 적응을 논하기 위해서 이들 개념을 사용할지라도 독자는 나의 정의에 항상 동의하지는 않을 것이다. 한편으로는 상상적인 신체적 질병이 실제적인 건강염려증적 병약함(hypochondria-cal invalidism)을 유발할 수도 있다. 이런 사람은 병든 것인가 아니면 건강한 것인가? 다른 한편으로는 테디 루스벨트(T. Roosevelt)의 심한 천식, 존 케네디(J. Kennedy)의 분명하게 만져지는 등의 부상, 그리고 프랭클린 루스벨트(F. Roosevelt)의 소아마비와 같은 경우에서처럼 심한 신체적 질병이 인생을 승리로 이끌기도 한다. 이와 같이 내적 과정은 외적 질병의 효과를 없앨 수도 있고 증폭시킬 수도 있다. 따라서 건강과 '자아'는 함께 고려되어야 한다.

그러나 독자들은 이미 깜짝 놀라서 불신할지도 모른다. 모르는 사람이 없는 유명한 인물들이 이러한 맥락에서 거론되기만 하면 즉시 저자의 가치문제가 야기된다. 우리들 각자는 마음속으로는 "건강이란 무엇인가?"라는 질문에 대해서 나름대로 독특한 식견을 가지고 있다고 주장한다. 만약에 독자가 테디 루스벨트는 신경증적으로 과잉보상을 한 것이고, 그의 조카인 프랭클린 루스벨트는 불성실한 사회주의자이고, 또는 존 케네디는 단지 잘생긴 기회주의자라고 본다면 어떻게 내가 건강에 관해서 이야기하게 될 것을 계속해서 믿을 수가 있을까? 아마도 독자들은 오직 승리하는 방법만을 알고 있는 이들 정치가들이 지닌 마음에 거슬리는 특질보다도, 자기가 알고 있는 병약한 사람들의 온순하고 자신을 잘 드러내지 않는 특질을 실제로 더 좋아할지도 모른다.

심리적이라는 말과 건강이라는 말은 선동적이다. 건강은 형이상학적이면서 동시에 가치판단이다. 그러나 나는 원칙적으로 적응이 성취되는 과정에 관해서 쓰고 있다. 이러한 적응이 과연 '좋으냐' 혹은 '나쁘냐'에 관한 궁극적 판단은 독자의 특권이다.

운명의 주사위가 불리하게 던져진 채로 인생을 시작한 두 사람의 이야기로부터 시작해 보자. 한 사람은 노련하게 적응해서 인생의 많은 과제들을 성공적으로, 즉 고도로 도덕적이고 자신을 드러내지 않는 방법으로 수행한 듯이 보인다. 다른 한 사람의 적응적 방안은 되풀이해서 그 자신이나 다른 사람에게 상당한 괴로움을 주었다. 성공한 사람이 다른 사람의 필요에 헌신하였기 때문에 나는 그를 데이비드 굿하트 (David Goodhart) 라고 부르려고 한다. 그리고 자기자신에 몰입되어 있기 때문에, 또 다른 사람을 칼톤 태리타운(Carton Tarrytown) 이라고 부르려고 한다〔만약 이 가명이 번연(Bunyan) 의 《천로역정》(*Pilgrim's Progress*) 을 상기시킨다면 그래도 무방하다. 나의 의도는 단지 매우 자세히 알아보려고 하는 이들 삶의 독특한 특질들을 훼손하지 않고 그 사람들의 익명성을 지키려는 것뿐이다. 이들 삶의 내용과 삶의 어려움을 극복하는 기술을 가능하면 진실하게 보고하려 한다. 그러나 이들 삶의 형식, 즉 특정한 개인을 식별하게 해주는 작은 사실들은 가능하면 많이 변경시켰다〕.

이들과 면담했을 때 두 사람은 매우 다르게 보였다. 굿하트는 조심스러운 대학 학장의 풍모를 가지고 있었는데, 머리는 약간 헝클어져 있었고 구김살이 있는 레인코트를 입고 있었으며 귀족적인 수염을 기르고 있었다. 잘 손질된 양복과 억양은 그가 디트로이트의 노동자계급 출신이라는 점을 모르게 해주었다. 약속을 지키기 위해 많은 불편을 감수했지만 굿하트는 커피를 사주는 수고를 해주었다. 그는 상대하기 쉬웠고, 개방적이고, 느긋했으며, 따뜻한 태도를 가졌다. 눈을 거의 마주치지는 않았지만 그가 냉담하다는 느낌은 들지 않았고, 단지 수줍어한다는 느낌이었다. "내가 하는 모든 일은 개인적 관계에 의존하고 있습니다"라고 그는 말하였다. 정서적으로는 차분하였으나 면담하는 동안에는 감정(affect)이 풍부하였다(감정은 느낌, 개성, 본능적 열정, 정서적 분위기 등을 의미한다. 우리는 개념에 대해서 사고하고, 감정을 느낀다). 자신의 결혼생활에 관해서 말할 때 굿하트의 눈은 아름답게 빛났다. 지난 휴가 동안에 가족들과 같이한 활동들을 기억할 때 그는 많은 즐거움을 표시했다. 그는 "분노든지 혹은 좋은 감정이든지 강한 감정을 오랫동안 유지하는 것이 힘들다"는 것을 알았다고 하였다. 그러나 실제로는 그는 감정을 묘사하는 데 특별한 재주가 있었다.

칼톤 태리타운 박사와의 면담은 괴롭게도 무미건조하였다. 태리타운과는 포트 로더데일(Fort Lauderdale)에 있는 그의 집 거실에서 이야기했는데, 그 방은 너무 꼼꼼하게 장식이 되어 있어서 마치 잡지《집과 정원》(Home and Garden)에 나오는 광고를 보는 듯하기도 하고, 또 너무 성인세계의 현실성이 배제되어 있어서 아기방에 있는 듯하기도 하였다. 47세인데도 60세 정도 된 것으로 보였다. 키가 크고 수척한 태리타운은 깔끔하게 옷을 입었지만, 사립기숙학교로부터 대학에 이르기까지 지녀왔던 고상함은 잃어버렸다. 태리타운은 자신은 다른 사람에게 의존하지 않으며, 제일 큰 만족은 그 자신의 머리를 사용하는 데서 온다고 자랑하였다. 그는 협조적이긴 하지만 공허한 매력을 풍겼고, 요즘 어떻게 지내는지를 말하는 데 많은 어려움을 느꼈다. 전 생애를 통해서 그는 자신의 감정을 전혀 의식하지 못하거나, 아니면 감정에 따라서 너무 충동적으로 행동해서 오히려 감정이 있다는 것이 감추어졌다. 그는 나를 또 다른 인간으로 전혀 지각하지 않고 단지 가능하면 정중하게 피해야 할 불안을 야기하는 자극 정도로 지각하는 느낌을 받았다. 자기중심적이기는 하지만 활력이 없었다. 그에게 이야기하는 것은 마치 풋내기 사춘기 아이에게 이야기하는 것 같았다(반대로 비록 자기를 드러내지 않는 성품이기는 해도 굿하트는 내 자신보다 더 현명하고 경험이 많은 사람과 이야기한다는 것을 일깨워 존경심을 주었다).

이들의 적응양식의 차이는 왜 이들이 그렇게 서로 다른가 하는 점을 설명하는 데 도움이 된다. 삶을 견딜 수 있는 것으로 만들기 위해 굿하트는 승화(sublimation)와 이타주의(altruism)를 사용했고, 태리타운은 해리(dissociation)와 투사(projection)를 사용하였다(재미없는 이러한 정신의학 용어들은 〈부록 A〉에 정식으로 정의되어 있다. 이 장에서는 이처럼 암호 같은 말들을 일상어로 바꾸어 쓸 것이다).

어려움에 처해 있는 사람에게는 승화와 이타주의는 둘 다 하찮은 것을 금으로 바꾸려는 연금술사의 꿈을 이루게 할 수도 있다. 굿하트는 그러한 재능을 가졌다. 그는 위기에 대한 감정적 반응을 다른 사람에게도 이익을 주고 자신도 만족시킬 수 있는 창조적 행동으로 변형시켰다.

반면에, 해리와 투사는 둘 다 고통스런 감정이나 사건에 대한 책임을 부인하고 잠시동안 그에 따른 괴로움을 피할 수 있는 방법들이다. 해리를 통해 내적 고통은 교묘하게 부인되거나 마비되므로, 따라서 보다 즐거운 상태가 나타난다. 태리타운은 다양한 종류의 마취, 예를 들면 신비적 경험, 진정제, 새로운 대상에 심취해서 불만족스러운 기존의 연애사건을 성급히 포기하는 것 등을 사용하였다. 투사에 의해서 개인이 가지고 있지만 인정하기는 싫은 내적 느낌이 다른 사람들에게로 돌려지는데, 이것이 왜 편집증환자가 다른 모든 사람에게는 골칫거리이지만 정작 본인에게는 그렇지 않은가 하는 이유이다. 태리타운이 문제에 부딪쳤을 때 그 자신은 제일 늦게 알게 된다. 반대로 굿하트는 "비록 이것이 무서운 재난이 많이 모여 있는 것처럼 보일지라도 그 효과는 객관적으로보다는 주관적으로 더 눈에 잘 띈다"라고 적은 적이 있다.

적응기제 선택이 건강과 관련돼 있음을 굿하트와 태리타운의 삶을 단계적으로 조사함으로써 잘 알 수 있다. 처음에는 건강한 적응과 관계 있는 것들은 마치 호레이시오 앨저(Horatio Alger)*와 미국 소년단의 신조와 혼동되어 있는 것처럼 독자에게 보일지도 모른다. 그러나 오래 지나지 않아서 사실이 스스로 진실을 말하게 된다.

육체노동자의 배경 속에서 성장하였으므로 굿하트는 대도시 중앙의 저소득자 거주지역의 문제들에 관심을 가지고 있는 사회기관에서 일하면서 생애를 보냈다. 47세에 그의 연봉은 3만 5천 달러였다. 생애를 통해서 그는 꾸준히 책임 있는 자리로 승진했으며, 마침내는 포드 재단의 도시문제 권위자가 되었다. 그의 직업적 성공은 아버지를 크게 능가한 것이었으며, 스스로 설정한 야망을 충분히 성취한 것이었다. 그는 일 외에 다른 공익사업을 위한 활동에도 헌신적으로 시간과 정력을 쏟았다.

반대로 사회적으로 특권계급에 속하는 젊은 시절을 보내고 돈벌이가 잘되는 외과의사로 훈련받았음에도 불구하고 태리타운의 수입은 굿하트의 절반밖에 되지 않았다. 그는 조그마한 일반외과 의사직을 그만두고 지금은 플로리다주의 이비인후과 자문역으로 일하고 있다. 그의 동기는 안전(security)이었지 봉사가 아니었다. 그의 직업적 성공은 아버지에 비해서 뒤떨어질 뿐 아니라 자신의 눈으로 볼 때도 역시 실패했다. 그는 직업적 의무 외에는 아무런 책임 있는 직책도 갖고 있지 않았다.

사실상 이 연구대상자들의 전반적 정신건강을 평가하기 위한 적응척도상에서 굿하트는 상위 1/5에 속하였고, 태리타운은 하위 1/5에 속했다. 대학졸업 후 25년 동안에 이룬 대상자들의 상대적 성공을 반영하기 위하여 그 척도로 직업적·사회적·심리적 그리고 주관적인 의학적 적응 등 네 가지 분야를 평가하였다. 적응기제에 대한 정의와 마찬가지로 공식적 성인용 적응척도는 부록에 실려 있다. 단지 굿하트와 태리타운의 상대적 순위를 보여주는 증거만 이곳에서 설명하고자 한다.

예를 들면 이 두 사람의 사회적 적응에는 근본적 차이가 있다. 굿하트의 결혼생활은 화목하지는 못했지만 20년 동안이나 지속되었다. 눈

---

* 미국의 소설가 — 옮긴이.

물을 글썽이면서 그는 결혼생활을 한마디로, "우리들의 관계에는 값진 것들이 많이 있습니다. 냉랭한 부부관계는 아닙니다"라고 요약하였다. 그의 자녀들은 친구들을 잘 사귀었고, 학교생활을 잘 했고, 아버지를 사랑하였으며, 또 그 보답으로 사랑받았다. 전 생애를 통해서 그의 어머니와 누나는 즐거움의 원천이었다. 비록 굿하트는 취미가 없었고 다른 사람과 함께 하는 운동을 하지는 않았지만 소수의 친밀한 친구가 있었고, 그들과 공동으로 일을 하였다.

반대로 태리타운은 세 번씩이나 결혼했으며, 그 사이사이에 많은 열렬한 연애사건들이 있었다. 아동기관의 사회사업가인 부인과의 최근 결혼생활은 안정적인 것처럼 보였지만 그의 아내는 거의 부모역할을 하였다. 이 둘 사이에는 자녀가 없었다. 이전의 결혼에서 얻은 세 자녀는 순탄하게 자라지 못했고, 그는 마음이 안정되지 못했으므로 자식들과의 만남을 금지당했다. 세월이 가면서 태리타운은 친가에서 떨어져 나왔다. 그는 부모를 방문하지도 않았으며, 그들이 죽을 때 책임을 나누어지지도 않았다. 친구에 관해서 물었을 때 태리타운은 "지금은 친구가 하나도 없습니다"라고 대답하였다. 그의 생애를 돌아보면 매사에 크게 달라진 것이라곤 전혀 없었다.

두 사람의 심리적 적응을 보아도 똑같은 차이가 있다. 굿하트는 휴가를 즐기고 놀 줄 아는 것처럼 보인다. 그는 대학졸업 후 줄곧 직업 자체를 즐겼다. 애연가이기는 하지만 술을 적당히 마셨고 진정제는 한 번도 사용하지 않았다. 심리치료를 받아본 적도 없었고, 이 연구의 연구진도 그를 정신적으로 병들었다고 평한 적이 없었다.

반면에 태리타운은 직업적 일 이외에는 흥밋거리가 없었고, 대학졸업 후부터 의료행위를 하는 것이 불안과 불만족의 만성적 근원이었다. 그는 휴가를 가지도 않았고, 대신 살아가다가 위기가 닥치면 만취할 때까지 술을 마시고 떠들곤 했다. 그는 온갖 종류의 진정제 처방을 다 써보았는데, 늘 과다하게 사용했다. 그는 약물이나 술의 해독을 위해 세 번씩이나 입원해야 했다(태리타운에 대한 비밀은 계속 지켜질 것이다. 왜냐하면 이 연구의 몇몇 의사들도 그러한 어려움을 겪었다). 태리타운을 만난 의사들이 자주 그를 정신적으로 병들었다고 평했으며, 또한 그는 백여 차례 이상 정신과의사를 찾았다.

비록 이 책이 일차적으로는 심리적 안녕(*well-being*)에 관계가 있을지라도 각자의 신체적 건강에 대한 이들의 주관적 견해를 비교해 보지 않으면 두 사람의 상대적인 심리적 건강을 논하는 일은 불가능하다. 물론 신체적 질병의 어떤 면은 심리적 적응과는 무관하다. 그러나 일반적으로 신체적 질병에 대한 반응은 이들 삶의 다른 측면에의 적응양식을 반영한다. 대학졸업 후 굿하트는 병원에 입원한 적이 한 번도 없었다. 비록 자신의 건강을 항상 "매우 좋다"라고 평하지는 않았지만, 그는 병 때문에 일을 못한 날이 1년에 5일을 넘은 적이 없었고, 건강상태가 좋기 때문에 진료를 받거나 요구받은 적이 없었다. 반면에 태리타운은 진료를 받기 위해서 두 번 병원에 입원하였다. 그는 보통 자신의 건강상태를 매우 좋은 것으로 평가하지는 않았으며, 정기적으로 1년에 5일 이상 병 때문에 일을 하지 못했다. 비록 위궤양이 확인된 적은 없었지만 복통으로 고통받았으며, 그 때문에 자주 진료를 받곤 하였다.

삶에 대한 이들의 무의식적 적응의 차이를 논할 때 태리타운과 굿하트의 배경을 좀더 상세히 검토해 보고자 한다. 사회경제적 불일치, 또 가정생활의 큰 차이 모두 이들의 다른 삶을 설명할 수는 없다. 사실상 이 책의 주요한 주제는 개개인의 적응적 책략들이 그의 인생행로를 결정하는 데에 유전, 가정교육, 사회적 지위 혹은 정신의학적 도움을 받는 것 등과 마찬가지로 중요하다는 것이다.

굿하트는 디트로이트의 중하류계층 가정 출신이며 평범한 도시공립학교에서 교육받았다. 대공황기간중에는 아버지가 자주 실직하였으나, 그가 장학생으로 대학에 입학할 때 그의 아버지는 백화점의 판매부장으로 연간 4천 달러를 벌어 아들 학비의 반을 부담할 수 있었다. 변변치 않은 대학 예비교육을 받았음에도 불구하고 굿하트는 평균 A⁻

학점을 받으면서 우등(magna cum laude)으로 대학을 졸업하였다. 태리타운은 보스턴 근교의 고급 주택가에서 성장하였다. 성공한 은행가인 아버지는 그를 일류학교에 보냈다. 대학에 다닐 때에는 교칙을 잘 지키지 않아서 곤경에 빠지기도 했으며, 의학에 관심이 있음에도 불구하고 평균 C학점을 받았다.

타고난 지능이 두 사람의 대학성적 차이의 결정적 요인은 아니다. 왜냐하면 두 사람 다 언어적성에서는 대학평균보다 높았으며 수학적성은 평균 이하였기 때문이다.

굿하트와 태리타운이 각기 다른 방어를 선택한 것에 대한 해답이 의식적 의지나 도덕성의 영역과 관계 있는 것도 또한 아니다. 공원에서 넘어진 소년이 심사숙고해서 피를 멈추게 하지는 않으며, 혹시 그 소년이 혈우병 환자라도 우리는 그를 비난하지는 않을 것이다. 마찬가지로 태리타운도 심사숙고해서 이타주의 대신 해리를 사용하기로 결정한 것은 아니고, 또한 그가 투사를 사용했다 해서 비난할 수도 없다. 그리고 개개인이 사용하는 적응과정을 결코 당사자에게 물어서 알아낼 수도 없다. 그것은 외부의 관찰자에 의해서만 인식될 수 있다.

최면에 걸린 사람은 그의 행동에 대해 오직 합리화만 할 수 있을 뿐이다. 그는 자신이 단지 최면가의 암시에 따른다는 것을 종종 의식하지 못한다. 이와 마찬가지로 사람들은 종종 자신이 사용한 적응기제에 대해 "그 당시에는 좋은 생각인 것처럼 느꼈다"라든가 또는 "다른 사람이 하는 대로 했다"라는 말로 설명한다. 서론에서 나온 변호사처럼 때때로 자신이 그러한 기제를 사용한다고 말하지만 정확한 명칭을 붙이지 못한다.

무엇 때문에 굿하트와 태리타운 사이에 차이가 생겼는지를 알아내기 위해서는 어린 시절을 살펴봐야만 한다. 나는 이들의 어린 시절이 바람직하지 못했기 때문에 인간의 적응에 대한 논의를 정확히 시작하기 위해서 이들을 선택했다. 두 사람의 어린 시절 평점은 이 연구대상자들의 하위 1/5에 속하였다 (방어기제와 성인용 적응척도와 마찬가지로 다른 변인들에 대해서 알지 못하는 연구보조자들에 의해서 참여자 모두의 어린 시절이 평가되었다. 어린 시절의 몇 가지 측면에 대해서 평가되었으며 더 중요한 발견들은 제13장에서 논의될 것이다).

간단히 말하면, 다른 연구대상자들의 부모와 비교해 볼 때, 두 사람 다 자녀들에게 세상에 대해서 기본적 신뢰나 혹은 자율성에 대해서 편안한 느낌을 갖도록 해주는 데는 적합치 못한 부모를 가졌다. 두 사람 다 겁 많고 외로운 어린 시절을 보냈으며, 특히 사춘기 때에는 부모들이 겉으로 드러나거나 혹은 드러나지 않는 불화로 꽉 찬 가정분위기를 조성하였다.

두 사람 사이의 중요한 차이는 부모가 결함이 있다는 현실을 참아내는 서로 다른 능력에 있다. 청소년 시절에 굿하트는 비록 마음에 내키지는 않았지만 어머니가 "매우 신경질적이고, 화를 잘 내며, 불안하고 걱정이 많은 것"을 인정할 수 있었다. 그는 28세 때 어머니가 오래 지속된 성격적 문제들을 가지고 있다고 보고하였다. 그리고 여러 증거들이 그의 견해를 지지해 주었다. 반면에, 태리타운은 우울하고 때론 무책임한 어머니에 대해 "이 세상에서 살기에는 너무 좋은 분"이라는 신념을 버리지 않았다. 사실상 태리타운은 자유분방한 도피주의적 행동으로 자신의 복지문제가 위험하게 된 대학교 2학년 때 어머니가 그를 또 다시 버렸는데도 병든 어머니를 돌보기 위해 열심히 노력하였다. 그때나 그 이후로나 그는 자기 어머니와 자신을 제외한 세상의 모든 사람들이 시대에 뒤떨어졌다고 생각했다.

과거를 돌이켜본 관점이 믿을 만하다면, 두 소년의 어머니들은 "가공의 세계에서 살았다". 그러나 굿하트의 어머니는 비록 부적절하기는 했지만 건설적인, 다시 말해 파괴적이지 않은 방식으로 신체적으로 존재하였다. 그는 아들과 더불어 명작에 대한 취미를 공유하였다. 그리고 소설작품들을 통해서 굿하트는 부모의 인종적 편견을 물려받아서는 안 된다는 것을 깨달았다. 반대로 태리타운의 어머니는 아들이 태어났을 때 매우 우울하였다. 그녀는 매사에 움츠러들었으며 아들을 간호사에게 맡겨버렸다. 후에 어머니가 아들에게 다시 영향을 끼치기 시작했을 때 그녀 자신의 개인적 신비주의라는 유산을 물려주었다. 그런데 그 유산이 태리타운의 편견이나 도피주의적 생활방식을 약화시키기보다는 오히려 강화시켜 주었다. 즉, 자신의 어머니가 세상에 대해 취한 허구적 견해를 굿하트는 부정했고, 태리타운은 받아들였다. 그러나 왜 그랬는지를 정확히 알 수는 없었다.

굿하트와 태리타운의 아버지는 둘 다 알코올중독증이 있었다(일반인들에게와 마찬가지로 연구대상자들의 가정 중 1/3에서 알코올중독증이 발견되었다). 그러나 여기에서도 차이가 있었다. 술을 마실 때 굿하트의 아버지는 가족들로부터 떨어져 있었지만, 반면에 태리타운의 아버지는 아들과 같이 술을 마셨고 매력적인 것처럼 보이게 했다. 사춘기 때에 태리타운은 도피하기 위하여 마치 굿하트가 책을 이용했던 것처럼 술을 이용하는 것을 배웠다.

한편으로 굿하트는 19세 때 자신의 아버지가 "비정하다"고 인정할 수 있었고, 48세 때에 아버지가 술을 마시고 화를 내는 것을 얼마나 무서워했으며, 그 무서움을 극복하기 위해서 얼마나 애썼는지를 회상해낼 수 있었다. 반대로 태리타운은 대학교 2학년 때에도 아버지에 대해 "내가 알고 있는 여느 사람과 마찬가지로 그를 좋아합니다. 그는 재미있는 분이고 같이 있으면 즐거운 분입니다"라고 말하였다.

부모가 이혼한 후에도 태리타운은 불평하지 않았다. 그는 필요할 때 경제적 지원을 해줄 수 있는 아버지를 가진 자신의 행운에 대해 성급히 말했다. 중년이 되어서야 태리타운은 그가 19세 때 연구자들에게는 분명했던, 괴로운 진실을 인정했다. "나와 아버지와의 모든 생활은 고문하는 듯이 괴로운 관계였습니다. 우리는 진심으로 서로를 미워하였습니다." 적응기제들이 만들어내는 왜곡이 오랜 세월 지속되면 개개인의 세계관의 일부가 되는 것은 분명하다. 너무나 견디기 싫은 진실은 무의식적으로 변경되거나 지연된다. 그러면 **변경된 진실은 주관적 진실**이 된다. 다른 말로 하면 어린 시절이 적응의 선택에 영향을 미친 것만큼이나 두 사람의 적응양식이 그들의 어린 시절의 환경에 영향을 끼쳤다.

청소년시절 처음 이들이 평가되었을 때 태리타운과 굿하트 둘 다 미래의 가능성에 대해서 연구자들에게 어떤 인상도 심어주지 못했다. 장래의 적응의 차이는 대학시절에서는 전혀 예상할 수 없었다. 한 연구자는 굿하트를 아주 예절바른 여위고 창백하며 소극적인 소년이면서 동시에 "손에 식은땀이 나는 다소 신경질적이고 자의식이 강한 소년"으로 보았다. 한때 그를 평가했던 한 정신의학자는, "이 소년은 신경증적이라고 생각한다"라고 단호하게 말한 적이 있다. 전반적으로 그는 "자의식이 강하고, 복장이 단정하고, 공격적이지 않고, 신뢰할 수 있고, 분별력이 있고, 성실하며 세련됐다"는 평가를 받았다.

대학시절에 태리타운은 모순되는 평가를 받았다. 한 조사자는 "매력적이고, 몸가짐이 단정하고, 신체적으로나 정신적으로 성숙한 친구다. 건강이 유지된다면 그의 성공적 미래는 보장된 듯이 보인다. 대체적으로 나는 이 친구를 만족스럽게 생각한다"라고 보았다. 반면에 다른 조사자는 태리타운의 줄담배와 무모한 음주 및 운전습관 때문에 고민하였다. 그는 태리타운이 "사회적으로 잘 적응하지 못하고, 불안해하고, 쾌락을 추구하고, 변덕스럽고, 신뢰할 수 없고, 분별력이 약하다"라고 느꼈다. 이러한 의견차이는 태리타운의 생활방식이 불행을 숨기거나 지우기까지 한다는 사실에 기인한다고 설명할 수 있다. 한 연구자는 25세 때의 그를 "행복하고, 몸가짐이 단정하고, 인생의 목표를 뚜렷이 가지고 있다"라고 적고 있다. 사실상 이는 진실과는 거리가 먼 것이다. 그러나 태리타운은 비록 비싼 대가를 치르기는 했지만 현실과 그 자신의 조건으로 타협하는 데는 성공하였다.

배경을 대략적으로 소개했으니 이제는 두 사람의 적응양식을 좀더 상세히 대비시켜 보기로 하자. 이들은 많은 유사한 어려움에 직면하였다. 첫째로, 두 사람 다 알코올중독자인 아버지의 충동적 행동 때문에 만성적 두려움과 불안을 경험하였다. 둘째로, 자신의 가정을 이루었을 때 두 사람 다 부모로부터 제대로 보호를 받지 못한 경험 때문에 괴로워했다. 이것이 두 사람 다 불행한 결혼생활을 하게 된 원인이 되었을지도 모른다. 셋째로, 각자가 그의 직업에서 불안을 경험하였다. 이러한 어려움들을 극복하기 위해서 이들은 동일한 일반적 적응양식을 사용하였다. 굿하트는 이 방식을 "어린이들이 하는 대로 했지요. 관심을 딴 데로 돌려버렸어요"라고 아주 간결하게 표현하였다. 청소년시절에 각자는 다른 사람을 돕는 데 일생을 바치겠다고 결심함으로써 불행했던 어린 시절에 대응하였다. 굿하트는 성직자가 되기로 작정하였고 태리타운은 정신의학자가 되기로 결심하였다.

그러나 시간이 지남에 따라 두 사람의 적응양식은 쉽게 분리되었다. 굿하트의 이타주의와 승화는 태리타운의 투사와 해리와는 구별되었다. 예를 들면, 죽음과 직면했을 때 두 사람은 각자 다르게 방어하였다. 태리타운은 자신의 어머니가 돌아가셨을 때 진료활동을 하지 않고 2주일 동안이나 정신을 잃도록 술잔치를 벌임으로 장례식과 그 여파가 끝날 때까지 관심을 다른 데로 돌렸다. 반대로 굿하트는 제일 친한 친구가 메인주에서의 항해도중 불상사로 행방불명되었을 때 하던 일을 멈추고 구조작업에 참여하였다. 며칠이 지난 후 합리적으로 생각해 살아 있을 희망이 없을 때에도 그는 수색작업을 계속했다. 그 역시 친구가 죽었다는 사실을 받아들이려 하지 않았다는 점에서는 관심을 다른 데로 돌린 것이다. 그러나 애도의 고통을 일시적으로 피하려는 그의 방식은 다른 것이다. 희망과 이타주의는 견딜 수 없는 것을 완화시켜 주지만 부인하지는 않는다.

다른 사람과 어느 종류의 갈등이라도 빚게 되면 태리타운은 사회적 불안으로 무너져 버렸다. 정상적 친구간의 친밀함조차도 그가 편안하게 지내기에는 어려운 것이었다. 따라서 연애와 결혼을 여러 번 해내는 많은 남자들처럼 그도 "비교적 낯선 사람"과 사랑하는 것을 더 편안하게 느꼈다. 자신이 진정제와 신경안정제를 지나치게 사용한다는 것을 인정하는 데는 별로 어려움이 없었지만, 그를 불안하게 하거나 두럽게 하는 것이 무엇인가를 연대기적으로 밝히는 것은 전혀 불가능하였다. 그는 마치 어린이가 그러한 것처럼 자신의 감정을 자기 것으로 인정하는 것이 불가능하였다.

태리타운은 자신이 분노라는 정서를 가졌다는 것을 인정할 수 없었다. 그의 어머니는 그를 "이 세상에서 제일 지독한 꼬마 거짓말쟁이"라고 불렀다. 그러나 이것은 태리타운이 자신의 분노를 투사하면서 자기가 끊임없이 위험에 둘러싸여 있다고 믿기 때문이었다. 그는 나빠서 거짓말하는 것이 아니라 살아남기 위해서 거짓말하는 것이었다. 한때 그는 "만약에 사람들을 웃게 하지 않으면 당신을 죽일 것입니다"라고 말했다. 또 그는 삶의 어떤 시기에 만약 즐겁게 해드리지 않으면 어머니가 자살을 할 것이라는 절망적 상황에 놓여 있다고 믿기도 하였다. 태리타운은 여러 종류의 신체적 증상들, 특히 두통과 위경련으로 고통을 받았지만 원인이 무엇인지 말할 수는 없었다. 그는 존-버치연맹(John Birch Society)* 회원이며, 자신의 개인적 자유를 빼앗으려 한다고 상상하여 모든 공산주의자들을 적으로 삼았다. 그러나 그는 거의 투표를 하지 않고 밖으로 드러내지도 않았다. 그는 단지 자신이 "모든 것에 대해서 약간의 불안"을 가지고 있다고 말하는 것 이상으로는 그의 공포의 근원이 무엇인가를 분명하게 말할 수가 없었다. 자신과 아버지 사이에 좋지 않은 감정이 있다는 것을 인정하는 데 30여 년이 걸렸다는 것을 기억해 보라. 테니스코트에서조차 그는 한 번도 화난 방식으로 행동해 본 적이 없었다.

굿하트도 역시 아버지를 무서워했고 청소년 때에는 이 두려움을 면담자와 함께하는 데 많은 어려움을 느꼈다. 그러나 19세 때 이미 어디에 그의 감정이 감추어져 있는가에 대해서 의식적 호기심을 가졌고, 그것들을 감추기 위해서 "가면을 쓰고 있다"는 것을 인식하였다. "만약에 당신이 똑똑할 수 있다면(clever) 많은 화살들을 살짝 비껴가게 할

---

* 1958년 창설된 반공극우단체 — 옮긴이.

58

수 있습니다"라고 말했다. 유머 역시 다른 사람들로 하여금 끝이 무딘 화살을 쏘게 해준다. 그리고 굿하트는 이미 대학교의 유머잡지에 글을 쓰는 것이 자신의 분노를 표현할 수 있는 배출구를 마련해 준다는 것을 알았다. 평생의 일을 통해서 굿하트는 곧 그 문제에 좀더 직접적으로 몰두하게 되었다. 그는 외부에 벽을 쌓고 또 편견이 심한 부모 사이에서 괴로움을 자주 겪으며 성장했다. 가난한 남부출신들이 많이 그의 이웃으로 이주해 왔고 따라서 인종적 편견이 심해졌다. 군대에서는 주로 흑인들로 이루어진 사단에서 근무하는 백인 장교로서, 그는 "상급장교들과 사병들을 둘 다 달래주는 매우 다루기 어려운 일"을 수행해야 함을 알았다. 전쟁이 끝난 후 그는 이처럼 두려움을 야기하는 상황을 극복하는 일에 착수하였다. 그는 디트로이트와 시카고의 도시 빈민지역에서 시의 공무원들과 재단의 경영자들 사이, 강경탄압주의자들과 가난한 흑인들 사이를 중재하는 방법을 강구하면서 일하였다. 공개적으로 그리고 직업적으로 아버지의 편견에 대항하고 있으면서도, 매우 실제적인 의미에서는 완고한 아버지를 공격으로부터 보호하고 있는 셈이었다.

굿하트의 현명한 이타주의를 태리타운의 살인과 자살에 대한 두려움과 비교해 보라. 굿하트의 드러나지는 않지만 긴장을 풀어주는 반격 (*counter attack*)과 태리타운의 불안스러운 나태(*inactivity*)를 비교해 보라. 그리고 또한 굿하트의 적응양식의 세 가지 중요한 결과를 생각해 보라. 첫째, 자신이 그것을 즐겼고, 둘째, 세상이 그의 행동을 고상하고 보상할 만한 가치가 있다고 여겼다. 셋째로는 성공적 적응을 통해서 한때 무서웠던 아버지에게서부터 점점 더 멀어지기보다는 반대로 좀더 가깝게 갈 수 있었다.

태리타운에 대해서 말하자면, 그는 술 취하는 것을 좋아하지도 않았고 편견을 즐기지도 않았다. 또 그가 외과의사로서의 길을 포기한 것은 그가 분노를 인정하는 데 실패했다는 것과 관련이 있었다. 왜냐하면 그것은 너무나 위험하기 때문이다. 마지막으로 태리타운의 분노에 대한 부정은 그의 어머니, 아버지, 전에 결혼했던 두 부인, 세 자녀로부터 점차로 고립되는 삶을 살게 만들었다. 이타주의는 투사보다 더 도덕적이기 때문이 아니라 더 효과적이기 때문에 좋은 것이다.

정신적으로 건강한 사람이라도 결코 우울이나 불안에서 면제되어 있는 것이 아니다. 왜냐하면 건강한 적응은 세상에 대한 정확한 지각을 요구하는 것이고, 정확한 지각이란 때때로 고통을 일으키기 때문이다. 굿하트에게 점차로 심해지는 결혼생활의 불화에 어떻게 대처하느냐고 묻자 첫 번째 수준의 방어는 "담배 피우는 것"이라고 대답하였다. 조금 더 자세한 대답을 강요하자 "그것에 대해서는 더 이상 이야기하지 않겠습니다"라면서 결혼생활이 불행하다는 것을 인정하였다. 그러나 사실상 그는 그것에 대해서 이야기할 수 있었다. 그는 결혼생활이 제일 큰 걱정거리라는 것을 알고 있었다. 그것에 관해서 이야기할 때 눈물을 흘렸고, 그 자신이 잘하지 못한 것에 대한 책임을 충분히 인정하고 있었다.

태리타운은 어떻게 자신의 깨어진 결혼생활에 대처했는가? 그는 충동적으로 아무하고나 성관계를 가지거나 진정제에 의한 망각의 형태로 해리를 사용하였다. 그는 하룻밤에 10시간씩 잠을 자거나, 몇 달 동안이나 성적 욕구를 느끼지 않고 지내거나 혹은 요가나 동양의 종교들에 대한 연구에 몰두하기도 하였다. 단 한 번도 연구자에게 불행하다고 말한 적이 없었다. 태리타운은 그 자신의 조건을 사람에게 요구하는 데에는 숙달되어 있었다. 그는 불행을 교묘하게 피하는 데는 굿하트보다 나았다. 그러나 불행이 적응기제의 실패를 반영해 주기는 하지만 그렇다고 그 자체가 심리적 건강상태가 나쁘다는 표시는 아니다.

유머를 사용하는 데에도 두 사람 사이에는 중요한 차이가 있었다. 태리타운의 유머는 어색하고 거의 자기학대적(*masochistic*)이었다. 반면에 굿하트의 유머는 자신의 고통을 승화시킨 인정이었다. 살아오는 동안 몇 번 태리타운은 친구들 사이에서 어릿광대로서 명성을 얻은 적이 있었다. 그러나 어릿광대의 비극은 사람들이 그를 향해서 웃게 만들어야만 한다는 점이다. 굿하트는 다른 사람들이 그와 함께 웃을 수 있게 만들 줄 알았다. 유머가 있는 시를 통해서 굿하트는 친구들 앞에서 자기를 드러내지 않는 태도로 자신을 돋보이게 하는 것을 배웠다. 그는 또한 도시의 성난 여러 파벌들 사이를 중재할 때 그를 괴롭히는 아주 절실한 불안을 표현하고 극복하기 위해서도 유머를 사용하였다. 한마디로 말하면 서로 다른 종류의 유머를 사용함으로써 굿하트는 높아지고 태리타운은 내려갔다. 일부러 하는 우스꽝스럽고 자기학대적인 실수보다는 풍자적 유머가 사용자에게 더 유익하기 때문에 이러한 방어들을 연속선상에 배열하는 것이 중요하지만, 어디서 태리타운의 해리가 끝나고 굿하트의 진정한 유머가 시작하는가를 구분하는 것은 미묘한 일이다.

이들의 해리와 유머와 마찬가지로 굿하트의 감정이입적 이타주의와 태리타운의 투사는 유사점과 동시에 차이점도 가지고 있다. 투사는 감정이입(empathy)과 연속선상에 놓인다. 각자는 다른 사람 안에서 사실은 그들 자신의 문제와 감정적 상태를 지각한다. 그러나 굿하트는 자신의 문제를 사실상 동일한 문제를 가지고 있는 다른 사람들에게서 지각한다. 그렇기 때문에 이들의 문제들을 해결하려고 노력할 때 이들은 굿하트의 노력을 고맙게 여긴다. 예를 들면, 냉전이 최고조에 달했을 때 굿하트는 만약에 미국이 공산화된다면 그것은 소련의 간섭에 의해서가 아니라 미국 사회체제 속에 존재하는 불균형 때문일 것이라고 느꼈다. 그는 체제를 변화시키기 위해서 일생을 바쳤다. 아버지의 편견 속에서 안주하기를 바라기보다 인권을 위해서 너무 훌륭히 싸웠기 때문에 40세 때 언론이 그를 국민적 지도자의 한 사람으로 선발하였다.

이타주의자는 책임을 지는 반면에 투사자는 거부한다. 태리타운의 투사는 자기자신의 문제를 그와 동일한 문제를 가지고 있지 않은 사람들 속에서 보도록 이끌었다. 따라서 마치 종교재판소의 영혼을 구제하는 사제처럼 태리타운은 그들이 아니라 자기자신만이 식별할 수 있는 방법으로 다른 사람들의 문제를 공격하였다. 냉전시대는 태리타운의 생애에서 개인적으로 몹시 혼란스러운 시기였지만 그는 아무 문제도 없는 것처럼 보고하였다. "우리가 살고 있는 전체 가치체계가 무언가 크게 잘못되어 있다. 미국인들은 다른 어느 나라 사람들보다 더 혼란 스럽고 불행하다" 라고 적고 있다. 동시에 진정제가 "내가 몹시 싫어하는 현실(이런저런 세상이 어리석은 형태의 집단주의로 가는 추세)에 대한 방패막" 역할을 해준다고 말했다. 그의 논리는 따라가기가 어렵다. 자신을 제외하고는 미국에 살고 있는 모든 사람이 불행할 뿐만 아니라 만약에 실제로 그 자신도 불행하다면, 그것은 공산주의자들 때문이지 그 자신의 갈등 때문이 아닌 것이다.

청소년 시절에 태리타운은 "도움을 필요로 하는 사람들을 돕겠다"는 이상을 가졌지만 그의 이타주의는 행동이 아니라 공상 속에서만 존재하였다. 실제적으로는 자신이 누구를 다치게 하면 안 되므로 다른 사람을 수술하기를 포기하였고, 정부기관에 소속된 의사로서 가능하면 일을 적게 하였다. 존-버치 연맹의 모델에 따라 세상을 개조하려는 그의 욕심도 공상의 수준에 머물렀다. 개인의 책임을 극구 강조하면서 복지국가에 대해 열렬히 반대했지만 그의 부인이나 자녀들에게 지속적인 도움을 줄 수는 없었다.

나이가 들면서 태리타운은 세상사를 무시하였다. 그는 "나는 신문을 읽지도 않고 라디오도 듣지 않습니다" 라고 말했다. 그러나 현실세계에 대해서 무관심했음에도 불구하고, 1968년에 그는 "가장 빠른 기회"에 군사적 방법을 사용해서 베트남전쟁을 이기는 쪽에 편들었다. 굿하트의 부모가 가졌던 가난한 백인노동자의 편협성에 반대하는 보스턴에서 양육을 받았음에도 불구하고 태리타운은 1968년에 월러스(Wallace) 주지사를 대통령으로 지지하였으며, 존슨(Johnson)의 인권법안, 특히 흑인 등 소수민족의 인권법안이 파기된 것을 "흑인들이 그들의 분수를 지키도록 하기" 위한 것으로 옹호하였다. 공개적으로 드러내지 않는 그의 분노는 다른 사람에게 투사되었다. 그것은 되돌려져서 그를 늘 따라다니면서 괴롭히고 두려움을 가중시켰다. 편집증(*paranoia*)은 진정으로 절망적인 사람의 방어인 것이다.

성공적 적응의 두드러진 특징 중의 하나는 미래의 성장을 위해서 열려져 있다는 것이다. 이런 면에서 보면 굿하트의 이타주의는 그의 승화의 양식을 따랐다. 어렸을 적에는 단지 도피하기 위해서 책을 읽었지만, 대학생이 되었을 무렵에는 사회적 불의에 대해 책을 읽고 풍자적 시를 창작함으로써 이를 도피주의에서 벗어나는 데에 이용할 수 있었다. 굿하트는 25세 때 "나는 내 형제의 보호자가 아니라고 생각하곤 했지만 지금은 사회적 양심(social conscience)을 가지게 되었다"라고 적고 있다. 그후의 삶은 자신이 받지 못했던 것을 다른 사람에게 주기 위한 흥미진진한 탐색의 과정이었다. 그러나 태리타운은 시간이 지남에 따라 점점 작아져 갔다. 그는 점차적으로 직업이나 다른 사람들에게 점점 덜 개입했다. 19세 때 그는 성숙한 것처럼 보였다. 그러나 49세 때 그는 여전히 청소년이었고 거의 어린이와 같았다. 그의 포트 로더데일의 집이 유아원과 비슷한 것은 놀랄 만한 일이 아니었다.

굿하트와 태리타운의 이야기를 마치기 전에 이들간의 차이를 가져온 가능한 결정요인들을 다시 살펴보기로 하자. 넓은 의미에서 두 사람의 어린 시절은 비슷하다. 그러나 역시 차이점은 있었다. 18세 이후의 이들의 삶에 대해서 알지 못하는 한 아동정신의학자는 이들의 어린 시절을 다음과 같이 요약하였다.

> 태리타운은 일련의 유모들에 의해 양육되었습니다. 굿하트는 폭력적이고, 흉악하고, 알코올중독인 아버지가 있는 가정에서 성장하였습니다. 어머니의 보호와 자녀에 대한 헌신이 그에게 자아의 힘(ego strength)을 준 것으로 보입니다.

그 정신의학자는 자아의 힘이 무엇을 의미하는지를 측정할 수 있는 방법을 가지고 있지는 못했지만, 30년 후의 두 사람의 삶이 그녀의 인상(impression)을 지지해 주었다.

굿하트의 부모는 그의 삶이 형성되어 가는 모든 기간 동안 곁에 있었다. 반면에 태리타운은 이런 저런 이유 때문에 어린 시절과 청소년 시절의 절반을 한쪽 혹은 양쪽의 부모로부터 떨어져 살았다. 태리타운의 어머니는 도움이 필요할 때 움츠러들었다. 그녀는 태리타운이 태어났을 때, 또 자기 아들이 청소년시절 최대 위기였다고 말하는 이혼 당시 가장 우울했었다. 반대로 굿하트의 어머니는 그가 대학교를 다니기 위해, 그리고 군복무를 위해서 또 한 차례 그녀를 떠날 때 가장 우울해하였다. 어떤 의미에서, 굿하트는 그의 독립성을 염려하는 어머니에 의해서 더 컸다는 느낌을 받았지만, 반대로 태리타운은 그의 의존성에 대처하지 못한 어머니로 인해 더 작아졌다는 느낌을 받았을 것이다.

우리를 사랑하는 사람의 확실한 존재는 괴로운 현실에 대한 지각과 포용력을 증진시켜 주고 우리의 삶을 풍부하게 해준다. 술을 완전히 끊었던 35세 때 태리타운은 사랑했지만 결혼은 하지 않은 한 여성에 대해서, "그 여자는 나의 특정한 기본적 욕구를 너무 잘 충족시켜 주어서 술 없이도 살 수 있도록 많은 힘을 쏟을 수 있는 것이 가능하고 또 바람직하게까지 되었습니다"라고 말했다. 잠시 동안이나마 태리타운은 과거 어느 때보다도 더 성숙하게 자신의 역할을 다하였다. 그 관계가 끝난 후에는 다시 도피주의가 시작되었다. 그렇다면 굿하트의 이타주의와 승화는 내재화된 인적 자원으로부터 유래한 사치일 수도 있다. 그러나 태리타운은 그런 사치를 가질 여유가 평소에는 없었다.

만약에 어느 독자든 나름대로 태리타운의 편협성에 대해서 평가하려고 한다면 하도록 내버려두겠다. 그러나 만약에 아주 어린 시절에 어머니가 곁에 없었다면, 또한 진정한 친구를 결코 가진 적이 없다면 사람들을 쉽게 두려워할 수 있다는 점을 명심하도록 하자. 만약에 굿하트가 더 훌륭한 사람으로 보인다면, 건강한 적응의 두드러진 특징 중 하나가 외부의 관찰자에게는 더 도덕적으로 보인다는 점을 미리 알아두도록 하자. 그러나 우리의 적응기제는 생물학적 체질, 우리를 사랑한 사람들의 내재화와 아직은 밝혀지지 않은 다른 자원들에 의해 주어진 것이다. 적응기제는 전적으로 무의식적이고 이것을 우리의 공로로 내세울 수는 없는 것이다. 만약에 우리의 방어가 우리를 시험에 들지 않게 하고 악에서 구하여 준다면, 우리는 신이나 자아 둘 중의 하나에게 감사의 기도를 드릴 수 있다(어느 쪽이냐 하는 것은 우리가 감히 말로 다 할 수 없는 구원자를 투사하기를 원하는지 혹은 내재화하기를 원하는지에 달려 있다).

어떤 경우에도 태리타운이 나쁜 사람은 아니다. 단지 그는 현실을 포용할 수가 없었을 뿐이다. 플로리다로 그를 방문했을 때 그는 친절하고 정중하게 손님을 맞아주었다. 이 장에서 그를 존경할 만한 사람으로 그리지 못했다면, 그것은 단지 나의 애정과 솜씨의 한계를 무심코 드러낸 것에 불과하다. 나는 태리타운을 분류하고 어느 서랍에 집어넣으려고, '객관적'이 되려고 노력하였고, 그렇게 하는 과정에서 한 인간을 덮어버렸다. 나는 굿하트를 훨씬 더 좋아했다. 더욱 풍부한 자원을 가진 적응책략을 통해서 굿하트는 적어도 내 눈에는 삶이 제시한 조건들을 용기 있게 수용하였다. 그러나 우리는 적응을 도덕적 판단과는 분리시키는 것을 배워야만 한다.

이 장에서는 앞으로 이 책을 통해 발전시키고 확장할 다섯 가지 주제를 소개하였다. 첫째, 우리들의 미래를 형성하는 것은 어린 시절의 분리된 외상(trauma)들이 아니라 중요한 사람들과의 지속적인 관계의 질이다. 둘째, 삶은 변화하는 것이고 삶의 과정은 불연속성으로 채워져 있는 것이다. 한 시점에서 정신적으로 건강하지 않아보이는 것이 다른 시점에서는 반대로 적응이 이뤄진 것으로 보인다. 셋째, 정신병리를 의미 있게 만드는 실마리는 적응기제를 이해하는 것이다. 정신병리의 기저에 깔려 있는 대부분은 치유과정을 반영하기 때문이다. 이러한 적응기제들은 서로 구별될 수 있으며 연속선 — 건강과 성숙 둘 다와 상관된 연속선 — 상에 배열될 수 있다. 이 책을 읽다 보면 한 방어양식은 다른 것으로 발전할 수 있기 때문에 모든 성격들은 역동적이며, 어느 삶도 전적으로 예측가능한 궤도를 따르지는 않는다는 점이 분명히 드러날 것이다. 넷째, 인간의 발달은 성인기의 삶을 통해서 지속되는 것이다. 따라서 삶에 대한 진실은 상대적인 것이고 종단적(*longitudinally*)으로만 발견될 수 있다. 회고적(*restrospective*) 설명은 왜곡으로 가득 차 있다. 따라서 한 사건에 대한 적절한 설명적 진실은 여러 해 동안 나타나지 않을 수도 있다. 마지막으로, 긍정적 정신건강은 존재하며, 적어도 부분적으로는 도덕적·문화적 편견에서 자유로운 상태에서 조작적으로 논의될 수 있다는 것이다.

제 2 장

그랜트연구의 대상자들

연구대상자라는 바로 그 점, 즉 추수연구의 질문지들을 받아서 심사숙고하는 일 덕분에 내 개인적 발달, 삶의 선택들, 경력의 발전 및 그와 유사한 것들에 대한 좀더 의식적인 분석의 계기가 마련되었다. 비록 측정할 방법은 없다 하더라도, 나 자신에게 일어난 것이 인간의 발달과 행동에 관해 더 많이 알고자 하는 장기간에 걸친 노력의 한 부분이 된다는 인식이 나에게 많은 영향을 끼친 것은 확실하다. 비록 산발적 보고서와 한 번의 추수면담(follow-up inter-view) 외에는 이 연구와 밀접한 관련은 없었지만, 만약에 지속되지 않았었다면 많은 것을 잃었을 것이다.

— 그랜트연구 질문지에서 발췌

만약에 특별히 선발된 대학교 2학년 학생들의 삶에서 인간이 어떻게 삶에 적응하는가를 볼 수 있으려면, 독자는 이들이 어떻게 선발되었고 다른 일반사람들과 어떻게 비교되는지 알아야만 한다. 모두 합해서 268명이 처음으로 선발되었는데, 그 중 66명은 1939년에서 1941년에 졸업할 학년에서 선발되었고, 1941년에서 1944년에 졸업할 학년에서는 7%의 표본들로부터 202명이 선발되었다. 선발과정은 해마다 조금씩 달랐지만 연구대상자의 90%는 다음과 같은 방식으로 선발되었다.

각 학년 중에서 약 40%는 졸업에 필요한 제반 학사요구를 충족시킬 수 있을까 의문스럽기 때문에 임의적으로 제외되었다. 그 후 60%에 대한 의료기록이 검토되었으며, 그 중 절반이 신체적 혹은 심리적 장애의 증거가 있어서 제외되었다.

매년 각 학년의 나머지 30% 학생들의 이름이 단과대학장들에게 제출되었고, 이들이 "건강하다"라고 여기는 약 100명을 선발하였다. 학장들에게 가장 독립적으로 보이고 건강문제로 주의를 기울여야 할 필요가 없을 듯한 학생들을 선발하도록 하였다.

한마디로 학장들은 대학 보건소장인 알리 보크 박사의 표현에 의하면, "독립적으로 행동할 수 있는" 학생, 혹은 학장 스스로의 말에 의하면 "입학허가를 내준 것이 자랑스러운 학생"을 선택하였다. 약 20%의 학생은 우연한 요인에 의해서 선발되었다. 즉, 스스로 찾아오거나 (4%), 전에 선발된 학생의 동생이거나(2%), 혹은 표준적 선발과정에서는 발견되지 않았으나 특별히 장래가 촉망되는 학생들(4%)이었다.

매년 잠정적으로 선발된 학생 중에서 연구계획에 참여하려는 동기가 적기 때문에 5명당 1명 꼴로 실제연구에 참여하지 못하였다. 일반적으로 과중한 실험실업무 혹은 학교대표 축구선수 등과 같은 과외활동 때문에 참여하기를 꺼려하였다. 일단 연구에 참여한 후에는 대상자들은 거의 충실하였다. 대학시절 동안에 최종적으로 선발된 268명의 학생 중에서 단지 10명만이 탈락하였다. 그 10명의 경우 보통 동기가 약한 것이 원인이었다.

연구대상자들이 대표성을 갖게끔 선발하는 데 목적이 있지 않기 때문에 선발과정이 특별히 체계적이지 않았다 해서 결과가 무의미해 지는 것은 아니다. 오히려 관찰자의 편견이긴 하지만 성공적 삶을 살 학생들을 많이 뽑을 수 있는 방식으로 선발하였다.

그러나 대학생을 대상으로 선발한 데서 오는 한계와는 별도로 두 가지 심각한 편견이 선발과정 속에 내재해 있다. 첫째, 독립성-의존성 차원에서 한쪽 끝에 해당하는 사람을 뽑는 데 강조점이 주어졌다. 학생들이 다니는 대학은 경쟁이 심한 입학조건을 통과해야 하고, 또 공부하기가 어려운 곳이다. 일단 대학에 들어온 후에도 학업을 성공적으로 수행하는 학생만이 선발되었다. 만년에 그랜트연구 대상자들은 대개 형제들에 비해서 많은 직업적 성공을 거두었다. 다른 말로 하면, 대상자들은 현재의 능력들이 타고난 지적 능력을 능가하거나 동등하기 때문에 선발되었다. 이들과 비슷하게 안정적이긴 하지만 성취욕구가 적은 낙천적 학생들은 아마도 적게 선발되었을 것이다. 또한 친밀성의 능력이 성공의 능력보다 덜 가치 있게 여겨졌다.

두 번째 편견은 첫 번째와 밀접한 관련이 있다. 이 책에서의 적응양식은 금욕주의자의 방향으로 너무 치우쳐 있다. 연구대상자 중에서 가장 성공한 사람 중의 하나가 말한 것처럼 생활하면서 제일 즐거웠던 것은 "누구에게도 신세지지 않고 다른 사람을 도와준 것"이었다. 연구대상자들 중 너무 많은 사람들이 한 연구대상자가 가지고 있는 정상성 개념, 즉 "건강한 사람은 자신에게나 타인에게나 결코 문제를 일으키지 않는 사람이다"와 일치하는 삶을 살았다. 그러나 적응을 잘하는 쾌락주의자들도 선발되었으면 더 좋았을 뻔했다. 첫 번째 장에서 사용한 비유를 든다면, 만약 그랜트연구 대상자들이 무릎이 까졌다면 반창고나 어머니에게 의존하기보다는 스스로 해결하려고 했을 것이다.

이 책에서는 본래의 268명 중에서 95명을 다루고 있다. 나는 이 대상자를 다음과 같은 방식으로 선발하였다. 첫째, 1942년에서 1944년에 졸업한 학생들만을 대상자로 포함시켰다. 그런 후 연구방법의 일관성을 유지하며 이 학생들에 관한 가능한 자료들을 고도로 표준화시켰다. 그 후에는 이 집단에 드는 202명 중에서 각각에게 주어진 고유번호가 1, 5, 6, 8 혹은 0(이 숫자는 우연하게 선택했다)으로 끝나는 사람들을 개인적 면담을 위해 선발하였다. 이렇게 해서 모두 102명을 선발했다. 이 102명 중에는 학교를 졸업하기 전에 탈락한 2명이 포함되어 있었다. 이 두 사람에 대한 최근의 추수자료에 의하면 모두 살아 있고, 자녀를 기르며 안정된 결혼생활을 하고, 또한 자신들이 대표로 있는 사업에서 꽤 성공하고 있었다. 나머지 100명 중에서 5명은 졸업 후 25년째 되는 동창회를 맞기 전에 죽었다. 이들의 사망원인은 2차 세계대전에서의 전사, 심장마비, 교통사고, 선천적 신장질환 그리고 암이었다. 대학시절에 이들 다섯 사람은 중요한 항목들에서 다른 이들과 차이를 보이지 않았다. 이렇게 해서 95명이 남았다. 이들 중 하나는 면담을 하기 직전에 죽었지만 그 친구들이 면담에 응해 주었으므로 포함시켰다. 그랜트연구를 위해 선발된 지 30년이 흐른 뒤에도 나머지 94명 모두가 나와 2시간 동안 면담을 하는 데 동의하였다. 따라서 선택적 탈락이나 지역적 분산 둘 다 연구대상자를 의미 있게 변경시키지는 않았다.

대학생들로 구성된 표본의 결과를 일반화하는 데 크게 문제가 되는 두 가지 편향의 근원은 지적인 면과 사회경제적인 면이다. 학업성취검사(Scholastic Achievement Tests: SAT)로 측정해 본 결과, 선발된 학생들의 학업성취 점수는 전체 고등학교 졸업생 중에서 상위 5%에서 10%에 속했다. 그러나 이들의 평균인 584점이 다른 많은 학생들이 못 따라올 만큼 높은 점수는 아니었다. 선발기준 중의 하나가 대학에서의 학업성적이었기 때문에 연구대상자의 61%가 우등으로 졸업하였다. 반면 이들의 동기생들의 60%가 대학원에 진학한 것에 비해서 이들은 76%가 진학하였다. 그러나 지능검사에서는 연구대상자가 아주 근소하게 우수할 뿐이었다.

신체적 면에서 대상자들은 어디에서나 볼 수 있는 다른 대학생들과 아주 유사하였다. 연구대상자들이나 그 동기생들 모두 키는 평균 177.8㎝였고, 몸무게는 평균 72.5㎏이었다. 그러나 연구대상자 중에는 동기생들에 비해 다부진 근육형이 두 배나 많았다. 98%가 오른손잡이였고, 동기생들보다 자세가 좀더 바르다고 평가되었다.

사회경제적 면에서 연구대상자들은 혜택받은 집단 출신이었지만 모두 그런 것은 아니었다. 1940년 당시 아버지의 1/3이 연간 1만 5천 달러 이상을 벌었고, 1/3이 5천 달러 이하를 벌었으며, 7명 중에 1명꼴로 2천 5백 달러 이하를 벌었다. 이들 아버지의 1/3이 전문적 훈련을 받았으나 부모의 절반 정도는 대학을 다니지 않았다. 연구대상자의 거의 절반 가량이 사립학교를 다녔지만 대학시절에는 동일한 비율로 장학금을 받았다. 학기중에도 연구대상자의 절반은 등록금의 많은 부분을 벌기 위해서 일했다. 그러나 의미심장하게도 연구대상자들이 대학교에 입학할 당시에 있었던 상대적으로 큰 사회경제적 차이는 30년이 지난 후의 결과변인(outcome variable) 중 어느 것과도 아무런 상관관계가 없었다. 무엇보다도 좋은 교육이, 그리고 특히 4반세기 동안의 시간의 흐름이 모든 통계적 차이를 없애주었다.

연구대상자들은 비교적 안정적인 가정 출신이었다. 19세 때 오직 14%만이 부모 중 한 분이 돌아가셨고, 7%만이 이혼으로 부모 중의 한 분을 잃었다. 그러나 부모의 이혼율이 약간 낮은 것을 제외하고는 이 숫자들은 전체 대학생이나 혹은 일반적 미국 중산층과 크게 다를 바가 없었다. 그리고 맏아들이 특히 많았다. 대상자 중 41%가 맏아들이었고, 11%보다 약간 많은 숫자가 외아들이었다. 오직 21%만이 막내였다.

이미 밝힌 바와 같이 연구대상자들은 1940년에 미국 동북부에 있는 사립대학에 재학중인 학생들 중에서 선발되었다. 대상자의 80%가 개신교도였고, 10%가 가톨릭신자였으며, 10%가 유대인이었다. 이들 선조들의 대부분이 1850년부터 미국에서 살았으며, 대상자 중 흑인은 한 명도 없었다. 대상자 중 89%가 메이슨-딕슨 경계선(Mason-Dixon line)* 북부와 미주리강 동부 출신이었다. 25년 후에도 대상자의 75%가 이 경계 안에서 살고 있었으며, 전체 대상자의 60%는 5개의 대도시, 샌프란시스코, 뉴욕, 워싱턴, 보스턴 및 시카고로 이주하였다.

그러나 2차 세계대전이라는 역사적 사건을 통해서 이들은 학업적 우월성과 사회적 행운과는 다른 근거로 동년배들과 비교가 가능한 공통의 경험을 갖게 되었다. 비록 학문의 세계인 상아탑에서의 성공 때문에 선발되었지만 이들은 전쟁터에서도 상식과 용기를 보여주었다. 그랜트연구 대상자에 관한 책, 《전쟁에서의 대학생》(College Men at War)에서 저자인 존 몽크스 박사(Dr. John Monks)는 많은 유용한 비교를 제공했다.[1] 일반적 통계에 근거하면 연구대상자 중 77명이 신체적 이유로 입대가 거부될 것으로 예상되었지만 실제로는 오직 3명만이 거부되었다. 대상자의 1/3이 10일이나 그 이상 지속된 전투에 참가하였으며, 부상당하거나 사망한 비율이 전체 군대의 사망률과 다르지 않았다. 그러나 극심한 전쟁의 위험 속에서 연구대상자들은 구토, 자제력 상실, 심계항진(palpitation), 경련과 현기증 등의 증상을 다른 군인들보다 훨씬 적게 겪은 것으로 나타났다. 제복을 입고 참전한 230명의 연구대상자들은 20개의 동성훈장, 3개의 훈공장, 3개의 공군 무공십자훈장과 1개의 해군 수훈장을 탔다. 더구나 이들은 나이가 어렸기 때문에 대부분은 전쟁의 마지막 해에야 참전하였다.

군대에서의 진급에서도 이들의 적응은 흠잡기가 어렵다. 오직 10%만이 장교로 입대했지만 71%가 장교로 제대하였다. 해군에 입대한 사람 중에 45%가 장교로 입대하였으며, 45%가 추가로 복무중에 장교로 임관되었다. 대상자들에 대한 근무평가서의 52%에서 부대장은 이들을 자기 지휘하에 두기를 "특별히 원한다"고 했으며, 41%에서 부대장들은 이들이 부하라서 "기쁘다"고 하였다. 오직 7%의 복무평가서에서만이 부대장들은 연구대상자들이 자기 밑에서 복무하는 것이 단지

---

* 펜실베이니아 주와 메릴랜드 주의 경계선으로 옛날 미국의 북부와 남부의 분계선으로 간주함 ─ 옮긴이.

"만족스럽다"라고 하였다. 5% 미만이 전쟁이 끝난 후 민간인 생활에 적응하는 데 어려움을 겪었다.

47세 때, 평균적 연구대상자는 성공적 사업가나 전문직이 벌어들이는 수입과 사회적 지위를 얻었으며, 대학교수와 같은 수준의 정치적 견해와 지적 취향, 생활양식을 가졌다. 비록 1968년의 평균 연수입이 약 3만 달러였지만 5% 미만만이 스포츠카나 값비싼 승용차를 타고 다녔다. 경제적으로 성공했음에도 불구하고 공화당보다는 민주당에 투표했으며, 71%가 자신을 '보수적'이 아니라 '진보적'이라고 보았다. 1954년에는 오직 16%만이 매카시(McCarthy) 청문회를 찬성하였다. 1967년에 91%가 월남전에 개입을 단계적으로 줄이는 데 찬성하였다. 이때 동기생들은 80%만이 찬성하였다. 그랜트연구 대상자들이 원하는 대로 됐다면 아마도 1968년에 험프리와 닉슨이 아니라 매카시와 록펠러가 대통령과 부통령 후보로 지명되었을 것이다. 같은 세대의 대부분의 진보주의자들과 마찬가지로 이들도 '남녀평등'에 대해서 찬성하였다. 이들은 대법원의 결정과 인권관계법안이 제안되었을 때 성원을 보냈지만, 단지 몇 명만이 인종간의 평등을 가져오기 위해서 적극적 역할을 하였다.

25년째 되는 동창회에서 대답한 질문지에서 얻은 자료들에 대한 표는, 1944년도에 졸업한 48명의 연구대상자 중 44명과 동기생 70%를 비교하고 있다(동기생 중 30%가, 그리고 연구대상자 중 4명만이 질문지에 대답하지 않았다). 적당한 연구대상자를 선발하느라고 수고했음에도 불구하고, 많은 면에서 연구대상자와 동기생들 간에는 차이가 별로 없었다. 1969년에 대상자의 4명 중 1명은 연수입이 4만 달러 이상이었으며, 또 4명 중 1명은 연수입이 2만 달러 이하였다(이들은 대부분 교직에 종사하였다). 이 수입범위는 그랜트연구 대상자들과 그 동기생들을 의미있게 구별하지는 않았다. 그러나 연구대상자들은 동기생들보다 자신의 지위를 나타내는 개인사무실을 4배나 많이 갖고 있었다.

이혼율과 가정의 불안정률도 두 집단이 대략 비슷하였다. 대학을 졸업한 지 25년 후에 거의 두 집단의 95%가 결혼했으며, 그 중 양쪽의 15%가 이혼했다. 동기생 중 1/4이 변호사나 의사가 되었고, 15%가 교육자가 되었는데 거의 대학교 수준에서 봉직하였다. 그리고 20%가 사업을 하였다. 나머지 40%는 조각가나 회계사 혹은 광고업, 금융업, 보험업, 공무원과 공업 계통에서 일하고 있었다. 각각의 직업에 종사하는 연구대상자의 비율도 동기생들과 다르지 않았다. 그러나 정신건강, 결혼생활의 안정성과 직업적 성공의 영역에서 순항을 즐기는 사람들이 질문지에 답하는 경향이 훨씬 높았다. 거의 모든 그랜트연구 대상자들이 질문지에 답했으므로 이들이 건강이 좋아서 응답했을 동기생의 70% 표본과 아마도 비슷할 것이다.

연구대상자들이 다른 점은 이들이 더 행복하였다는 것이었다. 이들 중 많은 사람들이 자신의 일이 "매우 만족스럽다"고 하였다. 그랜트연구 대상자들은 건강이 매우 좋다고 보고하였으며, 병으로 휴가를 받은 적도 훨씬 적다고 보고하였다. 47세에도 오직 연구대상자의 18%만이 자신의 제일 적당한 몸무게보다 약 9kg 정도 더 나갔으며, 오직 13%만이 일년에 평균 5일이나 그 이상을 병 때문에 휴가를 얻었다. 이 숫자는 일반인들이 경험하는 것보다 훨씬 낮은 것이다. 더욱 중요한 것은 이들의 사망률이 동기생들보다 50%나 적다는 것이었다.

그랜트연구 대상자들은 이처럼 선발된 집단이므로 이들을 전체 일반인과 비교하는 것은 별로 설명해 주는 바가 없다. 연구대상자들은 모두 어느 정도 직업적 성공을 거두었다. 따라서 이들끼리 서로 비교해 보지 않는다면 직업상의 실패는 드러나지 않는다. 한때는 14%가 알코올 문제를 가지고 있었지만, 아주 약한 정도까지 포함하더라도 불과 4%만이 2년 이상 무력하게 생활하였다. 이는 전국적 평균보다는 훨씬 적은 것이다. [2)]

심리적 측면에서 연구대상자들은 성인기에서도 전체 일반인보다 더 잘 지냈지만, 얼마나 잘 지냈는지 말하기는 어렵다. 처음부터 건강이 좋은 사람들만 선발했기 때문에 어느 한 사람도 극복하기 힘든 심한

<표 2-1> 25차 동창회에서의 질문지에 대한 응답

	그랜트연구대상자 44명	동기생 590명
1. 연구질문지에 대한 응답	92%**	70%
2. 대학을 우등으로 졸업	61%**	26%
3. 대학원 진학	76%*	60%
4. 현 직업에 대해 매우 만족	73%*	54%
5. 직업적으로 아버지보다 덜 성공	2%**	18%
6. 연평균 2일 이하의 병가를 냄	82%**	57%
7. 현재의 건강상태를 매우 좋다고 생각	64%*	43%
8. 월남 개입이 줄어야 한다고 믿음(1968년 9월 겨울)	93%*	80%
9. 공립고등학교를 졸업	57%	44%
10. 이혼한 경험이 있음	14%	12%
11. 결혼한 적이 없음	7%	6%
12. 현재 결혼생활이 불안정	16%	12%
13. 교회에 자주 나감	27%	38%
14. 현재는 담배를 피우지 않음	74%	71%
15. 음주한 적이 없음	7%	20%
16. 매일 네 모금(약 6온즈) 이상 술을 마심	7%	9%
17. 대학재학중 정신의학적 면담을 10회 이상 했음	21%	17%

* 확률적으로 유의미한 차이(p<.05 — 우연히 이런 차이가 나타날 확률은 20번 중 1번).
** 유의미한 차이(p<.01 — 우연히 이런 차이가 나타날 확률은 100번 중 1번).

어려움을 겪지 않았다. 그렇지만 어느 한 사람도 고통과 노력과 불안 없이 인생의 승부에서 살아남은 사람은 없었다. 그랜트연구 대상자와 다른 집단과의 비교는 비교할 집단이 동일한 연구자에 의해 동일한 방식으로 평가되지 않을 경우 이뤄지기 어렵다. 예를 들어 대도시에 거주하는 미국인의 정신건강에 대한 조사에서 스롤(Srole)과 동료들이 사용한 정신건강기준에 의하면, 연구대상자의 70% 혹은 90%가 뉴욕 시민의 18% 혹은 50%와 더불어 스롤과 그의 동료들이 "괜찮다"라고 여기는 범주에 속한다.3) 반면, 대상자들의 대학시절 이들과 면담했던 정신과의사들은 이들 중 반수 이상이 정신의학적 상담을 받으면 도움이 될 것이라고 느꼈다. 연구대상자들이 30세가 될 때까지 10%가 정신과의사를 찾았고, 48세가 될 때까지 그 숫자는 40%로 증가하였다. 스롤이 뉴욕시민들을 무작위로 뽑아서 조사한 결과 20세에서 59세에 속하는 사람들의 13%만이 정신과의사를 찾아본 적이 있었다. 불행하게도 정신과의 외래진료는 필요한 사람보다 혜택받은 사람이 더 많이 이용하고 있다.

아마도 그랜트연구 대상자들과 실질적으로 비교할 수 있는 유일한 표본은 터만(Terman)이 행한 타고난 재능을 지닌 1천 명의 캘리포니아주 초등학생들을 대상으로 한 종단적 연구일 것이다.[4] 이 집단은 그랜트연구 대상자들과 대체로 비슷한 사회경제적 환경에서 선발되었다. 지능검사에 의하면 전체인구의 상위 1%에 속하는 터만연구 대상자들은 그랜트연구 대상자들보다 지적으로 더 재능이 있었다. 그러나 터만연구 대상자들은 수행(*performance*)이 아니라 능력(*ability*)에 의해 선발되었기 때문에 오직 70%만이 대학교를 졸업하였다. 터만과 그랜트연구 대상자들은 똑같은 비율(94%)로 결혼하였는데, 터만연구 대상자들이 더 많이 이혼하였다(23%). 터만연구 대상자 중 남자들은 그랜트연구 대상자들보다 2명 대 3명 꼴로 자녀수가 적었는데, 그들이 자녀를 양육한 기간중 일부는 대공황기와 맞물려 있었다. 두 집단 공히 동성애 발생률은 1%에서 2% 사이였다.

정신의학적 측면을 보면, 터만연구 대상자의 9%는 '심한 부적응'을 나타냈고, 3%는 정신질환으로 입원하였다. 이 비율은 그랜트연구 대상자들에게도 마찬가지일 것이다. 터만연구 대상자들의 15%가 삶의 특정시기에 지나치게 술을 마셨다. 그랜트연구 대상자들의 14%도 마찬가지이다. 성인이 돼서 범죄로 유죄판결을 받은 사람은 두 집단에서 모두 한 명도 없었다. 두 집단 모두에서 사망률은 비슷한 나이의 백인에게서 예상되는 것보다 낮았다. 그랜트연구 대상자들에게서 대학원에 진학하는 경향이 보다 높게 나타났지만, 대학원에서의 학업성적은 터만연구 대상자들보다 덜 우수하였다. 평균 45세 때에 그랜트연구 대상자 중 대략 8%가 《미국인명록》에 수록되었고, 반면에 터만연구 대

상자 중 7%가 수록되었다. 50세 때에는 터만연구 대상자의 12%가
《미국의 과학자》에 수록되었으며, 역시 그랜트연구 대상자의 12%도
수록되었다. 터만연구 대상자들이 그랜트연구 대상자들보다 10살 더
많기 때문에 이들 집단의 수입을 단순비교하기는 어렵다. 1964년, 그
랜트연구 대상자 중 40%가 평균 43세의 나이로 연간 2만 50천 달러의
수입을 올렸다. 1954년, 거의 같은 나이임에도 오직 터만연구 대상자
중 10%만이 비슷한 수입을 올렸다. 그러나 그 시기에는 봉급이 상대
적으로 더 낮았다.

　30년에 걸친 연구가 '그랜트연구 대상자들의 삶을 어떻게 변화시켰
는가'라는 다소 어렵긴 하지만 당연한 질문을 할 수 있다. 이들은 자
신 외에 누가 연구에 포함되었는지 알지 못했으며, 물론 학교 내에서
자기들끼리 단체를 만든 적도 결코 없었다. 그러나 이들 모두는 자신
들에 대해서 과학적으로 연구한 초기 보고서들을 받았다. 최근에 이들
모두에게 그랜트연구가 미친 영향이 무엇인가를 물었다. 이들은 그랜
트연구가 자신감과 자주 자신의 삶을 돌이켜보는 습관을 갖게 해준 것
외에는 큰 영향을 미치지 않았다고 느꼈다.
　이들의 삶을 재검토하면서 나는 이들이 연구대상자가 된 결과 중의
하나는 동기생들보다 더 자유롭게 정신의학적 도움을 받는다는 것이라
고 생각하였다. 그러나 가끔 사회과학자들의 정밀조사의 대상이 된다
는 사실보다 더 극적이고 지속적인 많은 힘들이 이들의 삶을 형성하고
있었다. 스스로의 삶이 너무나 복잡하고 흥미로웠기 때문에 이들은 자
신이 그랜트연구 대상자라는 사실을 긴 시간 동안 생각할 수 없었다.
이들의 **적응양식**에 관한 자료는 이 책을 위한 자료가 수집되기 전에는
발표되지 않았다는 점 또한 주목해야 할 중요한 대목이다. 질문지들
역시 성격의 적응적 측면에 이들이 관심을 기울일 만큼 구조화되지 않
았다.
　한 연구대상자는 그랜트연구의 효과에 대해서 "이같이 여러 해가 지

난 후, 그랜트연구는 이 변화무쌍한 세상 속에서 일종의 건전하고, 안정되고, 연속성이 있고, 자비롭고, 믿을 만한 존재가 되었습니다. 그리고 나는 안심하고 연구의 내용을 믿을 수 있습니다. 이런 요구, 즉 '내가 정상이라고 말해주세요. 나의 방식이 합리적이고 어딘가로 인도해 줄 것이라고 안심시켜 주세요. 친절하고 현명하며 찬성해 주는 권위자가 돼 주세요'라는 요구는 분명 일종의 투정에 가까운 요구입니다'라고 말했다.

또 다른 대상자는 "솔직히 말해서 1939년에 이 연구에 선발됐을 때 나는 그때까지 받은 것보다 더 많은 진로지도를 기대했었습니다. 268명의 실험재료(*guinea pig*)에 포함된 것이 자랑스럽다는 것을 인정하며, 때때로 공개적으로 자랑하기도 했습니다. 전반적으로 볼 때 피드백이 많이 부족했다는 느낌이 듭니다"라고 말했다.

내 자신이 이 연구에 관련을 맺은 후로 연구대상자들 중 어느 한 사람도 내가 존경하지 않은 사람은 없다고 말할 수 있다. 연구자로서의 내 역할 탓으로 이들과의 만남이 너무 형식적이고 일시적일 수밖에 없다는 점에 유감을 느꼈다. 그럼에도 불구하고 이 역할을 즐길 수 있었던 것은 비록 짧은 기간이나마 이처럼 흥미 있는 94명을 친밀하게 알 수 있는 다른 방법이 없으리라 생각했기 때문이다. 어떤 점에서도 그랜트연구 대상자들이 비범하거나 색다른 것은 아니었다. 그러나 한 집단으로서 이들은 인류의 한 특정한 문화 속에서 무엇이 건강하고 가치 있는가에 대한 주요한 관점을 반영하고 있다. 편견과 어린 시절의 결핍으로부터 보호받았고 직업적 승진의 측면에서 선두에 있을 수 있었던 만큼, 이들의 삶이 대다수 미국인을 대표하지는 않는다. 그러나 이들이 상대적으로 혜택받은 지위를 누리고 있다는 바로 그 점이 이들이 인간의 적응에 대한 연구에 적합한 이유이다. 꽃의 성장에 관한 연구는 최적의 조건에서만 가장 잘 이루어질 수 있다. 인간 또한 자유로운 선택을 할 수 있을 때 비로소 가장 충만한 모습으로 만개할 수 있다.

제3장

어떻게 연구하였는가

전통적으로 의사는 여러 종류의 문제들이 발생한 후에야 환자들을 다루어왔다. 보건성은 이 절차를 수정할 것을 제안하고, 정상적인 젊은이를 만들어낸 힘들을 분석할 것이다.… 환자가 치료를 필요로 한다는 것은 모두가 인정하지만, 아주 소수의 사람을 제외하고는 어떻게 건강을 유지하고 또 건강할 수 있는가에 대해서 체계적 탐색을 하는 것이 필요하다고 생각하지 않는다.… 최근의 가정들을 대치시키기 위해서 많은 사실들이 필요하다. 우리 모두에게는 '해야 할 것'이 더 많이 필요하고 '하지 말아야 하는 것'은 적게 필요하다.

— 알리 보크 박사, 1938년 9월 30일자 신문기사에서

그랜트 성인발달연구는 이 세상에서 성인발달에 대해서 가장 긴 조망을 가지고 진행된 추수연구라는 탁월한 특징에서 버클리대학의 오클랜드 성장연구(Oakland Growth Study)와 쌍벽을 이룬다. 조그마한 벽돌건물로서 고립된 위치에 있었기 때문에 연구소는 따뜻하고 우호적인 장소였다. 비서부터 의료책임자에 이르기까지의 모든 연구진들은 분석적이고 엄격하기보다는 친절하고 수용적이었다. 그랜트연구 대상자들은 충분한 동의와 인식 하에서 검사를 받았다. 그러나 이들은 자원할 수는 없었는데 이 조건은 자칭 실험재료들의 변덕을 방지하는 데 도움이 되었다. 정신적으로 건강하기 때문에 선발되었으므로 이들에게 연구대상자가 되었다는 것은 일종의 작은 명예였다. 연구자들은 이들이 언제 감정적으로 괴로운지를 알아내는 데 충분한 관심을 기울인 만큼 도움이 필요하다는 요청을 자주 받곤 했다. 그래서 40여 년에 걸친 강한 유대감이 형성되었다. 대부분의 연구대상자들은 연구에 참여하게 된 것을 재미있고 가치있는 일이라고 생각했고 이러한 사실을 자유롭게 인정했다. 부모들 중 일부는 연구에 참여한 것이 자식들이 대학시절에 한 경험들 중 제일 가치 있는 일이라고까지 생각했다.

그러나 대학시절 연구에 참여하는 것은 많은 요구사항이 따랐다. 각각은 적어도 20시간을 할애하였다. 연구대상자로 선발된 후 이들은 정신과의사와 여덟 번의 면담을 하였다. 이 면담들은 각각의 가족사항과 미래의 진로계획 및 가치체계에 초점을 맞추었다. 의사들은 이들을 환자로서가 아니라 하나의 인간으로서 이해하려고 특별히 노력하였다. 병리적 측면을 찾아내거나 이들의 삶을 정신분석적으로 해석하려고 노력하지 않았다.

대상자들은 또한 사회적 측면을 조사하는 루이제 그레고리(Lewise Gregory, 지금은 Mrs. William F. Davies)와도 접촉했는데, 그녀는 처음부터 연구에 참여하여 1976년까지 유일하게 남아 있는 사람이다. 버지니아 출신으로서 따뜻하고 통찰력 있는 성품을 가진 데이비스 여사는 전문적 훈련 때문이 아니라 타고난 자질 때문에 선택되었다. 그녀는 각 학부 2학년 학생으로부터 사회적 내력을 주의깊게 조사했을 뿐만 아니라 이들의 부모를 만나기 위해 미국 전역을 여행하였다.

몇 년이 지난 후 나는 우연히 이들의 부모 몇 사람을 만나게 되었는데, 이들은 그때까지도 그녀의 방문을 매우 즐거웠던 것으로 기억하고 있었다. 그녀는 각각의 대상자집에서 조부모, 부모의 여자친척들, 남자친척들 그리고 사촌들까지 포함하는 가족내력들을 조사하였다. 그녀는 또한 어머니들로부터 각 대상자들의 어린 시절 발달내력과 이들을 양육하면서 일어났던 문제들에 대한 조사만이 아니라 친척들 중 정신질환을 겪은 사람이 있을 경우에는 이 정신질환의 내력도 알아냈다. 이와 같은 가족면담의 효과는 긍정적인 면을 강조하는 것이었다. 이는 연구대상자와 연구 사이의 유대감을 강화시킬 뿐만 아니라 사회적 내력 차원에서 세부적으로 언급되는 병리적 사항들이 대부분 중요하다는 것 또한 의미했다. 매우 자주 병리학에 관심을 둔 보통은 정신의학적이며 사회적인 내력들은 우리 모두에게 테네시 윌리엄스(Tennessee Williams)의 희곡을 회피하도록 한다.

1938년부터 1953년까지 그랜트연구 책임자였으며 내과의사로 훈련받은 클락 히드 박사는 각각에게 특별히 2시간에 걸쳐서 완전한 신체검사를 실시하였다. 여기에는 일상적 생활습관들, 과거의 병력과 스트레스에 대한 신체적 반응들이 포함되었다. 각각의 대상자들은 또 인슐린 내구력, 호흡기능, 쳇바퀴에서 5분간 혹은 거의 기진맥진할 때까지 달린 후의 신체적 효과 등에 대해 생리학자에게 조사를 받았다. 이러한 검사들은 그 당시 브루스 딜(Bruce Dill) 박사가 소장이던 대학부설 피로연구소에서 실시됐다.

또한 젊은이들을 평가하는 데 특별한 재주가 있는 심리학자 프레더릭 웰즈(Frederick Wells) 박사가 각각의 대상자들을 검사하였다. 그는 군인들을 선발하기 위하여 사용되는 지능검사(Army Alpha Tests)를 개발하는 데도 중요한 역할을 하였다. 그와 그의 조수들은 타고난 지능을 측정하기 위해 고안된 심리검사들(Alpha 검사에서의 단어검사와 수검사), 어휘력 검사, 축소판 로르샤하 검사, 그리고 조작능력과 공간관계 이해를 측정하기 위한 토막완성 검사를 실시했다. 대부분의 대상자에게 학업성취 검사와 수학재능 검사도 실시했다.

그랜트연구는 그러나 그 시대의 편견들에 의한 제한점이 있었다. 예를 들어 뇌파검사자가 각 대상자의 뇌파를 기록하였는데, 당시의 유행에 따라 기록장치의 간단한 곡선에 의해서 각 사람의 성격을 추론하려고 하였다. 물론 뇌파검사자의 예측이 지지를 받지는 못했지만 그렇다고 검사자의 노력을 비웃을 수는 없다. 왜냐하면 1937년 당시에는 뇌파검사의 유용성이 막 입증되기 시작하는 단계였고, 성격학자들이 그에 대해 많은 희망을 가지고 있었기 때문이다.

체격형 또한 그랜트연구를 과학발달을 위해 이용하려던 또 다른 불행한 노력이었다. 체질인류학자들은 각 대상자들을 문자 그대로 머리에서 발끝까지 조사하였고, 또 각각의 체격형 및 성격과 관련이 있다고 간주한 다른 신체변인들을 기록하였다. 그 당시에 독일의 정신의학자 에른스트 크레취머(Ernst Kretschmer)의 영향을 받아서 윌리엄 셸던(William H. Sheldon)은 체격이 야윈 형인가, 땅딸막한 형인가 혹은 다부진 형인가 하는 것이 사람의 성격과 중요하게 관련이 있다고 믿었다. 30여 년이 지난 후에 밝혀진 연구결과에 의하면, 당시 조사한 뇌파기록이나 정교하게 분류된 체격형 모두 이 대상자들의 성격연구에 특별히 시사하는 바가 없는 것으로 나타났다.[1]

불행히도 1930년에 혁신적 성격학자 네 사람에 의해 이뤄진 연구가 주목받지 못했다. 불행하다고 표현한 것은 이들 네 학자의 연구가 그랜트연구의 결과에 대한 내 해석에 영향을 미치고 있기 때문이다. 에릭 에릭슨, 안나 프로이트(Anna Freud), 해리 스택 설리번(Harry Stack Sullivan)과 하인즈 하르트만 모두는 오늘날의 성격이해에 중요한 영향을 끼쳤다. 그러나 1937년에서 1942년에 이르는 시기에 이들의 연구는 너무 새로운 것이어서 그랜트연구의 초기계획을 구체화하는 데 활용될 수 없었다.

1940년에 이르러 해리 설리번은 심리적응적 성격이론에 대변혁을 일으키기 시작하였다.[2] 점진적으로 설리번과 영국의 멜라니 클라인(Melanie Klein)은 자아, 양심, 본능의 개인내적(*intrapersonal*) 관계뿐 아니라 개인간의(*interpersonal*) 관계도 성격형성에 중요한 역할을 한다는 점을 일깨워 주었다. 그러나 그때 이미 그랜트연구는 많이 진행되어 있었다. 예를 들어 대학시절에 이루어진 정신의학적 면담에서는 청소년 시절의 성 발달의 역사가 주의 깊게 다루어졌지만, 연구에 관여했던 정신의학자들은 우정의 형태나 이성간의 친밀성 등을 조사하지 않았다. 1950년에 이르러서야 그랜트연구는 연구대상자들이 다른 남성, 그리고 여성과 맺은 관계에 대해 세심한 관심을 기울이기 시작하였다.

1937년에 안나 프로이트는 《자아와 방어기제》(*The Ego and Mechanism of Defence*)[3]를 영어로 처음 출판하였으며, 하인즈 하르트만은 《자아심리학과 적응의 문제》(*Ego Psychology and the Problem of Adaptation*)[4]를 독일어로 발표하였다. 1967년에 이르러서야 그랜트연구는 대상자들의 심리적 적응양식에 초점을 맞추었다.

1930년대 후반 에릭슨은 캘리포니아대학에서 1950년 《아동기와 사회》(*Childhood and Society*)의 출판으로 정점에 이른 연구에 착수했는데, 이 연구는 성인도 어린이와 마찬가지로 성숙해간다는 믿을 만한 근거를 보여주었다.[5] 같은 시기 그랜트연구의 관련자들은 다른 동료들과 마찬가지로 정신역학적 성숙은 청소년기까지 거의 다 이루어지는 것이라고 보았다.

태어날 무렵의 개념적 한계에도 불구하고 연구는 살아남았고, 1950년에는 그 이름을 성인발달연구로 바꾸었다. 연구대상자들이 대학을 졸업한 후 1955년까지는 매년, 그 이후로는 2년마다 질문지 조사가 이루어졌다. 질문지조사를 통해 연구자들은 취업, 가족, 건강, 습관(예를 들면 휴가, 운동, 음주, 흡연 등) 및 정치적 견해에 특히 관심을 두었다. 1950년 이후부터는 천부적인 재능을 가진 찰스 맥아더(Charles

MacArther) 박사가 이 질문지들을 대부분 지도하였다. 그의 남다른 인내력 덕분으로 정부와 재단들이 종단적 연구에 등을 돌리던 시기에도 그랜트연구는 살아남았다. 발달심리학자들과 마찬가지로 연구비를 지급하는 기관에서도 인간의 성숙이 전 생애에 걸쳐서 이루어진다는 견해는 지지받지 못했다.

또 하나 불행한 일은 비록 연구대상자들에게 졸업 후에도 계속해서 그랜트연구가 진행될 것이라는 계획을 알려주었지만, 연구자 중 어느 누구도 그것이 얼마나 오랫동안 지속될 것인지를 예상하지 못했다는 점이다. 따라서 나중에 중년기의 변화에 관련이 있을 많은 질문들이 이뤄지지 않았다.

그랜트연구 대상자들이 학식이 있었고, 또 질문들은 자유롭게 답할 수 있는 것들이어서 질문지들이 명시적으로 요구한 것보다 훨씬 많은 정보를 얻을 수 있었다. 종종 대상자들은 짧은 에세이를 쓰곤 했다. 어느 대상자는, "이 연구가 내 자신을 이해하는 데 도움을 준 것에 대해 감사하기 때문에 사실상 저는 질문지가 물어본 것보다 항상 조금 더 많이 답하곤 했습니다"라고 하였다.

개인 삶의 여러 다양한 측면들을 채색하는 특징은 표준화된 질문에 대한 이들의 독특한 반응에 투영되어 있었다. 한 대상자는 "무엇이든지 이야기할 때마다 우리는 자신을 드러냅니다"라고 인정하였다. 한 대상자는 2년 후에 질문지를 보냈다. 그는 보내기 바로 전에야 침대 밑에서 그것을 발견했던 것이다! 또 다른 예로, 소아마비를 극복하고 대학 미식축구팀을 만든 한 대상자가 있다. 43세 때 그는 "여러분의 질문지가 나에게 도움을 주었습니다. 이제 내가 어떻게 여러분을 도울 수 있겠습니까?"라고 쓰고 있다. 역경을 자산으로 바꿀 수 있는 이 능력이 그의 모든 삶에 스며 있었다.

이와는 반대로 한 대상자는 크게 성공했음에도 불구하고 항상 자신을 실패자로 간주하고 있었다. 그는 연구대상자로 선발해 준 것에 대해서 비판적이었으며, "내 자신을 평가하는 것은 매우 혼란스러운 일"

이라고 느끼고 있었다. 그는 "너무나 오랫동안 추적당한다"라며, "이 연구는 주는 것은 거의 없으면서 너무 많은 것을 요구한다"고 항의하였다. 두 번째 대상자를 평생동안 괴롭힌 특질, 즉 자신에 대한 불신, 비관주의 및 소극성은 첫 번째 대상자에게서는 결코 발견되지 않았다.

선다형 질문지에 대한 반응조차 무언가를 드러낼 수 있었다. 성생활에 관한 질문에 대해 한 대상자는 "만족스럽다"라는 대답에 표를 하면서 "욕망의 빈도에서는 3 대 1 정도의 차이는 있지만 우리는 매우 잘 적응하고 있다"고 하였다. 결혼생활에 관한 다른 대답들에도 가장 긍정적인 곳에 표를 한 그는 "위와 같은 생활이 무미건조한 것처럼 들리지만 사실이 그렇다. 사실 가정불화 때문에 흥분해 보았으면 하는 희망을 아직도 가지고 있다"고 끝에 덧붙였다. 이 결혼생활이 평온하고 매우 이지적일 것이라는 추측은 후에 이 연구대상자와 그의 부인을 면담했을 때에 확인되었다.

질문지에 답할 때 하는 실수도 대상자들에 관한 무언가를 드러내준다. 한 젊은 사업가는 물질적인 것이 그에게는 중요하지 않다는 것을 상세히 설명하려고 노력하면서, "나는 엄청난 부자가 되고 싶다"고 확인시켜 주었다. 그는 "아니다"(not)라는 단어를 빠트린 것이다. 이 실수가 우발적인 것이 아니라는 증거로는, 이 젊은이가 많은 개인적 희생을 감수하면서까지 다른 어떤 그랜트연구 대상자보다도 더 많은 돈을 벌려고 쉬지 않고 노력했다는 사실을 들 수 있다.

1950년에서 1952년까지 마가렛 랜티스(Margaret Lantis) 박사가 모든 연구대상자들을 재차 면담하였다. 사회인류학자로 훈련받고 경험을 쌓은 그녀는 대상자들의 집에서 면담하기 위해서 미국 전역을 여행하였다. 면담하는 동안 그녀는 에스키모인이나 사모아인에게 했음직한 방식으로 그들에게서 자녀들의 발달내력에 대해 면밀히 조사했으며, 또 이들의 생활양식을 기록하였다. 그녀는 또한 때때로 성격측정을 위해서 애매한 그림에 대한 해석을 이용하는 투사법의 일종인 주체통각검사를 실시하기도 하였다.

연구가 시작된 지 30년 후, 나는 내가 선발한 100명의 하위표본 중에서 생존한 94명 모두를 면담하였다. 면담을 요청하면서 나는 이들의 삶에서 잘못된 것이 아니라 잘된 것에 관심이 있는 정신의학자라는 점을 분명히 하였다. 또 이들이 제일 편한 곳이라면 어디든지 가겠다고 하였다. 비록 내가 이들보다 13년이나 아래지만 대학시절의 연구자세가 유지되었다. 이들이 성인기에 접어들었을 때, 나는 불과 초등학교 1학년 학생이었다는 것을 잊을 수가 없었지만 이들은 한결같이 나를 마치 학생이 교사를 대하듯이 하였다. 연장자임을 의식하면서도 짐짓 겸손한 척하는 사람을 하나도 만나지 못하였다.

면담을 하기 전에 나는 보통 이들의 기록을 다 검토하였는데, 그것들은 수백 페이지의 질문지, 연구계획서, 검사, 오고간 편지들이었다. 오직 한 경우에만 사람을 먼저 만났다. 면담은 반구조화한(semi-structured) 형태로 이루어졌다. 즉, 모든 사람에게 그들이 자유롭게 대답할 수 있는 동일한 질문을 하였다(〈부록 B〉). 따라서 이들에 대한 나의 지식과 시작 때의 접근방식, 나의 개인적 결점 및 물어볼 질문 등이 비교적 일관되게 유지된 상황에서 면담이 이루어졌다. 면담이 진행되는 과정에서 나타난 차이들은 많은 부분 이들의 독특성에 기인한다.

면담에 대한 이들의 개인적 반응은 실제로 매우 달랐다. 오직 한 사람만이 면담하는 것을 지나치게 꺼리는 듯 보였다. 그러나 그는 점심시간까지 할애하면서 면담을 연장하였으며, 그의 생애에 대해서 길고 재미있고 놀랄 만큼 솔직하게 설명해 주었다. 반대로 나와의 면담을 쉽게 허락해 준 몇 명은 교묘하게 방해하였다. 두 사람은 기회가 있을 때마다 그들의 대가족을 사이에 끼어들게 해서 이야기의 진행을 방해하였다. 또 다른 한 명은 처음 몇 질문에 대해 건성으로 대답한 후에 화제를 나에 관한 것으로 돌리면서, "자 이제는 선생님에 관해서 듣도록 합시다!"라고 말하였다. 처음에는 단지 내가 부적당한 사람인가 하고 의아해 했지만, 30여 년 전에 그에 대해서 정신의학자가 쓴 기록을 재차 읽어본 후에 안심하였다. 1938년의 기록에 "내가 만나본 연구대상자 중에서 제일 면담하기 어려운 학생임"이라고 씌어 있었다.

어떤 대상자들과의 면담은 마치 정신의학적 상담을 하는 것과 같았고, 어떤 대상자들과는 마치 신문에 기사를 쓰기 위해 면담하는 것 같았다. 몇 명의 경우에는 요즘 어떻게 지내느냐고 물었더니 좀더 대답하기 쉬운 주제를 물어보라고 불안하게 눈짓을 했다. 그래서 나는 자신의 생애를 솔직하게 이야기할 수 있는 능력과 정신건강을 연관시켜야 한다는 것을 배웠다. 거의 모든 경우에 이 사람들이 나를 대하는 방식은 일반적으로 다른 사람과 관계를 맺는 방식과 유사하였다.

연구대상자 중에서도 가장 따뜻하고 훌륭한 성품을 가진 어떤 사람은 아침을 같이하려고 그의 집에서 오전 7시에 나를 만났으며 계란요리를 해주겠다고 했고, 원래 내가 부탁한 시간보다 두 시간이 훨씬 넘도록 면담을 계속해 주었다. 이 면담은 그가 하루에 16시간이나 일하고, 2주 내로 전 가족이 뉴욕으로 이사가야 하며, 또 그의 곤란한 처지가 신문 제1면에 날 정도로 지탱하기 어려운 사업상의 불운으로 고통받고 있음에도 불구하고 이루어졌다. 훨씬 덜 바쁘지만 더 사회적으로 고립된 사람들은 일주일씩이나 기다리게 하고는 가능한 한 중립적 상황에서 만나려고 하였다. 이들 중 두 명은 비행장에서 만났다.

몇몇 사람은 면담을 위해서 케임브리지*로 오기도 했지만, 대부분의 경우에 남쪽으로는 플로리다까지, 서쪽으로는 하와이까지, 북쪽으로는 캐나다와의 국경까지, 그리고 동쪽으로는 메인주의 해변까지 내가 이들을 만나러 갔다. 생존한 연구대상자 모두가 30년이 지난 후에도 정신의학적 면담을 허락해 주었다는 사실은 처음 이 연구를 시작한 분들의 비범한 재능과 인간적 따뜻함을 증명해 주고 있다. 또한 마찬가지로 연구대상자들의 놀랄 만한 성실성과 관대함을 시사해 주고 있기도 하다.

---

* 저자가 사는 곳 — 옮긴이.

모든 뉴욕 거주자와 대부분의 뉴잉글랜드 지방 거주자는 사무실에서 나를 만났으며 거의 식사대접을 하지 않았다. 사실상 모든 중서부 지역 거주자는 집에서 나를 만났으며 저녁식사에 초대하였다. 캘리포니아 거주자는 반반씩이었다. 어떤 사람들은 그의 가족을 떠밀다시피 해서 나를 만나도록 하였으며, 그들과 내가 같이 시간을 보낼 것을 주장하기도 했다. 다른 사람들은 내가 안전하게 시야에서 사라질 때까지 용의주도하게 가족을 감추기도 했다. 몇몇 부인들은 드러내놓고 수상쩍어 했으며, "이따위 미친병 의사"와는 어떤 경우에도 만나지 않겠다는 것을 분명히 했다. 또 다른 부인은 훌륭한 저녁식사를 대접한 후에 아파서 누워 있는 나의 부인에게 갖다주라며 집에서 만든 파이를 싸가라고까지 하였다.

　이들에 대해 많은 것을 알고 있고, 또 꺼리는 사람들조차 매우 성실했기 때문에 면담은 시종일관 매우 흥미로웠고 또 철저했다. 내 자신이 오랜 기간 치료한 환자들에게서만 나는 그렇게 짧은 시간에 그렇게 많은 것을 알 수 있었다. 많은 면담이 만족스러울 정도로, 그리고 놀랄 만큼 진지하게 이루어졌다. 연구대상자들과 이야기하는 것이 종종 마치 얼마 동안 떨어져 있다가 만난 오랜 친구와 우정을 다시 나누는 것과 같았다. 나는 약간의 죄의식까지 느꼈는데, 왜냐하면 내가 받은 신뢰와 따뜻함을 얻기 위해 나는 거의 아무것도 하지 않았기 때문이다.

　연구대상자들이 나를 좋아할지 어떨지, 혹은 내가 이들을 좋아할지 어떨지 하는 것은 나의 삶보다도 이들의 삶과 훨씬 깊은 관계가 있다는 것을 곧 발견하였다. 사랑하는 것이 언제나 쉽다고 여기는 사람들은 내가 그들에 대해서 따뜻한 마음을 갖게 해주었다. 또 이들은 면담자로서의 나의 재능과 기술에 대해, 그리고 이처럼 즐거운 연구에 속할 수 있었던 이들의 행운에 대해 나로 하여금 경탄하도록 만들었다. 이와 같은 사람 중 한 사람의 사무실을 나서면서 나는 마치 키가 3m나 되는 것 같은 느낌을 가졌다. 물론 그는 전 생애를 통해서 이와 같은 영향을 다른 사람에게 미치고 있었다.

반대로 한평생을 다른 사람들을 두려워하면서 보내고, 그 보답으로 사랑받지 못하고 지내는 사람들은 종종 나를 무능하고 얼빠진 사람처럼 느끼게 하였다. 이들과 함께 있을 때에는 내가 마치 과학을 위해서 이들을 생체해부하는 냉혹한 조사자같이 느껴졌다. 그러한 사람 중 하나는 면담중에 세상에 가치 있는 것을 하나도 남기지 못하고 죽는 것이 두렵다고 고백하였다. 면담 후 나 역시도 마치 면담중에 모든 것을 내가 혼자 다한 반면 그는 아무것도 주지 않은 채 많은 것을 가져간 것처럼 쇠진하고 우울한 느낌을 받았다.

독자들이 이 책의 나머지 부분들에 친숙해지기 위해서 이 장에서는 대상자들의 삶을 연구한 방법론을 묘사하려고 한다. 추상적 설명보다 임상적인 상세한 기술을 더 좋아하는 독자는 다음 장으로 건너뛰어도 좋을 것이다.

첫째로, 건강은 상대적이므로 대상자들은 그들끼리만 서로 비교되었다. 표도르 도스토예프스키와 리처드 닉슨의 정신건강, 성숙, 적응능력을 비교하는 논의는 보람 없는 일이 될 것이다. 자료를 분석하기 훨씬 전에 유명인사들은 미리 판단된 상태고, 또 이용할 수 있는 비교의 핵심들과 전기자료의 근원이 너무 크게 다르므로 보람 없는 일이 될 것이기 때문이다. 이 책에 나오는 사람들에 한해서는 자료의 근원이 동일하다. 신체적·정신적 건강 때문에 선발된 것과 마찬가지로 지적 성취, 문화와 역사적 시기 면에서 이들은 이미 서로 비슷했다. 이들 모두는 과거 대공황을 현실로서 경험했으며, 이후 있을 2차 세계대전에 적극적으로 참여할 이들이었다. 나는 각 개인들에 대해 같은 양의 상세한 정보를 가지고 있었다. 어떻게 이들을 대만의 어부들 혹은 파리의 가정주부들, 심지어 빅토리아시대를 살았던 그들의 부모들, 또 스포크(Spock) 이후 시대의 그들 자녀들과 비교할 수 있을까에 대해 헤아려 보려는 시도를 하지 않았다. 연구대상자들은 오직 서로를 돋보이게 하는 역할을 해야 한다.

　둘째로, 연구대상자들의 결과들, 즉 아동기의 적응, 성격유형, 방어기제의 적합성과 심지어 결혼생활까지 숫자상의 점수로 환산하려고 시도하였다(〈부록 C〉). 물론 이런 복잡한 변인들을 숫자로 나타내는 것은 분명히 사이비 과학주의(*pseudo-scientism*)의 냄새를 풍긴다. 그러나 체계적으로 도출될 수 있는 경우, 숫자상의 점수는 가치판단을 코드화해서 이후 연구자의 변덕에 맞게끔 변경되거나 재해석될 수 없도록 해준다. 숫자상의 점수는 또한 가치의 범위 중에서 극단에 위치하는 사람들을 식별하는 단순화된 수단을 마련해 준다. 만약 사람들이 붐비는 방에 들어가서 그 안의 남녀들을 아름다움에 따라 1번에서 20번까지 자리매김한다면, 9번이 11번보다 더 매력적이냐 하는 것은 단지 견해의 문제일 뿐이다. 그러나 2번이 19번보다 더 매력적이라는 것에 대해서는 정당한 의견일치를 볼 것이다. 물론 일상적인 견지에서 보자면 아름다움은 수적인 용어로 이해할 수 있는 변인이 아니다. 그러므로 연구대상자들에게 점수를 매기고 체계적 평가를 하는 것은 아동기와 성인기의 적응이 몸무게나 맥박처럼 정확하게 측정될 수 있기 때문이 아니라 숫자상의 점수가 어디까지나 체계적 비교를 촉진시켜 주기 때문이다.

　또 나는 건강은 지능이나 운동능력처럼 여러 가지 기술들의 통합된 기능을 반영하는 것이라고 가정한다. 어휘력이나 암산의 요령 한 가지 때문에 지적인 사람이 되는 것은 아니다. 그러나 이러한 여러 하위검사에서 좋은 점수를 얻은 사람은 여러 관찰자들에게 그들의 편견에 관계없이 지적으로 보일 것이다. 마찬가지로 변변치 못한 선수가 10종 경기에서 좋은 점수를 얻으리라고 상상하기는 어려울 것이다. 따라서 각각의 대상자들에게서 건강의 여러 측면들을 반영하는 다양한 특질이나 결과기준을 체계적으로 찾아냈다. 많은 분야에서 성공적인 사람은 소수의 분야에서만 성공적인 사람보다 더 건강하다고 할 수 있다.

　셋째로, 비록 통계, 숫자, "통제"나 "무정보평가"(*blind rating*)가 따분하기는 하더라도 선입관에 의한 왜곡효과를 물리치기 위해서는 필요한 것이다. 건강은 가치가 포함된 개념이다. 통계적 연합과 실험적 방법은 사실로부터 가치판단을 걸러내 준다. 예를 들면, 간질병환자가 성스러운 사람인지 아닌지, 혹은 결핵환자가 감염이 안 된 사람보다 더 창조적인지 아닌지, 또는 마리화나의 사용이 재즈음악을 더 잘 연주하게 해주는지 아닌지 하는 질문들은 가치가 포함된 질문들로서 과거에는 많은 이성적 관찰자들로부터 긍정적 대답을 받았다. 그러나 오늘날에는 각각의 질문들은 공식적 실험〔무정보평가자(blind rater)*로 짝지어진 집단들의 통제된 비교〕에 의해 부정되고 있다. 그러나 부정된 경우에도 가치판단은 특정한 사람에게는 아직도 적용되고 있다. 존 키츠(John Keats)와 유진 오닐(Eugene O'Neill)은 결핵환자들일 뿐만 아니라 또한 매우 창조적인 사람들이다.

그랜트연구 대상자들을 조사하면서 나는 통계적으로는 타당하지만 특정한 인물에게는 거의 중요하지 않을 수 있는 증거에 입각해서 결론을 내렸다. 예를 들어, 통계적으로 이혼이 삶의 여러 다른 분야에서 적응을 잘 못하는 사람들 사이에서 더 자주 일어나기 때문에 이혼을 우리 문화에서는 적응을 잘 못하는 객관적 증거로 삼을 수 있다. [6] 그러나 한 대상자의 경우에는 결혼생활을 유지하는 것이 자살과 마찬가지였고, 또 다른 사람은 이혼 후에 가장 훌륭하고 오랜 지속이 가능한 결혼생활을 할 수 있었다.

불가피하게 이 책에서 사용한 통계적 방법은 예언적 진술을 끌어내는데, 종종 인간행동에 대한 예언은 위험하거나 불경스러운 것이다. 우리들 대부분은 예언이 인간의 삶의 과정을 부당하게 결정할지도 모르기 때문에 당연히 피해야만 한다는 마술적 신념을 공유하고 있다. 그러나 경마를 생각해 보자. 확실히 전광게시판의 승산이 경마에 이기려는 어려운 시도를 삼가게 하거나 좋아하는 말의 성공을 확신시켜 주지는 못한다. 그러나 심각한 경마광이 승산을 무시하려고 하겠는가?

---

* 연구내용에 대해서 사전에 알지 못하는 평가자 — 옮긴이.

넷째로, 이 연구의 표본은 확실히 모집단의 한정된 범위 안에서 추출되었다. 어떤 의미에서도 대표성을 갖지 않는다. 연구대상자들은 지능, 안정적 가족배경, 신체적 건강, 지적 야망, 우수한 수행과 사회경제적 안전 등을 근거로 해서 미리 선발되었다. 그러나 연구의 목적이 평균이다(average)라는 의미에서의 '정상적'인 것을 관찰하려는 것이 아니라 가장 가능성이 많다(best possible)는 의미에서의 '정상적'인 것을 관찰하려는 것이다. 만약 골절의 자연적 치유과정을 연구하려면 영양 상태가 불량하고 심장병이 있는 80세 된 노인보다는 건강한 젊은이가 더 적합한 대상자일 것이다. 만약 감정적 스트레스에 대한 적응을 연구한다면 혜택받은 집단으로부터 시작하는 것이 현명하게 보인다. 만약에 그랜트연구 대상자들의 삶 속에서 무언가가 잘못됐다면 그것을 바르게 돌려놓을 수 있는 최적의 기회를 바로 이들이 가지고 있었다. 이들에게서도 정신병자와 연관시킬 수 있는 많은 방어들을 볼 수 있을 것이다. 그러나 그랜트연구 대상자들은 이 과정들이 자신들의 삶을 건강으로 인도해 줄 수 있다는 것을 예증해 준다.

또한 상대적으로 동질적 집단을 선발하였다는 점은 집단 내 비교를 매우 쉽게 해주었다. 누구라도 사람의 음식 먹는 습관을 연구하려면 가능한 한 다양한 문화를 많이 연구하기를 원할 것이다. 그러나 사람의 소화에 대해 연구하려면 음식물과 문화를 동일하게 연구하고 싶어 할 것이다. 이 책은 심리적 적응에 관한 연구인 만큼 사회적·문화적, 그리고 지적 변인들을 상대적으로 일정하게 하는 것이 적절하다 해야 할 것이다. 우리들의 이해를 완전하게 하려면 말할 것도 없이 똑같은 적응기제들에 대한 연구가 여성, 다른 문화, 그리고 다른 시기로 나누어 이뤄져야 한다.

다섯째로, 이 사람들에 대한 연구는 오랜 기간에 걸친 추수연구 방법을 통해 이루어졌다. 시기적으로 한 시점에서의 한 번의 검사는 아무리 뛰어난 직관력을 가진 면담자라도 아름다움이나 정직성을 신뢰할 만큼 결정하지는 못한다. 이 덕목들을 그렇게 단순하게 규정하기란 적절하지 않다. 특정한 여성의 아름다움은 부분적으로는 얼마나 많은 사람들이 얼마나 오랫동안 그녀를 아름답다고 보느냐에 달려 있다. 또 정직하다는 것을 자주 경험한 후에야 우리는 그 사람이 정직하다고 판단한다. 오랜 기간에 걸친 추수연구에서 확실함에 이르는 열쇠는 조사의 깊이보다는 반복에 있다. 물론 이는 전기의 본질이기도 하다. 링컨(Lincoln)의 자비로움이나 존 케네디의 매력이나 햄릿(Hamlet)의 우유부단함은 한 번의 극적 사건보다는 이런 특질들의 예가 되풀이해서 반복적으로 일어나기 때문에 확실한 것이다. 이 연구에서 성격특질과 적응양식의 측정은 얼마나 극적이냐보다는 얼마나 자주 일어나느냐로 측정하였다. 만약에 한 특질이 한 사람에게서는 자주 나타나지만 다른 사람에게서는 거의 나타나지 않는다면 그 사람은 이 차원에서는 다르다고 할 수 있다.

연구대상자들은 19세 때 세 사람의 다른 연구자와 면담하였고, 31세 때 또 다른 사람, 그리고 47세 때에는 나와 면담을 하였다. 어느 한 면담도 충분하지 못했지만 여러 연구자들에 의한 면담들을 서로 맞추면 한 번의 면담보다 훨씬 정확하다. 예를 들어 연구대상자 중 한 사람은 여성연구자들에게는 활동적이고 지도자로서의 매력이 있는 것으로 보였지만 남성연구자들에게는 신경증적 바보로 보였다. 매우 혜택받은 집안 출신으로 수줍음이 많은 한 대상자는 비슷한 배경을 가진 연구자에게는 매력적으로 보였지만 노동자계급 출신의 연구자에게는 생기 없는 멍청이로 보였다.

연구대상자들을 충분히 오랫동안 추수하였을 때 숨겨진 진실이 종종 드러나곤 했다. 말이 적은 한 연구대상자는 30세가 돼서야 비로소 자신의 어머니가 자기를 낳고는 산후 우울증에 빠졌다고 밝혔다. 이 사실은 19세 때의 정신의학적 면담이나 가족면담에서는 드러나지 않았다. 이 젊은이는 또 중년에 이르러서야 대학 1학년 때 깊은 사랑에 빠졌던 사실을 고백하였다. 그는 "W 박사(연구를 위해서 그와 8번 면담을 한 정신의학자)는 결코 알아내지 못했지요. … 나는 단지 정신의학자에게 성공적으로 정보를 숨길 수 있는가를 알고 싶었거든요"라고 매우 만족스러운 듯이 고백하였다.

마지막으로, 종단적 추수방법과 여러 번의 면담은 잘된 사람이 실제보다 더 좋게 보이고 잘못된 사람이 실제보다 더 나쁘게 보이는 후광 효과를 어느 정도 통제할 수 있게 했다. 종단적 연구는 또 다른 중요한 변인들에 대해서는 전혀 알지 못하는 연구자들이 대상자들의 면담을 평가할 수 있게 해준다.

연구방법에 대해서는 이제 충분히 이야기했다. 다시 주인공들에게로 돌아가자.

제 4 장

건강의 재정의: 성과 공격성의 즐거운 표현

한번은 필즈(W. C. Fields)*의 비서가 그를 만나겠다고 몹시 귀찮고 끈질기게 구는 방문자들에게 뭐라고 대답하면 좋겠느냐고 물어보았다. 소문에 의하면 필즈 씨는 "그럴듯하게 둘러대. 가서 오입질이나 하라고 그래!"라고 대답하였다.

— 그랜트연구 면담중의 일화

1. 당신의 결혼은 얼마나 안정적입니까?   꽤 안정적이다.
2. 전반적으로 성적 적응은 어떻습니까? 매우 만족스럽다.
3. 별거나 이혼을 생각해 본 적이 있습니까?

전혀. 가끔. 심각하게 한다.

〔제시된 답안은 무시한 채 검정 잉크로 굵게 쓴 대답이 있었다.〕

우리는 한 번도 이혼에 대해 생각해 본 적이 없다.
그러나 살인은? 물론 있다!!

— 그랜트연구 질문지에서 발췌

---

* 찰리 채플린과 쌍벽을 이루던 당대의 코미디언 — 옮긴이.

▪ 등장인물 소개 ▪

- 프레더릭 라이온: 뉴욕에 사는 잡지편집인, 창조적으로 분노를 사용
  ─ 적응양식: 승화.
- 호레이스 램 : 전 외교관, 은퇴한 독신자, 서적 수집가.
  ─ 적응양식: 공상.
- 캐스퍼 스미스: 대학교 보건소 의사로 두 번 이혼했으며 성적 적응에
  늘 만족하지는 못함.
  ─ 적응양식: 억제와 수동적 공격성.
- 조지 바이론: 국선 변호사로서 훌륭한 결혼생활을 하고 있으며 성적
  적응도 대단히 만족스러움.
  ─ 적응양식: 해리, 예상, 억제 및 승화.

첫 번째 장에서 태리타운이 정신적으로 건강하지 못한 것은 공격성이나 성욕을 잘 표현하는 데는 무능력한 그의 특성과 연관된 것처럼 보였다. 그러나 많은 사회적 금기(taboo)들이 너무 호색적이어도 또 너무 화를 내도 안 된다고 명령하고 있는데, 정신건강은 이 두 골치 아픈 본능의 통제를 반영하는 것이어야만 하지 않을까? 그러나 그렇게 간단하지는 않다. 정신건강의 정의에 대해 물어보았을 때 프로이트는 건강이란 일하고 사랑하는 능력이라고 대답하였다. 이 장에서는 건강한 적응기제가 일하고 사랑하는 데 이바지하기 위해 어떻게 성과 공격성을 이용하는지를 보임으로써 내가 제시한 역설(paradox)을 풀도록 하겠다. 예를 들면 성욕이나 분노와 마찬가지로 이 장의 처음에 있는 두 인용문도 문자 그대로만 본다면 거칠고 조잡한 것처럼 보인다. 그러나 내 경험에 의하면 사람들은 이 두 우화를 놀라움보다는 웃음으로 받아들였다. 첫 번째의 인용문은 그랜트연구에서 제일 열심히 일하고 도덕적인 면에 관심이 있는 사람 중 한 사람의 신조였다. 두 번째 인용문은 20여 년 동안 남편을 깊이 사랑한 한 부인의 질문지에서 발췌한 것이다. 적어도 추수자료에 의하면 이 둘은 생존해 있으며, 행복하고 원만한 결혼생활을 하고 있었다.

1) 정신건강과 공격성

서로 대비되는 두 사람, 프레더릭 라이온(Frederick Lion)과 호레이스 램(Horace Lamb)의 생애는 공격성과 성공적인 일과 사랑과의 관계를 잘 밝혀준다. 라이온은 성난 사람이다. 청소년 시절 초기에 그는 부모와 주먹다짐까지 하였다. 대학시절에는 보호감찰 처벌을 받은 몇 안 되는 대상자 중 한 사람이었다. 공군에 복무할 시절에는 몇몇 감독자가 그를 무책임하다고 보았다. 그리고 군복무자세 점수에서 한결같이 제일 낮은 점수를 받았다. 그럼에도 불구하고 다른 장교들은 그를 '뛰어나다'라고 하였다. 인생 후반기에 그는 '꼬치고기'(barracuda)*라는 자아상(self-image)을 가지고서 신문잡지에서 벌이는 인기 없는 대의를 내건 개혁운동을 즐기고 있었다. 편집책임자로서 몇몇 부하직원들에게는 요구가 많고 격하기 쉬운 '지겨운 놈'(bastard)으로 알려져 있었지만 그의 잡지는 번창하였다.

라이온은 램보다 세 배나 더 심술궂을 뿐만 아니라 자기 자신을 훨씬 잘 세상에 드러내 보일 수 있었다. 격주마다 잡지를 발행하는 데 따르는 나날의 책임에도 불구하고 라이온은 연락한 지 하루 만에 나를 만났다. 그는 간이식당에서 나를 만났는데, 소매를 말아올린 밝은 노란색 셔츠를 입고 있었고 그의 개구쟁이 같은 얼굴은 주름이 있지만 미소를 띠고 있었다. 그는 마치 그가 하는 일을 위해서 태어난 사람인 듯한 느낌을 풍겼는데, 그것이 열정과 감정적 성실성으로 잘 조절이 되어서 나는 시종일관 그가 말하는 모든 일에 나도 포함된 것과 같은 느낌을 가졌다. 그는 쉽게 퍼져가는 따뜻함 속에 품위와 오만을 조화시키는 보기 드문 재질을 천부적으로 가지고 있었다.

아침식사를 같이 하고 나서 그의 사무실로 갔다. 사무실은 그의 사람됨됨이와 그가 겪은 투쟁 둘 다를 보여주는 많은 사적인 물건들로 꽉 차 있었다. 대부분의 기념물들은 감정적으로 그에게 가치가 있는 것으로, 어느 하나도 과시하려는 것이 아니었다. 그와 관계가 있는 유명인사나 권력자들을 이용하지도 않았다. 그의 서가는 최근의 미국 현황에 대한 역사학 연구물들과 사회학 서적들로 꽉 차 있었는데, 그가 읽어본 것처럼 보였다. 어쩌면 불같은 성질에다 자기과시적일지도 모르는 라이온과의 면담을 마치고 떠날 때 나는 그에 대한 따뜻한 마음으로 충만한 채 흥분하였다. 또 그가 나한테 그렇게 많은 것을 해준 것에 대해 즐거워했다.

램은 결코 말썽을 일으킨 적이 없었다. 후에 그의 어머니는 어렸을 적에는 그가 몇 번 화를 낸 적도 있으나, "그런 짓을 다시는 못하도록

---

* 30cm 정도의 몸이 가늘고 길며 성질이 사나운 열대 식용어 ― 옮긴이.

바로 교육을 받았지요"라고 자랑하였다. 그 후로는 그가 다시 화를 냈다는 증거는 없었다. 반면에 그의 어머니는 그가 "치마폭에 매달렸다"고 했으며, 공군훈련을 극복하기 위한 그의 좌우명은 "친절해야 하고 그대로 받아들여야만 한다"는 것이었다. 45세 때 불공평한 상관과 지내는 그의 기술은 "명령에 따른다"는 것이었다.

비록 책임이 없는 직업이었지만 램은 일하는 중에 나를 만날 틈을 내는 데 곤란을 겪었으며, 결국 연락한 지 2주일이 지난 후에 집에서 나를 만나겠다고 하였다. 호레이스 램의 풍채에는 위엄이 있었다. 그의 옷은 흠 하나 없었으며 회색이었다. 상의는 맨 위까지 단추가 채워져 있었다. 얼굴에는 주름살이 없었으며 어조에는 감정이 들어있지만 억양의 변화는 없었다. 가면 뒤에 숨어 있는 본래의 그 사람을 나는 결코 만나지 못했다. 나의 임상적인 추측으로는 호레이스 램은 무덤덤하다기보다는 겁에 질려 있었다.

그의 아파트는 티끌 하나 없을 정도로 깨끗했으며, 소년시절부터 채워온 잘 정돈된 우표수집 앨범을 제외하고 사적인 물건들은 하나도 놓여 있지 않았다. 서가에는 도자기와 약간의 특선 초판본이 있었다. 이것들은 유리로 봉해져 있어 파손의 염려는 없었지만 또한 결코 읽히지 않을 것 같았다. 램과 헤어진 후 나는 우울함과 좌절감을 느꼈다. 그의 과거의 삶에 대해서 같이 이야기하는 것은 마치 초현실주의 영화에 사로잡혀 있는 듯하였다. 어느 것도 중요하지 않았고 또 현실적이지도 않았다. 어느 사람도 얼굴을 가지고 있지 않았다. 어쩌면 어느 것 하나도 실제로는 일어나지 않았는지도 모른다.

출구가 마련돼 있지 않긴 하지만 적의는 계속 램의 내적 삶을 괴롭혔다. 30세가 되어 그는 애매모호한 그림들에 대해서 자발적으로 줄거리를 말하게 하는 주제통각검사를 받았다. 검사중에 제시된 한 카드는 백지였다. 그 백지카드의 넓은 공간에 대해서 램은 다음과 같이 말했다.

이것은 뒷면에 숫자가 있는 백지 한 장입니다. 글쎄요…, 펜실베이니아 철도회사에서 최근에 발생한 열차사고의 잔해의 사진인 것 같군요. … 말하자면 사진은 밤에 찍힌 것 같고 모든 조명등과 구급차들을 많이 볼 수 있습니다. … 그 사고 잔해들 속에서 사람들이 깔린 사람들을 구출하려고 하고 있군요. 그리고 구경꾼들이 병적이다 싶게 그 모든 것을 지켜보고 있군요. … 이 조난사고로 혹시 방해를 받고 있을지 모를 다른 기차들에 대해 생각하게 됩니다. …

47세 무렵 그랜트연구 결과에 관한 질문이 있느냐고 했을 때 그가 던진 유일한 질문은 이미 죽은 대상자들이 어떻게 죽었느냐는 것이었다. 그러나 램은 실제생활에서는 결코 적의를 나타내지 않았다. 오직 자발적 연상과 환상만이 재난에 대한 그의 감춰진 관심을 폭로해 주고 있었다.

궁극적 결과를 놓고 봤을 때 라이온과 램의 삶은 매우 달랐다. 프레더릭 라이온은 성공적 가정을 이루었으며 재미있는 방식으로 친구들을 사귀었다. 그리고 또 그에게는 자기존중감을 갖고 책임져야 할 직업이 있으며, 높은 수입과 인류를 위해 봉사한다는 명성이 있었다. 호레이스 램은 자식도 친구도 없었으며, 또 자신이나 세상이 매우 유용하다고 여길 만한 직업도 없었다.

이렇게 결과에서 차이가 났음에도 불구하고 이들의 어린 시절은 매우 비슷했다. 양쪽 집안 모두 친척들 중에서 비교적 여러 명이 신경증적 질환을 앓았다. 두 사람의 아버지는 자식들이 볼 때도 실패라고 할 만큼 변변치 못한 사업가들이었다. 많은 연구대상자들의 아버지처럼 그들도 대공황 때 돈을 잃었다. 그러나 전형적인 경우와 차이가 있다면 두 아버지 모두 지원을 받는 데 부인과 친척들에게 의존했다는 점이다. 그 결과 라이온과 램은 둘 다 어머니가 집안에서 주도권을 쥐는 모습을 보면서 성장했다.

두 사람 다 처음에는 사립초등학교에 다녔고, 다음에는 사회적으로는 편협했지만 명성이 높은 기숙학교였던 세인트 폴(St. Paul)에서 교육을 받았다. 두 사람 다 그 당시 루스벨트 반대자, 대서양 해변지역 출신자, 성공회 신자 및 상류계급 가정 출신자들에게서 공통적으로 보이는 편협한 정치적 식견을 가지고 대학에 들어왔다. 라이온은 그에 대해 특유의 무뚝뚝한 말투로 "전쟁이 나기 전까지는 별것도 아닌 것에 대해 괜히 실없는 소리만 했다"고 말했다. 두 사람은 대학시절 타고난 지적 능력 면에서나, 평균 C학점을 계속해서 받은 성적 면에서나 뛰어난 점이 없었다.

이들은 대학 2학년 때 처음 가족관계 조사담당자, 그리고 내과의사와 면담하였는데, 둘 다 협조적이고 매력적인 인물로 평가받았다. 그러나 정신의학자와 심리학자는 두 사람 사이에 큰 차이가 있다는 것을 알게 됐다. 라이온은 "매너가 좋은" 것으로 보였을 뿐만 아니라 "다른 사람과 어떻게 교제하는지를 아는 사람이 지닌 자신만만한 태도"를 보였다. 정신의학자는, "그는 어떠한 감정적 사건에나 깊은 영향을 받는 것"처럼 보였다. 정말로 라이온은 "에너지 과잉"을 가진 듯이 보였다. 반대로 램에 대해서는 "키가 크고 용모가 훌륭하며 매우 마음이 편한 사람"이라고 평한 후에 한 정신의학자는 "전반적으로 이 학생에 대해서는 강한 인상을 받지 못했다. … 그는 아무 의욕도 없는 것 같다"라고 하였다. 심리학자는 램의 검사에서 "에너지의 표출이나 공격성이 나타나지 않았다"는 것을 알아차렸다. 10년 후 그 둘을 면담했을 때 그랜트연구진의 인류학자는 램을 "보수적 정장을 입은 말쑥한 젊은이"라고 했지만, 라이온의 "박력 있는 태도"에는 반했다고 말하고 있다.

이들은 둘 다 비전투 근무지에서 공군장교로 복무하였는데, 군경험에서도 이들 사이에는 별 차이가 없지만 47세에 이르러 라이온이 램보다 더 건강하다는 데 동의하지 않을 사람은 거의 없을 터였다. 그러나 이 두 사람이 다른 것은 비단 심리적·신체적 건강의 측면만이 아니다. 램의 중년시절의 심리적 적응을 평가하면서 평가자는 그가 지나치게 차분하고 감정에 치우치지 않는다는 것을 알았다. 정신의학적 도움을 요구한 적은 한 번도 없었지만, 항상 그의 휴가를 전부 이용하지는 않았다. 그는 의무적으로 어머니를 방문하는 데 휴가를 이용했다. 반면 라이온은 길고 상상력이 풍부한 휴가를 즐겼으며 매우 정서적이었지만 램과는 달리 50번이나 정신의학자를 방문하였다. 두 사람 모두 자신이 하는 일을 싫어하지도, 약이나 술을 남용하지도, 혹은 정신적으로 아프거나 무능력하다고 간주되지도 않았다.

거의 반세기 동안 두 사람은 신체적으로 매우 건강하였다. 어린 시절 램의 화분증(hay fever)*은 라이온에 비해 좀더 심했으나 라이온은 항상 사고를 쳤고 세 번씩이나 의식을 잃기도 했다. 성인이 되어서도 둘 중 누구도 만성질환을 겪지 않았으며, 일 년에 이틀 이상 일을 못 한 적이 없었고, 병원에서 여러 날을 보낸 적도 없었다. 유일한 차이라면 램은 현재의 건강을 단지 "좋다"고 말하곤 했는데, 스트레스를 받으면 다양한 신체적 증상으로 괴로워했다. 겉으로 드러난 감정은 없지만 램은 화분증, 위장병, 두통 등으로 약을 먹었다. 대조적으로 라이온은 열정적 사람이긴 하지만 스트레스를 받을 때 거의 신체적 증상을 경험하지 않았다. "나의 건강은 놀랄 만합니다"라고 말했다. 라이온은 "궤양을 앓아본 적이 없습니다. 반대로 내가 바로 다른 사람에게 궤양을 일으키게 하는 원인이지요"라고 설명한 한 연구대상자와 같았다.

두 사람간의 차이가 크게 나타나는 곳은 일하고 사랑하는 분야에서였다. 라이온은 청소년 시절에 신체접촉을 많이 하는 단체경기에 열정적이고 성공적으로 참여하였으며, 어른이 되어서는 우정을 위해서 골프를 쳤고, 경쟁을 즐기기 위해서는 테니스를 쳤다. 직장에서 라이온은 꾸준하게 승진했으며, 《미국 인명록》에 수록되었고 1년에 6만 달러를 벌었다. 그리고 반항적이면서 감수성이 풍부한 이 사람은 진보적 잡지의 혁신적 편집자로서 '중산층'의 성공을 이룩했다. 그 일은 그가 몹시 좋아하는 직업이었으며, 동시에 자신에 대한 기대를 충족시켜 주었다. 몇 해 전 그는 "내가 몰두할 수 있고 동시에 넓게는 인류의 복지

---

* 여름철에 꽃가루로 인해 생기는 알레르기성 질환 — 옮긴이.

를 증진시킬 수 있는 일이라면 그 일을 하겠다"라고 써보냈다.

대학시절에 라이온은 "매일 새로운 여자친구와 사랑에 빠진다"라고 하였다. 그리고 실제로 한 해 네 번씩이나 사랑에 빠진 적이 있었다. 그는 몸에 문신을 했다. 그는 영화를 보면서 남들이 보는 앞에서 울기도 했다. 또 '낭만적'일 것이라는 생각에 해외특파원이 되려고도 했다. 라이온은 어려운 상황에서 다른 남자에게서 한 여자를 빼앗아 자신의 아내로 삼아야 했다. 그는 나에게 "그 일은 굉장히 야심적 계획이었습니다"라고 고백하였다. 내가 그를 만났을 때 라이온은 부인과 결혼한 지 15년이 되었으며 아직도 그의 결혼생활을 "충분히 매력적이며 몹시 흥미진진하다"라고 표현하였다. 그러나 그는 친한 친구들이나 부인하고의 관계가 때로 "너무 강렬하다"라고 했다. 욕망과 분노에 위험이 없을 수는 없는 것이다.

라이온은 그의 네 자녀에 대해 몹시 자랑스럽게 여기고 있을 뿐만 아니라 부모와 형제들의 괴벽에도 불구하고 그들과도 따뜻한 관계를 유지하고 있었다. 그는 항상 필요할 때마다 도움을 줄 능력이 있는 많은 친한 친구들이 있었고, 또 그들에게 그 자신도 많이 헌신하였다.

아주 대조적으로 램은 젊었을 때 항해와 골프를 하였는데, 나중에는 결국 별 관심이 없어져 버렸다. 어른이 되어서는 혼자서 하는 조깅을 제외한 모든 운동을 멀리하게 됐다. 20여 년 동안 그는 외교부문에서 약간의 성공을 거두었다. 그러나 그의 승진은 너무나 느렸고, 결국 연금을 받고 퇴직할 것을 요구받았다. 과거에 비해 매우 낮은 수준인 현재의 직업은 결코 그의 직업에 대한 기대에 부응하거나 부응할 것 같지가 않았다. 그는 같은 나이 때의 자신의 아버지에 비해서 덜 성공적이었다. 램은 "안전함을 갖는 것이 일하는 동기였습니다"라고 말했다.

램은 한 번도 결혼을 안 했을 뿐만 아니라 사랑에 빠지려 한 적도 없었다. 청소년 시절에는 여자들과 있을 때 지나치게 수줍어했는데, 47세 때에도 램은 아직도 '열정적 여자'에 대해 혐오감을 가졌고, 또 역시 "성은 혐오스럽고 무서운 것"이라고 생각했다. 그는 평생을 통해 여자건 남자건 누구와도 친하게 지내지 못했으며, 45세 때에도 어머니와 작별인사를 하고 헤어지는 일을 여전히 힘들어했다.

두 사람이 세상을 어떻게 보는가 하는 면에서도 역시 뚜렷한 차이가 있었다. 라이온은 진보적 여론의 대변인 노릇을 할 수 있을 만큼 청소년시절의 편협한 관점을 넓혀나갔다. 젊은 시절 투표를 하기 위해 800km나 되는 거리를 운전한 적이 있고, 31세 때 외교정책을 수립하는 데 영향력을 끼칠 수 있다면 무엇을 하겠느냐는 질문에, 그다운 솔직함으로 "매카시(Joseph McCarthy)의 성대를 잘라버리겠다"라고 대답하였다. 15년 후 나와의 면담에서도 그는 불경스런 말을 많이 사용하였다. 그러나 그는 네 글자로 된 추잡한 말을 반사적으로가 아니라 감정표현을 위해 사용하였다. 그는 대도시 중심의 빈민가에서 자원해서 일을 했는데, 이는 당시의 정치적 열정과 밀접히 연관되어 있었다.

47세 때 램은 그의 사회적 시야가 넓어졌다고 나에게 고백하였다. 그는 형제의 자녀가 동부 유명대학들(Ivy League)이 아닌 곳에서도 훌륭한 교육을 받을 수 있었다고 설명하면서 그 점을 보여주었다. 그는 매우 심각하게 말했다. 1948년의 선거에서는 귀찮아서 동네의 투표소에도 가지 않았다. 현재 공공의 일에 대한 참여는 적십자에서 헌혈하는 것과 심장재단(Heart Fund)을 위한 모금수준을 넘어서지 않았다. 1954년에 램은 조셉 매카시의 숭배자였으며 그와의 면담에서 표현된 형용사라고는 그가 반복적으로 되풀이 말한 네 글자로 된 형용사 "좋다"(nice)라는 말뿐이었다. 필즈나 프레더릭 라이온과는 다르게 램은 항상 그가 실제로 생각하는 것에 대하여 말하는 것을 두려워하였으며, 그는 정말로 둘러대는 대답만 했다.

이 사건들을 연관시키는 이유는 두 사람을 풍자하려는 것이 아니며, 라이온이 램보다 더 건강하다는 것을 보여주려는 것은 더더욱 아니다. 그와 같은 연관의 목적은 오히려 무의식적 적응기제가 방어적 행동을 미덕 혹은 헛되고 괴로운 이율배반적 시련으로 얼마나 교묘히 바꿀 수 있는지 보여줄 무대를 설정하는 데 있다.

스트레스하에서 라이온은 승화(*sublimation*)를 사용하였고 램은 승화의 원시적 전신인 공상(*fantasy*)을 사용하였다. 예술가의 승화가 공상을 필요로 하는 것은 분명하다. 그러나 승화는 부분적으로는 라이온과 램의 차이를 설명해 줄 수 있는 결정적 특질을 추가로 가지고 있다는 것 또한 분명한 것이다. 예를 들면, 대학시절에 호레이스 램은 사람에 대해 갖는 두려움을 혼자서 술 마시는 것으로 처리하였다. 그는 혼자서 라디오 듣는 것을 즐겼으며 그가 제일 좋아하는 과목은 수학과 철학이었다. 여자와의 데이트를 두려워했음에도 불구하고 그는 용모에 각별한 관심을 보였다. 그리고 모순되게도 이 소심한 소년은 언젠가 자신의 잠수함을 지휘하게 될 날을 꿈꾸고 있었다. 찰스 맥아더 박사는 램이 30세 때 받은 주제통각검사에 대해서 "그는 마치 자신이 결코 성공할 수 없다고 느끼는 세상에 살고 있는 것 같다. 일에 열중하는 대신 그는 피상적인 이상(理想)으로 도피하고 있다"라고 하였다.

30여 년이 지난 후 램은 옷에 대해서 관심을 덜 가졌지만 건강을 유지하는 데 지나치게 집착했다. 그는 자신의 삶에서 "일이 사람을 대신한다"고 하였고, 주말의 평화와 고요를 홀로 즐기기 좋아한다고 말했다. 가족이 없이 홀로 늙어가는 것을 유념하면서 그는 자신이 수집한 희귀본을 좋아하는 젊은 조카에게 물려주고 싶어했다. 그러나 이 조카를 개인적으로 알려는 노력은 거의 하지 않았다. 램은 "조잡한 나이트클럽에 가는 것보다 더 중요한 활동"은 잠자는 것이고, 그의 "개인적 철학"이 사람과의 관계보다 더 중요하다고 말했다. 내가 면담한 모든 대상자들 중에서 오직 그 사람만, 10년 간격으로 모든 연구대상자들을 면담한 전혀 다른 두 여성을 혼동하였다. 한 사람은 세상과 친하려고 노력하는 매우 사교적인 남부 출신이었고, 또 한 사람은 "각각의 대상자들을 연구한" 내성적이고 사려깊은 지식인이었다.

램에게 공상은 분명한 목적을 수행하였다. 어린이들에게는 공상이 사람에 대한 주요한 대체물이 될 수 있다. 어른들 역시 사람을 공상으로 대체할 수 있다. 태리타운 박사의 외로움은 나에게 슬픔을 자아냈다. 그러나 램이 "아마도 나는 자급자족하는 편입니다"라고 했을 때 나는 그를 믿었다. 만약에 공상이 아니었다면 램은 심한 우울증에 빠졌거나 아니면 술과 도박을 통한 자기파괴적 방법으로 만족을 찾으려 필사적으로 노력했을지도 모른다. 그는 태리타운이 그랬던 것처럼 닥치는 대로 아무하고나 친밀함을 찾으려 했을지 모른다. 대신에 램은 평정을 유지하는 차분한 삶을 살았다. 그러나 그 대가는 컸다. 왜냐하면 공상은 공격성이 밖으로 표출되는 것을 막았을 뿐만 아니라, 또 즐거움을 경험할 수 없도록 만들기 때문이다. 램이 나에게 한 간단한 이야기, 즉 "스트레스는 전혀 없습니다. 그럴 만큼 일에 연루되지 않거든요. 하지만 같은 이유로 전혀 행복하지도 않죠.…"는 그의 삶을 함축적으로 보여준다. 다른 사람을 사랑하는 대신 램은 오직 자기자신만을 위해서 살고 있었다. 우리의 내적인 삶은 한평생 우리와 관계를 맺도록 허락한 사람들을 통해 풍부해진다. 램은 겉껍질로 자신을 너무도 철저히 둘러싸고 있는 것으로 비쳤다.

그러나 어떤 방어든 그것이 자기 뜻대로 이뤄지는 것은 아니며, 또 프레더릭 라이온이 타고날 때부터 승화의 능력을 갖고 있었던 것은 아니다. 그 재능은 공상과 같은 어렸을 때의 방어양식으로부터 발전되어야만 한다. 대학시절 라이온 역시 도피주의적 예술가였다. 대학시절 의기소침했을 때 그는 뉴욕으로 도망가 해병대에 지원하려고 했다. 다이빙 사고로 영원히 불구가 될지도 모르는 위험에 빠졌을 때 그는 두려웠던 기억이 없었다. 마치 마비의 위험이 존재하지 않은 것 같았다.

그러나 성인이 되자 라이온의 생활방식에 변화가 나타났다. 직업에 따른 책임이나 감정적인 비난들로 우울해졌을 때 라이온은 버몬트주에 있는 농장에서 은둔하곤 하였다. 거기에서 그는 전화도 받지 않고 장미가꾸기가 취미인 아내의 일을 도왔다. 물론 도피주의였지만 그는 성인으로서 겪는 두려움과 절망을 사랑하는 사람 곁에 있으며 아름다운 것으로 바꿀 수 있었다.

막역했던 친구 하나가 사냥사고로 죽은 날 밤, 라이온은 눈물이 뺨으로 흘러내리는 채로 그의 생애에서 제일 훌륭한 시를 지으며 시간을 보냈다. 물론 시에서 그의 친구는 죽지 않았다. 그리고 그와의 마지막 면담에서 그는 방문기념으로 그 시의 사본을 나에게 주었다. 양심에 어긋나기는 하지만, 나는 그 사본을 연구기록보관소에 넘기지 않고 아직도 개인소장품으로 지니고 있다. 모든 예술가의 공상과 마찬가지로 라이온의 승화는 꿈을 다른 사람에게 전달하도록 해주었다. 지금 그의 친구는 또한 내 가슴속에도 살아 있다.

힘든 현실을 견디어 내기 위해서 라이온과 램은 둘 다 그들 자신의 마음 속에 세상을 창조하였다. 그러나 라이온의 세상은 다른 사람과 함께 나눌 수 있는 적절한 감정들로 충만한 세상이었다. 라이온의 성숙한 적응기제는 좋은 사진기처럼 정서적 사건들에 정확히 초점을 맞춘 반면, 램과 태리타운의 공상은 유원지의 거울처럼 믿을 수 없을 만큼 현실을 왜곡하였다. 성숙한 방어는 절망과 같이 본질적으로 팔 수 없는 것을 다른 사람들이 소중히 할 수 있는 상품으로 바꿀 수 있다. 그러나 거의 언제나 공상이나 투사와 같은 미성숙한 방어는 보존하기보다 낭비를 더 많이 한다.

효과적 방어기제의 기원은 신비의 구름으로 가려져 있다. 라이온과 램 사이에 차이가 생긴 이유는 확실치 않다. 그러나 뒷북을 치는 때늦은 지혜를 가지고 약간의 추론은 할 수 있다. 청소년시절 초기에 라이온은 각각 다른 경우에 부모와 신체적으로 부딪힌 결과 부모 각자로부터 존중을 받았다. 그는 부모로부터의 사랑을 잃을 위험을 무릅쓰고 독립을 주장하였다. 그러나 그의 부모들은 그가 반항적인 것을 용기 있는 것으로 간주하고 그것 때문에 그를 사랑하였다. 후에 보게 되는 것처럼 이는 연구대상 중 많은 성공적인 사람들의 가족에게서도 마찬가지로 나타난다. 라이온은 또한 탁월한 운동신경을 타고났다. 이로 인한 초기결과 중 하나는 소년이 공격성을 재주 있게 그러나 통제된 방식으로 사용해서 칭찬받는 경우이다. 실제로 라이온이 부모에게 물리적으로 반항했지만, 부모가 존중할 수 있는 '장난기 있는' 방식으로 하도록 해준 것은 아마도 운동장에서 경험한 신의 은총일 것이다. 성숙해감에 따라 훌륭한 신체적 역량은 정신적 영역으로 옮겨갔다. 그러나 신의 은총은 남아 있었다. 라이온은 가난한 사람을 위한 개혁운동을 하면서 부자가 되었는데, 이는 굿하트의 경우와 쌍벽을 이루는 균형잡힌 행동이다. 분노가 효과적으로 사용되기 위해서는 아마도 그것의 사용이 일정한 방향으로 이끌려져야 하고, 그리고 사용자가 사랑받아야 할 필요가 있다.

램의 어머니는 그의 아들이 대단하다고 칭찬하지 않았다. 대신에 그녀는 램이 사람들과 잘 지내는 데 어려움이 있다고 말했는데, 이는 아마도 그녀가 그와 사이좋게 지내는 데 어려움이 있다는 것을 다른 방식으로 말하는 것일 것이다. 그녀는 램이 너무 치마폭에 매달리고 자신이 없다고 보았다. 그녀는 그의 식습관을 염려했지만 그 외의 것을 가르쳤다는 증거가 없었다. 분명히 그녀는 그가 공격적 행위를 하지 못하도록 했다. 그러나 공격성을 통제하기 위하여 램에게 남겨진 것은 오직 어린 시절의 원시적 기제와 그가 배운 탁월한 매너들밖에는 없었다.

그랜트연구의 증거가 좋은 혹은 나쁜 방어가 유전된다는 생각을 지지하지는 않았다. 정신질환으로 '오염된' 가계(family tree)가 열등한 방어의 선택을 하도록 하지는 않았다. 라이온에게 사랑을 덜 받은 나머지 결국 램처럼 된 형제가 있었으며, 또한 램에게는 더 사랑을 받고서 라이온처럼 된 형제가 있다는 사실은 아마도 단순한 우연의 일치만이 아닐 것이다. 승화와 이타주의는 유전적인 것이 아니다. 따라서 라이온에게 그렇게 큰 도움을 준 공격성에 대한 내적 통제는 타고난 조정(coordination) 재능뿐만 아니라 중요한 사람들로부터의 수용(acceptance)으로부터도 왔다고 생각한다. 물론 그러한 중요한 사람이 꼭 부모일 필요는 없다.

우리는 자긍심을 배울 수는 없으며 단지 그것을 흡수할 뿐이다. 마찬가지로 의식적 학습도 방어기제의 획득에 영향을 주지 않고 사건들 자체가 아니라 우리들 밖에 있는 사람들의 반응이 우리들의 적응양식을 형성시켜 준다. 훌륭한 바이올린 연주자의 스타일은 타고난 재능과 개성 혹은 음표와 음계를 암기하는 것만큼이나 헌신적이고 재능 있는 교사들과 일체가 되는 데서 기인하는 것이다.

마지막으로 더 큰 사회체계도 또한 영향을 미친다. 제 8장에서 보겠지만, 적응은 알맞은 시간에 알맞은 장소에 있는 것에 의해서도 촉진된다. 좀더 경직된 사회구조 속에서는 램은 그의 귀족적 유산과 틀에 박힌 정서를 이용할 수도 있었을 것이다. 만약에 라이온식의 잡지가 프랑코(Franco) 통치하의 스페인에서 시도되었다면 신이 준 그의 균형감각도 실패로 끝났을 것이고, 아무리 우아하다고 하더라도 그의 공격성은 그가 기동타격대의 일원이 되도록 이끌었을 것이다.

2) 정신건강과 성

변호사 조지 바이론(George Byron)과 의사인 캐스퍼 스미스(Casper Smythe)의 삶은 성적 표현의 매우 다른 두 가지 적응양식을 보여준다. 25년에 걸쳐서 바이론은 여러 번의 연애사건을 즐겼으나, 그의 아내와 친밀한 관계를 유지하였다. 이 곡예는 능숙하고 독특한 적응기제의 사용으로 촉진되었다. 라이온이나 굿하트와 마찬가지로 바이론의 적응도 상당한 기교를 요구하였다. 반대로 스미스 박사는 비록 램처럼 친밀함에 대한 두려움으로 장애를 받지는 않았지만 잇달아서 두 번의 결혼과 한 번의 연애사건을 경험했는데 매번 즐거움만큼이나 많은 괴로움을 겪었다. 50세 때 마침내 그는 연구진은 이미 오래 전부터 알고 있었던 사실, 즉 자신이 성적 표현에 심각한 문제를 가지고 있다는 것을 인정하였다.

대학시절의 심리적 건강과 미래의 성공에 대한 전망의 측면에서 바이론과 스미스 두 사람 다 연구진에 의해서 평균이라고 평가되었다.

두 사람을 묘사하기 위하여 사용된 어휘들 중엔 "자신만만하다"와 "무감각하다"란 표현이 포함돼 있었다. 그러나 25년이 지난 후에도 바이론의 세련됨은 지속된 반면에, 스미스 박사의 세련됨은 태리타운 박사의 것처럼 사라졌다. 사실상 이들의 큰 사회적 계급의 차이는 뒤집혔다. 캐스퍼 스미스는 상류계급의 가정에서 출생하였고, 신탁재산의 혜택을 받았으며, 또 훌륭한 대학예비학교를 다녔다. 47세 때 구김살이 많은 양복을 입은 스미스 박사는 집집마다 방문하고 다니는 지치고 초라한 외판원과 흡사하였다. 바이론은 "사회적으로 성공하기 위해 열심히 노력하는 아일랜드계" 지역사회에서 성장하였으며 도시의 공립고등학교에 다녔지만, 47세 때에는 캘리포니아의 중산층 중에서도 상류층에 어울리는 모습이었다. 상의는 없이 하와이식의 셔츠와 잘 다려진 헐거운 바지를 입은 그는 나를 환영하면서 내부의 사무실로 안내하였다. 그는 키가 크고 붙임성이 있고 햇볕에 탔으며 느긋하였다. 그는 행정부의 사무실보다 골프장에 더 어울리는 사람처럼 보였다.

그러나 앞에서 언급한 사람들과는 다르게 조지 바이론과 캐스퍼 스미스의 어린 시절은 큰 차이가 있었다. 스미스 박사의 어린 시절은 연구에서 가장 낮은 평가를 받은 것 중의 하나였다. 그는 난산으로 태어났으며, 여러 명의 유모들에게 양육되었고, 그 후에는 늙은 아주머니와 아저씨와 함께 살았다. 그들은 나이가 많았으며 활발한 어린이와 생활하는 즐거움을 느끼지 못했다. 그가 아기 때에 어머니는 내내 결핵을 앓았으며 그가 태어난 지 8개월 만에 죽었다. 스미스의 아버지는 그 자신의 나쁜 건강과 외교관이라는 직업의 특성상 아들과 보낼 시간이 거의 없었다. 그는 스미스가 6학년 때 죽었다. 어린 소년시절엔 폭력을 휘둘렀지만, 사춘기 때에는 학교에서 싸움으로 거둔 별 것 아닌 성공에서 물러나 그 자신의 말대로 '외로운 늑대'가 되었다. 47세 때, 그는 1세에서 13세까지를 그의 생애에서 제일 불행했다고 생각하는 몇 안 되는 사람 중의 하나였다.

대조적으로 무정보평가자들은 바이론의 어린 시절을 연구 중에서 제일 밝은 것 중의 하나로 평가하였다. 그의 어머니는 수유(授乳)에 어려움이 없었다. 그의 가족은 보통 이상으로 친밀하였다. 그리고 어린 시절 초기의 건강은 매우 좋았다. 바이론은 나이가 들어가면서 프레더릭 라이온처럼 매우 공격적이었다. 그리고 그의 어머니는 그것을 좋아했다. 고등학교와 대학시절에 그는 항상 친한 친구가 있었으며, 처음 보는 사람들로부터 인정을 받는 재주를 가지고 있었다.

라이온과 램에게서처럼, 바이론과 스미스 사이의 차이는 일하고 사랑하는 분야에서만 얻을 수 있었다. 심리적, 신체적 건강을 알아내려고 연구에서 사용한 공식적 지표에 따르면 이 점에서 두 사람은 같았다. 이들은 직업을 즐겼으며 심리치료를 받은 적도 없었다. 이들은 정신의학적 문제 때문에 입원한 적도 없었고 정신병이라고 진단받은 적도 없었다. 이들은 특별한 경우에만 수면제를 사용하였으며, 오직 그들의 부인들만이 그들이 술을 너무 마신다고 생각하였다. 신체적 건강 측면에서도 두 사람 다 자신의 건강을 매우 좋다고 여겼으며, 1년에 적어도 이틀 이상 일을 못한 적이 없었다. 스미스 박사는 어른이 되어서 딱 한 번 입원하였지만 때때로 궤양치료를 받았다. 주로 모험을 좋아하는 생활양식과 여행으로 인해 바이론은 일곱 차례 잠깐씩 입원하였으나 최근에는 건강이 좋았다.

굿하트와 라이온처럼, 바이론은 이상적 활동에 종사하면서 큰 직업적 성공을 거두었다. 법대를 졸업한 후 개업 대신에 건강교육후생복지부에서 일했고, 여행을 좋아한다는 이유로 외국원조편성부와 국제개발처 등을 오가며 일하기도 했다. 그는 꾸준히 승진하였고, 그의 아버지보다 더 성공하였으며, 현재 1년에 3만 5천 달러를 벌고 있다. 중요한 방식으로 그는 직업 외에 지역사회의 일에 참여했으며, 그의 경력은 스스로에게 기대했던 것을 만족시켜 주었다.

바이론은 20여 년 넘게 결혼생활을 했으며 전반적으로 결혼생활은 화목하였다. 대부분의 안정된 결혼생활의 경우 20년이 지난 후 성적 적응을 단지 "만족스럽다"라고 평가하였는데, 바이론은 연애사건이 있었음에도 불구하고 아직도 결혼생활이 "매우 만족스럽다"라고 하였다. 바이론은 부모와 형제들을 좋아하고 친밀한 관계를 유지하였으며, 다섯 자녀 모두가 안정적 적응을 하였다. 그는 부인과 다섯 자녀의 사진을 보여주면서 천진난만하게 즐거워하였다. 바이론은 가끔 친구들과 운동경기를 하기도 하였다.

이와는 대조적으로 20여 년 동안 스미스 박사는 부자가 되려고 노력하였으나 실패하였다. 그는 큰 대학교의 보건소에서 일했는데 그 직업이 매력적이지 않다고 계속해서 불평하였다. 그러나 그는 다른 대학의 보건소를 혼자서 운영하라는 제의를 받아들일 만큼 대담하지도 못하였고, 그가 기대한 승진도 못하였다. 확실히 돈에 대해 관심이 많았음에도 불구하고 의사로서 그는 1년에 불과 1만 8천 달러를 벌었다. 그는 아버지의 성공에 따라가지도 못하였고, 최근에는 아무런 공익사업에도 관여하지도 않았다. 대학시절에 바이론은 평균 B⁺를 받았으나, 스미스는 비슷한 지적 재능을 타고났는데도 서너 개의 E를 포함해서 평균 C를 받았다. 스미스 박사는 두 번이나 이혼하였고, 따라서 그의 자녀들도 고통을 받았다. 중년이 되어서도 이 고아 같은 사람은 20세 된 아들이 자신을 보려 하지 않는다는 이유로 그에게는 세상에서 제일 가까운 피붙이인 아들을 만나려 하지 않았다. 두 번의 결혼 초기시절을 각각 회고하는 질문에서 그는 성적 적응이 "원했던 만큼 좋지가 않았다"고 대답하였다. 스미스는 때때로 지역사회단체에 참여하기도 했지만 친한 친구를 사귄 것 같지도 않았다.

두 사람의 성적 적응은 이들의 적응양식에서의 중요한 차이를 설명해준다. 18세 때 스미스는 여자들에게 매우 관심이 있었다고 하였다. "사랑을 할 때 훨씬 좋았습니다"라고 말했다. 그러나 스미스에게 사랑한다는 것은 "돌봐줄" 사람을 갖는다는 것을 의미한다는 것이 연구진에게 드러났다. 19세 때 받은 로르샤하검사 결과는 주목할 만한데, 성에 대한 두려움이 숨김없이 드러나 있기 때문이다. 첫 번째 결혼의 초기 1년 동안 그는 한 달에 한 번꼴로 성관계를 가졌다. 그의 아내는

"우리들의 성생활을 위해서만 아니라 그의 궤양을 치료하기 위해서도, 또 나도 같이 이야기할 사람이 필요하기 때문에 그가 정신분석을 받기를 원합니다"라고 자진해서 말했다. 23세 때 스미스 박사는 부인을 계속 성적으로 만족시키는 것이 그의 가장 어려운 문제 중의 하나라고 보았다. 후에 잘 합리화된 유머를 사용하면서 그는 아내의 연애사건을 묵인하려고 노력하였다. 28세 때 "빠져나올 수 없는 과외활동들 때문에 아내에게 맞춰갈 수 없다"라고 적고 있다. 이것도 역시 합리화라는 것은 휴가기간 동안에 강박적으로 인사불성이 될 정도로 술을 먹어서 성관계를 회피했다는 사실로도 증명이 되었다. 신체검사를 반복해 보아도 성욕이 없는 의학적 이유를 찾지 못했다. 그는 자식을 낳는 데도 문제가 없었다. 그리고 42세 때 "처음으로 성관계를 즐겼다"라고 자랑하였다. 그러나 50세가 되어서도 스미스는 아직도 "성적으로 대부분의 사람들은 동물이다"라고 생각하고 있었으며, "성관계를 갖지 않는 결혼생활"을 좋아한다고 적고 있다.

이와는 대조적으로 바이론의 부인은 바이론의 연애사건을 아무 말도 안하고 태연히 견뎠다. 청소년 시절 천주교를 믿은 몇몇 연구대상자들처럼 바이론은 자위행위는 너무나 큰 죄악이기 때문에 할 수가 없다고 느꼈다. 그러나 그는 서슴없이 함께 성관계를 가질 여자들을 끊임없이 확보해 주는 일견 교묘한 기술을 사용하였는데, 이러한 방식은 그랜트 연구 대상자들이 보통 사용하는 적응방식은 아니었다. 똑같은, 그러나 전적으로 무의식적 교묘함으로 바이론은 이 행동과 그의 천주교적 양심을 분리시켰다.

결혼 후에도 바이론은 그가 오랫동안 알고 지내온 여성들과 가끔 연애사건을 지속하였다. 태리타운 박사와는 다르게 바이론의 경우는 상호간의 관심과 존경에 기초해서 이루어졌다. 그러나 그의 경우가 주목할 만한 것은 그의 연애사건의 질뿐만 아니라, 결혼생활의 질 때문이다. 1950년에 바이론과 그의 아내를 면담한 후 연구에 참가한 인류학자는 "이들은 정서적 지지를 상대방에게 거의 전적으로 의존하고 있다"

라고 하였다. 20년 후에도 바이론은 "내 아내가 제일 좋은 친구이다"라고 적고 있다.

두 사람의 대인관계에서 나타난 차이는 이들의 성격특징들에도 반영되었다. 바이론은 공격성, 성적 도발, 노출증 및 정서성과 같은 이른바 히스테리성 성격특징들을 많이 나타냈다. 스미스 박사는 고아와 같은 어린 시절로부터 이른바 구순의존적 성격특징들, 즉 비관주의, 소극성, 자신에 대한 회의 및 성에 대한 두려움을 많이 나타냈다. 스미스 박사는 한편으로 "나는 더 중요한 것, 여행, 더 흥미 있는 상황을 갈망하고 있다"라고 적고 있지만, 결코 중서부 대학교의 한기한 직책이 마련해 주는 안전함을 떠나지 않았다. 이와는 반대로 바이론은 세계 도처를 여행하였고 국제간의 자선사업을 지휘하면서 점점 더 많은 책임을 받아들였다.

그랜트연구의 자명한 이치 중의 하나는 자신의 공격성에 대해서 불안하지 않은 사람은 일반적으로 세상에 대해서 애정을 가지고 반응한다는 것이다. 바이론의 어머니는 아들을 '타타르 사람'(Tartar)*이라고 불렀고, "그 녀석은 매우 집적거렸지만 결코 불친절하지는 않았어요"라고 덧붙였다. 1967년에 호전적인 바이론은 베트남으로부터의 점진적 철수를 원했다. 1970년에는 즉각 전쟁을 끝내는 것에 찬성하였다. 이와는 대조적으로 1947년에 보다 소극적인 스미스 박사는 러시아와의 예방전쟁을 개시하기를 원했다. "우리 모두 참전을 해서 끝장을 냅시다"라고 말했지만, 그러나 "안전성이 내 직업에서 제일 좋은 점입니다. … 나는 세상사에 밝은 사람처럼 나 혼자서 밖으로 나갈 배짱이 없습니다"라고도 하였다. 1967년에 그는, "동남아시아에 수소폭탄을 사용하여야만 합니다. … 우리가 너무 고개를 숙이고 들어가서 조그만 러시아의 위성국가 하나가 우리를 굴복시키려 하도록 한다는 것은 상상할 수도 없는 일입니다"라고 호통을 쳤다.

---

* 사나운 사람이라는 뜻 — 옮긴이.

우리의 과제는 정치를 평하는 것이 아니라 두 사람이 성인으로서의 삶에 적응하는 방식을 비교하는 것이다. 그러나 이 연구에서 보면 사람들이 외부세계에 대해서 갖는 정치적 신념은 종종 내적 동요를 조직화하려는 그들 자아의 노력과 유사한 것처럼 보인다. 바이론이 결혼생활을 잘 관리하고 있다고 느낀 반면에, 스미스 박사는 흔들리는 두 번째 결혼생활의 경험을 "베트콩에 포위당한 것"과 유사하다고 한 것이 아마도 두 사람의 정치적 견해의 차이에 대한 한 설명이 될 것이다.

두 사람 사이의 가장 현저한 차이는 바이론은 본능을 통제하기 위해서 예상(anticipation)과 억제(suppression)를 사용하였다는 것이고, 스미스 박사는 분노를 그가 상상하는 적들과 자신에게 돌리는 소극적-공격적인 생활양식을 사용하였다는 것이다. 전 생애를 통해서 조지 바이론은 그가 충분히 준비되기까지 만족을 연기하였다. 결혼관계 책자들을 읽고 어떻게 하면 젊은 여성들을 잘 유혹할 수 있을까를 적극적으로 계획하면서도 바이론은 자위행위는 하지 않았다. 그는 충분히 준비해서 연구대상자 중에서 제일 많은 여성들과 관계를 가지는 대학시절을 보냈다. 여성과의 관계에 말려드는 것, 임신, 성병은 모두 미리 예상하고 피했다. 법대에 다니면서 공부할 때에도 미래생활의 질이 계속해서 그의 마음의 중심을 차지하였다. 그는 위대한 인물들의 생애를 흥미 있게 읽었으며, 25년이 지난 후 생애의 계획을 이루었다고 자랑스럽게 암시하였다. "사람들에게 청구서나 보내는 것은 내 자신이 견디지 못할 것이라는 것을 알기 때문에"그는 개업을 하지 않았다. 대학원과정을 다니면서 준비를 잘했기 때문에 정부 내에서, 그리고 외국원조 편성부와 국제개발처에서 곧 매력적 직업을 얻을 수 있었다. 비록 흥미진진한 삶을 살았음에도 불구하고 검소하였고 현명하게 투자했다. 그래서 47세 때 연구대상자 중 서너 명의 예상자들처럼 그는 캐스퍼 스미스가 가지고 태어난 것만큼 많은 수입을 가지고 있었다(증권시세가 올랐음에도 불구하고 스미스는 47세가 되었을 때 20세에 지니고 있었던 유산보다도 더 많은 수익을 올리지 못했다).

자신이 성급하다는 것을 알기 때문에 바이론은 항상 현재의 직업이 잘못되는 경우 다음에는 어디에서 일할 것인가를 계획했다. 워싱턴에서 상관에게 너무나 격분한 나머지 신체적으로 폭력을 가하게 될까 봐 그는 자진해 휴가를 떠났다. 그러나 그는 자신의 분노와 잘 타협했다. 성인기의 연애사건도 마찬가지로 잘 계획되었다.

스미스 박사는 매우 다른 방식으로 만족을 얻었다. 심지어 대학에 다니기 전, 자신에게 미칠 결과에는 개의치 않고 결단성이 있는 아주 머니로부터 자유로워지기 위해 그녀가 바라는 것과는 정반대로 행동하였다. 곤경에 처했을 때의 행동에 관한 그의 철학은 "나는 조금도 개의치 않는다"였다. 조지 바이론과는 다르게 스미스는 대학시절에 재미는 하나도 없이 건달이라는 평판을 얻도록 행동했다. 그는 두 번씩이나 보호감찰을 받았다. 첫 번째는 학업성적이 나빠서이고, 두 번째는 음주운전으로 위험한 사고를 내서였다. 여자친구가 그를 떠났을 때 그는 이틀 동안 소란스러운 술판을 벌였다. 그는 비행사훈련을 거절당했을 때도 똑같이 행동하였다. 그는 말로는 "나는 아무렇지도 않아. 약간 어이없을 뿐이야"라고 했지만, 그러나 그의 두 번째 술판의 구체적 결과는 다리골절이었다. 한 번은 술에 취해서 성관계를 갖지 못했던 휴가를 다녀온 후 그는 휴가가 "즐거웠다"라고 하였다. 그의 부인은 똑같은 휴가를 "엄청난 실패작"이라고 불렀다. 소극적-공격적으로 갈등을 극복하는 방식은 자신의 결혼생활이 파멸로 끝난 것은 부인의 불륜 때문이었다고 말하는 데서 극명히 드러난다.

요약하자면, 하나 하나의 움직임을 훨씬 이전에 미리 본능적으로 계획함으로써 조지 바이론은 충동적 천성으로부터 대단한 즐거움을 이끌어냈다. 그는 열정을 알긴 하지만 행동은 자제할 수가 있었다. 비록 천성적으로 덜 열정적이었지만 스미스 박사는 감정을 경솔하게 그러나 반대감정이 양립한 채 행동으로 옮겼다. 그 결과는 바람 부는 쪽으로 침을 뱉는 것과 다름이 없었다.

적응기술에서의 두 번째 주요한 차이는 바이론은 라이온과 마찬가지로 그의 본능적 소망과 갈등을 승화시키는 데 숙련되어 있었다는 것이다. 캐스퍼 스미스는 그의 열정을 '망각', 즉 억압하려고 하였다. 승화는 감정을 일정한 방향으로 흐르게 하지만 억압은 그것들을 막는다. 바이론은 프로이트에 대한 지식이 여러모로 편리하다고 확신하면서 그가 쓴 책을 재미있게 읽었다. 스미스는 심리학개론 과목에 낙제하였는데 그러한 것들을 기억하지 않는 것이 더 쉬웠다. 대학시절에 스미스는 로르샤하 잉크반점에서 곤충과 거미의 무서운 표상을 보았다. 몇 년 후 그 검사에 관해서 물어보았을 때 그는 나비 외에는 아무것도 보지 않았던 것으로 기억했다. 위험한 교통사고 후 그는 비정상적으로 차분함을 느끼며 병원에 도착했다. 24시간이 지난 후 신체적 원인이 없는데도 자제할 수 없이 토하기 시작하였지만 그는 왜 그러는지 상상도 할 수 없었다.

결혼생활에서 남성의 역할을 감당하기에 어려움을 겪고 있던 시절에 스미스는 '대학교 여자졸업생 동창회'(University Alumnae Association)*에 속해 있다고 써보냈다. 후에 결혼이 파경을 맞았을 때 그는 "나는 결혼의 실질적 가치에 대해 회의를 느끼고 있다. …(매우 훌륭한) 내 자신의 결혼상대는 내가 철학적으로 사고하는 것과는 아무 관계도 없다"라고 방백처럼 적고 있다. 〈아칸소 나그네〉(The Arkansas Traveller)라는 노래에 나오는 가장처럼 스미스는 해가 뜨자마자 지붕이 샌다는 것을 잊어버리곤 해서 결코 지붕을 고칠 수가 없었다.

바이론은 정서적 갈등을 망각하지 않고 기억하였다. 조지 바이론은 청소년 시절의 성적 자유분방함을 한편으로는 안정된 결혼생활로, 또 다른 한편으로는 미학과 문예부흥 시대의 그림에 대한 열정적 관심으로 변화시켰다. 그는 자신이 지닌 조작하는 능력을 로마, 파리, 도쿄에서 자선사업에 관련 있는 일을 혼자서 계획하는 데 쏟았다. 그는 외국 여러 나라에 대한 풍부한 교양을 즐기면서 책임감 있고 유쾌한 태

---

* 졸업생이 남녀혼성일 경우에는 남자의 복수형 alumni를 씀 — 옮긴이.

도로 아내와 다섯 자녀와 함께 여행하였다. 비록 어린 시절의 엄격한 가톨릭 교회의 교리를 거부하였지만 그는 "내가 좋아하는 작곡가들의 곡이 연주될 때마다 교회로 돌아간다"라고 하였다. 그는 외국의 관료들이 불우한 시민들에게 관심을 기울이도록 위협하면서 분노를 표출했지만 직업에 따른 '특권'을 염치없이 즐기기도 하였다. 리우 데 자네이루에 살 때는 해변에서 따뜻한 기후 속에 두 하인을 두고 지내는 생활을 즐겼다.

스미스 박사는 억압 때문에 무심코 여자용 공중화장실에 들어갔다가 체포된, 무의식적으로 엿보기를 좋아하는 사람처럼 되었다. 그는 항상 유죄였지만 결코 그 이유를 기억할 수가 없었는데, 바이론의 승화를 했더라면 관음증자 대신 누드화로 유명한 예술가가 되어 부를 누렸을 것이다.

그러나 진정한 세련됨은 진정한 공손함처럼 한 사람에 관해 부자들의 거북한 매너들이 반영하는 것 이상을 반영한다. 세련됨은 다른 사람이 어떻게 느끼는가를 아는 것을 반영하고, 다양한 기술의 습득을 의미하며, 어떻게 노는가(how to play)를 아는 것이라고 요약할 수 있다. 그것은 다른 사람에게 거의 불편을 주지 않으면서 자신의 욕구를 만족시킬 수 있는 굿하트의 우아한 능력이다. 또한 그것은 그를 아는 것에 대해 다른 사람이 자랑스럽게 느끼도록 만드는 라이온의 능력이기도 하다. 바이론은 가난뱅이가 살고 있는 지역출신으로 중년에 세련된 사람이 되었다. 그리고 비교해 보면 스미스 박사는 파크애비뉴(Park Avenue)* 출신으로 작은 시골뜨기처럼 보였다.

그러면 본래의 질문으로 돌아가자. 적응양식의 차이가 발생하는 이유를 어떻게 설명할 수 있을까?

스미스와 바이론 간의 적응양식 차이를 설명하는 데는 각 개인의 정신에 내재화된 인물의 중요성이 사회적 요인들을 능가하는 것 같다.

---

* 뉴욕시의 번화가로, 부·변화·유행의 상징 — 옮긴이.

바이론은 아들의 교육에 관심을 기울이며 자녀를 사랑하고 수용적이었던 부모의 도움을 받았다. 이런 부모는 자녀들이 당황해 할 때 그들 곁에 있어줌으로써 고통을 견디고 극복하도록 계획을 세울 수 있는 능력을 배우게 해준다. 또 이런 부모는 장난치고 야단법석을 떨도록 고무해 준다. 램과 스미스는 이런 부모를 갖지 못했다. 난봉꾼의 도덕과, 무신론적인 상류계층의 사회경제적 관습은 스미스가 자신의 성적 활동에 대한 두려움으로부터 자유로울 수 없게 했다. 고아로서 스미스는 냉랭하고 감정을 억제하는 친척으로부터 그의 세계관을 배웠다. 문화적인 금지는 거의 없었지만 좋아하는 대상의 결여와 사랑의 결핍으로 손상받은 초기의 발달 때문에 스미스는 다른 사람과 성적인 관계를 갖는 것보다 자족하는 것이 더 쉬웠다. 자신에게 어떻게 노는지를 가르쳐줄 형제나 부모가 없었기 때문에 그는 사회적인 오락형태에 대해서 알지 못했다. 그러나 노는 것을 사용하지 않고서는 의식적인 괴로움을 견디는 수업은 배우기가 어렵다. 스미스는 오직 도망가는 것만을 배웠다. 더구나 스미스 박사는 항상 그 자신처럼 도움이 필요한 여자와 결혼하였다. 각각이 상대방에게 부모와 같은 지지를 갈구했지만 그것을 상대방에게 줄 수는 없었다. 스미스는 항상 성적인 대상을 찾는 척하였다. 그는 자신이 잃어버린 부모를 열망한다는 사실을 인정할 수가 없었다. 그러나 내재화한 어머니가 없기 때문에 그는 어머니에 대한 강한 소망을 그것 외의 다른 어느 것으로 돌릴 수 있는 적응기술을 발달시키지 않았다.

이와는 대조적으로 바이론은 지옥불이 문자 그대로 존재하는 것이며 개신교도와 자위행위자는 영원히 처벌받는다고 믿도록 교육시키는 문화에서 성장하였다. 그러나 그의 어머니는 또한 그를 사랑하였고, 아들의 성정에 대해 기특하다고 생각하였다. 이와 같은 기반 위에서 바이론은 승화를 통해 성숙한 성적 관계를 즐길 수 있었으며, 또 자신은 "아내와 어머니 둘 다"와 결혼하였다고 부끄럼 없이 인정할 수 있었다. 그와 아내 모두 행복한 어린 시절을 보냈기 때문에 이들은 상대방에게 부모와 같은 지지를 제공해 줄 수 있었다.

　요약하면, 우리의 문화가 아니라 친밀한 인간관계가 우리의 적응원천을 형성하는 것 같다. 좋은 적응이 친밀한 관계를 더욱 증진시켜 주기도 한다. 해리 할로(Harry Harlow)의 고립된 새끼원숭이의 교훈이 말해주듯이 만약에 성인이 되어서 스미스처럼 성을 두려워하지 않으려면 어렸을 때 친밀하고 사랑하는 관계를 가질 필요가 있다. 이 연구에서 생기발랄한 어린 시절은 대상자들의 경력에 거의 영향을 미치지 못했다. 오히려 그들이 양육받은 방식이 타인을 사랑하는 그들 능력에 심대한 영향을 미쳤다는 점에서 중요하게 다뤄질 필요가 있다. 이 일반화에 대해서는 제13장에서 다룰 것이다.

제2부

기본적 적응양식

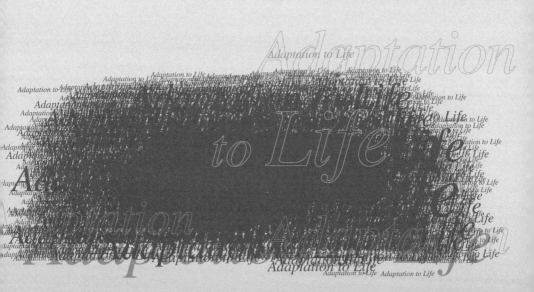

제 5 장

자아의 적응기제들: 그 위계

사실상 언어는 단지 근사치에 불과하다. 심지어 과학에서조차 너무나 불명료해 만약 현상을 시야에서 놓치고 말에 집착을 하면 즉시 사실에서 벗어나게 된다. 따라서 우리는 이제 단지 오류의 원천에 불과한 말 그 자체를 위한 논쟁으로 과학에 손상만을 입히게 된다. 왜냐하면 그렇게 되면 말이 더 이상 모든 사람에게 동일한 생각을 표현하는 것이 아니기 때문이다. 그러므로 항상 현상에 집착해야 한다고 결론을 내리자.

— 클로드 버나드,《실험의학연구개론》

지금까지 보아온 여섯 사람의 적응양식을 살펴보면서 이미 여러 적응기제들에 대해서 설명하였다. 굿하트의 이타주의와 승화는 태리타운의 해리와 투사보다 더 적응적이라고 하였다. 스미스의 소극적 공격성은 바이론의 예상보다 덜 효과적이고, 또 라이온의 승화는 그의 사랑에서 본질적인 요소인 반면에 램의 공상은 외로움으로 이끌렸다. 이 장에서는 18개의 이런 기제들을 공식적 구조로 조직화하려고 한다. 이렇게 하는 이유는 이 책의 나머지 부분에 대한 이해를 촉진시키며, 무의식적인 적응반응들을 이해하기 위해 가능한 도식을 제공하려는 것이다. 제2장 및 제3장과 마찬가지로 설명하는 말에 싫증을 느끼고 또 클로드 버나드의 현상을 보는 것을 좋아하는 독자는 이 장을 건너뛰어도 좋다.

　　무의식적 적응기제에 대한 개념은 다양한 질문들을 불러일으킨다. 첫째로, 어떻게 특정한 방어기제를 식별하고 측정하는가? 둘째, 이러한 기제들이 실제로 존재하는가? 즉, 이들을 지각하기 위해서 열성적인 프로이트학설 신봉자의 믿음을 가져야만 하는가? 셋째, 얼마나 많은 방어기제가 있는가? 넷째, 병적인 방어기제와 적응적인 방어기제 사이에는 어떤 차이가 있는가? 방어기제는 늘 건강한가? 다섯째, 우리가 사용하는 방어기제는 실제로 어떤 결과를 낳는가? 여섯째, 방어기제는 불변하는 것인가, 아니면 성숙과 더불어 변화하는 것인가? 마지막으로, 친구나 자녀가 특정한 방어를 사용한다는 것을 알았을 때 어떻게 해야 하는가?

1) 방어기제의 식별과 실재성

　　"어떻게 방어를 식별하는가?"라는 첫 번째 질문에서부터 시작하자. 불행히도 방어에 대한 우리들의 지식은 명왕성(Pluto)*에 대한 19세기

---

* 태양계의 가장 바깥쪽을 도는 행성으로, 1930년에 발견됐다 — 옮긴이.

천문학자의 지식과 유사하다. 우리는 명왕성을 직접 볼 수도, 측정할 수도, 또한 하나의 행성으로 식별할 수도 없었다. 그럼에도 불구하고 명왕성의 명백한 실체는 이것이 관측 가능한 행성들의 궤도 사이를 체계적으로 왜곡하고 있다는 사실로 알 수 있었다. 마찬가지 방식으로 관찰자는 체계적인 왜곡을 알아냄으로써 보이지 않는 방어의 사용을 알 수 있다. 방어의 측정문제는 보이지 않는 행성의 측정보다 훨씬 더 어렵다. 왜냐하면 방어기제는 따로따로 분리된 실체가 아니라 통합된 과정을 의미하기 때문이다. 마치 교향곡을 하나의 통합체로 인식하는 것처럼 하나의 방어기제에 대한 우리의 지각도 사실은 한동안에 걸쳐서 조화를 이루면서 나타나는 많은 분리된 실체들의 융합인 것이다. 방어의 인식은 더욱 더 방해를 받는데, 왜냐하면 개인적인 방어에 대해서 너무 많이 알게 되면 사적으로 고통을 경험할 위험이 있기 때문이다. 그러므로 방어기제의 식별은 항상 근사치에 이르는 과정이다.

"방어는 정신분석학자들의 상상에 의한 허구인가?"라는 두 번째 질문에 또한 대답을 한 후에야 공식적인 방어목록을 생각할 수 있다. 물론 프로이트가 맨 처음 이들을 식별해 냈을 때 방어는 전에는 인식되지 않았던 인간현상을 나타내는 것이었다. 아리스토텔레스나 히포크라테스도, 소포클레스(Sophocles)*나 셰익스피어도, 몽테뉴나 쟈네(Janet)**도 프로이트가 고립(isolation)이나 투사와 같은 단순한 심리적 기제를 인식하리라고 예상하지 못했다. 프로이트는 정신병리의 기저에는 불안하게 하는 생각(ideas)이 아니라 혼란스러운 감정(affects)이 놓여 있다는 것을 입증하였을 뿐만 아니라, 또한 정신병리라고 지각된 것의 대부분은 잠재적 치유과정을 나타내는 것이라는 사실을 입증하였다.

1894년에 프로이트는 감정은 개념과 대상으로부터 "위치를 바꾸거

---

* 고대 그리스의 3대 비극시인 중 한 사람 — 옮긴이.
** 프랑스의 심리학자 · 신경학자 — 옮긴이.

나 전환될 수"있을 뿐만 아니라(자신이 후에 해리, 억압 그리고 고립이라고 부른 것에 의해서), 또한 감정은 다른 개념과 대상에 "다시 결합될 수" 있다는 것을(전위와 승화에 의해서) 관찰하였다.[1] 이는 혁명적인 생각이었다. 정말이지 무의식적인 방어기제라는 개념은 인간에 대한 우리의 이해에 기여한 프로이트의 가장 독창적인 공헌이었다. 그러나 프로이트의 생애 동안에는 그 자신이나 그의 제자들 모두 방어기제의 중요성을 무시하는 경향을 보였다. 프로이트가 종종 무시했던 그의 발견인 자아방어 기제의 다양성과 그 힘의 진가를 알고 강조한 사람은 프로이트의 마지막 편집자인 제임스 스트레이취(James Strachey)와 프로이트의 지적 상속자인 딸 안나 프로이트였다.

40여 년의 세월 동안 프로이트는 오늘날 우리가 이야기하는 대부분의 방어기제들을 알아냈고, 또 이들의 가장 중요한 특징들 중 다섯 가지를 식별하였다. 이 특징들은 다음과 같다. ① 방어는 본능과 감정을 다루는 주요한 수단이다. ② 이들은 무의식적이다. ③ 이들은 서로 분리된다. ④ 비록 종종 정신의학적 증상증후군의 보증이기는 하지만 방어는 역동적이고 가역성이 있다. ⑤ 마지막으로 이들은 병리적인 동시에 적응적일 수도 있다.

이들의 존재를 가정한 후 첫 10년 동안 프로이트는 유머, 왜곡, 건강염려증, 해리, 전위, 억압, 공상 및 고립 등의 분리된 기제들을 기술하였다. 그러나 1905년 이후에는 방어(Abwehr)라는 용어는 더 이상 그의 저서에서 중요하게 여겨지지 않았으며, '억압'(내가 이제 '방어' 대신에 쓰기 시작한 것처럼)으로 대치되었다.[2] 20여 년 동안 자아의 적응기제들 사이의 구분은 불분명한 채로 있었다. 1936년에 프로이트는 관심 있는 제자들에게 "방어적인 기능을 수행하는 데에 우리의 자아가 사용하는 놀랍도록 많은 방법들(우리가 하는 대로 하면 기제들)이 있습니다. … 아동분석가인 내 딸이 이것에 관한 책을 쓰고 있는 중입니다"라고 알려주었다.[3] 그는 안나로부터 받은 80회 생일선물 … 역사적으로 중요한 그녀의 단행본 《자아와 방어기제》(The Ego and the Mecha-

nisms of Defense)⁴⁾를 언급하는 중이었다.

안나 프로이트가 사실상 아버지의 어깨 위에 서 있었으므로 프로이트에게는 잘 보이지 않았던 심리적 기능의 두 가지 측면을 분명하게 볼 수 있었다는 것은 우연이 아니었을 것이다. 그녀는 방어들은 상호 간에 분명히 구분될 수 있고 또 구분되어야만 한다는 것을 알았을 뿐만 아니라, 이렇게 많은 방어의 구축이 이뤄지도록 하는 공격본능도 잠재적으로는 유용하고 건설적일 수 있다는 것을 알았다.

안나 프로이트가 20여 년이 지난 후에 목록을 만들 모든 기제들에 대해서 프로이트가 이름을 붙이거나 혹은 한 논문에 이것들을 다 모아 놓고 다루지는 않았어도 그는 때때로 방어들에 위계관계가 있다고 암시하였다. 부정, 왜곡, 투사 등은 정신병에서 나타나는 방어이고, 연속선상의 반대편에는 승화, 이타주의, 유머, 억제 등의 성숙한 방어들이 있다.

최근에 정신분석학자 로버트 월러스타인(Robert Wallerstein)은 미래의 연구에 있어 중요한 초점을 다음과 같이 요약하였다.

> 발달해 가면서 개개인은 점성적(*epigenetic*)인 사다리를 따라서 좀더 성숙하고 현실에 적합한 적응양식에 이른다. 사다리 각각의 가로대는 그 발달시기에 적합한 방어의 위계를 나타낸다.⁵⁾

그러나 1905년에 프로이트는 이미 이 매우 중요한 개념, 즉 방어의 개체발생을 소개하였다. 그는 "반동형성(*reaction-formation*)을 통해서 발달을 자극하는 한에서는 어린 시절의 다양한 도착적인 성적 성향도 많은 미덕들의 원천이라고 간주할 수 있다"라고 하였다.⁶⁾ 비행(*delinquency*)도 이타주의로 발전할 수 있다.

왜냐하면 프로이트는 신경증의 원천이 아니라 문화와 미덕으로 리비도(*libido*)*를 변화시킬 일단의 방어기제를 생각했기 때문이다.

우리들 각자의 성생활은 정상이라고 인정되는 제한된 수준을 약간 정도 넘어가도록 — 지금은 이 방향으로, 또 지금은 저 방향으로 — 확장한다. 성도착은 짐승 같은 것도 아니고, 단어가 나타내는 감정적인 의미처럼 타락한 것도 아니다. 이것은 배종(*germs*)의 발달인데 모든 배종은 어린이의 미분화된 성적 경향 속에 내포되어 있으며, 이 배종들이 억제에 의해서 혹은 성적인 의미가 없는 좀더 높은 목표로 전환됨으로 해서, 즉 '승화'되어서 수많은 문화적 업적을 위한 힘을 마련하도록 미리 정해져 있다. … 승화는 성욕의 특정한 원천에서 나오는 지나치게 강한 흥분이 배출구를 찾아서 다른 분야에서 사용될 수 있도록 해주기 때문에 본래는 위험한 성향으로부터 심리적 효율성의 적지 않은 증가를 가져오게 한다.[7)]

후에 그는, "유머는 이러한 방어과정 중에서 제일 높은 것으로 간주할 수 있다. 유머는 억압처럼 괴로운 감정을 포함하는 관념적 내용이 의식적 주의를 벗어나게 하는 것을 경멸하며, 따라서 방어의 자동화를 극복한다"라고 하였다.[8)] 그러나 공격성을 죽음과 파괴로 지각한 프로이트와 달리 창조적 결과와 결합시키는 것은 그의 딸과 그녀가 만든 좀더 분명한 방어기제의 목록이 나타나기까지 기다려야만 했다.

일반대중이 무의식적 방어기제의 개념을 수용하기까지 시간이 걸렸다는 것은 놀랄 만한 것이 아니다. 지구가 둥글다는 것, 지구가 태양의 주위를 돈다는 것, 또 우리의 조상이 원숭이와 비슷했다는 것 등은 처음에는 이단으로 여겨졌던 개념들이었다. 무의식적 방어기제에 대한 프로이트의 개념도 비슷하게 포기되었다. 이와 같은 생각들의 하나하나가 확인된 과학적 사실의 일부분으로 수용될 수 있기 전에 먼저 소수의 사람들의 신념체계의 부분이 되어야만 했다. 현재는 (비유적인 의미에서) 무의식적인 심리적 방어가 존재한다는 것은 더 이상 정신분석학에 종교적 열정으로 집착하는 사람들에게만 한정되어 있지는 않

---

* 모든 인간행동의 숨은 동기가 되는 본능적 활력과 욕망 — 옮긴이.

다. 국가원수들도 투사에 관해 알고 있다. 동물행동학자들도 거리낌 없이 전위에 대해서 이야기한다. 승화와 억압은 오래 전부터 전기작가들에게는 분명한 것이었고 최근에는 사회역사학자들에게도 분명한 것이다.

그럼에도 불구하고 특정한 행동이 방어적인 것이고, "단지 우연의 일치가 아니다"는 것을 입증하는 것은 간단하지 않다. 특정 개인에게서 특정한 방어를 식별해 내는 것은 오랜 시간이 걸리는 과정이다. 그것은 추리소설에서 살인자를 식별해 내는 것과 유사한 종류의 추론과 자료수집을 포함한다. 종단적 방법의 연구가 정신분석학적 개념으로가 아니라 인간적 현상으로서의 방어의 식별을 촉진시킨다. 이 책이 상담실에서가 아니라 30년간에 걸친 삶의 연구에서 얻은 자료를 사용하는 것은 우연한 일이 아니다.

2) 방어기제의 종류와 위계

"얼마나 많은 방어기제가 존재하는가?" 라는 세 번째 질문에 대한 대답은 "바늘 끝에서 얼마나 많은 천사들이 춤출 수 있는가?"라는 질문에 대한 대답과 같다. 목록을 만드는 사람이 무모하게 상상할 수 있을 만큼 많은 방어가 존재한다. 나는 18개의 방어기제를 선택하였다. 이것들은 방어기제에 대한 우리들의 지식에 중요한 공헌을 한 퍼시발 시몬즈(Percival Symonds), 9) 안나 프로이트, 10) 아더 발렌슈타인(Arthur Valenstein), 11) 엘빈 셈라드(Elvin Semrad), 12) 오토 페니켈(Otto Fenichel) 13)과 로렌스 콜브(Lawrence Kolb) 14) 등 6명의 연구자들에 의한 복잡한 방어들 중에서 선택한 것이다. 그러나 어떠한 제한적 선택도 임의적인 것이고 연구자 개인에 의한 것이다. 1932년 정신분석학이론의 요약에서 프로이트는 단지 4개의 방어들에 대해서 언급했을 뿐이다. 발렌슈타인은 44개의 방어기제를 설명하였다. 내가 선택한 18개의 방어기제를 이들의 상대적인 이론적 성숙도와 병리적 중요성에 의해서 분류하였다. 15) 〈표 5-1〉에서 네 가지 일반적 수준 ― 정신병적(*psychotic*), 미성숙한(*immature*), 신경증적(*neurotic*) 및 성숙한(*mature*) ― 으로 분류되었다. 이렇게 정하는 것은 라이온과 굿하트의 삶에서 이미 제시된 교훈, 즉 인간의 성숙은 제 1수준으로부터 제 4수준으로의 적응적 과정의 발전을 수반한다는 것을 강조하는 것이다. 어린이의 현실에 대한 부정('정신병적' 방어)은 램의 공상으로 발전할 수 있다. 청소년 시절에 이 공상은 태리타운의 해리로 변할 수 있고, 성숙해서는 라이온의 승화가 될 수 있다.

〈표 5-1〉에 있는 18개의 기제들을 〈부록 A〉에서 공식적으로 정의하였다. 이 장에서는 동의어를 충분히 제시해서 독자들이 나의 용어와 자신의 용어를 통합시킬 수 있기를 바랄 뿐이다. 그러나 더 앞으로 나가기 전에 주의를 주고자 한다. 무의식적 방어행동의 현상은 존재하지만 이 현상들을 구체화하는 것은 비유적인 것이다. 이 장에서 이들을 분류하는 것은 단지 편의상 이루어진 것이다.

연속선상에서 가장 원시적인 제 1수준에는 이른바 정신병적 방어로 불리는 망상적 투사, 정신병적 부정과 왜곡이 포함되어 있다. 이런 기제들은 종종 5세 이전의 정상적인 아동들에게서도 찾아볼 수가 있다. 이것들은 성인의 꿈이나 공상에서도 흔히 나타나는 것이다. 때때로 유령이나 악마들이 우리의 의식에 침입하기도 한다. 우리들 속에 있는 월터 미티(Walter Mitty)*는 죽은 사람을 살릴 수도 있고 영웅적인 정치적 변화를 가져오게 할 수도 있다. **사용자**에게는 제 1수준의 기제들은 외부현실을 재구성해 주지만, **관찰자**에게는 이러한 기제를 사용하는 사람들이 미친 것처럼 보인다. 그래서 신호등을 기다리는 동안이나 저속한 잡지의 책장을 급히 넘기면서 하는 생각들은 우리 자신도 알아차리지 못할 때가 종종 있다. 제 1수준의 기제들이 사적인 데 멈추지 않고 일상적인 행동에 영향을 미치는 경우에는, 이 행동은 종래의 심

* 터무니없는 공상에 빠지는 소심한 사람을 비유할 때 쓰는 표현 ― 옮긴이.

리치료나 이성(*reason*) 혹은 위협에 의해서 변하지 않는다. 정신이상자나 몽상가나 몹시 화난 두 살짜리 어린이는 모두 전지전능한 사람들이다. 오직 외부현실의 변경이나 혹은 사용자의 신경계의 변화(예를 들면 진정제나 성숙을 통한)만이 정신병적 방어를 깨뜨릴 수 있다.

　　망상적 투사는 외부현실에 대한 명백한 망상을 포함하는데 보통은 피해망상이다. 이것은 편집증적 정신분열증, 섬망증과 기질적 뇌손상 증후군의 주된 적응기제이다. 부정은 문자 그대로 외부현실의 부정이

<표 5-1> 적응기제의 도식표

수준 1	정신병적 기제(정신병, 꿈 그리고 어린 시절에 공통으로 나타남) 　　부정(외부현실에 대한) 　　왜곡 　　망상적 투사
수준 2	미성숙한 기제(심한 우울증, 성격장애 그리고 청소년시절에 공통으로 　　　　　나타남) 　　환상(정신분열증적 철수, 환상을 통한 부정), 램을 참조 　　투사, 태리타운을 참조 　　건강염려증 　　소극적-공격 행동(피학증, 자신을 향함), 스미스를 참조 　　행동화(강박적 비행, 도착증), 태리타운을 참조
수준 3	신경증적 기제(모든 사람에게 공통으로 나타남) 　　이지화(고립, 강박행동, 취소, 합리화) 　　억압, 스미스를 참조 　　반동형성 　　전위(전환증, 공포, 기지), 서론에서 언급된 혈액학자를 참조 　　해리(신경증적 부정), 태리타운을 참조
수준 4	성숙한 기제('건강한' 성인에게서 공통으로 나타남) 　　승화, 라이온을 참조 　　이타주의, 굿하트를 참조 　　억제 　　예상, 바이론을 참조 　　유머, 굿하트를 참조

다. 비록 부정이 정신병의 현저한 특징이기는 하지만 현실을 잊는 것이 죽어가고 있는 환자에게는 상당히 적응적일 수도 있다. 왜곡은 내적인 욕구에 맞도록 외부현실을 크게 고치는 것이다. 그것은 조증 (manic)의 과대망상증과 적응적인 종교적 신념 둘 다에서 나타나는 공통적 요소이다.

건강한 성인들이 깨어있을 때의 행동 속에서는 이 세 가지 기제들은 좀처럼 나타나지 않기 때문에 그랜트연구에서 관찰한 몇 가지 예를 지금 들도록 하겠다. 한 연구대상자의 청소년 시절에 왜곡은 그가 전 생애를 통해서 상대적으로 비적응적 기제를 계속 사용할 것이라는 사실의 전조가 되었다. 16세 때 그는 사용하기 전에 매번 물 컵에 있는 세균을 강박적으로 씻어내지 않으면 자살을 하는 죄를 저지를 것이라고 진심으로 믿었다. 강박신경증환자는 자신의 강박관념이 이상하다고 지각하지만 이 사람은 자신의 행동을 매우 적절하다고 보았다. 매우 세련되고 학식이 풍부한 대학교 2학년의 학생으로서 그는 성적 행위의 결과를 두려워하였다. 사실상 그는 자위행위를 하면 정신병에 걸린다는 신념에 집착하였다. 23세 때 보병 기초훈련 동안에 수줍음을 잘 타는 이 지성인은 "야영지에서 내가 제일 행복한 친구이다"라고 보고하였다. 그러나 그러한 행복은 정말로 일시적 정신착란임이 분명하였다.

연구대상자들의 삶 속에서 왜곡을 나타내는 다른 예들은 좀더 구체적인 경우, 즉 어린 시절, 종교적 신념, 정신질환 등에서 나타났다. 3세 때 한 대상자는 가상의 두 친구와 개 한 마리를 가지고 있었다. 이들은 보통 이상으로 생생하게 눈에 보이는 친구들이어서 가족의 식탁에 이들의 자리도 만들어 주도록 요구하였다. 16세 때 또 한 대상자는 현대의 종교적 기적들의 진실성을 너무나 의심 없이 받아들여서 교구 부속학교의 교장조차도 비정상적이라고 생각하였다. 세 번째 경우, 한 세련된 생화학자는 자신이 당뇨병을 가지고 있다는 사실을 인정하지 않았다. 소변검사에서 분명히 양성반응이 나온 것이 보이는 데도 적절한 약을 먹는 것을 거부하였다. 그러나 그는 이러한 행동을 오직 급성

우울정신병의 단계에서만 나타내었다. 그의 정신병이 치료되었을 때 자신의 당뇨병을 인정할 만큼 충분히 삶을 통제할 수 있다고 느꼈다.

이 정신병기간 동안 이 사람은 유일하게 성인기의 망상적 투사의 예를 보여주었다. 전화통화에서 그는 공산주의 스파이혐의자로서 연방수사국의 미행을 당하고 있다고 오랫동안 나에게 이야기하였다. 실제로는 그는 자신에 대한 회의와 과학자로서 또 아버지로서의 능력에 대한 죄책감에 의해 미행당하는 것이었다. 그 후 그는 병원에 입원하였다.

망상적 투사로 보고된 또 다른 유일한 예는 그랜트연구 대상자 중 유일하게 비행청소년 시절을 보낸 한 대상자의 어린 시절에 나타났지만, 대상자들의 초기 어린 시절의 사건들을 더 자세하게 수집했다면 이러한 예들이 더 흔할 것이었다. 5세 때 그는 욕조에 있는 찌꺼기들이 곤충이라는 간호사의 처벌적 위협을 믿고 공포심을 느꼈다. 7세 때에는 인형들의 행동이 너무도 생생해서 〈헨젤과 그레텔〉 인형극을 보다가 도중에 나와야만 했다. 이런 사건은 모든 어린이들의 자아가 직면하는 과제를 나타낸다. 어떻게 어린아이가 공상을 써서 동화 속의 가족갈등을 해결하면서도 현실과 꿈을 혼동하지 않을 수 있을까? 어린이가 어머니에 대해서 때때로 느끼는 분노나 불신은 악몽이나 야경증(*night terrors*, 망상적 투사)에서만 괴롭게 겉으로 드러날 뿐이고, 이때만이 공상과 현실이 혼동된다. 보통 이 갈등은 (〈헨젤과 그레텔〉의 예에서처럼) 불에 타 죽는 나쁜 마녀나 (백설공주에서처럼) 살해당한 나쁜 의붓엄마의 이야기로, 엄마가 열중한 아이를 즐겁게 하는 가운데 좋은 엄마에게 꼭 안기는 식으로 교묘하게 해결될 수 있다.

정신병적 부정을 분명히 보여주는 유일한 예는 자신에게나 의사에게 자기가 진정제에 중독되었다는 것을 인정할 수 없는 사업가였다. 결과적으로 사실상 진정제 중독이었는데 신경학적 질병이 의심되어 그 가능성을 배제하기 위하여 그는 진단을 위해 불필요한 뇌수술을 하도록 허락하였다. 비록 이 일은 이 사람에게도 예외적인 경우였지만, 정상인에게서도 외부현실의 부정은 종종 중독상태에서 발생한다는 임상적 사실을 보여준다.

정신병적 기제와는 다르게 제2수준, 즉 '미성숙한' 기제(투사, 환상, 건강염려증, 소극적-공격적 행동 및 행동화)는 연구대상자들의 행동에서 자주 보였다. 미성숙한 기제는 어린 시절과 청소년 시절에는 흔하다. 또한 우울증, 중독, 그리고 '성격장애'를 가지고 있는 성인들에게서도 흔히 보인다.

미성숙한 방어는 신체적 질병과 유전적 취약성 때문에 활성화될 수도 있다. 귀먹은 사람, 정신적 결함이 있는 사람과 섬망증환자는 편집증이 생긴다. 눈이 거의 먼 사람과 심한 알코올중독자는 그들의 고통을 부정하기 위해 환상의 세계로 빠져든다. 건강염려증은 신체적 질병이 있는 사람들에게 가장 흔하게 나타나고, 환자가 제 손가락을 가학적으로 씹어대는 유전적 장애도 있다. 마지막으로 간질병은 자신도 의식하지 못하는 채로 충동을 행동으로 나타나게 할 수도 있다.

청소년시절에는 대부분의 연구대상자들이 제2수준의 기제를 보여주었고 몇 사람은 어른이 되어서도 계속해서 이 기제를 사용하였다. 사용자에게 이 기제들은 다른 사람들이― 있음으로 해서 혹은 없어짐으로 해서 ―주는 고민을 변경시킨다. 이 기제들이 양심, 현실 및 본능 사이에서의 갈등을 해소시키기 위해 사용되는 경우 통합은 불완전하다. 불안은 피할 수 있다. 하지만 관찰자에게는 미성숙한 기제들이 사회적으로 바람직하지 못하고 심하게 불편한 것으로 보이며, 또 잘못된 행동으로 여겨지기도 한다. 그러나 사용자는 그가 문제를 가지고 있다는 것을 거의 알지 못한다. 정신의학자들을 찾아와서 자신의 투사에 대해서 불평하는 편집증환자는 거의 없다.

이성, 해석, 그리고 위협은 미성숙한 방어를 변경시키지 못한다. 예를 들면 계속해서 강의시간에 지각하는 학생은 자명종시계를 선물로 받거나 벌점을 받는다고 해서 달라지지 않는다. 그러나 이 방어들은 (좀더 관심을 가진 교사나 여자친구가 매시간 출석을 점검하는 것 등) 개선된 대인관계를 통해, (특히 동년배들에 의한) 직설적 충고를 통해 혹은 직접 보여주는 것(예 내쫓음) 등을 통해서 깨뜨려질 수 있다.

특정한 미성숙한 방어를 만성적으로 사용하는 사람이 때때로 비슷한 문제를 가지고 있는 다른 사용자를 이해할 수 있다는 것은 놀랄 만한 일이 아니다. 성격장애를 가진 청소년들이나 어른들이 모두 동년배들로 구성된 집단 내에서 사랑을 발견하고 위안을 얻을 수 있는 이유는 아마도 이러한 집단이 집단원이 공통적으로 가지고 있는 미성숙한 방어를 용서해주고, 도와주고, 직면할 수 있도록 해줄 수 있기 때문일 것이다. 일반 사람들은 그렇게 해줄 만큼 재능이 뛰어나지는 못한다. 우리는 때때로 미성숙한 방어를 비난함으로써 그 방어를 더욱 더 견고하게 만든다.

제3수준은 '신경증적 기제'(이지화, 억압, 반동형성, 전위, 해리)를 포함한다. 비록 이 기제들이 신경증 증상의 기저에 깔려 있다고 하더라도 어린 시절에서 노년기에 이르는 정상적인 개인들에게 또한 보통 나타나는 것이다. 이들은 바이론이나 라이온과 같은 사람들에서처럼 스미스나 램 같은 사람들에게서도 자주 나타난다. 이 기제들은 심한 갈등을 극복하는 데 가장 자주 사용된다. 대인관계의 갈등에 적응하기 위하여 보통 사용되는 미성숙한 방어와는 달리 신경증적 방어는 순수한 개인내적인 심리적 갈등을 해결하기 위해서 더 많이 사용된다. 사용자들에게 이 기제들은 사적인 느낌이나 본능적인 표현을 변경시켜주고, 미성숙한 기제와는 달리 사용자가 정신의학자들을 찾도록 해준다. 관찰자에게는 이들이 개인적인 기행이나 신경증적 장애로 보인다. 때때로 신경증적 방어는 짧은 기간의 심리치료에 의해서 극적으로 변화될 수도 있다. 사실상 심리치료를 찾는 사람들 중에서 미성숙한 방어보다 신경증적 방어가 더욱 현저한 것은 치료에 대한 필요가 더 커서가 아니고 상대적으로 이 적응적인 기제가 덜 적응적인 미성숙한 기제보다 더욱 의식적인 불편을 야기하기 때문이다.

제4수준 혹은 성숙한 기제는 이타주의, 유머, 억제, 예상, 승화를 포함한다. 이 기제들은 청소년으로부터 노인에 이르기까지 '건강한' 사람들에게서 공통적으로 나타나는 것이고, 덜 성숙한 기제들의 잘 조화된 합성물로 생각할 수 있다. 사용자에게 이 기제는 때때로 사람의 행동에 갈등을 주는 네 가지 통치자인 양심, 현실, 대인관계 및 본능을 통합시켜 준다. 관찰자에게는 성숙한 방어는 좋은 미덕으로 보이고, 따라서 보통 이들을 변경시킬 이유가 없다. 이들을 적응적으로 사용하는 데 있어서 주요한 위험은 현명하게 사용하지 못하는 것이 아니라 너무 잘 사용하는 데 있다. 불행하게도 앞에 설명한 기제들보다 의식에 더 가깝기는 하지만 성숙한 기제는 의식적인 의지에 의해서 획득될 수 있는 것은 아니다. 유머나 이타주의를 사용하려고 노력하는 사람처럼 속보이는 사람은 없다. 분노를 자제하려고 의식적으로 노력하는 사람보다 더 화난 것처럼 보이는 사람은 없다. 스트레스가 증가하면 성숙한 기제도 덜 성숙한 것으로 되돌아갈 수도 있다.

하나의 연속선상에 방어기제들을 배치했으니 이제 네 번째 질문, 즉 "주어진 방어기제가 언제는 적응적이고 언제는 병리적인가?"를 다루기로 하자. 왜냐하면 이제는 정신병이라고 불리는 대부분이 사실상 개개인의 적응적 반응이 나타나는 것이라는 사실이 분명해졌을 것이기 때문이다. 방어 그 자체가 병리적인 것이 아니라 이들을 이끌어내는 갈등과 혼란스러운 사건이 병리적이다. 주어진 방어를 평가하는 데 있어 맥락과 유연성 둘 다는 대단히 중요하다. 방어가 엄격하고 경직된 방식으로 사용된다거나, 현재와 미래의 필요에 의해서보다는 과거의 필요에 의해 더 동기화 된다거나, 현 상황을 너무 지나치게 왜곡한다거나, 만족을 제한하기보다는 아예 없애버리려 한다거나 혹은 감정의 표현을 다른 통로로 바꿔주기보다는 아예 막아버린다면 방어는 부적응적인 것 같다.

방어가 일어나는 맥락 역시 중요하다. 암환자는 자신이 건강하다는 꿈을 꾸어서 불치의 병에 걸려 있다는 현실을 부정하려 할지도 모른다. 꿈속에서 부정을 함으로써 얻어진 편안함은 분명히 그 이후에 어떤 해로운 일도 뒤따르지 않는다. 그러나 이 사람이 부정만을 고집한다고 생각해 보자. 만약 그가 수술의 고통을 피하기 위해 신앙요법의 치료자를 찾아갔다면 몇몇 사람들은 그를 미친 사람이라고 생각할지도 모르고, 또 그가 암에 대해 생물학적으로 적응하는 것을 방해할지도 모른다. 그러나 만약 특수한 상황하에서, 예를 들면 최적의 간호를 받는 병원에 입원한 후에 그가 독감보다 나쁜 어떤 병에 걸려 있다는 것을 부정하는 상황이라면 부정은 또 한편 적응적인 것일지도 모른다. 그는 최후의 며칠동안 그 자신과 가족들이 즐겁게 보내도록 도움이 될지 모른다. 방어가 나오게 된 상황과 방어가 그 주변 사람들과의 관계에 어떠한 영향을 미치는지를 고려하지 않고는 방어의 선택에 대한 평가를 할 수 없다.

3) 방어기제와 정신건강

도식적인 위계를 갖추고 있기 때문에 다섯 번째 질문에도 대답할 수 있다. "우리들의 방어가 유연하고, 성숙하고, 대처적이라면 그것이 우리에게 무슨 도움이 되는가?" 이 문제에 대한 대답이 이 책의 주요한 초점이다. 그러나 이 질문에 대한 대답은 〈표 5-2〉에 뚜렷한 대조를 보이는 일반적인 용어로 제시되어 있다. 16) 〈표 5-2〉의 자료들을 모으는 데에는 무정보평가자들을 썼다. 개개인들의 적응을 판정한 평가자는 이 사람들의 방어사용에 관해서는 모르고 있었다. 개개인들의 방어의 성숙도를 판정하는 평가자는 그 사람들의 외부에 대한 적응에 대해서는 모르고 있었다. 성숙한 방어를 두드러지게 사용하는 25명이 가장 미성숙한 방어를 사용하는 31명과 대비되었다(방어의 성숙도를 판정하는 데 쓰인 도식은 〈부록 C〉에 설명되어 있다).

이론적으로 본 성숙한 방어기제와 삶의 여러 방면에서의 확실한 성공 사이에 정적인(positive) 상관관계가 극적으로 나타났다. 행복조차도 성숙한 방어를 사용하는 사람들 중에서 4배나 더 나타났다('행복'은 다음의 것들에 대한 자기 스스로의 판단에 의해 4개나 그 이상이 사실인가의 여부에 따라 정의되었다 ― 직업이 재미있다, 직업이 개인적인 기대에 맞는다, 건강이 아주 좋다고 느낀다, 결혼생활이 재미있다, 현재가 최고로 행복한 시기이다, 그리고 현재가 생애 중에 최고로 불행하진 않다).

사례력(case histories)이 제시하는 바에 따르면, 성숙한 방어를 쓰는 사람들은 일과 사랑을 하는 데에 필요한 것들을 더 잘 갖추고 있었다. 우정과 성숙한 방어는 나란히 갔다. 미성숙한 방어를 사용하는 사람들의 과반수가 정신질환에 걸렸다고 여겨졌으며, 이들 대부분은 제대로 놀 줄을 모르는 것 같았다. 반대로 성숙한 방어를 하는 어느 누구도 심리치료를 찾거나 정신의학적 진단을 받으려 하지 않았다. 놀랍게도 미성숙한 방어의 사용은 만성적인 신체질환에 걸린 후에 나타나기보다는 오히려 그에 앞서 나타나는 것으로 볼 수 있었다. 45세 때 성숙한 방어를 보였던 사람들 모두는 55세 때에도 계속해서 신체적으로 좋은 건강상태를 유지하고 있었다. 이것은 독립된 의사들에 의해 최근 실시된 건강진단에 의해 평가된 바이다. 대조적으로 20세와 45세 사이에 가장 미성숙한 방어를 전개했던 31명 중 1/3은 그후 10년 내에 만성적인 신체질환에 걸렸거나 사망하였다.

마찬가지로 방어기제들의 갑작스러운 퇴행이 우리가 정신질환이라고 부르는 과정중에 내재적인 부분으로 작용한다는 사실도 역시 중요하다. 예를 들어 이 장의 이론적 틀을 25명의 정신과 입원환자에 적용할 때, 이들 삶에서 정신의학적 진단이 불필요해 보인 〈표 5-2〉의 대상자들이 한결같이 활용했던, 성숙한 제4수준의 방어기제를 발견하기란 쉽지 않았다. 그렇기는커녕, 25명의 입원환자들(그리고 더 많은 문제를 보인 〈표 5-2〉의 그랜트연구 대상자 31명)이 입원 전에 사용하던 적응기제는 미성숙하고 신경증적인 수준을 넘지 못했다. 입원했을 때에는 환자의 절반이 제1수준의 방어, 즉 정신병적 부정, 왜곡, 망상적 투사 등의 증상을 보였다. 따라서 〈표 5-1〉에서의 위계는 아이에서 어른에 이르는 연속선만이 아니라 병으로부터 건강에 이르는 연속

〈표 5-2〉 성숙한 적응기제사용자와 미성숙한 적응기제사용자 간의 비교

	주된 적응양식		차이의 통계적 의미수준
	성숙 (25명)	미성숙 (31명)	
전반적 적응			
1) 성인적응수준의 상위 1/3에 해당	60%	0%	**
2) 성인적응수준의 하위 1/3에 해당	4%	61%	***
3) '행복함'(상위 1/3에 해당)	68%	16%	***
경력상 적응			
1) 연간 2만 달러 이상의 소득	88%	48%	**
2) 직업이 자신의 야망에 부합	92%	58%	***
3) 직업 외에도 왕성한 공공봉사 활동	56%	29%	*
사회적 적응			
1) 폭넓은 친구관계	64%	6%	***
2) 결혼생활의 조화가 하위 1/4 정도에 해당하거나 이혼함	28%	61%	**
3) 빈약한 친구관계	4%	52%	***
4) 40~50대에 어떠한 경쟁적 운동도 하지 않음	24%	77%	***
심리적 적응			
1) 10회 이상의 정신의학적 면담	0%	45%	**
2) 정신질환으로 진단되었던 적이 있음	0%	55%	***
3) 어린 시절에 정서적인 문제를 경험	20%	45%	*
4) 어린 시절의 환경이 하위 1/4로 아주 안좋음	12%	39%	*
5) 휴가기간을 제대로 다 즐기지 못함	28%	61%	*
6) 다른 사람에게 공격적일 수 있음(상위 1/4로)	36%	6%	*
의학적 적응			
1) 성인이 되어서 입원한 적이 4번 이상임	8%	26%	
2) 연간 병가를 5일 이상 냄	0%	23%	*
3) 객관적 검진을 해본 결과 최근의 건강이 좋지 않음.	0%	36%	*
4) 대학 이후로 줄곧 자신이 '매우 건강하다'고 주관적으로 판단	68%	48%	*

*** 매우 유의미한 차이(p<.001 : 우연히 이런 차이가 나타날 확률은 1/1,000).

 ** 유의미한 차이(p<.01 : 우연히 이런 차이가 나타날 확률은 1/100).

  * 확률적으로 유의미한 차이(p<.05 : 우연히 이런 차이가 나타날 확률은 1/20).

선 또한 반영한다.

몇 년 전 한(N. Haan)과 크뢰버(T. Kroeber)가 버클리대학교의 인간개발연구소에서 이와 매우 유사한 방어기제를 발전시켰다.[17) 무정보평가자를 통해서 그들도 남자에게 방어의 선택은 정신건강과 성숙에 밀접하게 연관되어 있었고, 동일한 위계가 여자들에게도 적용된다는 사실도 알아냈다. 한(Haan)은 성인기 동안에 성숙한 방어의 선택은 지적인 면과 사회적 지위에서 상승하는 방향으로 이끌어간다는 점을 증명하였다.[18) 비록 몇몇 연구에서 방어스타일은 사회적 계급의 결정인일 뿐만 아니라 그 결과라는 점을 제안했지만,[19) 현재까지 이루어진 연구의 재검토에 의하면 적응적 선택이 사회적 지위의 이동에 의해서 영향받는 것만큼 적어도 그것의 이동을 결정한다는 생각을 뒷받침해 준다.[20)

도시에 거주하는 성인의 정신건강에 관해 철저하게 이루어진 횡단적 연구에서, 랭너(Langner)와 마이클(Michael)은 사회적 지위가 향상된 사람들은 금지(inhibition)나 억압(repression)을 사용하면서 강박적인 경향이 있다는 것을 알아냈다.[21) "사회적 지위가 낮아진 사람들은 알코올중독자이거나, 특히 의심이 많고 소극적-의존적인 경향을 다양하게 나타내는 성격장애자인 경향이 있다. 이러한 것에는 행동화(acting out)와 더욱 심한 움츠러드는 방책 둘 다가 포함되는데, 특히 알코올중독은 자기파괴적인 경향들과 연관이 있다. 따라서 낮은 사회경제적 지위계층에는 스트레스상황을 해결하거나 완화하기 위한 시도가 성공하지 못한, 상대적으로 부적응적이거나 손상을 가져올 책략을 사용하는 사람들이 모이는 경향을 보인다"라고 하였다.[22)

"성숙이 적응기제에 미치는 효과는 과연 무엇인가?" 이 여섯 번째 질문은 확실하게 대답될 수 있는 성질의 것은 아니다. 하지만 성숙해가는 신경계의 한 결과로서, 그리고 다른 사람과의 성공적인 동일시의 부산물로서 '성숙한' 기제는 청소년 시절에 발전하는 것 같다. 어떠한 기술의 발달과 마찬가지로 성숙한 방어의 발전에는 생물학적인 준비상태와 동일시에 적합한 모델이 둘 다 필요하다. 인간발달에 관한 스위스의 뛰어난 학자인 피아제(Jean Piaget)는 어린이가 성숙해 감에 따라 구약의 가혹한 동해복수법(*talion rule*)*은 황금률(*Golden Rule*)**의 자비롭고 융통성 있는 교훈에 자리를 내준다는 점을 증명했다.[23] 피아제는 또한 복잡한 정신적 통합을 가능하게 해주는 능력의 증가가 청소년기에 나타난다는 것을 보여주었다.[24] 이와 유사한 방식으로, 더 성숙한 방어기제들을 사용하는 생물학적 능력은 성인 발달과 조화를 이루며 발전될 수도 있다.[25]

예를 들면 아이들은 7세 정도가 되어서야 자신의 맞은 편에 앉아 있는 다른 관찰자의 시각에서 보여지는 방의 물리적 모습을 기술할 수 있다. 아마도 아이들이 자신들이 지각한 것을 다른 사람들이 꼭 공유하는 것이 아니라는 점을 정서적으로뿐만 아니라 신경학상으로 알 수 있을 때까지는 감정의 투사가 감정의 억압이나 전위에게 자리를 내주지는 않는다. 어린아이들을 길러봤던 사람이라면 충동적 행동이 종종 "남자는 결코 울지 않는다" 또는 "군것질은 언제나 나쁘다"와 같은 엄격한 금지(반동형성)로 갑자기 대치되는 것에 분명히 익숙할 것이다. '그들'이 아니라 '우리들'에게서 일어나기 때문에 보다 덜 친숙한 것이 성인기중에 일어나는 과정이다. 이 과정에 어린아이의 도덕성이 성숙하면서 즐거움이 없는 반동형성이 더욱 만족스러운 이타주의와 승화로 대치될 수 있게 된다. 또 삶의 주기를 통해서 어린아이들의 농담이 피학증에서부터 전위를 거쳐 유머로 발전해 가는 것도 인지적 성숙과 충동통제의 발전 둘 다와 관련되어 있다.

방어가 덜 성숙한 수준에서 보다 성숙한 수준으로 발전해간다는 사

---

* '눈에는 눈 이에는 이'와 같이 가해자가 한 것과 동일한 방식으로 형벌로 내리는 법 — 옮긴이.

** 신약성서 마태복음 7장 12절로, "무엇이든지 너희가 남에게 대접받고 싶거든 먼저 남을 대접하라"고 쓰여 있다 — 옮긴이.

실을 고려할 때 유념해야 할 것은, 성인의 세계가 어린아이들의 세계에 비해 더 안전하고 예측가능하다는 사실이다. 자율성을 존중하는 가족성원들과 함께, 그리고 언론의 자유가 보장된 나라에 살면서, 라이온 같은 사람이 어떻게 공격성의 승화를 이뤄냈는지 우리는 이미 충분히 살펴 보았다.

넓게 정의하자면, 심리치료란 방어수준의 이동에 영향을 주는 최종적 요인이다. 정신분석을 받으면서 경직된 방어들이 포기되고 더욱 더 유연한 적응양식으로 대치된다. 알코올중독자가 알코올중독자 갱생회에 들어가면서 이타주의와 반동형성이 행동화와 투사를 대치한다. 좋은 선생님이나 좋은 코치 혹은 좋은 배우자 역시 유연한 적응유형의 발전을 촉진시킨다.

이 장에서 제기된 마지막 질문은 만일 당신이 "친구나 자녀가 부적응적인 방어기제를 쓰는 것을 본다면 과연 어떤 일을 해야 하는가?"이다. 물론 간결한 대답은 불가능하지만, 그 질문을 너무 자주 받기 때문에 몇 가지 지침을 내놓는다. 첫째로, 적응적인 기제 없이는 사람은 벌거벗은 것이다. 따라서 누군가의 옷을 벗기는 경우처럼 개인적인 선택의 자유나 프라이버시에 대해서 존중해 주고 조심스러운 태도로 개인의 방어기제를 제거하거나 지적해 주어야만 한다. 둘째로 그 결과에 대한 책임을 공유할 수 있는 시간과 사랑, 그리고 인내심을 가지기 전까지는 결코 방어기제에 이의를 제기하거나 해석하려 하지 말아야 한다. 다른 사람이 기꺼이 부분적인 완충기 역할을 하려고 하면 사람은 종종 얼마간의 방어를 포기할 수도 있다. 셋째로, 일반적으로 대안적인 적응양식의 기회를 제공하려는 준비가 되어있지 않으면 방어를 제거하려는 시도는 대개 실패한다. 방어기제는 다른 기제로 발전해 나간다. 이것들은 결코 사라지지 않는다. 끝으로, 방어는 무의식적인 것이라는 점을 명심하여야 한다. 적응적인 기제에 관해 이성적인 설명을 하거나 교육시키려는 시도를 하는 것은 마치 바람을 멈추려는 시도만큼이나 효과가 없다.

　다음의 4개 장에 걸쳐서는 〈표 5-1〉에 기술되어 있는 방어의 위계에 관해 자세히 설명하고, 방어의 조합이 어떻게 심리치료의 초석이 되는가를 설명해 보려고 한다.

제6장
승화

이들은 무슨 사람들이며 무슨 신들이냐?
싫다는 처녀는 누구며, 미친 듯 쫓는 것은?
빠져나려는 몸부림은? 피리며 북이며, 신명난 사연은? …

보다 행복한 사랑! 보다 보다 복 많은 사랑!
영원히 따스하고, 영원히 누리며
영원히 목마르고, 영원히 젊은 사랑.
목숨 가진 사람의 정욕이 미치지 못하는 곳.
이승의 사랑은 높은 설움으로 차고 쉬이 물리며
타는 이마, 말라붙은 입술만을 주느니.
　　　　　　　　　　　— 존 키츠, "희랍의 항아리에 부치는 노래"

· 등장인물 소개 ·

- 에드워드 키츠 중위 : 2차 세계대전시 전투기조종사이며, 후에 불행한 결혼생활을 한 사회사업가.
  ― 적응양식 : 승화, 반동형성 및 수동적 공격성.
- 딜런 브라이트 : 논쟁을 즐기는 시학 교수.
  ― 적응양식 : 승화와 해리.
- 어네스트 클로비스 : 중세 프랑스역사학 교수이며, 아내와 딸이 만성질병으로 투병중.
  ― 적응양식 : 승화와 억제.

성공적인 방어의 과제는 갈등을 해결하는 것이다. 그랜트연구 대상자들의 삶에서 볼 수 있듯이 이상적인 해결책은 고통을 숨기거나, 본능과 양심 사이의 임의적인 타협에 이르거나, 자기학대적인 희생으로 비굴하게 친밀감을 사는 것으로 얻어질 수는 없다. 성공적인 방어의 표시는 조심스러운 손익계산도, 교활한 타협도 아니고 오히려 종합적이고 창조적인 변형인 것이다. 존 키츠는 "영원히 따뜻하고, 영원히 누릴 수 있는 보다 행복한, 보다 복 많은 사랑!"이라는 놀랄 만한 생각을 전한다. 이루 말할 수 없는 언어의 구사로 그는 욕정, 그리고 아마도 곧 닥칠 강간조차도 가장 아름다운 게임으로 변화시켰다. 생명이 없는 고전풍의 우아한 꽃병을 보고 그는 비록 약해지기는 했지만 아직도 열정적인 성욕을 발견하고 공유하였다. 이보다는 덜 시적인 그랜트연구의 대상자도 일상적인 언어로 같은 과정을 서술했다. 그는 "나는 내 아내보다 2배나 더 강한 성적 충동을 가지고 있다. 우리는 스스로 상대에게 맞도록 성희를 변화시켜 적응을 한다. 우리는 성관계가 예술처럼 행해져야 한다고 믿는다!"라고 썼다.

삶의 중요한 위기를 해결하는 데 있어 이러한 창조성은 결정적이다. 매우 다른 예를 사용한다면, 포츠담과 얄타 협정의 비극은 각각의 강대국이 베를린을 정확하게 4분의 1씩 분할 점령한 것이었다. 각각의 강대국이 상대방에게 품고 있는 의심과 시기심을 해소하기 위해서는 단순한 타협은 불충분한 것이었다. 아마 각국이 준 것보다 그 이상을 받았을 때에만 냉전의 위기는 피할 수 있었을 것이다.

사람의 마음 속에서 일어나는 갈등도 이와 마찬가지이다. 자아가 경이로운 것은 때때로 이것이 국제정치에서는 부족한 연금술의 능력을 개인 안에 진을 치고 있는 힘들에게 제공해 준다는 점에 있다. 큰 슬픔에 빠진 프레더릭 라이온은 좋은 시를 쓸 수 있었다. 화난 데이비드 굿하트는 인종간의 상처를 치료할 수 있었다. 37살에 부분적으로 귀가 먹었지만 자살을 생각한 베토벤(Beethoven)은 청력손상에 대하여 "오, 만약 내게 이 고통이 없어진다면 나는 세상을 껴안을 수 있을 텐데"라

고 하였다. 그러나 44세 때 완전히 귀가 먹은 베토벤은 쉴러(Schiller)
의 환희의 찬가(*Ode to joy*), "모든 세상에 대한 키스와 함께 모든 사람
들을 포옹하라"를 서정적이고 삶을 긍정하는 합창으로 만들어 그의 9
번 교향곡에서 불멸의 생명을 불어넣었다.

　내가 암시하는 이러한 적응과정은 자주 승화라 불린다. 그 종합적인
과정은 신비스럽다. 예술가의 창조도, 아이들의 놀이도 의식적 의지
만으로는 결코 이루어지지 않기 때문이다. 아마도 에드워드 키츠
(Edward Keats) 중위의 삶이 그랜트연구의 다른 어떤 사람의 삶보다
이 신비함을 잘 예시해 줄 것이다. 승화는 그냥 일어나는 것이 아니기
때문에 그의 이야기를 좀 길게 해야겠다.

　에드워드 키츠는 동화책에 나오는 부잣집 소년과 같았다. 그는 자유
를 제외하고는 다른 모든 소년들이 바라는 것 전부를 소유하였다. 비
유적으로 말하면, 그는 부모가 물려준 거대하고 잘 다듬어진 양심의
울타리 안의 대저택에서 살았다. 그는 여기서 탈출할 수 없었기 때문
에 스스로 즐길 수 있는 놀이를 발견해야만 했다. 얼마동안 이것은 효
과가 있었다. 키츠는 연구에서 가장 높은 유년기 평점을 받은 가정 중
하나에서 자라났다. 모든 사람들은 키츠에게 그가 사랑받고 있다는 사
실을 전했다. 그의 어머니는 "하인과 여동생들은 그를 매우 좋아했다"
고 자랑했다. 그리고 그녀는 "그가 가장 만족스러운 종류의 아이"였다
고 덧붙였다. 연구가 시작되었을 당시 연구진과 급우 모두는 키츠가
특별하다고 느꼈다. 사실상 그가 정서적으로 불구가 되었던 중년기에
조차 그는 여전히 많은 사람들로부터 사랑받았다.

　연구에 참여한 정신의학자는 대학시절에 키츠가 가족들과 전혀 갈
등이 없는 것으로 보았고, 그를 "상냥하고 따뜻하고 개방적이고 편안
하지만 넘치는 기쁨은 없다"라고 기술하였다. 키츠는 "뻐기고 근육질
에 운동 잘하는 친구"일 뿐만 아니라, "인정 있고, 자의식이 없고, 아
량 있고, 관대하고 그리고 꾸밈없는, 지금까지는 가장 정상적인" 사람

으로 비춰졌다. 25세 때 그의 부대장은 키츠에 대해 "그는 쾌활하고 유쾌한 성격을 가지고 있다. 그의 뛰어난 유머감각은 동료들의 사기에 좋은 영향을 준다. 그는 아주 훌륭한 태도로 정규임무와 부가적인 임무를 수행한다"고 말했다. 30세 때, 가까운 대학친구는 키츠를 "언제나 착하고, 쾌활하고, 잘 웃고, 불평하거나 비판하지 않는" 사람이라고 기술하였다. 사실 그는 다른 사람들에 대하여 결코 불평하거나 화를 낸 적이 없었다. 45세 때 그와 가까운 의사친구는 키츠가 "활력 있고, 견실하며, 영향력을 가졌다. 그는 언제나 남들을 즐겁게 해주는 배우의 능력을 가졌다. 그는 또한 사람들을 감동시키고 결합시키고 관계를 편안하게 해주었다"고 말했다. 간단히 말해 키츠 중위는 온 세상을 믿었다.

문제는 키츠의 부모가 그를 너무 잘 키웠다는 것이었다. 만약 부모가 신통치 못하다면, 굿하트의 경우에서처럼 많은 아이들은 청소년기 때 부모의 구속에서 벗어나는 것을 배운다. 사랑하는 부모의 훈계는 저버리기가 더욱 어렵다. 1세 때까지 키츠 중위는 대소변 훈련을 완전히 마쳤을 뿐 아니라, 알루미늄으로 된 벙어리 장갑을 끼고 손가락 빠는 습관을 고쳤다. 8세에 이르러 그는 부모에 의해서가 아니라 스스로 그 자신에 대해 단속하게 되었다. 그 나이에 그는 여동생과 다시는 싸우지 않겠다고 맹세를 했고, 이것을 지켰다. 그가 받은 보상은 자신의 "놀라운 유머감각과 고운 천성"에서 즐거움을 얻는 부모에 의해 사랑받으며 성장하는 것이었다.

대학에 가서야 갈등의 실제 윤곽은 드러나기 시작했다. 어떻게 키츠가 절대 손을 더럽히지 말라고 금한 ─ 스스로 그렇게 여긴 ─ 부모의 내재화된 사랑을 잃지 않고 현실세계의 실제 사람들과 가까워질 수 있었겠는가? 20세 때 그는 상스러운 농담은 "성적 감정이 따르지 않기 때문에" 괜찮다고 연구진에게 말하였다. 그러나 그는 여자에게 키스하는 행동이 "미성숙하고 무례한" 짓이라고 믿었으며, 남자의 성기를 "추한" 것으로 생각하였다.

그러나 키츠는 그의 도덕적인 속박에서 변통하는 기지가 있었다. 청소년 시절 그는 이미 강한 본능과 내적인 금지를 조화시키는 방법을 찾아내기 시작하였다. 비록 남성의 육체가 매력 없다고 느꼈을지라도 그는 인체생리학에 매혹되었고, 격렬한 운동경기에서 자신의 신체의 느낌을 만끽하였다. 또한 그는 데이트를 거의 하지 않았고 여자의 육체는 성적인 흥분을 느끼게 해주지 않는다고 생각했지만, 여성의 누드를 대상으로 한 그림과 조각이 매우 아름답다는 것을 알았다. 실제적인 연애를 거부했지만 그는 낭만적인 시인들을 좋아했다.

19세 때 그는 축구경기가 너무 공격적이어서 포기하였는데, "뻐기고 근육질이고 운동 잘하는 강건한 친구"의 양심이 너무 지나친 것처럼 보였다. 그러나 키츠는 대신 하늘을 나는 것을 선택했고, 잠시동안 그에게 운이 따르게 되었다. 2차 세계대전이라는 우연한 사건으로 그는 전투기 조종사가 되었다. 그는 견고하고, 위풍당당하고, 고성능이고, 또한 수 톤의 폭탄을 투하할 수 있는 비행기인 선더볼트를 조종하였다. 전쟁 같은 특수한 상황이 아니었다면 그의 활동은 굉장한 죄의식을 일으켰을 것이다.

키츠 중위는 전투기 조종사로서 굉장한 즐거움을 얻었다. 23세 때 그는 집에 보내는 편지에 "나는 언제나 비행을 좋아하며, 단지 공중에 있는 것 자체가 매우 즐겁다. 두 가지가 나에게 특별히 흥미를 끄는데, 첫째는 잘 조준된 표적을 향해 발사하는 것이고, 또 하나는 마음대로 작고 빠른 비행기를 움직일 수 있다는 점이다"라고 썼다. 비록 키츠는 31세가 되어서야 가벼운 애무를 넘어서는 성적인 모험을 시작했지만 선더볼트를 조종하는 것은 이에 대한 은밀한 대용물이 되었음에 틀림이 없다. 비행의 심리학을 공부하는 학도들은 정상적 사람들이 꿈속에서나, 많은 비행사들이 성관계를 비행과 같은 것이라고 여기는 데에 깊은 인상을 받는다.

이탈리아에서 그리고 후에는 프랑스에서 전투포격기 조종사로 활동한 키츠는, "전쟁이 계속되는 한 더 이상 만족스러운 일은 상상할 수 없다. 비행 그 자체는 언제나 가슴을 설레게 하고, 공중에서의 전투는 더욱 더 그렇다"라고 썼다. 그리고 그는 "전쟁에서 승리하기 위해 열중하는 현재의 목표가 없었다면 나의 경우 비행은 이기적인 것이 있을 것이다"라는 단서를 덧붙였다. 승화를 통해 그는 공격적 본능을 배출할 수 있었고, 또한 그가 그렇게도 만족시켜 주려는 사회(혹은 양심)로부터 칭찬을 받을 수 있었다. 그는 항공수훈장을 3번이나 탔다.

전쟁의 외적인 위험은 키츠 중위에게는 별로 중요한 것이 아니었다. 그는, "나는 한 시간 동안의 전투 후에 활주로에 내리면서 '요즘이 내 일생에서 제일 흥미진진한 날들이야'라고 스스로에게 말했던 것을 기억할 수 있다. 나는 그 후로도 이러한 말을 여러 번 되풀이할 기회가 있었다. 전투기 조종사의 임무는 확실히 다른 것과 비교할 수가 없다. … 일단 공중에 오르면 그것은 언제나 가슴 설레게 하는 것이었다. 대공포화는 언제나 나를 불안하게 하였지만 공중전은 매우 흥미진진하였다. 어떤 의미에서 내가 맡았던 임무는 대학생활과 비슷했기 때문에 적응은 어렵지 않았다. 수천 피트 밑에서 일어나는 파괴로부터 떨어져 있었기에 우리는 전쟁의 공포를 거의 경험하지 못했다. 모든 것이 게임 같았다. (끔찍한 허락받은 게임이다!)"라고 적고 있다. 축구가 너무 공격적으로 보였을 수도 있다. 그러나 키츠에게 전투기 조종사로서 나치와 싸우는 것은 살인을 스포츠로 변환시켜 주는 거리감(distance)과 존재이유 둘 다를 제공해 주었다. 얼마나 광란적인 추구인가! 얼마나 거친 환희인가!

전쟁이 끝난 후 양심으로부터의 비난은 키츠 중위의 마음을 휩쓸었다. 그래서 1946년 키츠는 "우리는 이 전쟁중에 매우 흥미진진하고 편안한 임무를 맡았다. 그러나 나는 우리가 가장 좋은 것을 즐길 동안 보병들이 정글을 누비고 다니며 진흙 속에서 생활한 것을 생각할 때 죄책감을 느낀다. 우리의 전투는 거리가 떨어져 있었다. 우리는 수천 피트의 공중에 앉아서 표적을 쏘았으나, 죽어 가는 사람을 보거나 백병전을 한 적은 없었다. … 판에 박은 듯한 일이 아니라 매우 흥미진진한 근무를 하는 특전과, 훌륭한 숙박시설에서의 생활에도 불구하고 훈장을 받은 것은 매우 비도덕적인 일이다"라고 연구진에게 썼다.

그러나 이러한 나중의 고통은 전쟁에서의 그의 훌륭한 적응을 강조할 뿐이다. 아마 나중의 그의 어려움의 일부는, 게임들의 경우를 제외하고는, 키츠가 그 자신이 단언한 주장을 결코 견딜 수 없었던 데 있었다. 그의 어려움은 부분적으로는 전쟁이 끝난 후 자신의 방어를 의식하기 시작하고, 따라서 방어로부터의 보호를 잃었던 데에서 기인하였다.

전쟁이 끝난 후에 키츠는 대학원에 다녔고 사회사업가가 되었다. 그는 자신을 이타적인 일에 바치려고 노력하였다. 그러나 그는 자신을 돌보지 않았기 때문에 스스로는 즐거움을 느끼지 못했다. 이 책에서 말하는 체계 내에서는 이러한 행동은 이타주의라기보다는 **반동형성**에 더 가까운 것이었다. 평화로운 세상이 되자 그는 독일을 파괴시키면서 얻은 즐거움에 대해서 속죄하기 위해서 독일로 돌아갔다. 잠시 동안 키츠가 한 번 더 자신을 위해 승화를 사용하는 것처럼 보였다. 그는 그리 힘든 주둔지는 아닌 하이델베르크에 소속되었다. 그러나 그는 양심의 벽 뒤에서는 자신을 꽃피울 수 없으며, '의사소통의 장벽'이 그를 독일인들로부터 고립시키는 것을 깨달았다.

31세 때 키츠는 "내 자신의 정신적 심상에 떠오르는 가장 중요한 요소는 나 자신의 적개심의 보다 충실한 실현이다. 나는 어떤 적개심도 갖지 않은 것을 자랑스럽게 여기곤 하였다"라고 적어 보냈다. 그는 이러한 자기표출을 달성하지는 못하였다. 그는 점차로 일과 부인과 독일인들로부터 소외되었다. 40세에 그는 실패를 한 채 미국으로 돌아왔다. 보스턴으로 이사를 가서 그가 스스로에게는 부인하는 감정표현을 즐길 수 있는 자유를 다른 사람들에게 주면서 감수성 훈련집단에 자신을 바쳤다. 심리적 감옥의 쇠창살 뒤에서 그는 박애주의를 실천했다. 그러나 거기에서 그 스스로는 거의 즐거움을 얻지 못했다. 의사인 친구는 "중년에 그는 매력을 유지했으나 정열과 효율성은 상실하였다"라고 말하였다.

비록 이 책에서 연구대상자들의 인생항로를 결정하는 데에 행운보다 현명한 자아가 더 중요하다는 사실을 강조했다 하더라도, 상황여건들도 역시 영향을 미친다. 그래서 2차 세계대전의 독특한 규칙이 적용될 때에는 키츠에게 우아한 집행유예를 해주었다. 예상했던 바와 같이 베트남전쟁에 대한 그의 반응은 매우 달랐다. 그는 베트남전쟁을 불공평하고 수치스러운 전쟁이라고 여겼다. 그는 자신의 용서할수 없는 적개심에 대해 했던 것처럼 소극적인 공격으로 전쟁을 반대하였다. 그는 징집에 반대하여 연좌농성을 조직하였고, 그 수고한 대가로 훈장을 받은 것이 아니라 체포당했다. 공공연하게 공격적인 잡지편집을 통해서 베트남전쟁을 끝내는 데 훨씬 적극적인 노력을 하였기 때문에 많은 보수를 받고 존경을 얻은 프레더릭 라이온과 키츠를 비교해 보라.

때때로 미성숙한 기제로 삶을 꾸려가는 것이 가능한 것처럼 "성숙한 방어"로 괴로워하는 것 역시 가능할 수 있다는 것을 키츠는 보여준다. 지나치게 잘 훈련된 독일 셰퍼드처럼 그는 그를 아는 사람들에게 자주 즐거움을 주었고, 거의 불편을 끼치지 않았다. 그러나 그는 결코 자유를 알지 못했다.

그의 승화는 베토벤의 승화와는 달리 불안정한 것이었고, 그래서 잘못된 것이라고 주장할 수도 있고, 아마도 승화가 아니었을지도 모른다. 의미심장하게도 내가 승화(성숙한 방어)라고 부르는 일련의 사건들을 3명의 별도의 평가자들은 전위, 반동형성, 그리고 이지화(신경증적인, 즉 제3수준의 방어)라고 이름붙였다. 나는 연속적인 설문지를 통해 키츠의 삶을 따라가면서 각각의 사건들을 일어난 때에 따라 평가하였다. 그래서 그의 결말은 나를 놀라게 했다. 그러나 아마 평가자들은 연속적인 사건들을 하나의 군집(처음부터 그들은 키츠 이야기의 끝을 알았다)으로 판단했기 때문에 키츠와 그의 방어양식에 대한 지각이 달랐을 것이다. 반동형성이 이타주의로 발전할 수 있는 것과 꼭 마찬가지로 전위된 본능적 표현은 많은 사람들이 인정하는 승화된 관심으로 변형될 수 있다. 방어는 상대적이고 변화할 수 있다. 공격성은 승화되거나 전위되거나 혹은 자기 자신에게 돌려질 수도 있다. 키츠 중위는 이 셋 모두를 하였다.

그러나 승화는 본능을 수용 가능하게 만드는 것 이상을 한다. 승화는 또한 개념을 재미있게 만든다. 전위는 그 대상과 정서를 분리하는 것이고 이지화는 개념과 정서를 분리하는 것인데, 이것들이 만약 승화로 발전되지 않는다면 무미건조한 삶을 이끌어갈 수도 있다. 왜냐하면 승화는 개념, 대상, 감소된 정서를 겉으로 드러난 행동 속에 같이 머물러 있게 해주기 때문이다.

따라서 학문적인 삶에서 인정을 받고 즐거움을 얻는 사람들에게 승화가 주요한 적응기제가 되는 것은 놀라운 일이 아니다. 예를 들면, 연구대상자 중에서 교직에 종사한 17명 모두는 지적인 면에서 기대 이상으로 성공하였다. 대학시절 이들의 성적은 타고난 재능에 비해 더 나았으며, 성인이 되어 이들 모두는 정신적 즐거움에 몰두하여 소란스러운 현실에 대처하였다. 대부분이 감정보다 생각에 계속 더 많은 가치를 두었다. 그러나 비록 이지화가 고등학교에서 뛰어난 학업성적을 내게 했다 할지라도 성인기에서 이지화는 본능적인 즐거움을 엿볼 수 있게 하는 더 융통성있는 방어기제에 의해 완화되어야만 한다.

상대적으로 별 성과 없는 학문적인 경력을 가진 8명의 대상자와 비교했을 때, 학자로서의 생활이 매우 생산적이었던 9명의 대상자는(이 연구에서 사용된 점수체계를 통하여 볼 때) 3배나 더 자주 승화를 사용하였다. 승화할 수 없었던 교수는 단조로운 결혼생활을 하였고, 학생들이 존경하지 않았으며, 더 많은 정서적 질환을 가지고 있었다. 대학시절에 검사한 지적 적성으로 보아 가장 성공적인 학문적 경력을 가진 대상자는 다른 대상자보다 지적으로 더 재능 있었던 것이 아니라 정서적 색조로 자신의 생각들을 색칠하는 일에 훨씬 더 편안함을 느꼈다.

딜런 브라이트(Dylan Bright) 교수는 승화의 적응 잠재력을 생생하게 보여준다. 비록 그는 평균적인 연구대상자보다 지적으로 덜 재능 있는 사람이었지만 흥미 있는 빛이 그의 삶을 둘러싸고 있었다. 내가 브라이트 교수의 연구실로 들어가자마자 그는 발을 책상 위에 올려놓고 쉴새없이 이야기하기 시작하였다. 그는 영문학 교수라기보다 직업 권투선수처럼 보였다. 비록 그의 정서적 풍부함에 감동을 받긴 했지만 처음에는 그가 별로 좋지 않았다. 면담요청을 받고 그는 먼저 "제기랄, 오후시간을 망치게 됐잖아!"라고 대답하였다. 거의 길들여지지 않은 그의 공격성은 심술이 되었고, 단지 그의 매력 때문에 그와의 만남을 대단한 설전으로 여기지 않게 되었다. 그는 걱정거리를 생생하게 설명하였고, 그러고 나서 "만약 이 일들이 새어 나간다면, 당신의 이빨을 부술 것입니다"라고 고함쳤다.

브라이트는 사실상 미식축구의 라인맨(line man)*이었고 레슬링 챔피언이었는데, 뒤에 생각을 바꾸어서 시를 전공하는 교수가 되었다. 고등학교 시절에는 D학점을 받던 반항적인 학생이었고, 한 번은 거의 제적당할 뻔까지 하였다. 그는 교실에서의 지루한 생활보다 흥미진진한 운동을 훨씬 좋아했다. 그럼에도 불구하고 교장은 브라이트를 "힘차고 열성적인 신념을 가지고 있다"고 보았다. 그리고 연구진은 그를 "사교적인 성격을 가진 열심이고 열광적인 매력있는 젊은이이다. … 그는 어머니의 풍부함과 매력을 전부 물려받았다"라고 지적하였다. 비록 결국은 억제되고 승화되었지만 브라이트의 강렬한 경쟁의식은 결코 소멸되지 않았다. 사실 그의 정열, 친한 친구를 사귀는 비범한 능력과 흥미진진한 향락적 활동에 참여하는 그의 숙련된 기술은 그를 가장 극적인 연구대상자의 하나로 만들었다.

억제와 예상과는 달리 승화의 사용은 행복한 유년기와 밀접하게 관련되어 있지는 않다. 굿하트처럼 브라이트 교수는 혼란으로 가득한 가

---

* 맨 앞에서 상대방 공격을 막아내는, 대개 우람한 체격을 가진 수비수 — 옮긴이.

정에서 성장하였다. 정서적으로 불안정하고 알코올중독자였던 아버지는 집에 거의 없었다. 일찍이 그는 가정에서 아버지의 위치를 상징적으로 대신하는 데서 오는 기쁨과 위험 모두를 맛보았다. 어릴 적에 브라이트는 부모의 결혼생활이 싸움에 의해 파멸되는 것을 보았다. 그리고 브라이트의 아버지는 때때로 병약했지만, 또한 취미로 사냥을 즐기는 변덕스러운 사람이었다. 그의 어머니는 크고 활동적인 여성이었고, 아들이 성인이었을 때에도 그보다 키가 8cm나 더 컸었다. 어릴 적에 브라이트는 신(God)을, "나를 경멸하고 금방이라도 천둥번개로 머리를 때리려는 사람"으로 생각했다. 아마도 이것이 어머니에게 사랑받은 아들이었지만 그가 그렇게 겁이 많았던 이유일 것이다. 그는 어머니의 치맛자락에 매달렸으며, 어둠을 두려워했다. 그의 어머니는 "딜런은 생각할 수 있을 만큼 나이를 먹은 이래로 계속 죽음을 두려워하였다"라고 말했다.

브라이트 교수는 그 자신의 활력도 두려워하였다. 본능을 통제하면서 겪은 어려움은 고등학교에서 거의 제적당할 뻔하기 이전으로 거슬러 올라간다. 처음부터 어머니는 그에게 본능적인 즐거움을 조심하도록 가르쳤다. 키츠 중위처럼 브라이트는 그의 첫 번째 생일 전에 손가락을 빨고, 이불에 오줌을 싸고, 몸을 더럽히는 것을 스스로 고쳤다. 2세 때에 어머니는 "매우 구역질나는 자위행위를 하는 그의 습관" 때문에 벙어리 장갑을 끼워 재웠다.

두려움을 극복하려는 일생동안의 노력과정에서 딜런 브라이트는 먼저 어머니의 치맛자락을 떠나 물불을 못 가리는 깡패처럼 굴었다. 젊었을 때 그는 이 연구의 어떤 대상자보다 더 많은 뇌진탕을 경험하였다. 그러나 시간이 지남에 따라 그의 통제력은 더 세련돼졌다. 18세 이후, 그는 스스로 "책임질 수 있을 만큼 위험한 일"이라 부르는 일을 하는 법을 배웠다. 그리고 더 이상 부상을 당하지 않았다. 고교시절에 주를 대표하는 미식축구 라인맨이었던 그는 대학시절에는 지독히 경쟁적인 레슬러가 되었다. 그는 혈기 때문에 테니스를 쳤으므로 복식경기보다 단식경기를 즐겼다. 대학졸업 후 테니스와 레슬링에 대한 그의 지독한 몰두는 시에 대해 똑같이 지독하게 몰두하는 것으로 바뀌었다. 그러나 그는 여전히 승리하였다. 평균적인 지적 능력을 가졌지만 그는 정말 최고의 성적으로 예일대학교 대학원을 다녔다. 그는 명성 때문에 프린스턴대학교의 교수직을 받아들였고, 몇 년 후 때 이른 종신재직권을 받고 기뻐하였다.

창조적 해결책을 찾아내는 브라이트의 자아능력이 언제나 이렇게 뛰어난 것은 아니었다. 두려움을 극복하려는 첫 번째 노력은 스미스 박사의 전 생애나 키츠 중위의 중년에서의 퇴행을 생각나게 하는 소극적이며 공격적인 반항을 통한 것이었다. 성숙해 감에 따라 브라이트는 반항을 반동형성으로 대치하였다. 갑자기 브라이트는 맨 처음 같이 잔 여자가 "구역질난다"는 것을 알았다. 무의식적으로 그는 어머니가 유아기 때 그의 성적인 행동을 비난하는 데 사용하곤 했던 것과 같은 말을 사용했다. 금욕적으로, 그는 "단순히 할 수 있는지 보기 위해서" 다음 여자친구와의 성관계를 포기했다. 대학시절에 한때 깡패 같았던 브라이트는 법집행 쪽으로 진로를 정할 것을 진지하게 고려하였고, 프린스턴대학교에서 젊고 원기왕성한 영어강사로서 대학 내 질서를 강화하려는 그의 헌신적 노력은 학생회를 자극하고, 학교당국을 놀라게 했다. 중년기 때에도 브라이트 교수는 엄격한 통제의 측면에서 그의 성공을 느꼈다. 그는 "만약 자기에게 엄격하지 않는다면 사람은 너무 일찍 쇠약해질 것이다"라고 나에게 주의를 주었다.

그러나 브라이트는 틀렸다. 만약 경직된 방어를 사용했더라면 그의 삶은 재난이었을 것이다. 승화가 그의 청년시절 반동형성을 대체했을 때 비로소 딜런 브라이트는 불이 붙기 시작하였다. 시범경기에서 레슬링을 했기 때문에 그의 아마추어 신분이 위험하게 되자 레슬링에서 얻은 불법적인 수입을 바이올린 교습에 그럴듯하게 투자하였다. 19세에 앞으로 성관계를 삼가기로 결정했을 때, 그는 재빨리 친밀하고 지적인 우정으로 이를 대치하였고, 처음으로 시를 알게 되었다. 그는 대학원에서 일등을 하기 위해 애를 썼으나 셸리(Shelley)의 시에 관해서 박사학위 논문을 쓰는 것으로 그의 야망을 누그러뜨렸다.

브라이트의 생애에서 결정적인 시기는 그때까지는 매우 친밀했던 결혼생활이 부인의 제안으로 깨어지기 시작한 35세 때였다. 이 실패는 그의 학식이 프린스턴에서의 종신재직권을 얻기에는 충분하지만 전국적인 인정을 받게 해줄 수는 없다는 것을 깨닫게 된 것과 동시에 일어났다. 이러한 두 개의 매우 실제적인 패배에 직면하여 그는 술과 경솔한 연애와 자동차경주에 열중하였다. 시를 강의하던 교수는 억압에서 벗어나려고 청소년 시절의 행동화로 퇴행하였다. 그러나 대학에서처럼 브라이트는 재빨리 이러한 성인기에서의 탈선을 더 고상한 흥분의 탐색으로 바꾸었다. 비록 그의 자녀들 모두와 가깝게 지냈지만 그는 배리어(Barrier) 암초에 스쿠버다이빙을 하러 갔고, 호주에서 가장 험한 파도타기 해변을 정복하였다. 친한 친구와 함께 그는 꽃 중에서 가장 관능적인 난초꽃을 발견하기 위해 아마존의 정글로 뛰어들었다. 굉장한 희열을 느끼면서 그와 친구가 완전히 새로운 종류의 난초를 발견하였다고 그는 말하였다. 그는 "오, 그것은 황홀한 경험이었습니다"라고 말하였다.

브라이트 교수의 적응반응은 정말로 영리하였다. 그는 결혼생활의 실패로부터 벗어나 다른 사람과의 친밀한 우정을 나누었다. 학문에서의 좌절로부터 벗어나 그는 별 피해 없이 위험을 극복하게끔 해주며, 동시에 진짜 흥분으로 슬픔을 마비시켜 주는 활동들에 몰두하였다. 승화는 본능의 효과적인 표현을 용이하게 해주었을 뿐 아니라 브라이트가 '신경증환자 혹은 정신질환자'라는 명칭을 면할 수 있도록 해주었다. 스미스 박사처럼 브라이트는 그 자신을 "잘 웃는 사람이다. 나는 강박이나 공포를 내 마음 속으로부터 벗어버린다. 나는 괴로울 때도 웃는다"라고 표현하였다. 그러나 스미스와는 달리 브라이트는 영구적으로 그의 고난을 술이나 자기파괴적인 운명에 맡김으로서 달래지는 않았다. 초기의 알코올중독을 고치기 위해 브라이트는 일생에 2번 금주를 하여야만 했다. 그리고 아버지가 죽은 후에 연구진은 브라이트의 반응을 분명한 조증(mania)의 경향을 의미하는 임상적인 용어인 '경조증'(hypomanic)이라고 기술했다. 그러나 각 사례에서 브라이트의 괴로운 정서로부터의 분리는 단지 일시적인 것이었다. 승화는 그에게 삶이 제공하는 조건을 받아들이게끔 하였다. 그는 흥분, 웃음, 그리고 사람들과 함께 감정을 누그러뜨리면서 자신의 감정과의 화합을 유지했다. 정신의학자와 상담한 적이 있었는지 대해 질문을 하자 가장 친한 친구와 두 번째 부인을 가리키면서 브라이트는 "이 친구들에 비하면 전문적인 도움은 별 것 아닙니다"라고 대답하였다. 예술과 마찬가지로 친밀함은 창조적 행동이다. 그러나 친밀함은 고통을 치료하는 데는 예술을 훨씬 능가하는 것이다.

승화의 최종적이고 가장 중요한 면은 램이 사용한 것 같은 가짜 공상들이 승화에 의해 일상생활에서 실제적인 가치를 얻게 된다는 것이다. 예술가는 그의 가장 개인적인 꿈을 다른 사람에게 전할 수 있는 사람이다. 물론 이런 기술은 모든 성공적인 학자들이 가지고 있는 것이지만, 어네스트 클로비스(Ernest Clovis) 교수가 제일 좋은 예를 보여준다. 클로비스 교수에게서 가장 인상적인 사실은 모든 연구대상자 중에서 그가 개인적인 비극으로 가장 많은 고생을 했다는 점이다. 그러나 그는 중년이 되었을 때 "특별히 어려운 점들을 별로 겪지 않았다"라고 하였다. 브라이트와는 달리 그는 흥미진진한 웃음을 통해 위안을 찾지 않았다. 그는 삶 전체를 게임으로 변화시키는 키츠의 능력을 가지고 있지도 못했다. 오히려 그는 중세 프랑스 세계에 몰두함으로써 고통에서 벗어났다.

나는 클로비스 교수와 예일대학교의 스털링도서관 서고에서 면담하였다. 그의 방은 오래된 책들과 원고로 가득 차 있는 수도원 같은 분위기를 풍겼으나, 밝은 현대 판화 하나가 그 분위기를 생동감 있게 해주고 있었다. 클로비스 교수는 유쾌하고 잘생긴 사람이었는데, 화려한 오렌지색 넥타이가 그의 칙칙한 회색양복을 예상외로 밝게 해주었다. 나와 이야기하면서 그는 가끔 시선을 다른 곳으로 돌렸고, 그래서 처음에 나는 그를 차갑다고 느꼈다. 그러나 그의 자제력이 그의 감정적 경직성보다 더 인상적이었다. 나는 곧 그가 아주 사적(*private*)이고 자기감정을 억제하는 사람으로, 감추어진 감정의 불꽃이 내면에서 빛을 발하는 그런 사람이라는 것을 알았다. 또한, 사람에 관한 이야기가 그를 우울하게 하는 반면, 사상에 관한 토론을 할 때는 그의 얼굴에 미소가 떠오르는 것도 알았다.

그럼에도 불구하고 나는 종종 그가 이야기한 것에 감동을 받았다. 그리고 학문에 대한 그의 관심이 때때로 그의 만성적인 우울증을 없애는 방편이 되긴 했지만, 그를 우울하게 만드는 것이 많았다. 4년 전에 일어난 아버지의 죽음에 대해서 이야기하면서 그는 눈물을 글썽였다. 그는 "아버지가 돌아가셨을 때, 내 감정을 억제해야만 했습니다"라며 서둘러 나를 확인시켰다. 그는 첫 번째 부인의 병에 대한 이야기를 할 때 서먹서먹해하고, 심하게 불안해하며 고통스러워했다. 그러나 행복한 두 번째 결혼생활에 대해 이야기를 할 때 그는 다시 평온해졌고 내 눈동자를 바라보았다.

외아들인 클로비스는 엄격하고 종교적인 농촌지역에서 자랐다. 그는 부모와의 관계에서 즐거움을 얻었다고 했으나, 그의 부모가 정신적으로는 관대했을지라도 정서적인 면에서는 위축되어 있다고 느꼈다. 그는 어떤 신체적인 애정도 없이 성장했으며, 그의 어머니는 연구진에게 "어네스트는 아주 어릴 때부터 자립정신을 배웠다"고 말하였다. 대학시절 다른 사람들은 그가 거의 감정적 색채를 띠지 않는 것을 보고 의아해 했다. 그 당시에는 내가 지금 보고 있는 밝은 색의 넥타이는 그에게서 찾아볼 수 없는 것이었다. 클로비스와 유사한 어린 시절을 보낸 대상자들은 감정적으로 냉담한 성인이 되었다. 이들은 자연과학과 관련된 분야에서 일하였고, 가시적인 즐거움이 없는 경직된 생활을 하였다. 반면에 클로비스는 저명한 중세연구가이자 일류 스쿼시 선수이며, 좋은 아버지였을 뿐 아니라 결혼한 지 15년이 지난 후에도 그와 두 번째 부인은 여전히 "매우 만족스러운" 성생활을 즐긴다고 했다.

어렸을 때 클로비스는 상상의 세계에서 만족을 얻었다. 그의 가족은 어느 한 사람에게도 이기주의를 용납하지 않았기 때문에 그는 이기적 특성이 두드러진 상상의 놀이친구를 만들었다. 상상의 친구는 지리적으로 고립되어 있는 어린 소년에게 우정을 주었을 뿐 아니라 지배적인 그의 아버지를 견딜 수 있는 놀라운 요령도 항상 가지고 있었다. 자라면서 클로비스는 지적 활동에 기쁨을 가져다주는 신선한 방법들을 알게 되었다. 현실적인 게임이 상상을 대신했다. 그는 테니스에서 아버지를 이기는 것도 알게 되었고, 이를 통하여 둘은 가까워졌다. 대학시절에 더 많이 억제된 많은 장학생 친구들은 자신들이 데이트 상대가 없는 것을 돈이 없기 때문이라고 변명하며 합리화하였다. 이들과는 대조적으로, 똑같이 가난했던 클로비스는 이성과의 관계에서 매우 성공적이었다. 그는 미술관에서 데이트를 즐겼는데 이곳은 무료였다.

2차 세계대전중에 클로비스는 프랑스에서 패튼(Patton)의 군대와 함께 싸웠고, 후에 그는 프랑스 사람들과 문화에 정서적으로 끌리게 되었다. 다른 몇몇 동기생들과는 달리, 그는 유럽의 재건을 위한 실제적인 전후복구사업에는 참가하지 않았다. 대신에 그는 과거에도 한 번 그랬던 것처럼 프랑스를 연구하는 학자가 되었다. 그는 중세의 문헌들을 탐구하고 고대 언어들을 정복하면서 어린 시절의 놀이친구와 유사한 상상의 세계를 재건하는 일을 즐겼다. 그러나 그는 또한 상상과 현실세계를 연결시켰다. 번쩍이는 재능으로 그는 상업적인 성공을 거두게 되었다. 이러한 과정 속에서 클로비스는 창조적 과정의 핵심적인 측면들을 보여준다. 왜냐하면 아무에게도 의미를 전하지 못하는 작품을 만든 예술가보다 더 외로운 사람은 없고, 또 연구한 사실들을 생활과 연결시키지 못하는 학자만큼 그 삶이 진가를 인정받지 못하는 삶은 없기 때문이다.

클로비스는 언제나 대학원에서의 공부를 위해 가장 명성이 있는 장학금과, 선생님들로부터의 가장 훌륭한 찬사와, 또 좋은 대학으로부터의 종신재직 제의를 받았다. 그는 또한 "나는 단지 프랑스의 문학적이고 역사적인 기여뿐 아니라, 그 나라의 사회적이고 정치적인 가치에 대해 제대로 된 평가로 이 나라에 기여할 수도 있다는 사명감을 갖게 되었다"라고 말할 수 있었다. 선생으로서, 작가로서, 그리고 학자로서 그는 절대적인 성공을 거두었다.

직업적인 성공에도 불구하고 재난은 찾아들었다. 첫 번째 부인의 뇌졸중은 그녀의 성격을 왜곡시켰고, 그녀를 영원히 침대에 붙들어 놓았다. 가톨릭신자이기 때문에 그는 이혼을 해서는 안 된다고 느꼈다. 그럼에도 불구하고 결혼생활은 점진적으로, 또 서로에게 더욱 어려워져 갔다. 그의 부모 중 누구도 감정을 내보이지 않았기 때문에 클로비스는 일찍부터 감정이 사적이란 것을 알았다. 금욕주의적으로 그는 "아내의 뇌졸중에서 비롯된 사소한 좌절… 그것에 대해서 부모님과 더 이상 의논해 보았자 그들의 기분을 상하게 할 뿐이다. … 때때로 이런 문제를 아내의 여자친구들과 이야기하고 싶은 욕구를 느끼기는 하지만, 그것이 불평 같아 보이기 때문에 그래본 적이 없다"라고 썼다. 그러나 그는 자신의 내성적인 면을 극복했고, 다른 여성들과 부인을 대신할 수 있는 가까운 관계를 맺었다. 그리고 부인이 죽은 후 재혼하여 행복하게 살았다.

부인이 병을 얻기 전에는 현대연극은 클로비스 내외의 공통된 취미였다. 부인의 병이 진행되는 동안 클로비스는 혼자서 연극을 볼 수밖에 없었고, 프랑스의 고전희곡 작가들에게 열렬한 흥미를 갖게 되었다. 부인이 병을 얻은 초기에 클로비스는 그의 양심이 용납하지 않을 이혼을 하려고 했었다. 그때가 불어로 씌어진 "사랑에 진실하지 못하느니 차라리 둘 다 자살을 선택한 유부남과 한 창녀의 절망적인 사랑의 낭만적 비극"을 번역할 때였다. 이 금욕적인 교수는 밝은 대낮에는 울 수 없었던 자신이 영어를 사용하는 대부분의 사람들에게 단지 역사적으로만 중요한 의미를 주는 연극을 공연하는 어두운 극장 안에서 울고 있는 것을 알았다. 그는 "나는 나이 든 여인들과 함께 운다. 그리고 그 경험으로 전율을 느낀다"라고 고백했다. 그러나 태리타운 박사와는 달리 클로비스는 자신의 위안의 원천을 감추지 않았다. 예일대학교에서 그는 프랑스 연극을 그의 모든 학생들이 생생하게 알도록 해주었다.

5년 전 클로비스의 딸은 관절염과 회복하기 힘든 신장의 손상, 그리고 간헐적인 정서불안을 일으키는 낭창성홍반(lupus erythematosus)이라는 잘 알려지지 않은 병에 걸렸다. 그는 딸의 위험을 감지했고, 첫 번째 부인과의 악몽 같은 시간들이 다시 그에게 닥쳐왔다. 그러나 클로비스는 적어도 그가 언제나 통제할 수 있는 삶의 한 부분을 발달시켰다. 그는 계획한 연구의 집필 때문에 미래에 대해서 "열광적"이라고 보고하였다. "내가 읽는 작품의 언어가 감정적이고 심미적인 만족을 제공한다"라고 덧붙였다.

클로비스와의 면담에서 나는 이 사람을 무너뜨릴 수 있는 유일한 재난은 그의 지적 창조력의 상실일 것이라고 느꼈다. 자신의 비밀세계인 중세 프랑스를 다른 사람들에게 전달할 수 없다면 그는 아마도 깊이 절망할 것이다. 그러나 그가 승화된 학문을 계속하는 한 그는 또한 그의 신체적인 활력과 생활의 기쁨을 계속 보유할 수 있을 것이다.

클로비스 교수, 키츠 중위 그리고 브라이트 교수는 이 연구에서 적응을 잘한 대상자들은 아니었다. 정신의학자는 이들 모두에게 정신병리를 발견할 수도 있을 것이고, 건전한 적응에 관한 연구자는 결점을 발견할 수도 있을 것이다. 이들 각각은 자신을 절망케 할 수 있었을, 또는 다른 사람에게 신경증적으로 보이게 할 수 있었을 성격특성을 보였다. 그럼에도 불구하고 이들 각각은 적어도 당분간이나마 그들의 단점을 감각적인 그러나 우주의 실체에 순응하는 즐거움을 주는 행동으로 변형시켰다. 시인 존 키츠는 이를 달리 표현하였다.

아름다움은 진실이고, 진실은 아름다운 것이다. 이것이 지상에서 그대가 아는 전부이고 또 그대들이 알아야 할 전부이다.

제 7 장

억제, 예상, 이타주의 그리고 유머

성숙이란 만족을 지연시키는 능력이다.

— 지그문트 프로이트의 말로 추정됨

▪ 등장인물 소개 ▪

- 티머시 제퍼슨 : 롱아일랜드의 정치가. 딸은 낭포성 섬유증에 걸려 있고, 분노를 다스리려고 애를 썼음.
  ― 적응양식 : 억제, 예상 및 이타주의.
- 제이콥 하이드 : 건강염려증 환자를 어머니로 둔 약사이며, 칼을 쟁기로 만듦.
  ― 적응양식 : 반동형성과 이타주의.
- 윌리엄 포사이드 : 주 정부 분쟁조정자.
  ― 적응양식 : 예상.
- 리처드 럭키 : 행복한 어린 시절을 보내고 행복한 결혼생활을 하는 사람들의 전형으로, 일주일에 두 기업체에 출근하고 주말에는 휴식하기 위해 10km를 달림.
  ― 적응양식 : 억압.
- 에벤 프로스트 : 버몬트 주의 농장 출신으로 성공적인 기업자문 변호사가 됨.
  ― 적응양식 : 억제.

삶에의 적응은 지속적인 성장을 의미한다. 만약에 특정한 대처양식이 비교적 건강하다고 평가되려면, 그것은 개인의 지속적인 발달에 기여해야만 한다. 대학시절에는 심리적으로 매우 건강하였으면서도 성인시절에는 잘 적응하지 못했던 6명의 연구대상자가 있었다. 이들 모두는 많은 미성숙한 방어를 사용했다. 반대로 대학시절에는 심리적으로 매우 취약했었지만 이후의 생활에서 탁월한 적응을 보인 4명의 연구대상자가 있었다. 이들 모두는 현저하게 성숙한 방어를 사용했다.

그랜트연구 대상자인 티머시 제퍼슨(Timothy Jefferson) 시장은 성숙한 적응과 지속적인 성장의 상호작용을 보여준다. 왜냐하면 제퍼슨은 좋은 포도주처럼 향상되고 숙성했기 때문이다. 애초에 학장은 그를 고등학교의 추천서에 근거하여 그랜트연구의 대상자로 추천하면서 "팀은 그의 목표가 무엇인지, 또 그곳에 어떻게 다다를 수 있는지를 아는 소년이다"라고 하였다. 연구진들이 그를 실제로 보았을 때 그들은 별다른 인상을 받지 못했다. 그들은 그를 "양심적이고, 말이 적으며, 매력이 별로 없는" 젊은이로 보았다. 한 내과의사는 그를 "부자연스럽고, 경직되고, 단조롭고, 차갑고, 미성숙한, … 그저 그렇고 그런 사람"으로 보았다.

19세 때 팀은 담배를 피우지도 술을 마시지도 않았다. 그는 화를 낼 수 없는 것 같았고, 활기 없는 심리적 적응은 단지 보통으로 평가되었다. 그를 처음 만났을 때 정신의학자는 "극도로 억제되고 수동적이었으며…, 그는 사람보다 오히려 추상적인 관념을 더 좋아한다"고 보았다. 3년 후에 그 내과의사는 제퍼슨은 "정서적으로는 안정되고, 내면적으로는 만족해하며, 외면적으로는 성공적이다"라고 조금 후하게 평했다. 그러나 그는 아직도 팀이 너무 심각하고 유머감각이 부족하다고 느꼈다. 5년 후 상황은 더 변했는데, 법대학장은 그를 한마디로 "에너지가 충만한 사람"으로 평했다. 2년이 더 지난 후 제퍼슨의 기록에 대해 잘 알고 있는 다른 내과의사는 "그는 이제 매우 외향적이고 쉽게 대화하며 매우 유쾌한 태도를 가지고 있기 때문에 그에게 대단한 변화가 있었다"라고 적고 있다.

거의 모든 질문지에서 연구대상자들에게 자신의 직업에서 가장 좋아하는 것이 무엇인지를 물었는데, 이러한 물음에 대한 제퍼슨의 응답에 나타난 연속적인 변화는 그의 성숙함을 잘 보여주었다. 여러 해가 지나면서 그의 관심은 사물에 가치를 두는 것에서부터 사람에게 가치를 두는 것으로 변했다. 25세 때에 그는 "문제를 해결하는" 것을 가장 좋아한다고 말했지만, 30세 때에는 "마땅히 해야만 하는 일을 하는 것"을 가장 좋아한다고 했다. 그가 40세에 가장 좋아했던 것은 행정이었지만, 47세가 되어서는 "사람과 함께 일하는 것"으로 변하였다. 정의로움과 참을성이라는 초기의 품성을 그대로 유지하면서 이 특징이 없던 10대 소년은 자비로우면서도 명석한 사고를 하는 정치가로 성장하였다.

청년시절의 제퍼슨을 "말수가 적으며 매력이 부족하다"고 했던 동일한 그 가족연구자도 그가 45세였을 때 "나는 팀과 유쾌한 대화를 나눴다. 그가 질문지에 정확히 답하지 못한 것에 대해서 오랫동안 같이 웃었다"라고 적었다.

1969년 내가 그와 면담했을 때 제퍼슨은 롱 아일랜드(Long Island) 교외의 시장이었다. 그는 예전의 성격에 걸맞게 약속시간에 1분도 늦지 않게 나의 사무실에 도착했으나, 이제는 정장차림에 눈에 띄는 반백의 머리모습을 하고 있었다. 그는 소년대원이 성장한 모습이라기보다는 뚱뚱하고 노련한 정치가처럼 보였다. 그의 태도는 느긋했고, 종전의 금욕적인 생활보다는 이제는 파이프를 매우 사랑하는 사람이 되었다. 눈을 감을 때와 코를 만질 때, 그리고 깊이 생각에 잠길 때를 제외하고는 나와 서로 마주 쳐다보았다. 아직도 심각하기는 했지만 이제는 세상물정을 잘 알았고, 또 그것에 대해 개방적이었다. 그는 확고하고 자신감이 있으며 분명하게 말을 했지만 다른 사람에 대해 민감하였다. 그에게서 더 이상 관념적인 모습은 보이지 않았으며, 대신에 굿하트처럼 현실적으로 세상을 보았다. 청년시절의 활기 없는 모습은 없어진 대신 즐거울 때 그는 진심으로 웃을 수 있었고, 면담기간중 슬플 때는 눈물 때문에 코를 풀기도 하였다.

그러나 나를 감동시킨 것은 역경에 직접적으로 직면하는 그의 능력이었다. 성인시절에 그가 극복해야만 했던 가장 큰 두 가지 장애물은 그의 초기 성격특징이었던 경직성과 정서적 위축, 그리고 딸의 예상생명을 매우 단축시킨 낭포성 섬유증(cystic fibrosis)이었다. 이 역경을 극복하기 위해 그는 이타주의와 예상, 그리고 억제를 사용하였다.

제퍼슨의 어머니는 자기자녀의 어떠한 공격성도 참을 수 없었다고 고백했다. 따라서 아들이 화를 낼 때마다 그를 조롱했다. 키츠 중위의 어머니 역시 적대감을 참을 수 없었기 때문에 키츠는 일생동안 화를 내는 데 어려움을 느꼈다. 반대로 제퍼슨은 좀더 유연하게 대처했다. 그의 첫 번째 적응책략은 키츠와 마찬가지로 반동형성이었다(〈부록 A〉를 보시오). 예를 들면 제퍼슨은 대학시절에 결코 화를 내는 일이 없다고 연구진이 말했다. 이 말을 하고서는 즉시 그는 그의 진실을 드러내는 일화를 들려주었다. 그날 오후 그는 화난 경찰이 한 소년을 때리는 장면을 보고는 집에 돌아와서 그가 본 것에 대해 가족에게 장황하게 늘어놓았다는 것이다. 그는 그가 증오하는 유일한 사람은 공격적인 사람이라고 부연했다. 달리 말하면 그는 증오하는 것을 증오했다.

제퍼슨이 반동형성에 즐거움을 집어넣는 법을 발견하자마자 그것은 좀더 성숙한 방어기제인 이타주의로 발전하게 되었다. 예를 들면 그는 엄격한 캔자스 침례교의 배경을 포기하고 싶지 않아서 대학생활을 통하여 정기적으로 교회에 나갔다. 그러나 그는 정기적으로 교회에 나가는 것이 수줍음이 많은 중서부 사람에게는 대학생활에서 친구관계를 만들고 유지할 수 있는 기회를 제공해 준다는 것을 알았다. 교회에서의 사교활동이 새로운 여자친구를 사귈 수 있는 믿을 만한 원천이 되었다.

31세에 제퍼슨은 직업으로부터의 가장 큰 즐거움은 "공공의 목적을 위해 나의 능력을 가치 있게 사용하는 것에서 나오고, 또 적어도 몇몇 사람에 의해 그렇다고 인정되고 있다"라고 썼다. 47세 때 그는 자신이 이룬 가장 큰 업적은 "시민들로 하여금 스스로 시를 운영하게 하는 것이고, 또 그 때문에 시가 더 좋아졌다"는 사실이라고 여겼다. 그는 항상 통제하는 것을 좋아했고, 또 20년 동안 시장으로 있으면서 얻은 영향력을 즐기고 있음에도 불구하고 이렇게 말할 수 있었다. 이러한 점은 제퍼슨 자신이 어린 시절에 독립성을 거부당하지 않았다면 덜 두드러졌을지도 모른다.

무정보평가자들은 제퍼슨 부모의 경직성에 너무 놀라서 그의 어린 시절을 중간 이하로 평가했다. 19세 때 그는 어머니가 대소변훈련을 너무 심하게 시킨 것에 대해 불평하지 않았었는가? 공격적이 되려고 할 때 그의 어머니는 그를 어리석게 느끼도록 만들지는 않았었는가? 그럼에도 불구하고 대부분의 사람들이 어린 시절을 장밋빛으로 채색하지 않고 처음으로 직시하게 되는 중년기에, 제퍼슨은 겉으로는 무미건조하게 보이는 어머니의 완고함 속에는 '진정한 온정'이 있었음을 설명했다. 그리고 그의 경력을 보면 그는 어머니로부터 최소한 두 가지를 얻었음을 보여주고 있었다. 먼저 그는 자신이 받은 양육방식에 불만을 가져 올리버 웬델 홈스(Oliver Wendell Holmes)*를 모델로 삼았다. "왜냐하면 그는 용기와 진리와 유머에 대한 사랑을 보여주었고, 또 (그의 어머니와는 달리) 독립성을 존중했기 때문이다." 동시에 지나치게 까다로운 어머니와 창조적으로 동일시함으로써 제퍼슨은 그의 마을에 일류의 깨끗한 하수처리체계를 갖추게 한 것이 시장으로서의 자부심을 갖게 하는 제일 큰 원천이라고 말했다.

대처기제로서 예상은 사건이 발생하기 전에 그 사건을 감정적으로 알게 함으로써 관련된 불안과 우울을 약화시킨다. 몇몇 측면에서 예상은 정신의학자들이 통찰이라고 부르는 것과 유사하다. 14세에 벌써 제퍼슨은 자신을 다른 사람이 보는 것처럼 객관적으로 보는 능력이 있었

---

* 미국의 생리학자로, 시인이며 수필가 — 옮긴이.

다. 그는 지나치게 부끄럼을 타지 않도록 의식적으로 노력했다. 18세에는 결혼 전의 성관계가 "자신을 무척 혼란스럽게 할 것이기 때문에" 혼전 성관계를 갖지 않기로 결심했다. 이 연구의 많은 대상자들이 무의식적으로는 그처럼 느꼈다. 그러나 제퍼슨과는 대조적으로 이들은 두려움의 원인이 외부에 있다고 비난하였으며, 자신을 정서적으로 망설이게 하는 주요 장애물은 임신과 성병에 대한 두려움이라고 설명했다.

27세에 제퍼슨은 연구대상자들 중에서 결혼하는 것이 두렵다고 솔직하게 고백할 수 있었던 극소수의 한 사람이었다. 그러나 그의 극복 양식은 모든 여가시간을 결혼을 준비하는 데 사용한 것이었다. 그는 부인과 함께 살게 될 아파트의 목공일과 페인트칠을 모두 했다. 마치 미스리데이츠(Mithridates)*가 독을 조금씩 점차적으로 섭취함으로써 면역이 되었던 것처럼, 제퍼슨은 결혼생활에서 예상되는 불안을 조금씩 미리 맛보면서 준비해 나갔다. 소도시의 시장으로 남아 있는 이유에 대해서 어린 시절에 이미 자신이 경쟁적인 정치생활에 필요한 공격성에 대해 너무 윤리적이고, 너무 두려워한다는 것을 깨달았기 때문이라고 하였다. 그러나 그는 정부에서 일하기를 원했는데 이유는 그 일이 그의 내향성에 균형을 잡아주고 사람들과 함께 일하도록 해주기 때문이었다.

일생을 통해서 제퍼슨은 조그맣지만 자신의 진가를 알아주는 우물 속에서 자격이 넘치는 큰 개구리로 남아 있었다. 왜냐하면 예상할 수 있는 능력이 그에게 정서적 취약점에 대한 단순한 통찰 이상의 것을 제공했기 때문이다. 이러한 적응양식은 그로 하여금 평생을 통해서 지나칠 만큼 잘 준비하도록 했다. 하버드대학교 법대학위와 공공행정 전공의 석사학위 소지자로서 그는 롱 아일랜드에서는 제일 잘 훈련된 시장이었다. 시 정부에서 다른 사람들과의 문제점을 해결하는 수단으로

---

* 옛날 근동 아시아지방에 있었던 폰투스제국의 왕 — 옮긴이.

서 그는 부하직원들의 말을 경청하는 법을 연습했으며, 대학원 과정에서 배운 노동법을 체계적으로 이용했다. 납세자들에 의해 투표로 정해지는 그의 봉급이 계속해서 후하게 책정되는 것을 보면 그의 성공을 알 수 있었다.

제퍼슨 시장은 또한 억제의 대가이기도 했다. 그랜트연구진을 더 잘 알게 되었을 때, 그의 어머니가 말했던 것처럼 분노가 없는 것은 아니라고 고백했다. 오히려 아무도 그가 화내는 것을 보지는 못했지만 "속에서는 부글부글 끓는다"고 했다. 이런 점을 한평생 화를 내는 행동으로 가득했지만, 결코 이 정서를 의식적으로는 느끼지 않았던 태리타운 박사와 비교해 보라.

2차 세계대전 기간중에 그는 해군에 복무하는 것을 좋아하지 않는다는 것을 알았지만 불평하지 않았다. 한 번은 상관에게 너무 화가 나서 그를 때릴 것 같았다. 그러나 그는 이내 평온을 유지하고, 후에 그의 분노를 무의식적이 아닌 의식적 방식으로 동료장교와 나누었다. 달리 말하면 안전하게 화를 낼 수 있을 때까지 그것을 보류했던 것이다. 또 한 번은 적의 어뢰가 배를 향해 미끄러지듯 접근해 오는 것을 목격했다. 부하들이 놀랄 정도로 그는 혼신의 힘을 다해 침착하게 질서를 유지하였으며, 그리고 나서 그날 밤 단잠을 잤다.

결혼 전에 제퍼슨은 예상되는 불안에 대해 매우 의식적이었으며, 따라서 그랜트연구 질문지에 답하는 것을 거부했다. 그는, "나는 이것에 답하는 것을 미루고 싶다. … 이 문제는 최근에 나와 밀접하게 관계되는 것이어서 내 생각은 현재 혼란상태에 있다"고 썼다. 그러나 후에 그는 그때 어떻게 느꼈는가를 기억해서 말했다. 억제와는 대조적으로 억압과 소극적 공격은 불쾌함을 무기한 연기한다.

47세에 제퍼슨에게 그의 직업에서 가장 어려운 점이 무엇인지 물었을 때 그의 특징을 나타내준 대답은, "무엇을 의미하는지 모르겠습니다. 건방지게 들릴지 모르지만, 문제를 다루는 능력 면에서는 어려운 점이 없습니다. 어려운 상황에 처해 보지 않았습니다"였다. 내가 일할 때 문제점은 무엇인지 물었을 때, 그는 먼저 부하직원들이 얼마나 훌륭한지를 말했다. 그리고 나서 "저는 인내심이 강한 편이기 때문에 냉정을 잃지 않고 다른 사람들과 오랫동안 일할 수 있습니다"라는 한마디로 자신을 요약하였다.

그의 자녀에 대해 물었을 때 딸이 낭포성 섬유증에 걸려 있다고 말했다. "아무도 딸의 질병을 예견하려고 하지 않았습니다"라고 말했다. 딸의 질병을 발견했을 때 어떻게 극복했는지를 물었더니 "그것을 안다는 것은 매우 아픈 충격이었습니다"라고 하였다. "아내보다도 더 어려웠습니다. 우리는 다행히도 뛰어난 의사를 만났습니다. 그는 그 질병을 다루는 방법을 우리에게 훌륭하게 알려주었습니다. 우리는 그것을 별 문제가 아닌 것으로 취급하기로 결심했습니다"라고 코를 긁으면서 덧붙였다.

달리 말하면 이 연구의 대상자들이 종종 그랬던 것과는 달리 내 질문에 방어하지 않고 위험과 정서적 혼란을 인정하는 한편, 나에게 밝은 면도 말했다. 낭포성 섬유증에 대한 치료가능한 계획이 있었고, 주변사람들도 훌륭하였다. 그는 별 문제로 생각하지 않았다고 **말했지만**, 그가 **행동**한 방식은 완전히 현실적이었다. 제퍼슨은 그의 양심과 본능, 그가 처한 현실, 그에게 중요한 사람들과 더불어 조화를 이루었다. 그는 삶이 제시한 조건을 명확히 알았으며 이것을 수용했다.

면담을 마쳤을 때 그는 비로소 아내와 어떻게 다퉈야 하는지를 배웠다는 사실을 솔직하고 즐겁게 털어놓았다. "놀랍게도 다투는 것이 우리의 성적인 적응을 더 잘하게 해주었습니다"라고 말했다. 25년간의 관찰을 통해 볼 때 그는 이미 이 연구에서 가장 안정된 결혼생활을 해왔음이 분명하였다. 그는 이제 결혼생활을 즐기는 것을 배웠다.

다른 대상자의 삶을 되돌아봄으로써 4가지의 성숙한 기제, 즉 이타주의, 예상, 억제와 유머를 깊이 있게 살펴보는 것이 가능할 것이다.

1) 이타주의와 그 사용 예

이타주의는 자신이 받기를 원하는 것을 다른 사람에게 베풀어줌으로써 기쁨을 얻는 것을 포함한다. 이것은 사용자로 하여금 내부의 무의식적 열정을 외부적으로는 정반대 방향으로 밀고가도록 하는 방어기제인 반동형성이 발전된 적응기제이다. 보기 드물게 순수한 미덕이긴 하지만 그럼에도 불구하고 이타주의는 가장 상처주는 아픈 감정에 대해서도 보호적인 여과기능을 수행한다. 어렸을 때 자신의 즐거움을 방어적으로 거부했던 많은 연구대상자들은 자신의 열정을 완전히 받아들이게 되지는 않았지만, 다른 사람이 자신이 불편해 왔던 바로 그 본능을 즐기도록 도와줌으로써 즐거움을 얻었다.

제이콥 하이드(Jacob Hyde) 박사는 이타주의와 내적 혼란, 그리고 반동형성 간의 관계를 보여준다. 하이드 박사는 이율배반적인 사람이었고, 그 원인은 반동형성을 지나치게 사용하였기 때문이다. 그의 내부에서 가장 사납게 날뛰는 바로 그 열정들은 그가 가장 엄격하게 억제한 것들이었다. 이 강렬하고 머리가 벗겨지기 시작하며 건장한 사람을 면담하는 것은 끊어오르는 화산과 잡담을 나누는 것과 같았다. 느리게 타는 여송연이 처칠(Churchill)과 비슷하게 생긴 그의 턱에서 멀리 떨어져 본 적이 없었다. 제이크 하이드의 문제는 다른 이타주의자와 마찬가지로 자신이 참여할 수 있는 것 이상으로 인생의 따뜻함과 풍요로움에 대해서 너무 많이 알고 있는 것이었다. 원래 그랜트연구에서 하이드에 대해 요약하기를 "활력이 부족하고, … 감상적이고, 진지하고, 상상력이 없다"라고 하였으며, 의과대학 학장은 그를 "다소 무미건조한 성격의 소유자"라고 하였다. 이와는 대조적으로 그를 잘 아는 그랜트연구의 한 내과의사는 "사람들이 겉으로 보는 것보다는 속에 더 많은 것이 있다"라고 하였다. 또 하이드에게 여러 가지 심리검사를 실시했던 경험이 많은 임상가는 "하이드는 정열적인 사람이다"라고 주저없이 적었다.

이 연구의 대상자들 중 어느 누구보다도 하이드의 가족에게는 명백한 정신병이 많았다. 무정보평가자들은 연구대상자 중 단지 10명만이 그보다 더 나쁜 어린 시절을 보냈다고 평가했다. 6세 때 하이드는 가학적으로 고양이를 학대했으나, 15세가 됐을 때에는 아버지가 사냥개를 학대하는 것에 대해 "다 큰 어른이 너무 폭력적"이라고 비난했다. 그러나 같은 해에 하이드의 어린 시절의 잔인성은 거의 억제되지 않았다. 그래서 그는 그 해 여름을 가능한 한 고통이 없이 동물을 죽이는 일이 행해지는 것을 확인하기 위해 도살장에서 보내기도 하였다.

그의 생애는 모험으로 가득 차 있었다. 그는 "나는 폭풍우를 좋아하고, 폭풍우가 최악의 상태로 휘몰아쳐도 밖으로 나가고 싶다!"고 주장했다. 그후 대학에 들어오고 나서 그의 모험심은 갑자기 사라졌다. 하이드는 대학시절에 운동에 참여하지 않은 극소수의 대상자 중 한 사람이었고, 결코 다친 적이 없다는 것을 연구진에게 확인시켰다(사실 그는 10대 초기에 어리석게도 자신이 화나게 만든 독일 셰퍼드에게 몹시 심하게 물렸지만, 그는 "나는 보통 불유쾌한 일은 잊으려고 한다"라고 스스로 말한 것처럼 잊어버렸다).

하이드의 분노와 부수적으로 나타나는 그 분노에 대한 반동형성을 유발한 기제에 깔려 있는 갈등은 그가 여러 방식으로 어머니에 의해 고통받았다는 사실에 기인한다. 그러나 그의 어머니는 그리스 연극에서처럼 그녀의 어머니에게서 고통을 받았었다. 대학시절에 이 갈등은 너무 은밀해서 겉으로 나타나는 그의 효성 때문에 "어머니에 대한 그의 애착은 어느 연구대상자의 애착보다도 더 경건하고 지속적이다"라는 평을 받을 정도였다. 하이드의 주장에 의하면 그의 어머니는 '밝은 성격'을 가지고 있고, "불평하지 않고 고통을 참았다"고 한다. 그러나 연구진은 그녀를 직접 만나보지 못했다. 왜냐하면 연구자를 만나러 아래층으로 내려오는 것이 고통스럽다는 것이었다. 하이드의 아버지를 집에서 만나고서 연구진은 "어딘가에 문제가 있음이 틀림없다고 느끼긴 하지만 그것을 밝혀낼 수는 없었다"라고 하였다.

문제는 하이드 어머니의 '고통'이 실제로 있었는가에 대한 그럴듯한 증거가 없다는 점이다. 그녀는 하이드로 하여금 그의 출생이 그녀의 병의 원인이었다고 믿게끔 하였다. 아들의 눈에는 이러한 병들이 매우 중요해 보였기 때문에 "어린애였을 때부터 나는 의사가 되어서 어머니의 병을 고쳐주고 싶었다"라고 하였다. 청년시절에 하이드는 어머니가 죽지 않도록 해달라고 종교의식에 참석했다. 그러나 연구진에 소속된 의사들의 눈에는 그녀의 병이 너무나도 명백히 건강을 지나치게 염려하는 신경증적 경향에서 생긴 것이었으므로 그녀를 보지 않고서도 신경쇠약증으로 진단할 수 있을 정도였다. 45세에 하이드 박사는 "어머니의 건강은 예전과 마찬가지로 좋다"라고 적었다. 중년에 그는 어머니가 아들에 대해 독재적인 지배를 하기 위해 많은 가상의 병을 이용했다는 사실에 대한 통찰을 얻었다.

결혼하기 전에 하이드는 분노뿐만 아니라 다른 것에 대해서도 반동형성을 사용했다. 대학시절에 그는 "술 취한 사람에 대해 어떠한 존경심도 갖지 않게 되었다"고 말했다. 그는 부분적으로는 그를 잘 돌보아주지 않은 어머니를 보살피기 위해, 또 부분적으로는 "(아버지나 어린 시절의 그 자신과는 매우 대조적으로) 의사는 사람을 다치게 하지 않기 때문에" 의학을 공부했다. 그러나 연구진은 그의 초기의 가학증이 계속될까 봐 염려했다. 한 내과의사도 "그럴 가능성은 적어 보이지만 만약 권력이 주어진다면 하이드는 완고하고 위험스러울 정도로까지 공격적일 것이다"라고 적고 있다.

아마도 반동형성을 이타주의로 변형시키는 하이드의 능력 때문에 그 의사의 염려는 사실로 나타나지 않았다. 반대로 하이드는 일생을 가족에 헌신하고, 다른 사람을 도우면서 보냈으며, 소포클레스 비극의 가능성은 없어졌다. 그러나 이것을 이루기 위해 현명한 그의 자아는 심한 부담을 지게 되었다. 왜냐하면 사용자가 진실로 감사하게 되는 어떤 것을 갖게 될 때까지는 이타주의는 심리적으로 균형잡힌 행위로 나타나기에는 너무나 어렵기 때문이다(청소년시절에 태리타운 박사는 먼저 '버팀목'을 얻지 못한 채로 이타적인 정신의학자가 되려고 하였지만 결국 환상 속에서나 가능하였다).

표면적으로는 하이드 박사는 어머니를 돌보기 위해 의학공부를 하였다. 그러나 결국 자신이 간호사와 결혼하고 나서야 그의 분노가 진정한 이타주의로 대치되었다. 신기하게도 하이드가 결혼한 후에 면담자는 "이들 부부가 지금까지 면담한 부부 중 가장 즐거운 커플이었다"라고 말할 수 있었다. 그리고 결혼 후에 하이드 자신이 "살면서 내가 준 것보다 훨씬 더 많은 은혜를 받았다. 단지 이 엄청난 빚을 갚을 수 있기만을 고대한다"고 쓸 수 있었다. 한마디로 말하면 그는 19세에는 죄에 대해 속죄하려고 하였으나, 25세에는 축복에 대해 보답하려고 하였다.

의학훈련을 마친 후 그가 일생동안 가진 이율배반적인 본성이 더 강하게 나타났다. 병상에서보다는 실험실에서 세상에 더 많은 도움을 주기를 원한다고 주장하면서 약리학에서 박사학위를 얻기 위해 임상활동을 포기했다. 그러나 학위를 받은 후에는 메릴랜드주에 있는 에지우드 병기창에서 일했다. 이곳에서 군 당국은 '신경가스' 연구를 열심히 하고 있었는데, 이 가스는 무색, 무미이면서 순간적으로 대상을 죽일 수 있는 것이었다. 하이드 박사는 이 실험실이 신경에서 신경으로, 신경에서 근육으로 충격을 전달하는 신경화학 전달물질인 아세틸콜린에 관한 자신의 연구를 계속하는 데 좋은 장소라는 것을 알았다. 그는 자신의 연구가 결코 해롭게 사용되지 않고 단지 치료에만 사용되기를 지켜보면서 너무 지나칠 정도의 세심한 수고를 하였다. 그는 어머니를 살해하기 위해서가 아니라 구제하기 위해 의학공부를 하지 않았던가.

30대 전기간을 통하여 제이콥 하이드는 많은 기초과학자들이 공통으로 느끼는 고민, 즉 어떻게 하면 자신이 시험관들에 덜 치중하면서 사람들에게 더 많은 공헌을 할 것인가 하는 고민을 경험했다. 40대에 그는 에지우드 병기창을 떠나 대학에 돌아옴으로써 그 고민을 해결했다. 여기에서 그는 세계보건기구에 자문을 하고, 정신분열증의 치료에 기발한 아이디어를 내고, 또 무장해제에 관한 논쟁에 인본주의적 요소를 제시하고자 약리학에 대한 해박한 지식을 이용하려고 노력하였다. 그럼에도 불구하고, 신경가스에 대한 상세한 지식 때문에 미군의 자문가로서도 계속 일했다.

다른 많은 이타주의자처럼 46세에 개인적 문제를 누구와 의논하느냐는 질문을 받았을 때, 그는 "나는 보통 다른 사람의 의논대상자가 되는 위치에 서게 됩니다"라고 대답했다. 아버지가 사망하였을 때 그는 어머니의 곁으로 달려갔다. 어머니를 위로하기 위해서 그 자신의 매우 깊은 슬픔은 뒤로하였다. 이 경험을 통해서 그는 "생각에 너무 골똘히 빠지지 않고, 온 마음을 다해서 돌보아 줄 사람을 갖는 것이 중요하다"라는 교훈을 얻었다.

이타적 삶을 사는 과정에서 제이콥 하이드는 그가 추구했던 권력의 대부분을 얻었다. 그는 인간에게 치명적인 독약의 효과에 대한 전문가였음에도 불구하고 사람을 돕는 데에만 그의 지식을 사용했다. 태리타운 박사와는 대조적으로 하이드 박사는 결코 그 자신의 공격성에 대한 공포에 얽매이지 않았다. 그는 보다 안전한 환상의 세계로 그것을 완화시킬 필요가 없었다. 그럼에도 불구하고 이타주의의 전문가들인 순교자나 성직자의 경우처럼 하이드는 그의 삶에서 오직 한 부분, 즉 종교에서만은 여전히 열정적이었다. 청년시절에 그는 매우 종교적이었으며, 매우 자제력이 강한 45세에도 "나의 종교적 감정은 아직도 여전히 강합니다"라고 고백했다. 이타주의가 예술적 창조만큼이나 강력한 에너지를 공급받기 때문에 성직자나 순교자들은 악마의 소굴로 빠지는 것을 간신히 피한다. 분명히 하이드는 무기를 평화의 상징인 농기구로 바꾸었지만, 평화중재자로서는 계속 위험스러운 동료로 남아 있었다.

2) 예상과 그 사용 예

예상이라는 방어기제는 미래의 내적 불편함을 미리 정서적으로 인식하여 약화시키는 것을 포함한다. 반세기 동안 정신분석가들은 이 과정을 무의식적인 적응기제로 부르지 않았다. 그러나 1950년대에 정신의학자들이 건강한 적응에 대해 면밀한 연구를 시작함에 따라 미래의 사건에 앞선 적당한 수준의 불안이 적응을 증진시킴을 알게 되었다. 국립정신건강연구소의 데이비드 햄버그(David Hamburg)와 그의 동료들은 백혈병을 앓는 자녀를 가졌지만 심리적으로는 건강한 부모와, 처음으로 가정을 떠나 사는 건강한 대학생들을 연구했다.[1] 어빙 재니스(Irving Janis)는 수술을 기다리는 심리적으로 건강한 부모들을 연구했다.[2] 평화봉사단원을 전세계에 파견하는 일을 맡은 정신의학자들은 미래의 적응에 도움을 주는 훈련계획에 관해 연구하였다.[3] 모두 예견되는 불안과 슬픔의 가치를 인정해야 한다는 것을 배웠다. 사실 평화봉사단원의 미래의 성공은 심리검사에 나타나는 정서적 안정성의 측면보다는 미래의 불안을 그려내는 능력에서 더 잘 예견되었다.

연구의 대상자들이 성숙해감에 따라 이지화의 사용도 성숙해갔다. 예상은 미래의 위험에 대한 불수의적 염려와 평온한 반추가 이롭게 사용될 수 있는 수단이 되었다. 예상을 가장 많이 사용한 연구대상자 19명 모두가 자신의 직업에 매우 흡족해 했다. 이들 중 아무도 정신과의사를 찾지 않았으며, 단지 1명만이 1년 중 약 5일간 병으로 직장을 떠난 적이 있었다. 4명을 제외한 모두가 행복한 결혼생활을 하였다. 무엇보다도 예상은 미래의 불안을 분명하게 지각함으로써 그것을 극복하게 하는 능력을 나타낸다.

이 연구에서 윌리엄 포사이드(William Forsythe)는 그 누구보다도 정서적 예측에 대해 이와 같은 특수한 능력을 가졌다. 윌리엄은 주 정부의 분쟁조정자였고, 그의 전문분야는 동남아시아였다. 그가 해결하려고 고심하는 위기들이 매일매일 신문의 톱기사가 되는 시기에 나는 처음으로 그를 만났다. 단정하고 매력적이며 자신에 대한 확신에 차 있던 포사이드는 나에게 누구보다도 렉스 해리슨(Rex Harrison)*을 생각나게 해주었다. 그는 여유가 있었고, 정열적이었으며, 흰 머리카락

이 없는 모습은 나이에 비해 젊어보이게 했다. 그 어느 누구도 면담할 바로 그 당시에 그보다 더 자기직업에 열정적으로 몰입해 있는 사람은 없었다.

삶의 다양한 부분에 정통한 지식을 요하는 직업을 가진 대부분의 사람들은 개인의 다양한 욕구에 익숙해지게 되지만, 나를 가장 감동시킨 것은 그의 자기 삶에 관계된 여러 사람들을 분명하게 설명하는 능력이었다. 주요한 사회적 문제들에 몰입되어 있는 사람이 어떻게 그토록 인간적으로 보일 수 있는지 나는 매우 놀랐다.

포사이드의 빈틈없는 경계심은 최소한 그랜트연구의 초기면담에서도 나타난다. 이 시기에 한 정신의학자는 그를 "경주 전의 그레이하운드 같다"고 기술하고 있다. 또 그는 "포사이드는 대단한 유머감각을 가지고 있으며, 자신감을 북돋우며, 또 안정적이고, 믿을 만하게 보이며, 의욕과 정력 그리고 설득력을 가지고 있다"고 보고했다. 그러나 포사이드가 병이 난 후에 치료를 하기보다는 예방, 즉 예상을 하였기 때문에 다른 사람의 삶에서처럼 그의 인생에서 극적인 갈등을 기대한다는 것은 매우 어렵다.

대학시절에 그는 사전에 무엇을 공부해야 하는지에 대해 주의 깊게 윤곽을 잡아서 시험준비를 했다. 앞서의 정신의학자는 "윌리엄은 인생을 어떻게 살아야 하는지에 대해 상당히 많이 생각하고 있었다. … 그의 생각은 매우 체계적이었으며, 그 생각을 조직적으로 잘 발표했다"고 하였다. 2년 후 포사이드는 2차 세계대전 동안을 그의 특성을 잘 나타내 주는 방식으로 보냈다. 그는 보병장교가 되었다. 그의 상관들은 그를 "각각의 문제를 체계적으로 분석하고, 분명한 사고를 하며, 최상의 수준만을 주장하는 인상적인 장교"라고 설명했다. 전투시에는 예상치 않았던 위험이 있을 때만 당황하였다. 군복무 때문에 희생시킨 기회가 무엇인지 물어보았더니, "아무런 기회도 희생하지 않았으며 오

---

* 미국의 영화배우 — 옮긴이.

히려 기회를 만들었다"라고 하였다.

전쟁이 끝난 후에도 포사이드는 쉬지 않았다. 대신에 "나의 능력을 최대한 발휘할 수 있는 특별한 분야를 발견할 긴급한 욕구뿐만 아니라 절박한 욕망도 가지고 있다"라고 쓰고 있다. 18개월 후 그의 진로가 결정되었고 그것에 대해 다시는 염려하지 않았다. 37세에 포사이드는 "나의 인생을 인도할 더 넓은 정신적이고 철학적인 맥락에 대한 필요를 느껴서" 교회에 다니기 시작했다. 그 후 그는 서서히 종교에 몰입해 갔으며 중년의 불안은 시작되기도 전에 극복되었다.

47세에 포사이드는 동남아시아에서 미국이 직면한 골치 아픈 문제를 체계적으로 찾아내고 적절한 대응을 계획하는 작업을 했다. 사이공의 전방부대 사람들에게는 알려지지 않은 정보를 이용할 수 있는 유리한 위치에서 일을 했지만, 현실세계의 열정으로부터 완전히 고립되지는 않았다. 자신의 불안을 쉽게 인식할 수 없었던 존슨과 닉슨 같은 대통령은 학생들의 데모가 위협적이라고 느꼈지만, 1968년에 포사이드는 히피족과 시위학생들은 "급변하는 사회의 한 증상에 불과하고, 사회가 이러한 증상에 어떻게 대처하느냐가 중요하다"라고 쓰고 있다. 비록 그는 백악관과도 관계를 맺고 있었지만, 베트남에서의 무력행동을 옹호하지는 않았다.

예상은 의심할 것도 없이 정신분석과 장기적인 심리치료에 의해 증진되는 기제이다. 그리고 제한적이기는 하지만 예상이란 다른 자아기제가 알지 못하게 막는 감정을 의식적으로 견디게 하는 능력을 의미한다. 포사이드는 주정부 관료훈련을 통하여 집단역학에 대하여 배워야만 했다. 그는 자신의 가족 내에서 일어난 정서적 갈등을 극복하는 데 집단역학에 대해 배운 것을 의식적으로 적용하였다. 비록 포사이드가 정신과의사를 방문하지는 않았지만 치료를 받았던 많은 사람들보다도 심리학적 통찰이라는 열매를 더 효과적으로 사용할 수 있었다.

3) 유머와 그 사용 예

유머는 인간이 가지고 있는 것 중에서 정말로 우아한 방어 중 하나이다. 희망과 마찬가지로 유머의 능력도 판도라 상자의 재난을 이겨나갈 가장 강력한 대책 중의 하나라는 것을 부정하는 사람은 거의 없다. 프로이트는 다음과 같이 제안하였다.

> 유머는 여러 방어과정들 중 가장 좋은 것으로 볼 수 있다. 유머는 우울한 감정이 담긴 관념 내용에 대해 의식적으로 관심을 가지지 않는 것과 같은 억압적 행동을 경멸하며, 따라서 방어의 자동성을 극복해준다. 4)

예상이나 억제와 마찬가지로 유머는 관념과 감정이 의식 속에서 공존하도록 해준다.

그러나 유머를 연구하는 것은 어렵다. 그리고 유머 그 자체는 되풀이 말하는 과정에서 대부분은 상실된다. 억압이나 반동형성에 의해 가려지는 갈등과는 달리 유머에 의해 극복된 갈등은 잠복해 있다가 다시 나타나지는 않는다. 시간이 지남에 따라 마르쿠스 아우렐리우스의 금욕주의나 히틀러의 투사 또는 다빈치나 베토벤의 승화는 대단히 눈에 잘 띈다. 그러나 유머의 생명은 짧다. 무지개처럼 확실히 지각될 때조차도 그것은 영원히 잡히지 않는다.

주요한 방어로서의 유머를 증명하기 힘든 상황에서 그랜트연구의 자료가 수집되었지만, 몇몇 대상자의 적응양식에서 유머는 주요 동기로서 인식될 수 있었다. 나는 대학 유머잡지의 편집인이었던 4명의 그랜트연구 대상자들 모두가 어린 시절에 아버지나 어머니와 사별했다는 점은 단순한 우연의 일치 이상의 무언가가 있을 것으로 생각한다. 전에 유머잡지 편집인이었던 한 대상자가 알코올중독자인 어머니와 지냈던 어느 한 여름철에 대한 설명을 할 셈으로 "어머니는 유행에 따라

(after a fashion) 옷을 입으셨지만 그래봤자 구식이었다(after an old-fashioned)"라고 썼다. 가정에서는 불행했고, 소녀 앞에서는 매우 부끄러워했던 그가 그보다도 10년이나 연상인 여성연구자를 즐겁게 해주려고 생각해 낸 것은 고작 그녀를 데리고 서커스구경 가는 것이었다. 4년 후 불지전투(the Battle of Bulge)*중에 그는 독일군에 의해 3면이 포위된 농가에 갇혀 있게 되었다. 그는 동료에게 "이것은 2류 수준의 서부영화와 아주 비슷하잖아?"라고 물었다. 독일군의 겨울공세로 격리되어서 아르덴(Ardennes)**의 미군병사들은 목욕하기가 쉽지 않았다. 그러나 그는 이 와중에서도 "맙소사, 손자가 벼룩이 득실득실한 채로 있다는 것을 할머니가 아신다면 무덤에서 돌아누우실 텐데"라고 연구진에게 편지를 써 보낼 여유를 가졌다.

재치, 익살, 그리고 풍자만화에서 정서적 감정은 전위되거나 감추어진다. 그러나 진정한 유머는 "유머는 즐거움을 방해하는 고통스러운 감정에도 불구하고 즐거움을 얻는 수단이다"라고 프로이트가 제안하였듯이5) 결코 아무것도 감추지 않는다. 이와 같은 사실은 갑자기 사망한 아버지에 대해 훌륭하게 대처하는 한 대상자의 모습에서 보인다.

> 나는 아버지의 장례식이 있기 직전에 이미 아버지의 상황에 대한 유머를 인식했던 것을 기억한다. 아버지는 인생을 즐기셨고, 삶의 각 부분에 열정적으로 몰두하셨다. 나는 돌아가시기 불과 몇 시간 전 오후에 그때까지 잡은 것 중 제일 큰 고기를 잡고서 아버지가 매우 행복해 하시는 사진을 가지고 있다. … 그 이후 아버지와의 사별에 대한 감정은 점차 사라지게 되었고, 마치 지난 10년 동안 지내왔던 것처럼 우리가 친구라는 느낌이 든다. 아버지에 대해 그렇게 자주 생각하지는 않지만 때로는 매우 가깝게 있다고 느껴진다.

---

* 2차 세계대전 때 독일군이 행한 대반격. 1944년 12월 16일에 시작해 벨기에 북부 및 동부의 연합군을 목표로 대공세를 폈으나, 1945년 1월 격퇴되었다 ─ 옮긴이.
** 프랑스, 벨기에 및 룩셈부르크에 접해 있는 고원지대 ─ 옮긴이.

세 번째 대상자는 권위주의적인 행동에 대해 평생동안 가지고 있는 증오를 극복하기 위해 유머를 사용했다. 전쟁중에 그는 비록 군대규율 때문에 매우 힘들었지만 그의 곤경에 대해 집으로 익살맞은 편지를 보냈다. 그런데도 그는 군대에서 매우 좋은 수행평가를 받았다. "당신이 가지고 있지 않은 것 중에서 자녀가 가졌으면 제일 좋겠다고 생각하는 것은 무엇입니까?"라는 이 연구의 질문에 대해, "자녀를 잘 돌보는 사람이 되는 것"이라고 그는 대답했다. "주된 취미가 무엇이냐"는 질문에 그는 "여가시간을 거의 갖지 않는 것"이라고 답했다. 25번째 개최되는 동창회가 있을 때 귀중한 두 시간을 내어달라는 시의적절치 않은 나의 요구에 대해 그는 다음과 같이 응답했다.

친애하는 베일런트 박사님.
귀하의 진지한 부탁을 받자마자 저는 1942년도 졸업생들의 경전이라고도 할 수 있는, 이미 여러 번 보아서 손때가 묻은 25회 동창회에 대한 기획책자를 다시 한 번 들춰보았습니다. 시간을 내보려고 지치도록 노력한 결과라고는 더 심한 좌절뿐이었습니다. 만일 누군가가 일요일부터 목요일까지 진행되는 동창회의 모든 활동에 참가한다면 아마 정신과의사의 도움이 필요해질 것입니다. 반면에 그 기간 동안 2시간의 짬이 난다면 심신이 늙은 이 사람은 아마 낮잠을 청할 것입니다.
진심으로 말하지만, 프로그램이 매우 다채롭고 흥미 있어서 하나 이상의 활동과 겹치지 않는 2시간을 빼내기가 힘들고, 아니면 식사시간이나 옷 입는 시간을 줄여야 할 판입니다. 그런데 마침내 나는 짬이 있음을 알아냈습니다. 그것은 6월 13일 목요일 오후 2시부터 5시 사이입니다. 이 연구의 다른 대상자들로부터도 나와 똑같은 시간을 원한다는 대답을 들었을 것이라고 생각합니다.
여하튼간에 이것이 귀하께서 편지 끝머리에서 제기한 질문, 즉 거의 모든 것이 계속해서 저의 관심을 끌므로 이것들에 아예 굴복함으로써 어려움을 극복한다는 것에 대해 부분적으로 대답이 되리라고 생각합니다.

그 편지는 내가 그를 불편하게 하고 있고 짜증나게 한다는 것을 알게 해주었지만, 동시에 그의 솔직한 반응은 나를 매료시켰다. 양심, 본능, 현실 및 다른 사람과의 갈등이 매력적으로 해결되었다. 그 후에 가진 면담에서 그는 유머에 관한 주제를 자발적으로 끄집어냈다.

> 저는 곤란한 상황에서 빠져나가기 위해 유머를 사용합니다. 또 사람들과 만나서 친근해지기 위해 유머를 사용합니다. 그러나 어릿광대처럼 되는 것은 피해야 합니다. … 제가 참을 수 없는 것은 결코 웃을 수가 없는 화젯거리입니다.

유머를 구사하려는 그의 노력 때문에 그 자신이 품위를 떨어뜨렸다는 증거는 아무 데도 없었다. 대신에 30년 동안 그는 독재적인 아버지와 함께 일을 잘 꾸려나갔다. 그리고 그는 연구대상자 중에서 가장 성공적인 적응을 한 경우였다.

4) 억제와 그 사용 예

금욕적이면서 스파르타식으로 만족감을 연기하는 억제는 승화만큼 우아하지는 않다. 억제는 이타주의나 유머처럼 인간적인 모습을 갖고 있지도 않으며, 정신의학자들에게서는 예상과는 달리 미덕이 아닌 악덕으로 간주된다. 억제는 볼품없는 DC-3이고, 일만 하는 암갈색 말이고 세속적인 폴크스바겐(Volkswagen)*으로 여겨진다. 억제는 당신을 어려움으로부터 빠져나오게 하지만 항상 진실을 위해 아름다움을 희생한다. 그럼에도 불구하고 이 책에서 다룬 모든 대처양식 중에서 억제는 이 세상을 제일 적게 변화시킨다. 대신 삶이 제공하는 조건을 가장 많이 받아들이게 한다. 억제는 효과적으로 사용되면 잘 조절된 항해에 비유된다. 항해에 제약을 주는 모든 조건은 세차게 부는 바람

---

* 독일제의 대중용 소형 자동차 — 옮긴이.

을 피하지 않고 그 바람의 효과를 최대한 활용하기 위해 세밀하게 계산된다.

연구대상자 중에서 가장 행복했던 어린 시절을 보낸 리처드 럭키 (Richard Lucky)를 살펴보자. 그는 좀처럼 불쾌한 기분을 느끼지도, 인정하지도 않았다. 그의 일상생활 방식은 두 회사의 최고경영자로서 일주일에 60시간 일하고 나서 일요일에는 10km 정도를 달리고는 휴식하는 것이었다. 그러나 2차 세계대전중 해군복무시에 있었던 다이빙 사고에 대해 그는 다음과 같이 설명하였다. 그는 물 밑 12m 정도에 있었고, 공기밸브는 잔뜩 막혀서 작동하지 않았으며, 무전기마저 작동되지 않았다. 그리고 잠수헬멧에는 오직 8분간만 사용할 수 있는 공기가 남아 있음을 알았다. 그는 살아남기 위해서 혼자의 힘으로 할 수 있는 일이 아무것도 없음을 즉각적으로 알았다.

나의 종말이 다가오고 있다고 생각했고, … 헤어나려고 발버둥칠수록 도움도 안 되고 3배나 더 많은 공기만 소비하게 될 것이라고 생각했다. 기도도 하지 않고 늙은 암소처럼 앉아서 구조를 기다렸으나 매우 불행했다.

그는 자신의 감정상태를 알았다. 그는 이러한 감정이 도움이 되지 않는다는 것을 알고는 구조될 때까지 감정을 내부에 꼭 붙잡아 놓았다.

억제는 성공적인 적응과 매우 밀접히 관련된 방어양식이기 때문에 좀더 자세히 논의할 만한 가치가 있다. 프로스트(Robert Frost), 디킨슨(Emily Dickinson), 로빈슨(Edwin Arlington Robinson) 같은 미국 시인들은 지연된 만족이 달콤쌉쌀하지만 유익하다고 노래했다. 그러나 영구히 남아 있는 염려는 열정이 표현되기도 전에 그 사람이 사망하거나 그 기회가 사라지는 것이다.

모든 성숙한 방어기제 중에서도 억제가 가장 남용될 소지가 많다. "나는 행복하게 살고 있으며 별다른 불평이 없다. … 다른 사람들은 대부분 내가 울기보다는 더 쉽게 웃는다는 점 때문에 나를 좋아한다"라고 말한 구식의 북부출신 연구대상자의 예를 살펴보자. 파란만장한 결혼생활에 어떻게 대처하는지를 묻는 질문에 그는 "입술을 깨물며 가급적 논의의 대상이 되지 않게 한다"고 말했다. 실제로 그는 짧은 기간 동안에 멋진 연애사건의 기쁨과 그로 인한 너무 큰 고통을 맛보았다. 이러한 지나쳤던 양가감정 모두를 그는 차등 없이 떨쳐버렸다. 이 말은 그가 자신의 정열의 진실성이나 격렬함을 의심했다는 것이 결코 아니다. 그는 단지 제이크 하이드가 사용한 반동형성을 사용하지 않았을 뿐이다. 그는 술에 취해서 만사를 잊어버렸던 즐거움을 여전히 생생하게 기억해낼 수 있었고, 그가 한때는 진실로 사랑했음을 너무도 낱낱이 잘 기억했다. 아마도 그의 가정과 그가 살았던 메인주의 친밀한 이웃은 둘 다 모두 그가 잘 참아냈기 때문에 훨씬 더 좋아했을는지도 모른다. 그러나 그는 어떠한가? 그는 곤경에 처했을 때도 "대부분의 사람들은 내심 절망스러운 삶을 살고 있다"라는 소로(Thoreau)의 쓰디쓴 좌우명에 위안을 받는다고 했다.

고대 그리스인 이래로 줄곧 금욕주의자들의 지혜는 의심받아왔다. 굿하트는 억제를 다음과 같이 잘 정의했다.

> 나는 금욕적이다. 그리고 좀처럼 당황하지 않는다. … 이것은 감정을 수용하고 처리하는 데에서의 무능력 문제가 아니라 오히려 다른 사람과 함께 감정을 나누기보다 개인적으로 이것들을 다루려는 경향성이다. … 이 경향은 나에게 어떠한 불편함도 주지 않고, 여러 방식으로 도움이 된다. 하지만 나는 머리로는 이것이 지닌 효과의 한계를 실감한다.

전형적인 필라델피아 사람인 한 대상자는 자신이 불치의 암에 걸렸다는 것을 알기 직전에 전형적인 보스턴 사람인 사촌에게 "큰일났군, 때때로 모든 것을 마음속에다 담아두는 데 얼마만한 대가를 치러야 하는지 궁금하군?"이라고 물었다. 그 대가는 간단하다. 이를 악물고 고통을 견딜 수 있는 사람에게는 다른 마취제가 필요치 않다. 억제를 가장 많이 사용한 사람들은 다른 방어기제를 사용할 필요를 거의 느끼지 않지만, 이들의 삶은 상처를 입는다.

정신과의사들은 정신건강의 본질적 요소는 솔직한 감정표현이라고 강조한다. 따라서 만약 어떤 사람에게 억제가 너무 오랫동안 습관화되었다면 그 사람의 정신건강에 중대한 결과를 낳지 않을까라는 물음을 독자들은 할 수도 있을 것이다. 그랜트연구는 종단적 연구방법이기 때문에 억제의 대가가 너무 큰지 그렇지 않은지를 측정하는 수단을 제공했다. 연구대상자 95명 중에서 20명이 억제를 가장 주된 방어기제로 사용했다. 이들은 금욕주의자들이었다. 또한 스트레스에 대처할 때 억제를 사용하기를 꺼리거나 전혀 사용할 수 없는 것같이 보이는 16명의 대상자가 있었다. 이들은 쾌락주의자들이었다.

이들의 비교는 우리에게 여러 가지 도움을 준다. 20명의 금욕주의자 중에서 5명은 다소 무미건조했다. 하지만 16명의 쾌락주의자 중에는 실제적으로 친밀성을 가질 수 없는 정신분열증이나 만성적 우울증이라고 부를 수 있는 사람이 8명 있었다. 예를 들면 태리타운은 쾌락주의자였고, 제퍼슨이나 라이온 그리고 클로비스는 금욕주의자들이었다.

금욕주의자들의 취업현황이 쾌락주의자들보다 훨씬 더 좋았다는 것은 놀랄 만한 일이 아니다. 이러한 사실은 개신교의 직업윤리가 지닌 병리의 일부로서 논외로 할 수도 있다. 그러나 결혼생활은 어떠한가? 노래와 전설에서는 금욕주의자의 인생보다 쾌락주의자의 인생이 더 달콤하다. 부랑자와 행복한 소매치기는 입술을 굳게 다물고 있는 공인회계사보다 더 많은 재미를 누린다. 한 금욕주의자는 자신의 결혼생활에 대해 "욕망에 의해서가 아니라 단지 결심에 의해 함께 지내는 것"일 뿐이라고 말했다. 또 다른 한 금욕주의자는 15년 전에 이미 자신의 결혼생활이 영원히 좋지 않게 진행될 것임을 받아들였다고 말했다. 그는 "결혼생활로 인해 얻은 주된 결과라곤 아이들의 출생뿐이고, 성생활이 대단히 불유쾌하다. 그러나 일단 성관계 없이 첫해가 지나고 나면 그

럭저럭 대처해 나갈 수 있다"라고 덧붙였다. 그에게는 결혼생활이 "병든 어머니를 모시고 사는 남자와 같은 것이었다. … 당신이 할 수 있는 것이라곤 그녀를 돌보거나 아니면 양로원에 보내는 것 중의 하나"인 것이다. 그는 결혼생활을 그대로 참고 견디기로 결심했다. 그리고 금욕주의자만이 할 수 있는 대로 "말이 나온 김에 말하자면, 절반의 책임은 나에게도 있다"라고 하면서 질문지에 답을 끝마쳤다.

그러나 쾌락주의 집단과 금욕주의자 집단의 결혼생활을 체계적으로 비교해 보면, 억제는 저주라기보다는 오히려 축복인 것 같다. 20명의 금욕주의자 중에서 단지 2명만이 이혼을 했고, 위에서 언급한 단지 2명만이 이를 악물고서 결혼생활을 견디고 살아야만 했다. 결혼생활이 훌륭하였던 것으로 평가된 사람 중에는 쾌락주의자가 3명인 데 비해 금욕주의자는 8명이 포함되어 있었다. 16명의 쾌락주의자 중 10명이 이혼하였다. 9명의 쾌락주의자는 "기대했던 것보다 좋지 않은" 성관계나 성관계가 전혀 없는 부부생활에 적응하였다.

신화에서 보면 금욕주의는 정서적 빈곤상태에 이르게 한다. 그러나 체계적인 비교를 해보면 이러한 일반화가 사실이 아님이 밝혀진다. 대학시절에 한 금욕주의자에 대해 학장은 "그는 교제를 잘 하는 사람이 아니어서 내가 면담하기 가장 힘들었던 사람"이라고 설명했다. 이 연구의 한 정신과의사는 "그는 알 수 없는 태도를 취하고 있었기 때문에 그의 정서적 반응을 느끼기가 어려웠다. 그의 정서상태는 메말라 있는 듯하였다"라고 말했다. 그러나 금욕주의자들과 그들의 부모, 배우자 그리고 친구 간의 관계를 쾌락주의자들의 경우와 사회적응척도(〈부록 C〉 참조)로 측정해 비교해 보면 쾌락주의자 중 11명이 인간관계가 나쁘다고 평가된 것에 비해, 금욕주의자는 오직 1명만이 나쁘다고 평가되었다. 억제는 로버트 프로스트의 울타리처럼 이웃간에 좋은 관계를 만든다.

29세인 한 금욕주의자가 모호한 그림에 대해 이야기를 구성하도록 하는 주제통각 검사를 받았다. 그는 다음과 같이 이야기를 시작했다.

"글쎄요, 아마 어떤 사람이 울다가 지쳐 자려는 것 같습니다." 그러고 나서 주제를 바꾸려고 하였다. 검사자가 그 이야기를 계속하라고 독촉했을 때 그는 주저하면서, "어떤 이야기도 생각해낼 수 없습니다. … 할 수 없어요. 왜 그런지는 저도 잘 모르겠어요. … 아마 매우 중요한 뭔가를 거절당한 것 같습니다"라고 다시 시작했다. 그러고 나서 마지못해 어린 시절에 부모와 오랫동안 떨어져 있었던 것에 대해 이야기하였다. 47세 때 그에게 어린 시절 향수병을 앓으며 부모와 떨어져 지낸 기간에 대해 물었을 때 그는 이것들을 대수롭지 않은 것으로 취급하면서 자신의 인생철학은 "곤경에 처하면 이겨내거나 뛰어넘고 침착해지는 것"이라고 말했다.

그에게 성공적인 억제는 값비싼 대가를 요구하였다. 19세 때 그는 "휘피트(whippet)*와 같다. … 잘 훈련되고, 대단히 민감하고, 감수성이 풍부하며, 오히려 감정과 관련 있는 일들을 하는 것을 더 좋아한다"라고 평가되었다. 그가 47세 때 한때는 "영국의 대학 예비학교 학생의 매너"를 지녔던 예전에 시인 같았던 그가 이제는 자신의 삶이 무감각하다는 것만을 보일 수밖에 없다는 사실을 알고서 나는 소름이 끼쳤다. 그는 티셔츠를 자랑스럽게 입고 있었으며, 이마엔 두꺼운 주름살이 있는 얼굴을 하고 있었고, 아치벙커(Archie Bunker)**의 거친 태도와 말씨를 사용하였다. 이 예술적 재능이 있었던 대학생은 뉴욕의 택시운전사처럼 정서적으로 무감각하고 근심 어린 중년의 모습으로 변해갔다.

나는 의도적으로 예외를 인용했다. 일반적으로 금욕주의자가 쾌락주의자보다 정서적으로 더 위축돼 보이지는 않았다. 8명의 쾌락주의자에 비해 단지 1명의 금욕주의자만이 정서적으로 건강하지 못하다고 할 수 있었다. 쾌락주의자는 의존성이나 소극성, 성에 대한 두려움, 자신에

---

* 그레이하운드와 유사한 영국산 경주견 — 옮긴이.
** 거칠고 저속한 태도와 말투를 사용하는 미국의 코미디언 — 옮긴이.

대한 회의, 그리고 비관주의의 특성을 5배나 더 가지고 있었다. 추측이 아닌 이 연구의 실제자료에 의하면 황폐한 어린 시절을 경험한 사람은 금욕주의자들이 아니라 쾌락주의자들이었다. 만족스러운 어린이는 만족을 지연시킬 수 있다. 그리고 어른들은 너무 많은 사랑이 아니라 너무 적은 사랑을 받을 때만 "버릇없이"(spoiled) 행동한다.

금욕주의자는 폴리아나(Pollyanna)*처럼 자신의 문제를 부정하는 대신 실제로는 쾌락주의자보다도 해리(신경증적 거부)를 더 적게 사용하였다. 정신신체적 증상을 연구하는 많은 학자들은 감정을 억제하는 것은 질병에 걸릴 위험을 감수하는 것이라고 예상한다. 확실히 금욕주의자 중에는 고혈압이나 위궤양, 두통 그리고 필연적으로 치질에 걸려 있는 사람이 더 많았다. 그리고 이러한 질병은 쾌락주의자 중에서도 비슷한 빈도를 보인다. 사실상 신체건강에 대한 대부분의 통계치에서 금욕주의자들은 쾌락주의자들보다 더 좋았다. 예를 들면 정서적 스트레스 상황에서 금욕주의자들이 쾌락주의자들보다 두통이나 복통, 변비, 불면증을 더 적게 경험하거나 아니면 더 적게 인정하는 경향이 있다. 지나친 긴장을 발달시키는 사람들은 금욕주의자들이 아니라 황폐한 어린 시절을 보낸 사람들이었다.

에벤 프로스트(Eben Frost)의 경우는 그의 삶 자체가 억제기제를 사용하게끔 만들었다. 그는 버몬트주의 한 언덕에서 연간 1,000달러 정도의 수입으로 살아가는 가정에서 자라났다. 그는 집에서 경영하는 목장에서 여름 내내 일하곤 하였고, 겨울에는 5km를 걸어서 교실이 2개뿐인 학교에 다니곤 하였다. 그는 외로움을 느꼈고, 언젠가는 사람들과 대화할 수 있는 곳에서 일할 수 있기를 원했다. 10세가 되어서 그는 농장의 잡일에 대한 말없는 반항으로서 영원히 농장을 떠날 것을 은밀히 결심했다. 그는 대학에 간 다음에, 더 나아가 하버드대학교 법과대

---

* 미국 작가 포터가 지은 소설의 여주인공으로, 터무니없이 맹목적이고 극단적인 낙천가 — 옮긴이.

학에 진학하려고 했다. 그리고 그는 원했던 것을 그대로 실현하였다.

그를 처음 만났을 때 프로스트는 사람들에게 매우 관심이 있는 매력적이면서도 온정이 있고, 행복하며, 외향적인 사람처럼 보였다. 그는 호레이스 램과 같이 조용한 성격임에도 불구하고 램과는 매우 다른 사람이었다. 그의 말하는 방식은 분명하였고, 예리하였으며, 그에게는 사람을 편하게 해주는 능력이 있었다. 그는 풍부한 유머감각을 가진 선량한 사람으로 보였으며, 45세에는 가난한 농장에서 자란 사람이라기보다는 오히려 박물관이나 병원의 이사 같았고, 아이비리그(Ivy League)에서 행해지는 테일게이트파티(Tailgate Party)*에 참석한 나이든 졸업생 같았다.

램과는 정반대로 프로스트의 모든 활동은 다른 사람들과의 관계 속에서 설명되었다. 1시간 정도 지난 후 프로스트에게 정서적인 갈등을 겪었던 점들에 대해 자유롭게 말하도록 독촉했을 때에야 그의 행복을 제약하는 한계들이 드러났다. 갑자기 멈춰 서서 더 이상 앞으로 나아가지 않으려는 말처럼 그는 비협조적인 태도로 변했고 퉁명스러워졌는데, 내가 면담의 방향을 갈등이 적은 문제로 전환하기 전까지 이런 태도는 계속되었다(이와는 대조적으로 정신의학적 면담이 성격상 억제를 거의 사용하지 않는 사람들— 특히 내과의사들—에게 은연중에 허용적인 분위기를 만들어 주기 때문에 이들로 하여금 자신의 삶의 문제를 때로는 정화적이고, 때로는 고백하는 마음으로 솔직하게 달려들어 토의하게 한다).

프로스트 가족의 경우에는 외관상 온정이 거의 없었고, 감정에 대해서는 전혀 대화가 없었다. 비록 감정을 말로 표현하지 않았지만 가족들은 서로를 보살펴 주었다. 비록 에벤이 "우리 가족은 거의 친밀한 유대관계를 맺지 않았다"고 하였지만 그것은 너무 지나친 것 같았다. 그의 아버지는 "조용하고, 인격이 높았으며, 구시대의 도덕성을 지닌 사람"으로 불렸다. 그의 어머니는 "그 어떤 것도 내 마음을 괴롭히는

---

* 마차, 왜건 등의 뒷부분의 개폐판을 내리고 그 위에 음식물을 펴놓고 먹는 야외 파티 — 옮긴이.

것은 용납 못합니다"라고 했으며, 이 연구에 "에벤과 함께 사는 게 참 좋았어요. 집 주위를 깨끗이 하기 위해 작업을 할 때 에벤을 불렀죠"라고 말한 것을 제외하고는 그에 대한 별다른 언급이 없었다. 사실 그가 농장을 떠나 대학에 가기 전까지만 해도 그는 매우 도움이 되는 아이였다. 램이나 태리타운과는 달리 프로스트는 친밀성이 소중하다는 것을 일찍이 배웠다. 고등학교에서 "학교를 이끌어나갔고", 졸업생대표로 고별인사를 하기도 하지만 고등학교 시절에 얻은 가장 큰 성과는 "친구를 사귀는 능력"이었다고 그는 말했다. 대학시절 그는 단체경기를 더 좋아했다. 그리고 그가 법률에 관련된 직업생활 전반을 통해 가장 즐겼던 것은 "고객과의 직접적인 접촉"이었다.

에벤 프로스트가 처음 이 연구에 참여하였을 때 그는 "침착하고, 매우 친절하고, 매우 활동적이고, 박력 있고, 정열적"으로 보였다. 당시에 한 관찰자는 "나는 그가 비범한 사람이라는 인상을 받았다"라고 평했다. 그 이후 30년이 지났어도 많은 변화는 없었다.

18세였을 때조차 프로스트는 스스로 충족적인 것에 대가를 치른다고 느꼈다. 그는 "나는 어느 누구도 미워하지 않지만, 반대로 때로는 그 누구도 사랑할 수 없을까 봐 두렵다"라고 말했다. 그는 "남미의 결혼생활"에 대해 감탄했는데, 거기에서는 부부가 서로에게 완전히 몰입되어 있다고 알고 있었다. 이후에 그는 "나는 혼자만으로도 매우 충족하기 때문에 실제 괴로운 점은 없습니다. 이것은 사정이 완벽할 정도로 좋다는 것을 뜻하는 것이 아니고, 실제로 그 무엇도 나를 괴롭히지 않는다는 것을 의미합니다. 그리고 저는 이러한 것이 반드시 바람직한 성격은 아니라는 점을 잘 압니다. 하지만 저는 이런 방식으로 일생을 살아왔습니다"라고 말했다. 25세 때 그는 "저는 매사를 매우 쉽게 생각하는 성격을 가지고 있습니다"라고 말했다. 그리고 20년 후에 그는 "저는 가장 이성적인 사람입니다"라고 하였다. 그렇지만 그는 쉽게 이성적일 수 있는 자신의 특징이 어떻게 다른 사람에게 분노를 일으킬 수 있는가를 분명하게 인식하고 있었다.

프로스트에게 억제는 하나의 생활양식이었다. 21세 때 그는 군복무로 인해 자신의 진로가 방해받고 있음을 알고는, "군복무가 어느 정도는 내 진로계획을 중단시켰지만 전쟁은 나만이 아닌 우리 모두의 계획을 변화시켰다. 그 밖에도 내가 군복무한 것은 전쟁노력에 일조한 것이다"라고 적었다. 약혼과 결혼에 대한 많은 물음에도 불구하고 그랜트연구의 질문지에 대해 그의 답변은 이루어지지 않았는데, 어느 날 마침내 그는 캘빈 쿨리지(Calvin Coolidge)*식의 간결한 방식으로 "휴가중 결혼했음"이라고 썼다. 그리고 더 이상 아무 설명도 없었다. 사실 프로스트는 수 개월 동안이나 결혼을 계획하였다.

결혼생활상의 문제에 대한 이 연구의 거듭되는 질문에 그는 "어리석은 사람들이나 거짓말쟁이들만이 '아무것도 없다'라고 말하겠지만, 그것이 내 대답이다"라고 답했다. 20년간의 추수연구를 통해 볼 때 그는 우둔하지도 부정직하지도 않았음을 알 수 있었다. 30세 때 그는 아내와의 만남이 자신의 인생에서 가장 감탄을 자아낸 경험이라고 썼으며, 47세 때는 자신의 결혼생활을 안정적이라고 보았다. 그의 유일한 걱정은 자신의 정서적 독립성이 아내에게 문제를 일으킨다는 것이었고, 아내의 성격은 그 자신에게 어떠한 문제도 일으키지 않았다고 그는 믿었다.

아버지가 사망하였을 때 태리타운과는 달리 프로스트는 장례식에 참석했다. 그러나 프로스트는 "어떤 사람들은 죽음이란 존재하지 않는 것인 체하면서 의도적인 자기기만을 사용한다. 장례식에 참석하는 것은 당연히 해야 하는 일이다. … 하지만 이것을 지속하는 것은 의미없는 짓이다. 나는 그들의 밤샘에 대해 강하게, 아니 100% 반대한다. … 장례식에 가서, 나는 결코 그를 쳐다보지도 않았다"라고 적고 있다.

비록 내면에 뭔가를 묻어두고 있었지만 프로스트의 건강은 좋았다. 18세 때 내과의사는 "그의 건강은 유난히 좋았다"라고 하였다. 47세

---

* 미국 제30대 대통령 — 옮긴이.

때 프로스트는 여전히 단 하루도 병원에 입원하지 않았으며, 병으로 인해 하루라도 결근한 적이 없었고, 30여 년 이상 자신의 전반적인 건강상태를 "매우 좋다"라고 기록하였다. 그러나 프로스트는 결코 크리스천 사이언티스트는 아니었다. 그는 진리를 탐구하는 데 있어서나, 정기 종합건강진단을 받으러 가는 데에도 아무런 문제가 없었다. 단지 최근의 정밀 종합건강진단의 기록을 볼 때 그의 유일한 신체적 결함은 치질이었다.

삶에 적응하는 점에 있어 프로스트는 확실히 이 연구의 상위 1/3에 속했다. 뉴욕의 한 회사의 성공적인 고문변호사로서 그는 일주일에 단지 40~50시간만 일해도 되는 거의 유일한 사람이었다. "나의 업무는 나에게 압박을 주지 않는다. 나는 긴장 없는 직업을 택했다. 나는 세상에서 압력을 가장 덜 받는 사람이다"라고 하였다. 동료들과의 문제는 없었으며, 그는 거주지인 교외에 있는 한 학교 사친회 회장이었다. 5년 전 자신의 법조계 경력을 이야기하면서 그는 다음과 같이 솔직하게 말했다. "저는 만족스럽지 못합니다. 애초부터 욕구불만에 빠질 운명이었습니다." 이와 같이 중년기의 재평가가 진행되는 동안 그는 창조적인 예술가가 될 수 있기를 바랐다. 그는 손수 자신의 집을 설계하는 것으로 위안을 삼았다. 6년 후 그는 법률가로서의 경력을 조금 바꾸어 그가 갈망했던 개인적이고 다른 사람에게 관심을 갖고 접촉하는 직업을 가지게 되었다. 즉, 그는 젊은 보조변호사를 훈련시키는 책임을 맡았으며, "제 직업이 저를 아주 기분 좋게 합니다"라고 나에게 열정적으로 말했다.

이상을 요약해 보면, 이 연구의 모든 대상자들로부터 밝혀진 사실들은, 억제와 예상은 좋은 정신건강 상태, 따뜻한 인간관계 및 성공적인 경력과 가장 많이 관련된 기제였다는 점을 알 수 있었다. 이들 방어는 제대로 적응하지 못하는 사람의 경우에서는 최소한의 역할만을 하는 것 같았다. 반면, 승화와 이타주의는 가장 성공적으로 적응한 사람들

사이에서만큼이나 제대로 적응하지 못하는 사람들 사이에서도 자주 나타났다. 그러나 승화와 이타주의는 브라이트나 굿하트, 하이드 등의 경우처럼 종종 이들의 삶을 구제했고, 갈등의 폭풍우 속에서 안전한 길을 제공했다. 다음 장에서 다룰 신경증적 방어와 이 장에서 다룬 승화 및 이타주의를 구별할 수 있는 기준은 승화와 이타주의 기제의 우아함과 이들의 융통성, 그리고 현재의 고통뿐만 아니라 미래의 고통도 완화시키는 이들의 능력 유무이다.

제8장

신경증적 방어

■■■

우리는 지구라는 곳에 살면서 보기 싫은 꼴을 보고, 듣기
싫은 소리를 들어야 하며, 역겨운 냄새도 참아야 한다. 말
하자면, 죽은 하마의 냄새를 맡으며, 오염되지 않아야 하는
것이다. 저기, 보이지 않는가? 당신의 힘과, 이러한 쓰레기
들을 묻어버릴 드러나지 않는 구멍을 파려는 당신의 능력에
대한 신념 말이다. 당신 자신한테가 아니라 불분명하고 몹
시 힘이 드는 사업에 헌신하는 그 능력 말이다.

— 조셉 콘라드, 《어둠의 심연》

▪ 등장인물 소개 ▪

- 리처드 스토버: 농구 주장으로서 젊은 시절 수 년 동안 한 번도 데이트해 보지 못했지만 따뜻한 남편과 아버지가 되었음.
  — 적응양식 : 억압.
- 헨리 클레이 페니: 인색하고 미신을 잘 믿는 대학장.
  — 적응양식 : 이지화.
- 사무엘 러브레이스: 외롭고 신사적이며 충성스런 진보주의자. 불행한 결혼생활을 하고 있으며, 사회적 지지를 거의 받지 못함.
  — 적응양식 : 이지화.
- 러셀 로웰: 보스턴에 사는 변호사, 금욕주의자.
  — 적응양식 : 이지화와 억제.
- 리처드 피어링: 어린 시절 다양한 두려움을 가졌던 컴퓨터업계 거물이며, 어른이 되어서는 전환증을 보임.
  — 적응양식 : 전위.
- 콘라드 스프랫: 만주에서 성장하였으며 시카고에서 유언공증 판사로 재직하며 골수염을 앓았음.
  — 적응양식 : 반동형성.

프로이트의 가장 독창적인 공헌은 생각이 아니라 감정이 정신병의 기저를 이루고 있다는 것을 깨달은 것도 아니고, 꿈이 우리의 삶을 반영할 수 있고 무의식이 이를 지배한다는 것을 깨달은 것도 아니다. 시인들도 천 년은 아니라 하더라도 적어도 수세기 동안 이 모든 것들을 알고 있었다. 프로이트는 인간의 이상한 행동이 비도덕적이거나 미친 것이 아니라 보상적이고 적응적일 수 있다는 것을 보여줌으로써 19세기 심리학을 바꾸어 놓았다. 1894년 "방어의 신경정신병"이라는 글에서 프로이트는 감정들이 생각과 그 감정을 느끼고 있는 사람과 그 대상으로부터 교묘하게 분리될 수 있다고 주장했다.[1] 이렇게 감정을 방어적으로 조작(manipulation) 한 결과로 신경증이 발달하게 된다. 이전의 장들에서 우리는 성숙한 적응기제가 어떻게 감정, 개념, 자기자신, 대상을 다른 것들 때문에 어느 하나를 완전히 희생시키는 일없이 수정하였는지를 보아왔다. 승화나 이타주의는 감정의 배출구를 만들었지 감정을 막지는 않았다. 그러나 이 장에서 우리는 어떻게 프로이트의 방어의 정신신경증들이 감정, 생각, 사랑하는 대상, 그리고 때로는 자기자신조차 묻어버리게 되는 "드러나지 않는 구멍"을 제공하는지를 보게 될 것이다.

나는 이지화, 고립, 억압, 전위, 해리, 반동형성 등 5가지 방어들이 정신신경증의 근본적 기제를 이룬다고 제안했다. 고립은 강박관념(obsessions) 의 기저를 이루고, 전위는 공포증이나 히스테리성 마비를 일으킬 수도 있으며, 또한 이 두 기제가 함께 강박행동(compulsions) 을 설명할 수도 있다. 해리는 둔주(fugues) 와 이중인격(dual personalities) 뒤에 숨어 있는 기제이며, 억압과 해리가 함께 작용하여 히스테리를 유발시킨다. 마지막으로 반동형성은 고행과 금욕주의로 이끌기도 한다. 정신과의사와 심리학자가 자주 간과하는 점은 신경증이 ─ 비록 모호하고 몹시 힘든 것이기는 하지만 ─ 자신을 파멸시키는 것과 마찬가지로 적응에도 사용될 수 있다는 것이다. 이 연구에서의 모든 대상자는 이런 방어들을 종종 사용하고, 때때로 많은 이익을 얻기도 하였다. 이 연구에서 사실상 실제로 어떤 신경증적 기제도 드러내지 않았던 두 대상자가 계속되는 갈등으로 괴로움을 겪었다. 두 사람 다 자기 자신을 "만성적으로 우울하다"고 진단했다.

1) 억압과 그 사용 예

억압은 모든 적응기제의 원형인데, 이는 만약 견딜 수 없다면 잊어버리라는 것이다. 사실상 프로이트는 그의 생애의 많은 부분을 통하여 방어와 억압을 동의어로 사용했다. 그는 "억압은 정신분석 전체구조의 초석이 된다"고 했다.[2] 그리고 아직도 많은 정신분석학자들이 억압이 여러 가지 방어기제 중에 단지 하나의 방어기제일 뿐이라는 나의 견해에 이의를 제기한다.

외견상으로 억압은 일종의 흥미로운 망각으로 특징지어진다. 억압에 의한 기억상실증은 생각을 둘러싼 감정이 의식상태에 남아 있기 때문에, 또한 억압된 생각은 위장된 형태일지라도 기묘한 방식으로 되돌아오기 때문에 흥미를 자아낸다. 종종 억압을 사용하는 사람은 잊어버린 것에 대해 연상을 할 수 있다. 19세 때 한 대상자는 7세 이전의 생활을 아무것도 기억할 수 없다고 말했지만, 동시에 그는 "시가 때때로 나의 무의식으로부터 만개되어 나오는 것 같다"라고 말했다. 몇 년 후에 시는 고통스럽고 억압되었던 전쟁경험을 정화시키는 데 도움을 주었다.

19세된 그랜트연구의 한 대상자에 대해 정신과의사는 "어린 시절에 대해 거의 기억하지 못한다"고 했고, 한 내과의사는 "그가 기억을 잘못하고 날짜에 대한 기억이 굉장히 희미한 것에 놀랐다"고 말했다. 그러나 32세 때 그 사람은 "예, 어린 시절에 집안에서 일어났던 문제들을 아주 분명히 기억할 수 있어요"라고 말했고, 이어 처음으로 어린 시절에 그를 괴롭혔던 무시무시했던 부모 사이의 싸움에 대해 이야기를 했다. 47세에 그 자신이 감정을 폭발시키기 시작했다. 그는 무엇 때문에 감정이 폭발되는지를 알지는 못했지만 감정의 표출에 대해 언급할 때마다 그의 연상이 부인에 대한 말없는 비난으로 이어졌다. 면담하는 가운데 그는 불과 1년 전에 돌아가신 어머니의 기일을 기억할 수 없어 나를 놀라게 했다. 그는 "기억할 수 없다니 어처구니가 없군요"라고 말하고 나서 신문의 부고란을 찾으려고 책상서랍을 뒤지기 시작했는데, 얼마 후에 신문을 보면서 날짜를 상기할 수 있었다. 물론 연상들을 통해 정신적 서랍을 뒤지는 것은 심리치료와 억압된 기억의 회복에 중요한 한 국면이다.

리처드 럭키(Richard Lucky)는 그의 인생의 대부분을 통하여 건강하게 억압을 사용한 사람이었다. 아마도 이것이 다른 사람에게 그렇게 운 좋은 사람으로 보였던 이유였을 것이다. 럭키는 한때 "두려움이 우리의 가장 큰 적이다. 내 자신의 생각이 걱정의 악순환 속에 빠져 있는 것을 발견할 때 나는 모든 것을 잊어버림으로써 그것을 깨뜨리려고 노력한다. 기본적으로 긍정적인 것을 강조하고 부정적인 것을 없애는 것이 가장 건강하다는 것을 알았다"라고 기술했다. 한때 그는 "나는 이 보고서가 서류더미 속에 끼워져 있었다는 것을 알았다. 그것은 봉해진 채로 보낼 준비가 되어 있었지만 엉뚱한 곳에 놓여 있었다"라고 응답한 질문지를 보내왔다. 사실인즉 럭키는 2년 전에 질문지를 받았는데, 그때 그는 막다른 골목에서 직업을 잃을 위기에 있었다. 보다 만족스러운 분야로 이직하고 나서야 그는 편지를 붙이는 것을 '기억'할 수 있었다. 일단 위험했던 직업의 위기가 사라지자 억압되었던 것이 되살아나서 그는 불만족스러웠던 이전 직업에 대하여 연구진과 함께 이야기를 나눌 수 있었다.

45세에 럭키는 연구대상자 중에서 가장 행복하다고 할 수 있는 결혼생활을 즐기고 있었다. 그러나 "믿어지지 않겠지만 나는 크건 작건 한 번도 불화를 경험한 적이 없다"고 쓴 것만큼은 실제로 그렇게 결혼생활이 완벽해 보이지는 않았다. 우리가 이야기하는 동안 럭키는 병원에 입원한 적이라곤 한 번도 없을 만큼 운이 좋았다고 말했다. 그때 방안에 함께 있던 그의 17세된 아들이 아버지에게 10년 전에 다리가 부러져서 병원에 입원했던 것을 상기시켜 주었다. 그러나 가장 중요한 것은 럭키의 기억상실이 그의 삶을 방해한 적이 결코 없었다는 사실이었다.

리처드 스토버(Richard Stover)의 삶은 억압이 반드시 신경증으로 이어지지 않는다는 사실을 뒷받침하는 데 도움이 된다. 스토버는 행복하고 건강한 사람이었다. 내가 면담을 위해 도착했을 때 그는 뜰에서 두 아들과 야구공받기를 하며 놀고 있었다. 그는 야구장갑을 벗으면서 나를 집안으로 들어가라고 손짓했다. 소박하게 꾸민 안락한 응접실에 함께 앉았는데, 그는 격자무늬의 두터운 웃옷을 입고 있었고 나는 거북한 정장을 하고 있었다. 그는 손과 키가 컸으며, 만약에 버몬트주를 떠나지 않으면 에벤 프로스트가 계속 지니고 있었을 것 같은 그런 천진난만함을 지닌 사람이었다. 스토버는 느긋하면서 간결하고 편안하게 말했으며 내적인 평화가 흘러나왔다. 그의 상식적이며 일부러 꾸민 듯한 평온함은 초조하게 만들기보다는 마음의 위안을 주었다. 이 평온함은 폴리아나적 부정에서 오는 것이 아니라 꾸밈이 없는 단순한 생활을 통해 마음의 평화를 영위하는 사람으로부터 오는 그런 것이었다. 그는 대학경험이 가져다주는 직업·사회적 기회를 거부했다. 제퍼슨 시장처럼 그는 작은 연못에서 잘 훈련된 개구리로 살아남는 것을 선택했다.

대학을 졸업할 때까지 스토버는 보이스카우트의 모델이자 억압의 대가였다. 그는 16세가 되기 전에는 결코 성적인 생각이나 감정을 갖지 않았다고 주장했다. 고등학교 때에도 성적인 호기심이 있었다는 것을 부인했다. 그 대신에 그의 부모가 성적인 관계를 가져왔다는 것을 생각하고 충격을 받았고 환멸을 느꼈다. 정신과의사가 그에게 자위행위에 대하여 처음 물었을 때 스토버는 질문을 못 알아들었다고 말했다. 질문이 반복되자 그는 자위행위가 무엇을 의미하는지 확실치 않다고 대답했다(독특한 반응이었다). 마침내 그는 반쯤 잠이 들어서 어쩔 수 없을 정도로 의지가 약해질 때를 제외하고는 결코 자위행위를 한 적이 없다고 대답함으로써 그 질문을 넘겨버렸다(그랜트연구는 남학생들의 오래된 속설을 확인했다. 즉, 대학시절에 90%의 남학생이 자위를 했다는 것을 시인했으며, 45세 때 나머지 10%의 대부분이 그때 거짓말을 했다는 것을 시인했다).

대학시절에 스토버는 자신을 남성적인 것과 철저히 동일시하였으므로 그에게 생리적으로나 생활양식에서나 여성적인 것은 아무것도 없었다. 그는 대학농구팀의 센터로서 각광을 받았다. 여자친구를 사귄 적이 없기 때문에 짓궂은 팀 동료들은 모두 누가 처음으로 그에게 데이트를 주선하느냐를 다투어 경쟁했다. 그러나 대학시절 내내 스토버는 이들의 계획을 교묘하게 피하곤 했다. 이탈리아에 주둔했던 2차 세계대전 기간에도 결코 어떤 여자도 만나려고 하지 않았다. 프로이트가 처음에 억압이 무의식적이라고 하기에는 너무나 놀랍다고 생각한 것이 그리 이상한 것은 아니다.

이탈리아에서 돌아온 후 스토버는 곧 결혼했다. 그는 훌륭하고 적극적으로 성생활에 적응했으며, 아들 둘과 딸 셋의 아버지가 되는데 문제가 없었다. 49세 때 내가 왜 젊은 시절에 소녀들을 부끄러워했는지를 물었을 때 그는 아무것도 기억하지 못했다. 어떤 의미에서 그는 초등학교 때에 소녀들을 싫어했던 기억이 전혀 없는, 많은 소녀들의 꽁무니를 미친 듯이 쫓아다니는 16세의 소년을 닮았다.

스토버는 실제생활에서 우는 것을 나약함의 표시로 보았지만 영화를 볼 때는 쉽게 눈물을 흘렸다. 그는 자신이 다른 사람들에게 겉으로는 늘 조용하게 보인다는 것을 알았지만, "사람들은 내 속이 어떤지를 모릅니다"라고 고백했다. 그에게 속이 어떤지 묻자 자기도 모른다고 말했다. 그는 백일몽조차 기억할 수 없었으며, 긴장하면서 "내 마음이 조여듭니다"고 말했다.

이 책의 주요한 주제 중의 하나는 시간이 흐름에 따라 방어가 보다 성숙한 양식으로 전개된다는 것이다. 마찬가지로 스토버도 나이가 들어감에 따라 어려움을 극복하기 위해 '억압' 대신 '억제'라는 보다 유연하고 적응적인 기제로 더욱 잘 대치할 수 있게 되었다. 물론 억압과 억제 사이의 경계는 스펙트럼상의 노랑과 초록 사이의 구분과 같이 분명치 않은데, 이들은 서로 식별할 수 없을 정도로 겹쳐져 있다(프로이트는 한때 "나는 '억제된'이라는 단어와 '억압된'이라는 단어에 다른 의미를 부여할 것인지에 대해 언급하지 않았다. 그러나 후자가 전자보다 더 무의식에 가깝다는 것을 분명히 해야만 한다"라고 썼다).[3]

억제는 선택의 요소를 포함하고 있으며 생각(*idea*)의 감정적 중요성을 의식적으로 인식하고 있는 데 반하여 억압은 그렇지 않다. 46세에 스토버가 곤경에 처했을 때 그의 좌우명은 "이것도 역시 지나갈 것이다. 일이 잘 해결되도록 열심히 노력하는 한 만사가 다 잘 해결된다"였다. 종종 스토버는 그의 감정의 근원을 찾기 위하여 자유연상을 해야만 했다. 그는 "사람들이 나를 모욕하지만 나는 화나지가 않습니다. 아마 다른 사람 같으면 주먹을 휘두를 일일지도 모르지만…"라고 말했다. 모욕당한 후 속으로 어떻게 느끼는지를 물었을 때 그는 "즉시 느끼지 못합니다. 그래서 '왜 내가 제대로 느끼지 못하는가? 결국 신체적인 것은 아니다'라고 생각하고 그 이유를 생각해서 해결하기 위해 노력합니다"라고 말했다. 그는 정신과의사를 찾아간 적이 없었지만, 억압을 극복하기 위해서 미숙하지만 어떻게 자기분석을 할 것인가에 대해 터득했다.

2) 고립과 이지화 및 그 사용 예

프로이트가 찾아낸 첫 번째 방어기제 중의 하나가 고립이다. 그는 1894년에 이 기제에 대해 처음으로 기술했다. 그리고 그 자신의 기억 속에 묻어두었다가 1926년에 고립이라는 방어기제에 대하여 "우리는 처음에는 고립을 강박신경증에만 독특하게 나타나는 특징을 기술하기 위해 설정했다"[4]고 썼다.

　그 후 그는 두 번째로 고립에 대해 다음과 같이 정의했다. 즉, 억압이 감정(*affect*)을 보존시키는 반면 의식으로부터 생각을 사라지게 한다면, 고립은 생각을 남기고 감정(*feeling*)을 사라지게 한다는 것을 보여주었다. 프로이트의 말에 따르면 "자아는 이 강력한 생각에 실린 흥분인 감정(*effect*)을 빼앗아 냄으로써 생각을 약한 것으로 변하게 만든다. 이제는 그 생각이 약해져서 모든 연상으로부터 고립된 채 의식상태에 남아 있다".[5] 이것이 바로 강박관념의 본질이다. 강박관념은 우리의 마음을 맴돌고 있지만 매우 하찮은 것처럼 보인다.

　모든 방어기제 중에서 이지화는 하나의 특정한 성격유형, 즉 강박적 성격(*obsessive-compulsive personality*)과 가장 명백하게 연결되어 있다〔나는 이지화에다가 고립, 취소(*undoing*), 합리화 등의 정신분석적 용어를 포함시켰다〕.

　연극배우적인 성격은 종종 억압에 능숙하고, 성적인 생각을 하지 않더라도 동물적 매력을 발산할 수 있다. 대조적으로 매우 강박적인 한 대상자는 27세에 "나는 왜 성관계를 반대하지 않음에도 불구하고 아직도 성관계를 갖지 않았는지를 알려고 여전히 고심하고 있다"라고 썼다. 스토버와는 다르게 이 대상자는 마음 속에 성에 대한 생각을 지니고 있었지만, 연구진이 보기에 "모든 대상자를 통틀어 그는 가장 매력이 없고 무반응적인 청년이다. 멋이 없고 개성도 없으며 심지어 그는 배고픔의 감정조차 제대로 느낄 수가 없다".

　지나치게 이지화를 사용하는 사람들은 인내심이나 질서정연함, 절제, 인색함, 지나치게 세심함, 엄격함, 정서적 경직 등과 같은 특징을 다른 사람들보다 두 배 정도 더 많이 나타낸다. 연구의 나머지 대상자들과 비교해 보면 이지화를 쓰는 대상자들은 혼외 연애사건이 훨씬 적으며, 자신의 부인과 매우 만족스러운 성생활을 하는 경향이 있다. 이들은 남들보다 친구가 적은 편이며, 직업이 없이 지내는 일은 더 드물었다.

　헨리 클레이 페니(Henry Clay Penny) 학장은 모든 문제에 대해 양면을 보는 매우 합리적인 사람이었다. 과연 그답게 그는 약속시간 정각에 정확하게 나타났다. 그는 소매 뒤에 부드러운 가죽을 댄 트위드 재킷을 입고, 파이프를 물고 있었으며, 대머리에다 허튼 데라고는 없어보이는 사람이었다. 그의 진지한 태도는 즐겁게 반짝이는 눈빛과 개방적이고 매우 솔직하게 말하는 것으로 완화되었다. 대학시절에 정신과의사는 그가 공감을 잘한다고 평가했는데, 역시 페니는 나의 생각을 이해하기 위해 열심히 노력하는 모습이었다. 30년 전에 그는 연구진에게 보기 드물게 좋은 인상을 주었는데, 나 또한 이들이 기술했던 수식어들, "따뜻하고, 낙관적이며, 공감을 잘하고, 솔직하고, 매력적이며, 쾌활하다"에 동의할 수 있었다.

　그러나 그의 삶 전체를 통하여 페니를 다른 사람과 구별지었던 또다른 성격특징들이 있는데, 그것은 질서정연함, 인내심, 엄격함, 검소함 등이었다. 게다가 이런 류의 사람들의 실질적인 생활에서는 돈과 같은 것을 떼어놓고 생각하기는 힘들다. 철저하게 현실과 감정을 잘 구분할 수 있는 사람들은 계산을 치밀하게 하고 돈관리를 잘한다. 그러나 이들은 즐겁게 식사를 같이 할 만한 사람은 못된다. 28세에 페니는 4명의 부양가족이 있었음에도 불구하고 3,600달러의 봉급 중 400달러를 저축했다. 중년기에, 이전에 장학생이었던 이 사람은 항상 자선사업에 후하게 기부했고 한 번도 학문적 세계를 떠나본 적이 없음에도 불구하고, 10만 달러나 되는 재산을 모을 수 있었다.

　페니의 삶은 항상 정서가 개입되지 않는 초연한 모습으로 채워져 있다. 그의 아버지가 돌아가셨을 때에도 페니는 연구진에게 아버지의 월급이 큰 폭으로 인상될 때쯤 돌아가셔서 유감이라고 말했다. 몇 년 후에 아버지의 죽음에 대해 마음 속의 솔직한 감정을 토로하면서 대학원시절에 자신이 얼마나 가난했는지를 몇 번이나 말했다. 가난에 대한 생각이 공적인 슬픈 감정을 대신했다. 사적으로는 페니는 아무도 모르게 아버지를 생각하며 울었던 것이다. 스토버가 어머니가 돌아가신 날짜조차 기억할 수 없었던 것에 반하여 페니는 그의 어머니의 병과 죽음을 둘러싼 일들에 대하여 두 페이지나 작성했지만, 한 번도 그 자신의 슬픔에 대해서는 언급하지 않았다.

고등학교 시절 페니는 소아마비에 걸렸다. 이에 처음으로 보인 그의 반응은 자신이 회복될 것이라는 것을 '알았다'는 것이었다. 그는 규칙적으로 기도하기 시작했는데, 그가 특별히 신앙심이 있어서가 아니라 기도는 뭔가를 일어나게 할 수 있도록 지적으로 원하는 방법이라고 믿었기 때문이다. 더 이상 야구를 할 수 없었기 때문에 야구경기의 통계자료에 대한 해박한 지식을 가지고 팀의 감독이 되었다. 한때 운동을 잘하던 이 사람은 대학에서 과의 어느 누구보다도 느렸다. 그는 테니스를 포기하였지만 일류 스쿼시선수가 되었다. 그는 작전계획과 지구력 그리고 인내심으로 경기를 치렀다.

스토버와 다르게 페니는 마음 속에 늘 생각이 많았는데, 문제의 양면을 보아야 했기 때문이다. 그래서 그의 삶은 의심과 자기비판으로 꽉 차 있었다. 이런 성향 때문에 그는 결정을 내리기가 어려웠다. 조셉 매카시 시대에는 이런 방어는 소중한 자산이 되었다. 이 당시에는 사람들의 마음 속이 정서적으로 정치적인 양극화로 혼란스러웠다. 현대사 박사인 페니는 자본주의자의 입장과 공산주의자의 입장을 어느 쪽에도 기울지 않고 명석하게 논의할 수 있었다. 후에 1960년대에 학생과 교수 사이를 무마시키는 데 똑같은 기술을 사용하였다. 학문적 경력은 화려했으나 헨리 페니는 대학원 시절의 학문적 업적 때문에 친구들로부터 점차 고립된 것을 후회했다.

유사 이래로 의식(ritual)은 공포스러운 감정으로부터 생각을 분리시키는 장치였다. 다른 많은 합리적인 사람들처럼 페니도 의식을 신뢰했다. 25세 때 그는 심한 천식발작을 일으켰다. 그는 특수한 흡입용 마스크를 사용함으로써 천식을 피할 수 있다는 것을 알았다. 나중에 그는 단지 흡입용 마스크를 항상 휴대하는 것만으로도 천식을 충분히 막을 수 있는 부적이 된다는 것을 알았다. 페니는 부인에 관해 말하면서 "하루를 마감하는 시간에 함께 기도하면 불화가 없어지는 것을 알았습니다. 그래서 기도는 계속 지켜나가자고 서로에게 다짐한 의식이 되었습니다"라고 말했다. 그는 30년 동안 결혼생활을 잘 꾸려나갔다. 페니가 1951년도 질문지를 막 끝냈을 때 아버지가 돌아가셨다. 이 우연한 일 때문에 1년 후에 페니는 1952년도 질문지에 응하기를 꺼려했다. "생각하면 할수록 우연과 운명에 대하여 더욱 더 믿게 된다"고 설명하였다. 이와 마찬가지로 46세 때 페니는 나에게 자신의 건강이 매우 좋다고 말하면서 주문을 외웠다.

보다 자기과시적인 사람들이 명예를 추구하고 두려움을 억압하며 명성을 떨치고자 안달하는 반면에, 이지화를 쓰는 사람들은 다른 사람들의 눈에 너무 뛰어나게 보이는 것은 위험한 감정을 일으킬 수 있다고 가끔 염려한다. 페니는 뛰어나고 충실한 전속부관이었으며, 그의 학문적 업적은 다른 사람의 이름 뒤에 실린 채로 발표되었다. 이지화를 쓰는 많은 사람들처럼 어려운 연구에 대한 그의 능력은 매우 높이 평가되었다. 그는 결코 당시의 사회운동과 격정에 직접적으로 참가하지 않았다. 그 대신에 모든 경력을 통해서 처음에는 정치학에 대한 학문적 연구에 헌신하였고, 그 다음에 학문 내의 정치적인 일을 중재하는 데 헌신했다. 굿하트처럼 페니 학장도 인간관계의 전문가가 되어갔다.

면담을 끝마칠 무렵 페니 학장은 대학교 총장과 있었던 심각한 논쟁에 대해 이야기했다. 어떻게 문제가 해결되었는지 물었더니 "뻔하지요. 해결하지 않은 채로 그대로 두고 나왔지요"라고 대답했다. 헨리 페니는 피터팬이 그의 그림자를 분리할 수 있었던 것과 똑같은 방식으로 감정을 털어버릴 수 있었지만, 내적으로는 예민하고 자신의 정서상태를 잘 의식하고 있었다.

사무엘 러브레이스(Samuel Lovelace)는 이지화를 주요 방어기제로 사용하는 또 다른 대상자이다. 그러나 페니와는 다르게 그는 신경증적이라고 불릴 수도 있는 사람이었다. 페니는 대학원에서만 외로웠지만, 러브레이스는 생애의 대부분을 외롭게 보냈다. 러브레이스는 고등학교 때 그의 성적 호기심을 억압하지 않았으며, 오히려 자위행위에 관한 책을 섭렵했다. 그는 스토버가 기억할 수 없거나 의식상태로 떠올릴 수 없는 관념들에 대해 생각할 수도 있고 지적으로 토의할 수도 있었지만, 스토버가 이런 관념들에 대해 러브레이스보다 감정적으로 더 잘 표현하였다.

대학 때 러브레이스는 습관적으로 시험 전에 당일치기 공부를 하곤 했다. 그는 이런 식으로는 어떤 것도 배울 수가 없다는 것을 알았지만 이런 의식(ritual)은 그에게 '확신'을 주었다. 군대시절에 그는 동료들과 친하게 지내지 못했고, 대신에 "동료 전우에 대한 사회학적 연구"에 몰두하였다. 어려운 처지에 놓여 있을 때마다 그는 "논리적 사고와 과학적 목적, 그리고 정서통제에 대해 거의 종교적이다시피 한 신념"을 견지하였고, 동전을 수집하는 데서 외롭지만 편안함을 느꼈다. 결혼 후에 러브레이스는 "관념적으로는 나는 결혼 전이나 똑같은 매혹을 느끼고 있습니다. 하지만 생리적으로 성적인 흥분이 없다는 것이 문제입니다"라고 이지화하였다. 즉, 생각은 존재하지만 감정은 없었다.

점차적으로 결혼생활은 더욱 고통스러워 갔다. 러브레이스는 "아내와 같이 산다는 것이 화가 나고 실망스럽다"고 불평했으며, 자신이 "객관적이며, 냉정하다"고 자기방어적으로 말했다. 그러나 러브레이스는 부인을 떠날 만큼 극도의 분노를 느낄 수는 없었다. 오히려 "아내의 병으로 인해서 인간의 성격이 얼마나 복잡할 수 있는가를 배웠다"고 하였다. 마침내 그는 고통스러운 결혼생활을 다방면에서 바라보기에는 불안정한 자신의 능력에 대해 말하다가 불쑥 "나는 아돌프 히틀러조차도 합리화시킬 수 있습니다"라고 내뱉었다. 우리의 길고도 괴로운 면담을 통해서 이 말이 실질적인 열정에 가장 가까운 것이었다.

성인의 경우 성숙한 방어는 일반적으로 적응을 도우며, 미성숙한 방어는 부적응적인 것은 분명하다. 그러나 똑같은 신경증적 방어인 고립이 페니에게는 적응을 잘 하도록 돕고 러브레이스에게는 부적응적인 이유를 알기 위해서는 약간 본론에서 벗어난 것을 생각해 볼 필요가 있다. 캐나다의 소규모의 두 지역사회에서의 삶에 대한 적응을 연구하면서 알렉산더 레이톤(Alexander Leighton),[6] 도로시아 레이톤(Dorothea Leighton),[7] 모톤 바이저(Morton Beiser)[8]와 그의 동료들은 정신건강이 외부환경에 의존하는 정도를 연구하였다. 이 사회정신의학자들은 특히 개인 내부에서보다 환경의 적응구조에 의해 정신건강이 유지되는 방식에 초점을 맞추었다.

이들은 (이 책에서라면 주로 '신경증적 방어'라는 용어로 다루어질) 정신과적 증상들이 종종 개인의 성격구조의 통합된 부분이라는 것을 알았다. 그러나 이런 징후들로부터 야기되는 사회적 심리적 무능력은 아주 나타나지 않거나 혹은 **심하게** 나타날 정도로 변동이 심했다. 예를 들어서 매우 취약한 몇몇 사람들도 온화하고 구조화한 사회적 환경 내에서는 우아하게 살아갈 수 있음을 관찰했다. 이들은 이 환경을 소라게(*hermit crab*)*와 같은 상황이라고 불렀다. 이들은 또한 정신과적 무능의 징후들을 조장할 수 있는 그런 종류의 사회문화적 조건들을 지적했다. 이들은 개개인들로부터 자기존중감, 사랑, 스승, 자기결정력, 그리고 사회체계 내에서 안정적 위치를 박탈해 버리는 조건들이다. 이런 관찰을 확인하기 위하여 레이톤 부부와 그의 동료들은 응집력이 없는 지역들을 실험적으로 통합시키고, 그 결과 주민들의 정신건강이 눈에 띄게 향상됨을 보여주었다.[9]

이런 결과와 일치되게 모든 그랜트연구의 대상자들도 약간의 신경증적 방어를 사용했으며, 약간의 신경증적 증상을 보여주었다. 그러나 페니와 같은 사람들은 방어를 유익하게 사용하였다. 이런 사람들은

---

* 조개류가 버린 조가비에 들어가 연한 복부를 보호하는 게 — 옮긴이.

안정적이고 유대관계가 좋은 어린 시절을 보냈으며, (안정적 결혼생활, 교회에 소속, 운동을 통한 공격성의 배출, 현상유지와의 정치적 동일시 등) 여러 면에서 사회적 지지를 받았다. 그러나 대조적으로 불행한 어린 시절을 보내고 사회적 지지를 제대로 받지 못한 사람들은 훨씬 더 신경증적 방어를 부적응적으로 사용하며 정신과치료를 찾는 경향이 있었다.

다른 말로 하면 페니와 러브레이스의 주요한 차이는 이들이 방어했어야 했던 위험이라기보다는 이들이 의지할 수 있는 외부적 도움이었다. 페니는 소아마비였음에도 불구하고 연구대상자 중에서 매우 좋은 편에 속하는 축복된 어린 시절을 보냈다. 성인이 되어서도 그는 정식으로 종교에 속하였고, 행복한 결혼생활, 좋은 친구들과 경쟁적 운동경기를 즐기는 등의 지지를 받았다. 또 그는 1968년도에 닉슨의 공화당원으로서 히피족과 학생을 자신의 성질에는 맞지 않는 것으로 생각하였다. 그는 결코 정신과의사에게 정서를 호소할 필요를 느끼지 못했다. 사회적 지지로 보호받았기 때문에 페니가 사용한 이지화는 문제를 해결하는 데 도움이 되었지 결코 더 큰 문제를 일으키지는 않았다.

반면에 러브레이스는 연구에서 최악의 불행한 어린 시절을 보낸 대상자 중의 한 명이었다. 성인이 되어서도 그는 의지할 만한 지지를 받지 못했다. 결혼생활에서도 그리고 교회에서도 아무런 지지를 얻지 못했다. 그는 친구들과의 우정어린 활동도 전혀 즐기지 않았다. 그리고 그는 세계가 거대한 변화를 요구하는 것으로 보았을 뿐 아니라, 학생운동이나 히피족이 변화를 이끌어가야 한다고 믿었다. 이러한 믿음은 18세 때에는 당연한 것이었지만 45세 때에는 이미 맞지 않는 것이었다. 몇 년 동안 러브레이스는 이지화와 지나치게 우유부단한 것을 치료하기 위하여 정신과를 찾았다. 실제로 사회적 지지의 부족이 어떤 사람들이 그들의 실제적 정신병리의 문제로 정신과치료를 찾는가를 알아내는 강력한 예언자라는 것이 판명되었다. [10] 요약하면 햄릿처럼 러브레이스는 결심을 하지 못함으로써 파괴되었으나 페니는 확고한 결정을 회피함으로써 중재자로서 칭송을 받았다.

마지막으로 보스턴 토박이인 러셀 로웰(Russell Lowell)은 어떻게 신경증적 방어에서 탈피하여 이것을 억제로 대치할 수 있는지를 한 번 더 보여주고 있다. 19세에 로웰이 토론에서 이겼을 때 그는 다음 번에도 똑같은 넥타이와 옷을 입고 오곤 했다. 그의 교장선생님은 로웰을 가리켜 "타고난 지도자"라고 불렀다. 그러나 페니와 굿하트와는 달리 로웰은 지도자가 되지는 않았다. 오히려 그는 보스턴의 큰 은행에서 변호사로 일하면서 사업가들이 떠맡긴 복잡하고 자질구레한 일들을 뒤치다거리하면서 보냈다. 그의 모든 삶을 통틀어 로웰은 추상적인 사고가 감정을 다루는 최선의 방법이라고 믿었다. 그에게 어떻게 개인적인 문제에 대처하느냐고 물었더니 그는 "기본적으로 나는 심사숙고하기 전에는 개인적인 문제에 관하여 이야기하는 것을 싫어하며, 또 이미 심사숙고한 후에는 말하는 것은 불필요합니다"라고 응답했다. 다른 적응적 이지화를 사용하는 사람들처럼 로웰의 마술적 사고도 세부적인 것에 대한 세심한 주의에 의해 경감되었다. 억압의 거장인 스토버는 그가 복용하는 약의 이름을 기억할 수 없었지만, 로웰은 약이름, 복용량 그리고 부작용을 알고 있었다. 척추수술에 앞서서 그는 "모든 것을 이해하기 위해 정신을 차리"는 일에 시간을 보냈다. 페니처럼 건강이 좋다고 나에게 말했을 때 그는 본능적으로 주문을 외웠다.

그의 지적인 통제에 대한 바람에도 불구하고 세월이 흐름에 따라 로웰은 피할 수 없는 운명에 조용히 굴복하는 것을 배웠다. 의존하는 것을 싫어하는 로웰에게 재수술을 위해 병원에 다시 입원해야 할 때 어떻게 하였느냐고 물어보았더니, 그는 "조그만 라디오와 슬리퍼 등을 구해서 짐을 꾸렸지요. 결국 내 척추를 스스로 수술할 수야 없었으니까요"라고 대답했다. 슬픔을 통해 무엇을 배웠느냐고 물었을 때 그는 "계속해서 살아가는 것이지요. 9세 때 어머니가 돌아가셨을 때 그것을 깨달았습니다"라고 대답했다. 이제까지 저질렀던 가장 불법적인 것을 이야기해 달라고 요청했을 때 그는 "나는 한 번도 도덕가인 체하려고 하지 않았습니다. 그러나 이제까지 살면서 얻은 축적된 느낌은 불법이라고 여겨지는 거의 모든 일들이 할 만한 의미를 갖지는 않더군요"라고 대답했다. 담배 피우는 것에 관해서는 그는 하루에 담배 한 갑 이상을 피우게 되었을 때 그만 두었다고 하였다. "나에게 더 이상의 많은 즐거움도 주지 못하는 것을 계속하는 것은 우스운 일이라고 느꼈습니다"라고 말했다. 그는 담배를 끊는 것을 매우 간단한 일처럼 말하였다!

성욕에 대한 접근방식을 통해서 로웰은 억제가 어떻게 이지화를 누그러뜨리고 또 문화적 요구와 그 자신의 생리적 욕구 그리고 다른 사람에 대한 그의 욕구 사이를 중재하는지를 가장 잘 보여주었다. 30세에 로웰은 결혼하기 전에 그가 성적 적응을 어떻게 했는지에 대해 말해 달라는 요청을 받았다. 훌륭한 변호사였던 로웰은 유별나게도 다음과 같이 상세하게 기술했다.

14세 이후로 나의 사회적 지위에 걸맞은 소녀들과 시간을 보내고, 뭔가를 함께 하고, 데리고 다니는 것을 좋아했다. … 가끔 나는 그녀들에게 나의 집에서 식사를 같이 하거나, 경우에 따라서는 주말을 보내자고 제의하곤 했다. 어떤 소녀들과는 손을 잡고 키스도 했다. 군인시절 외국으로 가기 전날 밤에는 한 소녀와 더 깊은 단계까지 들어갔다. … 그러나 나는 이 소녀들과 위에서 언급한 데까지만 신체적 수준의 성적 행위에 한계를 지었다. 더 깊은 관계로까지는 가지 않았고, 생각 속에서 바라는 것 말고는 원하지도 않았다. 왜냐하면 그렇지 않으면 나중에 문제가 생기고 불유쾌해질 것이라고 느꼈기 때문이다. 앞으로 평생동안 사회적으로 함께 섞여서 살아갈 소녀들과 그런 식으로 말려들고 싶지 않으며, 그런 것이 옳다고도 생각하지 않았다. 대학에서 나는 연인들을 인간으로서 그리고 실제 친구로서 더 잘 알게 되었다. 내가 키스조차 하지 않았던 한 명의 소녀와 지금까지도 많은 남자 친구들만큼이나 진실한 친구로 지내고 있다. 마찬가지로 나의 군대시절의 연인과도 친구로 잘 지내고 있다.

그는 계속해서 군인시절에 자신의 사회적 지위와 맞지 않는 여자들과 맺은 성적 관계에 대해 이야기했다. 이와 같은 관계는 "외로움에 위안을 주었을 뿐 아니라 성적 욕구의 배출구였다. … 이것에 대하여 어떻게 느끼는가? 그런 것이 공적으로 용인된 사고의 기준으로 본다면 비도덕적이고 바람직하지 못하다는 것을 인정하지만, 그러나 양심의 가책이나 후회는 없다. 그런 것은 실질적인 욕구를 채워주었고, 그리고 종종 이런 경험이 있은 후에 군대업무를 더 잘 수행할 수 있었고 더 만족스러웠다"라고 하였다. 그는 이런 문제에 대해 부드럽게 이야기했다.

이 책을 쓸 당시 로웰은 25년 동안이나 행복한 결혼생활을 하고 있었다. 그러나 결혼해서 성생활에 대해 어느 정도 만족하는지를 몇 개의 답안 중에 고르라는 질문을 받았을 때, 강박적인 과학이 냉담한 생각과 따뜻한 마음 사이에 놓인 격차를 더욱 벌려놓았다. 로웰은 "만족한다"와 "매우 만족한다"의 중간에다가 표시하고, "**충분하다**가 더 바람직한 단어"라고 적어놓았다. 독자들은 아마도 질릴지도 모르겠다. 로웰은 브라이트나 라이온, 바이런이 경험한 그런 열정적인 연애사건을 결코 경험해 보지 못했다. 그러나 로웰의 세계는 금욕주의의 세계와는 잘 어울린다. 불완전한 세계에서 '충분한' 성적 만족을 얻는다는 것은 그렇게 가벼운 요구는 아니리라. 더욱이 페니와 달리 로웰은 돈에 대해 이야기할 수 있는 만큼이나 자신의 감정에 대해 잘 털어놓을 수 있었다. 그리고 러브레이스와는 달리 적어도 약간은 아내 아닌 여자와 사랑에 빠질 수 있었다.

3) 전위와 그 사용 예

전위는 내적인 심리적 갈등에 대한 세 번째 신경증적 해결책이다. 1894년에 프로이트는 억압이나 고립에 의해 혼란스러운 생각으로부터 감정의 위치를 **바꾸거나 변경시킬** 수 있다는 것을 알았다. 또한 전위에 의해 감정이 다른 생각에 다시 부착될 수 있다는 것도 알았다. 프로이트는 "그 자체는 매우 약하다고 할지라도 강박적인 생각은 이해할 수 없을 정도로 강한 감정을 동반한다. … 성적인 생각으로부터 감정이 분리되어 그것이 적절하지만 양립할 수 없을 정도는 아닌 다른 생각에 부착되는데, 이는 무의식적으로 일어나는 과정이다"[11] 라고 기술했다. 일상생활에서 예를 들면, 성적인 문제로부터 야기되는 결혼생활의 갈등은 종종 돈에 대한 강박적인 말다툼으로 전위된다.

전위의 방어적 과업은 정서적 주위를 큰 것에서 사소하고 작은 것으로 옮기는 것이다. 한 연구대상자는 의식적으로 이혼이 불가피하다는 것을 발견하려고 했다. 감정적으로 그는 살인하거나 자살하기 직전이었다. 그럼에도 불구하고 그는 연구진에게 결혼생활에서 그의 유일한 불만은 고작 "아내가 전화를 너무 오래 쓰는 것!"이라고 적어놓을 뿐이었다.

전위는 인간행동의 폭넓은 다양성 밑에 깔린 주요 기제이다. 공포증, 그리고 히스테리성 전환증, 재치, 풍자, 풍자적 모방(parody), 운동, 취미 등 모든 것은 한 대상에서 다른 대상으로 전위되는 감정을 반영한다. 다른 신경증적 방어기제와는 다르게 전위는 본능의 방출을 허용한다. 이런 면에서 전위는 대부분의 신경증적 방어기제가 막는, 충돌하는 충동들에게 통로를 터주는 성숙한 방어기제와 유사하다. 따라서 전위와 승화 사이에 또는 재치와 유머 사이의 경계선을 정밀하게 구분한다는 것은 어렵다. 그러나 한 가지 분명한 차이점은 일단 갈등이 제거되면 전위를 사용하지 않는다는 것이다. 그러나 일단 승화를 위해 사용된 활동을 경험함으로써 느낀 즐거움은 일생동안 지속될 수 있다.

예를 들어서 아름답지만 불감증인 부인과 함께 살고 있는 한 연구대상자는 정열적으로 금화수집에 관심을 쏟았다. 이 수집을 부인 이외의 다른 사람하고는 함께 하지 않았다는 것은 함축적인 의미를 가지고 있었다. 한 질문지에서 그는 슬픈 듯이 수집한 금화에 대해 아내가 얼마나 냉담한지를 기술했다. "모든 것을 내가 했다. 즉, 내가 모든 금화를 모았지만 누가 그것을 쳐다보기나 하는가?"라고 하였다. 부인과 이혼한 후 3년이 지나서 한때 열렬했던 이 동전수집가는 새로 부인이 될 사람에게 빠져서 적극적으로 구혼하였다. 내가 그에게 동전수집에 대해서 물어보았더니 그는 한때 동전수집에 관심이 있었다는 것을 문자 그대로 아예 "잊었다"고 했다. 대조적으로 클로비스 교수는 여전히 20년 전에 그랬던 것처럼 프랑스풍의 연극을 통해 많은 기쁨을 얻고 있다.

전위가 여러 가지의 이른바 신경증적 행동유형 이면에 있는 기제이지만, 전위는 또한 건강한 적응을 위하여 중요하다. 콘라드 로렌즈 (Konrad Lorenz)는 같은 종의 동물 사이의 공격성을 완화시키는 데 전위의 중요성을 지적했다.[12] 공격행동을 관습적인 방법으로 간접적으로 보여줌으로써 육식동물은 피 흘리지 않고 서로에게 도전한다. 수사슴들은 암컷을 차지하기 위해 싸우고, 사업경쟁자들은 테니스코트에서 우호적으로 경쟁한다. 이런 경기를 통해 주도권이 성취될 수 있지만, 경쟁자는 작은 상처만 입고 도망을 간다.

리처드 피어링(Richard Fearing)은 전위로 삶을 헤쳐나간 사람이었으며, 공포증을 가진 어린이가 모두 공포증을 가진 성인으로 성장하지는 않는다는 교훈의 증인이다. 거대한 컴퓨터회사의 부사장으로서 피어링의 경력은 외견상 성공적이었고 내적으로는 보람을 주었다. 그의 결혼생활은 견실했고, 자녀들과는 친밀했으며, 친구관계는 다정했다. 그리고 면담을 통해 나는 그가 정신적으로 건강함을 확신했다. 사무실의 화려함을 잊어버리고 피어링은 셔츠의 소매를 걷어붙인 채 중역실이 아니라 아래층에 내려와서 나를 맞이하였다. 그는 자기자신을 성이 아닌 이름으로 소개하고 따스하게 악수를 청했다. 그는 그대로 동부의 명문대 출신의 출세한 관리자의 전형이었지만 활기와 생기 있는 감정을 발산했다. 그의 사무실은 그가 어려운 일을 한다는 증거로 꽉 차 있었지만, 또한 노크도 없이 들락거리는 사람들로 붐볐다. 그곳은 자기수양을 반영하였지만 등받이가 딱딱한 의자가 아닌, 앉으면 편안해지는 소파가 비치되어 있었다. 그는 자제를 하였지만 나와 터놓고 인간에 관해 대담하게 이야기했다.

피어링이 젊었을 때는 그의 활력이 각광받을 수 있게 되리라는 것은 아주 회의적이었다. 8살 때까지 리처드 피어링은 몹시 성질이 고약한 어린이였지만, 대학교 2학년 때 자신의 어린 시절에 대해 비공격적이었다고 회상했다. 대신에 그는 천둥소리에 대한 어린 시절의 공포와 악당들에게 추적당하는 악몽에 대해 말했다. 그의 최초의 기억은 자신이 잘못하면 늑대가 손가락을 물어뜯을 것이라는 일종의 늑대공포증에 관한 것이었다. 피어링은 엄하게 배변훈련을 받았는데, 대학생이 되어서도 하루에 두 번 대변을 보지 않으면 완화제를 써야만 했다. 그때 그의 어머니는 그것도 모자란 듯 자신의 지나치게 훈육된 아들이 "만성적으로 병치레를 하고, 변비가 있으며, 운동경기는 근처에도 가지 못한다"라고 모욕적으로 불평했다. 그녀는 연구진에게 "리처드는 육체적인 배출을 할 만큼 강하지 못했고, 따라서 모두 정신적으로 배출시켰다"라고 설명하였다. 피어링 자신은 빅토리아 왕조풍의 부모가 자신의 억제와 공포에 전혀 책임이 없었다고 느꼈다. 적극적인 복수심은 전혀 마음 속에 떠오르지 않았다. 그 대신에 부모와 떨어져 있을 때면 그가 상상한 재난과 같은 어떤 가공할 운명이 부모에게 닥칠지 모른다는 생각에 공포를 느꼈다.

그랜트연구진은 "리처드가 어떤 면에서도 두각을 드러내리라고는 생각이 안 된다"는 피어링의 어머니의 말에 동의했다. 내과의사는 그의 '연약한 근육'에 대해 언급했다. 정신과의사는 "이 소년은 강렬한 흥미나 충동이라고는 전혀 없는, 열의 없고 굼뜬 사람이다. 원기나 활기라고는 찾아볼 수가 없다"라고 기술하였다. 그러나 일단 대학생이 되자 (이전에는 성난 폭풍우와 사나운 짐승에 대한 무기력한 두려움으로 표현된) 자신의 분노에 관한 피어링의 관심은 이제 신기하게도 폭풍우를 진압하는 것에 대한 흥미로 대치되었다. 제이콥 하이드처럼 그는 호우(豪雨)에 관해 몰두했는데, 1938년에 가공할 허리케인이 닥쳤을 때에는 활발한 구조작업을 펼쳤다. 그리고 혼전 성관계를 비정상적으로 엄격히 내면적으로 금지한 4명의 대상자들처럼 피어링은 비행술을 배웠다.

성인이 되어 피어링은 자신의 갈등을 만족스러운 외적인 행동으로 바로 변경(transpose)시킨 것이 아니라 신체적 불평으로 전환(convert)시켰다. 예를 들면 19세 때 그는 정신과의사에게 사람들이 왜 그토록 정서적으로 혼란을 겪는지를 이해할 수 없다고 말한 적이 있다. 피어링에게는 스트레스 상황에서 정서가 오직 신체적인 증상으로만 나타났기 때문에 이렇게 말할 수 있었던 것인데, 왜냐하면 정서가 결코 감정으로서 의식에 도달하지 못했기 때문이다. 어린 시절에 그는 두통이 심해서 집을 떠나 여행할 수 없었던 적이 종종 있었다. 결혼을 바로 앞둔 젊은 시절에 피어링은 첫째는 변비를, 그 다음에는 발기불능을 호소해 온 이 연구에서 몇몇 억제된 젊은이 중의 한 사람이었다. 하지만 몇 마디 안심시키는 말에 그의 발기불능은 사라졌고, 다시는 재발하지 않았다.

일에서 의식적으로 스트레스를 전혀 느끼지 않는 지나치게 성취적인 피어링은 피로에 시달렸고, '악성빈혈'을 가상하여 규칙적으로 B$_{12}$를 복용하였다. 일이 결정적일 때에 느끼는 등 아래쪽의 통증으로 일주일간 입원한 적이 있었는데, 하지만 아무런 이상도 발견되지 않았다. 그러나 다음 장에서 보게 될 건강염려증 환자와는 달리 피어링은 자신의 신체적 불편에 관해 의외로 아름다운 무관심(belle indifference)을 보였다. 그토록 조직적이며 중상으로 에워싸인 사람에게서 당연히 기대될 만한 자신이 먹는 약에 대한 관심을 전혀 보이지 않았다. 입원 당시에 그는 "아내의 지론에도 불구하고 등의 통증은 과로와는 아무 관련이 없는 것 같다"라고 질문지에 적었다.

20년이 지난 후에야 피어링은 등의 병이 직장의 승진문제로 매우 의기소침했던 시기에 생겼다는 것을 인정할 수 있었다. 발기불능처럼 허리통증도 아주 짧은 것이었다. 그 고통은 그에게 숨을 돌리고 도와줄 만한 사람을 만나 자신의 걱정을 의논할 휴식시간을 갖게 해주었다. 그리고 나서 그는 자신이 두려워하는 바로 그 과업, 즉 그의 어머니가 부지불식간에 예언한 것이 틀리다는 것을 보여주는 성공을 달성할 수 있게 되었다.

시간이 지나면서 공격성에 관한 피어링의 전위된 갈등은 그의 신체를 떠났다. 그것은 보다 사색적이며 철학적인 것이 되었다. 예를 들면 나이가 들어감에 따라 그는 비록 부인과 일에 관해서는 아무 갈등이 없지만, "나는 때때로 압도해 오는 불안감을 느낀다. … 우리가 사는 세상이 하나의 폭력이고, 나에게는 이러한 세상에서 출세할 능력이 없는 것 같아서 두렵다"라고 하였다. 이것이 컴퓨터의 거장으로부터 나온 말이다! 그러나 그가 또한 어렸을 때 살던 클리블랜드 교외지역에 늑대들이 우글거리는 것을 두려워하곤 했다는 것도 상기하라.

마침내 등의 통증과 '악성빈혈'이 잊혀진 지 10년이 지난 후에 피어링은 결국 자신이 얼마나 야심에 찬 사람인지를 분명히 밝혔다.

> 나는 내 자신이 성공했다고 생각하는가? 그렇다! 그것이 중요한가? 그렇다. 매우 중요하다! … 나는 내 자신에게 이렇게 많은 것을 증명하지 않아도 되면 좋겠다. 회사의 부사장이 되는 것이 그다지 중요한 것이 되지 않기를 원한다. 나는 우리들 모두가 우리들 자신에 관해서 조금은 더 느긋할 수 있으면 좋겠다. … 1970년에 나는 아주 규칙적으로 두통과 위경련, 그리고 설사를 앓았다. 의사들은 이것들이 모두 긴장과 관련되었다고 하였다. 증상들은 많이 가라앉았다.

전위는 피어링을 충동으로부터뿐만 아니라 양심으로부터도 구해 주었다. 피어링은 농담하는 것과 노는 것을 좋아했다. 그는 이따금 마음이 느긋해질 수 있었는데, 그러자 전위를 사용하는 것은 점차 승화로 바뀌어 갔다. 비록 사업상의 거래에서는 조심스러웠지만 피어링은 연설회에서는 자신을 수줍음 없이 드러내고 공격적이기도 하였다. 청소년시절에는 허약했지만 이제 그는 활동적으로 테니스와 골프, 항해, 스쿼시, 스키를 즐겼다. 그는 연구의 어느 대상자만큼이나 신체가 튼튼했다. 면담할 때 그가 즐겨하는 사교적인 책략은 재미있는 이야기로 형식적인 것과 인간다움 사이의 간격을 메우는 것이었다. 그는 탐색적인 내 질문에 대답했지만 한순간에는 웃음을 터뜨리면서 "이 질문은 내가 들어본 것 중에 가장 고약한 것이로군요"라고 외쳤다. 재치는 당혹스러움을 죄책감 없이 나타낼 수 있는 형태로 바꾸어 주는 것이다.

이 대상자들의 생활을 완전히 기록하지 않고서는 왜 전위가 몇몇 다른 대상자들보다 피어링에게서 보다 잘 작용했는지를 명백히 하기는 어려운 일이다. 하나의 단서를 찾을 수 있다면 그것은 피어링의 지나친 훈육에는 어떤 완화적인 부드러운 지혜가 있었다는 사실이다. 가족연구자는 피어링의 부모를 "자유롭고 진보적인 부모이다. ··· 이 친밀하게 결합된 가족 속에는 젊음과 즐거움의 정신이 깃들여 있다"라고 기술했다. 피어링의 어머니는 매우 매력적인 사람으로 묘사되었으며, 사회조사가는 그녀를 "내가 만난 사람 중에 가장 통찰력 있는 사람 중의 한 사람"이라고 했다. 그녀는 아들의 자위행위가 해로운 것이라고 잘못 생각하였지만, 어쨌든 아들에게 어떻게 항해해야 하는지를 가르쳤다. 여전히 주당 60시간 직장일을 하였지만 피어링은 착상이 대담한 긴 휴가도 가졌다. 비록 그는 자신의 가장 큰 단점을 빈정거림으로 보았지만, 울화나 수동성도 다른 사람들과의 관계에 독이 되지는 않았다. 간단히 말해서 피어링은 자신의 감정을 온화하고 명료하게 지니기 위해 삶을 통합할 수 있었던 사람이다. 그는 다른 사람의 주목을 받고자 하는 고질적인 욕구로부터 즐거움을 얻어내는 방법을 터득한 것이다.

어떻게 열정적인 관심이 전위를 반영하는 경우와 진정한 흥미를 반영하는 경우를 구별할 수 있을까? 변형된 열정을 주장하는 것은 단지 정신분석적 사고의 미신적이고 비과학적인 성격에 대한 또 하나의 증거가 아닌가? 모든 방어행동에서와 같이 만약 이것이 한낱 환자의 말에 대비되는 정신의학자의 용어에 불과하지 않으려면 전위를 증명하기 위한 탐색작업이 필수적이다.

다음과 같은 연쇄를 고려해 보자. 이 연쇄는 통상 확인불가한 방어들을 밝혀내는 데에 종단적 연구의 장점을 예시해 준다. 그랜트연구의 한 대상자는 어렸을 때 어머니의 말에 따르면 "시도 때도 없이 끊임없이 맞으면서 지냈다. 이 때문에 그는 아버지를 무서워했다". 그는 고등학교 시절에 가출한 적이 있는 전체 대상자 중의 1~2%에 속했으며, 동시에 군대에서 군법회의에 회부될 뻔한 적이 있는 전체 대상자 중의 1~2%에 속했다. 성인기 전반에 그의 반항적인 성격은 기울어지기 시작했다. 그러자 35세 때 그는 "격심한 천둥공포증이 생겼는데, 1년 남짓 계속 정도가 심해지다가 9, 10월에는 이로 인해 거의 아무것도 못할 지경이었다"라고 썼다. 공포증은 2년간 지속되다가 사라졌다.

돌이켜보면서 이 대상자는 자신의 공포증을 박사학위논문을 완성하는 데 수반된 불안과 결부시켰다. 이 압박은 공포증이 생긴 그 해 도중에 시작되어서 논문을 끝내자마자 사라졌다. "내가 그 일들을 실제로 연관시켰다는 것을 후에야 알았다"라고 그는 썼다. 다른 말로 하자면 그의 불안이 논문에 다시 부활되었을 때 천둥공포증은 소진되어 버렸다. 하지만 다 자란 사람에게서 천둥공포증은 드문 만큼 이를 전위로 볼 수 있는 것처럼, 또한 변환된 공포 때문에 박사학위 논문을 완성하기가 때론 어려운 것이다. 그러나 그로부터 10년 동안 이전에 공포증 환자였던 이 사람의 질문지들을 면밀히 읽어보았어도 더 이상의 단서를 주지는 못했다.

그런데 그가 46세가 되던 해에 그는 과거에 말할 필요를 못 느꼈던 사실을 우연히 연구진에게 알려주었다. 공포증이 생긴 그 해 5월에 그의 아버지는 위독한 뇌졸중에 걸렸는데, 여름을 넘기면서 아버지의 정신적 무력이 영구적이라는 것이 분명해졌다. 만약에 젊은이가 성공하고자 열심히 노력하고 있을 때 한때 무서웠던 아버지가 병에 쓰러진다면 그는 죄책감을 느끼고 성공에 대한 두려움이 생길 것이다. 병에 걸린 아버지로부터의 보복을 두려워하는 것은 비논리적이었기 때문에 그는 자신의 두려움을 천둥소리에 다시 부착시켰다. 그렇지만 한때 잔인했던, 죽어가는 아버지가 공포증의 "드러나지 않는 구멍"에 보이지 않게 묻혀 있었다는 것이 연구에 의해 밝혀지기까지는 11년간의 끈기있는 기다림이 필요했다.

4) 반동형성과 그 사용 예

반동형성은 수용될 수 없는 충동에 정반대되게 나타나는 융통성 없는 태도, 감정 혹은 행동을 나타낸다. 건강한 성인의 발달에서 이것은 하나의 정류장으로서, 비행(delinquency)의 자식이자 이타주의의 부모가 된다. 전체 신경증적 방어기제 중에서 반동형성의 사용은 사람이 성숙함에 따라 가장 뚜렷이 감소하였다.

적응기제로서의 반동형성은 진정 위험한 행동을 효과적으로 통제할 때 아주 유용하다. 예를 들어 알코올중독자 갱생회는 완전한 금주를 미덕으로 만드는 점에서도 부분적으로 효과적이다. 이와 유사하게 담배가 갑자기 혐오를 일으키면서 피고 싶지 않다면 금연은 더 쉽게 된다. 그러나 반동형성은 어떤 가능한 선택권도 남겨두지 않는다는 바로 그점 때문에 사람이 위험스러울 정도로 경직되고 무의미하게 쾌락을 상실하게 될 수 있다. 지나친 청결성은 수술실에서는 가치 있지만 손가락으로 그림을 그리는 재미를 모두 제거한다. 우리는 특별히 성질 나쁜한 경관이 마피아를 부추기기보다는 격퇴하는 것을 기뻐하지만, 동시에 그 경관이 인간의 나약함에 대한 관용이 결여되었다고 슬퍼한다.

반동형성은 대개 분노와 성욕, 의존성을 너무 지나치게 표현하는 것에 반대해서 전개된다. 예를 들어 한 대상자는 어릴 때 몇 번의 치명적인 병을 장기간 앓은 적이 있었는데 청소년이 되어서도 어머니가 계속

등을 씻어주었다. 성인이 되었을 때 그는 완고하게 자립적인 사람으로 변해서 아랫사람의 의존성을 비난했다. 또 19세 때 급우들에 의해 가장 동정을 잃을 것 같지 않은 사람으로 선발되었고, 또 그 자신도 신중하게 성직을 고려했던 대상자가 있었다. 49세 때 그는 비록 수도사적인 열망을 버린 지 오래되었지만, 이제는 자신이 지나치게 성을 밝히는 것이 아닌가 염려했다(사실 그는 그렇지 않다). 어떤 대상자는 중년기에 수년 동안 담배를 끊으려 애써왔다고 자백했는데, 이 담배 피우기는 그가 술을 끊게 된 이후로 강박행동이 된 것이었고, 음주는 여자들에게 '중독'될까 두려워한 이래로 강박행동이 된 것이었다(그는 "결국 항상 모든 사람을 사랑할 수는 없다"라고 나지막하게 말했다).

때때로 한 대상자의 반동형성에 대한 증거는 그의 자녀들이 청소년으로 성장하게 된 이후에야 발견됐다. 예를 들어 성적으로 문란했던 연구대상자들은 아무도 그와 비슷하게 행동하는 자녀를 두지 않았지만, 19세나 20세 때 성적인 난잡성에 대해 아무 거리낌없이 비난하고 청년시절에 자기자신의 성적인 활동을 빈틈없이 막았던 3명의 연구대상자들은 비정상적으로 문란한 딸들을 두었다. 마음 속 아주 깊은 곳에서는 알코올중독자 갱생회의 가장 철두철미한 회원은 여전히 술을 갈망할 것이다.

제퍼슨 시장과 제이콥 하이드의 경우에서는 반동형성이 건강한 성인발달에서의 한 단면일 뿐 치른 대가는 그렇게 크지 않았다. 그러나 성인기 내내 반동형성을 계속 사용한 사람은 고통스러울 뿐만 아니라 외부의 관찰자에게도 신경증적으로 병든 것처럼 보이는 경향이 있다.

일반적으로 여기에는 두 가지 형태가 있다. 한 집단은 주장성과 창의성에 반하여 반동형성을 사용했다. 이들은 나이 50세에서도 청소년시절의 불안정성이 남아 있고, 직업경력은 실패로 차 있으며, 불가피하게 실패할 행동들을 했다.

다른 집단은 성욕에 반하여 반동형성을 사용했다. 종종 이들은 20대에 외향적이고 성적으로 실험적이었으며 술을 많이 마시는 낭만파였는데, 30대에는 자신의 충동에 재갈을 달았고, 40세쯤에는 기존체제의 금욕적인 후견인이 되기 시작했다. 자신의 양초가 양쪽에서 타들어 올 것을 두려워한 나머지 이들은 미리 노인이 되었고, 마치 자신의 모든 감정을 안에 가두는 것이 독이 되기라도 한 듯 신체의 건강이 눈에 띄게 악화된 것을 체험했다. 실제로 두 집단에서 반동형성을 포기하지 않은 사람들은 모두 결혼생활이 행복하지 못했다.

콘라드 스프랫(Judge Conrad Spratt) 판사는 아마도 반동형성의 탁월한 실례가 될 것인데, 그는 쾌락에 대해서는 당연히 질색이었다. 하지만 스프랫은 지루한 사람은 아니었고, 하이드 박사처럼 그도 비록 밖으로 드러나지는 않았지만 격렬한 에너지로 요동을 쳤다. 연구의 대상자 중에 그토록 싫어하는 것이 많은 사람은 거의 없었고 그처럼 의존적인 사람도 거의 없었지만, 또 그처럼 단단히 이러한 기질들을 자신에게 금한 사람은 아무도 없었다.

스프랫의 어머니는 어린 아이일 때 그가 지저분하고 "심한 울화"를 터뜨리기 쉬운 아이라고 생각했는데, 연구의 다른 대다수의 대상자들과는 달리 그는 12세 때까지 손가락을 빨았다. 그런데 그랜트연구에서 그를 다른 대상자와 구별짓게 했던 바로 그 특질들이 청소년시절에는 역전됐다. 그가 12세 때까지 손가락을 빨던 아이로서는 연구에서 유일한 사람이었으면서도, 대학을 완전히 고학으로 마치고 집에다 돈까지 부친 19세로서도 그가 유일했다. 어린 아이였을 때 지저분했지만 성년이 되자 그는 강박적으로 단정했다. 로렌스(D. H. Lawrence)*와 바이런(Byron)**, 괴테(Goethe)가 대학시절 그의 우상이었지만 성인기의 대부분을 그는 수도승같은 금욕을 자신에게 강요했다. 그는 일생을 성난 사람들 속에서 보냈으며, 그럼에도 영원히 한쪽 뺨을 맞으면 다

---

* 영국의 소설가이자 시인 — 옮긴이.
** 영국의 시인 — 옮긴이.

른 쪽 뺨마저 돌리고 있었다. 결국에는 자살 직전까지 치달았다.

나는 스프랫 판사를 거의 자살에까지 이른 직후에 만났다. 내가 받은 첫인상으로는 음울하고 학구적인 사람으로 보였다. 그는 자신의 판사실에서 나를 매우 친절하게 맞이하였다. 그는 곱슬머리와 빛나는 눈을 가진 작고 다부진 사람이었다. 놀랍게도 그의 미소는 전달되어 오는 것이 전혀 없었다. 그가 미소를 지을 때면 나는 그에게 다소 미안할 정도로 오히려 음울해지는 듯했다. 도처에서 그가 거룩한 척하는 것이 신경에 거슬렸다. 아마도 이것은 그랜트연구의 최초면담에서 처음 기록된, 오래된 거만함의 표시였을 것이다. 공격적인 라이온은 쉽사리 사랑을 받았지만 친절한 스프랫 판사에게는 친구가 거의 없었다. 부지불식간에 반동형성을 사용하는 사람들에게는 가시 돋친 우월감이 전해지는 것이다.

그럼에도 불구하고 스프랫이 내게 말할 때, 거기에는 또한 자신을 새롭게 하는 기묘한 과정이 있었다. 스프랫이 말하는 것을 듣고 있자면 '자립작전'(Operation Bootstrap)에 관하여 개발도상국 수상이 연설하는 것을 듣는 것 같았다. 끝에 가서 스프랫은 아주 따뜻한 미소로 작별인사를 하였고, 나는 그가 그랜트연구의 비극적인 영웅이라는 느낌을 가지고 떠났다. 살아있는 어떤 대상에게라도 해를 끼칠까 봐 그토록 염려한 나머지 그는 적절히 자신을 위할 수 없었다. 반동형성으로 자기자신을 십자가에 못박은 다른 사람들처럼 그의 성격에는 일종의 달콤함이 스며들어 있었다. 세상은 순교자들을 학대하면서도 결국 그들을 사랑하는 것을 배우게 되는 것이다.

우리가 이전에 다른 신경증적 방어기제에서 보아왔듯이 콘라드 스프랫의 반동형성을 그토록 강하게 부적응적이도록 만든 것은 외부의 환경이었다. 그는 신앙심이 깊은 감리교 선교사의 아들로 만주에서 자랐다. 스프랫의 생애 첫 기억은 아버지에게 두들겨 맞는 것이었는데, 45세 때에도 여전히 "나의 아버지가 행한 끔찍한 폭력"을 회고할 수 있었다. 스프랫의 어머니도 매우 엄한 여성이어서 선교지역의 어린이들이 바라는 것을 주자는 아들의 욕구를 외면하였다. 이를 보상하기 위해 스프랫은 자기의 어린 누이를 보호하는 데서 상당한 칭찬을 받았고, 중국인 고아원을 위문하기 위해 노래모임을 조직했다. 이러한 아들의 적응을 경탄하기보다는 그의 어머니는 자기 아들이 종종 "우쭐대는 바보"가 될 수도 있다고 말했다.

일본이 만주를 침략한 후에 스프랫의 아버지는 일본의 공격전선 뒤에 가족들과 남아 있기를 주장하였다. 14세의 콘라드는 일본의 보복을 피하기 위해 미국으로 보내져 낯선 사람들과 살게 되었다. 1940년에 그의 아버지는 최후의 순간까지 만주를 떠나지 않았다. 부모가 미국으로 귀국했을 때 청소년시절을 가족과 떨어져 보낸 스프랫은 대학생이었고 주당 30시간의 일에 속박되어 있었다. 아들을 칭찬하기는커녕 그의 아버지는 아들에게 집으로 돈을 보내라고 악의있게 요구했다.

그러나 대학에 들어갈 때쯤에는 그 또한 자기자신을 구속하고 있었다. 예를 들어 그는 그랜트연구가 그에게서 "강제로 정보를 뽑아낼 것"이라고 두려워하면서도, 연구참여에 기꺼이 동의했다. 스프랫은 대학 생활의 전 비용을 모두 벌면서도 대학에서 가장 힘든 교과과정을 밀어붙여 평점 A˜로 졸업했다. 스프랫은 "의무가 적어지면 적어질수록 자유는 더 많아질 것"이므로 다른 사람에게 재정적 지원을 의존할 필요가 없다고 주장했고, 또 그 주장대로 살았다. 그는 애정도 필요로 하지 않았는데, 그보다 "나는 단지 나에게 사랑을 의존할 수 있는 사람, 나에게 사랑을 받을 필요가 있는 사람을 필요로 했을 뿐이다"라고 주장했다.

스프랫의 2차 세계대전에 대한 반응 또한 극단적이었다. 중국을 떠나기 전에 그의 가족은 일본군에게 여러 차례 위협을 받았다. 스프랫은 일본인들이 수많은 중국 친구들을 죽이고 투옥시킨 것을 알고 있었다. 그럼에도 불구하고 1941년 12월 19일, 진주만 공격이 개시된 이후 늦을 대로 늦은 때에 스프랫은 서부전선에서 비전투 구급차 운전사로 복무하고 싶다고 말했다! "나는 평화주의다"라는 스프랫의 신조 속에 함축된 것은 자신의 반동형성의 기반, 즉 "아버지의 기질을 나는 가지지 않아서 행복하다"라는 것을 스스로 드러내 보여주는 것이다.

드디어 스프랫은 뉴기니아 섬에서, 나중에는 필리핀에서 일본군과 싸웠다. 그는 "평화주의에 대한 나의 느낌은 사라져 버렸다. 나는 기관총을 다루는 걸 배운 것이 기쁘다"라고 썼다. 그러나 스프랫은 결코 자유롭지 못했다. 전쟁중에 그는 자기의 지구력이 동료들보다 강해서 그들을 구조하는 자신의 능력에 대단한 긍지를 품었다. 스프랫은 첩보기관에 배치되었지만 자신이 겁이 없다는 것을 스스로 증명하기 위해 낙하산 강하법 배우기를 고집하였다. 한 번은 낙하산으로 뛰어내리다 다리가 부러져 넓적다리뼈와 엉덩이뼈에 만성적인 뼈감염증인 골수염을 앓게 되었으며, 이로 인해 말년에 절름발이로 지내게 되었다. 반동형성의 족쇄는 값싼 것이 아니다.

전쟁이 끝난 후 스프랫은 "3년 동안 일본을 파괴시키려 했던 것을 속죄하기 위해" 선교단과 함께 일본으로 되돌아갔다. 이러한 자기희생은 스프랫의 반동형성이 조절할 수 있는 것을 넘어서는 것이었다. 일본인들은 너무나 오랫동안 그의 적이었고, 그들과의 반복되는 언쟁 끝에 선교단은 그에게 귀가조치를 내렸다. 이타주의로의 발달이 막힌 반동형성은 스프랫 판사 내부에 끓어오르는 여러 종류의 적대감들을 묻어버릴 만큼 충분히 유연하지 못한 것이다.

자기자신이 톨스토이나 슈바이처 같은 사람이라고 상상하는 이상 속에서만 스프랫은 스스로 자유로워질 수 있었다. 실제생활에서는 그는 계속해서 즐거움을 금했다. 일본에서 돌아오자마자 결혼했는데, 사랑이라기보다는 그릇된 자기희생에 더 비중을 둔 결혼이었다. 그는 자기부인을 "아주 짓누르는 사람"이라고 기술하였다. 26세에 스프랫은 하버드 법대에 들어갔다. 과연 그답게 그는 자기자신과 부인, 부인이 다른 사람과의 결혼을 통해 낳은 자녀들을 부양했고, 거기에다가 법률평론지까지 만들었다. 그는 또 채식주의자가 되었다. 졸업 후에 성실한 근무와 아이들에 대한 헌신 때문에 스프랫은 시카고의 판사석에 빠르게 임명되었다. 그는 이후 15년을 소년재판소와 가정법원을 관할하면서 보냈다. 스프랫은 외면당한 아이들을 돕는 데 매우 강한 동기를 가지고 있으므로 학대받는 아이들을 위한 저명한 대변인이 되었다. 여전히 법률평론지에 기고했고, 자신의 자녀들을 키우는 데 비정상적일 만치 적극적이었으며, 휴가를 가지는 법이 없었다.

이 시기에 스프랫은 주제통각검사를 받았다. 나중에 이 투사적 검사는 1950년 이후 스프랫의 삶에 대해 아는 바가 없는 그랜트연구 총지휘자인 찰스 맥아더 박사에 의해 해석되었다. 맥아더는 다음과 같이 썼다.

> 이 사람은 독립성을 부르짖으면서 그 요구로부터의 구조를 호소하며 일생의 중요한 부분을 지내온 것 같은데, 바로 그 방어로 인하여 자신이 구조되는 것을 막았다. … 검사의 결과는 진실로 고통의 신호였다. 이 비인간적인 사람은 도움을 원했다.

맥아더 박사의 스프랫의 미래에 대한 예견은 반동형성의 가장 위험한 양상을 예시한다. 욕구와 정반대되게 함으로써 이 방어는 차후의 구조에 방해가 될 수 있는 것이다. 반동형성이 스프랫 판사의 파멸의 원인이라는 것이 증명되었다.

우리가 이미 보아왔듯이 중년기 이전까지는 의존성에 대한 스프랫의 욕구는 잘 감춰져 있었다. 그는 항상 자신의 신체적인 건강이 "아주 좋다"고 평했으며, 일하는 시간에 빠진 적이라고는 없었다. 그런데 33세에 그는 바이러스성 폐렴으로 입원하였다. 이 입원은 그의 주제통각검사에서 "도움에의 탄원"이 표현된 직후 일어났다. 2년 뒤에는 오래된 다리골절의 한 지점에서 증상이 악화되기 시작했다. 이후의 6년간 그는 간헐적이면서 때로는 아무것도 할 수 없는 고통으로 시달렸는데, 건강염려증적인 경향이 분명해 보였다.

40대 초반에 스프랫의 평화주의 방어는 다시 깨졌다. 처음으로 아버지와 터놓고 다투었지만 이유는 고작 아버지가 누이를 학대한다는 것이었다. 일단 분노가 노출되자 스프랫은 점차 우울해져 갔는데, 왜냐하면 분노에 대한 반동형성이 너무 갑작스레 포기되면 종종 그 분노는 자기자신에게로 향하게 되기 때문이다. 아버지를 말로 질책한 후에 스프랫은 만성적인 고통으로 무기력해져서 3주간의 입원과 진정제를 필요로 했다. 파탄을 초래하게 된 결정적 계기는 사소한 것이었는데, 부인이 점점 병약한 남편에 대해 화를 내고 비난조로 대하면서였다. 그녀는 남편의 다리의 통증이 연장된 작업시간에서 비롯된 것으로 느꼈고, 직급이 높아감에도 불구하고 남편에게 공감을 표하는 데 인색했다(피어링의 전환 히스테리와는 대조적으로, 스프랫의 건강염려증은 그가 필요로 한 것을 얻지 못하게 한다는 데 주목하라. 따라서 건강염려증은 만성적이게 된다).

스프랫 판사는 심리치료에 들어갔지만 처음에는 열성적이지 않았다. 만족스러운 것이라면 그것은 금지되어야 하는 것이었다. 스프랫은 심리치료를 경멸했는데, 결혼생활에서 얻지 못한 주의를 끄는 관대한 변명으로만 여겼기 때문이다. 이 시기 그는 자살에 대해 심각하게 생각하기 시작했다. 다행히 담당 정신과의사는 "스프랫 판사, 만약에 어떤 피고가 당신에게 이런 이야기를 가지고 온다면 당신은 무엇을 권하겠소?"라는 질문으로 그의 태도를 바꾸는 데 성공했다. 스프랫은 보다 강력한 정신치료를 받아야 될 것이라는 데 동의했다. 그러나 하나의 방어가 처방으로 깨질 수는 없다. 스프랫은 마침내 자신의 짐을 견딜 수 있도록 도와달라고 다른 사람에게 요청할 수 있게 되었을 때 구원받을 수 있었다. 심리치료의 빈도는 증가했고, 그토록 '비인간적'이던 스프랫 판사는 생애 처음으로 자기자신에게 도움이 필요하다는 사실을 명백히 시인했다.

반동형성을 포기하자 눈에 띄는 혜택이 있었다. 수 년 만에 처음으로 골절부분의 만성적 통증이 가라앉았다. 그는 십 년 만에 처음으로 휴가를 보냈으며, "나는 더 이상 즐거움 그 자체를 누리는 데 부끄러

위하지 않습니다"라고 기쁨에 차서 말했다. 그는 첫 번째 아내와 이혼했고 면담직후 재혼했다. 1년이 지난 후 그는 "친구들 말처럼 우리 둘은 서로가 부활의 즐거움을 만끽하고 있다"라고 쓸 수 있었다.

5) 해리와 그 사용 예

모든 자아방어기제 중에서 해리는 가장 극적이다. 정서적인 긴장으로부터 도피하기 위해 사람은 해리의 방어기제를 사용하여 자신의 인격이나 개인적 정체감을 변경시킬 수 있다. 하나의 감정상태를 다른 상태로 대치시키는 것의 명백하고 적응적인 예는 성공적인 연극에서, 특히 스타니슬라브스키식 연기방법(*Stanislavski method acting*)*에서 찾아볼 수 있다.

해리의 보다 덜 적응적인 형태는 극적인 둔주상태와 이중인격에서 나타난다. 예를 들어 《지킬 박사와 하이드》(*Dr. Jekyll and Mr. Hude*)에서, 《사이빌》(*Sybil*)에서, 《이브의 세 얼굴》(*The Three Faces of Eve*)에서 나타나는 인격의 현저한 탈바꿈을 보라. 바로 폴리아나가 항상 눈물로 미소지으며 치욕 속에서 즐거움을 발견하는 것처럼, 또 마치 최면과 종교적 엑스터시가 가장 끔찍한 상황에서 즐거운 감정을 분출시키는 것처럼 바로 그렇게 해리는 괴로워하는 주인공이 스스로를 탈바꿈하게끔 해준다. 어떤 면에서 해리는 모든 다른 방어기제와 구별되는데, 이것은 의지로 불러낼 수 있는 유일한 방어기제이다. 알코올과 약물중독, 몽환상태(*trance states*), 명상은 모두 의식상태의 커다란 변경을 허용하며 이들 각각은 자의로 유도되는 것이다.

생각과 감정을 모두 변경시키는 해리의 능력 때문에 많은 정신과의사들은 해리의 과정을 '부정'이라고 부른다. 그러나 이것이 어의적으로는 합당하지만 이러한 부정을 **신경증적** 부정으로 한정하는 것이 중요

---

* 연극에서 배우가 극중인물과 자신을 동일화하여 자연스러우면서도 개성넘치게 그 배역을 소화하는 방식 ― 옮긴이.

하다고 생각하는데, 단지 내부의 감정적 현실뿐만 아니라 외부의 현실이 적응적으로 왜곡되는 **정신병적** 부정과 구분하기 위해서다. 극장의 세계는 착각이 다스리지 환각과 망상이 다스리지 않는다. 해리를 사용하는 사람들이 천사들도 들어가기 두려워하는 곳에 돌진한다 해서 바보나 미치광이라 할 수 있는 것은 아니다. 바이런과 브라이트, 그리고 라이온은 삶을 정복하기 위해 해리를 사용했지 이것에 의해 파괴당하기 위해 사용한 것은 아니다.

억압이 끝나고 해리가 시작되는 지점도 명시할 필요가 있다. 히스테리 환자의 경우에는 대개 이 두 가지 기제가 결합돼 있기 때문이다. 연구대담자 중 한 의사는 두 방어기제간의 멋진 구분점을 제공하였다. 그는 부인과의 어떤 종류의 성관계도 단순히 잊어버린다고 말하면서 그 결과 결혼생활을 매우 훌륭한 것으로 지각한다고 말했다. 그리고는 "이런 것을 억압이라고 부르겠죠"라고 덧붙였다. 그러나 실제로는 이것은 억압이 아닌데, 그가 자신의 갈등을 개념적으로 의식하고 있었기 때문이다. 특별한 점은 그가 약물의 사용과 명상에 의해 그의 절제 때문에 생겨날 어떠한 감정적 긴장으로부터도 **해리되었다**는 것이다.

되풀이하지만 폴리아나 같은 사람과 금욕주의자 간의 차이는 미묘한 것이 될 수 있다. 정신의학자들은 불행한 처지에서도 희망의 조짐을 찾는 것이 일종의 부정인지, 아니면 현실의 수용을 나타내는 것인지에 관해서 수 시간 동안 논쟁을 벌일 수 있다. 인간의 적응에서는 최적량의 불안을 경험하는 것이 중요한 것처럼 보인다. 너무 적은 양은 성장을 억제하고 너무 많은 양은 기능을 저해한다. 중요한 것은 억제는 불안을 완화시키지만 해리는 그것을 없애버린다는 점이다. 수술전 환자를 연구하면서 어빙 재니스는 수술 전에 적당량의 불안을 경험한 환자들이 수술 후에 제일 경과가 좋다는 것을 알았다. [13] 그리고 수술이라는 현실적인 문제를 최소화시키는 사람(억제)은 다가오는 수술을 일종의 '휴가'로 여기는 사람(해리)이나 불안에 압도당해 버린 사람(무방어)보다 더 순조롭게 회복된다.

해리에 의존하는 사람과 이지화를 사용하는 사람을 대조해보는 것도 유익하다. 정말로 이 두 개의 기제는 아주 양립불가능한 것처럼 보였다. 그랜트연구에서 해리를 주된 방어기제로 사용한 대상자들은 성적인 도발성과 감동하기 쉬움, 자기과시, 자기중심성과 같은 이른바 히스테리적인 특징들을 많이 나타내는 경향이 있지만 경직성이나 질서 정연함, 엄격한 양심과 같은 특성들은 이들 기질에 없는 것처럼 보였다. 극적인 성격들은 꾸며진 그러나 편안한 내부의 상태를 교란시키지 않게 하기 위해서 외부의 사소한 것들을 극단적으로 무시한다. 그 결과로 이들은 이따금 놀랄 만큼 자연스럽게 보인다. 정신의학적인 선입관과는 반대로 비록 이들 해리사용자들이 정서를 자유롭게 표현할 수 있었지만, 정서적으로 훨씬 더 억제된 이지화 사용자들보다 정신병과 불행을 더 많이 겪었다. 전자가 그처럼 매력적인 저녁식사 상대가 되면서 치르게 되는 대가는 이들이 때로 자기자신의 정체에 대해 불확실한 채로 있어야 한다는 것이었다.

전문직 남자집단에서 선발되었음에도 불구하고 해리사용자의 생활양식은 세계 전역의 배우들과 닮았다. 해리를 가장 많이 사용한 11명 중 2명을 제외한 나머지 전부는 부인과의 이혼을 심각하게 고려하였고, 이들 11명을 한 집단으로 묶으면 총 12번의 이혼을 하였는데, 이 숫자는 연구의 나머지 84명의 이혼횟수를 전부 합한 것보다 더 많았다. 가장 많이 해리를 사용한 11명 중 8명은 생애 중 어떤 시점에서 과도하게 폭음을 하였고, 하루에 담배 두 갑을 피우는 끽연가가 될 가능성이 다른 사람들보다 3배나 높았다.

대조적으로 다소 강박적인 그랜트연구의 한 대상자는 자신이 30년 동안 달라진 것이 없다고 자랑했는데, 그에 대한 사례기록을 보면 그 말이 사실이었다. 강박증적인 사람들은 해리를 피한다. 이들은 자신의 내부상태를 주변세계의 정확한 세부사항들에 맞추려고 열심히 노력한다. 이들은 엄격한 양심을 가지고 있고 불안한 것처럼 보이는데, 종종 고립과 합리화를 사용한다.

이지화를 가장 많이 쓰는 12명 중에 단 1명만이 지나치게 음주를 하였고 골초는 2명뿐이었다. 비록 몇몇의 이지화 사용자들이 결혼생활에서 불행했지만, 이혼한 사람은 아무도 없고 단지 2명만이 심각하게 고려한 적이 있을 뿐이었다. 그러나 이들은 매우 유쾌한 저녁식사 상대는 되지 못했다.

이 책의 서론에서 살펴본 변호사는 해리의 한 예를 보여준다. 그는 부인의 간통과 저녁식사 준비를 하지 않는 데 대해 아예 화를 내지 않는 것으로 반응했다. 스프랫과 달리 그는 자신의 평화주의를 지나치게 옹호하지도 않았고 억제하지도 않았다. 대신에 그는 익살스런 연극을 만드는 일에 천진난만하고 유쾌하게 참여함으로써 자기자신을 변경시켰다. 그는 말 그대로 곤경으로부터 자신을 끄집어내어 분리시켰다. 그가 살아오는 동안 위험으로부터 자신을 정신적으로 분리시킬 수 있었던 때가 또 있었다. 베를린 봉쇄가 있던 불안한 그 해에 그는 "러시아의 의심 많음도 지나가는 한때의 과정일 뿐이다"라고 하면서 우리가 "관대해져야 한다"고 제의한 점에서 다른 연구대상들보다 독특했다. 그는 한 질문지에서 "나는 자신이 낙관주의자라고 생각한다. 즉, 모든 냉소주의에 직면해서도 낙담하지 않는다"라고 말했다. 이 사람에게는 기쁨에 넘치며 감동시키는 어떤 매력이 있었다. 그러나 그의 순진무구함은 매력적이었지만 적응상의 능력을 저해하였다. 그는 살면서 몇 번인가 자신의 내부의 현실을 변경시키기 위해 알코올과 암페타민에 의존하였다. 한 번은 우울증 때문에 결국 심리치료를 받았다.

그러나 그는 전문적인 도움이 별로 효과가 없는 것을 발견했다고 하면서, 그 이유는 "나는 한 인간으로서 정신과의사와 관계를 맺고 그를 웃기려고 노력했기" 때문이라고 말했다. 아마 독자들은 이에 공감하여 고개를 끄덕이며 유머감각이라고는 전혀 없는 정신과의사에게 잘못이 있다고 생각할 것이다. 그러나 이 변호사는 눈앞의 사실들을 유의하지 않았기 때문에 고통을 겪었다. 이러한 도피의 숙련가는 이들의 쾌활한 외양에서 기대되는 만큼 다른 사람들보다 행복한 것은 아니다.

한 의사는 해리를 훨씬 더 유리하게 사용하였다. 그가 19세 때 연구진의 한 정신과의사는 그를 "고마워하고 자제력이 있으며, 온화하고 성숙하며, 느긋하고 유쾌하며, 건전하고 건강하며, 행복하고 견실하다"라고 기술하였다. 가족사업가는 그의 가족을 "모두가 멋진 사람들이다. … 나는 이보다 더 진정으로 따뜻하고 열렬한 환대를 받은 기억이 없다"라고 기록했다. 수년간 나는 이러한 것 모두가 지나치게 좋은 것처럼 들린다는 점에 의심을 품었다. 분명히 그는 생활을 그럴싸하게 얼버무리고 사물을 긍정적인 어투로 바라보는 경향이 있었다. 그럼에도 불구하고 고통으로부터 자기자신을 해리시키는 이 의사의 성향이 상황을 분명히 이해하는 능력을 저해하지는 않았다.

그는 어머니가 암으로 서서히 죽어가는 동안 넉 달에 걸쳐 매 주말마다 비행기를 타고 어머니의 침상 곁으로 달려갔다고 나에게 말했다. 이 말을 하면서 그는 미친 듯이 담배를 찾기 시작하다가 급기야는 다른 담뱃갑을 찾기 위해 방을 떠났다. 그는 담뱃불을 붙이고는 깊숙이 빨아들이면서 다음과 같이 설명했다. 비록 그는 전시에 죽어가는 사람들을 보았지만, "이것이 죽음에 대한 나의 첫경험이었습니다. … 어머니와 나는 매우 특별한 관계였죠. 나는 그저 어머니가 골치 아픈 일을 웃어넘기도록 했습니다. 나는 의도적으로 대화가 병하고 관계되지 않도록 이끌었습니다. 그래요, 우리는 단지 서로를 속여넘기곤 했을 뿐이죠"(그의 유머는 전위를 하는 것이라기보다는 오히려 도피를 하는 것이었다). 어머니가 돌아가셨을 때 그는 저녁식사 전에 술 석 잔을 마시는 것도 시작했다. 그러나 그는 자신의 음주에 대해 의식적으로 염려할 수 있게 되었으므로, 알코올이 전혀 문제가 되지 않았다.

조지 바이런과 칼톤 태리타운 박사는 모두 해리를 사용하였지만 매우 다른 효과를 나타냈다. 바이런은 자신이 '베짱이의 마음'을 가지고 있다는 것을 항상 알고 있었다. 20세 때 그는 "그냥 어떤 것인지를 알아보기 위해서" 이틀간 계속해서 술잔치를 벌인 적도 있었다. 일생을 통하여 그는 여러 가지의 이색적인 활동에 몰두하여 변경된 의식상태로 스스로 흥을 돋우었다. 그는 해군시절에는 짧은 술잔치로 불만을 처리했고, 그 외 스트레스를 받을 때에는 약을 먹고 하룻밤에 10시간 정도 잠을 자기도 하였다. 적극적이고 성취지향적인 많은 연구대상자들과는 달리 일하는 데서 스트레스를 받게 될 때면 바이런은 약한 감기 기운을 느껴서 재미있는 책을 가지고 침대에 눕곤 했다. 바이런이 35세가 되던 해에 집안에서는 매우 심각한 위기가 있었다. 그는 몇 주간 집을 떠나 외국으로 갔으며 넋을 잃고 연애에 몰두하였다.

또한 중년시절에 그는 케네디 행정부의 각료인 상관에게 주먹을 휘두를 뻔한 적이 있었는데, 그때도 다시 외국으로 나갔다. 거기에서 그는 첫 일주일은 침대에 누워 보냈고 다음 5주는 허락 없이 결근을 했다. 이후에 자신의 생애에서 가장 불행했던 시절로 기록했던 바로 이 시기에 그는 "삶은 아주 무의미하다, 그리고 이것을 발견해서 기쁘다"라고 연구에 쓸 수 있었다. 그러나 바이런은 진정으로 도피했다. 극장에서 집으로 돌아오는 배우처럼 그는 미국으로 되돌아올 수 있었고, 자신의 세계가 떠나기 전의 본래 그 모습 그대로 있는 것을 알 수 있었다.

대조적으로 태리타운 박사는 항상 대가를 치렀다. 우리는 이미 태리타운의 해리에 관한 예를 여럿 보았다. 그의 어머니 말에 의하면 "그는 세상에서 가장 지독한 꼬마 거짓말쟁이였는데, 말을 하고는 모조리 잊어버리는 것이었다". 그는 대학시절을 자신의 일생 중에서 가장 행복한 때로 기억했는데, 왜냐하면 "늘 도취되어 있는 것이 부분적으로 성공했기" 때문이었다. 그의 어머니는 그가 "감정을 행동으로 나타내지 않고 가장 냉정한 사람이 될 수 있는 것"에 경탄했다. 가까운 사람들에게서 많은 소외감을 느꼈다 할지라도 태리타운은 낯선 사람과 연애사건을 만드는 능력을 상실해 본 적은 한 번도 없었다. 이지화 사용자들이 결혼생활과 일상생활에서 깊은 곤경에 처하게 될 때면 대개 이들은 생활이 다시 정리되기까지는 질문지를 회송하지 않곤 했다. 그러나 태리타운은 그랜트연구에 모든 정보를 알리는 것을 한 번도 어기지 않았다. 그의 오른손은 왼손이 하는 것을 모르는 채 남아 있었던 것이다.

바이런과 태리타운을 비교해 보면 이들 또한 의지할 수 있었던 사회적 지지에서 차이를 보인다는 것이 명백해진다. 제 아무리 바이런이 자신의 감정으로부터 도망치기를 원했다 할지라도 그의 어머니는 그 감정을 수용하고 북돋아 주었다. 바이런은 해리를 승화로 전환시킬 수 있었기 때문에 도피에 대한 그의 애착은 그를 아주 이국적인 곳으로 이끌어 갔는데, 그곳에서 그는 자립하고 가족도 부양하며 살 수 있었다. 대학시절에 바이런은 알코올이 아니라 철학에서 위안을 발견하였는데, 이러한 관심은 그 이후의 삶에서 그에게 도움이 되었다. 47세에 태리타운이 동경에 가득 찬 듯한 말투로 "대학에 다닐 때 동양철학에 관해 좀더 알고 싶었다"라고 한 것과 대조해 보라. 그러나 반대로 도피하려는 태리타운의 노력은 단지 그를 자신의 정서를 외롭게 매장시키고, 자아도취라는 "눈에 띄지 않지만 매우 고된 일"을 하게 할 뿐이었다. 태리타운의 일생을 통해서 자기자신의 고통에 대해 염려하거나 집중할 권리가 있다고 느끼는 경우는 한 번도 없었다. 오히려 그의 어머니의 우울증과 해리적 도피가 항상 우선권을 앗아갔다(사실상 해리 전문가인 헤로인 중독자로부터 얻은, 이들 부모들이 종종 자식들에게 약간의 불안조차도 체험할 기회를 주지 않았다는 상당한 증거가 있다).

이 장을 요약하면 고립은 생각을 의식 속에 남겨두지만 감정은 모두 제거시켜 버린다("나는 그를 죽이고 싶다고 생각하지만, 화는 안 난다"). 반대로, 억압은 의식상태에 감정은 남기지만 의식적인 생각을 없앤 나머지 그 대상조차 모호한 상황이 된다("나는 오늘 화가 나지만 누구한테 그런 건지 알 수가 없다"). 전위는 사람에게 갈등을 유발시킨 사고와 감정은 연결된 채로 두지만 이를 보다 덜 위험한 대상으로 지향하게 한다("오늘 그와 점심을 먹은 후 우리집 개한테 화를 아주 많이 냈다"). 반동형성은 무의식과는 정반대되는 생각과 감정을 의식상태에 유지시킨다("그를 사랑하는 것은 그리스도교인으로서 나에게 부여된 의무이다").
해리는 자아로 하여금 개인의 내부상태를 변경시켜서 갈등으로 인한
고통을 무시하게 만든다("그를 만날 때마다 우리는 술에 취해서 옛날 얘
기를 하며 웃는다").

　모든 신경증적 방어에서 중요한 것은 이들이 사용자의 내면을 변경
시킨다는 것이다. 외부인들은 방어사용자의 고달픈 과제에 관여하기
가 쉽지 않다. 특별히 이야기를 듣지 않는다면 외부인들은 이 방어사
용자들의 고통스러운 공포와 강박증을 결코 알지 못할 것이다. 성숙한
방어기제와 미성숙한 방어기제가 종종 도덕적 혹은 사회적 판단과 얽
히게 마련인 것과는 달리, 신경증적 기제는 개인적인 기벽으로만 간주
된다. 그럼에도 불구하고 환자들은 편집증이나 이타주의 때문에 의사
나 무당을 찾지 않는다. 그러나 신경증적 기제들은 사용자가 환자의
역할로 자신을 다른 사람들에게 제시할 수 있게 해준다. 아마도 사회
적 반응은 상담실에 가면 '치유자'가 신경증적 방어를 해석하고 도움이
되는 통찰을 제공한다는 인류의 발견으로 촉진되었다.

　이 연구에서 95명의 '건강한' 대상자들이 사용한 모든 방어적 책략
중의 절반 가량은 신경증적 방어였다. 따라서 신경증 환자는 비록 의
사에게 도움을 구하지만 신경증적 방어를 사용하는 사람이 환자는 아
니라고 할 수 있다. 모든 사람들이 이들과 같은 것이다. 미성숙한 방
어는 그토록 쉽게 포기되지는 않는다. 아마도 이것은 왜 정신분석이
'방어의 신경정신병'은 완화시키지만, 이 세상에서 정신질환을 퇴치시
키지 못했는가를 설명해 준다.

　우리가 다음 장에서 보게 되듯이 인간의 진정한 고통의 저변에 있는
것은 미성숙한 방어이다. 미성숙한 방어는 해석이 용이하지 않을 뿐
아니라 이따금 치료자와 환자의 협력을 실질적으로 결렬시키기도 한
다. 신경증적 방어의 사용자는 일종의 스스로 진단한 죄인으로서 기꺼
이 고해를 하고, 그렇게 함으로써 사죄를 받는 사람이다. 매우 대조적
으로 미성숙한 방어의 사용자는 사제의 방에서 달려나와 성당의 문에

돌을 던지거나, 아니면 자기자신이 어리석은 자들에게 부당하게 박해 받는 선각자로서 이 세상에서 유일하게 옳은 사람이라고 생각한다.

제 9 장
미성숙한 방어

아름다움에 있어 나는 스타가 아니다.
훨씬 잘생긴 사람들이 많다.
그러나 나는 내 얼굴 생김새에 신경 쓰지 않는다.
나는 그 뒤에 있지 않은가.
단지 나를 보는 사람들이 충격받는다.

— 우드로 윌슨

▪ 등장인물 소개 ▪

- 해리 휴즈: 문고판 편집자로 어린 시절 주도적 태도가 위험할 수도 있음을 배웠으며 청소년기를 오래 경험하였다.
  ─ 적응양식 : 투사와 반동형성.
- 프랜시스 오스왈드: 해병대원으로서는 훌륭하였으나 아버지로서는 너무 엄격하며, 플로리다의 대소택지의 방위자로서는 용감하였다. 심각한 우울을 겪었다.
  ─ 적응양식 : 반동형성, 투사 및 망상적 투사.
- 하비 뉴톤 : 우주의 수수께끼 연구소를 설립한, 외롭지만 유명한 물리학자.
  ─ 적응양식 : 공상.
- 윌리엄 미티: 젊었을 때 옥스퍼드 운동에 참여했던 외로운 천문학자.
  ─ 적응양식 : 공상.
- 로버트 후드: 어린이 학대자가 될 뻔했으나, 대신에 초월적 명상에 빠져 독신자가 된 성적으로 난잡한 알코올중독자.
  ─ 적응양식 : 투사와 행동화.
- 존 하트: 아버지가 간상동맥 협전증으로 사망한 후에 심장병을 앓은 명석한 수학자.
  ─ 적응양식 : 건강염려증.
- 토마스 소이어: 처음에는 어머니에게 괴롭힘을 당했으나 나중에는 아내에게 괴롭힘을 당한 록펠러의 선거유세 조력자.
  ─ 적응양식 : 수동적 공격성과 전위.

신경증의 기저에 있는 적응양식은 스타킹에 올이 나가는 것이나 구두 속의 작은 돌멩이처럼 그 소유자에게는 괴롭겠지만 관찰자에게는 별로 중요치 않다. 반면 미성숙한 방어는 독한 담배나 마늘이 들어 있는 음식에 대한 열망처럼 그 소유자에게는 별 것 아닌 것처럼 보이지만 관찰자에게는 참기 어렵다. 미성숙한 방어에는 환상, 투사, 피학증(소극적 공격성), 건강염려증, 행동화 등이 포함된다. 정신의학자들은 종종 이러한 기제를 사용하는 사람들에 대해 성격장애라는 경멸조의 진단을 내린다. 그들은 이런 사람들이 치료를 받으려는 마음이 없거나 회복에 둔감하다고 생각한다.

사실상 성격장애를 가진 사람에 대한 이해가 매우 부족한 이유는 아무도 이들을 좋아하지 않기 때문이다. 정신의학자들은 정신병자, 시무룩한 우울증 환자, 수줍음을 타는 내성적인 사람들에게는 관용을 베풀지만, 미성숙한 방어를 사용하는 사람들에게는 그렇지 않다. 아마도 이런 이유로 해서 괴짜인 램과 편견이 심한 태리타운 혹은 소극적-공격적(*passive aggressive*)인 스미스를 호감가게 서술할 수는 없을 것이다. 사람들은 이들이 치료 불가능하다는 두려움을 가지고 있다.

오직 종단적인 조망을 통해서만 이러한 비관주의를 극복할 수 있다. 30년 동안의 연구에 참가한 후에야 그랜트연구 대상자들은 미성숙한 방어기제가 단지 성격을 나쁘게 변형시키는 단단한 갑옷이 아니라 역동적인 적응방식일 수 있다는 것을 의심의 여지없이 보여주었다. 그러나 인내심이 필요하다. 예를 들어 가망 없는 장애라 할 청소년기를 생각해 보자. 청소년들은 절제 없이 향정신성 약물을 사용하며, 그들 자신이 아닌 다른 사람들이 비정상이라고 여긴다. 이들의 신체에 대한 불평은 종종 가상적인 것이고, 또 가장 정열적인 사랑의 대부분도 마찬가지이다. 이들은 놀라운 자승자박의 천재들이다. 바로 이러한 이유 때문에 내가 약물중독, 편집증, 건강염려증, 기괴함과 피학증의 기저에 있는 적응기제들을 '미성숙한 방어'라고 부르는 것이다. 그러나 청소년기라고 하는 것은 스스로 한계를 안고 있는 질병이다. 사실 구위삶거나 정신분석을 하거나 때려서 청소년기로부터 벗어나게 할 길은 없다. 이들은 친구로부터 약간의 도움을 빌려 서서히 청소년기를 벗어나야 한다. 그러나 오늘의 신경증환자들처럼 다루기 힘든 어제의 청소년들은 우리들 자신이었다.

정신의학자들이 이른바 성격장애를 처리하기 위해 사용하는 비난조의 두 단어는 '자기애'(自己愛)와 '소극적 의존성'이다. 청소년들 역시 지나치게 자기중심적이고 자립하기는 싫어하면서도 부모가 독립적으로 행동하고자 하는 그들의 권리를 간섭한다고 불평한다. 이와 유사하게 미성숙한 방어기제를 사용하는 그랜트연구 대상자들은 가장 자기중심적인 경향이 있었고, 소극적이고 의존적인 특질들은 이 장에서 논의할 미성숙한 적응양식과 의미있는 상관성이 있었다.

우리 자신을 성격장애로부터 보호하기 위해 장벽을 쌓더라도(시멘트로 쌓든 사회적으로 쌓든) 우리 자신을 지키려는 노력은 헛된 것이다. 비록 우리가 약물중독자를 처벌하더라도 이들은 토끼처럼 번식을 계속할 뿐이다. 알코올중독자와 오랫동안 시달려 온 그의 배우자는 풀 수 없이 뒤엉켜 버린다. 피학증을 가진 사람을 문에서 밀어내면 낼수록, 건강염려증 환자를 진찰실에서 쫓아내면 낼수록 이들은 더욱 더 끈질기게 되돌아온다. 청소년처럼 성격장애자들은 결코 배우지 못한다. 그렇지만 보다 성숙한 사회구성원들은 이들을 개조시키려는 노력을 계속한다.

지금까지 살펴본 성격병리학의 모든 측면들은 광적이고 논리를 무시한다. 그러나 잠깐! 당신은 무인도에 혼자 있는 건강염려증 환자와 노출증환자 그리고 편집증환자를 상상할 수 있겠는가? 이렇게 겉으로 보기에 변치 않을 것 같은 성격특징들은 오직 다른 사람들이 있을 때만 존재한다. 간단히 말해 미성숙한 방어들이 언제나 겉에 보이는 것처럼 불치의 나쁜 습관들은 아니다. 때때로 이것은 우리가 함께 살 수도, 그렇다고 함께 살지 않을 수도 없는 사람들과 고통스런 휴전협정을 맺는 한 수단이다. 신경증적 방어가 종종 우리가 참을 수 없는 본능에 대처하기 위한 양상이라면, 미성숙한 방어는 종종 우리가 견디기 어려운 사람에 대한 대처방법이다.

제5장에서 미성숙한 방어가 전반적인 적응을 방해하는 것을 보았다. 각각의 기제는 손상된 심리적 기능과 관련이 있었다. 미성숙한 방어가 그토록 부적절한 이유 중의 하나는 그 방어기제가 어머니와 아기 사이에서만 그리고 아마도 연인들 사이에서만 생긴다고 보통 생각하는 미묘한 과정을 성인기에서도 지속시키기 때문이다. 미성숙한 방어들은 개인들간의 경계를 융합시킨다. 그것들은 무엇이 내 것이고 무엇이 네 것인지에 대해서 명확하게 알지 못하게 만든다. 시인과 작곡가들은 우리가 성격장애의 침범에서 자유로울 수 없다는 것을 오래 전부터 알고 있었다. 또한 불행히도 선동적인 정치가와 역사에 남은 악한들도 이를 알고 있었다.

미성숙한 방어는 사용자가 유령이나 악마같이 인간의 육체를 통과하거나 자신들의 특징들을 남겨놓는다든지, 다른 이들의 성격특징을 취하도록 해준다. 건강염려증 환자는 자신에게 소중한 사람이나 자기가 싫어하는 사람으로 인해 갑작스런 통증을 호소할 수 있다. 부모의 좋지 않은 특성이 어린 시절에 부지중에 흡수되어 편견을 통해 어떤 불행한 소수집단에게 투사될 수도 있다. 목사의 성적으로 난잡한 백일몽은 신기하게도 행실 나쁜 딸에 의해 실제로 나타날 수 있다. 《유리동물원》에서 로라의 깨지기 쉬운 유리동물들은 그녀의 생각 속에서 갑자기 살아 움직인다.

다른 식으로 이야기하자면 살면서 우리는 자신의 내면세계에 다른 사람들이 들어와 살도록 한다. 우리의 내면세계가 유복한 어린 시절 덕분에 비교적 양면성이 없는 감정을 가진 일관된 행동을 하는 사람들로 이루어져 있다면, 실생활에서도 우리의 인간관계는 상대적으로 확실하고, 사랑이 넘치며, 자율적이고, 경계가 잘 구분될 것이다. 금욕주의자들은 어린 아이였을 때 다른 어떤 집단보다도 사랑을 받은 이들이다. 이들은 어떤 집단보다도 성인이 되어서 더 정체성에 확신을 갖고, 안정된 결혼생활을 유지했다. 또한 여타 집단에 비해 덜 수동적이고 덜 의존적이었으며 미성숙한 방어로의 퇴행이 덜했다.

이와 대조적으로 미성숙한 방어에 의존하는 사람의 대인관계는 항상 어둡고 혼란스러웠다. 대인관계의 일관성이라는 환상을 유지하기 위한 무의식적 노력으로, 미성숙한 방어는 다른 사람에 대한 불만족스러운 정신적 표상을 변화시킨다. 이렇게 내재화된 사람들은 편의에 따라 좋은 부분과 나쁜 부분으로 나뉠 수 있고, 투사되거나 다른 표상들과 결합될 수 있다. 신경증적 기제가 감정과 생각으로 속임수를 부리는 것처럼, 미성숙한 방어기제는 마술적으로 감정과 그 대상들을 조종한다. 사기꾼과 선동가 그리고 전설이나 실제에서의 대단한 유혹자들은 모두 그들의 단기적 목적을 위해 미성숙한 방어기제를 사용한다.

그러나 어떻게 페티시(fetish)나 편견 또는 상상적인 두통이 이것을 성취할 수 있을까? 어떻게 나쁜 행동이 사람들에게 계속 유지될 수 있을까? 이 질문은 브라더 래빗(Br'er Rabbit)이 타르 베이비(Tar Baby)를 무례하다고 때린 후 그의 앞발이 달라붙은 것을 알았을 때 물어본 것이었다.* 그는 이 일 때문에 타르 베이비를 발로 찼고 더욱 거기에 매달리게 되었다. 브라더 래빗이 화가 나서 때릴 때마다 놀랍게도 그는 자신이 싫어하는 대상에 더욱 가까워졌다.

우리도 이와 다를 바 없다. 왜냐하면 우리도 역시 미성숙한 방어기제를 그렇게 개인적으로 받아들이기 때문이다. 아마 이런 이유 때문에 종종 이 방어기제를 '도착'으로 여겨서 금기시한다. 우리는 도착들이 타르처럼 한 번 접촉하게 되면 영원히 우리들을 끌어당기지 않을까 두려워한다. 약물중독자 앞에서 자유주의자들은 편견을 갖게 된다. 피학증인 사람들은 우리들의 잠재적 가학성을 나타나게 하며, 꾀병쟁이들은 우리에게 잠재해 있는 소극적 공격성을 드러나게 한다. 청소년기의 자녀 때문에 괴로울 때 가장 이성적이고 안정된 부모조차 완전히

---

* 브라더 래빗과 타르 베이비는 미국의 저널리스트이자 소설가 해리스의 작품 《레무스 아저씨 이야기》에 나오는 주인공들 — 옮긴이.

어쩔 수 없이 화가 나고 매우 비이성적이게 된다.

그러나 이 모든 일이 일어나는 과정은 분명치 않다. 비록 알 수 있을 때조차 국외자에게는 매우 신비스럽게 보인다. 유진 오닐(Eugene O'Neil)의 자전적 소설, 《밤으로의 긴 여로》(*Long Day's Journey into Night*)의 인물들을 생각해 보자. 이들은 이 장에서 나오는 모든 방어기제를 집단적으로 보여주는데, 몇십 년 동안 서로에게서 벗어나지 못한 채 있었다. 그러나 이들은 서로 괴롭히고 괴롭힘을 당하는 것을 결코 멈출 수가 없었다. 그들은 결코 잊을 수 없었다. 그러나 더욱 비극적인 것은 이들이 서로를 얼마나 진정으로 사랑하는지를 공개적으로 인정할 수 없었다는 점이다.

당연히 이 모든 이야기들이 대수롭지 않고 추상적으로 들릴 것이다. 그러나 이제 그랜트연구의 실제 경우들을 보기로 하자.

1) 투사와 그 사용 예

투사는 아마도 억압 다음으로 가장 잘 알려진 방어기제이다. 투사는 우리 자신의 감정에 대한 책임을 거부하고 다른 사람에게 책임을 돌릴 수 있게 해준다.

기질적 뇌손상과 약물중독 그리고 농아의 경우 투사는 내적인 혼란으로부터 외적인 질서를 찾기 위해 가장 많이 사용되는 기제이다. 노망든 여자에게는 자신이 안경을 잘못 두었다는 것을 인정하기보다는 간호사가 나쁜 마음으로 안경을 숨겼다고 생각하는 것이 훨씬 받아들이기 쉽다. 그러나 이 장에서 다루는 다른 기제들처럼 투사는 본질적으로 사회적 방어이다. 살아가면서 가장 '불쾌한' 타입의 인물들 — 편견이 심한 사람, 병적으로 질투심이 많은 배우자와 전문적인 반항자 — 들이 투사를 사용한다. 논리적으로 납득시키는 데 비난을 투사하는 사람보다 더 힘든 사람은 없고, 편집증 환자만큼 사랑을 받아들이는 것을 꺼려하고 미움을 퍼뜨리는 사람은 없다. 우리가 이들을 싫어하는 것은 놀랄 만한 일이 아니다.

편집증에 대한 놀라운 사실이 두 가지 있다. 첫째, 박해자는 그 희생자와 놀랄 정도로 비슷하다. 둘째, 편집증환자는 종종 미움만큼이나 사랑을 두려워한다. 예를 들어 한 연구대상자는 미국을 "사악한 자들의 음모"로부터 지키기 위한 우익정치집단에 적극적으로 참여했다. 그러나 민주당원과 사회주의자들은 말할 것도 없고, 공산주의자조차 그의 공격대상이 아니었다. 대신에 그는 가장 위험한 적으로 두 명의 공화당원을 꼽았는데, 이들은 그 자신과 가족적으로, 인종적으로, 사회적으로 그리고 얼굴모습까지도 놀랄 만큼 비슷했다. 그는 비록 재정적으로는 안전했지만, 연구의 어떤 대상자보다도 사랑을 받지 못했다. 그럼에도 그가 가장 두려워한 것은 시민에게 너무 많은 배려를 하는 정부였다.

투사를 사용하는 사람들은 친밀함을 매우 두려워한다. 이들은 너무 손쉽게 자신의 감정을 다른 사람에게 떠넘기는 것과 마찬가지로, 또한 다른 사람들이 자기에게 나타내는 감정에 대해 두려워한다. 한 편집증환자는 10세 때 다음과 같이 썼다. "사람들에 대해 잘 알게 되면 될수록 사람보다 동물을 더 좋아하게 된다." 또 다른 사람은 "사람은 다른 사람과 접촉하는 것을 피하는 본능이 있다"라고 썼다. 결과적으로 편집증적인 사람은 신경증적 방어의 사용을 줄일 사회적 지지를 갖지 못하게 된다. 어렸을 때 아버지와 원만했던 대상자치고 성인이 되었을 때 편집증을 겪은 사람은 없다. 반대로 편집증적 성향을 가진 연구대상자 중 부모나 형제 중 어느 누구하고서라도 만족스런 관계를 맺고 있는 사람은 거의 없었다.

투사에 대해서는 뭔가 기묘하고 섬뜩한 점이 있다. 편집증, 질투, 심한 편견, 귀신 들림(*demonic possession*)은 모두 적에게 강박적으로 집착하는 결과를 낳는다. 투사는 가까운 사람들이 나를 해칠 수 있다는 공포를 불러일으키기도 하지만, 또한 모르는 사람들과 특별한 종류의 친밀감을 약속하기도 한다. 예를 들어 부당한 비난의 대상이 된다는 것은 완전히 무시되는 경우보다 더 많은 관심을 받고 있다는 것을 의미한다. 누군가의 '지명수배자' 명단에 오르는 것은 만족스러운 일이다. 아무에게도 사랑받지 못하고 무시당하는 노처녀는 자신의 침대 밑에 숨어 있는 상상의 호색한에게서 유혹을 받는다. 간단히 말해서 투사는 결함도, 미쳤다는 분명한 신호도 아니다. 단지 인간이 자기자신을 위로하는 보다 극단적인 방법 중의 하나일 뿐이다.

이 연구에서 편집증환자의 삶은 가장 성공적이지 못했다. 그리고 성인으로서의 적응과 인간관계 등에서 평균 이상인 대상자 중 투사를 심하게 사용한 사람은 하나도 없었다. 아마도 이것은 투사가 해리(신경증적 부정)와 마찬가지로 진실을 보는 것을 불가능하게 하기 때문인 것 같다. 그리고 만일 우리가 외부세계를 너무 심하게 왜곡하면 사랑하기 힘들어진다. 한 부대 지휘관은 이 연구에서 가장 편집증이 심한 대상자 중 한 사람에 대해 "그는 겸손하고 매우 충성심이 강하다. 그는 예민한 마음을 지녔고 매우 창조적이다. 그러나 그의 단점은 정확하고 공정하게 판단할 수 없다는 것이다"라고 하였다. 이보다 먼저 한 정신과의사는 이 사람의 '특이한' 점이 "흥미와 활력 또는 추진력의 부족"이라고 지적했다. 그러나 이 사람은 그 정신과의사가 그에게 "억제하는 생각"을 주어서 그가 무엇인가를 하려 할 때마다 그 생각들이 떠올랐다고 주장하였다. 준비를 잘 하고도 시험장에서 한 단어도 못쓰고 나왔을 때 이 대상자는 그랜트연구에 도움을 청하러 오지 않았다. 대신 이 연구를 그의 실패에 대해 당연히 책임이 있는 대학의 한 조직으로 보았다.

투사에 대한 또 다른 이율배반적인 사실이 있다. 우리는 편집증환자를 공격적이라고 생각한다. 그러나 사실 편집증은 어떤 방어보다도 자신에 대한 회의, 비관주의 및 소극성 등의 특징과 높은 상관이 있다. 램과 라이온의 대조가 암시하듯이, 주장의 일관성은 사랑하고 신뢰할 수 있는 능력을 필요로 한다. 케네디 대통령의 생애는 암살자인 오스월드(Lee Harvey Oswald)의 생애보다 훨씬 더 많은 공격성을 보여주었다.

비록 우리가 편집증환자를 지나치게 이기주의적이라고 생각함에도 불구하고 투사와 이타주의 사이의 유사성은 흥미롭다. 공감과 투사 둘 다 개인적인 경계의 붕괴를 일으킨다. 그러나 공감은 자신을 명확히 인식하고 다른 사람의 입장에 서는 것이지 다른 사람으로 하여금 자신의 입장에 서게 하는 것이 아니다. 편집증적 성격을 가진 사람은 다른 사람들이 마치 자신의 감정을 지닌 것처럼 그들을 대함으로써 자기 자신은 위로하지만 다른 사람들을 분노시킨다. 이와 반대로 이타주의자는 공감을 사용하여 다른 사람들 속으로 들어가지만 그들 속에 있는 자신의 감정을 정확하게 지각하며 그들을 도우려 한다. 그 증거로 사람들이 이타주의자에게 고마워할망정 그를 미워하지 않는다는 점을 들 수 있다. 공적 생활에서도 공감과 투사는 혼재되어 나타난다. 얼마나 많은 역사상의 위대한 지도자들이 어떤 사람들에게는 구세주로, 또 다른 사람들에게는 이기주의적이고 사악한 독재자로 보여졌던가?

반동형성은 투사와 이타주의 사이의 중간단계처럼 보인다. 하이드 박사의 생애는 반동형성이 어떻게 이타주의와 알아차릴 수 없을 정도로 합쳐지는지를 보여주었다. 그러나 다른 사람들의 경우 투사가 반동형성으로 발전되었다.

그랜트연구의 대상자인 해리 휴즈(Harry Huges)의 생애가 이와 같은 투사의 발전을 설명해 준다. 그는 비관주의와 자신에 대한 회의로 가득 찬 청소년 시절을 보냈다. 그는 기숙사에서 성에 대해 두려워했고, 자위행위는 정신이상을 가져올 것이라고 느꼈다. 그러나 그는 외부를 비난하고, 성을 두려워하는 것은 자신이 아니라 학교당국이라는 것을 모든 이들에게 증명하려 노력했다. 그는 작문대회에 입상했을 때 받은 상이 헨리 밀러(Henry Miller)가 쓴 《북회귀선》(*Tropic of Cancer*) 무삭제판이 아닌가 라는 의문을 제기함으로써 주위에 논쟁을 불러일으켰다.

대학시절 휴즈가 "불행한 것 같고, 또 그렇게 보인다"고 했던 연구원의 판단에도 불구하고 그가 인정했던 유일한 불편은 자신의 얼굴이 붉어지는 것을 사람들이 알았을 때의 당혹감이었다. 휴즈는 사람에게 의존하는 것에 대해 분개하고 항상 경계하였다. 그는 비평을 견디기 힘들어했고, 내적 고통을 인정하는 대신 공기와 물의 오염에 열정적으로 관심을 가졌다. 그는 성공한 창조적 예술가가 되지 못한 것이 2차 세계대전 전의 정치적 불안정 탓이라 생각했다. 그에게는 오염된 공기와 황폐화한 유럽에 초점을 맞추는 것이 청소년시절의 우울함과 갈등을 인식하기보다 훨씬 쉬웠다. 그럼에도 불구하고 그는 본격적인 흐름이 있기 몇 년 앞서 도색잡지에 반대하고, 공기오염방지법의 개정 필요성이 대두하리라 예측했다. 편집증환자는 종종 사회적 진보에 대해 예리한 면이 있다.

　대학시절 휴즈는 다른 사람들의 정직성에 대해 근본적으로 의심했고, 정신과의사의 견해는 "해리는 자신의 불신과 냉소주의를 다른 사람에게 투사한다"는 것이었다. 2년 후 휴즈 자신이 이 연구에 대해 '편집증'을 느낀다는 것을 인정할 수 있었다. 그럼에도 불구하고 1940년에 공기오염을 우려한 자신의 판단이 옳았던 것처럼 그의 과도한 경계심은 숨겨진 진리를 찾아냈다. 사실인즉 그랜트연구진 몇 명이 그를 그의 등 뒤에서 '무시'했던 것이다. 연구진은 그를 "진짜 신경증적"이고 "환자"라고 불렀다. 그가 자신에 대한 연구진의 태도에서 그런 판단들을 포착했다면 당연히 부당한 대접을 받는다고 느꼈을 것이다.

　투사를 사용하는 많은 사람들처럼 휴즈는 어디에서 박해(persecution)가 시작되는지, 그리고 친밀함은 어디서부터 시작되는지를 인식하는 데 특히 어려워했다. 20대에 그는 결혼할 의사가 없다고 담담하게 이야기했다. 사랑에 빠진 29세 때 부인이 추근거린다고 생각했다. 몇 년 후 어머니의 죽음에 대한 내면의 슬픔을 이야기하면서 책임을 외부로 돌리는 말을 했다. 그는 "어머니의 죽음은 상당기간 동안 스트레스를 주었고, 나는 이제야 극복하고 있다"고 쓴 것이다. 끝으로 대부분의 연구대상자가 자신들에 대한 지속적 연구를 일종의 인정으로 본 것에 비해 그는 "이렇게 오랫동안 조사될 줄 몰랐다"고 항의했다.

성숙함에 따라 휴즈는 점차 투사 대신 반동형성을 사용했다. 그는 혁명가가 되는 대신 열심히 일하고 강박적인 매우 엄격한 양심을 지닌 책의 편집인이 되었다. 변화는 느리게 일어났고, 처음에는 그의 반동형성과 투사 사이의 경계를 짓기 어려웠다. 18세 때 그는 춤은 불건강하고, "밴드음악은 인간의 감정을 자극하므로 비난받아야 한다"고 주장했다. 26세 때 그는 더 이상 성욕의 해로움에 대해 그다지 두려워하지 않게 되었다. 그러나 그는 종교적인 이유로 독신으로 지내기로 결심하였다. 그는 "종교적 관심이 문제들이 생기기 쉬운 대부분의 영역으로부터 나를 구제해주었습니다"고 말했다.

19세 때 생리적으로 그리고 비유적으로 휴즈는 내적 분노를 외부로 돌리려고 노력했다. 분노 때문에 그는 글자 그대로 토하고 싶어했다. 그리고 나서는 성욕에 대해 그랬던 것처럼 적대감에 대해 투사가 아니라 반동형성을 사용하기 시작하였다. 그리고 24세 때 그는 독신자였을 뿐 아니라 종교적 신념에 따른 양심적 병역기피자가 되었다. 그의 백일몽이 전적으로 명성에 관한 것이기는 하지만 실생활에서 그는 "내 자신을 비하하려는 강한 욕구를 갖고 있다"는 것을 알게됐다. 46세 때 그는 계속 "해를 끼칠지 모르는 두려움 때문에 경쟁을 두려워한다"고 주장했다. 그는 그러나 동시에 자신이 매우 강렬한 경쟁심을 갖고 있다는 것을 인정했다.

50세가 되어서야 그는 이기는 것 자체를 좋아하며 지금은 이타주의에서 안식을 찾고 있다고 고백할 수 있었다. 그는 저렴한 보급판 출판업 종사자로서의 성공을 "천사편에 선 적극적 활동"으로 간주했다. 그는 "봉사야말로 행복에 이르는 길"이라는 신념으로 자녀를 키웠다. 성숙함에 따라 휴즈는 자신을 박해한다고 느꼈던 연구에 충실한 참여자가 되었고, 한때는 외톨이였으나 이제 파티에 초청받는 인물이 되었다. 휴즈는 여전히 내적 고통으로 괴로움을 겪고 있으나, 투사로부터는 자유로워졌기 때문에 이젠 자신의 상황을 인정하면서 외적으로 즐거움과 능력을 갖추게 되었다.

해리 휴즈와는 달리 프랜시스 오스왈드(Francis Oswald)는 반동형성이 투사로 변한 인물이었다. 아버지로서 그리고 피고용인으로서의 그의 기록은 이 연구의 어떤 대상자들보다 나쁜 것이었다. 매력적인 19세 소년에서 너무나 고립된 중년의 남자로 변한 탓에 그와 같이 있는 것 자체가 나로 하여금 외로움을 느끼게 했다. 그의 방어기제가 바뀐 원인은 분명치 않지만 몇몇 정신병적 우울증의 기저를 이루는—아마도 유전적인—생물학적 결함일 것이다.

키츠 중위와 해리 휴즈처럼 오스왈드도 엄한 분위기에서 자랐다. 그의 대소변 훈련은 한 번에 이루어졌고, 손가락 빠는 습관은 손가락에 타바스코(Tabasco)*를 발라 고쳤다. 대변을 불규칙하게 보는 습관 때문에 약과 관장기로 치료를 받았으며, 후에는 아버지에 대해 적대감을 갖게 됐는데 항상 "나에게서 무엇인가를 기대하기 때문"이었다.

처음 오스왈드는 힘들수록 더욱 강해졌다. 그는 어려움을 극복하는 자신의 능력에 대해 큰 자부심을 느꼈다. 노 하나를 사용하는 조정경기 종목에서 그는 어떤 날씨에도 배를 저었고, 스프랫 판사처럼 자신의 지구력에 대해 자부심을 가졌다. 대학시절 그는 예전에 항상 적대적이었던 누이에게 갑자기 지나치게 친절해졌다. 그의 부모가 이야기한 대로 "갑자기 오스왈드는 완전히 반대로 변했다". 전쟁 동안 오스왈드는 훈장을 여럿 탄 해병대 소대장이 되었는데, 항상 가장 어려운 과업에 자원했다. 그럼에도 불구하고 그랜트연구는 그를 "말과 매너가 매우 부드러운" 사람으로 묘사했고, 오스왈드 대위는 남태평양 해병들 중 전혀 술취한 적이 없는 소수의 숫총각 중 한 사람임에 틀림없었다. 그는 바로 반동형성의 모델 그 자체였다.

---

* 매우 매운 고추로 만든 양념의 상품명 — 옮긴이.

제9장 — 미성숙한 방어   255

그러나 타바스코와 반동형성으로는 충분하지 않았다. 20대 중반에 오스왈드가 비난해 온 바로 그 느낌이 자꾸 일어나서 그를 괴롭혔다. 아직 독신으로 있을 때 그는 원치 않는 성적인 생각들이 그의 마음 속에 떠올라 일을 방해하는 것을 의식했다. 오스왈드는 여자들과 데이트할 때 자신이 "자동적으로 실제로 존재하지도 않는 상황에서 동기들을 찾아내게 된다"는 것을 알았다. 그는 그랜트연구진에게 "전혀 돈 버는 일에 관심이 없다"고 확신시켰으나 그랜트연구 면담자는 "오스왈드와 대화하면 돈 문제가 슬그머니 나타난다"고 말했다. 몇 년 동안 2차 세계대전중 그가 참여했던 살인의 기억이 되살아나 악몽 속에서 그를 괴롭혔다.

오스왈드가 30세가 되는 해 부모 모두 세상을 떠났다. 비록 결혼을 할 만큼 내적 억제들을 완화시켰음에도 불구하고 자녀들의 훈육에 대해 부인과 다투곤 하였다. 자기 부모의 엄격함과 자신을 동일시하면서 오스왈드는 엄격한 배변훈련을 선호했고, "어린 아이는 많이 알지 못하므로 훈련과정 때문에 혼란스러워 하지는 않는다. 아이는 단지 한 묶음의 습관일 뿐이며, 좋은 아이로 만들려는 훈련을 일찍 시작하면 할수록 아이가 더욱 좋아질 것이다"라고 하였다. 그는 투사했고 아이의 감정을 느끼지 않았다.

31세 때 오스왈드의 반동형성에서 투사로의 발전은 완결되었다. 이 때 오스왈드는 직장상사가 자신이 원하지 않는 곳에서 일하도록 '압력'을 넣으려 한다는 사실에 깊이 분개했다. 그 다음 해 오스왈드가 사실은 직장상사의 자리를 공개적으로 몹시 탐내고 있을 때, 상사가 자신을 박해하고 있다고 추측했다. 시간이 지남에 따라 고용주에 의해 박해받는다는 감정이 증가하면서 이 직장에서 저 직장으로 옮겨다녔다. 그는 혼외연애에 빠졌는데, 그리고 나선 자신의 정부가 "내가 결혼을 깨는 데 흥미를 느끼도록 매우 노력하는 이웃"이라고 불평하였다.

40세 때 오스왈드는 그토록 엄격하게 양육한 자식들이 한층 더 자신을 박해하고 있다고 느꼈다. 종종 자신이 아들들을 너무 심하게 다룬다는 것을 희미하게 느꼈으나, 곧잘 자신이 한 일에 대해 잊어버렸다. 한편으로는 "자식이 칼에 찔려 죽든지 말든지 상관이 없지 않는 한 마냥 받아줄 수는 없다"라고 말했다. 또 다른 한편으로는 딸이 성적으로 문란한 생활로 "아내와 나를 괴롭히려 한다"고 말했다. 그러나 오스왈드는 최근 딸을 데리고 몹시 사나운 날씨에 항해를 나갔다 둘 다 거의 죽을 뻔했다. 그 다음 해 오스왈드는 자살을 고려했고, 그럴듯한 내용의 피해망상을 발전시키다 결국 입원하였다. 투사의 사용이 많아짐에 따라 현실세계에 참여하는 그의 능력은 손상되었다.

퇴원 후 오스왈드는 대부분의 시간을 실업자로 보냈다. 내적인 위험을 외부세계로 창조적으로 전이시킨 많은 다른 혁명가처럼 그는 플로리다주의 대소택지(Florida Everglades)를 구하기 위해 눈부시게 싸우면서 20세기의 돈키호테 역할을 해냈다. 50세 때 그는 애처롭게도 그랜트연구에 의존적이 되었고 우리에게 도움을 요청했으나, 삶의 주기에서 이때는 대부분의 대상자들이 독립적으로 다른 사람들을 도울 시기였다. 그리고 또한 연구진은 플로리다에 있는 그의 집에서 너무 멀리 떨어져 있어서 실제 도움을 주지 못했다.

2년 후 그는 차를 몰다 다리교각을 들이받고 즉사했다. 주 경찰은 그가 브레이크를 사용하려고 시도했다는 증거를 아무 곳에서도 발견할 수 없었다. 자살, 알코올 또는 둘 다가 그 원인이라고 생각된다. 오스왈드의 악마들은 그를 박해해 결국 파국에 이르게 하였다.

2) 공상과 그 사용 예

괴짜와 청소년은 투사뿐 아니라 공상에서도 전문가이다. 공상은 우리 모두에게 비록 실제에서는 사건이 견딜 수 없을지라도 머리 속에서는 그 사건을 좋게 보도록 만드는 수단을 마련해 준다. 이런 거부된 실재는 우리의 외부세계, 우리의 양심, 우리의 신체, 심지어는 우리의 감정까지 포함할 수 있다. 공상은 어린아이들에게는 왕과 여왕의 전능함을, 열 살짜리 아동에게는 운동장의 불량배에 대한 훌륭한 복수를, 그리고 청소년에게는 성적 친밀함에 대한 두려움 없는 극복을 연습해보는 기회를 제공한다. 성인이 잠잘 때 또는 신호등을 기다리며 백일몽을 꿀 때 공상은 소망을 충족시켜 준다. 그렇지만 불행히도 실제생활에서는 공상은 미래행동을 연습할 수단이 되어주는 것 말고는 효과가 없다. 공상은 거의 언제나 위안을 주지만 행동과 우정 그리고 놀이에 대한 좋은 대치물은 아니다. 내 친구 중의 한 사람이 말한 것처럼 "머리를 즐겁게 해주는 것은 나쁜 마약과 같은 것"이다.

내가 연구한 95명 중에 9명이 공상을 자주 사용했다. 이들 중 아무도 다른 사람과 게임을 하지 않았고, 아무도 친한 친구가 없었으며, 단지 4명만이 부모나 형제들과 계속 접촉하였다. 예상과 이지화는 연구대상자들이 머리를 사용해 독립을 성취하게 한 방어기제들이었다. 그러나 공상의 경우는 그렇지 않다. 이지화는 우리가 생각을 다루도록 하며, 실제인물과의 행동을 연습하게끔 해준다. 공상은 가상의 인물이 마음 내부에서 살아서 활동하게 해주지만, 바로 그 때문에 외부에 있는 실제인물로부터의 구원을 배제한다. 사실 공상은 투사와 피학증을 제외하고는 어떤 다른 방어기제보다 의존성과 보다 높게 연합되어 있다.[1] 공상을 사용하는 경향이 있는 사람들의 다른 두드러진 특징들은 자아중심성, 비관주의, 완고함, 감정적 위축 등이다. 여기에서 모순이 존재한다. 즉, 백일몽의 전능함 속에서 우리는 아무도 필요없는 것처럼 보인다. 그러나 실제로는 가상적 친구로 만족해야 하는 외롭고 궁핍한 사람들일 뿐이다.

은둔자와 괴짜는 아무 해도 안 끼친다고 생각되지만 그러나 국외자는 몹시 화가 난다. 그가 화나는 부분적 이유는 소외되기 때문이다. 습관적으로 공상을 사용하는 사람의 대학시절의 면접기록을 돌이켜보면서 나는 다음과 같은 경멸적인 비평들을 발견하게 되었다.

그는 우울하고, 슬퍼하고, 얼어붙고, 유머 없이 다른 사람들과는 동떨어지게 보였다.

단정치 못하고, 수염도 안 깎고 귀신같이 보였다.

고통을 향해 일부러 나아가며 냄새가 난다.

그는 오래된 낡은 티셔츠를 입고 어슬렁거리는 수위같이 보인다.

우리는 또한 백일몽이 진짜 독창성을 허용하기 때문에도 몽상가들을 의심하게 된다. 진실로 독창적이라는 것은 다른 사람에 대해 독립적으로 보이는 것을 의미하고, 다른 사람에 대해 독립적인 것은 괴상한 것으로 생각된다. 모든 위대한 예술적 노력은 자신만의 독특한 공상으로부터 나온다. 그리고 예술가는 정의상 그의 창조에 있어 거의 도움을 필요로 하지 않는다. 예를 들어 그랜트연구에서 위대한 공상가들 중의 한 대상자는 헛간을 지은 것에 긍지를 느꼈다. 그는 어떤 사람에게도 도움을 받지 않았다고 자랑했다. 그는 어떤 책들도 참고하지 않고 철사나 연관을 설치했다. 그는 비록 괴상하긴 할지라도 완전히 독창적인 해결책을 성취한 것에 대해 기뻐했다. 그러나 헛간의 다음 소유자는 아마도 덜 즐거울 것이다.

진정한 창조성은 자신의 개인적인 꿈을 다른 사람에게 감동적인 방식으로 전달한다. 그러므로 클로비스 교수가 보여주었듯이 인간발달에는 공상으로부터 시작해서 이지화를 통해 승화에서 끝나는 일정한 성숙과정이 있다.

예를 들어보자. 그랜트연구의 한 공상가의 어머니는 아들이 세 살이 되었을 때 신경쇠약에 걸렸고 아들은 우울해졌다. 그의 부모는 가끔 별로 24시간 동안 그에게 이야기하지 않기도 했다. 그러나 그의 어머니는 '결과에 대한 책임'을 연구자에게 설명하면서 "다섯 살에 이르기까지 유모가 그로부터 모든 진취적 기상을 빼앗아갔다"라고 투사하였다. 적응하기 위해 그 소년은 머리 속으로 여행하는 것을 배웠다. 그는 외국동전수집에 완전히 몰두했다. 그리고 마음 속에서 동전들이 대표하는 모든 나라들을 방문했다. 고등학교 시절 그는 은둔자였다. "나는 그가 점차로 은둔자가 되어간다고 생각했다"고 어머니는 불평했다. 그러나 대신에 그는 전 세계의 동전수집가들에게 끊임없이 편지를 썼다.

그는 철도기사가 되어 여행하는 것을 꿈꾸었다. 그러나 실제로는 아직 공상을 실천으로 옮길 준비가 덜 되어 있었다. 대학시절에 그는 "사람을 연구하고 삶에 가까이 있기 위해" 시골 호텔의 로비에 홀로 앉아있는 것을 즐겼다. 그는 대학원에 진학했는데 "단지 세상의 새로운 부분에 대해 배우고 있다는 느낌 때문이었다"고 그 이유를 들었다. 이 때까지 그는 아직 데이트를 하지 않았지만 긴 자동차여행을 하였다. 연구진 중의 한 사람이 소녀와 함께 하면 훨씬 더 여행을 즐길 수 있을 것이라고 하였더니, 그는 "아니다, … 그녀의 어머니가 반대할 것이다"라고 말했다.

28세 때 그는 국제전신전화국에서 일하기 시작했다. 처음에는 뉴욕에서 근무했는데 계속 동전을 수집했다. 그러나 점차 동전수집에 흥미를 잃기 시작했다. 35세가 되었을 때 그는 행복한 결혼생활을 하고 있었고, 세계보건기구에서 장래가 유망한 새로운 직책을 이미 시작했다. 45세 때 직업 덕택에 세계의 수많은 지역을 다녔고, 국제연합의 고위 행정직에 강력하게 추천되었다. 어린 시절의 환상이 다른 사람에게 현실적으로 유용한 여행에로의 승화된 흥미로 발전해 갔다. 더 이상 그는 18세 때처럼 '이상한' 소년으로서 소외되지 않았다.

투사, 피학증, 비행과는 달리 공상은 연구대상자들의 일을 방해하지 않았다. 공상은 또한 주관적 행복을 배제하지도 않았다. 왜냐하면 공상이 우정에 간섭한다 해도 그것은 친구 없이도 견디게 해주는 유일한 방어였기 때문이다. 하비 뉴톤(Harvey Newton) 교수는 어떻게 공상이 유용하게 쓰이는지에 대해 설명해 주는 연구대상자이다. 그는 일, 심리적 적응, 의학적 건강에 있어 문제가 거의 없었다. 그가 나에게 "즐기며 할 수 있는 일을 갖고 있다면 어떤 것도 혼란시키지 못할 것입니다. … 게다가 나는 도움을 필요로 하는 문제들을 갖고 있지 않습니다"라고 말한 것 그대로이다. 단지 살아가면서 외롭다는 것만이 그가 지불한 대가를 보여줄 뿐이었다.

공상을 사용하는 대부분의 사람들처럼 뉴톤은 휴가도 거의 갖지 않고, 결코 게임도 하지 않았다. 대신 그의 마음을 편하게 해주는 주요 자원은 버몬트 주에 있는 농장에서 나무를 쪼개는 일이었다. 그의 가장 친한 친구도 몇 년 동안 만나지 못했다. "나는 사람들에 대해 별로 관심을 갖지 않는다. 그렇지 않다면 나는 이 분야에 있지도 않을 것이다"라면서 친구가 없는 것에 대해 철학적으로 해석했다. 그는 이 나라의 지도적 물리학자 중의 한 사람이었다.

만일 그의 내적 두려움에 대해 알지 못한다면 뉴톤 교수도 태리타운 박사와 같이 화나게 하는 동료처럼 보였을 것이다. 1940년에 한 정신 의학자는 "이 소년은 집단의 어느 누구보다도 면담하기가 어렵다"고 불평했다. 30년 후에 나도 동의하였다. 그러나 한 질문지에서 뉴톤은 마침내 그가 믿는 것을 드러냈다. "내가 사람들과 너무 가까워지는 것은 해롭거나 파괴적이 될 수 있을 것이다. … 사람들에게 너무 많이 관여하다 보면 그들을 압도하게 될까 두렵다"라고 하였다.

다른 어떤 적응스타일보다도 공상은 황량한 어린 시절과 많은 상관이 있다. 태리타운과 대부분의 공상가들처럼 뉴톤의 어머니는 정신적으로 건강하지 못했다. 언젠가 뉴톤의 어머니는 막연한 가상의 질병때문에 5주 동안 침대에 누워 있었다. 내가 그녀를 만났을 때 그녀는 나를 돌처럼 대했다. 내가 만난 사람 중 가족면접자인 루이스 그레고리 데이비스를 따뜻하게 회상하지 않은 부모는 그녀가 유일했다. 50세에 뉴톤 교수가 "사람들로부터 아무것도 기대하지 말 것을 경험을 통해 배웠다"고 확정적으로 말했다 해도 이는 하나도 놀랄 만한 일이 아니다.

청소년시절, 그렇지 않으면 문학소년이었을 뉴톤은 신화에 매료되었다. 비록 그가 언어적 흥미나 감정적 배출구를 가지고 있지 않다 할지라도 동화는 너무나 선명하게 되었고, "존재의 보다 고차적인 면을 대표하는"것 같았다. 그는 그들에 대해 생각하며 잠들곤 했다. 젊은 시절 뉴톤은 지적 흥미가 비슷하다는 이유로 한 여자와 결혼했다. 단지 2주 동안밖에 그녀를 알지 못했고, 그의 말로는 그것은 "냉정하고 지적인 일"이었다. 몇 년 후에 그는 이혼했다. "둘 사이의 두뇌회전 속도의 차이를 즐길 수 없었기 때문"이었다.

후에 사람들과의 관계를 상상하는 그의 노력은 적응적 이지화로 귀결되었다. 그는 핵물리학의 연구에 깊이 몰두했고, 자신을 "매우 행복하다"고 묘사했다. 그의 말로는 순수과학이란 "물리적 세계에 관해서 발견하고, 그것에 적응하는 가장 직접적인 방법"이었다. 뉴톤은 매사추세츠 공과대학에 갔는데, 그 이유는 "내가 풀고 싶어하는 문제를 풀기 위한 구조를 건축하기 위해서이다. 나는 어떤 행정적 일도 원하지 않는다. 나는 단지 소수의 사람들과 함께 안락의자에 파묻혀 물리학을 가지고 놀고 싶다"고 할 뿐이었다. 그렇지만 그 대학에서 뉴톤은 우주의 수수께끼를 풀지도 모르는 '구조'에 대한 공상적 생각을 유능한 물리학자들에게 심어줄 수가 있었다. 50세 때에 그는 예술가들이 흔히 말하듯이 "우리는 내가 10년간 생각해 온 이미지에 적합한 새로운 실험실을 막 설립했다.… 내가 하는 일은 너무나 흥미롭다"고 자랑했다.

이론적으로 마음 속에서 사는 사람들은 가장 자유로운 영혼이고, 가장 잘 놀 수 있는 사람임에 틀림없다. 이것은 예술가도 마찬가지이다. 그러나 이들의 공상은 어떤 신비스러운 정신적 연금술을 통해서 개인적 꿈을 다른 사람과 공유할 수 있게 해주는 승화로 변화된다. 우리의 꿈에서 완전한 휴가란 무인도에 있는 것이 사실이지만, 현실에서의 휴가는 현실의 사람들을 필요로 한다.

윌리엄 미티(William Mitty) 박사의 삶 이야기는 사랑하거나 놀 수 없는 사람이 어떻게 위로해 주는 사람들을 마음 속에서 만들어 내는 방법을 발견했는지를 보여준다. 18세 때 정신의학자는 미티에 대해 "놀 시간을 안 갖기 위해서 더 많은 일을 만드는 것 같다"고 하였다.

47세 때 미티는 내게 다음과 같이 고백했다. "나는 정말로 휴가를 가지고 싶지만 그 방법을 모르겠습니다." 후에 미티는 내게 30년간의 결혼생활에 대해 말하면서 "우리가 더 많은 것을 공유할 어떤 방법이 있음에 틀림없습니다. 그러나 나는 어떻게 할지 모르겠습니다. … 어쨌든 나는 결혼생활이 훨씬 더 많은 즐거움을 주었어야 했다고 요즘에 와서 느낍니다"라고 하였다.

나는 미티 박사를 기차역에서 처음 만났다. 한 친구가 그를 집까지 태워다 주려고 하였다. 세 번씩이나 그 친구가 제안했는데, 그때마다 그는 받아들이지 않았다. 그러나 미티는 그 차를 이용해야만 할 형편이었다. 그리고 그는 친구에게 정말로 원하지 않는다는 것을 확신시켜 줄 수 없어 보였다. 핀터(Pinter)*의 연극에서와 같이 한 인간이 다른 인간에게 주는 선물은 어색하고 어정쩡한 상태로 남아 있었다.

미티에게 있어 사람들은 항상 멀리 떨어져 있었다. 어린이일 때 그의 어머니는 "윌리가 사람들에게 별로 관심이 없다. 그는 거의 혼자서 망원경과 화석들을 가지고 많은 시간을 보낸다"고 말했다. 그러나 그녀 역시 도와주지 않았다. 미티가 처음으로 집에서 1,600km 정도 떨어진 대학에 가기 위해 집을 떠날 때 그들이 한 것이라곤 악수가 전부였다.

운동신경이 발달되지 않아 미티는 운동을 회피했고, 대신 혼자서 아름다운 망원경을 만들어 고등학교 천문학클럽의 회장이 되었다. 비록 사진에 매료되었지만 미티는 사람보다는 사물에 대한 사진을 선호했다. 다른 사람이 이해하지 못하도록 쓰는 법을 고안했다. 이 연구의 많은 대상자처럼 미티는 데이트하는 대신에 비행기운전 면허증을 획득했다. 그러나 키츠 중위와는 다르게 미티는 동성의 친구가 없었다. 정말로 악몽에서조차 그는 아무와도 접촉하지 않고 공간에서 떠다녔다.

믿고 의지하기 위해 미티는 머리 속에 대인관계의 세계를 창조했다.

---

* 영국의 극작가 — 옮긴이.

고등학교시절 청소년들이 성적인 주제에 대해 말할 때 그는 도망갔다. 그러나 그는 혼자서 성에 대해 많은 것을 읽었다. 그는 이성과 성적인 관계를 가지는 공상 속에서 정기적으로 자위행위를 했다. 그러나 그는 자신이 예쁜 소녀가 앞에 있는데도 성적으로 흥분할 수 없는 것에 대해 어리둥절했다.

대학시절 미티의 유일한 친구는 그랜트연구인 것 같았다. 한 의사는 "윌리엄은 여러 번 그랜트연구실로 와서 우리가 그를 환영하는 한 오랫동안 앉아 있곤 했다"고 했다. 대학졸업 후에도 그는 연구진에게 방 친구를 소개해 주고, 집으로 가는 차편을 마련해 주고, 장학금을 얻게 해달라고 요청하는 편지를 썼다. 비록 그랜트연구가 미티를 연구재료로 만들었다고 하지만, 적어도 그의 머리 속에서 무슨 일이 일어나고 있는지를 이해하려고 노력하였다. 그리고 대부분의 친구들과는 다르게 연구진은 자기의 머리 속에서 무슨 일이 일어나는지를 미티에게 이해해달라고 결코 요청하지도 않았다. 정말로 정신의학자들은 때때로 (만성적인 공상사용자인) 정신분열증적 사람이 발견할 수 있는 가장 좋은 친구들이다.

그러나 그의 의존성에도 불구하고 연구진은 미티에게 따뜻하게 대하는 것이 어려웠다. 국외자들은 몽상가의 외로운 요새에 대해 화를 낸다. 한 정신의학자는 미티에 대해 다음과 같이 말했다. "그의 공감능력은 떨어진다. 무언가 부족한 것이 있다." 마침내 50세 때에 익명성이 보장되는 진위를 가진 질문지를 통해 미티는 뉴톤처럼 무엇이 문제인지에 대해 힌트를 줄 수 있었다(그가 즉흥적으로 쓴 대답을 고딕체로 하였다). "나의 백일몽들은 나로 하여금 다른 사람을 덜 필요로 하게 한다. 아마도 그럴 것이다. … 나는 다른 사람과의 친밀함과 친숙함을 회피한다. 그러나 정말로 나는 왜 그런지 모른다. 나는 종종 내 감정의 깊이가 파괴적이 될 수 있다는 생각을 갖는다. … 종종 나는 내가 가장 필요로 하는 사람을 먹어치우거나 다 써버릴 것이라고 느낀다." 그는 사람에게 너무 굶주렸으므로 그들과 함께 홀로 남겨지는 것을 두려워했다.

20대 때 종교는 일시적이나마 미티에게 공상 대신 더 만족스러울지는 모르지만 더 위험한 승화(또는 해리?)의 방어기제를 사용하도록 해주었다. 그때 그는 가족으로부터 3,200km나 떨어지고, 그가 연구하는 별로부터 몇 광년이나 떨어진 캘리포니아 공과대학에 있었다. 미티는 깊은 향수에 젖었고, 연구진에게 "걱정스러운 미국 가정의 타락은 우리를 파멸시키기 위해 사용될 수도 있는 모든 원자폭탄만큼이나 우리들의 자유에 해롭다"라고 썼다(다른 말로 하면, 많은 공상가들처럼 미티는 내적인 마음의 고통을 세계의 재앙과 같은 것으로 보았다).

그리고 나서 에릭슨이 친밀감을 성취하거나 그렇지 않으면 고독한 삶을 보낸다고 주장한 그 나이에 작은 기적이 일어났다. 미티는 그의 삶 속에 하나님을 받아들였다. 그가 가장 가까이 알고 지내는 수학교수를 통해 그는 열정적으로 옥스퍼드운동(Oxford Movement)*에 가담했다. 6개월 후에 그는 "행복하다는 것은 놀랍다"라고 하였다. 옥스퍼드운동에 대한 자신의 관심을 "광신적"이라고 불렀고, 그가 새로 발견한 행복을 "말로 표현할 수 없다"고 했다. 미티는 "기도가 인간의 가장 강한 힘의 근원이다. 우리가 하나님께 적절히 간구하기만 한다면 그가 얼마나 우리를 도우시기를 원하시는지 정말 놀라운 일이다"라고 썼다.

그의 개종의 원인인지 혹은 그 결과인지 모르지만 미티는 사랑에 빠졌다. 그답게 미티는 단지 편지왕래를 통해서 처음 그 여자를 알게 되었다. 그러나 그의 마음 속에서 이 연필과 종이로만 이루어진 사랑은 실재적인 것이 되었다. 여자친구 역시 옥스퍼드운동에 가담하고 있었다. 그리고 그는 "우리가 하는 모든 일에 하나님에 대한 믿음을 결부시키는 데 즐거움이 있었다. … 어린 시절의 꿈이 실현된 것이다"고 말했다. 몇 년 후에 미티가 나에게 종교와의 첫 만남을 회상할 때 따뜻

---

* 1833년 옥스퍼드대학에서 일어난 운동으로 교회의 자유주의적·합리주의적·복음주의적 경향에 반대하고 역사적·교조주의적 기독교의 원리를 강조하였음 — 옮긴이.

한 미소를 띠며 얼굴이 환해졌다. 그는 매우 즐겁게 다음과 같이 말했다. "옥스퍼드운동은 내가 수년 동안 찾고 있던 것이었습니다. 그것은 내 속에서 필요로 하는 것과 잘 맞았습니다." 외로웠던 다른 두 연구대상자들도 20대 때에 비슷한 종교적 경험을 즐겼다. 한 사람에게는 서부지역의 가톨릭교회였고, 또 한 사람에게는 뉴멕시코에 있는 공동체였다.

그러나 성인시절의 대부분 동안 미티의 사랑은 상상 속에서 가장 선명하게 살아 있었다. 면담중에 나는 그에게 최근에 있었던 아버지의 죽음에 대해 어떻게 대처했는지 물어보았다. 그는 아버지와 함께했던 즐거운 시간들을 회상하려 노력했다고 말했다. 그러나 미티는 그 당시 10년 이상이나 아버지를 만나지 않았다! 가장 친한 친구에 대해 말해줄 수 있는지 물어보았을 때 그는 거의 만나보지 않았던 몇몇 사람들이 마음 속에 떠오른다고 말했다. 예를 들면 그는 11년간이나 보지 못했던 친구에 대해 말했다. 그는 "우리가 서로 만날 때 포옹을 싫어하지는 않습니다"고 확신시켜 주었다. 하늘에 떠 있는 별처럼 미티의 인간관계는 너무 멀리 떨어져 있어서 오직 그의 마음에서나 직접적으로 느낄 수 있는 것처럼 나에게 보였다.

미티 박사는 자신이 비정상적이라고 생각하지 않았다. 그는 자신이 다른 사람을 잘못된 방식으로 애먹이고 있다는 것을 알지 못했다. 더구나 그의 머리 속에 있는 것은 귀중한 것이었다. 비록 그의 삶이 때때로 견디기에 너무나 고통스러운 것은 사실이지만, 그가 살아 있다는 것을 기억하라. 단지 평균의 지적 능력으로 미티는 진정한 성취를 통하여 대학의 전과정에 걸쳐 장학금을 탔다. 캘리포니아 공대에서 그를 지도한 천체물리학 교수는 그를 "연구자로서 대단히 능력이 있다"고 하였고, "굉장한 독창성을 갖고 있다"고 칭찬했다. 그는 천체물리학 분야에서 박사학위를 갖고 보스턴 근교에서 촉망받는 방사망원경 설계사와 스미소니언 관측소의 자문역으로 일하고 있다. 그는 결혼했고 세 아들을 두었다. 비록 그가 세상에서 제일 좋은 친구는 아니라 할지라도 헌신적인 아버지이고 남편이다.

3) 행동화와 그 사용 예

원래 행동화(*acting out*)라는 용어는 환자의 갈등적 소망들이 상담실에서의 환상으로부터 외부행동으로 옮겨지는 것을 묘사하기 위해 심리치료자들에 의해 사용되었다. 이 책에서 나는 이 용어를 확장시켜 범죄행위라고 경멸적으로 불리는 것의 역동적 기초도 집어 넣었다. 첫째, 행동화는 표현의 지연결과로 생길 수 있는 의식상의 긴장을 회피하기 위해 충동에 굴복하는 것과 관계 있다. 둘째, 행동화는 충동을 행동으로 너무 빨리 변환시키므로 행위자는 자신이 행한 것에 대한 느낌 또는 사고에서 도피한다. 셋째, 행동화는 행위자가 행동을 금하는 내재화된 금기를 무시하면서 무의식적 충동을 직접적으로 표현하도록 해준다.

예를 들어 찰스 휘트만(Charles Whitman)은 별 생각 없이 어머니와 부인을 죽인 후 텍사스대학교의 종탑에서 몇몇 낯선 사람을 쏴 죽였다. 그 당시에 그는 아마 살인이라는 사회적 금기에 신경 쓰지 않았고, 그의 분노의 실제적인 정도에 대해 전혀 의식이 없었으며, 또한 그의 폭발적 분노가 실제로 겨냥한 사람(아마 그의 아버지)이 누구인지를 몰랐을 것이다.

범죄재판에는 항상 수수께끼가 있다. 즉, 어디에서 편집증적 미친 상태가 끝나고 교정불가능한 비행이 시작되는가? 틀림없이 우리 모두는 정신병질자(*psychopath*)보다 미치광이를 더 쉽게 용서한다. 비교적 관용적인 정신의학자에게조차도 비행이, 특히 별 생각 없이 저지르는 비행이 가장 용서할 수 없는 적응양식이다. 교도소 안에서 많은 시간을 보내는 정신의학자는 거의 없고, 믿을 만한 정신의학 교과서들도 정신병질자를 아직도 인간적 죄책감, 우울, 불안 등을 느끼지 못하는 선사시대의 원시인으로 묘사한다. 간단히 말해서 정신병질자는 인간성에 정면으로 반대되는 것들로 이루어져 있다. 정밀한 신문 잡지류의 연구가 없었다면 — 예를 들어 트루만 카포트(Truman Capote)의 《냉혈한》(In Cold Brood) 또는 《쏘지 마세요. 우리는 당신의 아이들이에요》(Don't Shoot, We Are You Children)에서의 앤터니 루카스(Anthony Lukas)의 린다 피츠패트릭에 관한 연구 — 공개적으로 드러난 정신병질자의 고통은 아직도 알려지지 않은 채 남아 있을 것이다. 그러나 그랜트연구에서 행동화를 사용한 대부분의 대상자는 이 연구의 어느 집단보다 더욱 불행했고, 성에 대해 더 불안해 했으며, 더 비관적이었다.

행동화의 기제는 만성적인 약물사용과 자해로부터 반복적인 범죄행위와 자기파괴적인 도착행동들까지 다양한 비행행동의 기저에 있다고 생각할 수 있다. 그러나 다른 복잡한 인간행동에서처럼 하나의 가설적인 방어기제가 비행행동을 완전히 설명해 주지는 못한다. 예를 들어 '단순한' 도착행동도 반동형성, 승화, 공상, 투사, 행동화 등이 정교하게 어우러진 것일 수 있다.

궁극적으로 행동화의 결과는 비참하다. 음주를 오래 하면 음주자는 덜 불안해지는 것이 아니라 더욱 불안해진다. 공금을 횡령하는 사람이나 창녀는 자신의 부를 거의 즐기지 못한다. 성질을 잘 부리는 사람은 종종 자신의 감정이 더 음울해지고 더욱 화나게 되는 것을 느낀다. 대중적인 미신에도 불구하고 정신병리는 행위자가 양심으로부터 보복당하는 것을 면제해 주지 않는다. 두 번이나 교도소에서 탈옥해서 지금은 세 번째로 교도소에 있는 한 범죄자는 종종 자신이 다시 잡히도록 상황을 스스로 조성했다. 그는 심지어 그런 주기가 시작되기 전에 "실패하기 위해 태어났다"란 모토를 고통스럽게 문신했는지 모른다. 그러나 사람들은 그가 아무런 양심도 없다고 말한다.

행동화는 젊은이들에겐 보통 있는 일이다. 이 시기에는 본능을 억제하는 자아의 능력에 비해서 상대적으로 본능이 가장 강하게 표출된다. 친숙하지 않은 열정에 압도되고, 이 열정을 의식할 수 없기에 10대들은 먼저 행동하고 그리고 나서 자신의 행동을 합리화하려고 노력한다.

이 연구의 모든 방어기제들 중 행동화는 청소년기에 가장 분명하게 국한된 방어기제였다.

행동화의 한 적응적 측면은 이것이 어떤 한 사람에게든 충동을 집중시키기보다 확산시킨다는 것이다. 가장 괴기한 성도착자라 할지라도 그가 실제 어떤 종류의 사람을 또는 심지어 한 사람의 어느 부분을 찾고 있는지 잘 모를 수 있다. 어린 시절에 강박적으로 불을 질렀던 그랜트연구의 한 대상자는 청소년시절에도 무엇이 그를 괴롭혔는지에 대해 여전히 주의를 집중할 수 없었다. 45세가 되어 마침내 그의 내적 세계의 주인이 되었을 때 "나의 방화가 부모를 향한 순전한 적개심이라고 항상 생각했습니다"라고 담담하게 말할 수 있었다. 사실 대학에서조차 인정할 수 없었지만, 그의 어린 시절은 어떤 연구대상자들보다 어두운 것이었다.

투사와 행동화는 위험한 범죄자들에게 연결되어 있을 뿐 아니라 혁명가 안에서도 이 둘은 보다 적응적인 형태로 결합되어 있다. 1960년대에는 피델 카스트로(Fidel Castro)가 정치적 이상가인지 혹은 어깨에 계급장을 달고 우쭐대는 무법자인지를 국방성에서조차 분명히 알 수 없었다. 비천한 빈민가의 어린 범죄자처럼 혁명가들은 종종 어린 아이일 때 희생자였다. 폭력은 폭력을 낳는데, 결국 폭력을 유일하게 창조적으로 쓸 수 있는 곳은 혁명에서이다.

로버트 후드(Robert Hood)는 행동화의 좋지 않은 측면을 보여주는 그랜트연구 대상자였다. 그랜트연구의 엄격한 선택과정이 반항적인 사람을 배제하도록 설계되었기 때문에 후드의 존재는 계속해서 연구진을 놀라게 했다. 그는 비록 상류층 출신임에도 불구하고 길거리의 개구쟁이처럼 행동했다. 그는 12세에 흡연을 시작했고, 15세에는 중독이 되었다. 기숙학교 시절에 그는 항상 퇴학의 위험에 놓여 있었다. 대학 1학년 때 그는 시속 200km로 운전하는 것을 자랑하는 심한 음주자였다. 시험공부하는 것을 회피하기 위해 종종 1주일 내내 심하게 술을 마셨고, 시험 때는 농땡이를 부리며 학교를 빼먹었다. 군대에서는 그는 매우 심각한 훈련상의 문제가 있어 그랜트연구 대상자 중에서 강등된 두 사람 중 한 사람이 되었다. 결혼기간 동안 후드는 성적으로 매우 문란한 생활을 하였으며, 아들을 위협할 정도로 마구 때리곤 하였다. 표면적으로 볼 때 후드는 종자가 나빴다. 연구진은 그를 '정신병리적'이라고 불렀으며, 슬픔, 후회, 불안 등이 없다고 했다.

그러나 우리가 그의 전체 삶을 본다면 후드의 비행은 별 생각 없이 저질러진 것이 아닌 것 같다. 그는 제5장에서 본 것처럼 비행소년이었는데 동화 속의 거인과 마녀가 실제로 존재하는 것으로 생각하고 그들이 실제로 그를 쫓아온다고 믿었다(편집증과 비행은 사촌관계임을 기억하라). 이런 두려움은 후드가 다른 연구대상자들과 달리 어머니로부터 반복적으로 분리되는 시간동안 나타났다(일정한 간격으로 그녀는 자신의 취학전 아이와 떨어져 3개월간의 휴가를 즐기거나 혹은 필요로 하였다). 청소년시절에 후드가 학교의 규칙을 어기고 거의 자살에 가까운 무모한 운전에 몰두하는 동안 그의 어머니는 다음 남편으로부터 공개적 구혼을 받고, 자살할 정도로 우울증에 빠져 병원에 입원한 후드의 아버지에게 이혼소송을 내고 있었다.

후드의 방어양식은 어느 정도 효과가 있었다. 많은 범법자들과 약물 사용자들처럼 후드의 첫 30년간의 놀라운 점은 그의 우울과 불행이 결코 언급되지 않았다는 것이다. 그랜트연구 대상자로 뽑혔다는 것 자체가 그가 내적 고통과 가정의 불화를 얼마나 잘 위장했는지 보여준다. 후드가 선택되었을 때 그랜트연구의 한 내과의사는 "로버트는 누군가에게 도움을 청해야 할 어떤 구체적인 문제도 보이지 않고 자신을 행복하다고 본다"라고 하였다. 충동적 **행동**이 그를 느낌으로부터 보호했다. 규칙을 준수하지 않아서 생긴 군대에서의 강등, 극도의 성적 문란과 아이 구타는 그 자신이 이 이혼의 와중에서 고통스러운 기간에 나타났다. 이혼한 후 그의 심한 음주와 성적 난잡함은 줄어들었고 그의 군경력은 성공적으로 되었다.

그러나 로버트 후드는 한 살짜리 아이를 때리기를 원한 일에 대해 어떤 변명을 할 수 있을까? 내가 믿기에 원인은 그의 어린 자녀가 그로 하여금 자신의 어린 시절을 의식하게 위협했기 때문인 것 같다. 그는 항상 그 고통이 의식되지 않게 막아왔다. 다섯 살 때에는 망상적 투사에 의해, 대학에서는 투사와 행동화에 의해 지켜왔다. 그래서 성인기 초기에 후드는 자신의 불행한 자녀에 대해 분노를 터뜨렸는데, 왜냐하면 그가 말한 대로 "어린 시절을 자식을 통해 다시 체험하게 된다는 것은 몹시 견딜 수 없는 것이었다". 이혼 후에 그는 자식을 다시는 보지 않았다.

32세 때 후드는 마침내 "18세 때부터 나의 삶이 필연적으로 자살로 끝날 것이라는 신념을 가졌다"는 사실을 인정했다. 그리고 만일 그가 술과 행동화를 통해 도피하지 않았더라면 아마 그의 아버지만큼 위험할 정도로 우울하게 되었을 것이다. 행동화를 할 수밖에 없는 사람들에게 우리들이 얼마나 도움을 주지 않는지를 고려해 보라. 비록 사회가 겉으로 드러난 우울에 대해서는 많은 걱정을 해줌에도 불구하고 많은 주에서 행동화의 궁극적 형태인 자살은 중죄로 규정하고 있다. 20년 후 아버지로부터 철저히 거부당한 후드의 아들은 예일대학에서 '불복종'의 이유로 퇴학당했다. 대학학장이 아마도 후드시대보다도 불행을 다루는 데 더욱 통찰력이 있는 것 같지는 않다. 혹은 아마도 행동화가 너무나 교묘하게 이루어져 아무리 잘 훈련을 받은 사람일지라도 알아챌 수 없도록 불행을 숨기는 것 같다.

시간이 지남에 따라 '하층계급' 범법자들(많은 청소년들)의 무심한 냉정함(the careless cool)은 '중류계급' 신경증환자들(많은 중년부모들)의 불안으로 대치된다. 중년에 약간의 약물중독자들과 범법자들이 '회복'되면, 그후의 삶은 반동형성을 통해 제한되는 것처럼 나타난다. 중년기에 약간의 범죄자들이 '소진'될 때는 별 생각 없이 저지른 행동을 이지화와 해리로 대치하며 교도소 변호사나 불안한 알코올중독자가 된다.

후드의 경우도 이와 같아서 35세가 되었을 때 그에 대한 초기의 그랜트연구의 진단인 정신병리적 성격은 더 이상 적용될 수 없었다. 그 다음의 15년 동안 후드는 분명히 정신신경증으로 불릴 수 있었다. 첫째, 그의 느낌을 행동화하는 대신에 이지화로 대치했다. 30대 초에 그가 알코올중독과 아직 씨름하고 있을 때 그는 암센터에서 심리학자로서 일했다. 그는 인간의 고통을 완화시키는 약에 관해 연구했다. 곤경에 처했을 경우 어떤 생각을 하느냐는 질문을 중년시절에 받았을 때 그는 "항상 내 마음의 통합성과 우수성에 대해 아주 큰 믿음을 가지고 있다"고 대답했다. 그의 반동적 견해를 공개적으로 충족시키는 대신 그는 인종차별주의자들의 소책자를 구독했다.

둘째, 술과 수면제로 마음을 달래는 대신 후드는 불안으로부터 벗어나기 위해 초월적 명상을 사용할 수 있음을 알았다. 그의 현재 계획은 일하는 것을 완전히 포기하고, 부인과 함께 최근에 받은 유산을 까먹으며 버진군도(Vergin Islands)에서 명상하며 사는 것이다.

셋째, 45세 때 후드는 반동형성의 숙달자가 되었다. 그는 금주와, 비록 성적인 접촉은 없지만 안정된 결혼생활과 일을 성취했다. 그는 친구와 자녀, 술과 성관계를 포기했다. 그가 지불한 대가는 프로이트의 명언처럼 젊었을 때의 창녀가 늘어서 수녀가 된다는 것을 보여주었다. 50세 때에, 즉 대부분의 그랜트연구 대상자가 진정으로 생산적이 된다는 것이 무엇인가를 경험하는 사이에, 후드는 실업수당을 타먹는 상류층으로 지낼 뿐이었다. 그러나 그는 아직 살아있고, 결혼생활을 하고, 건강이 좋으며, 그가 32세 때 기대했던 것보다 더욱 좋은 삶을 살고 있다.

4) 건강염려증과 그 사용 예

일상생활에서 건강염려증은 흔한 적응양식이다. 가끔씩 건강염려증은 매우 필요로 하는 관심을 얻기 위한 수단이 될 수 있다. 예를 들어 독립적이고 잘 적응한 연구대상자는 인간적 관심이 필요할 때면 언제나 목이 아프다고 말했다. 건강염려증은 적대감을 누르는 매우 속타게 하는 수단으로 더욱 자주 사용된다. 어떤 연구대상자는 자신이 어찌할 수 없도록 화가 날 때 병이 난다는 것을 인정했다. 과거에 그를 돌봐주지 않은 사람들을 비난하는 대신 건강염려증 환자는 그의 의사를 꾸짖는다.

(종종 표현 안 된) 자신의 의존하려는 소망을 다른 사람이 무시해 왔다고 공개적으로 불평하는 대신, 건강염려증 환자는 다른 사람에게 그의 고통이나 불편을 짐지우는 편을 좋아한다. 이런 이유 때문에 숨겨진 분노를 고통에 대한 불평으로 변환시킨 건강염려증 환자는 위로받을 수가 없다. 연구대상자 중 건강염려증을 가장 많이 사용한 13명은 다른 사람보다 훨씬 더 많이 약을 먹고, 정신의학자를 찾고, 응급치료를 받고, 정서적 이유 때문에 병원에 입원하였다. 완전히 건강한 때에도 이들은 자신의 건강이 우수하다고 평하는 일이 거의 없었다.

대부분의 신경증적 방어와는 다르게 건강염려증의 방어기제는 "모두 당신 마음 속에 있다"는 암시에 의해 결코 깨뜨려지지 않는다. 그러면 건강염려증 환자는 단지 자신의 고통을 확대시킬 뿐이다. 건강염려증은 주의를 기울여 달라는 호소이다. "늙은 사공"처럼 건강염려증 환자는 다른 사람이 그의 고통의 가장 참기 어려운 세밀한 부분까지 알도록 몰아가는 것 같다. 그는 자신의 고통이 유사 이래 가장 심하다는 것을 인정받을 때만이 위로받는다. 따라서 다른 미성숙한 방어기제처럼 건강염려증은 다른 사람을 그 사용자에게 묶어버린다. 이렇게 만들기 위해 사용자는 돌보아주는 사람에게 죄책감을 불러일으키며, 항상 어느 누군가가 종국에는 건강염려증 환자의 분노에 대한 책임을 지게 된다. 우리는 그의 불평에 대해 너무 화가 나서 그의 숨겨진 분노를 잊기 쉽다. 우리는 그의 숨겨진 분노가 우리 자신의 것이라 믿는다.

다른 방어기제에서 본 것처럼 건강염려증은 적응책략의 발달과정의 한 부분이다. 예를 들어 회복중인 정신분열증 환자는 망상적 투사와 정신병적 부정을 포기할 때, 그의 정신과의사와의 첫 잠정적 관계를 시작하고자 건강염려증적 불평을 사용할 수 있다. 메리 베이커 에디 (Mary Baker Eddy)의 극적인 예도 있다. 몇 년간 건강염려증적 불평들 때문에 누워 있다가 그녀는 크리스천 사이언스 교회를 설립했는데 이 교회는 모든 신체적 고통은 상상적인 것이며, '죽을 잘못'을 저질렀음을 나타낸다고 주장한다. 이는 신체적 고통에 대한 반동형성이다. 이와 반대로 스프랫 판사는 극심한 스트레스 상황하에서 반동형성을 건강염려증으로 대치한 인물의 본보기이다.

극심한 우울증에서 건강염려증 환자의 관심은 '제 1수준', 즉 정신병적 기제인 노골적인 피해망상으로 쉽게 퇴행할 수 있다. 그러나 망상적 투사에서는 보통 고통을 주는 사람이 그 자신 밖에 있는 것으로 생각하는 데 비해, 망상적 건강염려증에서는 고통을 주는 사람이 자신의 내부에 있다고 지각한다.

인간적 경계들을 무시하므로 건강염려증 환자는 종종 잃어버린 사랑하는 사람의 어떤 면을 내부에 갖고 있다. 예를 들어 어떤 사람의 아버지가 맹장파열로 죽었다. 그 아들은 그 당시 열 살이었는데 즉시 구역질을 하고 토하는 발작을 일으켰다. 아무런 신체적 원인도 전혀 발견되지 않았다. 사랑하고 돌보아주는 사람과의 건강한 동일시가 성장발달하게 해주는 내재화인 것과는 달리, 건강염려증적 내사화는 불행과 고통감을 준다. 건강염려증환자에 의해 내재화된 사람들이나 인간특성들은 지탱해 주기보다는 공격하는 침략자같이 보인다.

투사를 단순한 과정으로 개념화하는 것이 쉬운 반면, 건강염려증을 이해하기 위해서는 행동화를 이해하는 것처럼 다양한 하위과정들을 고려할 필요가 있다. 첫째, 건강염려증에서 대인관계의 갈등이나 느낌은 신체의 어느 부분으로 전위된다. 둘째, 건강염려증 환자는 은연중에 다른 사람을 비난하고 처벌한다. 셋째, 건강염려증은 타인들을 향한 비난을 자신의 몸 안에 가둠 — 말하자면 푹푹 속을 썩임 — 으로써 건강염려증 환자의 양심을 달래준다. 넷째, 대부분의 방어기제와는 달리 건강염려증 환자는 감정을 과장한다. 이것은 억압과 부적 상관관계를 갖는 유일한 방어기제이다. 그러므로 피어링 부회장의 신경증적 전위를 반영한 전환증세와는 달리, 건강염려증은 아름다운 무관심과는 정반대인 감정을 동반한다.

건강염려증은 분노, 충족되지 않은 의존욕구, 죄의식 등에서 생기는 고통을 완화시킬 수 있을 뿐 아니라 성적 갈등을 관리하기 위해서도 사용될 수 있다. 25세 때 한 학구적인 보스턴 변호사는 자신의 치아를 교정할 필요가 있다는 생각에 광적으로 빠졌다. 치아를 교정하지 않는다면 그의 소심한 아버지처럼 치아를 잃어버리고 '소화불량'을 일으킬 것이라고 믿었다. 그를 연구한 7년 동안, 이때가 그가 자신의 아버지와 어떤 방식으로든 동일시하거나 그의 치아에 대해 관심을 갖게 된 첫 번째였다. 그러나 그는 숨겨둔 문제가 있었다. 뒤늦게 그는 여자에게 흥미를 갖게 되었고, 이미 25세인데도 너무 빨리 성숙하는 것이 아닌가 두려워하였다. 그는 최초의 진지한 구애 노력을 포기했고, 이탈리아로의 낭만적 여행을 포기했으며, 흔들리는 치아를 고정시키는 데 주의를 기울였다. 그는 후에 "나는 이미 어리게 보이고, 어리게 행동했는데 이때는 내가 12세로 보이게 행동했다"라고 고백하였다. 당시를 회고하면서 그는 치아교정이 후에 받은 정신분석과 일치점이 있다고 말했다.

그것은 서투른 내 자신을 고치는 것이었고, 또 내 자신을 도우려는 첫 번째 시도였습니다. … 그것은 또한 퇴행이기도 하였습니다.

그는 심리치료를 받고 나서 성에 대한 관심을 보다 의식적인 기반 위에서 다룰 수 있게 되었다. 그는 아버지의 소화불량을 내재화하는 두려움을 버릴 수 있었다. 그는 교정틀을 포기할 수 있었다. 25년 후 그의 치아는 건강했으며 소화불량증을 갖고 있지도 않았다. 그리고 그는 부인과 세 딸을 두었으며 그리고 성적으로 만족할 만한 적응을 하고 있다.

어떤 의미에서는 건강염려증과 전위 사이의 분리는 어의적인 것이다. 왜냐하면 두 기제 다 추상적 느낌을 표현하는 상징적 방법을 제공하기 때문이다.

화난 느낌은 목에 통증을 느끼게 한다. 성적 감정은 우리를 화끈거리게 하고 당혹스럽게 한다. 불안은 우리를 숨막히게 한다. 비탄으로 우리는 목이 메고 심장에 고통을 받는다. 우리는 공포에 떨고 한기를 느낀다. 그러나 전위에서, 증상은 의사소통 수단이 되며 감정이 신체적 대응물로 전환되었다는 것을 의미한다. 두려움은 핏기를 없애고, 불안의 결과 숨쉬기 어렵게 된다. 그러나 건강염려증에서 신체적 불평은 과장되고 스스로 생명력을 지닌다. 건강염려증 환자는 그의 증상과 관계를 형성하고 그의 증상들에는 생리적 징표들이 거의 따라다니지 않는다.

이 연구에서 상징적 통증의 가장 뛰어난 보기는 존 하트(John Hart)에서 나타났는데, 이 사람은 안내서보다 청사진을 더 잘 읽을 수 있었고 글자보다는 숫자와 상징에서 더 뛰어났다. 하트의 심장상태에 대한 건강염려증적 관심이 피어링의 전환증세와 질적으로 다른 점은 어떤 의미에서 하트의 고통은 그의 아버지를 상징한다는 사실이다.

하트의 아버지는 쌀쌀하고 실제적이지만 유머감각이 없는 사람이었다. 그는 아들에 대해 소원하게 느꼈고, 아들이 무엇을 생각하고 있는지 거의 모른다고 말했다. 그러나 하트는 혼자서 하는 데 익숙했다. 그는 졸업한 대학에서 아주 뛰어난 수학자 중의 한 사람이 되었다. 대학시절 동안 그는 매우 건강했으며 몇몇 연구대상자들과는 달리 심장에 대해 어떤 특별한 관심도 나타내지 않았다.

1944년 9월에 오랜 세월 동안 편도선의 염증 등으로 고생한 하트의 아버지는 관상동맥 혈전증으로 죽었다. 그해 하트는 처음으로 가슴 통증을 느끼기 시작했다. 2년 후, 한 친구가 심장마비를 일으킨 후에 가슴의 통증이 더욱 심하게 되었다. 마침내 1952년에 그는 대중적인 과학잡지에서 '상상적' 심장질환에 대해 읽게 되었다. 그 해가 끝날 무렵 그는 대학의 내과의사에게 다음과 같은 편지를 썼다.

저는 지난 몇 년 동안 약간의 어려움을 겪어왔는데 제 생각으로는 선생님이 그것에 대해 흥미가 있으실 것 같습니다. 선생님은 저의 아버지가 1944년에 **심장병으로 돌아가신** 것을 기억하실 것입니다(고딕체는 저자에 의함). 그 다음 한두 해 동안 저는 때때로 가슴에 통증을 느꼈고, 점점 자주 일어나는 몇몇 현기증나는 발작으로 고통스러웠으며, 마침내 — 제가 생각하기에 1947년에 — 신체검사를 받았지만 의사는 심장에는 아무 이상이 없다고 확인해 주었습니다. 그 통증이 어떤 사람이 내 가슴을 으깨는 것과 비슷하냐고 물어보았지만 저는 아니라고 대답했습니다. 약 6개월간 어떤 발작도 없었습니다. 그리고 나서 다시 발작이 시작되었고, 이때에는 가슴 속의 근육이 경련하는 것처럼 으깨는 감정을 느꼈습니다. 제 자신에게 이것은 모두 상상적인 것이라고 말하려 노력했습니다만 도움이 되지 않는 것 같았습니다. 마침내 너무 심장박동이 빨라 셀 수 없을 정도의 심한 심장발작 후에 저는 정말 무서워졌습니다. 저는 다른 의사에게 가서 증상을 말했습니다. 그는 확실히 심장질환은 아니며 아마도 위장판막의 경련일 것이라고 말하며, 제가 느끼고 있지 않은 팔의 통증이 있느냐고 물어보았습니다. 저는 또한 심전도 검사도 받았습니다. 이 모든 것 후에 저의 어려움이 정신신체 증상이라는 것을 확인하게 되었습니다.

6개월 혹은 1년 동안 다시 어려움이 없었습니다. 그리고 나서 1950년 초 봄에 적십자에 헌혈하려 할 때 저의 심작박동이 너무 강해져서(수혈하기 전인데도) 그들은 저를 그대로 보내려고 했습니다. 저는 약간 부끄러웠지만 또한 이것이 이전의 심장마비와 매우 유사한, 심리적인 이유로 나타난 것이 분명하다는 증거라는 것을 알게 되었습니다. 약 한 달 후, 저는 아무런 명확한 이유 없이 같은 종류의 발작을 갖기 시작했습니다. 이번에는 밤새도록 지속되었는데 팔과 다리에 통증이 있었습니다. 다시 심전도 검사를 하고 가슴에 X-ray를 찍었으나 별 이상이 없었습니다. 저는 그 증상들이 정신신체적 증상이라는 것을 확신한 이후조차에서도 그 증상들을 영원히 사라지게 할 수 없다는 사실에 특히 괴로웠습니다.

1950년 가을에 저는 다른 의사에게 저의 발작을 말했는데, 그는 저의 증상을 '불안상태'라 부르고 수면제를 약간 주었는데 저는 아직도 그것을 복용하지 않고 있습니다. 지난 2년 동안 더 이상 현기증을 느끼지 않을 정도로 저의 문제를 통제해 오고 있으나 아직도 가슴과 팔에 걸쳐 간간이 가끔은 덜하고, 가끔은 날카롭게 통증을 느끼고 있습니다.

15년 후 하트는 내게 1951년 한 의사가 그에게 진짜 심장질환의 신호는 붓기(발목부분이 부은 것)라고 말했으며, 얼마 안 있어 그의 생애에서 처음이고 유일하게 발목이 부었다고 말했다.

하트는 그의 편지를 다음과 같이 끝맺었다.

이제 통증은 그에 대한 어떤 정신적 통제도 할 수 없어서 속이 타는 것을 제외하고는 더 이상 두렵지 않습니다. 그리고 나는 이런 종류의 것이 진짜 심장질환을 가지고 오는 것은 아닌가 생각합니다.

그때가 1952년이었다. 그때부터 현재까지 하트는 이 연구의 충실한 성원이다. 그는 다시는 결코 심장에 관련된 증상이나 통증을 갖지 않았다. 예전에 앓았던 건강염려증 통에 겪을지 모를 신체적 후유증에 대한 관심에도 불구하고, 47세 때 그는 가장 큰 건강상의 문제는 '비듬과 부스럼'이었다(스트레스를 받으면 위장근육이 약간 경직된다고도 하였다).

1967년 하트와 면담할 때 나는 심장증세에 대해 물어보았다. 그는 깜짝 놀랐으며 내과의사에게 쓴 장문의 편지도 기억하지 못했다. 더욱 놀랍게도 이 뛰어난 과학자는 그의 아버지가 죽은 연도나 계절도 기억할 수 없었다. 그러나 하트는 아버지의 장례식에서 "내가 정서적으로 무엇을 기대하는가에 대해 의아해 했었다"는 것을 기억했다. 그는 그

상황에 약간 부적합하게 느꼈으며, "비통해 하는 것을 보이고 싶지 않았다"는 것을 인정했다. 그는 잡지에서 '상상적 심장질환'을 읽기까지 아버지의 죽음과 자신이 겪었던 심장질환 사이의 연결을 의식하지 못했다고 했다.

우리는 왜 그의 심장질환이 사라졌는지에 대해 단지 추측할 수 있을 뿐이다. 그러나 분명히 1952년에 전에는 일어나지 않았던 두 가지가 이 사람에게 나타났다. 이 탁월한 논리학자는 어떤 의사들도 하지 않을 일을 했다. 첫째, 그는 의식적으로 아버지의 죽음과 자신의 증상의 시작을 연결시켰다. 둘째, 그리고 나서 그는 자신이 신뢰하는 다른 사람에게 전체 이야기를 매우 자세히 써보냈다. 정당한 신뢰였다. 그 의사가 그의 이야기를 경청하고 그의 고통을 진지하게 받아들였기 때문이다. 연구진의 의사는 자신은 이런 경우에 심장의 통증이 상상적인 게 아니라 진짜임을 확신한다고 답신해 주었다. 크게 단순화하자면, 일단 하트가 의사에게 "아버지는 돌아가셨고 그래서 괴롭습니다"라고 인정하고 의사가 그 사실에 공감해준 뒤에 그는 더 이상 아버지의 병든 심장이 그의 가슴 내부에 살고 있다는 심리적 현실로부터 고통받지 않았다. 결국 아버지의 죽음을 인정했을 때에만 하트는 그를 묻을 수 있었다.

5) 소극적 공격성과 그 사용 예

건강염려증처럼 소극적-공격적 행위도 놀랍도록 도발적이다. 왜냐하면 자신을 향해 분노를 돌리면서도 결코 다른 사람을 용서하지 않기 때문이다. 밖으로 자신의 분노를 드러내지 않기 때문에 내적으로 분노하는 가정주부의 순교자적 모습은 가족을 비참하게 만든다. 가족에게는 그녀가 부정하는 분노에 대항할 만한 어떤 방법도 없다. 사병들은 사소하고 자기파괴적인 규칙위반을 통해 그들의 상사를 미치게 만든다. 자살은 모든 것 중 가장 잔인한 복수일 수도 있다. 정신분석가들은 이 과정을 피학증이라고 부른다. 군대 정신과의사들은 이것을 소극적-공격적 성격이라 부른다. 그러나 이것은 같은 현상을 다른 시각에서 본 것이다. 사실 반전된 분노를 어떤 식으로 보느냐에 따라 항상 심각한 사회적 차이가 생긴다. 예를 들어 성자가 됨과 순교, 그리고 순교와 비행행동 사이의 관계는 극히 미묘하다. 간디는 세계역사상 위대한 영웅 중의 하나로 기록될 것이다. 그러나 수십 년 동안 영국의 외무성은 말썽쟁이와 범죄자로 간주하였다. 그는 틀림없이 그들을 화나게 했을 것이다.

피학증의 위험은 구경꾼의 눈에만 있는 것이 아니다. 회고해 볼 때조차도 간디는 신통치 않은 남편이고 더욱 나쁜 아버지였다.[2] 어떻게 이렇게 될 수 있을까? 아마도 가학증과 피학증은 돌이킬 수 없게 서로 얽혀있기 때문인 것 같다. 예를 들어 오랫동안 고통을 받은 아이는 부모를 벌하기 위해 옷을 되는 대로 입고 가출할 수도 있다. 사랑하는 사람에게 거절당한 여인은 피흘리는 모습을 남자친구에게 보여주려고 자신의 손목의 동맥을 자를 수도 있다. 반대로 다른 사람에게 폭력적인 범죄를 저질렀기 때문에 매우 경비가 엄한 교도소에 갇힌 사람은 계속 매우 다양한 형태의 자기파괴적이고, 자해적이고, 피학증적인 행동을 한다.

어떤 방어보다도 자신을 향해 분노를 돌리는 것이 더 사회적이고, 사회에 대해 더욱 큰 문제를 일으킨다. 설사 사회에서 자살을 중죄로 규정하고 창녀를 교도소에 보내는 것이 잘못이라고 하더라도 두 '범죄' 모두 정말로 희생자가 없는 것은 아니다. 궁극적으로 자신을 향해 분노를 돌리는 주요한 목표는 중요한 관계를 유지하려는 것이다.

예를 들어 대부분의 청소년은 자신의 자율성을 주장하나 아직 부모의 보호를 벗어날 준비가 안 되어 있다. 이들은 꾸물거리며 반항하고 부모를 화나게 하며 자신을 망가뜨린다. 그들은 부모-자식 관계에 도전하면서도 동시에 그 관계를 유지하는 일련의 행동을 한다. 콘돔을 사용하지 않았다고 10대 소년을 벌하는 것은 효과가 없다. 벌의 고통은 그의 어머니가 아직도 돌보아주고 있다는 안도감을 취소하리만치 강하지 않다.

마틴 루터 킹이 사용한 소극적 저항은 주의깊게 계획하고 완전한 의식적 책략이어서 '방어기제'라 불릴 수는 없다. 그러나 그의 의식적 행동은 무의식적 순교의 눈에 덜 띄는 교묘함을 보여준다. 소극적 공격성을 통해 마틴 루터 킹은 한 나라의 사회구조를 유지하면서도 그의 추종자들을 위한 자유를 획득했다.

어떤 사람들은 인간을 '죄인'과 '편집증환자', 즉 자신을 비난하는 사람과 비난을 투사하는 사람으로 나눈다. 상식과 냉소주의에 의해 우리는 '죄인'이 많은 손해를 보는 것이 아닌가 의심하게 된다. 적어도 그랜트연구에서는 이 의심은 사실로 나타나지 않았다. 편집증환자는 모든 것을 잃었다. 죄의식을 느끼는 피학증 환자는 똑같이 의존적이고 불행함에도 불구하고 적어도 친구관계는 유지했다. 이것은 비록 소극적-공격적 행동이 성인의 전반적인 좋은 적응과 부적 상관관계가 있음에도 불구하고, 그것이 좋은 사회적 적응을 방해하지 않는다는 것을 의미한다(제14장을 보라).

성숙함에 따라 소극적-공격성은 종종 포기되고 전위, 반동형성, 이타주의로 대치된다. 그러나 그 반대도 또한 가능하다. 이타주의자가 중년기에 심한 스트레스를 받게 되고 반동형성이 실패할 때 덜 성숙한 방어기제로 퇴행하는 것은 흔한 일이다. 제6장에서 보았듯이 키츠 중위가 이런 사람이었다. 31세 때 연구에 답해 준 마지막 질문지에서 키츠는 "나의 심상에 떠오르는 가장 중요한 요인은 내 자신의 적대감들을 더욱 잘 깨달은 것이다. 나는 과거에는 어떤 적대감도 가지지 않은 것을 자랑했었다"고 말했다. 젊은 시절에 키츠 중위는 승화와 이타주의의 모델이었으나, 중년시절에 그가 청소년 초기에 처음 보여주었던 행동양식으로 다시 돌아갔다. 13세 때 키츠는 교실의 어릿광대로 명성을 얻었고, 31세 이후 그의 전문직의 동료들은 다시 한번 더 그를 진지하게 받아들이는 것이 어렵다는 것을 알았다. 반복되는 약속과 표면상 다른 사람에 대한 봉사로 점철된 삶을 살았음에도 불구하고 1952년 이후 그는 한 번도 질문지를 되돌려주지 않았다(그러나 한 번은 그가 '관대하게도' 질문지를 관심 있는 교수에게 준 적이 있다).

연구진의 전화와 편지에 대한 반응에서도 키츠는 적대감이나 계속 참여하기를 꺼린다는 것을 결코 직접적으로 표현하지 않았다. 대신 그는 11월에 "지난 5월에 보내준 좋은 편지"에 대해 감사한다는 편지를 써 보냈다. 그러나 그가 지체한 것은 그랜트연구만이 아니다. 40세부터 47세까지 키츠는 계속해서 대학원생으로 남아 있었는데, 논문을 완성하지도 못했고 전임으로 사회적 일을 할 수도 없었다. 비록 몇 년 동안 부인과 떨어져 살았지만 키츠는 이혼할 정도로 불만족스럽다는 것을 결코 인정할 수 없었다.

키츠의 방어기제의 변화의 한 원인으로서 사람뿐 아니라 환경의 변화를 들 수 있다. 2차 세계대전의 특수한 상황이 끝나자 키츠는 그의 공격성을 승화시킬 수 없었던 것 같다. 베트남전쟁의 매우 다른 현실 모습은 키츠로 하여금 매우 다른 적응스타일, 즉 소극적 저항을 갖게 했다.

그러나 비록 미성숙한 방어기제가 인류의 이익을 위하여 사용될지라도 사회는 그들에 대해 제재를 가한다. 그러므로 전에 전쟁영웅으로서 3개의 공군훈장을 탄 키츠 중위는 베트남전쟁에 대해 적극적 역할을 했을 때 체포되었다. 그는 지방징병선발위원회에서 연좌농성을 주도한 '범죄'를 저질렀다. 반대로 라이온의 베트남전쟁에 공개적으로 반대하는 공격적인 잡지편집은 승진과 전국적으로 인정받는 결과를 낳았다.

소극적-공격적 행동은 안나 프로이트가 **공격자와의 동일시**라고 불렀던 적응적 과정과 밀접한 관련이 있다.[3] 이런 동일시를 통해 지금까지 잠재적 공격자 앞에서 엎드리는 것을 통해서만 안전감을 느끼던 사람은 이제는 그가 두려워하곤 했던 공격자의 바로 그 특성들과 병합 혹은 동일시함으로써 극복한다.

그랜트연구에 있어 토마스 소이어(Thomas Sawyer)의 인생은 소극적 공격성과 이것이 전위와 공격자와의 동일시로 전개되는 과정을 가장 잘 보여주는 보기이다. 한편으로 소이어의 피학증적 적응양식은 그 자신에게는 고통의, 그리고 다른 사람에게는 화나게 하는 근원이었다. 또 한편으로는 대학의 정신과의사로 하여금 "이 소년 안의 어떤 힘이 그로 하여금 불유쾌한 기억과 경험들을 떨쳐버리고, 그가 어느 정도의 자유를 갖고 앞으로 나아갈 수 있게 해주었다"고 인정하도록 하였다. 결국 그는 승리했다.

소이어의 어린 시절의 특이한 면은 그가 여러 가지 강요를 받았다는 것이다. 그는 "어머니는 지배적이지 않다"라는 심한 거짓말과 함께 성장했다. 그러나 톰이 인정한 것처럼 "나의 가정생활의 여러 가지 중의 하나는 매사를 철저히 은폐하는 것이었다". 그가 네 살이 지났을 때 어머니가 읽는 것을 가르쳐 주었다. 그는 방 청소를 하지 않으면 꺼내줄 때까지 방에 갇혀 있었다. 8세에도 여러 번 방에 갇히곤 했음에도 불구하고 방 청소와의 전쟁은 계속되었다. 톰은 반항을 계속했고 지저분한 것에 손대는 것조차 거절했다. 그의 어머니는 계속 그를 가두었다. 소이어는 몰래 침대 밑에 보다 많은 잡동사니를 감추는 것으로 복수했다. 마침내 버릇들이기에 대한 어머니와의 전쟁이 매우 심해지고 갇히는 일이 자주 반복되어서 그 이전의 유명한 많은 소극적 저항자들처럼 톰이 이기게 되었다. 그의 어머니는 이를 포기하고 방 청소 문제를 보다 신사적인 아버지에게 맡기게 되었다.

청년시절 동안 소이어는 소극적 반항이나 피학증을 통해 그의 인식되지 않은 지배성에 대처하였다. 그러나 톰은 왜 조용한 대학지역의 아이들이 "수없이 많이 다른 뺨을 돌려댔음에도 불구하고", 그를 뽑아서 계속 괴롭히고 피해를 주었는지를 이해할 수 없었다.

톰이 성장해 감에 따라 그의 어머니는 연구진에게 "나는 모든 것을 도덕적 문제로 만들려고 하였다"라고 하였다. 그리고 윌리엄 앤드 메리(William and Mary) 대학의 도덕철학 교수인 톰의 아버지도 더 나을 것이 없었다. 연구진의 정신과의사는 "이 부모는 신체적인 혹은 다른 처벌보다 그들의 감정을 사용해 아이를 통제해왔다"고 보았다. 톰도 이것을 확인해 주었다.

> 나는 부모가 자신의 상처받은 느낌을 사용해 아이가 나쁜 사람인 것처럼 느끼게 만드는 것도 일종의 대단한 처벌이라고 생각한다. 우리는 거짓말하거나 속이지 않았다. 왜냐하면 이것이 얼마나 그들을 가슴아프게 하는지 잘 알고 있었기 때문이다.

톰이 처음 연구에 참여했을 때 미덕과 순진함이 잘 혼합되어 있어서 대학에 다닐 만큼 나이들어 보이지 않았다. 5명의 다른 관찰자들은 그를 "미성숙하다"고 평가했다. 다른 사람들은 그를 "발랄하고, 외향적이며 매력적이다. 이상주의적이고, 비체계적이며, 이타적이며, 인간적이다"라고 하였다. 그는 쉽게 웃었고, "모든 것을 다소 재미있는 게임으로 보고 싶어했다". 정신과의사는 톰이 "자신의 공격성에 대해 두려움"을 가졌음을 알아차렸다. 그런데도 그는 손톱을 깨물어서 속살이 드러나 있었다.

대학시절 소이어는 자신을 단속하려고 노력했다. 외부적으로 그는 반항을 인정하지 않았다. 비록 그의 지능적성검사 점수가 대다수의 동급반 학생들보다 낮았지만, 그는 파이 베타 카파(Phi Beta Kappa)*의 회원이 되었다. 어머니가 기뻐하게도 그는 캠퍼스의 가장 유명한 정치적 조직의 회장이 되었다. 군대에서는 사병에서 중위까지 진급했고 그리고 부모에게 일주일에 서너 번씩 편지했다. 20세 때 그는 "나의 어머니는 아버지와 비슷한데, 이분들은 더 이상 바랄 수 없는 이상적인 부모에 가깝다"고 하였다(대조적으로 통상 관대한 가족사업가가 톰의

---

* 성적이 우수한 미국 대학 재학생 및 졸업생 클럽 — 옮긴이.

어머니를 '복수심 있다'라고 분류하였고, 45세 때 톰 자신이 그의 어머니를 "가정을 지배한 성난 사람이었다. 나는 어머니가 내가 지금까지 얻은 모든 승리들을 빼앗아간다고 느꼈다"고 말하였다).

자신의 방식으로 톰은 저항했다. 그의 배변훈련은 이 연구의 어떤 대상자보다도 오래 지속되었다. 대학에서는 자신이 표방한 이상주의와 이타주의에도 불구하고, 그는 그랜트연구와의 약속을 평균횟수 이상으로 어겼다. 그는 만성적으로 일을 느리게 했다. 그는 자신이 관계하는 것에 만성적으로 느렸다. 이 장래의 파이 베타 카파의 회원이 성적이 나빠서 장학금을 못 타게 되었을 때 학장은 "무질서한 1학년 생활이었다. ⋯ 학구적 가정의 엄격한 틀을 따르지 않으려는 결심의 결과이다"라고 평했다. 대학생인데도 톰의 어머니는 아직도 그에게 귀의 뒤쪽까지 닦으라고 말했다. 그렇지만 이 연구의 내과의사는 톰의 목과 귀가 더럽다는 것을 알았고, 게다가 그는 "그의 발은 강력하다"고 덤으로 덧붙였다. 한 인류학자는 30세에서조차 톰의 얼굴과 손이 더러운 것을 알았다.

결혼생활에서 그는 갈수록 태산이었다. 25세 때 톰은 부인에 대해 "만일 우리가 실패한다면 그녀의 잘못이 아니다. ⋯ 그녀는 현모양처이다. ⋯ 아무리 상상력을 더 동원해도 일이 좋을 수는 없을 것이다. ⋯ 그녀는 놀랍도록 사려깊다. 대부분의 시간 동안은"이라고 평했다.

결혼생활에 대한 중다선택형 질문지에서 소이어는 자신이 모든 세탁을 하고, 설거지하고, 아이들을 목욕시키고 침실로 데려가며 그리고 하루종일 일했다고 불평 없이 드러냈다(그의 아내는 직업이 없었다). 그 다음 해의 질문지에서 소이어의 결혼생활에 대해 보다 자세히 알아보았는데 그는 질문지를 돌려주지 않았다. 결혼생활에 대해 불평하는 대신 소이어는 배가 몹시 아프기 시작해서 위장 전문의를 찾아가서 상담했다. 세 번 만난 후에 그 의사는 "소이어가 초기 궤양의 신호와 함께 위염과 위산과다를 갖고 있다"고 진단하였다. 어린 시절 나무에 묶여졌을 때도 그는 결코 저항하지 않았다. 그런데 구체적인 질문을 했는데도 불구하고 심리적 고려를 많이 하는 내과의사조차도 가정 불화의 어떤 증거도 끄집어낼 수 없었다. 대신 톰의 분노는 그의 생명력만 갉아먹었다. 10년 후 톰은 그 내과의사에게 거짓말을 했다고 폭로하였다. 그는 알코올중독에 걸린 부인이 그에게 수많은 모욕을 주었고 매우 불성실했다고 연구에서 털어놓았다.

> 화나는 일 중의 하나는 내가 애보기의 역할과 우리 문화에서 여성적인 역할로 밀려졌다는 것이었다. 나의 아내는 매우 파괴적이고 매우 괴로워하는 사람이었다.

나는 그에게 어떻게 이것에 대처했는지 물어보았다. 그는 즉시 "파도가 내 위로 밀려오게 놔두고 그것에 만족을 느꼈습니다. 내가 되받아 싸우지 않을 때 그녀가 심하게 화를 냈습니다"라고 대답하였다.

시간이 지나면서 소이어의 방어기제는 변하였고, 따라서 부인과 어머니의 지배로부터 벗어났다. 그의 소극적-공격성은 반동형성과 전위로 발전하였다(이 일이 일어나자마자 위통은 사라졌고 결코 다시 아프지 않았다). 두 가지 요인이 그의 방어기제의 발전에 기여한 것 같다. 첫째, 1965년 소이어는 넬슨 록펠러(Nelson Rockefeller)의 선거진영에 참여했다. 록펠러팀의 인정받는 일원으로서 그는 몇몇 지도자의 공격성과 동일시하고 내면화할 수 있었다. 가족관계에서 어머니와 부인은 공격적이었으나 항상 겉으로는 드러나지 않는 방식으로 하였다. 1968년의 예비선거전 와중에서 그는 사람들이 공개적으로 즐겁고 창조적으로 공격성을 사용하는 것을 볼 수 있었다.

46세에 소이어는 부인과 이혼하고 48세에는 자신이 어머니를 화나게 한다는 것을 의식적으로 알았다. "예를 들면, 나는 무관심한 태도를 '아이 참, 다음에 잘 할게요'라고 어머니에게 말한다." 그리고 나서 가장 초기의 적과 동일시하며, 그는 "어머니의 많은 적대감이 내 자신 속에도 있다는 것을 알았다. 나는 어머니의 공격성을 이용해 일을 처리할 수 있다"고 덧붙였다. 그는 옳았다. 일단 그가 어머니의 공격성의 소극적 피해자가 되기보다 그것과 동일시할 수 있게 되었을 때 그의 인생은 변했다.

두 번째는 마침내 그 자신의 소극적 공격성이 성공적으로 직면되었다는 것이다. 그의 알코올중독 아내는 소이어뿐만 아니라 자녀들도 돌볼 능력이 없음을 분명히 보여주었다. 부인으로부터 받는 굴욕에 대해 그가 지나칠 정도로 묵인했다는 것이 단순명료해졌다. 다른 말로 하자면 일단 거울에 비친 자기 얼굴에 깜짝 놀란 후 소이어는 변할 수 있게 되었다.

소이어는 보다 유연한 전위라는 방어기제를 써서 대인관계에서의 공격성을 극복할 수 있게 되었다. 그는 더 이상 가족에 의해 피해받지 않았다. 대신 정치적 논쟁을 즐겼다. 아마도 전위된 공격성의 가장 일반적인 보기는 배설의 의미를 함축하고 있는 언어적 은유로의 변화이다. 그래서 소이어는 첫 번째 부인에 대해 다음과 같이 솔직히 말할 수 있었다. "그녀는 항상 나를 괴롭혀서 나는 충분히 활기있지 못했다. 나는 '그만 집어치워라'라고 말했어야만 했는데 단지 웃기만 했었다." 어머니에 대해서 그는 "어머니가 참을 수 없을 만치 불평할 때 그냥 비웃어 준다"고 말했다. 행복한 두 번째 결혼에서 그는 정말로 부인을 사랑했다. 그러나 그녀에게 화날 때 "그냥 물러서는 대신 진절머리나게 해준다"라고 말했다. *

50세에 소이어는 마침내 얕잡아 볼 수 없는 남자가 되었다. 나와 면담할 당시 그는 흠 없고 유행을 따른 옷을 입고 있었다. 얼굴과 손은 깨끗했다. 그는 정말 매력적이었고, 정말로 다른 사람에 대한 봉사에 헌신적이었으며, 더 이상 "진정한 기독교인이 되는 것"이 얼마나 중요한지에 대해 상투적인 말을 늘어놓지도 않았다. 중서부에 있는, 종파

---

* 이 같은 말을 하면서 소이어는 엉덩이, 항문, 여성의 성기를 나타내는 비속어인 ass, 개나 이리 따위의 암컷이라는 뜻의 bitch, 소변이라는 뜻의 비속어 piss 등과 같은 단어를 사용하였다 — 옮긴이.

가 설립한 작은 대학의 총장으로서 그는 자신의 일에 대해 공개적으로 공격적이었지만, 이제는 해리 휴즈의 경우처럼 천사편에서 싸웠다. 그는 어머니의 복음주의와 아버지의 학식을 더욱 발전시키고 있었다. 5년 전의 면담에서와는 반대로 나는 이 남자를 약간 경외하게 되었다. 그럼에도 불구하고 소이어는 아직도 '우연히' 늦었다. 우연히 30년 전에 발이 '강했던' 그는 자신의 비싼 셔츠의 맨 아래 단추를 잠그지 않은 채 남겨두었다. 털이 많이 난 그의 배가 마치 "토미, 셔츠를 바지 속에 넣어라"라고 하신 어머니의 명령을 은밀히 경멸하는 것처럼 나를 살짝 엿보았다. 자아는 신비하고, 교묘하고 그리고 무의식적이다.

이 책의 목적은 삶에 대한 적응을 묘사하려는 것이다. 때때로 적응은 성숙의 정지 혹은 퇴행을 수반한다. 이 장은 이와 같은 방어적 미성숙이, 건강해서 특별히 선발된 사회문화적으로 혜택받은 사람들에게서조차 일어난다는 사실을 강조한다. 이 장과 다음 두 장에서 이런 퇴행이 역동적이고 되돌이킬 수 있다는 점을 지적해 준다.

그럼에도 불구하고 이 장을 쓰면서 내가 이 사람들을 배반하지 않았는지 걱정이 된다. 이들은 건강한 발달의 모델로서 봉사하기 위하여 연구에 참여하였다. 그러나 이 장에서는 단지 이들의 약점만을 살펴보았을 뿐이다. 오랜 기간에 걸쳐 비적응적 방어의 실오라기 하나를 따라가면서 이들의 일반적으로 성공적인 삶의 더욱 복잡한 날줄과 씨줄을 무시해왔다. 만일 누군가의 마음을 상하게 했으면 사과한다. 왜냐하면 그것은 나의 의도가 아니었기 때문이다(독자는 물어도 좋다. "어떻게 당신이 확신할 수 있는가? 이 장이 당신의 어떤 갈등에 대해 방어하고 있지 않는가?" 나는 "잘한다. 제대로 배웠구나"라며 약간 방어적으로 답한다). 어떤 경우든 이 장에서 자신을 본다고 상상하는 연구대상자들은 내가 이 장을 쓰는 데 매우 고통스러웠다는 것을 알면 위로받을 수 있을 것이다.

내가 이들의 역사를 쓰는 2개월 동안 나는 계속해서 내 자신의 깜짝 놀랄 만한 행동을 비추는 거울에 직면하곤 했다. 직면(*confrontation*)이 미성숙한 방어를 타파하는 유일한 길이기 때문에, 똥묻은 개가 자신이 똥묻은 것을 알게 될 위험을 무릅쓰고 겨묻은 개를 나무라는 것이다.

제3부

적응의 발달결과

제 10 장
한 문화 속에서의 성인 인생주기

남자는 한평생 많은 역할을 하죠
그의 일생은 7막으로 나눌 수 있어요···
··· 그리고 애인
용광로 같이 한숨지으며
애인의 눈썹을 두고 청승맞은 글귀를 짓고
그 다음엔 군인···
물거품과 같은 명예를 위해서는
대포 아가리 속이라도 서슴지 않고···
다음은 법관인데···
매서운 눈초리에, 수염깎기는 격식대로
금언이나 낡은 글귀를 줄줄 늘어놓지요
      ─ 윌리엄 세익스피어, 《뜻대로 하세요》, 2장 7막

나는 20세에서 30세에 사이에 아내와 함께 지내는 법을 배
웠다. 30세에서 40세에 사이에는 직업에서 성공하는 법을
배웠다. 그리고 40세에서 50세에 사이에는 자신에 대해서
는 덜 걱정하고 자녀들을 보다 염려하게 되었다.
      ─ 그랜트연구 대상자의 답에서 발췌

・등장인물 소개・

- 로버트 조르단: 50세 때 자유주의자가 된 대학시절 보수주의자.
- 아담 카슨 박사: 연구에서 임상 개업으로 전환한 하버드출신 내과 의사이며 성인생활 주기의 단계들을 잘 보여줌.
- 올리버 케인: 성숙한 방어기제를 갖고 기업체를 경영하는 고아로서 사생활은 황폐.
  ─ 적응 양식: 이지화와 억제, 그리고 유머.

1) 애벌레와 나비

　성인의 인생주기에 관하여 첫째 강조할 점은 유년기에서처럼 나이가 들어 늙어감에 따라 신념체계, 본능적 표현, 기억, 심지어 두뇌까지도 변화한다는 것이다. 사실상 시간이 경과함에 따라 진실 자체도 상대적이 된다.

　한 연구대상자는 미국이 독일에 대해서 점점 많은 적대감을 갖는 것에 대해 "나는 극도로 낙심해 있다. 유럽에서의 전쟁은 우리와는 아무런 상관이 없다"고 말했다. 그날은 1941년 10월이었다. 그럼에도 불구하고 1966년과 1967년 사이의 겨울에 그는 린든 존슨의 군사정책에 완전히 동의했고, 미국의 베트남 개입에 반대하는 데모를 공공연히 했다고 그의 아들을 비난했다. 그는 제2차 세계대전 때의 적극적이고 애국적인 참전을 회상할 수 있을 뿐이었다. 또 다른 대상자는 제2차 세계대전에 참전하기 위해 대학을 중퇴하는 것에 대해 토론하면서, 죽느니보다 차라리 히틀러 지배 아래에서 사는 게 낫다고 1940년 5월에 말했다. 그는 결코 확실하지 않은 것을 위해 싸울 수 없었다. 그러나 중년에 그는 중퇴한 아들이나 전쟁반대자 둘 다를 이해하기가 일반적으로 어려웠다.

　세 번째 대상자인 19세의 로버트 조르단(Robert Jordan)은 그랜트연구진에게 프로이트의 성 이론에는 진실이 없다고 확실히 말했다. 50세에 그는 그의 논조를 바꿨다. 왜 그랬을까? 그의 변화는 인지적인 것은 아니었다. 그는 어떤 심리학 강의도 들어본 적이 없었다. 그것은 우연한 사건 때문도 아니었다. 그는 영향력 있는 정신과의사를 만나지도 않았다. 그 대신 그 변화는 그의 성격의 발전 때문인 것 같았다.

　이 연구에서 로버트 조르단보다 억압된 성에 관한 프로이트의 사상을 분명히 더 잘 보여준 청소년은 없었다. 19세에 그는 혼전 성관계를 가진 친구와는 헤어질 것이라고 그랜트연구진의 정신과의사에게 자랑했다. 그러나 그 정신과의사는 조르단이 "성관계를 찬성하지 않으면서도 사고의 주제로서 성관계에 대해 솔직히 상당히 많은 관심이 있다"는 것을 알았다. 조르단은 40회 정도 경험한 꿈을 정신과의사에게 이야기했다. 그 꿈은 함께 자라고 있는 두 나무에 관한 것이었다. 꼭대기에서 두 줄기가 만나서 서랍 두 개가 나란히 달린 상자가 되었다. 그는 이 꿈에서 깨었을 때 불안으로 가득 찼다.

그의 가장 이른 기억은 4세 혹은 5세 때의 자신에 대한 두 가지 회상이었다. 한 가지 회상은 그가 부엌에서 신문에 불을 지른 것이었다. 그리고 또 다른 하나는 그가 부엌에서 "한 꾸러미의 비싼 계란을 하나씩" 깨뜨렸던 것이다. 두 회상에서 모두 그는 어머니가 그를 발견해낼 것이라는 큰 두려움을 기억했다. 청소년시절의 조르단이 아무리 프로이트를 거부했다 할지라도 그의 꿈과 기억들은 다섯 살짜리나 청소년에게 공통적인 성적 갈등을 정신분석학자에게 제시하는 상징을 나타냈다.

대학시절 조르단은 프로이트를 거부했을 뿐 아니라 '비열한 진보주의자'에 대해 상당한 편견이 있었다. 그는 대학 진보연합의 '선전물'을 찢어버렸고, 일주일에 네 번씩 가톨릭미사에 참석했다. 그는 또한 연구진에게 "나는 충동이 있다. 끔찍한 충동이다. 나는 항상 실제적인 것을 넘어서는 목표와 야망을 가지고 있다"라고 고백했다.

30세에 조르단은 성숙해졌다. 나이들은 많은 청소년처럼 그는 갑자기 그의 초기의 지적인 목표가 부모로부터 이어받은 것임을 지각했다. "일생동안 나는 어머니의 지배에 대항해서 싸워야했다." 30대 후반에 있는 많은 사람들처럼 그는 다음과 같이 덧붙였다.

내 철학에서 주요한 변화는 생활에서의 나의 목표들과 관련이 있다. 더 이상 위대한 과학자가 되는 게 아니라 사람들과 함께 일하는 것을 즐기고, 그리고 내 자신에게 매일 하는 질문인 '너는 오늘 즐거웠느냐?'에 '예'라고 대답하는 것이 목표이다. … 사실 나는 내 자신을, 그리고 다른 모든 사람을 훨씬 더 좋아한다.

50세가 되어서는 조르단은 프로이트의 이론을 철저하게 인정했다. 그가 성숙해감에 따라 그리고 성적인 모험을 좋아하는 자녀들이 성인기에 도달함에 따라 그는 혼전 성관계를 더 이상 금지하지 않았다. 50세인 지금에는 그는 더 이상 '비열한 진보주의자'를 두려워하지 않았다. 그 대신 그는 세계 도처에 있는 가난한 사람들은 부자의 책임이라고 믿었다. 그는 "법과 질서를 억압적인 개념"으로 보았고, 한때는 일주일에 네 번씩이나 성당에 나갔던 이 소년은 "신은 죽었고, 인간은 훨씬 더 생동적이고 멋진 미래가 있다"고 선언하였다.

무슨 일이 일어났는가? 그가 자신의 성욕을 받아들이기를 배움에 따라 꿈들 속에 숨겨진 불안으로부터 자유롭게 되었다. 그리하여 조르단의 생활은 프로이트가 인식하지 못한 정상적인 과정을 제시하였다. 조르단은 성인기에 초등학교 아동을 격동의 청년기로 이끄는 발달과정을 되풀이했다. 그는 부모의 지배로부터 벗어나기 위해 노력했다. 그는 덜 억압적인 성적 신념을 가지게 되었다. 그리고 가장 중요한 것은 그가 이러한 성장을 이룸에 따라 보다 자진해서 다른 사람에 대한 책임감을 갖게 되었다. 물론 그가 속한 문화의 변화가 작용했으나 단지 일부분일 뿐이었다.

한 가지 문제가 있었다. 50세에 조르단은 19세에 무슨 일이 일어났는지를 더 이상 정확히 기억할 수가 없었다. 내가 조르단과 면담했을 때, 그는 대학에 들어오자마자 종교의 타당성을 의심했고 완전히 교회를 포기했다고 주장했다. 그는 단지 한 가지 계속 되풀이된 어린 시절의 꿈을 기억할 수 있을 뿐이라고 말했는데, 그것은 차고 뒤에서 몰래 오줌누는 것에 관한 것이었다. 그는 40번이나 반복된 꿈과 한 주에 네 번씩이나 반복된 교회출석을 잊어버렸다. 그러면 우리는 성인의 인생주기에 대한 진실을 어떻게 얻을 수 있을까? 분명히 이것은 미래를 추적해 가는 방식으로 연구되어야 한다. 애벌레가 나비가 되고 나서 어린 시절에 이미 작은 나비였다고 주장하는 것은 너무 흔한 일이다. 성숙은 우리를 모두 거짓말쟁이로 만든다.

구체적인 예로 자신들이 받은 성교육에 대한 관점의 변화들을 알아보자. 한 연구대상자가 18세 때 받은 심리면담의 기록내용은 다음과 같다.

> 그는 15세가 되어서야 자위행위와 몽정을 하게 되었다. 확실히 이 두 가지에 관계된 죄책감이나 수치심이 없었다. … 현재도 이 소년은 계속해서 자위행위를 하지만 이에 대한 죄책감이나 수치심은 없다.

25세 때에 바로 그 연구대상자는 정신과의사에게 자신의 자위행위에 관한 조언을 듣기 위해 국토를 가로질러 뉴욕까지 갔지만, 그 의사는 "내게 자위행위는 그리 심각한 것처럼 보이지 않는다"는 말을 하였을 뿐이라고 하였다. 46세 때 그 대상자는 "14세 이후로 나는 계속 자위행위를 해왔다. 대학에 다닐 때 나는 이것에 대해 걱정했고 그 당시에 이것에 관해 그랜트연구의 정신과의사와 상의했던 것 같다고 생각한다"라고 썼다. 46세 때도 그는 여전히 자위행위는 죄악이며 그의 인생에서 주요한 문제라고 보았다. 그는 그와 같은 우려를 추적이 있었다는 것을 믿을 수 없었다.

또 다른 대상자는 정신과의사에게 자신이 알고 있는 성에 관한 모든 지식은 친구들로부터 얻은 것이고, 부모로부터는 '모호한 충고'밖에는 듣지 못했다고 말했다. 반면 그의 부모는 연구진에게 "자녀들이 어렸을 때 성문제에 관해서 자유롭고 공개적으로 이야기를 나누었습니다. 모든 질문에도 솔직하게 답해 주었지요"라고 말했다. 게다가 또 다른 대상자의 어머니는 연구진에게 "내가 받은 성에 관한 어떤 질문에도 완전히 공개적으로 명확하게 답을 해주었지요"라고 말했다. 그러나 49세 때에 그 대상자는 "우리 식구는 성교육에 관한 한 어느 자녀들에게도 해주지 않았습니다"라고 회상했다. 또 다른 어머니는 연구진에게 자위행위는 "역겨운" 것이라고 생각하며 자신의 아들의 자위행위는 도에 "지나치다"고 말했다. 그녀는 남편에게 아들의 자위행위는 '신경쇠약'을 야기시킨다고 말하게 했다고 주장했다. 19세 때 이 아들은 연구진에게 성문제는 결코 부모와 논의해 본 적이 없으며 가장 상담받고 싶은 것 중 하나는 자위행위에 관한 것이었다고 말했다.

소망들의 무의식적인 만족도 또한 과거를 왜곡시킨다. 이에 대한 단적인 예는, 처음에는 연구진에게 군사학교의 석차가 150명 중 3등이라고 했다가 50세가 되어서는 900명 중 2등을 한 것으로 되어버린 한 대상자의 경우이다. 한 연구대상자는 자신의 청소년 자녀가 마리화나를 사용하는 것을 용인하지 않았다. 그러나 1940년에 그는 술의 효과에 대해 예찬을 했다. "나는 더 부드러워지고 유쾌해지고 덜 냉소적으로 된다. 그리고 춤을 더 즐긴다"라고 썼다. "내 마음은 보통 꽤 밝다. 나는 전보다 더 음악에 가까워지고 사람들에게는 개방적이 됨을 느낀다. 술은 항상 즐거운 경험이다"라고도 하였다. 그는 자신의 청소년 자녀에 대해 걱정하면서도 그 또한 청소년시절에는 유럽을 헤매고 다닌 장발의 대학중퇴자였음을 거의 잊어버렸다.

기억의 이러한 불일치를 언급하는 목적은 어린 시절에 일어난다고 익히 알려진 것 같은 종류의 망각과 왜곡이 청소년기와 중년기 사이에서도 일어날 수 있다는 것을 보여주기 위함이다. 주목할 만한 불일치는 부모가 감정적으로 중요한 것에 대해 청소년 자녀에게 이야기해 줬다고 스스로 생각하는 것과 그 자녀가 후에 기억하는 것 사이에서 일어난다.

따라서 성인의 인생주기를 이해하는 데는 마치 현대물리학을 이해할 때처럼 상대성과 보완성의 개념에 따라 이해하여야 한다. 왜냐하면 시간이라는 것이 방정식에 포함되자마자 과거의 뉴턴적 진리는 사라지기 때문이다. 심리소설가들은 같은 사람이라도 나이에 따라 세상을 다르게 본다는 것을 항상 알고 있다. 예술가는 인간이 인생에 대한 전체적 진리를 포착할 능력이 없다는 것을 늘 인식해왔다. 그랜트연구는 사회과학자들도 역시 외현적 모호성들을 이해할 수 있을지 모른다는 희망을 제시한다.

　인생주기에는 양식과 리듬이 있다. 이런 리듬을 발견하는 비밀은 우리의 통찰력에 미치는 시간의 왜곡효과에서 빠져나오는 우리의 능력 속에 있다. 이것이 쉽지는 않다. 교향곡 전체를 듣지 않고서는 교향곡의 연속성을 결코 알 수 없다. 왜냐하면 우리 청중은 시간 속에 잡혀 있기 때문이다. 만일 20번째 동창회에서 내가 대학동창들의 변화를 식별해 내려 한다면 실패할 것이다. 왜냐하면 내 자신이 너무나 많이 변했기 때문이다.

　그러나 나무를 생각해 보자. 나무에 대한 우리의 개념이 계절마다 계속해서 바뀐다는 사실에 관해서는 혼란스럽거나 모호해 할 여지가 없다. 나무란 무엇인가? 분홍꽃 한 다발, 혹은 한여름에 그늘을 만들어 주는 한 그루의 푸른 나무, 가을철에 오렌지빛 불꽃으로 타오르는 횃불 같은 단풍, 혹은 겨울에 은빛 눈으로 부드럽게 채색된 뻣뻣한 검은 색의 가지인가? 하나의 나무란 이런 것들 모두의 총체이다. 그리고 우리가 이와 같은 변화를 예측가능한 것이라 간주한다면 이것은 단지 우리의 인생주기가 훨씬 길기 때문인 것이다. 우리가 두 번이나 세 번 계절이 순서적으로 스스로 반복되며, 모든 모호한 암시를 쫓아버리고라도 우리는 단지 2년 혹은 3년의 나이를 먹었을 뿐이다. 우리는 기억하고 또 이해한다. 삼나무의 횡단면을 연구함으로써 불과 몇 분 만에 우리는 천 년의 숲의 역사를 분별할 수 있다. 중심이 같은 수천의 나이테를 볼 때 우리는 시간 밖에 서 있다. 저속촬영 사진사가 사실상 이틀이나 걸리는 개화과정을 단 2분 안에 보여줄 수 있는 것처럼, 내가 그랜트연구 대상자들의 기록철을 읽을 때 나는 30년 동안에 걸쳐 있는 행위적 사건들을 2시간 내에 보았다. 내 자신의 스무 번째 동창회의 상황과는 달리, 시간은 관찰 당하는 사람에게는 지나갔지만 관찰하는 사람에게는 지나가지 않았다.

　의사와 부모들이 자녀들의 성격변화를 순서적으로 예측할 수 있게 된 것은 불과 반세기밖에 되지 않는다. 19세기에는 대부분의 의사들이 여전히 아이를 어른의 축소판으로 간주했다. 전문가로서의 소아과의사는 20세기의 창조물이다. 아동발달의 이정표에 대한 부모의 회상은 널리 알려진 대로 부정확하다. 오직 사진의 발명, 아기용 책, 가족주치의 사례집을 통해 그리고 마지막으로 성장과 발달에 관한 미래를 추적해 가는 연구를 통해서만이 과학자들은 시간이 만들어내는 왜곡들을 충분히 피할 수 있다.

이제 우리는 5살의 낭만적인 구애자가 7살에는 이성을 싫어할 것이고, 그리고 나서야 16살에 한 번 더 낭만적인 구애자가 될 것임을 안다. 그러나 100년 전에는 벤저민 스포크(Benjamin Spock)*의 연구는 이용할 수가 없었다. 아동기의 여러 측면은 상대적으로 예측할 수 없는 것으로 간주되었다. 오늘날 우리는 미개한 조상들이 순서적으로 달이 차고 기우는 것을 보았던 것처럼 어린이들이 발달하는 것을 본다. 어린이들이 한 단계에서 다른 단계로 넘어갈 때 우리는 손 모아 기도하고 염려하거나 감사한다. 그러나 우리는 전적으로 놀라지는 않는다.

그러나 성인발달은 여전히 신비에 싸여 있다. 인간은 프로이트의 5세, 성로욜라의 7세나 심지어 법적 성인인 18세, 21세에도 성숙하지 않다. 로널드 레이건이 대학시절에 보인 급진적으로 자유주의적인 정책은 확실히 오늘날의 그와는 이질적인 것처럼 보인다. 성장하려면 과거와의 접촉을 상실하는 대가를 치러야 하기 때문이다. 청소년 때 한 연구대상자는 현대재즈를 좋아했다. 50세에 고전음악 작곡가의 진가를 알게 되면서 그는 록앤롤에 대한 자녀들의 열정을 단지 경멸하기만 하였다. 그는 자신은 변함 없이 그대로였지만, 그 반면에 음악에 대한 취향이 저속해졌다고 생각했다.

한 살 때 아이는 걸을 수 없고, 네 살 때 자전거를 탈 수 없고, 여섯 살 때 다른 사람의 시각에서 방을 상상할 수 없으며, 열 살 때 여전히 개념을 추상적인 용어로 고찰할 수 없다. 18세에 그는 이런 모든 것을

---

* 미국의 소아과의사이자 교육자로서 아동발달에 관한 체계적 연구와 지침서로 유
 명함 — 옮긴이.

할 수 있다. 이것은 그가 배웠기 때문이 아니라 그와 그의 중추신경 조직이 발달하였기 때문이다. 한 사람의 정치관의 변화도 같은 이유 때문 아닐까? 지금은 자유주의자이면서 나비가 된 조르단이 존 버치 애벌레를 날다가 마주치면 이들은 서로 눈길을 주고받을지라도 둘 다 그들의 유사성을 인식하지 못할 것이 틀림없다. 젊은 시절의 공산주의자가 나이가 들어서 반동분자가 될 때까지 내적인 변화들은 그토록 심할지라도 지각될 수 없어서 그는 여전히 같은 눈으로 보고 같은 마음으로 느낀다고 믿는다. 그는 오직 시대만이 변했다고 믿는다.

35세 혹은 40세까지는 "이미 경험했음에 틀림이 없는 인생의 많은, 너무나 많은 측면들이 헛간 속의 먼지 같은 기억 속에 놓여 있다. 그러나 때로는 이것들은 회색빛 재들 밑에 있는 빨갛게 단 석탄과 같다"고 융은 경고하였다.[1] 이러한 석탄이 불꽃으로 작렬하는 것을 보면 그랜트연구가 추구하는 것이 매우 흥미진진함을 알 수 있다.

개인의 인생주기는 계절과 달리 각 개인에게 단 한 번만 나타난다. 1950년에, 젊었을 때부터 버클리대학에서 이루어진 인간발달에 대한 첫 번째의 위대한 종단연구를 배운 에릭 에릭슨은 아이들처럼 성인도 발달하고 성숙해진다고 설득력 있게 주장했다.[2] 그는 성인은 단지 인생의 사건에서 사건으로, 졸업에서 결혼으로, '텅 빈 둥지'(empty nest)로 그리고 은퇴로 계속 행진하는 것은 아니라는 사실을 처음으로 충분히 이해한 사회과학자 중의 하나였다. 그 대신에 성인은 그 과정 속에서 역동적으로 변한다고 주장했다. 물론 셰익스피어가 이 모든 것을 전에 이미 말했었다. 그러나 인간발달에 관한 대부분의 교과서들은 성인성격의 변화를 외부사건들과 연관시킨다.

그랜트연구로부터의 증거는 《유년기와 사회》(Childhood and Society)라는 책에서 에릭슨이 요약한 성인의 생활양식을 확인해 준다. 에릭슨에 의하면, 다양한 문화 속에서 이미 **기본적 신뢰**, **자율성**, 그리고 **주도성**을 거친 초등학교 아이는 대담한 열정을 통제하면서 **근면성**을 발달시킨다. 청소년기에는 억제된 열정이 되돌아오고 소년들은 **정체감**을 위해 애쓴다. 이것은 자기자신과 자신의 신념을 부모의 것과 구별지으려는 노력이다. 다음으로는 젊은이로서 자기나이 또래 사람들과 진정한 **친밀감**을 추구한다. 그리고 마침내 에릭슨에 의하면 40세를 전후로 그가 건강하다면 **생산성**을 성취한다. 이 생산성은 앞장에서 이미 암시한 인간존재의 풍부하고 잘 익은 단계이다.

생산성은 단지 작은 것을 자라게 하는 단계만은 아니다. 세상에는 아이를 낳고 두 살까지는 놀랄 정도로 사랑하지만 그 과정을 계속하는 것을 단념해 버리는 무책임한 어머니들로 가득 차 있다. 생산성이란 인생주기의 한 단계를 서술하는 의미에서는 자신과 같은 인간들의 성장, 지도력, 복지에 대한 책임을 포함하는 것이지 단지 곡물을 재배한다거나 어린이를 키우는 것을 의미하지는 않는다.

에릭슨은 20대와 40대 사이의 세월을 미지의 발달기간으로 남겨두었다. 30대 초반에 남자들은 무엇이 되느라고, 기술들을 익히느라고 너무 바빠서, 즉 이미 정해진 경력의 사다리를 오르느라 너무 바빠서 자신의 삶의 부침(*vicissitudes*)에 대해 숙고하지 않는 것 같다. 마찬가지로 중요한 것은 이들은 너무 특징이 없고 지나치게 동조하기 때문에 다른 세대를 연구하는 연구자들의 관심을 끌 수 없었다는 것이다. 35세 때 그랜트연구 대상자들은 주도적 위치에 들어가려고 아등바등하였다. 50세에서는 이들은 자기를 위해서 그리고 자신과 같이 일하는 사람들에게 훨씬 더 많은 관심을 갖게 되었다. 간단히 말하면, 에릭슨의 친밀성 단계와 생산성 단계 사이에는 **경력강화**(*career consolidation*)라는 중간단계가 나타났다. 이 단계에서는 셰익스피어의 군인처럼 '값싼 평판'을 구하는 시기이다. 정체감에서 친근성으로, 경력강화에서 다시 생산성으로 넘어가는 성숙의 양식은 성인발달에 대한 미국의 주요 연구들에 의해 남녀 모두에게서 확인되었다.[3]

그러나 완전한 인생주기는 성숙할 자유와 기회를 제공받았을 때만 드러날 수 있다. 버클리대학교의 인간발달연구소의 사회학자인 존 클로슨(John Clausen)은 개인의 인생주기에 영향을 주는 네 가지 주요 변인을 알아냈다. 이 변인들은 그랜트연구를 좀더 넓은 맥락에서 살펴보는 데 도움을 준다. 이 변인들은, (1) 주어지는 기회들과 부딪히는 장애물들 — 이들은 전쟁, 공황 및 주요한 사회적 변화들의 영향뿐만 아니라 그의 사회계급, 소속된 인종, 나이 및 성 등에 의해 영향받으며, (2) 자신을 위해 기울이는 노력의 투자, (3) 세상을 배우고, 세상에 대처할 수 있도록 도와주는 지지와 지도의 자원들, 그리고 (4) 자유로이 쓸 수 있는 개인적 자원들이다. 4)

그랜트연구 대상자를 동질적으로 선발했기 때문에 클로슨의 요인 중 처음 두 가지, 즉 문화적 기회와 성취동기는 동일하게 유지되었다. 첫째, 연구대상자들은 동등한 기회를 가졌다. 즉, 백인 미국남성이며 좋은 교육을 받아서 각각 그들 문화권력의 엘리트에 진입했다. 각각은 세계 역사에서 동일한 시기를 공유한다. 만일 이들이 어린 시절 내내 영양공급을 잘 받지 못했거나, 조립라인에 갇혀 있거나, 존경받지 못하는 신분에서 태어났다면, 자신의 능력을 개발할 수 있는 교육이 허용되지 않았다면, 또는 역사의 우연성이나 건강에 의해서 자라날 기회가 박탈되었다면 이들은 건강한 인생주기를 위한 모델이 될 수 없을 것이다.

둘째, 클로슨이 지적하는 것처럼 인간발달은 자유로운 선택을 포함하고, 또 모든 사람이 생산성에 수반되는 책임을 원하는 것은 아니다. 그러나 그랜트연구 대상자들은 모두 열심히 일하는 사람들이고 성취자들이었다. 이들 모두는 자신의 성장과 발전에 기꺼이 투자하려는 청소년기를 가졌기 때문에 선택되었다.

그랜트연구 대상자들의 인생노정을 구별짓는 것과 인생주기 내에서 50세 때의 종국적 위치를 결정하는 데 가장 중요한 것처럼 보이는 것은 클로슨의 세 번째와 네 번째 변인이었다. 제13장에서 클로슨의 세 번째 변인의 영향을 다루게 될 것이다. 확실히 지지와 지도라는 가용 자원은 이들 사이에 큰 차이를 만들어 주었다. 사랑 없이는 성장하기가 어려운 것이다.

만일 적응양식의 차별적 선택으로 해석된다면 클로슨의 네 번째 요인, 즉 "자유로이 쓸 수 있는 개인적 자원들"의 영향도 또한 큰 차이를 만든다. 연구대상자들의 신체적 건강과 지능이 거의 비슷하다고 하더라도 이들이 선택한 방어는 매우 달랐다. 가장 미성숙된 방어를 가진 25명의 사람 중 오직 4명만이 생산성을 이루었다. 가장 성숙한 방어를 지닌 대상자 중 거의 모두(4/5)가 생산성을 이루었다. 이와 같은 발견은 제 15장에서 자세히 다루어질 것이다.

아담 카슨(Adam Carson) 박사의 생애는 인생주기에 대한 통계적 발견을 보여주는 틀을 제공한다. 카슨 박사의 전기는 정체감으로부터 친밀감으로 그리고 경력강화를 거쳐 마지막으로 배려할 수 있는 능력에 이르는, 머뭇거리며 나아가는 과정을 가장 충실하게 설명해 주고 있다. 아담 카슨이 이 연구에 처음 참여하였을 때 그의 부모는 그를 모범적인 아이라고 하였다. "아담은 태어난 순간부터 지금까지 행동, 야심 그리고 모든 면에서 정말로 완벽했습니다"라고 어머니가 자랑했다. 변호사인 아버지는 그를 "거의 완벽한 아이"로 인식했다. 간단히 말해서, 부모로부터 자율성을 얻고자 하는 카슨의 청소년시절의 투쟁은 결코 충분히 실행되지 않았다.

16세부터 18세 사이에 자신의 아들이 "약간 말썽꾸러기"가 되었다고 아버지가 그랜트연구에서 시인한 것은 사실이다. 아버지 몰래 젊은 카슨이 오토바이를 손에 넣었고, 성적인 정복에 대한 요구를 가졌고, 더욱이 직업적 댄서가 되기 위해 '의사'라는 장래의 직업을 포기하는 것을 고려할 정도로 사교댄스를 좋아했던 것도 사실이다.

그러나 20세가 되어 카슨 박사는 이런 관심거리를 제쳐놓았다. 그의 아버지가 너무나 완벽했고 너무나 마음이 넓었기 때문이었다. 무엇에 반항한단 말인가. 아버지의 엄격한 통제로부터의 청소년시절 짧았던 유예는 원활한 성인발달을 위해서는 너무나 짧았다. 20세쯤 되었을 때 카슨은 자신의 아들이 "계획된 생활을 하고 있다. 즉, 아담은 자신의 감정을 아주 훌륭히 통제하고 있다"는 아버지의 자랑을 생활의 모든 측면에서 정당화시켜 주었다. 젊은 카슨은 하버드 의과대학에 다녔다. 그는 매사추세츠 종합병원에서 인턴으로 근무했다. 대학졸업 후에는 록펠러연구소에서 공부를 더 하다가 개업의생활보다는 연구활동이 더 마음에 든다면서 하버드 의과대학에 돌아왔다.

아버지가 연구활동이 진정으로 위대한 의사가 되는 길이라고 그에게 설명해 주지 않았더라면 어떻게 되었을까? 자신이 아니라 아버지가 골라준 정체성을 선택했기 때문에 카슨 박사는 대가를 치렀다. 카슨이 19세였을 때 정신과의사는 그에 대해 "상당한 정신적 에너지를 소유한 인상을 풍겼고, … 그의 정서는 활기차고, 풍부하고, 행복에 차있고 다채롭다"고 말했다. 그러나 동일한 의사가 28세의 카슨을 "내가 보기에 별로 마음이 트이지 않은 사람"이라고 하였다. 카슨의 주제통각검사는 한 심리학자가 보기에 그가 환경에 수동적으로 의존하는 피상적인 사람, 자신의 운명에 확신을 갖기 못하고 그것을 수동적으로 기다리고, 여성에 대해서 그리고 그들의 성적 매력에 대해 끊임없이 거부하고 있고, … 사적인 감정을 피하기 위해 사회적으로 용납될 수 있는 것을 찾고 있다"는 사실을 나타내 주었다. 동일한 검사결과를 보고 다른 심리학자는 "공격성과 우울을 완전히 회피하고 있다. 이것은 경직되고 억제되고 신경증적이며, 내면을 전혀 들여다보지 않는(nonintro-spective) 반응이다"라고 하였다.

그랜트연구의 인류학자는 다음과 같이 맞장구쳤다.

> 아담은 키가 호리호리하고 뭔가 어색하고, 어리고, 청소년 같다. … 가족에게 의존하고 있고, … 사회적으로 인정된 삶의 양식을 따르고 있는지에 대해 자신이 없고, 몹시 신경을 쓴다.

이 인류학자가 옳았다. 젊은 시절에 아담 카슨은 문화의 명령에 따랐던 것이다. 그는 존경받는 경력을 성공적으로 시작했을 뿐만 아니라 남편과 아버지가 되었다. 26세에 그는 "나는 세상에서 그 무엇보다도 나의 결혼생활을 가장 소중히 여긴다. 나는 이것에서 무한한 행복을 느낀다"라고 썼다. 그러나 46세 때 결혼생활을 회고하면서 그는 "나는 아내가 야비하고 무시무시한 일도 기꺼이 하는 방울뱀이라고 느꼈다"라고 쓸 수 있었다. 그가 각각의 나이에서 자신의 마음을 몰랐던 것은 아니었다. 초등학교 3학년 소년이 자신은 여자아이들을 싫어하고, 또 자신의 어머니는 완전하다고 말할 때 그는 정직한 것이다. 인습에 사로잡힌 카슨 박사는 금욕적인 부인과 결혼하였는데, 그녀는 청소년기의 정열이 타오르기도 전에 꺼져버린 아직 미성숙한 26세의 애벌레인 그에게 알맞은 여인이었다. 처음에 그의 부인은 그에게 인습적이고 누나같은 친밀감을 주었던 것이다. 그러나 그가 성숙해감에 따라 카슨 박사의 정열이 없는 결혼생활은 일련의 신경질적이고 반복적인 갈등으로 전락해 갔다.

연구업적이 대단하지 못했는데 그는 다음과 같이 썼다.

나는 개업할 것을 완전히 포기해 버렸다. … 일과의 거의 대부분은 연구하는 것이다. 나는 이러한 일을 함으로써 개업하는 것이 결코 채워줄 수 없는 기쁨으로 늘 충만해 있다.

공로휘장을 여러 번 받은 10년이 지난 후 카슨 박사는 종신재직권을 얻었다. 그는 하버드 의과대학의 부교수가 되었다. 그러나 일단 얻고 나니 학문적 인정을 상징하는 휘장이나 그의 방문 위에 걸린 이름표는 별 만족을 가져다주지 못했다. 오히려 카슨 박사는 결혼생활과 직업에 대해 너무나 우울해져서 자살을 생각하기도 했다. 의식적으로는 이러한 '우울'을 감정으로서가 아니라 '피로감'으로 경험했다. 왜 그랬을까? 그는 언제나 자신이 행복하다고 말했다.

10년 후 나는 아담 카슨을 만났다. 그는 이미 이혼 후 재혼한 상태였고 연구활동에서 손을 떼고 개업하고 있었다. 그의 개인적 변화는 계속되었던 것이다. 조용하던 연구자는 이미 매력적인 임상의가 되어 있었다. 카슨 박사의 인상적인 사무실에서 찰스강이 내려다보였다. 끝이 상아로 된 청진기가 한쪽 주머니에 엿보이는 기다란 흰색 가운을 입고 있으니까 그는 부드럽고, 고민거리도 없고, 친절하며, 매사를 잘 꾸려나가고 있는 것처럼 보였다. 그는 지루하다기보다는 흥분시키는 방식으로 그가 개업을 통해 얻어낸 기쁨을 열심히 나누어주었다. 그의 청소년시절을 특징지었던 넘치는 활력이 다시 돌아왔던 것이다. 전반적인 기분을 설명하면서 카슨 박사는 "내가 생각하기에 나는 만성적으로 의기소침해 있어요"라고 털어놓았다. 그러나 지금의 우울은 분명히 감정이었고 피로는 전혀 없었다. 그는 한 번 숨을 들이쉬고는 "나는 성욕이 매우 강합니다. 이게 또한 문제지요"라고 고백했다. 그리고 나서 그는 최근의 낭만적인 사건에 연루된 것에 관해서뿐만 아니라 환자들에 대해 자신이 따뜻하고 아버지 같은 관심을 보이고 있다는 것에 관해서 재미있게 이야기해 주었다.

열 살 먹은 어린이는 그의 부모가 말하는 것에 주의를 기울인다. 그러나 열여섯이 된 소년은 부모가 하는 것에 대해 더 많은 주의를 기울인다. 청소년처럼 카슨 박사는 이제 매우 다른 각도에서 아버지를 보고 있었다. 28세 때 카슨 박사는 "나는 아버지를 닮았다. 그러나 그는 모든 면에서 나보다 뛰어나다"라고 아버지에 대해서 말했다. 그 당시 카슨 박사는 아버지가 추천한 연구분야에서 열심히 일하고 있었다. 이런 충고는 카슨의 아버지가 개개인의 소송의뢰인과 긴밀하게 관계를 맺으며 일을 하는 적극적이고 매력적인 변호사 개업활동에서 지대한 즐거움을 얻고 있음에도 불구하고 주어진 것이었다. 의사인 카슨에게 인류에게 지속적으로 학문적 공헌을 하라고 촉구하면서 카슨 변호사는 현재의 삶을 즐겼던 것이다. 45세가 되었을 때 아버지처럼 개업한 카슨 박사는 아버지의 훈계를 방해로 생각하는 대신에 그를 소중한 본보기로 삼을 수 있었다. 각기 다른 전문직을 가졌음에도 불구하고 이들의 경력은 갑자기 일치되었던 것이다.

카슨 박사의 생애를 선택한 이유는 이 장을 시작할 때 인용한 연구 대상자의 말이 간명히 기술하는 과정을 잘 나타내주고 있기 때문이다.

> 나는 20세에서 30세에 걸쳐서는 아내와 어떻게 함께 지내야 하는가를 배웠다고 생각한다. 30세에서 40세에 걸쳐서는 내 일에서 성공하는 법을 배웠다. 그리고 40세에서 50세에 걸쳐서는 나 자신에 대해서는 덜 걱정하고 자녀들에 대해 보다 염려하게 되었다.

(지금처럼 위장된 형태로 씌어진) 카슨의 개인사를 읽고 또 다른 그랜트연구 대상자가 다음과 같은 편지를 써 보냈다.

> 저는 선생님이 논의하셨던 대부분의 일반적 특성들, 즉 젊었을 때는 너무 지나치게 자기중심적이고 경력을 쌓는 데 급급했다는 것 등을 제 자신에게서도 발견합니다. 선생님이 에릭슨을 자주 언급하셔서 저는 그의 저서 중 일부를 읽어보기도 하였습니다. 지금까지 그는 단지 한 이름에 불과했습니다. 생산성을 성취하는 것에 대한 그의 생각은 흥미를 자아냈습니다. 저는 그것을 지난 몇 년간에 걸쳐 상당한 정도 성취했다고 느낍니다. 거의 제 자신도 모르게 말입니다. 청소년시절을 보내고 있는 10대들을 인도하고, 동시에 행복하고 안정된 결혼생활을 유지하기 위해서는 생산성이 필요합니다!

2) 제 1 의 청소년기

미래를 추적해 가는 방식으로 연구한 그랜트연구 대상자의 삶은 일반적으로 인생주기의 단계가 순차적으로 이루어짐에 틀림없다는 에릭슨의 가설을 지지했다. 비록 인생의 한 단계가 다른 단계보다 더 우월하지는 않더라도 주어진 발달단계는 이전의 단계가 이루어진 후에야 대부분 성취될 수 있었다. 이들은 먼저 자신의 경력을 강화하고 부인

을 사랑하는 것을 배우지 않고서는 일반적으로 다른 성인에 대한 진정
한 책임을 다하지 않았다.

성인의 인생주기에 들어가려면 청소년기의 문을 통과해야만 한다.
에릭슨과 그의 스승인 안나 프로이트에 의하면, 청소년기는 고통스러
운 자기분화의 시기이다.[5] 가정의 관습들이 버려지고 자신만의 정체
감이 만들어진다. 청소년기의 정체감은 인간본성의 흥미로운 사실에
의해서 형성된다. 우리는 사랑하는 사람들로부터 분리되거나 잃어버
린 때 이들을 내면화한다. 따라서 청소년들이 집단생활을 하거나 반대
편 해안에 있는 대학에 들어가면서, 혹은 뒤에서 잡아당길 때 빠져나
가기 위해서 의식적으로 자신들 부모의 나쁜 점만을 강조하면서, 이들
은 도망가면서 동시에 부모를 데리고 간다. 이것은 다음 두 가지 이유
때문에 중요하다. 첫째 태리타운 박사와 캐스퍼 스미스는 결코 부모를
실제적으로 내면화하지 못했고, 영원히 고독한 채로 남아 있었다. 둘
째 호레이스 램과 아담 카슨 박사처럼 외부의 부모가 계속 지배해 온
사람들은 성숙이 지연되었다.

적어도 미국문화에서는 청소년기가 모범적인 성인의 인생주기에 들
어가는 필수요건일 뿐만 아니라 격동적인 청소년기 그 자체가 정상적
인 성숙한 성인이 되는 데 있어 장애물이 아니다. 사실 이것은 흔히
좋은 징조이다. 버클리 대학교 인간발달연구소의 하비 페스킨(Harvey
Peskin)과 노만 립슨(Norman Livson) 두 심리학자에 의하면, 차후의
정신건강이 좋아지려면 청소년기 이전에 정서적 생활에 대한 통제가
이루어지고, 바로 그 통제가 청소년기에서는 약화되거나 아예 포기되
어야 한다. 온화한 기질에서 긴장되고 날카로운 기질로, 푸념이 거의
없었다가 빈번해지는 것으로, 엄격한 충동통제에서 성질의 폭발로,
그리고 독립에서 의존으로의 변화를 보고 우리는 30세 때의 정신건강
상태를 예측할 수 있다.[6] 페스킨과 립슨은 자신이 발견한 사실들을
다음과 같이 요약하고 있다.

성인의 성격에 있어 청소년기의 공헌은 종종 청소년기 이전의 행동의 효과를 유지하기보다는 오히려 그것을 뒤집는 것이다.

이것은 청소년기에 얻은 엄격한 정서적 통제가 왜 30세 혹은 40세에 이르러 정서적 불안정을 낳을 수 있는가 하는 이유를 설명하는 데 도움이 된다. 카슨 박사처럼 성숙하기 전에 청소년기를 차단하는 것은 중년기에 유별난 삶의 폭풍우를 만날 위험을 무릅쓰는 것이다.

47세가 되도록 실제적으로 결코 청소년기를 벗어나지 못했던 7명의 그랜트연구 대상자가 있었다. 대신에 이들은 초등학교 어린이, 즉 만년소년과 같은 성인의 삶을 살았다. 성실한 소년단원처럼 이들은 직업에 매우 충실했고 심리치료가 거의 필요치 않았다. 그러나 이들은 친밀감, 경력강화, 생산성을, 즉 성인기 성숙의 순차적 단계를 거치지 않았다. 중년기에서도 이들 만년소년 중 고아인 한 사람을 제외하고는 모두 자신의 어머니에게 꽉 묶여 있었다. 단지 7명 중 2명만이 성인기의 절반 동안 결혼생활을 하였고, 그나마 이들 각각은 소원한 결혼생활에서 여성의 역할을 담당하였다. 자녀를 가질 생각은 결코 해보지도 않았거나 회피하였다. 친구는 사실상 거의 없었다. 50세에 이들은 인생의 방관자로서 대부분 사회적 신분이 낮아졌으며, 늘 자기에 대한 회의로 가득 찬 삶을 살았다.

만년소년들이 자신의 경력에 몰두하는 데 실패한 것은 대학졸업 직후 시작되었다. 제2차 세계대전 동안 이들은 어느 누구도 전투에서 불을 뿜는 총탄을 보지 못했고, 사실상 거의 대부분은 결코 군에 입대하지도 않았다. 전쟁 후 이들은 여전히 뜨내기 일꾼으로 남아 있었고, 결코 장인이 되거나 혹은 자기보다 젊은 사람들을 위한 조언자가 되지 못했다. 비록 모든 만년소년들이 고용주에 대해서 책임을 다했지만, 이들 중 어느 누구도 다음 세대나 자신을 위해 일하는 사람에게 진정으로 책임을 다하지 못했다. 그 결과 이들의 경력은 이 그랜트연구 대상자 중에서 가장 나쁜 것이었다.

47세에 만년소년 중 한 사람은 1세에서부터 13세까지의 기간이 자신의 인생 중 가장 행복했던 시절이었다고 하면서, 이 시절은 "한가롭고 평온하고 순진무구한 어린 시절"이었다고 주장했다. 청소년기가 그를 두렵게 만들었고, 13세에서 20세까지의 세월은 그의 인생에 있어 가장 불행한 시절이었다. 비록 자신이 동성연애자라고 생각하지도 않았고 생리적으로 기세된 것도 아니지만, 33세 때 그는 여전히 사춘기 이전처럼 포동포동하였으며 집에서 어머니가 식탁 중앙에서 꽃장식하는 것을 도우며 살았다.

30세 때 한 인류학자는 그가 "인간적이 아니라 지적인 수준에서 흥미를 끈다"고 기술하였으며, 50세에도 그는 여전히 크고 넓게 보기보다는 세밀한 것에 더 많은 흥미를 가지고 있었다. 마침내 그는 안정된 결혼생활을 성취하였으나 그와 그의 아내는 전혀 아이를 갖고 싶지 않았다. 그는 자신이 일하는 뉴잉글랜드의 작은 대학에 대해서 흥미도 거의 없었고 어떤 책임감도 갖고 있지 않았다. 그리고 그랜트연구의 대상자 중 창의적이고 생산적인 학구파와는 달리 그는 학교 학생들보다는 초기 식민지역사에 대한 자신의 대수롭지 않은 출판물에 더 큰 흥미를 가졌다. 적응이 잘된 많은 6학년 학생처럼 이지화는 여전히 그의 주된 적응형태였다.

또 다른 이와 비슷한 대상자가 나를 보러 왔을 때 나는 그의 노동자와 같은 손, 목이 짧은 양말과 값싼 신발 그리고 팔꿈치를 헝겊으로 기운 고급스러운 브룩스 브라더스(Brooks Brothers) 상표의 트위드재킷 사이의 기묘한 대조에 놀랐다. 사회적으로 좋은 어머니, 사립기숙학교 교육과 학사학위가 있음에도 불구하고, 그는 난방과 배관을 설치하는 회사에서 일했고, 노동자 식당에서 혼자 식사했으며m 청구서에 질려 있었다.

이 연구는 19세 때 그 대상자를 비록 약간은 얼빠진 듯하지만 심리적으로 안정되었다고 보았고, 이율배반적이게도 대학시절에 어머니는 그가 "두 살 때 이미 다 성숙했다"고 기술했다. 그는 청소년시절에 정상적으로 가지는 문제 없이 잡동사니로부터 배의 모형, 나무집, 자동차 등을 만드는 데 비상한 창조력을 발휘하였다. 그는 자동차 기술자가 되길 원했다. 그러나 29세 때에 인류학자는 그가 여전히 "어머니와 너무 밀착되어 있고 새로운 관계를 맺으려 하지 않는다"는 것을 알았다. 49세에 그는 여전히 미혼이었고 부모가 사는 곳으로부터 몇 블록 떨어지지 않은 곳에서 살았다. 그의 생활은 애완동물 주위를 맴돌았다. "6마리의 고양이들에게 먹이를 주는 것이 큰 일이 될 수도 있다"는 것을 나에게 확신시켜 주었다.

정신질환이나 아니면 영광을 가지고 왔을지도 모를 효과적인 방어기제들을 통하여 자기세계를 왜곡할 능력이나 의지가 이상하게도 없는 채로, 그는 능력발휘를 못하는 잠재기 어린이의 휴식처에 머물러 있었다. 평균 이상의 지능지수에도 불구하고 그는 난방과 배관설치회사에서 연봉 1만 달러 이상의 자리에 결코 올라가지 못했고 직업상 의무도 변하지 않았다. 그럼에도 불구하고 그는 어렸을 때처럼 물건들을 조립할 수 있었기 때문에 즐겁게 일했다. 그는 나에게 용광로에 대해서 자세하고도 열정적으로 이야기하면서도 다른 사람에 대한 책임감은 없었다. 30대 후반에 한 유치원 보모와 2년간 짧은 결혼생활을 했으나, 평생토록 그가 돌보아준 것은 단지 몇 마리 고양이들뿐이었다.

그는 늘 자기 삶을 통제할 수 없다고 느꼈다. 29세 때 그는 "길게 대답할 것이 없는 것을 보니 지금까지의 내 삶이 수준 이하였음에 틀림없다. 그리고 나의 삶은 여전히 수준 이하다"라고 썼다. 그리고 46세, 그러니까 굿하트같이 사회적 특권과는 거리가 멀었던 동료들이 더 나은 중산층으로 확고하게 자리잡았을 때, 그는 "나는 뼛속 깊이 부적당하다고 느낀다. 항상 내 자신을 잘 팔 수 없었다"라고 하였다. 그러나 그는 내가 존경하지 않을 수 없는 북부사람의 위엄과 유별난 자존심을 갖고 있었다. 열 살짜리 아이는 청년이 된 상대보다 훨씬 잘 통합되어 있기도 한다. 인생의 한 단계가 다른 단계보다 더 '낮거나' 더 '건강'하지는 않기 때문이다.

무엇 때문에 이 사람의 성장이 부진했는지 알기는 힘들다. 단지 추측일 뿐이지만 내 생각으로는 우리의 인간적 손실이 더 이상 메우어지지 않을 때 우리는 성장을 멈추는 것 같다. 청소년시절에 그의 부모는 그를 저버렸다. 5년 간격을 두고 두 사람 모두 신경쇠약에 걸린 것이다. 죄책감도 있고 또 사랑과 미움을 동시에 느꼈기 때문에 그는 부모를 떠나갈 수가 없었다. 그러면서도 그들을 잃은 것 때문에 작아졌다는 느낌을 가졌다. 아버지가 처음 병원에 입원하였던 11세 때 그는 신을 더 이상 믿지 않게 되었다. 45세 때 그는 나에게 친구가 죽을 때는 언제나 자신의 일부분이 떨어져 나가는 것 같다고 말했었다(다소 비슷한 또 한 명의 그랜트연구 대상자가 나에게 곤경에 처했을 때의 좌우명을 다음과 같이 말했을 때에도 이와 동일한 딜레마를 표현한 것이다. 그의 좌우명은, "누구를 위하여 좋은 울리나 묻지 말라. 왜냐하면 당신을 위해 울리는 것이니까"였는데, 이것은 45세 때보다는 나이 70세에 더 어울리는 신조였다). 사랑의 씨는 영원히 계속 뿌려져야 하는 것임에 틀림없다.

연구의 다른 88명의 대상자들은 모두 청소년기를 통과하고 자신들의 부모와는 구분되는 정체감을 획득했다. 그러나 너무 일찍 시작했기 때문에 최초의 그랜트연구진은 안나 프로이트, 에릭 에릭슨이나 조지 괴달스(George Goethals) 등을 읽지 못했다. 이들은 청소년기 성장의 몇 가지 정상적인 면들이 실제로 불안정한 미래에 대한 불길한 조짐이라고 잘못 믿었고, 그 결과 대학에서의 정신건강에 대한 이들의 예측은 자주 빗나갔다.

대학에서 각 대상자들은 25개의 성격특성을 나타내는 점검표로 평가되었다. 그리고 나서 연구진의 정신과의사는 어떤 특성이 미래의 심리적 건강 여부에 대한 연구진의 예측과 관련 있는가를 조사하였다.[7] 세 가지 특성, 즉 생기발랄한 정서, 친절함 그리고 인본주의가 성인기의 성공적 적응에 대한 이들의 긍정적인 예측과 관련이 매우 깊었다. 그러나 추수연구에서 청소년기의 이러한 특성들은 중년기의 결과와 거의 관련이 없다는 것이 입증됐다. 많은 대상자에게서 이러한 '미덕'들이 영구적인 특성이라기보다는 발달의 일시적인 단계와 더 관련 있는 것 같았다. 본질적으로 청소년들은 자발적이고 몰려다니고 이상주의적이다.

마찬가지로 연구진은 '수줍음', '관념화', '내성', '억제' 그리고 '목적과 가치의 결핍' 같은 특성이 미래의 정서적 안정성이 의심스러운 청소년들에게서 가장 자주 보일 것이라고 생각했다. 그러나 마찬가지로 추수연구를 통하여 이들 특성들이 스스로를 제한하는 정신병리, 즉 청소년기의 증상들이라는 것이 밝혀졌다. 이 특성들이 가장 적응을 못한 사람들을 예측하지는 못했다. 사실상 미래의 정신건강을 매우 잘 나타내주는 세 가지 특성은 오히려 청소년기 후기의 특징이 아닌 것들이다. 55세의 나이에 가장 잘 적응한 사람들은 '잘 통합'되고, '실제적이고 조직화'되었다고 보인 청소년들이었고, '적응을 잘한 사람'이 될 가능성이 제일 적은 사람들은 비사교적(*asocial*)이라고 평가된 청소년들이었다.

청소년기의 '혼란'의 적응적 기능을 두 가지 예화로 설명할 수 있다. 한 대상자는 어렸을 때 어린 동생들의 복지를 너무나도 강박적으로 염려한 나머지 청소년기 초기에 그들을 먹여살리기 위해서 일했다. 그리고 나서 대학시절에는 조금씩 이러한 생활에 대해 반항하였다. 점점 더 나약하고 게으르고 무심한 사람이 되어갔으며, 자신을 '매우 이기적'이라고 여겼다. 그는 자신이 누구인지 거의 알지 못했다. 한편으로 그는 철학에 심취하여 도스토예프스키와 거대담론들을 읽었다. 또 다른 한편으로는 "좀더 위압적이 되기 위해서" 배가 나온 이기적인 국제은행가가 되어서 대은행재벌인 모건(Morgan)의 동업자가 된다는 야망을 가졌다. 그랜트연구진은 그의 명백한 이기심과 혼란 때문에 어지러웠다.

23세 때 제2차 대전의 현실을 보고 제정신을 차린 후 그는 자신의 성격을 재통합하였다. 그는 전후 기아에 허덕이는 유럽을 돕는 길을 택하고 국제적인 은행가가 될 생각을 버렸다. 그는 '고상한 이상주의자'가 되고자 하였고, 해외근무에 참여함으로써 그의 희망을 구체화시켰다. 덜 경직되고, 또 적절한 관심을 가지고서 그는 다시 미국의 어린 '동생'들의 경제문제에 전념하였다. 반동형성이 이타주의가 되었다. 47세에 그는 뚱뚱한 배가 필요 없이 자신이 누구인지를 정확히 알 수 있었다. 그는 신뢰할 수 있고 이타적이며 세심한 직업외교관인 것이었다. 그는 추잡한 영어를 사용하는 부하직원들을 비난하고, 이해할 수 없을 정도로 이기적인 자신의 아들을 나무랐다.

어렸을 때 안정적이고 잘 통제되었던 또 다른 한 대상자는 청소년시절을 그의 생애 중에서 가장 불행했던 시기로 기억했다. 이 기간 동안에 그는 혼란스러운 통제의 상실을 경험했는데, 이는 사실상 성인기의 생활에 매우 도움이 된 내적인 역동성의 조짐으로 밝혀졌다. 그는 힘이 센 아버지가 자기는 성적으로 용감하지 못하다고 놀려대었고, 그 결과는 폭발적인 것이었다고 회상했다. 청소년시절에 아버지에 대한 미움을 참지 못해서 그는 투사와 행동화로 자신을 방어했다. 그는 학교재산에 의도적으로 손실을 가하였고, 자기 차를 계속해서 부수었으며, 결국 그가 맨 처음 다닌 대학을 그만두었다. 그는 교도소에 간 불과 몇 안 되는 그랜트연구 대상자 중 하나가 되었다. 그리고 마침내 이 연구에서 가장 저조한 평균평점을 받은 학생 가운데 하나로 졸업했으나, 1942년에 이르러 대학의 라크로스(*Lacross*)*와 레슬링 대표팀에서 반항에 에너지를 집중시키는 것을 배웠다.

네브래스카주의 오마하에서 살았음에도 불구하고 1936년 이 연구대상자는 히틀러가 지배하는 세계의 유태인 박해에 몰두하였다. 대부분

---

* 원래 북미 인디언들의 전래구기로, 10명씩 두 팀으로 나누어 그물이 끝에 달린 라켓으로 상대방 골에 공을 쳐보내는 경기 — 옮긴이.

의 청소년기의 이상주의와 많은 편집증처럼 그의 관심도 완전히 옳은 것이었다. 그러나 의미심장하게도, 심지어 자기가족들이 실제로 나치에게 위협받고 있었던 다른 유태인 연구대상자들은 아무도 그와 같은 강도로 두려워하지 않았다. 그러한 관심이 오히려 더욱 옳은 것이었던 1940년, 유럽계 유태인들의 운명에 대한 그의 관심은 점차 가라앉았다. 그때에 이르러서야 그는 자신의 본능을 통제하였고 히틀러 같은 아버지와의 투쟁을 공개적으로 인정하였다. 그저 보통 정도의 열성을 가지고 그는 ROTC를 마치고 1943년 5월에 육군에 입대했다. 청소년 시절을 졸업한 그는 독일군과 싸운 것보다 사단에 축구팀을 만든 것을 더 자랑스러워했다.

성인이 되어 그는 라이온처럼 우아하게 그의 공격성을 사용할 줄 알게 되었다. 그는 결혼생활과 자녀들을 좋아했고 사업까지 번창했다. 궁극적으로 그가 아버지에게 승리했을 때 아버지와 그는 친구가 되었다. 중년기에 비록 아무도 이 지조군은 공화당원을 이상주의자라고 말하지 않았다 해도, 그는 인종통합을 촉진하기 위해서 오마하 시내 25에이커 땅의 재개발을 위해 열심히 일했다. 전에 비행청소년이었고 전과자였던 이 대상자는 청소년시절의 많은 꿈을 실행에 옮겼다.

그러나 청소년시절의 불안정이 해가 되지는 않더라도, 최근의 연구들은 전설적인 청소년기 정체감 위기가 보편적으로 존재한다는 것을 지지하지는 않는다. 대신 그랜트연구자료를 검토해 보면 선발되지 않은 정상적인 청소년을 대상으로 한 다른 연구결과를 지지한다.[8] 즉, 극적인 정체감 위기는 상대적으로 드물고 심리적 건강보다는 심리적인 취약함과 관련이 있다. 실제의 청소년시절 동안 (그랜트연구에 참가한 대상자들은) 자신의 삶이 중년기에 회상하는 것보다 훨씬 더 평온하다고 지각했다. 부분적으로는 이러한 관점의 전환은 50세 때가 18세 때보다도 부모와의 갈등과 투쟁을 더 쉽게 인정할 수 있다는 사실에 기인한다. 또 부분적으로는 지나간 후에야 인생주기의 단계들을 대상자들이 알 수 있기 때문이다. 또 부분적으로는 성격장애에서처럼 그 당사자들은 청소년시절의 많은 혼란을 순전히 자기방어적 원인들 때문에 알아차리지 못한다.

95명의 그랜트연구 대상자 중 5명이 오랫동안 자신의 정체감에 대한 혼란을 겪었는데, 그 중 4명은 중년이 되어서까지 자신이 누구이고 어디로 가고 있는지 확신하지 못했다. 이들은 오래 끄는 정체감 탐색 때문에 젊은이들에게 매력적으로 보인다. 이 탐색과정에서 이들은 본래의 가족과 계속 상하게 동일시하고, 새로운 생각들에 개방적이다. 그러나 이들은 자신의 생애를 고통스런 것으로 여겼고 경력을 불만스럽게 여겼다. 그리고 이들이 아직도 과거에 얽매여 있기 때문에 결혼생활이 때때로 혼란에 빠지기도 하였다.

성장하여 투사에서 벗어난 것으로 제9장에서 묘사되었던 편집자 해리 휴즈는 48세 때 이 딜레마를 무뚝뚝하게 표현했다. 그는 "저는 지금 정체감의 위기에 휘말려 있습니다. 이 사실을 숨기는 것은 바람직하지 않다고 봅니다"라고 나에게 말했다. 그리고 나서 "제가 얼마나 제 직업을 감당하기에 적합치 않다고 느끼는지를 많은 사람들 앞에서 인정하지는 않습니다"라고 고백하였다. 그러나 아무리 자기자신에 대해 의심스러워 한다해도 그는 직업적으로 보기 드물게 성공하였다.

청소년시절 해리는 마음 속의 혼란을 투사하였다. 폭력과 사회적 변화로 나아가고 있는 이 세상에서 어떻게 자신이 원하는 예술가가 될 수 있겠는가 라고 그는 자문했다. 사실은 그는 화가가 되고 싶기는 하였지만 무엇을 그리고 싶은지조차 결정하지 못했다. 많은 청소년들처럼 그도 "다른 사람들과 그들의 사회적 행동의 성실성에 대해서 회의적인 태도를 견지하였다". 그러나 그것은 바로 자기자신에 대한 견해를 반영하는 것뿐이었다. 그는 이상주의적인 종교적 공동체에 참여하는 것과 아니면 광고담당자의 '부정직한' 삶을 취할 것인지 둘 사이에서 망설였다. 이를 절충하여 그는 언론인 겸 편집자가 되었다. 그는 50세가 되어서야 비로소 그가 그리고 싶은 것을 실제로 그릴 수가 있었다. 오늘날 그의 그림들은 대중화랑에 걸려 있다.

318

대부분의 '30세 이상' 대상자들과는 대조적으로 48세 때 해리 휴즈는 줄곧 이상과 믿음이 행동보다 그에게 중요하다고 생각했다. 그는 아직까지도 1960년대의 공동체를 갈망하듯이 부러워했다. 다른 대상자들과는 다르게 그는 '히피족'을 비난하지 않았다. "만일 내가 그들의 의견을 포용할 수만 있다면 나는 세상에서 걱정이 없을 것이다"라고 간절히 바랐다. 다른 사람들이 그를 존경하고 그에게 호감을 갖는 이유는 충고해 주고 또 "고통의 더 큰 의미를 긍정하는" 그의 능력 때문이었다(예술가는 흔히 청소년기를 결코 벗어날 수 없다는 사실을 기억하는 것이 좋다. 이것은 예술가에게는 고통이 따르겠지만 인류를 위해서는 축복이다).

괴테, 헤세(Hesse), 트웨인(Twain), 프로이트, 토마스 울프(Thomas Wolfe), 에릭 에릭슨, 심지어 샐린저(Salinger)처럼 청소년기의 혼란을 가장 잘 묘사했던 작가들은 각기 유별나게 불안했던 청소년시절을 직접 체험했었다. 사실 해리 휴즈의 삶과 오래가는 정체감 위기에 대한 개념을 분명히 말해준 에릭 에릭슨의 삶 사이에는 분명한 유사성이 있다.[9] 청소년시절 에릭슨은 (그를 세 살 때부터 길러준) 소아과의사인 의붓아버지와는 전혀 다른 사람이 되기를 원했고, 예술가로서의 자기자신을 찾으려 유럽을 방황했다. 휴즈도 마찬가지로 신문기자인 아버지와는 완전히 다른 사람이 될 것을 맹세했고, 그림을 그리려 하였다. 그리고 나서 젊은 시절에 에릭슨은 그의 스승으로서 아버지의 모습이 잘 위장된 소아과 의사인 안나 프로이트를 알았고, 중년에는 그녀처럼 어린이 치료자가 되었다. 이와 비슷하게 해리 휴즈도 전에는 신문기자였지만 화가와 종교지도자가 된 사람을 발견하고 그를 스승으로 삼았다. 그리고 중년에 이르러서는 편집인으로서 아버지를 많이 닮게 되었다. 때때로 사람들은 에릭 에릭슨을 '자기자신을 발명한 사람'이라고 불렀다. 내가 휴즈에게 누가 그의 역할모델이었느냐고 물었을 때, "제가 그 누구와 의존적인 관계를 맺었을는지는 모르나 지금까지 누구를 흉내냈는지는 모르겠습니다"라고 단호하게 말했다.

3) 친밀감과 경력강화

과거로부터 단절되었기 때문에 갓 부화한 나비는 자신과 외부세계를 이어주는 삶이 있는 고리들을 재확립해야 한다. 젊은 성인(특히 대학원생들) 전집만 상대하는 정신의학자는 진단명에 관계없이 친밀관계 문제 등이 환자들의 불평의 주된 동기라는 것을 알아낸다. 젊은 성인들을 선택적으로 괴롭히는 정서장애들 — 정신분열증, 조울증, 충동적 비행 그리고 자살경향 — 은 모두 친밀감의 실패에 관한 고통이거나 혹은 친밀감의 실패에 맞서는 저항이다.

그랜트연구에 참가한 20세에서 30세까지의 대상자들의 경우도 마찬가지였다. 그들은 구애하여 부인을 얻었고 성인기까지 우정은 지속적으로 깊어졌다. 자신의 부모로부터 실제적인 자율성을 획득하고 자신의 독립적인 정체감을 얻자마자 이들은 한 번 더 다른 사람에게 의지한 것이다. 많은 청소년기 우정들이 사라졌다. 청소년기에 나타나는 집단에 대한 충성심은 성인의 친밀감의 필수요소와는 구별되기 때문이다. 종종 청소년들은 자신을 또는 자신이 되고 싶은 것을 일깨워주는 친구들을 선택한다. 때때로 이 선택하는 친구들은 그냥 수가 많아서 더 큰 세계로 나가는 데 필요한 지지와 위안을 준다. 그러나 젊은 성인기에 이런 관계는 개인차를 존중해주는 관계로 대치된다. 적어도 우리 문화에서는 공동체생활이 30세까지는 외로움을 예방해준다 하더라도, 그 이후에는 외로움을 지속시킨다.

그러나 친밀감을 형성하지 못한다는 것은 성인인생주기의 다음 단계들에서의 실패를 의미하였다. 47세에 전반적인 성인기 적응검사에서 가장 높은 점수를 받은 30명의 대상자들, 즉 가장 적응을 잘한 사람들(*The Best Outcomes*) 가운데 두 사람을 제외한 28명이 30세 이전에 안정적인 결혼을 했고, 50세가 될 때까지 결혼생활을 유지했다. 30명의 가장 적응을 잘하지 못한 사람들(*The Worst Outcomes*) 중에는 23명이 30세 이후에 결혼했거나 50세 이전에 부인과 헤어졌다. 비율적으로 볼 때 가장 좋은 결혼생활을 한 사람들 중의 59%와 최악의 결혼생활을 한 사람들의 단지 그 절반이 23세에서 29세 사이에 결혼했다. 다른 말로 하면 친밀감 형성능력이 발달하기 이전에 너무 일찍 결혼하는 것은 친밀감 형성능력이 지연되는 것과 마찬가지로 성공적인 결혼생활에 대한 부정적 전조가 되는 것이다.

분명히 결혼이 친밀감에서 가장 중요한 부분은 아니다. 결혼은 단지 사랑이라고 불리는 보이지도 않고 말로 나타낼 수도 없는 인간적 과정을 알리는 명백한 표시일 뿐이다. 다른 문화에서는 그리고 역사의 다른 시점에서는 친밀감을 나타내는 다른 표지들이 사용되어야 했을 것이다. 교회, 교직 그리고 어쩌면 군대도 결혼하지 않고서도 명백한 경력강화를 갖춘 매우 생산적인 사람들을 보유하고 있다. 그러한 많은 남녀들은 20대를 통해서 친밀감을 형성하는 데 실제적인 어려움을 겪었지만, 해를 거듭할수록 다음 세대에서 자신을 많이 내어주고 그 과정에 성장한다. 이런 사람들에게 모두 집단에 대한 강한 충성심이 생기는 것은 결코 우연의 일치가 아니라고 나는 생각한다. 집단의 구성원이 됨으로써 느끼는 안전감이 이들에게 대부분의 성인들이 일대일의 친밀에서 발견할 수 있는 안도감과 힘을 제공해 주는 것처럼 보인다.

일단 원가족(family origin)에서 벗어나서 인간관계가 재결합되자 그랜트연구 대상자들은 자유롭게 다음 단계로 넘어갔다. 25세부터 35세까지 이들은 열심히 일하고 경력을 강화하고 또 가정에 헌신하려는 경향을 보였다. 자기반성을 하지 않는다는 점에서 이들은 초등학생과 별로 다를 바가 없었다. 이들은 과제에 충실하고 규칙을 조심스럽게 따르며, 또 승진을 갈망하고 그리고 체제의 모든 면을 기꺼이 수용하려고 한다[일단의 유아집단이 성숙할 때까지를 기술하면서 제롬 캐간(Jerome Kagan)은 젊은 성인의 성격의 많은 양상은 사춘기나 청소년 중기에 있는 사람보다는 6세에서 10세까지의 아동과 매우 높은 상관이 있다는 것을 알았다]. 10)

일단 진지한 도제관계(apprenticeship)가 시작되면 해리 휴즈 같은 사람들의 신선한 개방성은 사라진다. 청소년기의 이상주의는 그것이 종신제직권이든 동업자 관계이든 부사장직이든 관계없이 '진급을 위해' 희생된다. 자신의 경력에서 전문가가 되기 위해 열심히 일하면서 연구대상자들은 노는 것을 희생하였다. 올바른 여자와 결혼했는지 의문을 가지기보다는, 또 다른 경력을 꿈꾸기보다는 오히려 이들은 아기의 기저귀를 갈아주며 경쟁자를 더 염두에 두었다. 배우자와 경력선택의 적합성에 대한 자기기만이 흔했다. 30세의 연구대상자들의 상대적 우둔함은 1950년에서 1952년 사이에 실시한 인류학자와의 면담에 관한 기록에 잘 나타나있다. 대학생 표본의 흥분과 잠재적 우수성이 동조 속에서 사라져 버렸다. 19세에 매력이 넘쳐흘렀던 남성들이 지금은 '회색빛 정장을 입고 있는' 특징이 없고 근면하고 온화한 사람들로 보였다.

물론 10살짜리 어린이와 자신의 직업에서 성공하려고 애쓰는 30세인 사람과의 주요한 차이는 후자가 자신을 동료들과 구별시키려고 애쓴다는 점이다. 소년단원들은 집단에 속함을 좋아하지만 우수한 의대생은 많은 다른 똑똑한 동료들로 가득 찬 해변에서의 평범한 조약돌로 남게 될까 봐 두려움을 느낀다. 몇몇 동료들과 친밀감을 이룬 후에 그는 그의 반 동료들과는 약간 다른 방향으로 그리고 더 빨리 앞서 나가고자 한다(1960년 이전에도 비교연구들은 30대에 친밀감 탐색에서 경력 강화의 탐색으로 바뀌는 전환이 여자에게서도 남자만큼이나 실제적이라고 시사한다). [11]

그러나 성공은 문제를 수반한다. 30대에는 뿌리를 내려 정착하고자 하는 것과 동시에 상층으로 올라가려고 애쓰는 것 사이에는 불안정한 균형이 있기 마련이다. 흔히 그 상층은 어딘가 다른 곳에 있기 때문이다. 자신의 핵가족을 중심으로 생각하는 여성들은 한편으로는 결혼하지 않은 덜 인습적인 친구들에게서 벗어나 아이들의 요구와 가정의 안전을 우선적으로 생각한다. 동시에 재미있는 파티도 열려고 하고, 미루어 온 경력을 다시 시작하려고 하며, 자신들의 근본 뿌리를 흔들 수

도 있는 남편들의 바로 그 승진을 재촉하기도 한다. 남자나 여자에게
서 수입에 대한 불만족은 아마도 35세에서 40세 사이에 절정에 이르
며12) 경력의 사다리를 오르는 것은 지리적 뿌리보다도 훨씬 더 많은
희생을 의미한다.

20대의 가장 흔한 정신의학적 불평들이 친밀감에 대한 동경과 친밀
감으로부터의 후퇴를 반영하는 것처럼, 30대의 감정적인 불평들은 성
공에 대한 갈등을 반영한다. 알코올 중독, 가학적-피학적 결혼생활,
우울증, 직업에서의 과도한 성취욕과 소극적-공격적인 자기파괴를 수
반하는 정신신체적 질병은 젊은이들이 성공을 획득하거나 혹은 받아들
이는 데 어려움을 겪는다는 것을 보여준다. 내가 만약 하사관이 된다
면 친구들을 잃게 될까? 만약 논문을 끝마친다면 나는 남은 여생을 무
엇을 하며 보낼 것인가? 뉴욕에서 나는 깨달은 바가 많은데 어떻게 집
에 가서 견딜 수 있을까? 나는 열심히 공부해서 의사가 되었는데 이제
누가 나를 돌보아 줄까? 만약 내가 입센의 노라처럼 문을 꽝 닫고 뛰
쳐나간다면 독립적인 여성이 되어서 견뎌낼 수 있을까? 이러한 것들은
30대의 남녀 젊은이들을 괴롭히는 무의식적이고 대답할 수 없는 질문
들이다.

경력강화 기간중에 나타나는 물질적 관심의 결과는 이 10년간의 내
적 발단이 알려지지 않은 채로 남아 있게 된다는 것이다. 에릭슨은 30
대를 전적으로 무시했고, 그나마 이용할 수 있는 미래를 추적한 25세
부터 40세까지의 발달연구들은 거의 전적으로 경력의 선택과 경력의
발달에 초점을 두었다. 13) 따라서 30대의 무용담은 직업안내 상담원을
제외하고는 읽기 지루할 뿐만 아니라 뚜렷한 역동적인 변화가 없어보
이기 때문에 성격발달을 연구하는 학자들은 오하이오주의 옐로스프링
스(Yellow Springs) 및 버클리 대학교에서 실시한 주요 종단적 성장연
구가 배울 만한 무엇인가를 가지고 있을지 궁금해했다.

그러나 경력강화기간 동안의 한 가지 중요한 내적 변화는 부모 아닌
역할모델, 즉 스승을 획득하고 동화하며 마침내는 버린다는 것이다.

예일대학교의 사회학자이며 경력발달 문제에 일가견이 있는 학자인 다니엘 레빈슨(Daniel Levinson)이 광범위하게 이 과정을 조사했다. 14)

가족과 관계가 없는 모델들이 한때 부모로부터 청소년을 자유스럽게 하고 이들이 독립적인 정체감을 확립하는 것을 도와준 바로 그것처럼, 20대 후반이나 30대 초반의 새로운 역할모델들은 확고한 경력정체감의 획득과 관련되어 있는 것 같았다. 47세에 그랜트연구 대상자들이 자신들의 지나온 생애를 개관했을 때, 이들은 19세 때에 중요하다고 인정했던 역할모델 혹은 '자아이상'(ego ideals)을 잊었거나 부인하였다. 청소년들의 영웅이 차지했던 자리는 젊은 성인기에 얻은 스승, 즉 자신이 도제관계를 맺고 있는 '스승 장인'이 차지하였다. 그러나 자신의 스승이 종종 '아버지'라는 것을 인정하면서도, 이들은 성인기의 스승과 실제 아버지를 구별하려고 한다. 95% 이상이 아버지를 부정적인 본보기라고 하거나 영향력을 끼치지 **못한** 사람이라고 이야기했다. 그러나 이들이 40세가 넘어서면 스승은 더 이상 중요한 인물이 아니다. 한 대상자는 "저는 그의 은퇴식에서 인기있는 연사였습니다"라는 비문투의 말로 자신의 스승에 대한 설명을 끝맺었다. 다른 대상자도 자신의 젊은 시절의 모델들이 지금은 영향력이 약해졌다는 사실을 확인시켜 주었다.

성숙의 상대성, 즉 끊임없는 변화를 좀더 잘 보여주는 것은 내가 연구대상자들과 면담하였을 때에는 이들 중 많은 사람들이 지금 도제관계를 맺고 있는 젊은 사람의 스승이었다는 사실이다. 상대적으로 성공적이지 못한 경력을 가진 연구대상자들은 40대 초반이 될 때까지도 역할모델이 되는 사람들을 발견하지 못했거나 혹은 청소년시절에만 도움을 준 스승이 있었다. 이 집단에 속한 한 대상자는 이러한 경력을 안내해 줄 사람이 없었다고 기운 없이 인정하였다. "저에게는 그런 분이 안 계셨습니다. 필요할 만큼, 아니 결코 필요한 만큼 없었습니다." 그리고 이 질문에 대해 불쾌함을 표시한 다른 대상자는 다음과 같이 투덜댔다. "저는 한 분도 없었습니다. 설사 있었다 하더라도 저는 그를 억눌렀습니다"(지금은 여성에게 개방된 많은 경력 속에서 여성을 위한 적당한 역할모델이 없는 것은 30대 여성을 괴롭히고 경력의 강화를 방해하는 발달의 위기를 제공한다).

결국 대부분의 연구대상자들은 경력강화기의 우둔함과 편협함에서 벗어난다. 31세 때 유머가 없는 한 연구대상자가 다음과 같이 썼다.

> 나는 물질의 획득이나 지위의 향상이 중요해지는 시점에 도달했다. 나는 그 목표를 향해 노력하고 있다. 이것이 나를 일과 인생에 대하여 열정적이 되게 만든다.

47세 때 어느 정도 성공을 이룬 후에 그는 웃으면서 말할 수 있었다. "저는 회사 사장이 됐어야 했습니다. 아마 어디선가 크게 실수를 한 모양입니다." 그런 다음 그는 훨씬 더 진지하게 당시에 그의 가장 중요한 직업적 만족은 무엇이었는가를 이야기했다. "많은 사람을 뚫고 지나가는 것입니다." 지금 그는 다른 사람들이 그들의 직업에서 많은 것을 얻어내는 것을 보고 가장 즐거워하였다. 그는 회사의 성과를 향상시키기 위하여 애썼고, 상점지배인의 애정을 얻으려고 애썼다. 그는 에릭슨의 생산성단계로 옮아간 것이다.

아마도 지금 세대들은 경력강화의 문제에 덜 집착하고, 35세 때에 그들 부모보다 덜 물질주의적이 될지도 모른다. 그러나 나는 그렇게 생각하지 않는다. 중세의 세공인이나 수레바퀴 제조인은 오늘날의 외과 수련의나 하급관리자와 공통점이 매우 많다. 각각의 발달단계는 꼭 있어야 할 위치가 있는 것이다.

4) 생산성 ─ 제2의 청소년기

그리고 나서 청소년기의 **질풍노도**를 다시 한번 몰고 오는 40대가 시작된다. 청소년기가 부모의 결점들을 인정하고 소년시절의 진실을 발견하는 시기인 것처럼 40대는 청소년기와 젊은 성인기의 진실을 재평가하고 재정비하는 시간이다.

40대에 — 많아야 10년을 더하거나 빼지만 — 남자들은 강박적이고 돌아보지 않는 도제기간의 분주함에서 벗어나서 다시 한번 내적 세계의 탐험가가 된다. 프레더릭 라이온이나 아담 카슨은 30대 중반에 그들의 '회색정장'을 벗어버리고 자신의 인생을 재정비했다. 태리타운 박사에게는 보다 늦게 시작되었다. 그는 48세가 되어서야 마침내 오래 전부터 분명했던 아버지를 미워했다는 사실을 시인했다. 또 다른 대상자는 50세가 되어서야 어머니가 자신이 14세 때 자살했음을 고백했다. 본인은 그 사실을 부인했지만 그랜트연구는 이것을 몇 년 전부터 알고 있었다. 하이드 박사는 47세 때에 마침내 자유로워지고 자신의 어머니가 "감상적이고, 건강염려증이며, 미움이 가득찼고, 위협적"이었다고 서술할 수 있었다. 청소년시절에 철저한 투사검사를 실시했음에도 불구하고 숙련된 심리학자도 "존경심으로 가득찬 애착"밖에는 찾아내지 못하였다.

인생에서 이 시기에 대한 가장 명료한 정의는 아마 45세의 한 그랜트연구 대상자가 제시한 다음과 같은 것일 것이다. "정신분석이 당신에게 무슨 도움을 주었습니까?"라는 나의 질문에 대해 그는 "저는 더 이상 손톱을 깨물지 않게 되었습니다. 그리고 저는 지금 7세 때보다 4세 때의 저의 모습과 더 비슷합니다." 정신분석을 받지 않은 많은 45세의 사람들에게도 이러한 것이 사실이다. 4세에서 5세까지 우리는 모두 낭만주의자들이다. 우리는 모두 어린 임금이고 피어나는 발레리나이며 용감무쌍한 우주비행사이다. 우리는 모두 겁 없고 개방적이며 사랑에 넘치고 아름답다. 우리는 아직까지 "어느 누구도 허세부리는 사람을 좋아하지 않는다"라는 사실을 알지 못한다. 그리고 나서 진지하고 실제적이며 성적인 욕망이 없는 초등학교의 여러 해 동안 우리의 본능적 불꽃이 꺼져 있다가 마침내 청소년기에 다시 한번 그 불꽃이 피어오른다. 중년의 혼란은 30대의 동조에 대해서 유사한 효과를 발휘한다.

326

죽어가는 단풍나무나 참나무는 마지막 순간에 보다 많은 씨앗을 만든다고 한다. 그러나 임박한 죽음이 중년기의 신선한 정열을 설명해 주지는 못한다. 오히려 40대의 아픔은 인생의 새로운 단계로 들어가는 준비이다. 15세에 나타나는 본능적 여망이 그러했던 것처럼 이른바 중년의 위기라는 증가하는 본능적 열망이 또한 '남성의 폐경기'를 반영하는 것은 아니다. "중년의 위기"에 관해 자주 인용되는 정신분석학자인 엘리엇 자크(Elliott Jacques)가 40대의 불안이 죽음에 대한 두려움에서 나온다고 한 점은 옳지 않은 것 같다.[15] 오히려 자크가 단테 알리지에리(Dante Alighieri)를 소개해 주었을 때 더 진실에 가까웠다. 그는 다음과 같이 썼다.

> 인생여정의 중도에서 나는 어두운 숲 속에서 바른 길을 잃어버린 채 나 자신으로 돌아왔다. 아! 그 원시적이고 거칠며 울창한 그 숲에 대해 이야기하는 것이 얼마나 힘든 일인가. 생각만 해도 공포가 되살아난다. 또 죽음이 더 이상 멀리 있지 않다는 것은 얼마나 고통스러운가!

중년기에 죽음에 대한 관심이 증가한다는 것은 사실이다. 그러나 이것은 청소년기에서도 마찬가지이다. 중년기에 자살률이 증가하는 것도 사실이지만 그러나 자살은 삶의 두려움을 반영하는 것이지 죽음의 두려움을 반영하는 것은 아니다. '죽음의 두려움'은 '구순성'과 같이 하나의 은유이다. 죽음은 문자 그대로 사망이기는 하지만 또한 변화를 의미하기도 한다.

확실히 40대에는 장례식이 20대에서의 결혼식만큼이나 흔하고 중요한 예식이 되기 시작된다. 한 연구대상자는 다음과 같이 썼다.

> 나의 아버님은 몇 달 동안 앓다가 점차 쇠약해지면서 9월에 돌아가셨다. 나는 그 전에는 내 자신이 대체로 합리적이고 자제력이 있는 사람이라 생각되었기에 그 후 몇 주 동안 애도의 기간을 보내리라는 것을

알지 못했다. 부모 중의 한 분이 처음 돌아가셨을 때, 특히 아버지가 돌아가셨을 때 매우 흔들리게 되고 수많은 것들에 대한 관점이 변한다. 더욱 약하다고 느끼게 된다.

그러나 킨제이(Kinsey)에 의하면 40대에 혼외정사가 절정에 이른다는 것 또한 사실이다.

청소년시절에 유달리 발랄한 감정을 보여주었던 연구대상자들의 절반이 30대에 유순해지고 개성이 없어진 반면, 청소년시절에 이상할 정도로 유순하고 개성이 없다고 생각된 나머지 절반은 45세 경에 활발하고 흥미있는 사람이 되었다. 40세를 전후해서 스프랫 판사와 카슨 박사가 경험한 일종의 새롭게 태어나는 듯한 것이 특별한 것만은 아니다. 47세에 로버트 조르단은 의기양양해서 다음과 같이 썼다.

나는 개인적 르네상스라고도 할 수 있는 전혀 새로운 생활에 처해 있으며 그 생활이 늘상 나를 흥분케 한다. 내가 만일 그 새로운 생활을 나의 가족에 대한 책임에 알맞게 할애만 한다면 나는 틀림없이 '진정 살아있는 사람'이 될 것이다.

40대 초반에 한 대상자는 지중해에서 수중고고학과 심해다이빙을 시작했다. 또 다른 한 대상자는 부끄럼도 없이 요란하고 노출이 심한 집을 지었다. 24세 때의 투사검사에서 "북다코타주의 평원에까지 걸쳐 있는 브라질 밀림"과 같은 내적 삶을 가진 것으로 나타난 세 번째 대상자는 나이 50세에 드디어 그 정글이 자신의 의식적인 삶으로 떠오르게 할 수 있었다. 그런데도 연구진은 그가 흥미로운 연애사건을 일으키리라고는 결코 생각하지 않았다. 연구대상자 중 어느 누구보다도 삶이 메마르고 자기억제적이었던 네 번째 대상자는 45세 때 다음과 같이 썼다.

오늘날 과학자들은 제트기로 유람을 다니는 부유층이며 최고의 것을 얻지만, 1930년대에는 (다시 말하면 그의 청소년기에는) 과학에 종사하기 위해서는 희생을 감수해야만 했다.

부분적으로는 그는 실제세계에 대하여 이야기하고 있었지만, 또한 어머니에게 예속된 겁많은 청소년에서 유명한 과학자, 전국위원회의 장과 거대한 개인적 명성과 자율성을 갖게 된 수혜자로 변한 자신의 (본능적) 경험도 묘사하는 것이었다.

따라서 40대에 사람들이 우울해 있다면 그것은 이들이 새롭게 눈뜨는 본능에 직면하기 때문이고, 보다 정직하게 자신의 고통을 인정할 수 있기 때문이다. 이들이 죽음을 두려워해서가 아니다. 이들이 더 이상 자신의 경력에 만족하지 못한다면, 그것은 아마도 이들이 주위의 사람들에게 더 봉사할 수 있기를 원하기 때문일 것이다. 만약 이들의 결혼생활이 때때로 혼란스럽고 청소년처럼 사랑을 추구한다면, 그것은 아마도 이들이 30대보다 자신을 덜 억제하기 때문일 것이다. 독자들은 내가 의미하는 것을 이해하기 위해 성숙한 예술가나 정치적 지도자를 생각하고 그의 30대와 비교해 보기만 하면 된다. 이러한 변화는 단지 1960년대의 미국의 문화적 변화 때문만이 아니다.

다시 말해서 사춘기를 잘 지낸 소년단원은 동전수집과 이성에 대한 경멸을 제쳐두고 청소년기의 흥분되고 자기탐색적인 절망에 빠져든다. 마찬가지로 40세 때 그랜트연구 대상자는 30대에 가진 사회적 기반을 닦으려는 옹색한 목표와 선입관을 제쳐두고 다시 한번 그들 자신에 대해 나약하고 불확실함을 느끼기 시작하였다. 그러나 언제나 이와 같은 인생의 과도기는 한 번 더 기회를 포착하고 오래된 본능적인 혹은 대인관계의 욕구에 대한 새로운 해결책을 발견하는 수단을 제공한다.

대중적인 심리학자가 그렇게 보편적이지 않은 청소년기의 혼란을 지나치게 강조하듯이 판매부수를 의식하는 대중언론도 중년의 위기를 지나치게 강조한다. 중년의 위기라는 용어는 25세의 스트립쇼 무희와 진홍색 고급 스포츠카인 포르쉐(Porsche)로 드라이브하기 위해서 자신을 사랑하는 4명의 자녀와 신도들을 저버린 파계한 목사 등을 마음 속에 떠올리게 한다. 타블로이드판 신문에 실리는 모든 객쩍은 이야기들처럼 이와 같은 이야기로부터 배울 점도 많지만, 그와 같은 탈선은 비록 기억에 남는다고 하더라도 보다 일반적인 발달에서 드물게 일어나는 주제를 풍자적으로 그린 것에 불과하다. 청소년기의 혼란에서와 같이 중년의 위기는 임상표본에서보다 정상인표본에서는 더욱 드물다. 게일 쉬이(Gail Sheehy)의 베스트셀러인《통과의례》(Passage)에서 나타나는 과장된 드라마는 그랜트연구 대상자들의 삶 속에는 거의 관찰되지 않는다.

사랑의 도피를 한 목사와 덜 화려한 그랜드연구의 한 대상자를 대조해 보라. 젊은 시절에 후자는 그의 비밀스런 꿈이 해외여행인 매우 주의깊고 세심한 사람이었다. 50세에 그는 여행에 대한 자신의 환상이 아마 결코 실현되지 못할 것이라 인정했다. 그럼에도 불구하고 40세 나이에 그는 많은 판매부수를 가진 여행잡지의 편집국장이 되었다. 그후 10년 동안 그는 가장 용감한 여행자들만이 방문하는 흥미로운 외국을 찍은 컬러사진들을 주변 사람들과 독자들에게 제공하는 데 정열을 쏟았다. 30대에 또 다른 대상자는 성적 관계가 없는 결혼생활에 대한 끊임없는 불만을 토로하였다. 이 기간 동안 훌륭한 소년단원처럼 그는 사실상 독신생활을 하였다. 그리고 나서 40대에 신중하지만 즐거운 일련의 연애사건에 빠졌으며, 그러는 동안 그의 결혼생활도 점차 향상되어갔다. 55세인 오늘날 그와 아내 둘 다 결혼생활이 안정되었다고 보고 있다.

분명히 어떤 특정한 나이에 신비스런 일이 일어나는 것은 결코 아니다. 엘리엇 자크가 37세에, 게일 쉬이가 "30세를 조심하라" 혹은 다니엘 레빈슨이 40세에서 42세 사이에 중년의 위기가 나타난다고 규정하는 것은 청소년기의 위기가 16세에 일어난다고 하는 것만큼이나 독단적이다. 분명히 이 연구에서 보면 35세에서 50세 사이에 이혼하고 직장을 바꾸고 우울해지는 사람들이 많다. 그러나 이혼, 직업에 대한 환멸과 우울증, 의기소침은 성인의 인생을 통해 거의 비슷한 정도로 일어난다. 만약 그와 같은 일이 40대의 위험하나 흥미있는 원숙기 동안에 나타난다면 우리는 잠시 멈추었다가, "아하! 중년의 위기, 지저분한 40대, 갱년기 우울증!"이라고 말할 수 있을 것이다. 그러나 그것은 핵심을 놓친 것이다. 인생주기의 발달과정은 성장과 변화가 필요하다. 그러나 위기는 규칙이 아니라 예외일 뿐이다.

시카고대학교의 심리학자인 버니스 뉴가르튼(Bernice Newgarten)은 중년기 후반에 대한 가장 훌륭한 경험적 연구를 우리들에게 제공하였다.[16] 그녀는 인생주기를 통해서 적절한 시기에 일어난 사건들에 대해서는 거의 위기가 없었다는 사실을 지적하였다. 그녀는 "사건들은 예상 및 예행연습이 되고, 슬퍼하는 일도 끝나고 화해가 이루어져 인생주기가 연속된다는 느낌을 깨뜨리지 않는다"고 하였다.[17] 너무 갑작스럽거나 너무 늦거나 너무 이른 생활사건들이 가장 정신적 충격을 주었다. 최근 연구에 따르면 폐경기도, 그 예상도 정신적 충격을 주지 않으며,[18] 정신병적 우울증도 폐경기동안 더 많지 않았다.[19] 그리고 통계적으로 볼 때도 퇴직 후 처음 2년간은 퇴직전 2년보다 훨씬 행복한 것으로 나타났다.[20]

40대의 10년간 아무런 문제가 없다는 것을 이야기하자는 것은 아니다. 새롭게 태어남이 갑자기 일어날 때 낡은 가치유형은 없어져 버리고 맞지 않는 정체감은 더 이상 자기 자신에게 충실하지 않으므로 버려야 한다. 그러므로 중년의 남자들은 청소년처럼 종종 광범위한 우울증을 경험하기도 한다.

40세인 한 대상자는 다음과 같이 자랑하였다.

지난번 질문지 이전에는 내가 효도나 사장의 아들, 체제의 희생들이라는 덫에 걸렸다는 느낌을 갖는다고 답했다(37세 남자의 전형적인 불평). 그러나 최근 3년간 나는 이런 태도를 상당히 고쳤다. 아버지가 돌아가신 후 물려받은 작은 회사가 12명의 종업원에서 80명으로 늘어나면서 나는 자신감과 의사결정의 자유라는 감각을 얻었고 이것을 감사히 생각한다.

그러나 회사 사장으로서의 제 2의 인생은 평탄하지 못했다. 아버지의 역할을 맡으면서 그는 우울해졌고, 결혼생활은 불안정했으며, 심한 술버릇에 빠졌다. 발달적인 의미에서 본다면 그는 마침내 아버지에게 보복하였지만, 오이디푸스기 어린이의 질투의 환상이든, 인생절정기 남녀의 죄없는 현실이든 그 '보복'이라는 표현의 모호함이 엄청난 죄의식과 두려움을 일으킨다. 8년 뒤에야 비로소 이 대상자는 술 마시는 것을 절제할 수 있었고 결혼생활은 안정되었으며 회사는 "아버지가 보셨으면 자랑스러울 정도"가 되었다. 그랜트연구를 통해서 계속해서 이 교훈은 반복되었다. 아동기는 21세에 끝나지 않으며, 젖을 떼고 부모와 떨어지려는 투쟁은 중년기에서도 계속된다.

청소년기의 자녀들은 중년기 성장의 또 다른 괴롭고도 즐거운 원천이었다. 자녀들의 청소년기와 그들 부모의 제 2의 청소년기는 대개 조화를 이루지 못한다. 30세의 남자는 초등학생 자녀들을 키우는 데 흥미를 갖는다. 잠재기 자녀들은 어느 나이의 부모와도 서로를 인정하고 즐거워한다. 그러나 40세 때 아버지들은 종종 청소년기의 자녀들과 전혀 혈연관계가 없는 것처럼 행동하거나, 자신과 아들 사이의 차이점을 "시간이 흘러도 변하지 않는다"고 설명했다. 이들은 자신들을 깜짝 놀라게 만드는, 딸에게서 나타나는 고조된 성적 관심이 종종 갑자기 매력적이 된 자녀에 대한 금지된 소망을 투사하는 것이라는 사실을 몰랐다. 한 대상자는 2명의 10대 딸과의 관계를 회상하면서 "되돌아보니 우리들 중 어느 누구도 그것을 즐기지 못했다"고 고백하였다.

한편 10대 청소년과 중년 청소년 사이에 상호작용의 중요성은 아무리 강조해도 지나치지 않다. 나의 동료 한 사람은 대부분의 사람들이 자신의 청소년기 자녀들과 타협한 뒤에야 비로소 효과적인 관리자가 된다고 제안했다. 아마 이것은 30대 초반의 총각선생님이 청소년들을 돌보는 데 전문가가 되면서 같은 세대보다 앞서서 생산적이 되는 것을 보면 쉽게 알 수 있을 것이다. 청소년기 자녀를 대하면서 어른들은 자신의 여러 부분들을 기억하고 재발견하며, 방어적으로 개선해 나간다. 성격장애자와 유아들처럼 청소년들은 애태우게 하고, 오래된 불꽃을 다시 피어오르게 하고, 부모가 잊고 있던 내면에 가장 깊숙이 자리잡고 있는 부분을 자극할 수 있는 능력을 갖고 있다. 이와 같은 신선한 동일시는 성인의 성격내의 변화를 위한 촉매역할을 하며 보다 나은 성장을 하도록 도와준다.

자녀들과 가장 넓은 '세대차'를 경험한 그랜트연구 대상자 12명과 청소년기를 통해 자신과 밀접한 관계를 가진 자녀를 둔 대상자 17명의 대상자를 비교할 수 있었다. 놀랍게도 부모가 마리화나, 장발, 다른 인종과의 데이트와 반전시위를 한 것에 대해서 심하게 비난했다고 해서 세대차이를 느끼는 것도 아니고, 또 자녀들의 그러한 행동을 인정해 주었다고 해서 부자간의 관계를 가깝게 하지도 못했다.

세대차를 만드는 가장 결정적인 요소는 부모의 보수성이 아니라 부모의 부정직이라고 밝혀졌다. 자녀들로부터 가장 소외된 아버지는 반동형성의 방어기제를 제일 잘 사용하였으며, 자신이 진정 하고자 했던 것과 반대로 행동했다. 이와 같은 아버지는 양심의 포로가 될 가능성이 3배나 높았고 엄격했으며 감정적으로 편협하였다. 이들은 자녀들의 반항을 성장과정에서 나타나는 자연스러운 부분이라기보다는 자신에 대한 모욕으로 생각하는 경향이 많았다. 가장 극단적인 경우, 이와 같은 아버지들은 거짓말쟁이들이었다. 자녀들에게 자신의 청소년시절에 저지른 사소한 실수들을 감추었고, 세금문제로 정부를 속였으며, 자신들의 불법행동에 관한 질문을 했을 때 '답변을 거부하였다'. 역설적으로 세대차는 아주 좋은, 그러나 자녀들을 배제하는 종류의 결혼생활을 하는 아버지에게서 종종 가장 두드러지게 나타났다.

나는 그랜트연구 대상자들의 25회째 동창회에서 처음으로 면담하기 시작하였다. 나는 33세였고 이들은 46세였다. 동창회가 간단하였으므로 나는 두 시간 정도 걸리는 집중적인 면담으로 압축하여 3일에 걸쳐 끝마쳤다. 앞으로 10년간의 삶에 대해 배운 것에 놀란 나는 나의 경험을 54세의 학과장과 부리나케 토의하였다. 10대의 형제가 이 세상의 괴로움(weltschmerz)으로 고통받는 것을 처음 본 초등학교 학생처럼 "저는 성장하고 싶지 않아요. 이 사람들은 모두 너무나 … 그렇게 우울해 하고 있어요"라고 학과장에게 외쳤다. 몇 달 뒤 이 사람들의 성인 발달에 대한 보고서를 처음 쓰기 시작했을 때 45세의 정신분석학자는 내 말을 듣고 "당신이 이야기하는 이 모든 사람들은 말없이 절망적인 삶을 영위해 나가는 것 같습니다"라고 언급하였다.

이 사람들은 결코 절망하지 않았다. 처음 인생의 사실들을 발견하는 아이처럼 나는 내가 보았던 것을 교묘히 왜곡하였던 것이다. 부분적으로 그랜트연구 대상자들은 내 속에 있는 애벌레가 계속 부정했던 실제 고통을 인정할 만큼 충분히 성숙했다. 중학교 아동들은 성적인 것을 아주 싫은 것으로 보지만 청소년 후반기에는 그것을 세상에 있는 모든 시와 아름다움의 원천으로 본다. 고통과 위험이 여전히 남아 있지만 본능적인 힘은 일단 잘 이용만 하면 더 이상 혼란스럽지 않다. 이들 내부의 혼란에도 불구하고 가장 성공한 대상자들은 35세에서 49세까지의 기간을 자기생애에서 가장 행복하다고 여겼으며, 21세에서 35세까지의 겉보기에 더 조용했던 기간을 불행한 시기로 생각했다. 중년기에 적응을 제일 못한다고 보이는 사람들은 젊은 성인시절의 비교적 조용함을 갈망했고 폭풍우 같은 인생 후반기를 너무 고통스러운 것으로 여겼다.

이 사람들과 면담을 계속함에 따라 카슨 박사가 자신의 우울증에 대해 솔직하고 정직하게 인정하는 것을 보고 나는 점차로 덜 놀라게 되었으며 점차로 미몽을 깨우치게 되었다. 나는 30년 전 그랜트연구진이 담아놓은 좋은 포도주가 잘 익었다는 것을 명확히 알게 되었다.

이와 같은 성격성숙의 결과는 사업계에 진출한 44명의 그랜트연구 대상자의 경력에서 볼 수 있다. 그런데 내가 왜 생산성이라는 개념을 설명하기 위해 이타적인 의사나 교사를 택하지 않고 사업가를 선택했는가? 아마 그 이유는 외과의사는 움직이지 않고 말이 없는 신체를 칼로 자르고 꿰매어 생명을 구할 수 있으며, 뉴톤과 같은 교수는 중성자를 고독히 관찰하고 기록함으로써 성공할 수 있지만, 급료를 제때에 지불하지 못하거나 자기부하의 성장을 도와주지 못하는 사업가는 생존할 수가 없기 때문이다(나는 여기에서 굉장한 실업계의 거물이나 독선적이고 속물 취미의 사업가에 대해 쓰는 것이 아니라 보통사람들이 보통의 성공을 얻도록 지도하는 평범한 지도자를 설명하는 것이다).

그랜트연구에서 44명의 사업가 중 7명은 결코 중간관리자에도 이르지 못했다. 이 가운데 어느 누구도 안정적 결혼생활과 지속적 우정의 지표를 반영한 친밀감을 성취한 사람은 없었다. 44명 중 17명은 50대에 여전히 부사장이거나 보좌역 지위에 머물렀다. 이 17명 가운데 9명은 50대에 지나치게 고루하고 색깔이 없었고, 카슨 박사의 30대처럼 지위에 대해서 의식하였고 다른 사람들을 즐겁게 하려고 애태웠다. 이들은 여전히 경력강화 문제로 씨름하고 있었다. 또 다른 50대의 '보좌역' 8명은 회사 내에서 자신이 만들고 자신이 책임자인 분야를 개척하였다.

그러나 사업계에 진출한 44명 중 19명은 50세에 자신이 우두머리가 되었다. 거의 모든 경우에서 전적으로 자신이 책임지는 지도력은 경력상 초점의 변화를 포함한다. 점진적으로 자신의 전문경력을 깊이 연구하고 점진적으로 능력이 쌓인 대신에 이들의 경력유형은 중년에 와서 갑자기 다양해지고 확대되었다. 전에 훈련받지 못한 과제를 맡게 된 것이다. 다른 사람에 대해 진정으로 책임지는 것은 전문가의 일은 아니다. 그러나 상식적인 신화와는 반대로 최고의 결혼생활과 충실한 우정을 경험한 바로 이들이 회사의 사장이 되었다(물론 이들과 유사한 대부분의 사람들은 자신이 누구인지, 자신이 무엇을 원하는지는 매우 분명했다. 이들은 다른 사람이 경영하는 큰 회사의 부회장으로서 부자가 되기보다는 작은 소형선 조선소를 운영하기를 원할 것이다).

물론 생산성으로 나아가는 이와 같은 경향은 결코 사업가에게만 국한된 것은 아니었다. 과학자에게 일어나는 중년의 행동변화에 대한 글에서 앤 로(Ann Roe)는 이러한 예를 잘 보여주는 다음과 같은 자기보고를 인용한다.

> 만일 당신이 행정을 하게 되면 이 업무 자체가 창조적인 것이며 당신의 목적이 책상을 깨끗이 치우는 일 이상이란 점을 믿어야 한다. 당신은 중재자이며 실현자이고, 다른 많은 사람들을 공평히 취급해야 한다. 또한 당신은 아이디어를 갖고 있어야 하며, 사람들을 설득하여 당신의 아이디어가 중요하다고 여겨지도록 하여야 하며, 그것이 그들에게 실제현실로 보이게 하여야 한다. … 행정의 묘미는 여기에 있다. 연구와 행정 모두에서 흥미와 사기는 창조적 힘 속에 있다. 그것이 일이 성사되게 하는 것이다. 이제 나는 행정이 연구보다 훨씬 재미있다고 생각한다. 21)

에릭슨은 생산성에 이르지 못하는 주요 원인을 "부모와의 잘못된 동일시, 스스로 너무 열심히 노력해서 만든 성격에 바탕을 둔 지나친 자기애, 환영받고 있다는 신뢰감을 어린이에게 심어줄 '종족에 대한 신념'의 결핍"에서 찾을 수 있다고 하였다. 22) 변호사와 회사 부사장이 대부분인 약간의 연구대상자들은 40대의 증가하는 활력을 무시하였다. 이들은 결국 경력강화를 뛰어넘을 만큼 성장하지 못했다. 이런 사람들은 체제의 수호자 역할을 하였고 많은 소득을 올렸다. 그러나 최고층에 오르려는 욕구는 여전히 남아 있었고, "자신에 대해 걱정하는 것보다 자녀들에 대한 걱정이 더 큰" 경지까지는 이르지 못했다. 이들의 그 후의 삶은 에릭슨의 처방처럼 진행됐다. 즉, 생산성을 성취하지 못하면 침체(stagnation)에 빠질 위험이 있다.

45세의 한 부사장은 "나의 중요한 양가감정은 사업과 경력에 대한 태도이다"라고 기록했다.

나의 한 부분은 권력, 명성, 인정, 성공을 원한다. 다른 부분은 이 모든 것이 무의미하고 '마치 바람을 쫓는 것'과 같다고 느낀다. 나는 나의 사생활과 생활스타일을 좋아하고, 자유시간이 사업상의 의무로 가득 차 있지는 않은 정말로 자유로운 시간이기를 원한다. 그럼에도 불구하고 현재 이사회 의장이고 중요한 회사의 사장인 동년배들을 볼 때 나는 때때로 그들을 부러워하는 자신을 발견하며, 또 다른 때 는 전혀 그런 삶을 원하지 않는다고 느낀다. 이것이 나에게는 골칫 거리이다. 제2의 경력을 위해 어떤 계획도 정해진 것은 없다. 주된 이유는 자녀들을 계속 교육시키기 위해 상당한 소득이 필요하다고 보기 때문이다. 나는 가르치거나 작은 학교를 운영하는 것을 돕는 것에 대해서도 생각해 봤지만 현재는 그럴 만한 여력이 없다.

동창생들과 비교해 볼 때 이 대상자들은 너무 일찍 늙은 것처럼 보 이지만, 역설적으로 이들 중 몇몇은 20대에 대단히 모험적이었다. 30 세 때 뉴올리언스의 한 변호사는 그랜트연구에서 가장 극적인 연애경 험을 하였다. 그 나이 때에 그는 공격적이며, 자기과시적이고 외향적 이었으며, 루이지애나 주의 주지사에 입후보한 경험도 있었다. 그러나 광범위한 지지를 얻지 못했으며, 파티에서 마시던 술이 중독으로 발전 하였다. 그는 단호하게 술과 정치를 완전히 끊었다. 40대에 들어서자 그는 일만 하고 놀지는 않는 사람이 되었다. 시에서 가장 훌륭한 신탁 관리자로서 금주의 모델격인 그는 건실한 가장이 되었고 두 개의 중요 한 지역사회 활동을 운영한다. 그러나 그는 사람이 아니라 일에 책임 지고, "이런 초인간적 업무를 수행할 수 없을 때" 무슨 일이 생길지 걱 정한다. "노인이 되고 무능력해질 것이라는 생각이 나를 무섭게 만든 다."

40대에 신선한 성장을 이룩하지 못한 채 이 사람들이 50대와 60대 의 어려움을 헤쳐나갈 수 있는지는 오직 시간만이 말해 줄 수 있을 뿐 이다. 올리버 케인(Oliver Kane)은 어려움을 이겨낼 수 없었다. 50세 에 자녀도 없이 끊임없이 노력했던 올리버 케인은 자살하기 직전 다음과 같이 적었다.

> 나는 내 생애의 과거 어느 때보다 확신이 없고 희망이 없으며 시야가 좁다고 느낀다. 역설적으로 나는 보다 외부적인 성공과 부수적으로 따라오는 분명한 확신과 인정을 얻으면 얻을수록 더욱 더 내가 진정으로 의미있는 삶을 선택했는지에 대해 의구심을 갖게 되었다. 나는 지속적인 공헌을 하지 못한 채 단지 매우 바쁜 장돌뱅이와 같은 삶을 살았음에 틀림없다.

아주 뛰어난 기업 컨설턴트였던 올리버 케인은 가족에 대해 또는 회사의 관리자나 직원들의 욕구들에 대해 배려하는 책임을 진정 받아들이고자 하지 않았다. 그러나 이와 같은 사람들의 대부분에서 중년의 침체는 죽음으로 이르지는 않았고 단지 말없는 불만감으로 나타났다.

일생중 이 시기를 에워싸고 있는 문제들과 생산성의 결정요인에 대한 훨씬 많은 집중적 연구가 필요하다. 30대에 성장을 멈춘 하급자를 위해 사려깊은 학장, 인사관리자 혹은 사장은 무엇을 해야 하는가? 사람은 55세에는 40세에 할 수 있었던 육체적 일의 60%만 할 수 있고, 지적 능력은 불가피하게 떨어지기 시작한다. 그러나 55세에 과연 누가 40% 삭감된 보수를 기꺼이 받아들이려 할 것인가? 말라죽은 가지는 정원에서와 마찬가지로 사업과 관료사회에서 젊은이들의 성장을 억제할 것이 분명하고, 정상에는 항상 자리가 거의 없을 것이다. 20년만 근무하면 연금을 주며 내보내는 군대의 관행은 잔인하고 낭비적인 요소가 많다. 아마도 비스마르크(Bismarck)가 옳은 것 같다. 더 이상 성장할 수 없는 군인은 연금을 받기보다 관료제하에서 한직을 받았다. 거대한 연방기관에서 성장하지 못하는 것은 하나의 축복이지 불리한 것은 아니다.

5) 의미의 수호자들

그랜트연구 대상자들은 어디를 향해 나아가는가? 인생주기의 다음 단계는 무엇인가? 이 점에서 나는 50대의 흥망성쇠를 설명할 통계자료를 갖고 있지 않다. 그러나 50세 이후 그랜트연구 대상자 자신들은 매우 분명히 자기생각을 표현하였고, 따라서 나는 이들이 스스로 이야기하도록 내버려두었다. 이들은 생산성과 침체감 사이의 투쟁 뒤에 다가올, 그리고 에릭슨의 마지막 단계인 존엄성 대 절망이라는 시기에 앞서는 인생의 한 시기를 묘사하였다. 이 중간단계를 의미유지와 경직성 사이의 긴장으로 요약하는 것이 가능하다.

50세 이후 가장 적응을 잘한 그랜트연구 대상자들은 기존의 문화가 교체되기보다는 계속되는 것으로 보았다. 자녀들과 제2의 청소년기의 어려움을 극복했기 때문에 그랜트연구 대상자들은 분명히 평온함을 얻었다. 그러나 이 평온함의 저변에는 부드러운 후회가 깔려 있었다.

연구대상자들은 50대가 40대보다 조용한 시기라는 보고에 만장일치로 동의한다. 양초는 희미하게 타오르고, 전쟁의 북소리는 들리지 않으며, 고통은 그렇게 심하게 느끼지 못한다. 한 대상자는 자신의 50대를 다음과 같이 요약했다.

> 50세 이전에는 목표를 달성하려고 서로 다투었다. 이제 거기에 도착하였고 좀더 편안해지기를 원한다.

55세의 한 대상자는 다음과 같이 기록했다.

> 아내와 나는 생활방식에 타협을 했다. 나의 업무는 12년 동안 거의 변하지 않았고 계속 만족스럽다. 행인지 불행인지 미래에 대해 희망이나 야망이 거의 없는 자신을 발견하지만, 이것에 절망하기보다는 만족하고 있다.

불과 10년 전만 해도 바로 이 대상자는 자신의 청소년기 자녀들의 비행으로 소란을 겪었고, 자신과 아내가 생활방식의 타협점을 찾지 못한 것에 대해 심하게 불평하였다. 또한 45세에 그는 자기직업에서 정상에 이르렀고, 예상했던 것보다도 더 높은 지위에 올랐다. 그리고 그는 55세에 자기가 성취한 일에 만족하고 있었다. 세 번째 대상자는 중년기 후반의 존엄성을 잃지 않을 수 있던 비밀을 다음과 같이 명료하게 요약한다.

당신의 경험들, 그리고 어떤 의미에서든 살면서 알게 된 것들도 다른 사람이 필요로 한다는 것을 발견하는 것이다.

연구대상자들이 50대에 이를 즈음 새로운 세대가 주인이 된다. 이런 과정에서 경직성이 생산성을 방해한다. 한때 분명히 생산적이었던 한 대상자는 세상으로부터의 소외감이 커지고 개인적 통제감이 약해져 가는 것을 다음과 같이 서술하였다.

보고 읽는 많은 것들 때문에 낙담하게 된다. 도덕성, 취미, 그리고 자제력 등이 감소해 간다. 학교와 대학에서의 절도율이 나를 놀라게 한다. 영화에서 보는 야비하고 더러운 행동으로 구역질이 날 정도이지만, 그렇다고 내가 점잔빼는 사람은 아니다. 일반적으로 한 세대 전보다 삶이 더욱 복잡해지고 문명화가 덜 됐다고 생각한다. 나는 18세에 투표권을 주는 것은 잘못이라고 생각한다. 왜냐하면 그렇게 되면 변덕스럽고 과도한 이상주의와 오만한 유권자들을 추가시키는 결과를 낳기 때문이다.

또 다른 대상자는 "나는 자유주의, 권위의 상실, 종교의 손실, 가정의 약화, 비도덕성 및 나이의 존엄성에 대한 무시 등으로 우리의 거의 이상적인 형태의 민주주의가 약화되는 것에 고민한다"고 하였다. 물론 두 사람 모두 부분적으로는 옳지만, 셰익스피어 시대나 페리클레스

(Pericles)* 시대에서도 역시 똑같이 옳았을 것이다. 그 밖에 이들은 시대가 변한 것만큼 많이 변했다. 유감스럽게도 두 사람은 인류는 청소년을 통해서 성숙해 가는 것이라는 사실을 잊고 있다.

이와 같은 경직성의 보다 긍정적인 측면은 연구대상자들이 마지막 정체감을 구체화시켰다는 점이거나 혹은 최소한 이들이 그렇다고 생각한다는 점이다. 한 대상자는 "한 쟁점에 대해 보다 명확한 입장을 견지하고 싶다"고 기록한다. 또 다른 대상자는 "새로운 삶으로의 이동은 험난하였고 오랜 기간이 걸렸으며 지금까지 이룩한 것 가운데 가장 강력한 것이었다"고 말한다. 세 번째 대상자는 "나는 점점 더 독불장군이 되고 있고, 더욱 거침없이 말하고, 더욱 내 방식을 고집하게 된다"고 인정한다. 네 번째 대상자는 "여전히 똑같은 경기에서 나는 여전히 코치이다"고 외친다. 50대가 되자 청소년시절과 30대 후반에서는 감옥같이 느껴졌던 '기존체제'가 피난처로 바뀌었다. 교회, 컨트리클럽, 오랜 이웃 및 미국 공화당이 더 이상 무의미하게 보이지 않으며 변치 않을 오랜 친구가 되었다.

청소년기의 정체감 위기가 지속되는 대상자들은 성인기에도 자신에게 알맞은 자리를 발견하지 못하였는데, 이들은 현대적 사회적 관습에 가장 성공적으로 잘 따르며, 현 세계가 나아가는 방향에 대해 고민하지 않는 것처럼 보인다. 이런 사람 중의 한 대상자는 "21세부터 26세까지 나를 사로잡았던 삶, 죽음, 괴로움의 의미 같은 보다 커다란 문제에 대해 관심을 다시 가지게 되었다. 내가 어떻게 봉사하고 공헌할 수 있을까?"라고 밝혔다.

경직성은 보상을 가져온다. 융은 "원시부족의 경우 노인들은 항상 미스테리와 법률의 수호자 역할을 한다"고 서술하였다.23) 경직성이 늘어난다는 것은 유럽의 새로운 면을 맘껏 즐기며 경탄하던 청소년이

---

* 기원전 5세기의 아테네 정치가 ─ 옮긴이.

이제는 예측하기 어렵게 차를 모는 운전자와 미지근한 마티니
(Martini)*에 대해 참을 수 없는 불평으로 가득 차 있다는 것을 의미
한다. 그러나 50세 이후 경직성의 보다 긍정적인 측면이 나타난 그랜
트연구 대상자는 "'다음 세대로의 성화전달'과 의미를 드러내 보여주는
것"이라고 대답한다. 50대는 연구대상자들이 쉽게 경력을 바꿀 인생의
시기가 아니기 때문에 이들이 이미 배웠던 것을 가르친다는 것은 이들
에게 열린 오직 하나의 신선한 통로처럼 보인다. 그것은 다른 사람을
돌보는 것을 제도화하는 하나의 수단이다. 한 대상자는 "나는 후세에
남을 큰 업적을 남길 계획은 없다. 그러나 나는 새로운 병원을 만들
고, 학교를 지원하고, 아이들이 노래하도록 가르치는 도시로 변화시
키는 노력을 기울일 것이다"라고 말하였다.

　55세에 자신의 최대 관심사가 무엇인가 라는 질문을 받은 다른 대상
자는 다음과 같이 대답했다.

　　'성화를 전달'하고 아이들에게 문명화된 가치를 드러내 보여주는 것
　　은 항상 나에게 중요한 것이었지만, 이것은 해가 거듭할수록 점점 더
　　중요하게 된다.

　세 번째 대상자는 주 정부에서 뛰어난 경력의 소유자인데, 똑같은
질문에 다음과 같이 대답했다.

　　나의 현재 관심사는 자기중심적인 것과 거의 관계가 없다. 30세부터
　　40세까지 나의 관심은 너무 적은 돈을 받으며 너무 많은 요구를 받는
　　것이다. 내 직업에서 출세할 수는 있는지, 내가 가족을 위해 최선을
　　다했는지, 아이들 교육을 위해 최선을 다했는지 여부 등이었다. 45
　　세 이후 나의 관심은 보다 철학적이고 장기적이며 덜 개인적이 되었
　　고, 내 삶의 모든 문제를 즉시 해결해야 한다는 생각이 약해졌다. 나

---

* 진과 베르못을 섞어 레몬 등을 곁들이는 칵테일의 일종 — 옮긴이.

는 인간관계에 대한 관심이 많고, 특히 우리 사회에 대해 많은 관심이 있다. 나는 배운 것을 가능하면 많이 다른 사람에게 가르치는 데에 관심이 있다.

네 번째 대상자도 마찬가지로 성공한 사람인데, 아마도 네 사람 모두 가장 적응을 잘한 사람이 된 것은 우연이 아닐 것이다. 이 대상자는 다음과 같이 기록했다.

나는 지금 인생에서 다음과 같은 질문을 하는 시기에 있다. 인생에서 앞으로 남아 있는 시간이 가속적으로 감소하는 몇 년 동안 가장 많이 얻을 것은 무엇인가? 우리 회사를 관리하는 일상업무는 더 이상 도전적이지 않다. 따라서 전문적으로 관련된 분야의 저술이나 과정의 개발, 강연과 세미나 등에 주력하려고 한다. 중소기업 경영에서 그 동안 내가 얻은 약간의 지식과 기술을 사용할 곳을 찾고 있다. 이것은 허무한 공상이 아니다. 왜냐하면 강연, 세미나 그리고 나의 책, 이 모든 것이 흥미와 에너지를 쏟을 새로운 통로를 제공해 준다. 한편 나는 시간을 사용하는 측면에서 보다 더 철저해졌다.

배려하는 능력을 지속시키는 이 탐구의 마지막 예인 한 대상자는 다음과 같이 보고한다.

바라건대 나는 앞으로 더 차분해지고, 책을 읽고, 연극과 미술관에 가고, 여행다닐 시간이 많아지기를 기대하고 있다. 아내와 나는 싫증날 정도로 같이 있지는 않지만 서로 함께 있기를 정말 좋아한다. 아내 말에 따르면 남자에게는 50대가 자기 경력의 절정기라고 한다. 직업상 이 시기는 나에게 가장 흥분되고 재미있는 순간이다. 나는 미국에 있는 최고의 회사 몇 개에 자문을 해주고, 또 국가자문위원회 일원으로 있다. 신클레어 루이스(Sinclair Lewis)*가 다음과 같이

---

* 1930년에 노벨문학상을 수상한 미국의 소설가 겸 극작가·언론인 — 옮긴이.

언급할 때 의미했을 불멸성을 몰래 즐긴다. "각주와 색인의 여기저기
에 인용된 한 사람의 이름을 본다 ─ 나의 이름을."

만일 유아기부터, 아동기, 청소년기까지의 단계들이 순차적으로 우
리의 신체, 현실 그리고 정서를 숙달시켜 간다면, 40세에서 노년기까
지의 단계들은 정반대로 나아간다. 그러므로 40세가 된 사람이 감정과
싸운다면, 55세가 된 사람은 현실과 한 번 더 싸운다. 쓴맛을 피하려
면 30대의 약속과 꿈들을 향수로서 돌이켜보아야 한다. 현실이 이상을
대체해야 하며, 우리는 인생이라는 시소(seesaw)가 한쪽으로 기울어지
는 것을 받아들여야 한다. 즉, 이제는 다가올 내일보다는 지나간 어제
가 더욱 길다.

한 대상자는 "숲 속에 있는 새들보다 손 안에 있는 새가 더 중요하다"
고 하였다. 전문직을 가진 한 대상자는 이런 깨달음을 다음과 같이 잘
표현했다.

> 50대는 살아가는 태도와 보상 면에서 변화가 있다. 어떤 사람은 30
> 대에 머무른 것처럼 행동하고, 또 다른 사람들은 새로운 솜씨를 보
> 이거나 적어도 그렇게 보이는 것 같다. 그리고 지금은 짓눌려서 무
> 미건조한 사람도 있다. 나의 전문직 일은 여전히 중요한 의미를 갖
> 지만 과거만큼 지배적이지는 않다. 우리 농장, 아이들의 삶과 아이
> 디어들이 의약적 기술보다 훨씬 내 마음을 사로잡는다. 의대에 입학
> 허가를 받았을 때부터 지금까지 한 일에 대해 특별한 보람을 느낀다.
> 나는 늙지도 지치지도 않았다. 다만 보다 선택적일 뿐이다.

노인은 유아와 마찬가지로 자기 신체와 싸운다. 55세에 몇몇 대상
자들은 인생주기의 마지막 단계에 천천히 들어서고 있었다. 이 시기의
과제는 신체상의 쇠퇴라는 모욕을 확고한 자기가치감(self-worth)으로
대치하는 것이다. 자신의 죽음에 대한 걱정은 여전히 거의 중요하지
않다. 그러나 어떤 사람에게는 배우자의 죽음에 대한 걱정 또는 심지

어 예행연습이 중요한 관심사로 나타났다(뉴가르튼은 이런 관찰을 긍정해 주었다).[24]

이들은 50대의 가장 중요한 문제를 다음과 같이 이야기했다. "성욕의 감퇴와 관절이 쑤시는 것", "귀가 멀어서 정년퇴직할 나이까지 일을 못하게 되지 않을까?", "연금을 받을 자격이 안 될지도 모른다", "더 이상 발기가 되지 않는다", "야심만만한 젊은이에게 공격받는 것 같다", "나는 직급과 봉급을 감소시키는 것에 서명했다. 그것은 특히 심각한 인생문제였다". 죽음이 아니라 퇴보가 적이다.

부수적으로 나이를 먹으면서 성의 차이는 점점 적어진다. 여자는 나이가 많아지면서 얼굴에 털이 나고 남자는 수염이 느리게 자란다. 여자의 가슴은 납작해지고 목소리는 굵어지며 얼굴모양은 날카로워진다. 그리고 지배성을 억제하는 여성호르몬인 에스트로겐이 감소한다. 남자노인의 가슴은 커지고, 얼굴은 부드러워지며, 지배성을 조장하는 남성호르몬이 감소한다.[25] 여자노인은 자기주장적 충동을 편안히 표출할 수 있게 되기 때문에 때때로 자기보다 젊은 남자들을 겁먹게 하는 경우가 있다. 한편 나이든 남자는 신사적이고 애정어린 보살핌을 해주기 때문에 때때로 젊은 여자들의 호감을 끌기도 한다. 어쨌든 노년기에 우리는 모두 보다 타이리시어스(*Tiresias*)(역자 주 — 목욕하고 있는 아테나를 엿본 죄로 눈이 멀게 되었지만, 후에 눈이 먼 대가로 예언의 능력을 얻은 그리스 신화에 나오는 눈먼 예언자.) 처럼 된다. 융이 지적했듯이 이런 완만한 변환은 50대에 처음으로 표면화된다. 젊은 독자는 소름이 끼치겠지만, 현명한 할아버지 할머니는 고개를 끄덕이며 모든 인생은 여행이라는 회상에 잠긴다.

뉴가르튼이 제안하고 그랜트연구가 확인한 '신체조정'(*body monitoring*), 즉 지금처럼 일하기 위해서 몸이 약해진다는 느낌에 대항하기 위한 보호전략들이 나타난다.[26] 한 대상자는 "나는 지금 수첩을 갖고 다닌다. 새로운 개념을 배우기는 매우 어려워서 도시 내에서 가장 탁월한 내과전문의였던 나는 지금은 여러 분야를 다루는 일반개업 의사가 되었다"고 적었다. 또 다른 대상자는 "과거에는 당연하게 여겼던 타고난 성적 능력이 감소했다는 것을 생각하면 괴롭다. 내 나이에는 다 그렇게 된다고 스스로 위로하지만 그래도 받아들이기 매우 어렵다"고 고백했다. 또 다른 대상자는 자신의 50대를 평가하면서 "우리 모두는 점차로 활기가 없어지고 있다. 그러나 그렇게 되리라고 예상한다"고 간략히 적었다.

한 대상자의 일생을 보면 이와 같은 예상의 적응적 사용을 생생하게 알 수 있다. 18세 때 그는 어린이의 반응을 이해하고, "소년들과의 생활에 관심이 있어서 야영지에서의 상담역"에 흥미가 있었다. 대학졸업 후 22세 되던 무렵 그는 청소년들과 함께하는 것을 즐기며 자기가 있는 학교의 질적 수준을 높이려 애썼다. "이 학교는 교사진은 뛰어나지만, 75세 된 몽상가의 독재로 행정과 조직은 형편없다." 54세 때 그는 전혀 다른 인생의 전환점을 맞이했다. 그는 다음과 같이 썼다.

> 나는 지금 대학원에서 성공적이거나 그렇지 않은 노년기에 대해서 공부하는 중인데, 내 자신이 늙어가고 있다는 사실을 갑자기 깨달았을 뿐 아니라 그 과정을 이해하는 데 깊게 몰두해 있다. 나는 점차로 나이든 사람과 일하는 것과, 이들과 일하기 위해 다른 사람을 교육시킬 필요성이 있다는 것을 알았다. 그래서 우리는 노년기의 정신역학에 관한 야간과정을 개설하였다. 또한 퇴직후 준비과정을 개설할 예정이다. 이 모든 것은 매우 흥미로우며, 노인들을 대상으로 한 성인교육을 위한 기금을 요청할 것이다. … 내가 늙었을 때 노인을 위한 아주 흥미진진한 프로젝트가 몇 개 있으리라는 확신을 갖고 싶다!

뉴가르튼에 따르면, 사람들은 40세 때 "환경을 대담성과 모험성에 보상을 주는 것으로 보고, 자신들이 외부로부터 주어지는 기회들에 걸맞는 정력을 지니고 있다고 생각한다. 60세가 되면 환경을 복잡하고 위험하며 더 이상 환경이 자신이 희망하는 대로 개혁되지 않는 것으로 본다. 또 자신은 외부세계의 요구에 동조하고 순응한다고 본다."[27]

그랜트연구 자료는 이와 같은 관찰을 지지한다. 41세에 그랜트연구 대상자들에게 다양한 가치에 대해 매우 높은 것과 매우 낮은 것으로 등급을 매기도록 하였다. 제일 높은 가치로는 육체적 활동과 건강, 좋은 공적인 관계유지, 개인적 삶에 대한 철학 그리고 직업윤리로 나타났다. 55세에 같은 질문에 대한 답변에서 두 가지를 제외한 나머지는 똑같았다. 하나는 좋은 공적인 관계유지와 여러 사람과 안면을 넓히는 것에 대한 관심이 크게 줄어든 것이고, 또 하나는 자기직업과 관련해서 새로운 사람과의 만남이나 새로운 정보를 습득하는 데 관심이 많이 감소한 것이다.

이 기간 동안의 연구대상자들에 대한 나의 견해는 왜곡되어 있다. 그런데 그들의 45세 이전의 삶은 내가 왜곡되게 보지는 않는다. 이들의 18세부터 45세까지의 성장과정은 기록을 몇 시간 만에 검토하며 지켜보았다면, 45세부터 55세까지의 성장과정은 10년이라는 기간을 통해 관찰하기 때문이다. 나 역시 변했다. 내가 현재의 연구대상자들과 45세 때의 그들을 비교하려고 할 때는 나도 변했고, 어떤 식으로 변했는지를 이해할 수 없음을 발견한다. 새로운 시각에서 인생주기를 보기 시작하면 그 궤적이 변한다. 그러나 이 장 전체는 단지 잠정적인 출발에 불과한 것이다. 인간발달에 대한 주요한 종단적 연구의 성과는 이제 거두기 시작한 단계이다.

이 장에서 다룬 발견들이 얼마나 보편타당한 것인가? 그랜트연구 대상자들은 남서태평양군도의 원주민이나 주니 인디언 혹은 인류학 논문에 나오는 다른 주인공들처럼 일반독자에게 이해하기 힘들고 무관하지 않을까? 물론 다 자란 나무의 계절적 주기는 해마다 반복된다 할지라도 그와 같은 주기는 종마다 다르고 기후에 따라 분명히 차이가 있다. 나무는 마른 땅과 습기찬 땅에서 다르게 자란다. 꽃이 피고 열매를 맺고 잎이 지는 시기는 비바람을 피할 수 있는 아열대 지방의 계곡과 바람이 심하게 부는 산기슭에서는 서로 다르다.

마찬가지로 그랜트연구 대상자 표본의 사회문화적 배경이 다양하지 않기 때문에 이 장에서 내린 결론을 일반화하는 데는 많은 제약이 따른다. 여기에서 언급한 인생주기가 중세에 살았던 이 연구대상자의 조상에게도 나타났는지 또는 심지어 손녀들에게도 나타날 것인지 나도 확신할 수 없다. 이른바 우리가 청소년기라고 부르는 것이 산업혁명의 결과로 인해서 인공적으로 연장된 아동기에 불과한 것일 수도 있다. 그리고 또한 현대기술이 지배하는 사회의 독특한 요구에 의해서 이들이 성숙한 성인이 되는 것이 더욱 늦춰졌을지도 모른다.

분명히 사회에 따라 개인에 따라 인생주기가 단계별로 나타나는 나이의 차이는 매우 크다. 클레오파트라, 토마스 제퍼슨, 존 키츠, 알렉산더 대왕, 잔다르크, 나사렛 예수 등은 이 장의 등장인물보다 훨씬 앞서 권력의 절정에 올랐다. 그럼에도 불구하고 이 장에서 얻은 모든 결과가 문화에 제한을 받는다고는 보지 않는다. 역사에 나타난 대부분의 위인들조차도 30대에는 성숙하지 못했다. 그리고 생물학적으로 성인기에도 계속 진행되는 신경계통의 성숙이 늦어지는 것은 수천 년 동안 모든 인간에게 나타난 공통적 현상이다. 앞으로 성인기가 전개되는 과정을 과거 아동기의 전개과정에 대해서처럼 주의 깊게 연구할 필요가 있다.

> 우리가 지금은 거울을 보는 것같이 희미하게 보지만, 그때에는 얼굴과 얼굴을 맞대고 볼 것이며, 지금은 내가 부분적으로 알지만 그때에는 하나님이 나를 아신 것처럼 내가 완전하게 알게 될 것입니다. *

---

* 신약성서 고린도전서 13장 12절 — 옮긴이.

제 11 장
건강에 이르는 길

예수님이 배에서 내리시자 귀신들린 사람이 무덤사이에서 나와 예수님과 마주치게 되었다. … 그는 밤낮 공동묘지와 산 속을 돌아다니며 소리지르고 돌로 제 몸을 해치곤 하였다. 그가 멀리서 예수님을 보고 뛰어와 절하며 예수님이 허락하자 더러운 귀신들이 나와 돼지떼 속으로 들어갔는데, 거의 2천마리나 되는 돼지떼가 가파른 비탈로 내리달려 바다에 빠져죽고 말았다. 돼지를 치던 자들이 도망하여 읍내와 촌에 이 일을 말하자 사람들이 일어난 일을 보려 모여들었다. 그들은 전에 군대귀신 들렸던 사람이 옷을 입고 맑은 정신으로 예수님 앞에 앉아 있는 것을 보고 두려워하였다.

— 마가복음 5장 2절, 13~15절

• 등장인물 소개 •

- 로버트 브루크 : 시를 통하여 전쟁동안의 신경증을 고친 감수성 있는 폭격기 포탄수.
  ─ 적응양식 : 억압과 해리로부터 승화로 발전.
- 제임스 오닐 : 행복한 어린 시절을 보낸 보스턴 출신의 경제학자이자 통계학자. 만성 알코올중독으로 인해 수 년 동안 '부적절한 성격'으로 진단받았지만 회복됨.
  ─ 적응양식 : 반동형성과 이지화에서 수동적 공격성과 행동화로 발전. 그 이후에는 승화와 이타주의로 발전.
- 프랜시스 드밀 : 하트포드에 사는 광고인으로, 어린 시절 어머니에게 의존적이어서 여성에 대해 알지 못했음. 그러나 후에 남편과 아버지의 역할을 잘하게 됨.
  ─ 적응양식 : 억압과 해리에서 승화로 발전.
- 허만 크랩 : 행복한 결혼을 통해 정신병을 앓고 있는 어머니에게 압도당하고 괴팍한 과학자에서 연구팀의 효과적인 지도자로 성숙한 기업체소속 화학자.
  ─적응양식 : 투사와 공상에서 전위로 발전.
- 고트프리 미노 카밀 : 의존적이며 건강염려증과 자살성향이 있는 의과대학생이었지만 장기간의 정신과 치료를 받은 후 독립적이고 남에게 베풀 줄 아는 내과의사이자 아버지가 됨.
  ─ 적응양식 : 건강염려증에서 전위와 반동형성을 거쳐 이타주의로 발전.

망설이거나 깊이 생각하지 않고도 우리는 아이가 자기 힘으로 홍역을 극복할 수 있다는 점은 수긍하면서도, 어른이 정신질환을 능동적으로 극복할 수 있으리라는 점에 대해서는 아주 다르게 생각한다. 때때로 사람들은 정신질환을 도덕적 결함의 표시로 여긴다. 반면 또 다른 경우 정신질환은 적절한 치료에 의해서만 치유될 수 있는 잠복성 질환이라고 간주되기도 한다. 전자의 경우에는 처벌이나 양심적인 의지력의 훈련을 그 처방으로 제시한다. 후자의 경우 정신과의사나 무당 또는 진정제를 처방으로 거론하는 이들이 있다. 이러한 두 가지 치료과정이 실효성은 크게 의심스러운 것인데도 불구하고, 사람들은 정신질환을 곧잘 몇 가지 돌이킬 수 없는 성격상의 결함을 반영하는 것이라 여기며, 그런 만큼 이 질병에서의 차도를 마치 암이 저절로 치료되는 것처럼 기적적인 것으로 여긴다.

최근 들어 세 번째 해결책이 유행중이다. 이 해결책에 따르면 정신질환 따위란 아예 존재하지 않는다. 만약 정의가 신중히 검토된다면 강의실이나 칵테일 파티장 같은 곳에서 이 견해를 옹호하기란 결코 어렵지 않다. 그러나 내가 보기에 정신병을 무시하는 것은 단지 문제를 회피하려는 것일 뿐이다. 토마스 짜쯔(Thomas Szasz), 어빙 고프만(Irving Goffman), 래잉(R. D. Laing)은 친구가 갑자기 소리를 지르며 돌로 자해를 하거나, 자신이 탄 비행기 조종사가 관제탑 정보는 죄다 거짓이란 망상을 갖게 된다면 어떻게 할까?

이 책에서는 네 번째 해결책을 지지한다. 홍역의 경우, 아이에게 나타나는 증상은 기능부전의 결과가 아니다. 그것은 적응과정의 산물이다. 아이 몸에서 나타나는 발진, 발열과 기침은 체내에 침입한 바이러스에 맞서 이기기 위한 것이다. 사실 홍역은 어떤 경우건 간에 항생제나 도덕적 해결책 없이도, 심지어 홍역이란 아예 존재하지 않는 양 하지 않고서도 치유가 가능하다. 정신질환이 홍역증상처럼 (바이러스에 의한 것이든, 악마에 의한 것이든 또는 정서적인 것이든 간에) 병리적 갈등에 적응하려는 우리의 노력을 반영할지 모른다고 일단 생각해 보자.

정신질환이란 홍역과 마찬가지로 비도덕적이거나 상상적인 결함상태가 아니며, 그 증상은 방어기제를 총동원하여 질환을 극복하려는 무의식적 노력의 반영이라 가정해 보자는 것이다. 이와 같은 가정에 대해 신체가 홍역을 며칠 만에 이겨내는 것과 달리, 정신질환은 바그너의 오페라처럼 쉬지 않고 지속된다는 반박이 있을 수 있다. 그러나 앞으로 보겠지만, 정신질환의 진행이 언제나 무한정으로 이뤄지는 것은 아니다.

1883년 프로이트의 비엔나 동료인 브로이어(Joseph Breuer)가 안나 오(Anna O)라는 환자의 다중신경증적 증상들을 치료하는 데 부분적으로만 성공했다는 사실이 정신의학사에 기록되어 있다. 아버지가 사망한 이후 안나 오는 공포와 마비, 그리고 건강염려증으로 고통받고 있었다. 브로이어가 사용한 치료방법은 자유연상에 의한 감정정화법이었다. 안나 오는 이 방법을 "굴뚝청소"라고 불렀으며, 이는 후에 정신분석이라고 재명명되었다.[1] 그러나 정신질환을 치료하기 위한 이 유명한 작업의 장기추수 결과 매혹적인 연구가 이뤄졌다.[2] 심리치료가 종반으로 가면서 그녀는 자신이 브로이어의 아이를 임신했다는 상상에 빠졌다. 당시에는 아직 전위라는 기제, 즉 감정이 신비하게 마음에서 육체로 비약하는 현상이나 전환증상 및 전이(transference) 모두를 아무도 이해할 수 없었기 때문에 이 존경스러운 의사는 그녀의 지나친 상상력에 깜짝 놀라 도망치고 말았으며, 그 결과 안나 오는 완치가 이뤄지지 않은 채 방치되었다.

실제 이름이 베르타 파펜하이머(Bertha Pappenheimer)였던 이 환자는 이전의 병약한 상태로 되돌아갔고, 얼마 후에는 아편중독자가 되어 공공시설에 수용되었다. 이때부터 그녀의 '자발적인' 회복이 시작되었다. 그녀는 아버지의 죽음이 초래한 공상과 약물중독 그리고 무기력하고 병약한 상태에서 벗어났다. 그녀는 동화를 쓰기 시작했는데, 이는 어렸을 때처럼 자신을 편안하게 하기 위해서가 아니라 보다 어린 다른 고아들에게 위안을 주기 위해서였다. 이후 20여 년에 이르는 기간 동안 그녀는 점차 고아들을 돌보는 영역에서 리더십을 발휘하게 되었고, 미혼모를 위한 집 한 채를 건립했다. 나중에는 '도덕적으로 건전하지 못한' 소녀들을 위해 헌신적으로 봉사했으며, 백인노예에 관한 세계적인 권위자가 되었다. 이미 30년 전에 자신도 개척에 기여한 바 있었던 정신분석을 공공연히 비난했음에도 불구하고, (아마도 정신분석의 촉매효과 덕분에 혹은 촉매효과에도 불구하고) 파펜하이머는 스스로 병을 고쳤다. 다루기 힘든 건강염려증은 이타주의와 상대적인 건강함으로 대치되었다. 노년이 되어 신체적 질환으로 고통스러워하면서도 그녀는 불평하지 않았다. 그녀가 세상을 떠난 후 많은 이들이 그녀의 죽음을 애도했다. 부버(Martin Buber)는 "나는 그녀를 사랑했고 죽을 때까지 사랑하겠다"라고 썼으며, 1954년 독일 정부에서는 그녀를 기념하는 우표를 발행했다.[3]

외견상 다루기 힘든 성격장애를 가졌던 그랜트연구 대상자들의 회복과정을 검토해 보면, 정신질환의 극복이 청소년기에서 성인기로 이행하는 과정과 유사하다는 점을 알게 될 것이다. 그들은 어떠한 '교습'도 받지 않았고, 종양 제거시술 따위도 전혀 받지 않았다는 점에서 예전과 다를 바 없지만, 다른 방어기제들이 발달하였다. 망각의 저편에 묻어두려 했던 달콤함과는 거리가 먼 해독제를 통해 "그토록 고통스레 가슴을 짓누르던 것들"은 치유될 수 있다. 그렇지만 맥베스 부인의 주치의가 제안한 것처럼, "환자는 속으로는 틀림없이 자신을 돌보고 있다". 요컨대 적응기제를 바꿈으로써 환자는 자신을 치유할 수 있게 되는 것이다.

예를 들어 그랜트연구 대상자 로버트 브루크(Robert Brooke)는 방어기제의 발달을 통해 부적응적인 억압에서 자주 나타나는 정서장애인 불안신경증이 어떻게 생기고, 또 치유되는지를 생생하게 보여주었다. 그는 정서적으로 불안한 어머니에게 양육되었다. 어머니 자신이 많은 것들을 두려워하였으며, 브루크가 공격적인 행동을 하지 못하도록 막았다. 그의 적응은 억압을 통해 이뤄졌다. 강렬한 감정이 자주 그의 마음 속에 넘쳐흘렀지만, 결코 이 감정들과 관련된 사람이나 상황을 생각할 수는 없었다. 설명할 필요도 없이 그는 이와 같은 감정들을 불편해 했고, 다른 한편으로는 불안을 느꼈다. 2차 세계대전 이전의 그랜트연구에 따르면 그는 명백히 신경증 일보직전에 있는 것으로 나타나 있다.

전쟁중 태평양에서 B-17폭격기의 폭격수로 있었던 그는 자신이 수행하고 있는 파괴에 몸서리쳤다. 양심에 따라 행동하기 어려웠던 2차 세계대전기의 사회현실 때문에 그에게는 방어가 필요했다. 그는 처음에는 자신을 전쟁으로부터 격리시키고자 극단적으로 종교에 의지했다. 폭격임무에 대한 생각을 하는 대신 오히려 세상을 짐진 십자가가 상징하는 기독교의 거대한 이미지에 빠져들었던 것이다. 브루크는 "십자가의 상징은 너무나 엄청나고 철저하게도 내게 충격으로 다가왔다"라고 썼다. 그 후 25년이 지난 뒤 나는 그에게 노든 폭격조준기가 어떻게 생겼는지 물었다. 그는 그것이 "조준기에 있는 두 개의 조준선이 폭격 목표 위에서 교차하도록 비행함으로써" 작동한다고 대답했다. 바로 그 때 온화한 성격의 로버트 브루크는 세상이 한눈에 들어오는 폭격기 앞쪽의 방풍유리 상단부에서 수천 파운드의 폭탄을 수많은 민간인들 머리 위에다 쏟아부었던 것이다.

전쟁이 진행되자 그는 더 강력한 기종인 B-29 중폭격기로 전임됐다. 드레스덴, 함부르크, 도쿄를 잊고자 그의 동료들이 사용한 억압과 해리가 그에게는 소용이 없었다. 그는 지속적으로 두려움과 극도의 불안을 겪었고, 모호한 신체적 증상에 시달렸다. 그는 자신에게 어떤 문제가 있는지 알지 못했지만, 정신손상자로 본국에 송환조치됐다. 공식적인 심리치료는 거의 받지 못했지만, 재치있게도 그는 이렇듯 예기치 않게 주어진 여가시간을 2차 대전과 민간인 폭격에 대한 두려움을 소재로 한 시를 짓는 데 보냈다. 그의 나이 45세 때 나는 당시에 앓았던 정신질환에 대해서 물어보았지만, 그는 이에 관한 사실 모두를 줄곧 잊고 있었다. 대신 그는 아직도 기억 한 자락을 차지하고 있는 당시의 시 한 편을 읊어주었다. "기억해야 한다, 우리는 반드시"라는 시였다. 그는 "저는 아직도 우리가 행한 폭격에 대해 엄청난 죄의식을 갖고 있습니다. 제가 지은 전쟁시들은 이를 표현하고 있지요"라고 덧붙였다.

그는 삶의 곳곳에서 자기 삶 속에서 시가 해온 역할에 대해 말했다. "시상은 때로 나의 무의식적인 마음으로부터 휘몰아치는 바람처럼 떠오르곤 했다." 그리고 그는 다음과 같이 말했다.

> 사람들은 슬플 때만 시를 쓴다. 내가 쓴 시는 거짓이 아니었다. 이 시들은 내가 말로 할 수 있는 것보다 더욱 더 많은 것을 말하고 있다. … 정신과의사와 함께 심리적 부담에서 해방될 때에야 비로소 그것들이 드러날 것이다.

그러나 그럴 필요는 전혀 없었다. 진정제도 필요없었다. 해리와 억압을 승화로 발전시킴으로써 '병든 마음'을 스스로 돌보았으며, "머리에 새겨진 고뇌를 없"앨 수 있었다. 맥베스 부인의 주치의는 깊은 감명을 받았을 것이다.

일반적으로 정신질환은 한 수준에서의 적응기제에서 좀 덜 성숙한 수준의 적응기제로 이동하는 방어적 퇴행을 통해 나타난다. 많은 정신과의사들은 **퇴행** 그 자체를 하나의 방어기제로 간주한다. 그러나 퇴행을 사용하는 사람은 어떤 다른 상태, 즉 다른 적응양식으로 퇴행해야만 하는 것이다. 제 9장에서 퇴행은, 성인생활에서 투사와 정신분열적 공상 및 우울증상과 같은 미성숙한 적응기제가 재발, '정신질환'을 초래하는 과정으로 묘사되었다. 하지만 그랜트연구 대상자들을 놓고 이뤄진 35년간의 추수 덕분에 어떻게 이런 '정신질환자들'이 치유돼 왔는지, 또 이른바 성격장애로 불린 그 장애가 어떻게 부적응적이고 방어적인 태도에서 더욱 성공적인 적응으로 성숙해 갈 수 있었는지 또한 관찰할 수 있었다.

연구대상자 4명의 삶은 특히 좋은 예가 되었다. 첫 번째 사례는 철학박사인 제임스 오닐(James O'Neill)이, 일단 뇌가 화학적으로 더 이상의 흥분을 멈추면 어떻게 '정신병'과 '정신분열증'을 이타주의와 승화로 대치하게 되는지를 보여준다. 프랜시스 드밀(Francis DeMille)에 관한 이야기는 생물학적 성숙의 중요한 일부라 할 한 젊은이가 여자에 대한 신경증적 두려움과 동성애의 몰입으로 애를 먹다가 성숙한 아버지와 남편으로 바뀌어 가는 패턴을 인상적으로 보여준다. 철학박사 허만 크랩(Herman Crabbe)의 삶을 통해서는 결핍상태에 있는 어머니라는 위험한 굴레로부터 모성애적인 부인의 너그러운 품안으로 어떻게 도망칠 수 있었는가를 볼 수 있다. 생활이 안정을 찾을수록 그에게서 기이한 정신분열증적인 행동은 찾을 수 없었다. 마지막으로 의사인 고트프리 미노 카밀(Godfrey Minot Camille)은 장기간에 걸친 치료 끝에 정서적 불구라 할 건강염려증 환자에서 유능한 내과의가 되었다.

제임스 오닐은 그랜트연구 대상자에 포함된 경제학자인데 알코올중독에서 벗어나는 과정을 통해 행동화와 반동형성, 이타주의라는 세 가지 자아기제 사이에 존재하는 발달적 연계를 보여주었다.

그는 따뜻하지만 절제력이 강한 부모 밑에서 엄하게 자랐다. 비록 오닐이 자신의 성장과정을 "프러시아적"이라고까지 부르기는 했지만 1972년 한 아동정신과 의사는 18세이던 오닐의 장래에 관해 알지 못한 채, 그의 아동기 환경과 대학생활에서의 심리적 건강을 평균 이상으로 보았다. 사실 그랜트연구에서 미래를 따라가면서 모은 증거로 볼 때 쾌활한 어린 시절과 대학생활에서 이뤄진 훌륭한 적응은 이후 알코올중독으로의 발전에 대해 전혀 보증하는 바가 없는 것으로 나타났다.[4] 그가 대학을 졸업한 지 10년이 지나 그 학교 보건소장은 그랜트연구에서 당시까지 모은 모든 자료에 대해 다음과 같이 요약했다. "상당히 직선적이며, 점잖고 정직한 친구이다. 어떤 공동체에 있더라도 분명전도유망한 사람이 될 것이다.” 이와 같은 평가 이전에 오닐이 보여준 적응스타일은 정상적이기는 해도 일관되게 신경증적인 반동형성과 이지화라는 기제를 특징으로 하는 것이었다. 그는 “나는 관념을 다룬다. 관념을 사랑한다”라고 하였다. 이와 같은 면은 결국 그가 현재 대기업 재정관리에 쓰이는 통계 및 계정기법을 개척하는 데 도움이 됐다.

하지만 30세 때 그는 사교적인 자리에서 마시는 술에 대한 절제를 하지 못했다. 그러나 여전히 탁월한 지능에 기대 우수한 박사학위 논문을 썼고, 보수가 좋은 기업에 취직하게 되었으며, 알코올중독자라는 진단을 피할 수 있었다. 그럼에도 불구하고 아침부터 저녁까지 대부분의 시간을 몰래 술집에서 보냈다. 그의 만성적인 알코올중독은 부적응적 퇴행으로 이어지고, 이지화와 반동형성은 자신을 향한 행동화와 분노로 대치되었다. 한때 엄격했던 사람은 반복적으로, 그리고 무감각하게 바람을 피웠다. 이 빈틈없는 수학자는 강박적으로 자금을 빌려 그것을 온 나라에 있는 경마에 재투자했다. 이 정직하고 양심적인 남자는 술값을 충당하기 위해 벨 전화연구소의 기구를 훔치다가 붙잡히고 말았다. 오닐은 언제나 잃는 쪽이었을 뿐만 아니라 호텔의 도박장의 만찬장에 있을 때나 밀회장소에서 자신의 신분을 감추려 하지도 않았다.

1958년 병원에 입원한 그는 주치의로부터는 ‘부적절한 성격’으로 분류되었고, 스스로도 ‘정신병질자’라는 생각을 하고 있었다. 수백 시간의 심리치료를 받은 8년 후 그는 다시 입원하게 되었다. 당시 그의 뇌기능은 알코올의 금단현상으로 더욱 혼란스런 상태였다. 정신적인 혼란과 심한 환각들 때문에 그는 왜곡과 망상적 투사와 같은 가장 원시적인 방어기제를 썼고, 알코올중독과 정신분열증이라는 병명을 가지고 퇴원하였다. 더 정확한 병명은 진전섬망증(delirium tremens)이었을 것이다. 그는 더 이상 정신의학적 치료를 받지 않았지만, 의사는 그에게 알코올중독자 갱생회를 소개해 주었다.

내가 오닐 박사를 만났을 때, 그는 3년 동안 술을 끊고 있었다. 이지화가 한 번 더 지배적인 방어기제가 되었고, 이전에 그가 사용한 반동형성은 그를 절주의 열렬한 지지자로 북돋웠다. 그답게 그는 알코올중독자 갱생회 이야기만 늘어놓았다. 이 모임과 이 분야 관련의사들 대다수는 알코올중독을 병으로 간주한다. 그러나 이제는 비양심적인 정신병질자의 반대편에 선 오닐은 스스로 통제할 수 없었던 알코올중독을 여전히 도덕적 문제라고 느꼈다.

알코올중독자 갱생회의 상호부조적인 유대 속에 금주를 했던 3년간 오닐은 승화와 이타주의라는 두 개의 부가적인 적응유형을 발전시켰다. 이 두 기제는 회개한 절도범이며 호색가, 그리고 공식적으로 '부적절한 성격'이란 진단을 받았던 그의 생활에 다소나마 즐거움을 안겨주었다. 도박에 대한 그의 오래된 열정은 이제 상당히 많은 보수를 받는 매사추세츠 주 복권발행위원회의 자문역으로 승화되었다. 그는 더 이상 벨연구소와 군부에서 대외전쟁정책 수립에 자신의 분석적 능력을 활용했던 것과 같은 방식으로 일하지 않는다는 것을 자랑스럽게 여겼다. 대신 현재 그는 인구조절과 관련된 주요 재단의 계정분석을 하고 있었다. 청소년시절에는 다소 종교적이었고, 이후 알코올중독에 빠진 20여 년 동안에는 상당히 비종교적이었던 그가, 현재는 교회에서 활동적인 역할을 맡고 있었다. 그는 알코올중독자 갱생회에서 다른 사람들을 돕는 데 적극적으로 몰두하게 되었다.

무의미한 연애는 술을 끊음과 동시에 끝났고, 그는 뒤틀렸던 결혼생활을 재건하는 어려운 과제와 씨름하고 있었다. 오닐은 확신에 찬 어조로 내게 이렇게 말했다. "아내와 저는 결혼하고 5년 되던 무렵보다 지금 더욱 좋은 결혼생활을 하게 되었습니다." 지나치게 낙관적인 언급으로 비칠 수도 있는 것이었지만, 분명 그의 결혼생활은 과거 20년 동안보다는 더 나아져 있었다.

1940년 프랜시스 드밀은 처음부터 연구자들에게 매우 매력적인 인상으로 다가왔다. 앳된 외모 덕에 대학에 다닐 나이로 보이지 않았으며, 꼿꼿한 자세를 취하고 있으면서도 몇몇 관찰자의 눈에는 여성적이라는 인상을 남겼다. 개방적이면서 자신감 넘치고 거침없는 태도로 그는 연극에 대한 관심을 깊이 있으면서도 활기차게 이야기했다.

대학생 때 프랜시스 드밀은 믿기 어려울 정도로 성적 공상이나 공격적 충동, 혹은 어머니로부터의 독립에 대해 생각하는 것을 "잊었다". 19세 드밀과 상담했던 정신과의사는 그가 "아직도 성적 경험에 대해 생각조차 해보지 않았다"라는 데 놀라워했다. 연구진은 그가 꿈을 잘 회상하지 않는다는 점과 "슬픈 정서적 반응이 너무 빨리 사라진다"라고 말한 데 주목하였다. 대학시절을 통틀어 그는 데이트를 해본 적이 전혀 없었고, 성적 긴장의 존재를 전적으로 부정하였으며, "나는 전혀 공격적이지 않다"라고 덤덤하게 진술했다.

돌이켜보면 드밀이 어떻게 정상적인 발달 연구대상에 포함될 수 있었는지 이해하기 힘들기도 하지만, 사실 그런 그를 이끌어주었던 것은 그의 연극에 대한 뛰어난 자질이었다. 연구진은 그가 억압이라는 기제를 썼다는 점에 놀라기는 했지만, 여전히 그를 "개성과 역동성, 높은 친화력과 적응력을 갖춘" 사람으로 파악했다. 자신을 연극에 몰입하게 만든 이가 바로 자기 어머니라는 점을 제대로 알지 못했지만, 대학 연극부에서 그는 여전히 활동적이고 즐거운 역할을 맡았다. 억압을 주된 방어기제로 사용하는 많은 사람들처럼 그는 "합리적으로보다는 감정적으로 사고하는 것"이 더 좋다고 했고, 한 번은 "나는 아름다운 히스테리아의 한 사례로 발전하였다"라고 연구진에게 말했다.

많은 히스테리 환자와 배우들처럼 드밀은 해리에 능숙한 사람이었다. 예를 들면 그는 "연극에서 나의 감정을 다른 사람에게 터뜨려댐으로써 억제로부터 자유로워지면 새로운 활력이 생긴다"라는 것을 알았다. 그에게 크리스천 사이언스가 발휘하는 호소력은 상당한 것이었으며, 그의 내적 불행에 대한 연구진의 걱정과는 관계없이 그는 정신과 면담을 하는 동안 "줄곧 상쾌한 기분에 젖어 있는" 듯하였다.

프랜시스 드밀은 하트포드(Hartford) 교외에서 성장했다. 사업가인 아버지는 드밀이 태어나기 전에 집을 나가 얼마 후 사망하였으므로 아버지에 관해서는 아는 바가 아무것도 없었다. 아버지의 친척들도 그의 성장에 별다른 영향을 주지 않았으며, 가족이라고는 어머니와 결혼하지 않은 두 고모뿐이었다. 1세 때부터 10세 때까지 그는 완전히 여자들로 둘러싸인 집안에서 자랐다. 그의 어머니는 자신의 아들이 잘 꾸며진 놀이방에서 혼자서만 놀도록 했고, 그가 "결코 다른 소년들과 놀지 않았다"라는 사실을 자랑스럽게 이야기했다. 그의 어머니는 그가 청소년시절 "남자가 여자를 나이트클럽에 데리고 가는 것처럼 나를 거기에 데리곤 가곤 했"다는 걸 자랑스러워했다. 2차 세계대전중에조차 드밀 중위는 지리적으로나 정서적으로 어머니 곁을 떠나지 않고 있을 수 있었다. 해군에서는 그를 결코 하트포드로부터 코네티컷 주의 그로튼(Groton)보다 더 멀리 발령내지 않았고, 연구진의 내과의사는 드밀이 어머니에게 고착된 채 평생 신경증에 시달리리라고 내다보았다.

하지만 지속적인 성숙으로 그의 억압이 실패하게 된 것은 해군에서 근무할 때였다. 그는 자신이 이성에 대한 관심을 결여하고 있다는 점을 인식하게 됐고, 동성애자는 아닌가 하는 걱정을 하기 시작했다. 연구진과 이 문제를 다루면서 그는 이럴 경우 억압을 쓰는 많은 사람들처럼 필기를 하다 무심결에 다음과 같은 실수를 저질렀다. "동성애의 근원이 생리적인지* 심리적인 것인지 모르겠다." 후에 밝혀진 것처럼 드밀의 무의식은 옳았다. 그에게 남성성과 관련한 **생리적** 문제는 전혀 없었다.

하지만 관리할 수 있는 불안 수준이라면 이는 성숙을 촉진하며, 프랜시스가 해리를 승화로 대치하기 시작한 것은 해군에서 근무할 때였다. 그는 자신이 늘 해군당국에 대해 '반항적'이었으며, 어떤 경우건 자신과 부하들의 개성을 지지하는 쪽이었다는 내용의 기록을 남겼다. 그의 병역근무 기록을 보지 않았다면 해군에서의 태도에 대한 자신의

---

* 원문을 보면 physiological인데 psychiological이라고 잘못 쓰여 있다 — 옮긴이.

기록은 '소극적-공격적'인 것으로 분류되었을 것이다. 하지만 장교로서 이뤄진 그의 행동에 관한 객관적 평가기록을 통해 그가 '도덕적 용기'와 '협동'의 측면에서 가장 높은 근무평점을 받았다는 점을 알 수 있었다. 간단히 말해 이 겁많은 사람은 군문화에 대한 반항심을 널리 인정받는 값진 예술작품으로 바꾸어냈던 것이다.

27세에 이르러 자신이 동성애자가 아닐까 걱정하던 드밀의 편지는 "나는 여학생들과 일하는 것을 즐긴다!"라는 기쁨에 가득찬 구절들로 대치되었다. 그는 여학생들만 다니는 뉴욕 주 소재 바사(Vassar) 대학에서 연극을 가르치게 됐다. 하트포드에서 바사 대학이 있는 포우킵시(Poughkeepsie)로 이사를 하면서 "집에서 벗어나야만 한다는 매우 절실한 느낌"을 또한 만족시켰다. 3년이 지난 후에는 그는 전에 지도했던 여배우와 결혼을 함으로써 어머니의 지배에서 한층 더 벗어났다. 오늘날 그의 결혼생활은 이 연구에서 제일 좋은 편은 아니라 할지라도 4반세기 동안 안정적으로 지속되고 있다.

드밀의 억압은 결혼을 한 이후 점점 더 다른 양식으로 변이되는 모습을 보였다. 결혼생활의 적응을 묻는 질문지에 "이 질문지에 대해 나는 강한 거부감을 느낀다. 이 질문지의 반환에 굼뜬 것은 통상적인 경우에 꾸물대는 것보다 더 심한 것 같다"라고 응답했다. 그는 성적 적응에 갈등이 있었으며, 그 역시 이를 알고 있었다. 하지만 이에 대한 통찰과 함께 저항이 있었고, 이것은 7년 동안 드밀에 관해 이 연구가 들은 마지막 내용이었다. 이 기간 동안에 그는 정신과의사를 결코 찾지 않았다. 대신 그는 전과 다름없이 승화할 수 있는 참신한 능력을 계속 발휘하면서 《도와주세요, 칼 융, 나는 물에 빠졌어요》(Help me, Carl Jung, I Am Drowning)라는 성공적인 코미디를 썼다.

드밀은 이 연구에 다시 참여하게 됐는데, 중년시절 그는 자신이 공격적이고 남성적인 사업가로 보이는 데 대한 굉장한 거북함을 그의 자아가 어떤 방식으로 재치있게 승화시켰나에 관한 이야기를 내게 해주었다. 15년 전 동일한 질문지에서 결혼생활에의 적응을 논하길 주저했던 그는 이렇게 썼다. "돈 때문에 일한다는 생각은 한 번도 한 적이 없지만, 시종 잠재의식적으로 돈을 벌기 위해 일을 하고자 하는 맘을 먹지 않았더라면 경력문제를 제대로 해결하기란 불가능했을 것이다."

사실 드밀은 자신이 생각한 것보다 더 돈을 추구했지만, 이에 대해 그가 취한 해결책은 예술적인 것이었다. 그는 '미국 실업계의 거물'과는 결코 관련을 맺지 않겠다고 맹세했음에도 불구, 그 자신이 매우 특별한 기업 성공사례가 되었다. 연극에 대한 관심과는 별개로 보험분야가 최고로 인정받는 하트포드에서 중역으로 성공을 이뤘다. 그리고 개인적 표현기회가 좀처럼 드문 산업분야에서 그는 광고부서를 무대로 자율성과 관습적인 직업상의 지위, 그리고 자신의 예술적 재능을 발휘할 수 있는 기회 모두를 누릴 수 있었다. 하지만 그는 자신의 성공이 어느 누구에게도 위협적이지 않았고, 자신이 지나치게 공격적이지도 않음을 내게 확신시키고자 애썼다. 그의 표현대로 "대기업에서 계속해서 살아남기 위해 나는 내게 주어진 모든 재능을 발휘해야 했다". 오직 지역사회의 연극집단에서만 그는 스스럼없이 공격적인 역할을 즐길 수 있었다.

드밀은 심리치료 없이도 중요한 남성적 인물들을 억압하던 경향을 누그러뜨리게 됐다. 그 결과 그는 46세가 되자 과거 언급한 적은 없지만 청소년시절 그에게 중요한 영향을 끼쳤던 삼촌에 대한 기억을 생생하게 되살렸는데, 그는 지나치게 남성적인 사람이었다. 면담이 있은 지 5년 후에 드밀은 삼촌에 대해 "이전에 내가 거부했었던 그는 내게 남성적 영향력을 일관되고도 매우 강력하게 끼친 유일한 분이다"라고 더욱 더 자세히 이야기했다. 그러나 그를 완전히 거부한 것은 아니었다. 왜냐하면 담배 파이프, 트위드 재킷과 가죽으로 덮인 책상과 더불어 중년의 그는 삼촌과 상당히 닮아 있었기 때문이다.

청소년시절 그토록 매력적으로 흘러넘치던 감정의 물줄기는 메말라 버렸고, 지금 그는 각종 명세표들과 질서정연함, 그리고 우락부락하고 불독처럼 드센 마흔 살 넘은 외모 뒤에 자신의 감정을 감추고 있었다. 그는 명상에 잠겨 이렇게 말했다. "대학 때 저는 집시족처럼 하고 다녔습니다. 그러나 25년 전부터 저는 변했습니다. 어쩌면 내 속에서 일종의 시계장치가 작동하면서 지금의 이 길을 걷게 한 것 같습니다." 이는 아마도 몇 해 전 왜 그가 어머니의 종교를 포기하고 아버지의 침례교 교리에 '갑자기 매료되었던가'에 대한 답변이 될 것이다. 확실히 그는 자신이 한때 장발을 했다는 사실에 대해 아들이 모르기를 바랐는데, 1970년이면 드밀은 더부룩하게 머리를 하고 다니는 걸 철저히 반대했기 때문이다.

드밀이 어머니에게 매인 무능한 소년이라는 '병'에서 어떻게 정신적으로 비교적 건강하게 바뀔 수 있었는지를 보여주는 마지막 예로, 그가 어머니에 대한 높은 의존상태에서 성공적으로 벗어나는 방식을 보도록 하자. 비록 그가 자란 서부 하트포드의 집으로부터 네 구역밖에 떨어지지 않은 곳에 살고 있다고는 하지만 어느 모로 보나 현재 어머니는 아들에게 의존하고 있었다. 그는 어머니로부터 독립적인 생활을 누리고 있었고, 그녀는 그에게 이제 자식 같은 존재로 자리하고 있었다. 그가 여전히 경험하고 있는 의존욕구는 나이에 걸맞은 것이었다. 그는 자신이 다니는 가족적인 분위기의 보험회사로부터 상당히 많은 부가이익을 누려왔던 만큼 지금 직업을 바꾸기란 불가능하다고 보고 있었다.

허만 크랩 박사의 삶에서 우리는 위험을 줄이고 유대의 끈을 놓치지 않는 것 또한 적응적 성숙에 보탬이 된다는 점을 확인할 수 있다. 애초부터 그의 삶은 재난으로 점철되었다. 19세 때 그는 거의 기괴하다는 소리를 들을 정도였다. 연구진들 사이에서 그는 "남들과 어울리지 않고, 말을 더듬으며, 단정치 못하고 버릇없이 자란 사람"이었다. "그는 상대를 똑바로 쳐다보지 않았으나 불만이 가득했다." 연구기록에는 이렇게 씌어 있다. "사교 차원에서 볼 때 그는 인상이 안 좋다."

허만은 서버지니아 주의 자그마한 탄광촌에서 자랐다. 가족의 연간

소득액은 1천 달러를 간신히 넘는 정도였다. 고교시절 그가 두드러지게 이룬 성취로 나방수집을 들 수 있는데, 그 수준은 실로 놀라운 것이었다. 이 수집으로 비록 친구를 사귈 기회는 가질 수 없었지만, 주에서 크게 인정받아 전액장학금을 받고 대학에 진학할 수 있었다. 다른 신입생들에게 타고난 재능이 더 많았을지는 모르지만 크랩은 생물학 한 분야에 전심전력했고, 사람들은 그를 괴롭혔지만 좋은 학업성적을 받는 것을 낙으로 삼은 덕에 그는 **최우등생**으로 졸업할 수 있었다.

허만 크랩은 전체 연구대상자 중에서 아마도 가장 병적이라 할 어머니를 두고 있었는데, 그 때문에 그는 많은 고통을 받았다. 그의 어머니는 편집증을 앓고 있었고, 다리가 불편한 남편이 다른 여자들과 놀아나고 있다며 아들이 있는 데서 남편에 대한 욕을 해댔다. 다른 한편으로는 남편이 실직상태인 채 그저 병자로 남아 있도록 그의 등에 있는 오랜 상처를 이용했다. 허만이 어렸을 때 그녀는 아들의 '가슴 두근거림' 증세를 알아볼 의사를 백방으로 수소문했다. 아들이 어떤 종류의 운동이나 독립적인 사회활동도 할 수 없도록 하기 위해서였다. 대학에 있는 의사는 허만의 건강상태가 아주 좋다는 진단을 내렸다. 그의 어머니는 대학교가 허만을 자신으로부터 빼앗아가거나 혹은 '놀림감'으로 만들까 봐 노심초사했다. 나중에 그녀는 허만이 정말로 자신에게서 독립했다는 점을 받아들였다. 그리고서 그녀는 어느 사회사업가에게 고백하기를 "허만을 놓치면, 그 동생 새미에게 매달릴 겁니다"라고 했다. 그러던 초기 몇 년간 허만이 이 연구에서 한 몇 안 되는 정직한 이야기 중 하나는 "제 어머니는 명랑함과는 거리가 멀죠. 어머니는 제게 잔소리를 하며 앞치마 끈으로 절 묶어 놓으려 합니다"라는 내용이었다. 그녀를 방문했던 사회사업가는 이에 동의하면서 "내가 경험했던 면담 중 가장 애처로운 경우"라고 하였다.

30세까지 허만이 취한 주된 생존양식은 고립, 공상 그리고 투사였다. 어린 시절 그는 드밀이 해리에 능숙했던 것처럼 이지화와 공상에 능숙했다. 드밀과는 반대로 크랩은 어머니가 자신에게 집착하고 있다는 것을 알았다. 하지만 이에 대한 적절한 감정을 나타낼 수는 없었다. 대신 그는 자신의 머리 속으로 안전하게 움츠러들었고, 사람이 아닌 곤충과 관계된 일로 시간을 보냈다. 심리학자와 인류학자 둘 다 그를 정신분열증으로 분류했다. 대학시절 그는 자신이 가진 철학을 다음과 같이 요약했다. "모든 사람은 가능한 한 많은 것을 얻어야 한다. 다른 사람들에게 너무 많이 관심을 쏟는 것은 수지가 맞지 않는 일이다." 그는 부모에게 거짓말을 하였고, 친구가 하나도 없었으며, 군대에 가지 않아도 되는 몇 안 되는 대상자 중 한 사람이었다.

고등학교 때 허만은 자신을 편집증환자인 어머니와 동일시하였고, 다른 동급생들이 자신을 철저히 괴롭힌다고 믿었다. 대학졸업 후 고등학교 때의 친한 친구와 어렵게 결혼했던 관계로, 결혼을 방해하려 했던 사람은 자신의 어머니가 아니라 장모였다고 믿었다. 크랩은 대학당국에 말하지 않고 23세에 결혼한 것 때문에 학교당국이 자신을 괴롭혔다고 생각했다. 보복에 대한 그의 두려움은 어머니의 품에서 탈출하는 것에 대한 실제의 죄의식의 투사를 나타냈다.

30세가 되어서도 여전히 크랩은 동네의 괴짜 혹은 매우 어린 아이 같았다. 그는 두 사람의 그랜트연구 대상자에게 자신을 지역 스케이팅 클럽에 추천해 달라고 부탁했지만 결국 가입하지 못했다. 그는 사람들을 피해 밤 9시까지 연구실에서 연구에 몰두했다. 사회인류학자는 허만이 열등감에 빠져 있다고 하면서 다음과 같이 논평했다.

그는 기본적인 예의를 결여하고 있는 듯하다. 그는 사람들을 심리적으로 있는 그대로 보기보다는 자신을 지지하는가 하지 않는가, 또는 그들이 요구하는가 아니면 자신을 떠날 것인가 라는 관점에서 본다.

허만의 어머니는 결국 죽었는데, 아들과 남편 모두 그녀의 죽음에 괴로워하긴커녕 갑작스레 찾아온 활기를 마음껏 누렸다. 그의 아버지는 병상에서 일어나 20년 만에 처음으로 일자리를 구했고, 재향군인회에 나가 친구들과 오랜 만에 재회했다. 허만은 다시금 생기를 찾은 아버지와의 관계를 새롭게 하고 그때까지 강박적으로 진행해 오던 연구를 중단했으며, 처음으로 사람들에게 관심을 가지기 시작했다. 이 연구의 내과의사는 "크랩은 과거의 어느 때보다 자신감 넘치고 행복해 보인다"라고 평했다. 허만은 복서라는 품종의 개 한 마리를 샀으며, 이 연구에 다음과 같이 썼다. "내가 예상했던 것 이상으로 사람들과 교제하는 것이 즐겁다." 결혼생활 또한 나날이 재미가 붙었다.

어머니가 죽은 다음 해 허만은 심리검사를 받았는데, 이때부터 정신분열증의 징후는 더 이상 보이지 않았다. 주제통각검사의 모호한 그림을 보고 해준 10가지 이야기 외에 그에 관해서는 전혀 모르는 어느 임상심리학자는 다음과 같이 썼다.

> 결혼생활에서 겪은 좌절 때문에 어머니는 크랩에게 기대고자 하는 마음으로 그를 원했던 것 같다. … 그의 공상세계에서는 무지한 군인들이 밤중에 쳐들어오는데 … 강박적으로 강제된 매끈한 표면으로 그와 같은 공상이 삐져나오는 바람에 몇몇 기이해 보이는 구석이 있을지 모른다. 정신분열증이라 할 만한 정도는 아니지만.

이 심리학자는 크랩의 검사에 대한 해석들을 다음과 같이 종합했다. "양호한 상태에서 다소 벗어나 있지만 외견상으로 볼 때는 충분히 정상이다."

50세 때 크랩은 한층 더 다른 모습을 보여주었다. 자신이 빠지는 공상에 대해 곧잘 이야기하곤 했던 연구대상자들 — 하비 뉴톤과 윌리엄 미티 — 의 경우, 50세 때 회수한 질문지를 보면 사람들과 가까이 지내는 데 대한 두려움이 여전하다고 답하고 있다. 이와는 대조적으로 50세 때 크랩이 설문에 답한 내용에 따르면 그는 예전보다 외향적인 면모를 보여주고 있었다. 그는 그런 자신의 감정에 대해 편안해 하는 것으로 보였다. 그는 백일몽에 빠져 마음의 평안을 삼으려는 모습을 더 이상 보이지 않았다. 달리 말해 "다른 사람들과 원만하고 친숙하게 지내는 일을 꺼리지 않았다". 그는 "나는 이런저런 일들에 대해 풍부한 느낌을 갖고 반응한다"라고 적고 있다.

면담하는 동안 크랩은 여전히 다소 청소년처럼 농담을 하였지만 시선을 줄곧 고정하였다. 같이하는 시간이 흐를수록 그의 태도는 마치 눈 녹듯 누그러졌다. 그는 지금 제너럴푸드사에서 12명의 박사들로 이루어진 연구팀의 팀장으로 있다. 그는 여러 번 우수한 성과를 거두어 표창을 받았고, 드밀처럼 미국 기업의 치열한 생존경쟁에서 살아남은 개인주의자였다. 19세 때 그는 사람보다도 물건이 더 좋다고 단언했지만, 50세 때에는 내게 "물건을 상대로 일하는 것이 값어치 있다고는 생각하지 않습니다. 저는 사람들과 일하는 것을 더 좋아합니다"라고 말했다. 그는 여전히 주당 60시간 이상 일했으나 자신만을 위해서가 아니었다. 그가 이 연구에 털어놓은 바는 "나는 위대한 과학자는 아니지만 다른 사람들을 지도하는 데에 능숙하다"는 것이었다.

크랩의 변화를 설명해 준 과정들은 무엇이었는가? 무엇이 그를 공상과 투사로부터 벗어나게 했는가?

첫째, 위험이 사라졌다. 마침내 어머니의 정신병리로부터 자유로워지게 됐던 것이다. 둘째, 35세에 허만은 집단심리치료를 몇 시간 경험했다. 셋째, 30대 초반에 그는 아버지와 친구처럼 친밀해졌고, 새어머니를 맞이했다. 무엇보다도 중요한 것은 그가 이 연구에서 아주 충실한 결혼생활을 하는 대상자 중 하나였다는 점이다. 젊어서 한 결혼이 부분적으로 전혀 경험한 적 없는 좋은 어머니를 얻기 위해서였다는 데에는 의문의 여지가 없다. 그것은 효과적이었다. 가족으로부터 그를 자유롭게 하는 데에는 부인이 대학보다 훨씬 더 나았다. 결혼한 지 25년째 되던 무렵 그는 이 연구에 다음과 같이 쓸 수 있었다. "나는 지금도 처음 결혼했던 아내와 살며, 그녀에게 늘 애착을 갖게 된다."

이와 같은 상황을 촉매로 한때 외로웠던 이 생물학자는 마침내 보다 안전한 세계에서 자신이 머물 조가비를 발견한 소라게와 같은 상황을 맞이했다. 공상은 그것의 논리적 계승이라 할 이지화로 대치될 수 있었다. 그는 엄격한 스케줄에 따라 살았다. 일상에서 겪는 모든 일들은 마치 의례처럼 정형화되었고, 그가 맺고 있는 유대관계라고는 일과 부인과의 시간이 전부였다. 자신의 심리적인 상황에 관해 함께 논의하면서 수줍은 듯하면서도 의외로 진실하게 해준 이야기는 인상적이었다. 그는 성적인 문제들을 생생하지만 건조하게 묘사했다. 마치 아주 오랜 동안 마음 속에 살아 있는 유산을 다루듯 그는 자신의 감정에 다가갔다. 이지화는 결점뿐 아니라 여러 장점 또한 지니고 있다.

크랩이 사용했던 투사는 이의 사촌격인 전위로 변했다. 그는 어머니가 유방암으로 사망했을 때 갑자기 가슴에 통증을 느꼈는데, 어머니가 늘 걱정해오던 심장병으로 이행하지는 않을까 두려워했다. 나중에 시험관을 벗삼아 하던 연구를 줄이고 차츰 사람을 더 많이 상대하는 일을 맡으면서 그는 자신의 열등감에 대한 편집증적인 생각에 덜 빠지게 되었다. 그러나 이전까지 지칠 줄을 모르던 이 과학자는 새로운 종류의 일이 "그를 매우 지치게 한다"는 것을 알게 되었다. 그는 '건강'을 위해 휴가를 냈다. 휴가를 마친 후 자신의 '피로'에 대한 의학적 치료를 받지는 않았다. 대신 시험관에서 사람들에게로 관심이 바뀐 데 따른 갈등에서 오는 '우울증'으로 정신과의사를 찾았다. 그는 단기 정신치료를 받으면서 투사와 공상을 하는 이들이 받는 저주인 의존성을 처음으로 이해하게 되었다. 그는 자신이 깨달은 바를 다음과 같이 쓰고 있다. "나는 내 의존성을 지속할 수 있도록 아내를 구슬리는 데 아주 능숙했다. 나의 의존성은 이제 더할 나위 없이 명백해졌다. 나는 줄곧 다른 사람들을 탓해왔다."

그는 투사 대신 전위를 활용했다. 대학동창회 주연에 참석하길 꺼린 이유로 460 km에 달하는 운전거리와 독감에 걸릴 위험성을 들었던 것은 이의 단적인 예다. 그러나 그는 참석했다! 각각의 경우에 있어 그의 자아는 두려움들에 대한 완전한 책임으로부터 도망을 쳤던 셈이다. 그렇지만 그가 초기에 보여주었던 유형은 연구진으로 하여금 정신적인 병증이 있다는 판단을 내리도록 했던 데 반해, 52세의 허만은 각 대상자들을 측정하기 위해 사용했던 어느 기준으로 봐도 정신적으로 건강하였다. 당사자의 말을 빌려 표현하자면 다음과 같다.

> 22세에 최우등 졸업을 하고서도 50세가 되어서야 안정감과 자기능력에 대한 자신감을 갖는다는 것은 정말로 특기할 만한 일이다. 52세인 나는 이전의 어떤 시기보다 일에 대해 더 많은 야망과 자신감, 그리고 더 많은 착상들을 가지고 있다.

귀신과도 같은 정신질환을 돼지에게 던져버릴 수 있는 자아의 능력에 대한 마지막 예로, 볼티모어의 내과의사인 고트프리 미노 카밀 박사가 있다. 그의 자아성숙에 도움이 된 것은 사랑하는 사람들과의 지속적인 유대였다. 1938년 이 연구에 참여할 때 카밀은 열정적이면서 대인관계에서도 원만한 모습을 보였다. 그는 분홍빛 두 뺨에 매력적 태도를 갖춘 큰 키의 붉은 머리 소년이었는데, 성직이나 의학에 종사할 것이라 말했다. 하지만 그의 쾌활한 사회적 태도 저변에 자리한 자의식과 낮은 자존심이 서서히 모습을 드러냈다. 대학시절, 그는 못말리는 건강염려증 환자였다. 마침내 이 연구진은 성격안정성 평가에서 그에게 'E' 판정을 내렸다. 그리고 둔감한 한 조사자는 그가 "의학에 종사하기에는 적합하지 않은" 것으로 평가했다. 그러나 심인성 허약체질이던 카밀의 적응기제는 처음에는 전위로 대치됐다가, 세월이 흘러 카밀이 유능한 의사가 된 이후부터는 이타주의로 바뀌었다.

미국 정신의학계의 거물 중 한 사람이며 영감을 갖고 이 연구의 출발에 영향을 끼쳤던 얼 본드 박사만이 직관적으로 카밀의 미래를 예견했다. 그는 18세의 카밀을 면담한 후 "매력적이고, 깨끗하고, 설득력 있고, 겸손하고, 유머감각이 있고, 솔직하고, 편안하며 개방적이다 — 'A'"라고 썼다. 또 다른 정신과의사는 그를 "거리감이 있고, 의심 많고, 허둥대고, 고집이 세다 — 'C'"로 평가했다.

어린 시절 카밀은 전형적인 보스턴 사람이기는 했지만 매우 혼란스러운 부모와 함께 매사추세츠 주의 브루클린에서 성장했다. 그의 부모는 사회적으로 고립되어 있었으며 병적으로 의심이 많았다. 이들은 비록 자녀들을 과보호하기는 했지만, 자녀들에게 정을 베풀거나 그들이 어떠한 식으로든 공격성을 띠는 것을 허용할 수 없었다. 19세 때 그는 이와 같은 상황을 다음과 같이 간결하게 표현했다. "어머니는 아버지의 단점을 제대로 보완해 주지 못했다." 46세 때 그는 자신이 전에 한 진술을 슬픈 듯 인정했다. "나는 우리 부모를 좋아하지도 존경하지도 않았다."

건강염려증적 생활양식의 일부로서 카밀이 자기부모의 결점을 과장했을 수도 있지만, 다른 관찰자들도 그가 부모에 대해 느낀 전반적인 인상에 대해 수긍했다. 사회사업가는 카밀의 어머니에 대해 "허약하고, 신경과민이며, 외롭고, 감상적이며, 자기기만의 명수이다. 지금까지 내가 만났던 이들 중 극도로 신경이 과민한 사람이었다"라고 말했다. 카밀의 연구참여는 이 연구의 의사들이 그에게 실험적으로 해로운 주사를 놓았으리라는 부모의 확신 때문에 거의 무산될 뻔하였다. 그의 부모는 카밀이 계획한 노바스코티아까지의 여름여행을 막고자 우리 연구진 앞으로 반복해서 편지를 써보냈다. 어떤 경우에는 그들은 카밀이 회색곰의 먹이가 되지나 않을까 두렵다고 말했으며, 또 다른 경우 여행을 허락하지 않는 데 대한 변명으로 독일군이 U-보트를 타고 노바스코티아를 침공할지도 모르기 때문이라고 말했다. 카밀은 연구에서 "한 친구가 내 부모를 만났을 때 그녀는 우리 부모가 행동하는 방식에 너무 어이가 없어 할 말을 잃었다"라고 진술했다.

카밀은 모든 면에서 잘못된 방식으로 보살핌을 받았다. 어렸을 때 내내 하녀가 학교까지 따라갔으며, 그는 종종 이웃 아이들과 노는 것을 금지당했다. 13세 때부터 계속해서 그는 질식할 듯한 부모의 속박으로부터 벗어나고자 하는 자신의 절박한 요구를 의식했지만, 독립에 익숙지 않았기 때문에 그 과제를 해결하기란 쉽지 않았다. 마침내 그는 자신이 기숙사가 있는 학교에 다녀야만 한다는 굳은 믿음을 부모가 갖게 끔 하는 데 성공했다. "그곳에서 나는 내 방식으로 살아야 했고, 내 자신에게 의지했다." 대학시절 한 번은 그가 연구진의 사회사업가에게 우울하다고 고백하자 그 사업가는 그에게 "밧줄의 끝에 이르거든 매듭을 묶어 붙잡고 매달려라"라고 충고했다. 그는 다음과 같이 쓸쓸히 대꾸했다. "하지만 그 매듭은 이미 너무 오래 전에 묶여 있었어요. 게다가 거기에 너무나 오랫동안 단단히 매달려 있었고요." 애매한 잉크반점에 반응하는 로르샤하 검사에서 카밀은 독립에 대한 그의 딜레마를 다음과 같이 표현했다. "내가 볼 때 고치를 벗어나려고 투쟁하던 나비는, 나비가 아니라 한 소년이 고치를 여는 바람에 죽고 말았다." 그는 나비에게는 벗어나기 위한 투쟁이 필요한 만큼 너무 일찍 고치에서 나오는 것은 치명적이라고 설명했다.

늘상 사랑의 결핍 속에서 의존적이었던 카밀이 취했던 무의식적인 생존술은 학교, 그 다음에는 대학, 진료소 등에 빈번히 드나드는 것이었다. 연구를 위한 혈액검사에서 손가락을 찔린 후 그는 "졸도하지 않으려고" 붕대와 설탕물을 요구했다. 그는 대학재학중 다섯 번이나 입원했다. 외래진료실 방문횟수는 20회에 달했다. 거의 대부분의 경우 질병이라고 볼 확실한 증거를 찾을 수는 없었다. 대학 3학년 때 환자들에게 대체로 친화적이던 한 의사는 자제심을 잃고 "이 청년은 통상적인 정신신경증세를 보이고 있음"이라는 정나미가 떨어진 듯한 소견을 첨부해 카밀이 겪던 '가상의' 고통에 대한 결말을 내렸다.

카밀의 행동은 자신이 지각하는 바와 대조적인 것이었는데, 왜냐하면 건강염려증 환자들은 자신의 불편을 정서에 거의 연결시키지 않기 때문이다. 의식적으로 그는 자신의 건강을 "매우 좋은" 것이라 생각했다. 정서적 스트레스의 결과로 그가 유일하게 인정했던 신체적 증상은 가벼운 불면증이었다.

의과대학 시절 카밀은 방어를 바꾸기 시작했다. 드밀의 경우처럼 하나의 적응양식이 다른 적응양식과 융합되었다. 잠정적인 통찰과 함께 그의 건강염려증은 관심의 초점을 변화시켰다. 신체적인 불평이 감소하였으나 그는 자기가 접하는 모든 정신병리학 교과서에 나오는 정신병에 두려움을 품게 되었다. 그는 처음에는 자신이 정신분열증이 아닌가, 다음에는 동성연애자가 아닌가를 염려했다. 그는 "나는 건강을 걱정하지만 매우 좋은 것 같다"라고 썼다. 의과대학을 졸업하면서 카밀박사는 마침내 자살을 기도했다. 그는 '우울증과 건강염려증적 경향'이라는 진단을 받고 입원했다. 이 일의 중요한 결과는 그에게 두려움으로 다가오던 인턴근무를 연기할 수 있었다는 것이었다. 의과대학장이 그를 "환자를 다루는 데 남달리 뛰어남"이라고 기술했음에도 불구하고, 두려움으로 가득 찬 이 남자는 다른 사람들의 요구를 받아들일 준비가 되어 있지 않았다. 그가 설명한 나비처럼 그는 여전히 고치가 필요했다.

처음으로 카밀 박사는 자신을 위해 정직한 일을 수행했다. 고칠 수 없는 병을 갖고 의사들을 괴롭히고, 자신도 멀쩡하지도 않으면서 다른 이의 욕구를 해결해 주려는 노력 대신에 그는 정신과의사를 여러 번 찾아갔다. 몇 회기가 지난 후에 그는 연구진에게 "나의 건강염려증은 대체로 사라졌다. 그것은 일종의 변명, 즉 공격적 충동에 대해 스스로 부과한 처벌이었다. 일주일간의 우울증은 약간의 정상적 공격성에 대한 대가였다"라고 썼다. 어린아이가 기본적 신뢰와 자율성을 모두 결여한 채 양육되면 이들은 보통 건전한 독립에 대한 자신의 요구를 용서받을 수 없는 나쁜 일로 간주한다.

주제통각검사에서 카밀은 그의 건강염려증의 기본적 역동을 더욱 깊이 파고들었다. 모호한 그림에 대한 반응 외에는 그의 삶에 대해 어떠한 정보도 갖고 있지 않은 한 심리학자는 다음과 같이 썼다.

어머니는 아들의 관심을 끌기 위해 필사적으로 노력하지만, 아들이 고통을 겪고 있으며 비참한 상황임을 애써 믿으려 하지 않는 자기도취적인 부인으로 묘사되고 있다. 어머니가 아들의 고통을 인식하지 않으려 애를 쓰면 쓸수록 그는 더욱 고통스러워하고 번민했다.

허만 크랩이 일단 그의 투사를 인정하고 나자, 그리고 카밀 박사가 그의 건강염려증을 인정하고 나자 방어들은 포기될 수 있었다. 건강염려증 대신 카밀 박사는 이와 밀접하게 관련된 전위를 사용했다. 그는 정서적으로 부담스러운 것에서 중립적인 것으로 관심을 옮겼다. 그는 정신분열증과 유사하게 발음되는 단어에 대해서는 어떤 것이든 공포에 가까운 혐오를 드러냈다. 여동생이 죽었을 때 그는 연구진 앞으로 그녀에 대한 진단서를 보냈지만, 자신의 감정상태는 물론이고 여동생이 죽었다는 사실 자체도 언급하지 않았다. 그는 그저 "내가 예상하기에 흥미로운 자료란 판단이 들어 사체부검 결과를 동봉함. 내 건강상태에 대해 말하자면, 아주 좋음"이라고 썼다. 몇 달의 유예기간이 지나서야 그는 연구진에게 자신이 깊은 개인적 상실감에 빠졌다는 사실을 시인할 수 있었다. 이와 유사하게 그는 연구진에게 어머니의 죽음에 관해 말하지 못했는데, 그저 "나는 어머니의 유산을 받았다"라는 식으로 통보함으로써 자신의 감정을 은밀하게 회피했을 뿐이다.

카밀은 또한 전환반응을 발달시켰다. 즉, 그의 감정은 신체적 증상으로 전위, 변형되었다. 사랑하는 사람을 잃었을 때 겪는 고통은 결코 지성이 아니다. 그것은 감정을 통해 드러나는데, 신비롭게도 그것은 마음에서 신체로 도약한다. 카밀은 그래서 자신의 친척 한 사람이 폐암으로 죽어갈 때, 비탄에 잠기는 대신 자신의 흉부 X-레이를 찍었다. 27세 때 약혼녀와 파혼한 뒤에도 그는 눈물을 흘리지 않았다. 대신 그는 자신이 히스테리성 지체장애인이 될지도 모른다는 갑작스러운 공포에 휩싸였다. "나는 팔 아래위가 따끔따끔 쑤시는 이상감각 때문에 반마비상태로 한 시간을 보냈다"라고 하였다. 그 후 오래지 않아 그는 자기증상의 원인에 대해 통찰했고, 곧바로 회복되었다. 왜냐하면 건강염려증과는 달리 전환증상은 증상에 대한 해석을 스스로 이해함으로써 줄어들 수 있기 때문이다. 이제 그에게서 격한 분노를 표현하거나,

다른 이에게 책임을 떠넘기려는 목적으로 신체적 불평을 늘어놓는 모습은 더 이상 볼 수 없게 됐다. 그 대신 심리치료 후 그의 신체적 증상은 자신의 정서를 이해하는 단서가 됐다.

청소년시절 건강염려증세가 있던 카밀은 감정이 육체에 영향을 미친다는 것을 전혀 의식하지 못했다. 그는 스트레스를 받아도 신체적 증상이 없다고 믿었다. 하지만 36세 때 정서적 스트레스는 소화불량, 복통, 수족냉증 및 위통을 유발했다. 달리 말해 그는 이제 심리적 스트레스의 구체적 결과들을 명백한 질병으로 보지 않게 됐지만, 그것들이 정서적 병증의 생리적인 증거라는 점은 정확히 파악하고 있었다.

이 기간 동안 그가 사용한 반동형성은 전위와 결합했다. 그는 공격적 남성이 되는 것을 대신해 줄 여러 가지 대안을 개발했다고 연구진들에게 말했다. 예를 들면 그는 친구의 누이들이 아니라 그들의 어머니를 강박적으로 열심히 찾아다니며 친분을 맺으려 했다. 그는 "보다 성숙한 적응은 내 무의식 속 무언가에게 위험한 것"이라고 하였다. 32세에 그는 결혼을 하려 했지만 결국 하지 못했다. "돌이켜보면 나는 거의 성사될 뻔했던 이 결혼을 내가 사랑하는 사람을 도와주려는 노력이라고 생각했다"라고 후에 말했다. 자신의 의존성을 충분히 인정할 수 없을 정도로 두려움에 휩싸여 있었기 때문에 그는 약혼녀와의 연애 기간 동안 자신이 바랐던 통찰과 위안을 그녀에게 주고자 애썼다.

그리고 나서 35세에 얻은 진짜 질병으로 카밀 박사는 정서적 안정을 찾았는데, 이는 건강염려증세와 재기발랄한 반동형성으로도 이를 수 없던 것이었다. 그는 스키를 타다 입은 부상으로 만성골수염에 걸렸다. 14개월간 입원했던 그는 이 일에 대한 자신의 최초의 반응이 "멋진 일이었다. 나는 1년 동안 침대에 누워있을 수 있었다. 내가 원하는 바를 아무런 처벌도 받지 않고 할 수 있었다"라고 회고했다. 나중에 그는 고백하기를 "병에 걸린 것이 기뻤다"라고까지 했다. 그는 질병이 자신에게는 종교적 거듭남과 유사한 것이었음을 깨달았다. "대문자 'S'로 시작하는 이름을 가진 누군가가 내게 신경을 많이 써주었다. 한동안 이와 같은 상황에 흠뻑 빠진 기분으로 지냈다. 가톨릭에서는 이를 두고 신의 은총이라고들 하던데, 이때 이후로 잠자리에서 그렇게 괴롭다 할 만한 것은 아무것도 없게 됐다."

그는 골수염이 호전됨에 따라 정신분석 상담을 받기 시작했다. 부분적으로 그는 치료를 입원이라는 의존상태에서 자유로워지려는 수단으로 합리화했다. 그러나 한편으로 강도 높은 심리치료는 그토록 오랫동안 그가 결여하고 있던 진정한 보살핌을 지속시켜 주는 것이기도 했다. 우선 카밀은 신체적으로 아픈 동안 부끄러움 없이 보살핌을 받아들였다. 그 후 그는 정신분석을 통해 지금껏 부족했던 내적 강인성을 발견했다. 이전의 건강염려증이 반동형성에서 전위, 그리고 실제의 질병에 대한 진정한 보살핌을 받아들이는 능력으로 나아갔던 것처럼, 이제 이러한 신경증적 방어는 이타주의와 베풀어주는 성인의 역할을 할 수 있는 능력으로 바뀌었다. 밀려오는 환자들로 압박감에 시달릴 때마다 카밀 박사는 자신 외부에 있는 줄로만 알았던 곤경 극복의 힘이 이제는 자기 안에 있음을 인정하는 영성체라도 되는 듯 한 움큼의 비타민을 먹는다.

청소년 시절 카밀은 성직자나 의사가 되려는 이타적 환상을 품었지만 실제 그러한 환상을 현실로 바꾸어내는 데에는 굉장히 어려움을 겪었다. 청년시절 내내 그는 공격적으로나 성적으로나 자신을 주장하지 못했다. 인턴과정을 마치는 데 여러 해를 보낸 다음 그는 초짜 의사로 사설요양소의 안전한 환경 속에서, 그리고 메릴랜드 주 미드에 위치한 군 주둔지 의무실에서 열정적으로 근무했다. 마침내 그는 40세에 자신의 소망을 행동으로 옮겼다. 내과의로서 그는 정신과 훈련과정을 이수하고 정신신체적 알레르기 환자들을 전문으로 다루었다. 그는 알레르기 장애자들을 위한 대규모 볼티모어 클리닉을 개설, 운영했는데, 이때 처음으로 업무책임을 떠맡았다. 결핍된 유년기를 보낸 천식환자들의 심리적 요구에 관해 그가 쓴 몇 편의 논문은 다른 사람들뿐만 아니라 자신에게도 유용한 것이었다. 한때 그는 자기가 돌보던 군인 부인들의 의존욕구에 압도됐던 반면, 이제는 자신의 개업의 활동에 대해 감사한 마음으로 책임감을 갖게 됐다. 그는 자신의 직업의 최대 장점으로, "과거에는 내 자신이 많은 문제를 갖고 다른 사람들에게 다가갔지만 이제는 사람들이 내게로 오는 것이 즐겁다"는 점을 꼽았다.

알레르기를 치료하면서 그는 종종 심리치료를 병행한다. 그는 "심리치료에는 제가 좋아하는 일종의 적당한 거리를 둔 친밀함이 있습니다. 그것은 제게 많은 의미가 있습니다. 그리고 심리치료는 그만한 가치가 있습니다"라고 밝혔다. 이것이 이타주의와 반동형성의 차이이다. 또한 그는 40세 때 마침내 성공적인 결혼을 하였다. 그는 부인에게 '일종의 분석가이자 어머니'로 봉사했다. 그러나 적어도 두 사람 모두는 그것에서 즐거움을 맛보았다.

카밀 박사는 더욱 성숙한 방어양식으로 운동경기에 몰두할 수도 있게 됐다. 그는 젊었던 시절보다도 스쿼시와 테니스를 더 즐겼으며, 친구의 어머니 대신 그들의 부인과 농담을 주고받았다. 그러나 어떤 수준에서 창조성은 여전히 두려움으로 다가오는 것이었는데, 무의식적으로 그것을 위험한 공격성과 같은 것으로 생각했기 때문이다. 자기 집을 지은 후 그는 다음과 같이 회고했다. "새로운 집에 사는 것은 그 주인의 이미지에 무엇인가 도움이 된다. 그것은 내 자신에 대한 어떤 관념을 확장시키는 것이다." 그는 불안을 참기 위해 항우울제를 복용했다. 그러나 나는 그와 같은 상황에서 그 약이 단지 위약(placebo)에 그쳤을 뿐이라는 약리학적 사실을 그가 알고 있지 않았나 생각한다. 그는 공포의 원인을 드러내주는 무의식적 언어표현을 했다. 그는 "저는 폭탄 낙하지점에다가 집을 지었습니다"라고 말했는데, 이 은유는 건축부지보다는 알라모고도와 비키니섬의 원폭실험장소에 적합한 것이었다.

1957년 카밀 박사는 연구진에게 다음과 같이 썼다. "나는 틀림없이 그랜트연구에 참가한 대상자 중 가장 얼빠진 녀석일 것이다." 그렇지만 물론 그가 그렇게 쓸 수 있었을 때쯤에는 더 이상 그렇지 않았다.

보다 최근에 그는 자신에 대해 이렇게 요약했다. "나는 따분하고 답답한 사람이다. 그러나 재미있는 사람일 수도 있으며, 꽤 따뜻하고 기꺼이 진정으로 도움을 줄 수도 있다."

이 장을 끝내면서 나는 비판적인 독자들의 다음과 같은 반응을 예상한다. "이 책은 건강에 관한 것이 아니다. 그랜트연구는 이상한 사람들을 연구했다." 혹은 "아들을 일류대학에 가도록 강요하는 가정에는 틀림없이 무엇인가 상당히 잘못된 점이 있을 것이다". 그러나 나는 독자들에게 방어기제, 즉 고통과 무능의 잠재적 원인들을 처리하고 제압하는 심리적 백혈구를 살펴보았을 뿐이라는 점을 상기시키고 싶다. 심지어 우주비행사나 성자들도 격분할 때가 있다. 우리가 심리적 고통의 제압에 대해 연구하려 한다면 우리는 일반적으로 무엇이 질병으로 간주되는가에 초점을 맞추어야 한다. 일상생활에서 이 책의 독자들이 뉴턴이나 스미스, 혹은 카밀이나 드밀을 만난다면 이들을 지극히 정상이라 인식할 것이다. 게다가 이들의 어린 시절이 대부분의 사람들보다 더 왜곡되었거나 피해로 점철됐던 것이라 하기도 어렵다. 태초 이래로 심리적 불화, 가뭄, 귀신 그리고 페스트는 인류를 파괴해 왔다. 나는 인간이라는 유기체가 이에 맞서 어떻게 투쟁해 왔는가를 입증하기 위해 이들의 파괴된 흔적에 선택적으로 주의를 기울이고 있을 뿐이다.

제 12 장
성공적인 적응

가끔씩 나는 그렇게 우둔한 사람들이 어떻게 돈을 벌 수 있는지 생각해 보곤 했다. 나는 돈벌이가 지능보다는 정서적인 안정과 더 많은 관련이 있다는 것을 알았어야 했다.

— 마퀀드, 《여인들과 토머스 해로》

• 등장인물 소개 •

- 스티븐 코왈스키 : 인생에서 성공하고 공격성을 미덕으로 승화시킨 정력적인 사업가.
  ─적응양식 : 억제.
- 레슬리 앙스트 : 실패에 대한 만성적인 근심으로 인해 과음하며, 결혼 생활에 만족하지 못하는 괴로운 은행가.
  ─적응양식 : 전위.

16세 때, 영화로 만든 테네시 윌리엄스(Tennessee Williams)의 〈욕망이라는 이름의 전차〉(A Streetcar Named Desire)를 보다 극장에서 거의 뛰쳐나올 뻔했던 적이 있다. 물론 브란도(Marlon Brando)와 비비안 리(Vivien Leigh)가 주연을 맡았는데, 브란도가 연기한 스탠리 코왈스키(Stanley Kowalski)란 인물은 충격이었다. 코왈스키의 정서적 둔감함, 거친 원시적 행동, 그리고 무의식적인 잔인성은 견디기 힘든 것이었다. 비비안 리가 맡았던 블랑쉬 드보아(Balnche Dubois)란 인물은 내게 가냘프고 상처받기 쉬운 여주인공으로, 스탠리의 충동에 놀라난 예민한 사람으로 보였다. 몇십 년 후 나는 정신병리학 강의를 위해 그 희곡을 다시 읽었다. 나는 나의 정서적 반응에 관심을 두지 않고 그 본문에 주의를 기울였다. 그랜트연구에서 내가 성공적인 적응을 측정하기 위해 사용해 온 바로 그 기준에 의하면, 스탠리 코왈스키가 정신적으로 건강한 사람의 모델이 된다는 것을 알고 깜짝 놀랐다.

어떻게 이럴 수가 있을까? 겉으로 보기에 스탠리는 아둔하고 천박하며, 아름다움을 파괴하는 그 모든 것을 대표한다. 즉, 스탠리의 정력은 지그문트 프로이트가 죽음의 본능인 타나토스(Thanatos)와 동등한 것이라고 제안했던 바로 그 '공격성'을 의미한다. 자기애와 극단적인 우월감 그리고 잔인성을 내뿜으면서 스탠리는 블랑쉬에게 "자, 오늘 밤은 우리 두 사람을 위해 기념할 만한 밤이오. 당신은 석유왕을 갖게 되고, 나는 아기를 갖게 된단 말이오"라고 떠들어댄다.

그러나 블랑쉬와 스탠리 두 사람간의 근본적인 차이는 블랑쉬가 백만장자를 갖는다는 것은 망상이나 다름없지만, 스탠리가 아기를 갖게 된다는 것은 명백한 사실이라는 데 있다. 살아남기 위해 인류는 가상의 석유왕보다는 실제의 아기를 원한다. 스탠리는 정식으로 직업을 갖고 있고 아내를 사랑하고 있다. 그는 아기라는 새로운 책임을 기대하고 있으며, 최소한 다음날까지는 전에 성질을 부린 것에 대해 충분한 책임을 기꺼이 받아들이려 한다. 스탠리의 삶은 함께 오락을 즐기고 적당히 술잔을 기울이는 친구들과 수 년간 지속해 온 우정으로 충만하다. 남성우월주의적이긴 하지만 그는 자신에 대해 자부심을 갖고 있다. 스탠리에게는 "자기존재 내부의 동물적인 기쁨이 모든 행동과 태도에 은연중 내포되어 있다. … 암컷들 속에 화려한 깃털을 가진 수컷의 힘과 외침 …"이 있었던 것이다.

희곡에서 블랑쉬는 스탠리를 미쳤다고 하고, 청소년시절에는 나도 이에 동의하고 싶었다. 그러나 제정신이 아닌 것은 온순하고 예민한 블랑쉬이다. 불행한 희생자인 블랑쉬는 직업도 없고, 아이도 없고, 누구도 사랑하지 않고, 또 그녀의 우정은 '낯선 사람들'과 짧은 기간 동안만 지속되는 이율배반적인 것이다. 스탠리는 난폭한 강간(유혹?)이라는 죄를 한 번 범한다. 그러나 블랑쉬가 젊은 남자들을 반복해서 유혹(강간?)하는 데 반영된 적개심은 무엇인가? "나는 절대로 아이들에게 손대면 안 돼요"하고 그녀는 맹세한다. 스탠리가 아내에게 기쁨만 가져다 준 데 반해, 블랑쉬는 남편의 자살에 원인을 제공하지 않았는가? 스탠리는 성과 배고픔을 직접적으로 다룬다. 즉, 욕실문 밖에서 "내가 염려하는 것은 나의 콩팥이오"라고 분명하게 말할 수 있다. 대조적으로 블랑쉬 드보아는 포도를 씻고, 성을 더러운 것으로 치부하며, 모든 사람에게 배설이 불편한 것이 되도록 만든다. 블랑쉬는 과거의 잘못에 대해 비난도 책임도 받아들일 수 없으며, 자신이 망가뜨린 것을 보상하기가 극도로 힘들다. 알코올을 남용한 사람은 스탠리가 아니라 블랑쉬이다. 또한 겉치장 아래에는 자신을 미워하도록 운명지어져 있으며, 정신병자수용소로 쫓겨나는 사람도 물론 블랑쉬이다.

코왈스키의 정신건강을 상세히 논하면서 니체(F. Nietzsche)의 초인(*Superman*)이나, 버나드 쇼(G. B. Show)의 앤드루 언더샤프트 (Andrew Undershaft)의 망령을 되살리고 싶지는 않다. 그러나 나는 진실로 독자에게 '정신건강'을 비교하는 위험한 일에 대해 동참해 주기를 진정으로 바란다. 사실 이 일은 위험한 것이다. 나는 한 친구에게 그랜트연구에서 '적응을 잘 한 사람들'과 '적응을 잘 하지 못한 사람들'을 비교해서 들려주었다. 나는 그에게 통계상으로 볼 때 돈 잘 버는 커리어는 정신건강을 반영하는 것이지 그저 무자비한 출세욕을 반영하는 것은 아니라는 제안을 들려주었다. 나의 친구는 깜짝 놀라는 것 같았으며, 점잖게 내게 "너는 뭐냐 조지, 일종의 파시스트냐?"하고 물었다. 그 친구의 전적으로 정당한 질문에 반응함에 있어 나는 세 가지를 지적하고 싶다. 첫째, 만약 조심스럽게 행해진다면, 심리적 건강에 대한 연구는 유아건강진료소에서 신체적 건강을 연구하는 것만큼이나 유익한 것이다. 둘째, 창조적 공격성은 신체적 상해를 입히는 것과 동일한 것이 아니다. 그리고 셋째, 심리적 건강은 무딘(dull) 것이 아니다.

성공적인 적응이란 개념을 상투적 어구나 가치판단으로부터 분리시키기 위해 나는 몇 가지 전략을 채택했다. 먼저 성인적응 척도를 구성하는 문항들은 본질적으로 종단적이다. 오랜기간 동안 나타나는 행동이 지필검사나 단 한 번의 면담평가보다 더 나은 정신건강의 지표를 제시하기 때문이다.

또 다른 전략은 성인적응 척도를 구성하는 32문항을 판단하는 평가자들이 연구대상자의 방어양식, 아동기, 객관적인 신체건강 등에 대해 알지 못하도록 하는 것이다. 이로써 한 가지 판단에서 비롯될 '후광효과'가 다른 판단에 영향을 미치지 않도록 할 수 있다. 마지막 전략은 정신건강에 대한 이상적인 정의를 피하고, 이를 덜 인간적이지만 보다더 객관적인 32개 행동문항으로 된 종합테스트로 대체하는 것이다. 그러면 이 주어진 32개의 행동문항 중 어떤 것이 실제로 정신건강과 관련이 있는지를 사후검증할 수 있다. 즉, 그 문항이 성인적응척도의 다른 문항들과 상관이 있는지 또는 정신건강의 독립적인 측정치와 상관이 있는지를 검증할 수가 있다. 이런 식으로 하면 이혼과 수입 같은 객관적이지만 가치가 내재된 문항들의 타당도를 검증할 수 있을 것이다.

건강을 기술하는 데 사용된 32개 문항은 〈부록 C〉에 정의되어 있으며, 그 일반적 도식의 개요는 굿하트와 태리타운의 비교로 이미 제공되었다. 간략히 말하면 네 영역, 즉 직업적, 사회적, 심리적, 의학적 영역에서의 적응이 각각 개별적인 8문항 척도에 의해 평가되었다. 직업은 수입, 아버지와 비교해 볼 때의 성공 및 지속적 승진 여부와 같은 문항들로 측정되었다. 사회적 적응은 안정된 결혼생활, 우정의 형태 및 부모형제와의 관계를 반영하는, 조작적으로 정의된 문항들로 측정되었다. 심리적 적응은 휴가기간, 직업을 즐기는 것, 정신과 방문 그리고 기분을 바꿔주는 약물의 사용 등으로 측정되었다. 의학적 적응을 반영하는 문항들은 병가일수, 입원일수 및 주관적인 건강평가 등을 포함한다〔말할 것도 없이 만일 이 척도가 특권을 덜 가진 표본에 대해서도 타당하려면 객관적인 행동의 모수치〔예컨대 수입〕는 교정되어야 할 것이다〕.

척도의 문항들은 이질적인 것들이다. 그러나 중요한 것은 적응을 평가할 때 정신건강이 여러 측면으로 구성되어 있다는 점을 깨닫는 일이다. 이와 유사하게 추상적인 것이 인간의 지능이다. 그 어떤 단일지표도 지능에 대해 신뢰할 만한 정보를 보여주지는 못한다. 하지만 알프레드 비네(Alfred Binet)와 이스라엘 웩슬러(Israel Wechsler)는 이후 널리 사용될 자기들 이름을 딴 검사를 고안하는 과정에서 지능에 관한 상당히 신뢰할 만한 정의를 이끌어내는 데 종합테스트가 매우 유용하다는 사실을 알게 됐다. 물론 이때 말하는 유용성이란 중요한 문화적 변인들이 일정하게 유지된다는 전제하에 성립한다.

그런데 신뢰할 만하다는 것은 무엇을 의미하는가? 한 지능검사는 다른 모든 지능검사의 측정치들과 정적 상관성을 갖는 한에서 신뢰할 만한 것으로 간주된다. 이 모델을 사용했을 때 성인적응척도의 문항들 대부분은 유용한 것으로 판명됐다. 예컨대 즐거운 휴가를 보냈던 대상자들은 자신의 직무를 더 많이 즐겼고, 지역사회 봉사에 더 오래 참여했다. 자신의 일가친척과 잘 어울려 지냈던 대상자들은 통계적으로 정신과의사를 덜 찾았으며 더욱 많이 부인 곁에 머물렀다. 요컨대 성인적응척도의 거의 모든 문항들이 다른 문항들과 정적으로 연관이 있었다.

2개 내지 6개의 문항을 제외한 모든 문항에서 성공한 사람들은 30

명이었다. 이들을 '적응을 잘한 사람'(Best Outcomes)이라고 불렀다. 굿하트, 라이온, 바이런 등처럼, 이들은 훌륭한 직업적 그리고 사회적 그리고 심리적 적응을 경험하였다. 달리 말하면 그랜트연구에서 최소한 이들 30명에서는 직업상의 성공은 불행한 결혼생활이나 자녀들에게 무관심한 대가로 얻어진 것이 아니었다. 또한 심리적인 불평이 없었다는 것은 그것을 신체적 고통으로 대치함으로써 얻어진 것이 아니었다. 30명이 32개 문항 중 12개 내지 28개 문항에서 실패하였다. 이들을 '적응을 잘 하지 못한 사람'(Worst Outcomes)이라고 불렀다. 이들 가운데 사회적 혹은 직업적 혹은 심리적 적응척도에서 위로부터 5번째까지에 속하는 사람은 단지 2명뿐이었다.

그러나 그랜트연구에서 어떤 사람을 정신적으로 건강하지 않다고 부르는 것은 단지 상대적인 판단일 뿐이다. 리오 스롤과 그의 동료들에 의한 맨해튼연구 같은 현재 유행하고 있는 질병에 관한 연구의 기준에 따르자면 그랜트연구 대상자의 거의 95%가 가장 건강한 20%에 속하게 되었을 것이다.[1] 레스터 러보스키(Lester Luborsky)의 100점의 건강/질병 척도의 준거에 의하면 그랜트연구에서의 평균적인 대상자는 약 90점을 받게 되고 일시적인 경우를 제외하고는 단지 2명만이 러보스키가 정신병이라고 규정하는 데 사용했던 65점 이하에 해당되었을 것이다.[2] 실제로 그랜트연구에서 '적응을 잘 하지 못한' 평균적인 사람도 대학을 졸업했는데 그것도 종종 우등생이었으며, 군대에 복무할 때 장교로 임관되었고, 모범장교 적합판정을 받았고, 결혼을 하였으며, 그 자녀들 또한 대학을 마쳤다. 그리고 전문가나 상위계층의 사업가로서 꾸준히 일해 왔으며, 1967년 현재 평균 연간 2만 달러 이상의 소득을 누리고 아버지의 직업적 성공을 능가하였으며, 45세 때도 여전히 신체적 건강이 양호하였다.

두 대상자의 생활사가 성인적응척도가 밝혀주는 몇 가지 차이점을 보여준다. 내가 스티븐 코왈스키(Steven Kowalski)라고 부를 사람은 성인적응척도에서 4개 문항에서만 실패하였다. 즉, 그는 분명히 '적응을 잘 한 사람'이었다. 레슬리 앙스트(Lesley Angst)는 14개 문항을 실패하여 '적응을 잘 하지 못한 사람'에 속하였다. 이들이 삶에 적응하는 데서의 실제 차이는 훨씬 더 컸다.

내가 앙스트의 25회 동창회에서 그를 처음 보았을 때, 그는 근심많고 두려워하는 사람이었다. 그의 귀는 지저분한 곱슬머리 밖으로 나와 있었다. 두꺼운 금속 안경테 뒤의 웃음기 없는 눈은 너무 커 보였으며, 가능한 한 나의 눈을 피하였다. 때때로 그는 양손을 비비꼬았다. 그는 성공한 중상류층의 일원이라기보다 소도시의 기죽은 회계원처럼 보였는데, 동창회에서는 점잖 빼고 있었다.

면담에 임하는 앙스트의 모습에는 정신적 혼란의 기미가 스며 있었다. 그에게 직업을 설명해 달라고 부탁하면서 면담을 시작했을 때, 그는 "저는 제가 뭘 하는지 모릅니다"라고 쓸쓸히 대답했다. 점 식사 후 그가 나의 사무실에 돌아왔을 때, 그는 사무실이 어디인지를 기억하는 데 어려움이 있었다고 말했다. 내가 그에게 지배적인 기분을 설명해 달라고 하자 그는 "기분을 어떻게 설명해야 할지 모르겠습니다. … 저는 언제나 낙관적이라고 느낍니다. … 하지만 꼭 즐거운 것은 아닙니다. … 음 … 무척 불안합니다"라고 대답했다. 나는 그보다 더 자신의 감정을 모르는 사람과 면담한 적이 없었다.

도스토예프스키는 존 마퀀드(John Marquand)보다 더 마음을 빼앗는 소설을 쓴다. 그 위대한 희곡에 나오는 등장인물들은 흔히 비정상의 경계에 있다. 그래서 나는 미성숙한 방어기제에 관한 제9장이 억제나 승화에 관한 제7장보다 더 좋은 읽을거리라고 확신한다. 그럼에도 불구하고 실제 삶에서 정상은 무딘 것이라고 걱정하거나 적당하게 혼란된 것이 안정된 것보다 내면적으로 더 흥미있는 것이라고 믿는 사람은 레슬리 앙스트를 만나보았어야 한다. 1940년 레슬리가 연구에 참여했을 때 그리고 30년이 지나 내가 그를 면담했을 때, 그는 연구에서 정서적으로 가장 왜곡되고 둔감한 사람 중 하나였다. 30년 전에 대체로 관용적인 사회사업가가 퉁명스레 말했다. "레슬리는 연구 전체에서 보아왔던 대상자 중 가장 매력없고, 비반응적이고, 이상한 소년 중 하나다." 그리고는 무엇보다도 매정한 말 한마디를 덧붙였다. "향기가 없다." 나도 똑같이 느꼈다.

레슬리 앙스트가 47세에 사회적인 품위를 결여하고 있는 것은 기회나 특권이 부족했던 데서 기인하는 것은 아니었다. 그는 독일인과 영국인 청교도 가계에서 태어났다. 여러 세대를 걸쳐서 앙스트 집안사람들 모두가 대학에 다녔다. 그의 아버지는 뉴욕에 있는 라쉬몽 은행장이었고, 외할아버지 또한 은행장이었다. 앙스트의 어머니는 특권 속에서 성장하였고, 명문 스미스대학을 졸업했다.

어린 아이였을 때 레슬리는 아주 착한 소년이었고, 어머니의 손 안에서 거의 좌지우지되었다. "그애는 항상 제가 하라고만 하면 무엇이든 할 준비가 되어 있었어요"라고 그녀가 연구진에게 말했다. 그녀는 앙스트에게 바이올린을 사주고 10년 동안 그것을 연주하게 했다. 그후 17세 때 앙스트는 마침내 어머니에게 7세 때 자신이 죽도록 갖고 싶었던 것은 자전거였지 바이올린은 아니었다고 고백하였다. 그러나 전에는 그 사실을 말하지는 않았다. 왜냐하면 그녀가 연구진에게 단언했듯이 "레슬리는 말썽을 일으키는 종류의 사람이 아니었기" 때문이다. 앙스트의 아버지는 레슬리의 소극성이 갖는 문제를 좀 다르게 기술하였다. "도구들을 사용하는 적절한 방법을 가르치는 데 내가 너무나 열심이었기 때문에, 그리고 그애는 온순했기 때문에 자신의 주도성을 잃어버린 겁니다." 레슬리 자신은 연구진에게 제3의 견해를 제공했다. "나는 항상 출발에서부터 겁에 질렸습니다. 그 이유는 모르겠습니다."

알코올중독자였던 먼 친척 아저씨를 제외하고는 앙스트 집안에 정신질환자는 한 명도 없었다. 레슬리는 스카스데일 고교를 다녔으며, 충분한 용돈을 받으면서 대학생활을 시작했다. 그러나 일단 대학에 들어가자 그는 친구가 없었고, 클럽에도 끼지 않았으며, 데이트도 거의 하지 않았다. 그는 어떠한 파티나 춤추는 모임에도 가지 않았다. 그래서 그의 용돈은 단지 그의 두 가지 취미, 즉 "허송세월하는 것과 행선지 없이 여기저기 자동차를 몰고 다니는 것"에 사용되었다. 허만 크랩과는 달리 레슬리 앙스트는 과학에 너무 흥미를 갖게 되는 것이 두려웠다. 그는 만일 그렇게 된다면 말을 사용할 수 없게 될 것이라고 믿었다. 그가 연구진에게 말했듯이 "연구실에서 못 빠져 나올 수도 있다". 불행히도 그에겐 과학 외에는 다른 선택의 여지가 없었다. 왜냐하면 그가 설명하기를 "소설은 인생의 한 부분인 것 같지 않아서"이다. 대학을 마친 후 군수품연구실에서 근무한 것이 징집을 피하도록 하는 이점을 가져다주었지만 그는 여전히 덫에 걸렸다고 느꼈다. 30대에 그는 듀퐁사에서 달아나 라쉬몽에 있는 가족의 은행으로 돌아왔다.

여기에서도 그는 계속 덫에 걸려 있었는데, 항상 바빴지만 결코 성공적이지 못했다. 그는 훌륭한 '회사원'이었으나, 그것은 단지 그의 무덤을 더해 줄 뿐이었다. 에벤 프로스트는 주당 40시간을 일하는 회사 고문변호사로서 대단한 성공을 거두었으며 다른 사람들도 장시간 근무하는 것을 즐겼다. 그러나 앙스트는 그저 바쁘기만 했지 행복하지도 성공하지도 못했다.

레슬리 앙스트가 정신건강을 재는 데 사용된 성인적응척도에서 어떠했는가? 8점 만점의 직업척도에서는 가업에서 서서히 승진함으로써 점수를 얻었다. 그는 연간 2만 달러를 벌었고, 라쉬몽 조합교회와 소년단의 회계담당으로 일했기 때문에 두 문항을 더 통과했다. "만일 지역사회로부터 도움을 받으며 산다면 나도 무엇인가를 내놓아야 할 것이다"라고 앙스트는 믿었다.

그러나 한편으로 그는 5문항에 실패하였다. 그의 아버지에 비해 그는 결정적으로 덜 성공적이었다. 왜냐하면 레슬리의 나이에 그의 아버지는 은행장이었기 때문이다. 그는 연간 2만 8천 달러를 벌어서 실패자라 하기는 어려웠지만, 25회 동창회 때까지 연구대상자 중 사업을 해온 사람들의 대부분은 그보다 더 많이 벌었다. 그는 《미국인명록》에도 오르지 못했고 마침내 자신이 직업에서 실패자라고 느꼈다. 지난

6년 동안 은행에서 그가 속한 담보부서는 금전적인 손해를 입었다. 때때로 그는 주된 문제가 "작은 파벌을 갖고 있는" 무능력한 고용인들로 인해 생긴다고 믿었고, 고용했던 사람들을 끝없이 해고했다. 그러나 그 부서는 계속해서 금전적 손해를 입었고 그는 계속해서 자존심을 잃었다.

레슬리 앙스트는 사회적응척도에서 4문항을 통과했다. 그는 결혼했고, 실질적으로 이혼한 적이 없으며, 두 아이의 아버지이고, 어른이 되어서도 부모와 사이가 좋았다. 그러나 결혼생활의 적응에 대한 문항에서 레슬리가 비록 점수를 얻었다고 해도 그의 결혼생활은 행복하지 못했다. 그의 성생활은 "바라는 만큼 좋지 못하였으며", 그의 아내는 함께 살기에 힘들었다. 레슬리는 "그녀는 저를 비난할 권리를 가지고 있지만 제가 그녀를 비난하면 흥분합니다" 하고 불평하였다. 그리고 나서는 "하지만 아직도 저는 그녀를 사랑합니다. 그녀를 버리지 않을 겁니다"라고 우물쭈물 둘러댔다. 반면에 그의 부인은 레슬리에 대해 절망상태라고 썼다.

한편 앙스트는 사회적 적응부분에서 4개 문항을 실패하였다. 사회적인 특권과 오랜 가족적 유대가 있음에도 불구하고 그는 사교클럽에 소속된 적이 없었다. 그는 내게 다음과 같이 표현하였다. "저는 진정한 친구를 가졌다고 느낀 적이 없습니다. 단지 그저 알고 지내는 사람들이 있었을 뿐이죠." 그의 주관적인 견해를 반박할 만한 객관적인 증거는 아무 데도 없었다. 마지막으로 그의 자녀들 또한 불행하다. 이들이 10대 후반임에도 불구하고 친한 친구도 없으며 데이트도 한 번 한 적이 없었다.

앙스트는 심리적 적응에 대한 8문항 중 단지 3개만 통과했다. 그는 정신과질환으로 입원한 적은 없었다. 너무 조용하고 침착하다고 해서 비난받을 수 없는 것은 당연하다. 그리고 무정보평가자들은 이 주장이 모호한 사람이 자신의 직업에 대한 혐오를 실제로 표현했던 부분을 세 곳도 찾을 수 없었다. 그러나 그의 심리적 적응에는 객관적으로 문제가 있어보이는 다른 많은 점들이 있다. 첫째, 그는 결코 자신의 일에 대해 즐거움을 표현한 적이 없다. 둘째, 가족의 회사에서 근무함에도 불구하고 1년에 2주 이상 휴가를 가져보지 않았으며, 휴가를 건강염려 증환자이고 지배적인 장인을 따분하게 방문하는 데 보냈다. 셋째, 그는 매일 저녁 위스키 반 병을 마셨는데, "저는 몹시 긴장해서 집으로 돌아오는데 위스키가 저의 긴장을 풀어줍니다"라고 말하였다. 그는 또한 정기적으로 안정제를 복용하였다. 넷째, 그는 정신과의사를 15차례나 방문하였다. 마지막으로, 살아오는 동안 앙스트는 자신이 우울하다고 되풀이해서 묘사하였으며, 그와 면담한 후에 내 자신도 그의 자신에 대한 평가를 바꿀 만한 어떤 이유도 발견하지 못했다.

앙스트가 놀라운 적응을 보여준 것은 주관적인 신체적 건강이라는 항목뿐이었다. 그는 47세 때 대학시절 이후로 자신은 입원한 적도 없고, 병 때문에 1년에 이틀 이상을 쉰 적이 없었다고 확신했다. 실제로 여러 해 동안 그는 신체적 건강을 탁월한 것으로 지각하였고, 만성적인 질병 때문에 고통받는 일은 없다고 주장하였다. 그는 8개의 의료건강 항목 중 하나, 즉 처방약을 규칙적으로 복용하는 것에만 실패하였다.

불행하게도 앙스트는 감정에 대해서 그런 것처럼 자신의 신체에 대해서도 어두웠다. 내과의사의 보다 객관적인 측정에 의하면 그는 고혈압과 기종(emphysema)을 앓고 있었다. 우리가 면담한 지 4년이 채 못되어 레슬리 앙스트는 이 질병들의 합병증으로 사망했다. 틀림없이 하루 세 갑의 담배와 폭음도 도움이 되지 못했다.

비록 공상과 투사도 사용했지만, 레슬리 앙스트는 전위가 전개될 수 있는 많은 다양한 방식을 극적으로 표현한 대상자였다. 그는 공포증, 방어적인 위트, 강박관념들, 전환증상 등을 나타내었다.

제일 주된 것은 강박관념들이었다. 그는 혼란스러운 생각들로부터 자신의 감정을 분리시키고, 이것들을 사소한 일에 다시 갖다 붙이는 데 뛰어났다. 어린 아이였을 때 그가 꾼 악몽은 이미 대다수 어린이에게서 전위를 나타내는 평범한 사자나 호랑이에 대한 것이 아니었다.

그 대신에 레슬리 앙스트는 간담이 서늘해지는 기하학적 모양과 점들을 꿈꾸었다. 앙스트는 사업상의 걱정에 대해 겉으로 감정을 표현할 수 없었다. 그는 내게 "사업상의 문제를 취급하려고 할 때 감정은 집에다 두고 옵니다"라고 말했다. 말은 그렇게 하지만, 그는 술을 충분히 마시지 않으면 머리에 맴도는 사업상 문제에 관한 **생각들**로 밤새 잠을 설쳤다.

여러 해 동안 앙스트는 자신의 주된 사업상의 근심, 즉 연로한 아버지와 같은 은행에서 근무한다는 것을 직면하기를 피했다. 몇 해 전 그가 아직 듀퐁사에 근무하고 있었을 때, 앙스트는 "아버지에 의해 가려지는 사람들을 너무나 많이 보아왔기 때문에" 아버지의 은행에서 일하는 것을 망설였다. 훨씬 뒤, 우리의 면담이 있기 전 4년 동안 그의 아버지는 점점 더 노쇠해졌다. 현재의 사업상의 곤란을 설명하면서 앙스트는 "제 문제의 대부분은 그 노인네 때문입니다"라고 털어놓았다. 그럼에도 불구하고 앙스트가 은행의 다른 모든 사람들과 싸웠을지라도 그 아버지와의 관계는 화목한 대로 유지되고 있었다. 앙스트는 "그 분은 아버지일 뿐만 아니라 훌륭한 친구입니다"라고 주장한다. 후에 레슬리는 47세 때 아버지의 죽음을 극복하기 위해서 구체적인 일에 미친 듯이 몰두했다. 그 이유는 "감정에 매달릴 시간이 없도록 하기 위해서"였다.

스트레스 하에서 앙스트는 흔히 자기의 근심을 수많은 괴로운 신체 증상들로 전위시켰다. 부인이 들볶는 바람에 정신과의사를 만나게 되었을 때에도 그는 부인에 대한 분노를 말하지 않았으며, 대신에 "내가 정신과의사와 했던 모든 것은 단지 농담하는 것이었어요. … 나는 그와 사업상의 문제들에 대해 이야기했습니다"고 하였다. 앙스트는 또한 고립과 전위가 어떻게 해서 강박증뿐 아니라 공포증까지 만들어 내는지 보여주었다. 26세 때 그는 다음과 같이 이지화하였다. "나는 왜 성관계를 반대하지도 않으면서 성관계를 갖지 않는지 이해하려고 아직도 노력 중이다." 성에 대한 전위로서 레슬리는 조종사 훈련을 택했지만 비행 또한 포기해야만 했다. 고소공포증이 있었기 때문이다.

 '웃고 즐기기 위한' 만남 외에 앙스트가 정신과의사를 찾아가는 일은 없었기 때문에, 그의 두려움이 공포증에 기인하는 것이란 증거는 종단적 추적을 통해 확인할 수가 있다(좀더 일반적으로는 공포증의 근원에 대한 발견은 심리치료중에 이뤄진다). 레슬리 앙스트가 18세 때 "누군가의 삶을 모방하고 싶다면 그렇게 하고 싶은 바로 그 대상"이던 사랑하는 할아버지가 갑작스레 사망했다. 앙스트는 슬픈 감정을 전혀 체험하지 못했으나, 식욕부진과 납득할 수 없는 구토로 체중이 9 kg나 빠졌다. 그때 당시 그는 메스꺼움과 식욕상실을 무대공포 탓으로 돌렸다. 같은 기간 동안 학교연극을 하는 도중 구토증이 생겼던 것이다. 30년이 지난 후 내가 앙스트에게 고등학교 졸업반일 때 왜 그렇게 체중이 많이 줄었느냐고 묻자 그는 독감 때문이었다고 이유를 댔다. 나는 그에게 그의 증상들이 혹시 할아버지의 죽음과 어떤 연관이 있었던 것인지에 관해 노골적으로 물었다. 그러자 갑자기 그는 매우 흥미로워하는 모습을 보였고, 그답지 않게 그의 얼굴에는 화색이 돌았다. "아이쿠!"라고 하더니, 그는 이렇게 외쳤다. "누구든 진작 그런 걸 나한테 좀 물어봐 줬으면 좋았을 걸."

 1916년에 지그문트 프로이트는 "신경이 건강한 것과 병든 것(노이로제) 간의 차이는 결국 실용적인 구분으로 귀착되며, 실용적인 결과에 의해, 즉 개인이 삶에서 즐거움과 적극적인 성취를 위해 필요한 수용력을 어느 정도까지 갖고 있는지에 의해 결정된다. 그 차이는 아마도, 예컨대 억압에 의해 묶여 있는 에너지에 대한 자유롭게 남아 있는 에너지의 비율로 인해 생기는 것이라고 할 수 있을 것이다. 이것은 양적인 차이이지 질적인 것이 아니다"[3] 라고 썼다. 스티븐 코왈스키는 갖고 있었지만 레슬리 앙스트에겐 없었던 것이 바로 이 억압에서 자유로운 에너지였다. 유아기 때 스티븐은 "대단히 활동적이고 민감한 아기"였다. 1940년 스티븐이 그랜트연구진을 처음으로 방문했을 때 정신과

의사는 "그 아이는 정력적이고 활동적인 친구로, 사무실에 뛰어들어 왔다"라고 썼다. 그의 나이 45세 때 사회사업가는 그가 "여전히 팽팽하며 생동감있다"라고 보고했다.

스티븐 코왈스키를 처음 만났을 때 그는 내가 예상했던 것보다 훨씬 컸다. 처음 만났을 때 그는 훌륭한 외모와 매력적인 미소, 그리고 쾌활함으로 내게 호감을 주었다. 회색 눈썹 아래서 빛나는 반짝이던 눈은 내게 고정되어 있었고, 종종 전화로 면담이 중단됐지만 그는 계속 나와의 면담에 관심을 집중했다. 코왈스키는 항상 자신보다도 내가 발언 기회를 많이 갖게끔 신경을 써주었다. 그는 면담이 중단되는 것에 대해 품위를 떨어뜨리지 않으면서도 그가 내 입장에서 생각하고 있다고 느끼게 하는 독특한 방식으로 사과했다. 그는 스타가 신문기자 대하는 듯한 방식이 아니라 훌륭한 선생님이 학생을 대하는 것과 같은 식으로 이야기했다. 나는 이런 그의 매력에 매료됐는데, (맞건 틀리건 간에) 이는 단순한 매력이 아니라 따뜻함과 관심에서 우러나오는 것이라 믿었다.

그는 과감한 도전에 적극적이었는데, 그것은 도박사처럼 한몫을 잡기 위해서가 아니라 창조의 기회를 위해서였다. 그는 다음과 같이 말하면서 면담을 마쳤다. "저는 지금 만족합니다. 제 삶에는 행운이 정말 많이 따라주었어요. 힘들었다고 할 수는 없죠." 그러나 코왈스키에게 감사의 태도는 다분히 습관적인 것이었다. 그는 감격해서 말하기를 "그랜트연구는 정말 멋진 경험이었어요. 연구대상으로 포함된 모든 사람들은 그로부터 매우 많은 것을 얻었을 겁니다. 연구진은 좋은 사람들이었어요. 연구를 무리하게 강요하지 않도록 신경을 썼고, 우리들을 바보로 만들지 않으려 주의를 했지요"라고 하였다.

하지만 코왈스키의 섬세함은 항상 자기통제와 균형을 이루는 것이었다. 코왈스키가 "얼굴이 금새 빨개진다"라고 했던 생리학자의 기록은 "외관상으로 평정을 유지하는 데 탁월하다"라고 적은 정신과의사의 기록과 균형을 이루었다. 47세 때 코왈스키는 "나는 일을 매우 좋아합니다. 하지만 해리스 업함(Harris Upham)과 일하기 전에는 이를 전혀 몰랐죠. 일을 통해 저는 제 에너지를 유용하게 사용할 수 있었습니다"라고 말했다.

코왈스키의 유년기 환경은 다른 대상자들만큼 행복했던 것으로 평가받았다. 사회사업가는 "가족성원들은 친밀하게 결속되어 있고, 서로에게 헌신적"이라고 언급했다. 의심할 나위 없이 구속에 굴하지 않는 코왈스키의 주도적 면모는 그의 공격성에 대한 어머니의 관용에 의해 형성됐다. 코왈스키 부인은 아들이 "대단히 만족스러운 말 잘 듣는 아이"라 생각했지만, 그런 만큼이나 아들에게 "참을성이 없다"는 것도 알고있었다. 그러나 그녀는 아들에게 참을성을 키우라고 요구하지도 않았고, 10년 동안 바이올린 교습을 받도록 아들을 괴롭히지도 않았다. 오히려 그녀는 자녀들이 자신에게 말대꾸하고 자신을 골탕먹인다 해도 이에 개의치 않았다. 하지만 그런데도 불구하고 자녀들은 어머니를 존경했다. 코왈스키 부인은 그랜트연구진에게 재미있는 이야기를 들려주었다. 아들에게 마루에다 장난감을 떨어뜨렸는지 묻자, 두 살 반 된 아들은 "그럼 어디겠어요. 설마 천장에 떨어뜨렸을까?"라고 대꾸했다는 것이었다.

이런 아들은 어머니에 대해 "훌륭한 유머감각"을 가졌으며 "하시는 거의 모든 일에서 주도성을 발휘했다"고 평가했다. 그리고 나서는 청소년기가 으레 그렇듯 좋은 말만 하기엔 심사가 뒤틀렸던지, "아버지와 마찬가지로 예민하고 캐묻기 좋아하시긴 해도, 당신이 캐묻는 게 무엇인지를 항상 기억하는 것은 아니었다"라고 덧붙였다. 정통파 정신분석의 기대와는 달리 코왈스키의 반항정신이 6세 때 받은 고환수술에도 아랑곳하지 않았다는 사실은, 그랜트연구의 지배적인 결론을 뒷받침해 준다. 즉, 성격형성은 외상적 사건이 아니라 사람들과의 지속적인 관계에 좌우된다는 것이다.

32세에 정교수가 된 코왈스키의 아버지는 국제금융학의 권위자였으며, 공무원으로서 화려한 경력을 자랑했다. 그럼에도 불구하고 그는 가족과 함께 하는 활동들, 예컨대 카누타기나 뱃놀이 등에도 적극적이었다. 코왈스키 여사는 남편에 대해 "대단히 친절하고 이해심이 많으며, 그리고 뛰어난 유머감각"을 가진 사람으로 평가했다. 코왈스키는 아버지가 "총명하고 매우 겸손하시다"라고 기술했다.

앙스트처럼 코왈스키의 정신건강도 숫자로 표현할 수 있다. 그는 4개의 성인적응 문항 중 2개 문항에서 실패한 것으로 나타났다. 하나는 훌륭한 아버지를 능가하지 못했다는 것이었고, 다른 하나는 아버지와는 달리 45세가 되어서야 《미국인명록》에 등재됐다는 것이다. 그러나 이를 제외하면 코왈스키는 아버지의 화려한 경력에 필적할 만했다. 그는 분명 자신의 상황을 즐겼다. 코왈스키는 "한 사람의 경력이야말로 그의 지배적인 원동력"이라 말했다. 그는 무에서부터 사업을 시작했고, 사업은 번창했다. 그리고 나서, 그러니까 면담을 갖기 전 3년 사이에 상황은 바뀌었다. 그는 이를 알고서 새로운 재정분야로 자신의 활동무대를 바꾸어야만 했다. 그는 그렇게 했으며, 전보다 훨씬 더 큰 성공을 이뤘다. 나는 그에게 두렵지 않았느냐고 물었다. "아니오, 제가 제일 좋아하는 게 바로 그런 겁니다. 저는 무언가 조직하고 성사시키는 것을 좋아해요"라고 그는 말했다. 어쩌면 코왈스키에게 위험이란 자극적인 창조의 안개 속에서 사라지는 그런 것이었다.

행동파인 스티븐 코왈스키는 아버지가 자리한 학문탐구의 상아탑보다 매연 그득한 부의 탑을 더 좋아했다. 그는 장식 하나 없는 삭막한 월스트리트의 사무실에서 수백만 달러를 관리했다. 본능적으로 그는 정력과 배우 기질을 물건이 아니라 사람들을 위해 썼다. 앙스트와 마찬가지로 그도 다른 사람들의 돈을 관리했지만 남들의 이익을 위해서 그렇게 하였다. 조그만 대학들의 기부금 관리기법의 혁신을 주도하면서, 그는 앙스트가 받은 연봉의 3배를 벌어들였다. 코왈스키는 다른 사람들의 소망에 대해 "저는 작은 마을과 소수집단에게 담보물을 제공하는 계획을 과감하게 밀어붙입니다"라고 설명하였다.

그는 자신의 일을 좋아했고 자신이 성공한 사람이라는 것을 알았다.

그러나 그는 앙스트가 실패하지 않은 직업적응의 한 문항에 실패했다. 코왈스키는 주말이 되면 공공봉사 활동에 참가하기보다는 버몬트 주 스트라톤에서 아내와 딸과 함께 스키 타는 것을 더 좋아했다.

코왈스키는 사회적·심리적 적응을 반영하는 데 사용된 16문항 전체에서 쉽게 점수를 얻었다. 그는 25년 동안 행복한 결혼생활을 해왔으며, "여전히 점점 더 좋아집니다"라고 말했다. 분명 금욕주의자에 속하긴 했지만, 그와 부인은 그들의 문제에 대해 "있는 그대로" 이야기했다. 코왈스키에게 딸은 커다란 기쁨의 원천이었고 거의 걱정을 끼치지 않았다. "그애는 재미있어요. 정말로 다정하고 나처럼 공격적이지도 않아요"라고 말했다. 코왈스키는 부모에게서도 기쁨을 느꼈고, 1년에 다섯 번씩이나 이들을 만났다. 그리고 아버지와 사업상의 관심사를 놓고 즐겨 이야기를 나누었다. 그는 친구들, 또 부인과 함께 스키를 타고 테니스 치는 것을 좋아했다. 그에게 친구가 있다는 객관적·주관적 증거가 모두 있었다(대학에서 통상 반유대주의 성향을 띤 모임들은 편견을 넘어 유대인인 코왈스키를 회원으로 맞았다. 앵글로색슨계 신교도인 레슬리 앙스트는 회원가입 권유를 받지 못했지만).

이들의 교우관계 유형을 살펴보기 위해 가장 부담 없이 폐를 끼쳐도 괜찮은 사람이 누구인지 물었다. 처음에 코왈스키는 냉담하게 딱 잘라 "나 참, 저는 불편을 끼치지 않으려 노력합니다! 누구의 도움도 필요로 하지 않아요. 그리고 문제를 의식하지 않고 지내는 편입니다"라고 답했다. 그럼에도 불구하고 그는 스키를 같이 타러 가는 이들이 지금 가장 친한 친구들이라고 말했는데 "스키를 타면서 대화할 수 있는 시간이 많기 때문"이라고 말했다. 그는 롱아일랜드에서 버몬트까지 오랫동안 차로 여행하며 친구들과 나눈 이야기를 소중히 간직하고 있었다. 그는 철저하게 휴가를 즐겼으며, 1년에 20일은 친구나 가족과 함께 애스펜이나 스트래튼에서 보냈다. 그는 분명 지나치게 조용하지도 않았고, 불운했던 1년을 제외하고는 — 그때 즉시 직업을 바꾸었는데 — 일의 즐거움에 대해 여러 번 강조했다. 그는 저녁식사 전에 두 잔의 칵테일을 마셨지만, 1963년이 되자 하루 한 갑 반을 피우던 담배를 끊는 데 성공했다. 그는 적응적 반동형성을 사용, "담배피우는 것보다 더 즐거운 일들이 있었는데도 그걸 몰랐다. … 이제 흡연이라면 지겹다!"라고 주장하였다.

코왈스키가 정신과 진단이나 입원 또는 치료와 얼마나 거리가 먼지는 다음 두 가지 일화를 통해 알 수 있다. 정신과 의사는 "아마도 스티븐의 정력, 활동수준, 상식, 지능은 최상"이라고 기술하였다. 그의 나이 47세 때, 지난 6개월간 주로 어떤 기분이었냐고 물었을 때에도 그는 "미친 듯이 쾌활한 열정!"이라고 대답했다. 나는 그것이 사실이라고 믿는다.

의학적 측면의 평가에서 코왈스키는 대학졸업 후 두 번 병원에 입원한 관계로 1점을 감점당했는데, 한 번은 해군 복무중에 걸린 독감으로, 또 한 번은 스키를 타다 입은 발목 골절상으로 병원신세를 졌다. 건강에 대해 질문했을 때 코왈스키는 "정말 좋다"라고 했으며, 병원을 찾는 일은 거의 없었고, 설령 있다 하더라도 곧 그 사실을 잊어버렸다. 감기에 걸리면 어떻게 하느냐는 질문에 "감기에 걸리지 않은 체"한다고 대답하였다. 13년 동안에 단지 3일만 일을 못했으면서도 "가끔 매우 을씨년스런 기분으로 일하러 간다"는 점을 시인했다. 하지만 스트레스에 대한 반응으로 신체증상을 발달시키기보다는 "스트레스는 언제나 받기 마련이기 때문에 저는 그것을 좋아합니다. 그런 상황에서 겉으로는 더 침착한 척, 더 천천히 일을 시작하고, 새로운 모험을 계획하며, 대안을 생각하는 경향이 있지요"라고 대답했다.

코왈스키는 뻔뻔스러울 정도로 자기주장이 강했다. 8학년 때 그는 자신이 속한 집단에서 제일 처음으로 연애를 했다. 15세 때에는 가장 원시적인 야만인처럼 친구들의 인상에 남을 여자친구를 학교 댄스파티에 데려오기 위해 인근마을을 배회하기도 했다. 고교시절에는 정치적인 모임을 조직했는데, 이 모임은 "거침없이 학교를 이끌어갔다". 그러나 그는 또한 18세가 되어서도 유아원에서 사귀었던 친구들과 지속적으로 유대를 가졌다.

대학시절 코왈스키는 반동형성을 사용하기 시작했다. "지나치게 공격적이어서 미움받지 않을까" 걱정하기 시작했던 것이다. 사슴고기를 특히 좋아했으면서도 먹지 않았는데, 총으로 사냥해야 한다는 것이 그이유였다. 1940년, 그의 생활기록부에는 "이 친구는 누군가가 논쟁에서 상처를 입거나 비난당하는 데 대해 꽤 예민하게 반응한다고 말하면서도, 보통 그렇게 누군가를 상처입힌 사람에게 너무나 화가 난 나머지 그 사람을 잔인하게 괴롭히는 소년으로 돌변하곤 한다"라고 적혀 있다.

또 코왈스키는 고등학교 시절의 공격성을 교내 축구팀 및 라크로스팀 가입으로 대체했다. 이 밖에도 그는 대학 내 유머잡지에 글을 기고하였고, ROTC와 유사한 단체로 미국인들의 반전정서에 반대하는 미국방위연맹(American Defence League)의 조직에 관여했다. 해군에 입대하기 위해 시력검사 결과를 속이기도 했는데, 결국 작은 함정에 근무하면서 태평양 침공의 선봉에 섰다. 그러나 1967년에는 미군의 베트남 철수를 지지했다.

중년시절 코왈스키는 아버지의 학문적인 분위기를 월스트리트에서의 혼란스러운 투쟁으로 바꾸어냈다. 그는 자신이 "싸워라, 잡아라, 공격하라, 그리고 강탈하라"를 좌우명으로 하는 "기업매수자"들에게 포위된 사업에 몸담고 있다는 점을 누구보다 현실적으로 잘 알고 있었다. 그러면서도 그는 항상 경쟁을 즐기는 쪽이었다. 부인과 말다툼이 있을 때 어떻게 해결하느냐는 질문에 대해 그는 이렇게 말했다. "공격적으로 대응합니다. … 아내 역시 폭발적이고 격렬하게 반응하죠. 우리 둘은 기질적으로 격정적입니다." 하지만 자신의 화는 이내 부인을 울리게 되고, 그는 이에 "죄책감을 느껴 제가 먼저 사과를 하게 되지요". 두 사람 모두 이혼을 고려한 적은 없었으며, 이들의 결혼생활은 이 연구에 참가한 이들 중 매우 행복한 것으로 평가받았다.

이와 대조적으로 레슬리 앙스트는 많은 사람들에게 소극적이라는 인상을 주었다. 20세 때 사람들이 자기를 가엾게 여길 것이라는 막연한 몽상에 빠지곤 했다고 그는 말했다. 2차 세계대전 동안 내내 그는 민간인 신분을 유지했다. 젊은 시절 '약식 스쿼시'와 볼링을 했는데, 스쿼시를 한 다음날은 하루종일 피곤했다. 나이가 들면서 그는 모든 운동을 그만 두었다. 28세 때 "똑같은 일을 하는 데 싫증이 난다. 이게 영속적인 직업이 아니기를 바란다"라고 했다. 그러나 결국 3년 동안 아무런 활동도 하지 않다가 아버지가 근무하는 은행으로 복귀했다. 47세 때 그의 취미는 TV 시청이었다. 아무도 그가 공격적이라고 비난할 수는 없었다 해도 그는 "발끈 화를 낼" 때가 있었다고 고백했다. 그리고 그가 죽기 전, 그의 부인은 심각하게 이혼을 고려했다.

앙스트와 코왈스키 두 사람의 차이점이란 어쩌면 착각에 불과하고, 다만 억압을 사용하는 코왈스키의 성향 때문이라고 설명할 수 있을 것이다. 코왈스키 자신도 "나는 자기분석에 매우 서투르며 이것이 내 행복의 원천인 것 같다. … 자신에 대해 걱정하지 않는 사람이 가장 잘 사는 것 같다"라는 점을 인정했다. 곤경에 빠졌을 때 이를 어떻게 극복했는지 물어보았을 때 그는 "제 삶의 개인적 면면은 매우 즐거웠던 만큼 걱정하느라 괴로워했던 적이 없어요"라고 답했다. 그럼에도 불구하고 코왈스키에게는 진정한 위기라 할 만한 경우가 세 번 있었는데, 그때마다 그는 이 위기를 직접적으로 처리했으며, 이내 극복해냈다. 그가 선택적이고 적응적으로 억압을 사용하고 있음이 드러나는 좋은 예로, 그가 약물복용을 전혀 하지 않는다고 한 이야기를 들 수 있다. 나는 이전 질문지에서 그가 언급했던 위경련을 치료하는 데 복용했던 약에 관해 질문했다. 그의 대답은 "어, 그에 관해서는 기억나는 게 하나도 없어요"였다. 그러나 사실 그는 저녁마다 아무 생각없이 약을 복용했는데, 그리고 나서 위장병으로 고생하는 일은 더 이상 생기지 않았다. 1975년 코왈스키의 담당의사는 그의 건강이 전과 다름없이 아주 좋다고 보고했다. 레슬리 앙스트는 죽은 지 3년이나 되던 때였다.

여기서 다시 한번 나는 정신건강이 단지 가치판단의 소산이 아니라고 단정할 수밖에 없다.

그러나 비교결과가 바라는 대로 나오게끔 개인사례들을 선택할 수 있지는 않을까? "성인적응척도"가 실제로 정신건강을 보여준다고 어떻게 다른 사람을 납득시킬 수 있을까? 만약 내 임의로 똑똑하다고 여겨지는 이들을 선별해서 지능을 정의하려고 한다면, 이에 대해 다른 사람들은 동의하지 않을 것이다. 또 내가 보기에 매력적이라고 생각되는 사람을 골라 아름다움을 정의하려 한다면, 그 정의는 단지 관찰자의 눈으로 본 아름다움에 지나지 않는다. 그러나 관념적인 개념이 개개인에게 적용될 때는 상대적일지라도, 조작적인(operational) 개념이 집단에 적용될 때는 그렇게 상대적이지 않다. 어느 누구의 기준에서 보더라도 캘리포니아 공과대학의 학생들이 평범한 실업계 고등학교 학생보다 더 똑똑하고, 미스 아메리카 선발대회 참가자들이 고등학교 무도회에서 인기가 없어 파트너가 없는 여학생 중에서 무작위로 선발하는 것보다는 더 예쁘다. 이는 몇몇 고등학교 무도회의 여학생이나 실업계 고등학교 학생이 부정확하게 분류될 수 있음을 감안한다 해도 부인할 수 없는 사실이다. 집단비교의 원칙에 따라 성인적응척도에서 적응을 잘한 사람 30명과 적응을 잘하지 못한 사람 30명을 대비하면 많은 시사점을 얻을 수 있다.

대비결과 적응을 잘하는 사람과 그렇지 않은 사람은 매우 다른 성격의 집단을 이루고 있었다. 예를 들어 코왈스키와는 달리 적응을 잘한 이들의 2/3는 자기직업과 관계없는 지역모임에 참여하고 있었고, 앙스트처럼 적응을 제대로 못한 사람들의 3/4은 그렇지 않았다. 1967년 적응을 잘하지 못한 사람의 반수와 적응을 잘한 사람 30명 중 한 명만이 연간수입 2천 달러 이하였고, 자신의 아버지와 비교해 보면 적응을 잘한 사람들의 경우에는 대부분이, 적응을 잘 하지 못한 사람의 경우 반수만이 사회적 지위에서 상향 이동했다. 직업상의 구체적인 차이는 〈표 12-1〉에 예시되어 있다.

정상적인 상황에서는 이러한 차이는 외부요인으로 설명될 수 있지만, 그랜트연구에서는 사회적 이동이 어느 방향으로 일어나느냐와 관계없이 외부적인 사건보다 내적인 자아의 적응양식에 보다 영향을 받는 것으로 나타났다. 그랜트연구 대상자 전원은 경쟁을 통해 대학 졸업장을 받았기 때문에 사회적 편견이나 부모의 압력, 교육 같은 중요한 변인에 의한 영향은 최소화되었다. 사실상 그랜트연구에서 대학시

〈표 12-1〉 적응을 잘한 사람과 적응을 못한 사람의 현격한 차이

	적응을 잘한 30명	적응을 못한 30명
성인적응척도의 항목들:		
• 경력상의 꾸준한 승진을 못함	10%	57%
• 아버지가 현재의 자신의 나이일 때 벌었던 실제 수입과 비교해 볼 때 적음	13%	53%
• 즐거운 결혼생활 20년 이하	23%	77%
• 친구들이 있음을 보일 만한 실제적 증거가 없음	0%	30%
• 휴가를 잘 가지 않음	17%	63%
• 술이나 진정제를 과용함	17%	52%
독립적 항목들:		
• 3개월 이상 실업상태였던 적이 있음	3%	47%
• 수동성, 의존성, 비관주의, 자신에 대한 회의, 성에 대한 두려움을 보인 적이 10회 이상 있었음	3%	50%
• 삶에 불만족 *	0%	40%
• 미성숙한 방어를 자주 사용했음	0%	60%
• 정신병리에 대한 임상적 증거가 있음	3%	67%
• 자녀들이 사회적인 문제와 정서적 문제를 보임(1975년 현재)	23%	67%
• 신체적 건강이 좋지 않거나 사망함(1975년 현재)	3%	50%

* 다음의 내용 중 4개 내지 그 이상의 문항이 사실일 경우임: 연구대상자의 관점에서 볼 때 결혼생활이 불행하다, 직업에 불만족이다, 경력상의 승진이 불운하다, 건강이 좋지 않다, 전생애에서 현재가 가장 행복하지 않다고 느낀다, 전생에서의 가장 불행하다고 느낀다.

절의 사회적 계층은 중년기에 나타나는 적응에 전혀 영향을 미치지 못했다[종단적 측면에서 경력상 성공에 영향을 미치는 외부적 요인에 대해서는 글렌 엘더(Glen Elder)의 중요한 책을 참조하기 바란다]. 4)

결혼생활에 대해서는 적응을 잘한 사람 거의 모두가, 한편 적응을 잘하지 못한 사람들의 경우엔 1/3만이 적어도 10년 이상의 안정적이고 만족스러운 결혼생활을 즐기고 있었다. 자녀가 없는 사람 전부와 이혼한 사람 거의 모두, 그리고 친구가 없는 사람 모두는 적응을 잘하지 못한 사람으로 분류됐다.

그러나 정신건강의 확실한 단서로 프로이트가 말한 사랑하고 일하는 것(lieben und arbeiten)이 객관적 증거가 되기는 쉽지 않다. 그 이유는, 비평가들의 평가에 따르면 이러한 항목은 단지 중류계층의 도덕성을 반영하는 것에 불과하기 때문이다. 성인적응척도가 실제로 타당하다는 것을 증명하기 위해서는 일과 사랑을 반영하는 항목들이 정신건강의 대안적인 정의들과도 상관성을 갖고 있어야 한다. 예를 들어 이혼은 가장 건강한 삶에서도 일어날 수 있다. 그러나 통계적으로 이혼은 모든 종류의 정신질환과 뚜렷이 관련되어 있다. 5) 이와 마찬가지로 일하는 능력은 정신분열증, 6) 약물중독, 7) 그리고 범죄로부터 벗어날 수 있는 유력한 예언변인이 된다. 8)

그럼 이제 그랜트연구에서 일하는 것과 사랑하는 것의 중요성을 보여주는 대안적 증거로는 어떤 것들이 있는지 확인해 보자. 적응을 잘 못한 사람은 평균 150번 정도 정신과의사를 방문했지만, 적응을 잘한 사람의 방문횟수는 고작 3번이었다. 임상적으로 확인된 정신병리학적 측면에서도 마찬가지로 두 집단간의 차이는 분명했다. 평생 지속되는 불안의 문제, 연구진이나 내가 임상적으로 내린 정신의학적 진단, 정서적 이유로 인한 입원 등 이 세 항목 중 적응을 못한 사람 20명이 둘 혹은 그 이상의 항목에 해당했지만, 적응을 잘한 이들 중에서는 오직 1명만이 그러했다. 적응을 잘 못한 사람은 직업이나 휴가를 전혀 즐기지 못했을 뿐만 아니라 과다하게 술을 마시거나, 진정제 또는 수

면제를 규칙적으로 복용하는 비율이 3배 높았다. 더구나 적응을 잘 못한 사람들의 절반이 불행하다고 느끼고 있었지만 적응을 잘한 사람 중에는 사실상 한 사람도 없었다. 이들 불행이 비관주의와 자신에 대한 회의, 그리고 의존성을 보여주는 풍부한 사례를 관찰한 나에게 평가를 받든, 그들 스스로 불행하다고 표현한 것으로 평가하든 문제가 없었다.

더욱 더 흥미로운 것은 신체적인 건강에 관한 자료였다. 코왈스키와 앙스트도 특별한 예외는 아니었다. 지난 25년간 적응을 잘 못한 사람은 평균 13주를 병원에서 보냈지만, 적응을 잘한 사람의 입원기간은 평균 2주였다. 40세가 됐을 때, 〈표 12-1〉에 설명된 60명의 사람들 중 한 사람을 제외하고는 전과 다름없이 건강했다. 15년 후 적응을 잘 못한 사람 중 4명은 이미 죽었고, 6명은 자신의 삶이 망가질 만한 만성질환을 앓았으며, 5명은 정상적인 생활이 불가능할 정도는 아니었지만 만성질환으로 어려움을 겪고 있었다. 적응을 잘한 사람 30명 중 오직 1명만이 만성질환을 앓았지만, 기능손상을 가져올 정도는 아니었다.

〈그림 12-1〉은 성인적응의 '경험적' 증거와 적응을 잘한 사람과 못한 사람의 자아의 상대적인 성숙간의 상관을 나타내고 있다. 사실상 적응을 잘한 사람이 사용한 방어기제를 정리한 514개의 단순사례(*vignette*) 중 절반이 신경증적이라고 불리는 것이었고, 적응을 잘하지 못한 사람의 총 613개의 단순사례에서도 이는 마찬가지였다. 그러나 내적인 삶과 정서를 억압하기보다는 유용하게 사용하도록 해주는 방어기제, 즉 억제, 예상, 이타주의와 전위는 적응을 잘하는 사람에게서 훨씬 더 많이 나타났다. 내적인 삶을 제거하거나 부인하거나 억누르는 방어기제들, 즉 반동형성, 해리와 미성숙한 방어기제들은 적응을 잘하지 못하는 사람에게서 훨씬 더 공통적으로 나타났다.

그랜트연구 대상자 중에는 정신건강의 두 가지 기준, 즉 내적인 부

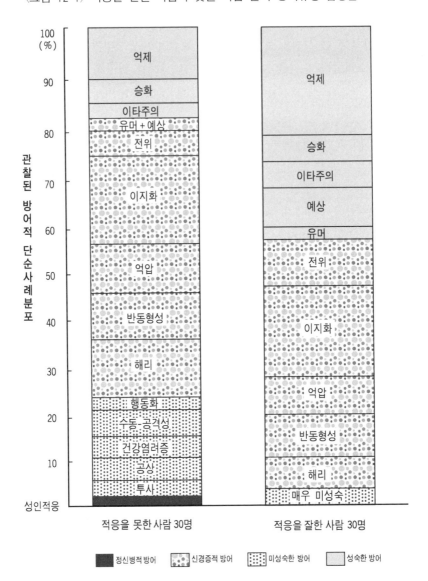

〈그림 12-1〉 적응을 잘한 사람과 못한 사람 간의 방어유형 합성분포도

분과 사회적인 부분이 분리되지 않았다. 내적인 적응과 외적인 적응이 서로 상관이 있었다. 제5장에서 살펴본 것처럼 적응을 잘하지 못한 사람 중 18명이 미성숙한 방어기제를 우세하게 사용하지만, 적응을 잘한 사람 중에서는 한 사람도 그렇지 않다는 것은 놀랄 만한 일이 아니다. 따라서 이 장에서 나타난 결과는 하이쯔 하르트만이 1937년에 한 다음과 요청을 풀어줄 수 있다. "일단 '강한' 혹은 '약한' 자아와 경험적으로 — 이론적이 아니라 — 상관이 있는 능력, 특성, 의지 등의 요인들을 객관적으로 알아내고 나면, 이드(id)나 초자아와의 관계에 의해서 개개인의 자아강도를 결정하는 통상적인 정의의 상대성에서 벗어날 수 있을 것이다. 그렇게 되면 서로 다른 사람의 자아강도를 비교할 수 있을 것이다."[9]

주장성의 측면에서 보면 적응을 잘한 사람은 코왈스키와 유사하다. 상당히 어처구니없어 보이지만 앙스트와 코왈스키에서도 나타나듯이 관대함과 주장성이 뒤섞여 있었다. 예를 들면 적응을 잘한 사람은 잘하지 못한 사람보다 6배나 더 많은 돈을 자선단체에 기부했고, 동등한 수준의 수입을 가진 사람들끼리 비교해 보아도 어느 수준에서건 2배나 더 많은 액수를 기부하였다. 그러나 집단으로 볼 때 적응을 잘한 사람들은 잘하지 못한 사람들에 비해서 단순사례를 비교해 보면 6배나 더 많이 공격적인 행동을 하였다. 적응을 잘한 사람들은 나이가 들어감에 따라 대학시절보다 더욱 경쟁적인 운동경기에 활동적으로 참가했으며, 반면 적응을 잘하지 못한 사람들은 대학시절에는 적응을 잘한 사람들과 마찬가지로 운동에 활동적으로 참여했지만 성인이 되어서는 한 사람만 빼고는 경쟁하는 것을 피했다.

그랜트연구 대상자들에게서 공격성이 왜 그렇게 건강한 것으로 보이는지에 대한 한 가지 설명은 인위적인 표본선택 때문이라는 것이다. 빅토리아시대적인 의미에서 보면 연구대상자들은 아주 잘 양육되었다. 대개 1세에 대소변훈련을 받았으며, 16세에는 졸업생을 대표해서 고별인사를 하는 유능한 학생이었고, 이들은 어려운 대학에서 명성을 얻기 위해 열심히 공부했으며, 대학원에서 더욱 자신을 빛나게 다듬었다. 아마 사회적으로 불리한 처지에 있는 사람 사이에서는 공격성이 더 위험하고 파괴적일지 모르며, 순진한 이상주의자가 코왈스키보다 더 건강한 것처럼 보일 것이다. 과도하게 훈련받고, 지나치게 예의 바르고 협동적인 사람에게서 공격성은 일종의 은총일 것이다. 길들이지 않은 홍수는 자연의 재앙일지라도, 수로를 따라 흐르는 급류는 인류를 위해 봉사하게 된다.

위의 설명이 맞을지도 모른다. 그러나 바라건대 보다 유용한 대안적인 설명을 해보도록 하자. 승리와 공격성은 우리 마음 속에서 적대감과 폭력과 혼동된다. 출생에서부터 성숙할 때까지 아동들을 추적해서 연구한 캐간은 어린 시절의 공격성이 성인기의 **효율성과 유능감**에 상관이 있다는 것을 보여주었다.[10] 이는 **폭력**적인 성인이 어린 시절에 종종 **매를** 맞고 컸다는 사실과는 대조적이다. 폭력과 공격성은 다르다. 폭력범죄자는 그에게 적대적인 환경에서 성장하였지만 성공적인 성인은 그의 공격성(주장적 능력)이 용인되는 환경 속에서 자랐다.

적응을 잘한 사람과 잘하지 못한 사람간의 또 다른 흥미있는 차이는 성정체감에서도 나타난다. 적응을 잘한 사람 중에는 한 명도 없었으나 적응을 잘하지 못한 사람 30명 중 15명이 남성 정체감이 충분하게 발달되지 못했다. 몇몇 적응을 잘하지 못한 사람들은 여성적인 것으로 정형화된 직업에 흥미를 가지고 있었고, 여성을 이상적 자아로 가졌으며, 일반적으로 여성과 관련된 직업을 갖거나 혹은 드밀처럼 전적으로 여성적인 가정에서 성장하였다. 적응을 잘하지 못한 대상자 중 하나는 어렸을 적에 "남자가 되기 전에 먼저 여자여야만 하나요?"하고 물어보았다. 또 다른 대상자는 청소년 때 "어른이 되면 크고 뚱뚱한 엄마가 되고 싶다"라고 했다(양성간의 그릇된 구분을 배제하려고 노력하는 오늘날에는 이러한 관찰의 의미를 분명히 해야 한다. 내가 의미하는 것은 자신의 성과 동일시하는 것과 다른 사람을 그들의 성 때문에 차별하는 것과는 다르다는 것이다. 우리 문화에서 많은 여성의 잠재적인 창의력이 여자애는 남자애처럼 공격적이어서는 안 된다는 사회적 통념으로 인해 억눌린다).

위에서 언급한 내용과 연관이 있는 사실은 47세 때 적응을 잘한 사람은 자신의 부모 모두와 2배나 더 친밀하였으며, 반대로 비교적 적응을 잘하지 못한 사람은 부모 모두를 3배나 더 부적절하거나 악의가 있다고까지 보았다. 시간이 지남에 따라 비교적 적응을 잘한 사람은 어머니와 더 가까워지고 보다 긍정적이 되었고 아버지에 대해서도 역시 마찬가지였다. 그린커(Grinker)와 위블(Werble)도 건강한 사람들의 14년간의 추수연구에서 시간이 지남에 따라 아버지에 대한 평가가 더욱 긍정적으로 변하는 것을 관찰하였다.[11] 대조적으로 비교적 적응을 잘하지 못한 사람은 시간이 지남에 따라 부모와 더욱 더 소원해졌다. 태리타운 박사의 경우가 그 예이다.

그랜트연구를 시작한 사람들의 주요한 목표는 미래의 정신건강을 예언할 수 있는 대학시절의 변인을 결정하는 것이었다. 그러나 무의식적인 역동적 적응을 강조하는 이 책에서는 정신건강이 정적인 것이라기보다 발전적인 것이라고 제안한다. 우리는 아마도 연구대상자들이 19세 때 조사한 것을 가지고는 50세 때의 정신건강을 거의 예측할 수 없다는 점에 안심해야 할 것이다. 예를 들어서 적응을 잘한 사람 중 17명이 대학시절에 성격의 건전성 면에서 'A'라고 평가되었지만 적응을 잘하지 못한 사람 중 6명도 마찬가지였다. 적응을 잘하지 못한 사람들 중 10명은 'C'로 평가되었지만, 적응을 잘한 사람 중 2명도 마찬가지로 'C'로 평가되었다.

그러나 대학시절은 정서적인 안정성을 판단하는 데 적절한 시기가 아니었지만 30세는 적절한 시기였다. 8년간의 추수연구 후 1947년에 연구대상자들의 대학기록부, 2차 세계대전 기간의 기록과 전쟁후의 적응정도를 재검토하였다. '성격안정성 평점'이 20년 후 무정보평가자에 의해 적응을 잘한 사람으로 분류될 30명 중 16명과 후에 적응을 잘

하지 못한 사람들로 분류될 30명 중 17명에게 실시되었다. 1967년의 적응을 잘한 사람 16명 중 1명만을 제외하고는 모두 1947년에 'A' 또는 'B'로 평가받았고, 17명의 적응을 잘하지 못한 사람들 중 3명만을 제외하고는 모두 1947년에 'C', 'D' 혹은 'E'로 평가되었다. 그러나 여기에서조차도 크랩, 카밀, 그리고 드밀의 삶은 우리의 적응능력이 중년에 이르기까지 지속적으로 발달한다는 것을 보여준다.

삶의 많은 측면이 정신건강과 밀접하게 관련되어 있다 하더라도 기대와는 매우 대조적으로 관련이 없는 것으로 밝혀진 측면도 많이 있다. 예를 들어 연구대상자 가족의 정신질병 내력, 가족의 병력사, 체격, 지능, 시력 그리고 심지어 손톱을 물어뜯었는가의 여부조차도 적응을 잘한 사람들과 잘하지 못한 사람들을 구분하지는 못했다.

정신건강을 지필검사로 측정한 것도 성인적응과 특별히 높은 상관관계를 보이지 않았다. 예를 들어 연구대상자들이 30세에 받은 주제통각검사를 비교해 보아도 50세 때의 정신건강을 어떤 방식으로 예언하지 못했다. 신체적 증상의 수와 땀을 흘림, 두통, 가슴앓이 등과 같은 스트레스에서의 개인의 경험도 성인기에 적응을 잘 못하는 것과 의미있게 관련되지는 않았다.

이미 언급한 것처럼 대상자의 사회적 계층도 적응결과에 영향을 미치지 못했다. 대상자들이 연구에 처음 참가하였을 때, 1/3은 분명히 상류계층 또는 중상류계층 가정의 출신이었고, 또 1/3은 중하류층 혹은 육체노동자 가정의 출신이었다. 25년 후에 연구대상자들 가정의 사회적인 위치나 그들 아버지의 수입 또는 사립학교를 다녔는지도 이들의 적응결과에 아무런 영향도 미치지 못했다. 또 적응결과를 측정하는 데 기초가 된 어느 변인에도 영향을 미치지도 못했다. 연구대상자의 수입, 친구관계 유형, 심리적인 방어기제의 유형, 그리고 정서적인 건강은 사회적인 지위와는 무관하게 나타났다(관계문헌들에 대한 최근의 개관도 일반적으로 사회적 지위가 자아강도와 건강한 성격기능의 중요한

예언인이 아니라는 것을 지지해 주고 있다).12)

원래 출신은 굿하트처럼 비천했지만 50세 때에는 분명히 상류계층 내지 중상류 계층에 속하게 된 대상자가 적어도 7명이 있었다. 이들 중 1명은 대학교 총장이었고, 2명은 월스트리트의 일류 법률자문회사의 고위책임자였으며, 1명은 사회적으로 유명한 의사이고, 1명은 재단의 회장이었다. 이들 모두가 장학생이었고, 부모가 대학을 졸업한 사람은 아무도 없었으며, 1940년에 이들 가정의 평균수입은 연간 2천 달러였다. 그러나 중년기에 이르러 이들 7명 중 5명은 현저하게 성숙한 적응기제를 사용하였고, 사실상 자신에 대한 회의, 비관주의 혹은 의존성을 전혀 보이지 않았다. 한 명을 제외하고는 모두 적응을 잘한 사람에 속했다.

사회계층이 정신건강에 영향을 미치지 않는 것처럼 정신건강은 정치나 종교적 신봉에도 선택적인 영향을 거의 미치지 않았다. 교회의 참석여부는 정신건강과 거의 관련이 없었다. 적응을 잘한 사람들은 1954년에는 매카시에 반대했고, 1964년에 시민권을 옹호했으며, 1967년에 베트남 철수에 찬성하는 것과 약간의 상관만이 있었다. 공화당원과 민주당원, 자유주의자와 보수주의자가 고르게 분포되어 있었다. 그러나 그렇다면 정치적 편견이 왜 정신건강과 상관이 있어야 하는가?

30세 때 그리고 45세 때 이들이 가장 존경하는 공적인 인물이 누구인가를 물어보았다. 두 집단 모두 링컨, 처칠, 제퍼슨과 프랭클린 루스벨트를 선호하는 것으로 나타났다. 라스푸틴(Rasputin)과 무솔리니가 각각 한 표를 얻었다. 대통령 예비선거 기간중의 정치적 선호도가 두 집단을 구별해 주지는 못했지만, 한 가지 예외는 넬슨 록펠러와 존케네디 그리고 로버트 케네디 같은 활동가를 적응을 잘한 사람들이 선호하는 반면, 적응을 잘하지 못한 사람들은 보다 내성적인 애들라이 스티븐슨(Adlai Stevenson)과 배리 골드워터(Barry Goldwater) 같은 인물을 선호하였다.

이 장을 요약하자면 굿하트와 태리타운, 코왈스키와 앙스트 사이의 극적인 대조는 통계적으로도 타당하다는 것이다. 대상자들을 한 집단으로 본다면 정신건강은 인간실존의 알아볼 수 있는 한 차원인 것처럼 보인다. 방어, 주관적 행복, 신체적 건강과 같은 인간의 내적인 면과 일하고, 사랑하고, 즐기는 객관적 능력과 같은 인간의 외적인 면은 서로 일치한다. 이 장과 제5장에 제시된 표에서도 나타나고 있듯이 인간의 내적인 면과 외적인 면은 정신의학적인 판단(심리치료 필요성, 정신의학적 진단의 정당화와 기분을 변화시키는 물질의 사용)과 일치한다.

'정상인'을 대상으로 한 로이 그린커(Roy Grinker)와 줄스 골든(Jules Golden)의 이전의 연구는 정신건강이 "성격조직화의 창조적이고 자발적인 유형을 희생한 대가"로서 얻어진다는 일반적인 편견을 지지하였다. 13) 이 연구의 결과는 이와 반대입장을 가지며, 건강한 캘리포니아대학교의 대학원생14)과 비행기조종사들을 대상으로 한 연구결과를 매우 강하게 지지해 준다. 15) 즉, 정신건강은 결코 무딘 것이 아니다. 정신건강에 대한 기준이 휴가와 성생활을 즐기고 학문 혹은 사업에서의 창조성을 기준으로 하든지 또는 면담 동안 나타난 매력과 생동감을 기준을 하든지 간에, 상대적으로 건강한 사람은 보다 생을 즐기고 다른 사람들로부터 인정을 받는다. 물론 극적인 예외가 있기는 하다. 그러나 아무리 억제가 따분해 보일지라도 억제를 사용하면 투사나 피학증 혹은 건강염려증을 사용하는 것보다 창조성과 자발성을 갖게 해준다.

이와 같은 결론이 타당한 것으로 받아들여질 수 있기 위해서는 이 연구와 비슷한 형태의 연구가 많은 대조적인 집단을 대상을 행해져야 하지만 이 연구에서 사용한 접근법은 정신건강에 대한 개념을 현재 처해 있는 철학적 혼란상태로부터 분리해 내는 수단을 제공해 준다. (안정된 결혼생활, 이혼, 상대적인 수입, 의사방문, 오랜 휴가, 안정제 복용, 친구관계에 대한 객관적인 증거 등과 같은) 구체적이고 외부적으로 관찰가능한 항목들은 심리적 건강의 구성요소들과 상관되는 객관적인 것들을 제시한다. 빅토리아시대 사람들은 "내가 너에게 그렇다고 말했다"라고 단정적으로 말했을지 모르지만, 오늘날에는 이와 같은 가정들이 결코 자명한 것 같지 않다. 실제로 이 연구가 시작될 때 이혼이나 직업상의 성공과 같이 가치가 개재된 항목이 약한 정도나마 정신건강과 상관이 있을지에 관해서는 의문의 여지가 아주 많았다.

　지금까지 정신건강의 정의와 무의식적 적응양식의 위계를 정교화하려고 해왔다. 이제부터는 원인에 대해 보다 예리한 분석을 하려고 한다. 어린 시절의 환경이 적응과 어떤 관련이 있는가? 또한 사회적 관계는 어떤 관련이 있는가? 그리고 마지막으로 성인생활 주기내에서 우리의 위치와 삶에 적응하는 방법과 어떤 관계가 있는가? 다음의 세 장에서 각각 제시되는 잠정적인 대답은 오직 그랜트연구의 종단적인 특성 때문에만 가능한 것이다. "이것이 단지 인간성의 아주 작은 부분에만 적용된다"라는 단서를 붙이면서 이후의 모든 결론은 기각한다면 그것도 독자 마음이다. 작은 부분에만 적용될 수도 있고, 아닐 수도 있다. 어떤 경우이든 나는 종단적인 연구가 우리에게 많은 것을 가르쳐줄 수 있다는 것을 확신한다.

제 13 장
어린이는 어른의 아버지

슬프도다, 어릴 적에 그의 가슴이 희망을 갖고, 사랑하고
인생을 신뢰하는 법을 배우지 못한 사람이여!

— 조셉 콘라드, 《승리》

· 등장인물 소개 ·

- 사무엘 러브레이스: 제 8장에서 소개됨.
- 윌리엄 럭키: 제 8장에서 소개됨.
- 올리버 케인: 제 10장에서 소개됨.

과거를 회상해 보면서 성인기의 적응결과에 영향을 미친 요인들을 설명할 수 있다. 미치광이 아주머니, 거부적인 어머니, 안쪽으로 굽은 다리와 같은 신체적 결함, 나쁜 이웃 등 — 심리적인 전기에서는 사후지혜(hindsight)에 의해 모든 조각들이 순순히 짜맞추어진다. 그러나 임상의들은 종종 자신들이 과거 역사를 정신의학적 공식에 짜맞추기 위해 프로크루스테스(Procrustes)*식의 책략을 사용하고 있다는 것을 종종 모르고 있다. 아동기가 성인기의 안녕감에 영향을 미친다는 사실을 우리 모두가 '알고' 있음에도 불구하고, 최근의 과학적인 개관에 의하면 이것이 사실이라고 입증해 주는 미래를 추적하는 방식으로 이루어진 연구결과가 거의 없다.[1]

아동기 때 잘 연구된 어린이들을 성숙에 이르기까지 30년 혹은 40년 동안 따라가며 정상적인 발달을 연구하는 것은 최근에나 가능한 것이다. 이러한 전망적 연구의 결과는 지금까지 신봉해 온 많은 가정들과 모순되었다. 예를 들면 적응을 잘한 사람과 적응을 잘하지 못한 사람의 아동기를 비교할 때 놀랄 만한 점이 많았다. 사전에 확인했을 때 손톱 물어뜯기, 너무 일찍 시작한 대소변훈련, '결함이 있는 가계'는 물론, 심지어 차갑고 거부적인 어머니조차도 정서적으로 병든 어른을 예언하지 못했다. 출생순서, 어린 시절의 신체적 건강, 연구대상자와 바로 다음 동생 간의 나이차 또는 부모의 죽음조차도 연구대상자들이 50세에 이르러서는 비교적 중요하지 않은 것으로 나타났다. 유년기와 아동기의 몇 가지 문제들(예를 들어 공포와 지나친 수줍음)이 사실상 나중에 정신적으로 병든 것으로 판명된 모든 사람들의 부모에 의해 회상되었다. 그러나 똑같은 문제들이 또한 계속 건강을 유지한 사람들의 부모 중 60%에 의해서도 회상되었다.

그럼에도 불구하고 아동기에 가장 황폐하고 사랑을 못 받은 23명의

---

* 프로크루스테스는 고대 그리스신화에 나오는 포세이돈의 극악무도한 아들로, 잡은 사람을 쇠침대에 눕혀 키가 침대보다 크면 남는 부분을 자르고 작으면 잡아늘였다 한다 — 옮긴이.

대상자의 삶과, 아동기에 가장 밝고 행복했던 23명을 비교했을 때 아동기가 중년의 적응에 미치는 영향에 관하여 네 가지 예언을 할 수 있었다. 첫째, 불행한 아동기를 겪은 사람은 놀 줄을 모를 것이다. 둘째, 이들은 의존적이고 세상에 대해 신뢰감이 없을 것이다. 셋째, 정신질환에 좀더 걸리기 쉬울 것이다. 넷째, 친구가 없을 것이다.

나중에 알게 되는 지식이 환경의 결과를 왜곡시키지 않도록 하기 위해서 각 대상자의 아동기의 환경에 대한 평가를 맡은 그랜트연구의 두 보조자들은 대학 2학년 이후의 이 대상자들의 운명을 알지 못하도록 하였다. 그러나 이들의 평가는 실제로 1970~1974년에 실시되었으므로 이들은 이 연구가 시작된 이후에 일어난 아동기발달에 관한 주요한 이론적 발전, 특히 에릭 에릭슨의 연구에 친숙해 있었다.

연구보조자들이 접할 수 있었던 정보는 ① 각 대상자의 가정생활에 대한 보고에 관한 정신과의사와 사회사업가의 기록, ② 사회사업가가 부모와 행한 면담, ③ 사회사업가가 부모에게서 입수한 대상자의 발달 내력 등이었다. 모든 증거를 검토한 후 절대적인 기준이 아니라 상대적인 기준에 따라 다음과 같은 아동기의 8가지 측면을 우수함, 보통임 또는 열등함으로 평가했다(보다 자세한 설명은 〈부록 C〉를 볼 것).

(1) 아동기의 심리적인 문제(예, 공포, 사회적 철수, 두드러진 섭식 문제)
(2) 아동기의 신체적 건강
(3) 가정 분위기의 안정성 및 안전성
(4) 어머니와의 관계(얼마나 따뜻하고, 고무적이며, 자율성, 솔선성 그리고 자존심에 도움이 되었는가?)
(5) 아버지와의 관계(어머니와의 관계와 동일)
(6) 형제 자매와의 관계
(7) 고등학교에서의 성취도(학업, 사회, 체육 면에서)
(8) 전반적인 평가(평가자는 그 대상자의 가정에서 성장하길 원했겠는가?)

이들 8가지 측면을 종합해서 각 대상자의 아동기를 행운아, 보통아, 애정결핍아동의 3가지 집단으로 나누었다. 각 개인의 판단에는 애매한 점이 있음에도 불구하고 평가자들의 전체점수는 매우 일치하였다.
　아동기의 환경과 중년기의 정신건강 사이에는 중요한 통계적인 상관관계가 있는데 이를 이미 소개된 두 사람을 대조함으로써 살펴볼 수 있다. 사무엘 러브레이스의 아동기는 이 연구에서 가장 황폐한 사람 중의 하나로 한결같이 평가되었으며, 리처드 럭키의 아동기는 모든 사람이 부러워하였다. 이 두 사람은 제8장에서 처음 소개되었다.

　1940년에 처음 그랜트연구에 참가하기 위해 왔을 때 사무엘 러브레이스는 겁먹은 것 같았다. 신체검사시 그는 휴식중에도 맥박이 분당 107번이나 뛰었으며, 의사는 "샘의 불안은 그랜트연구 대상자의 평균을 훨씬 초과한다"고 기록했다. 연구진은 그를 "쉽게 지치는" 미성숙한 소년으로 묘사했으며, 그가 "친구를 사귈 능력이 없고" 자신감이 없는데 놀랐다. 6년 후에 연구진 중 한 사람은 러브레이스를 "이기주의적이라는 형용사를 사용할 수 있는 몇 안되는 대상자 중의 하나"라고 요약했다. "그는 마치 아주 작은 소총구멍으로 세상을 보는 것 같았다." 그러나 대학시절 그랜트연구진은 러브레이스의 어린 시절에 충분한 주의를 기울이지 않았거나 혹은 그 영향을 과소평가했던 것 같다. 그랜트연구가 나에게 단 한 가지를 가르쳐 주었다면, 그것은 '이기주의'는 어린 시절에 너무 많은 것을 받은 사람에게서 발생하는 것이 아니라 너무 적게 받은 사람에게서 생긴다는 것이다. 나는 누구라도 러브레이스의 전생애를 보게 되면 아마 그를 이기주의자로 간주할 수 있으리라고는 생각하지 않는다. 확실히 대학시절에서조차도 러브레이스에게 감동을 한 많은 그랜트연구진이 있었다. 이들은 그를 "좋은 학생이고, … 지적이고, 따뜻하고, 솔직한 녀석이다. 잠재력을 가지고 있지만 단지 아직 그것을 발휘할 통로를 찾지 못했을 뿐이다"라고 하였다. 졸업할 때 연구진은 러브레이스를 평균적인 연구대상자보다 더 건전하지도 덜 건전하지도 않다고 간주했다.

내가 러브레이스를 50세에 만났을 때 그는 저명한 사람이었는데, 옷을 깔끔하게 입고 있었으며 나비넥타이를 매고 있었다. 그의 머리칼은 반백이었고, 대학에서처럼 그는 나이에 비해 늙어보였다. 면담하는 동안에 그는 쉴새없이 담배를 피우고 창 밖을 내다보았다. 나는 그의 눈길이나 미소를 직접 대하지 못했기 때문에 소외되는 느낌을 받았다. 그러나 러브레이스는 더 이상 불안하지 않았다. 단지 불행할 뿐이었다. 그 이유는 이해하기 어렵지 않았다.

샘 러브레이스는 예상치 않은 임신의 결과로 태어났으며, 그가 필요로 하는 부모의 관심을 전혀 받지 못했다. 사회사업가가 샘의 어머니에게 샘과 그의 동생을 다시 키우게 된다면 어떻게 하겠느냐고 물었을 때, "유아 때 좀더 잘 보살펴주고 젖을 더 많이 주겠어요. … 그리고 좀더 친구처럼 지내고 싶어요. 나는 그들에게 설교를 너무 많이 하였고 교회에 나가라고 잔소리를 많이 했어요. … 항상 그들이 어른처럼 행동하기를 바랐어요"라고 대답했다(30세 때 그가 어린 시절에 갖지 못했던 것 중 무엇을 자신의 자녀에게 갖게 하고 싶은가를 물었을 때, 샘은 "자극이란 측면에서 보다 더 풍부한 환경을 갖게 해주고 싶다"라고 대답했다).

샘은 "부모 둘 다 잘 알지 못했다"고 느끼면서 성장해 왔으며, "부모 둘 다 거의 애정을 표시하지 않았다"고 회상했다. 부모는 반대로 샘을 "너무 의존적이다"라며 멀리했다. 그의 어머니는 "샘이 사람들을 좋아하는 것보다 사람들이 그를 더 많이 좋아한다"고 믿었다. 어린 시절 샘은 대부분의 시간을 개와 함께 보낸 것은 사실이고 그의 하나뿐인 형제와는 "따로 성장하였다".

대학시절 샘은 어머니를 "매우 변덕스럽고, 예측할 수 없고, 근심이 많다. … 나는 어머니와 매우 가깝다는 느낌이 들지 않는다"라고 생각했다. 그는 또한 아버지에 대해서도 존경심이 거의 없었다. 47세 때 그는 여전히 그의 어머니를 "매우 긴장되어 있고 신경질적"이라고 보았고, 아버지는 채식주의적 가정요법을 믿는 사이가 '먼'(remote), 불안해하며 피로한 사람으로 간주했다.

전생애를 통해서 샘 러브레이스는 게임에는 문외한이었다. 비록 그가 고등학교에서 전과목에 A를 받았고 학교신문의 편집자로 있었지만 그의 부모는 그를 "운동을 잘 못하고, 그가 하는 일들을 싫어한다"고 여겼다(그러나 그랜트연구진에는 샘은 "품위있고, 통합된 사람"으로 보였다). 성인이 되어서도 러브레이스는 어떠한 운동이나 게임에도 참가하지 않았다. 그는 1년에 2주일도 채 못되는 휴가를 가졌으며, 레슬리 앙스트처럼 그 시간을 의무적으로 친척을 방문하는 데 보냈다. 그는 부모를 자주 방문했는데, 이는 사랑해서 아니라 부모가 곧 돌아가시지 않을까 하는 두려움 때문이었다. 부모와 보낸 시간은 자주 정치에 관한 열띤 논쟁으로 끝났는데, 이런 논쟁은 보수적인 그의 부모로 하여금 눈물을 흘리게 만들었고, 보다 진보적인 샘으로 하여금 더욱 더 많은 상실감을 느끼게 했다.

어린 시절에서와 마찬가지로 성인이 되어서도 러브레이스는 사랑은 놀이만큼이나 어려운 것이라는 것을 발견했다. 19세 때 러브레이스는 "친구를 사귄다는 것이 그렇게 쉽지는 않습니다"라고 말했다. 30세 때 그는 "새로운 사람들을 만나는 것이 어렵다"는 것을 시인했다. 50세가 되어서도 바뀐 것은 아무것도 없었다. 그는 나에게 사교적인 활동을 많이 하지 않으며, 자신을 '수줍어하는 사람'이라고 이야기했다. 직장에서도 그는 상관이 자신을 못살게 굴고 농간을 부린다고 느꼈다. 그리고 러브레이스에게 가장 오래된 친구가 누구냐고 물었을 때, 그는 이에 대한 대답 대신 자신이 매우 부러워하는 사람을 말해주었다. 어떤 친구에게 가장 부담을 안 느끼고 폐를 끼칠 수 있느냐고 물었을 때, 그는 먼저 어떤 사람이건 불편하게 만드는 것을 싫어한다고 말했다. 마지못해 그러한 친구를 알려주고는 이 친구를 "실수만 저지르는 사람이다"라고 요약해서 평할 뿐이었다. 우리가 면담을 하기 전 12개월 동안에 그와 그의 부인은 면담신청을 받아들이지 않았다.

그러나 러브레이스의 문제는 꼭 내적인 것만은 아니었다. 제8장에서 지적한 것처럼 샘 러브레이스의 성인생활에서 지속되는 문제 중의 하나는 사회적 지지가 없다는 것이었다. 대학시절까지는 어머니의 잔소리 때문에 규칙적으로 교회에 나가곤 했으나 그 이후로는 가지 않았다. 친구를 사귀기 어려운 점과 게임하기를 꺼리는 것 때문에 그는 사회단체로부터 배척되었다. 그리고 만성적인 병을 가진 여성과의 결혼으로 그는 불행했다. 그는 히피에 대해 전적으로 찬성하면서 "일반적으로 나는 성인세계를 뒤흔드는 것이라면 어떤 것이든 찬성한다"고 덧붙였다. 결국 러브레이스가 현 상태에서 발견할 수 있는 유일한 의미는 현 상태가 변할 것이라는 희망이었다. 18세의 나이에는 이러한 철학은 건전한 것이다. 그러나 50세 때는 이러한 철학은 사회적 고립과 심리치료를 받으려고 하는 것과 상관이 있다.[2] 따라서 다른 사람으로부터 고립된 러브레이스가 평안함을 느끼는 주된 원천은 15년 동안 의지해 왔던 정신과의사였다.

정신과의사들은 불행한 유년기가 성인생활의 '구순성'을 초래한다고 말한다. 그러나 구순성은 어릴 때 희망하고 사랑하는 것을 배우지 못한 마음을 나타낸 은유에 지나지 않는다. 에릭슨은 현명하게도 구순성을 '기본적 신뢰감의 부족'으로 표현했다. 그리고 샘 러브레이스의 부모가 그에게 남겨준 주된 유산은 배고픔이 아니라 인생에 대한 심한 불신이라는 것은 분명한 것 같았다. 러브레이스가 구순적 습관을 많이 가진 사람이라는 것은 분명한 사실이었다. 그는 종종 잠들기 위해서 세 알의 수면제를 복용하고, 하루를 시작할 때 체중감소제를 복용하고, 하루에 세 갑의 담배를 피우고, 하루를 편안히 마감하기 위해 226g 정도의 부르봉 위스키를 마셨다. 어릴 때 그는 한때 손톱을 물어뜯었으며, 성인이 되어서도 나와 이야기하는 도중 때때로 여전히 엄지손가락을 입에 갖다댄다는 것은 사실이었다. 그러나 이것은 중요한 점이 아니다. 왜냐하면 그랜트연구의 주요한 발견은 아동기의 음식섭취의 문제, 손톱 물어뜯기와 모유를 충분히 먹지 못한 것 등이 정신병과 관련이 없다는 것이기 때문이다. 성인의 알코올중독도 불행한 아동기와 관련이 없었다. 오히려 러브레이스의 '구순' 증후군은 다만 그의 자신에 대한 회의, 의존성과 성에 대한 공포로 변했다. 이러한 성향은 칼톤 태리타운과 레슬리 앙스트에게서와 마찬가지로 그의 전생애를 통해 지속되었다.

젊은 시절 러브레이스는 징병검사위원들로 하여금 그를 4F 등급으로 판정하도록 할 정도로 매우 유별났다. 그는 "나는 군대의 위험한 지역으로 배치되는 것을 원하지 않을 정도로 이기주의적"이라는 것을 인정했다. 그러나 이것은 그가 자신을 "늙은 노파같고 지나치게 소심하고 자신감이 없는 사람"으로 보았기 때문이었다. 45세 때 러브레이스는 자신을 "별로 성공적이지 못하고", "수양이 덜 된 삶"을 살아왔으며, 건강이 "좋지 못한" 사람으로 보았다. 그는 "나이먹는 것, 경력, 건강, 그리고 돈에 관해" 걱정을 했다. 곤경에 처했을 때 그의 유일한 위안은 "모든 것은 변하기 마련이다. 운이 좋으면 그리고 열심히 일하면 보다 나은 방향으로 변화할 것이다"는 좌우명이었다. 그러나 자신에 대한 회의는 여전히 그를 괴롭혔다.

39세 때 러브레이스는 "나는 외롭고 불안정하며 일종의 방향감각을 잃은 것 같다"고 썼다. 그리고 고통스러운 결혼생활에 관해서 그는 "결혼이 아무리 공허하다 할지라도 그것은 한 인간에게 가정과 사회 속에서 하나의 자리를 제공해 준다. 결혼은 단지 나에게 한 자리를 제공해 주는 것이다. 약간 혐오스러운 면도 있긴 하지만 아내없이 겪는 고통보다는 아내와 함께 겪는 고통이 더 쉽다"라고 썼다. 그는 "결혼을 포기하고 혼자 살아가는 것이 두렵다"고 고백했다. 그의 이러한 공포의 한 원인은 만일 이혼을 한다면 미혼인 숙모가 그에게 상속을 하지 않을지 모른다는 것이었다. 따라서 그의 결혼생활은 의존성에 대한 욕구를 자극했지만 만족시켜 주지 못했다.

젊었을 때 러브레이스는 성에 대한 두려움을 가지고 있었으므로 정신과의사와 상담을 하였다. 나중에 결혼을 한 후 그는 단지 4개월에 한 번씩만 성관계를 가졌다. 그의 문제는 발기불능이 아니라 불안이었다. 실제로 그의 정력은 좋았지만 50세 때 그는 만약 성이 존재하지 않았으면 더 좋았을 것이라고 하였다. 그는 때때로 성을 추하고 혐오스러운 것으로 간주했다.

리처드 럭키는 사무엘 러브레이스와는 대조되는 사람이다. 사무엘 러브레이스의 요청으로 나는 내 사무실에서 그를 면담했다. 몇 주 지난 후 리처드 럭키는 나를 콩코드에 있는 자기집으로 초대했다. 그는 혁명시에 지은 깔끔한 미늘벽 판자로 지은 농가에 살았다. 그 집은 아주 잘 수리되어 있었는데 그 대부분은 럭키가 손수 한 것이었다. 난로에는 불이 활활 타오르고 있었고, 베토벤의 교향곡 3번이 울려퍼졌다. 럭키는 흰색 자라목 스웨터를 입고 탁자에 다리를 올린 채 난로 곁에 앉아 있었는데 나이보다 10년은 젊어보였다(불행한 아동기를 보낸 사람은 낙천가보다는 좀더 빨리 늙는다). 가끔 럭키는 불을 살리고 음악을 조절하기 위해 일어섰다. 어디선가 진공청소기로 청소하는 소리가 났다.

대학시절 러브레이스의 휴식시 맥박은 분당 107회였으나 럭키는 65회였다. 러브레이스는 수줍고 자의식이 강하고 목표가 결여된 것으로 보였다. 럭키는 사교적이며 목표가 어딘지를 아는 실용적인 사람으로 보였다. 비록 내과의사가 럭키는 "별로 깊이가 없는 사람"이라고 했으나 연구진은 그를 "매우 쾌활하고 매력적이고 미소를 띤 예의 바른 소년"으로 보았다. 비록 심리학자가 럭키를 약간 지나치게 공격적이라고 보았다 할지라도 정신과의사는 그를 "매우 매력적이고 상당한 온화함과 활력을 가진 사람"으로 재평가했다. 럭키는 러브레이스와 마찬가지로 심리적 건정성에서는 B를 받았으나 모두들 그가 '정상'이며 노는 법을 안다는 데 동의하였다. 분명히 그는 노는 법을 알았다. 고등학교 시절에 럭키는 러브레이스처럼 학교신문의 편집자였으나 러브레이스와는 반대로 항상 게임에 참가했다. 법대에서조차도 학장은 그를 "공부보다는 운동이나 야외활동에 더 열성적"이라고 평했다.

그가 대학에서 근신처분을 받을 때까지 럭키는 어린 시절로 인한 아무런 문제도 없었다. 적어도 그가 기억할 수 있는 문제는 아무것도 없었다. 사회사업가도 럭키의 가정을 "특별히 아무 문제도 없다"고 하였다. 그녀는 그 가족이 "모두 함께 하는 것을 즐기고", 가족 모두가 "놀랄 정도로 건강하고 활기가 있었다"고 적었다. 어린 시절 럭키는 형제자매와 친했다. 럭키의 어머니는 러브레이스의 어머니와는 달리 만약 그녀가 아이를 다시 양육한다면 전과 다르게 하지 않겠다고 말했다. 그녀의 철학은 "의혹을 제거하고 행동의 과정을 설명하고 아이가 결정하도록 하는 것"이었다. 럭키는 아버지를 "사람들을 좋아하고 완고하거나 독단적이지 않다"고 묘사하였다. 그리고 럭키의 어머니는 사회사업가에게 "럭키는 아버지를 존경한다"고 말했다.

성인이 되어서도 럭키는 자신의 어린 시절에 대한 견해는 변하지 않았다. 27세 때 그는 아버지를 가장 존경하는 유일한 사람이며, "잘 균형잡힌 성격을 소유한 사람"이라고 묘사했다. 48세 때에도 그의 아버지는 럭키에게 "매우 훌륭하고 관대한 사람"으로 남아 있었다. 아버지는 가정생활을 규칙적이고 행복하게 했고 비판을 거의 하지 않았다고 럭키는 회상했다. 45세 때 럭키는 어머니를 "현실적이고 실용적이며 남에게 지지 않으려고 허세를 부리는 데는 무관심한 사람"으로 기억했다.

럭키의 자비로운 어린 시절은 다른 사람을 돌보는 것으로 변화되었다. 2차 세계대전 동안 지휘관은 그를 "호감이 가는 성격을 가졌으며 그의 부하에게서 최선의 것을 이끌어내는 방법을 아는 사람"이라고 평했다. 후에 럭키는 두개의 회사를 이끄는 사장이 되었으며 회사를 계속해서 성장시켰다. 그는 또한 하나같이 성공적인 청소년 자녀들에게서 존경을 받았다. 면담하는 동안 나는 그가 친절하고 편하며, 자녀들의 선의의 조롱을, 그것도 말을 가로막는 거의 무례에 가까울지라도, 받아들일 줄 안다는 것을 알았다. 그는 나에게 자기 큰아들을 크리스마스 때 슈가부쉬로 스키여행을 가도록 했다고 말했다. "저도 그 선물의 일부로서 함께 갔지요"라고 덧붙였다. 결국 럭키는 내가 면담한 대상자 중 "우리 아이 모두는 다른 아이보다 더 성숙하다"고 자랑할 수 있는 청소년 자녀를 둔 유일한 아버지였다.

러브레이스와는 반대로 럭키는 많은 취미를 즐겼다. 그는 글도 쓰고 그림도 그리고 4중창으로 노래도 불렀다. 그는 열심히 스키도 타고 골프도 치고 그리고 여전히 경쟁적으로 테니스도 쳤다. 비록 럭키가 개인적으로 쓸 수 있는 수입이 러브레이스보다 많지는 않지만 그는 1년에 5∼6주의 휴기를 가졌으며 흥미로운 장소를 방문했다. 그는 친척들과 사이좋게 지냈으나 휴가를 이들을 방문하는 것으로 보내지는 않았다. 대신 자신을 방문하도록 이들을 초대했다. 그의 자녀, 결혼생활, 사업동업자, 부모형제들 모두는 그에게 기쁨을 주었다. 그는 이들 모두를 사랑하고 존경했다.

럭키는 자신의 부모 형제와 자녀들과의 유대관계가 너무나 즐겁기 때문에 친구를 가질 필요성을 거의 느끼지 못했다. 그러나 그는 가장 오랜 친구를 쉽게 지적하였다. 이 친구는 그가 도움을 요청할 때 가장 부담을 느끼지 않을 바로 그런 사람이었다. 비록 럭키와 자신에 대한 이미지가 다른 사람보다 친구를 적게 가진 사람일지라도, 그는 나에게 교회모임의 회원들에게 한 저녁식사 대접, 아들의 농구팀 선수들과 일주일 동안 스키타기, 집에서 선생님들과의 모임 등에서 활동적으로 손님을 접대하는 모습을 이야기해 주었다.

러브레이스와는 대조적으로 럭키는 그가 찾는 모든 곳에서 의존성 욕구가 충족되었는데, 그래서 그는 독립적이었다. 그의 부인도 그렇다고 동의했다. 러브레이스는 만성적으로 우울한 아내를 돌보고 그녀의 많은 신체적 질병을 간호하는 것이 얼마나 어려운가를 나에게 말했지만, 럭키는 아내가 그를 보살피도록 긍정적으로 대처했다(럭키 아내의 좌우명은 "주는 만큼 받으리라"였다). 그가 감기에 걸렸을 때 무엇을 하는가를 알아보기 위해 표준적인 질문을 했을 때, 그의 아들은 "아빠는 엄마가 아빠에게 자라고 말하기를 기다리십니다"라며 끼어들었다. 여러 해 동안 다음의 인용문이 럭키의 기록에 나타났다. "나는 결혼을 하고 가정생활로 안정을 찾은 이래로 가장 행복하다.""놀랍도록 행복한 결혼생활이다.""결혼생활은 완전히 행복하고 매우 헌신적인 것이다." 그는 진공청소기로 손수 청소하는 것조차 개의치 않는 유산상속녀와 결혼한 것이었다.

럭키는 다른 사회적 지지자를 찾는 데 아무런 어려움이 없었다. 젊었을 때 럭키는 "합리적인 신의 존재에 대한 근본적인 확신"을 표현했다. 그러나 후에 럭키는 "우리 교회에 더욱 더 몰두하게 되었다"라고 말했다. 아마도 이것은 아버지가 죽은 뒤에 그가 짧은 기간 동안 우울증을 경험했고 죽음에 대해 좀더 깨닫게 된 때문이었다. 나이가 들어감에 따라 교회에 더욱 더 열중하게 되었고, 연구진에게 "하나님에 대한 믿음이 모든 것에 의미를 부여하는 기본이다"라고 썼다. 그는 또한 많은 사회단체에 가입했고 계속해서 다른 사람과 게임을 즐겼다. 정치적으로 럭키는 기꺼이 현재의 상황을 유지하려는 보수주의자의 일원이 되었다. 만일 히피가 러브레이스에게 희망이 표시였다면 럭키에게는 저주였다.

사회적 지지와 더불어 럭키의 '구순적' 특성이 사라졌다. 그는 스스로 항상 매우 건강하다고 인식했다. 그리고 자신을 "훌륭한 사업가이며, 인기 있고, 운동 잘하는 사람"으로 묘사했다. 사무엘 러브레이스가 자신에 대한 이미지에서보다 실제로 더 좋은 운동적 조정력을 가진 것과 마찬가지로, 럭키는 그가 상상하는 좋은 운동가의 반에도 못 미치는 사람은 아니었다. 젊었을 때 럭키는 본능적 충동들의 위협을 받았으나 러브레이스가 가진 사회적 불안이 없었기 때문에 두려움 없이 우아하게 이것을 극복했다. 24세 때 럭키는 "성은 계속 성가신 것이다. 그것을 가질 수 있을 때는 그것을 취하고, 그렇지 않을 때에도 나는 만족한다. 비록 자유연애의 지지자는 아니지만 나는 거의 모든 열광적 아마추어를 수용할 것이다"라고 썼다. 3년 후 그는 "성은 나에게 괴로움을 덜 준다. 그 불길은 약간 진정되었고 나의 의지력은 좋아졌다"라고 썼다. 조금 후에 럭키는 결혼했고, 그후 25년 동안 그와 아내는 일관되게 그들의 성적 적응에 대해 "매우 만족한다"고 하였다(반대로 러브레이스 부부는 그들의 적응을 일관되게 "불만족스럽다"라고 하였다).

세상에 대한 신뢰와 사회적 지지의 획득은 믿기 어려운 활력을 가져다주었다. 그는 "때때로 대학교수직으로 돌아온 몇몇 친구의 은둔생활이 부럽다"고 고백했다. 그럼에도 불구하고 아플 때 부인의 간호를 받고 오랜 휴가를 가졌지만, 럭키는 1주일에 6일 60시간 일했고, 그가 유일하게 쉬는 날인 일요일에는 집에서 매우 분주했다. 사실 일요일 오후 나는 벽난로 앞에서 길게 누워 베토벤의 음악을 듣는 그를 발견했는데, 그는 이미 몇 시간 전에 10km를 달렸었다.

리처드 럭키와의 면담을 요약하면서 나는 마음이 약간 편하지 않았다. 내 마음 속에서 논쟁이 일어났다. 러브레이스는 호감이 가는 사람이었으며, 럭키의 공격적이고 열광적인 에너지는 불쾌감을 주었다. 내가 그의 집을 떠날 때 나는 그랜트연구에서 처음으로 완전히 건강하고 행복한 사람을 만났다고 느꼈다. 그러나 나는 그가 자신이 기억하고 싶지 않은 것은 망각하고, 죄의식이나 불편함을 느끼지 않고 자기를 주장함으로써 이것을 성취했다고 느꼈다. 신체적으로도 럭키는 나에게 제임스 본드(James Bond)의 골드핑거(Gold finger)를 상기시켰고, 그는 너무나 현상황에 대해 만족했으므로 사회적인 의식이 거의 없었다.

그는 자신이 불편한 것을 싫어하는 것으로 보였다. 사실상 럭키와의 면담은 30년 동안이나 심리학연구에 참여한 잘 교육받은 사람과의 면담이라기보다는 스포츠기사를 위해서 직업적인 운동선수와 면담한 것과 더 유사했다. 그는 그랜트연구의 면담이 제공해 준 자기 안을 들여다보는 가능성을 망각했다. 대신에 나의 주의를 그의 현실적인 재산과 자녀에게 돌렸다. 그는 자신에 대한 보고를 할 상황을 외면하고 보다 편한 주제인 일요일 오후의 가정으로 계속 돌아가려 했다. 나는 과학적인 관찰자로서 그를 화제의 요점으로 되돌아오도록 하기 위해 나의 권리를 계속 주장해야 했다. 러브레이스는 정신의학적 면담에서 그가 무엇을 해야 하는지를 알았으나, 럭키는 나쁜 '환자'였다.

비록 투사를 사용하지는 않았으나 럭키는 남의 입장에 서는 것을 꺼리는 것 같았다. 나는 그가 1954년에 조 매카시를 찬성했으며, 1960년에는 스티븐슨을 비현실적인 지식인이라고 거부한 사실을 알고 당황했다. 나는 1964년에 그가 골드워터에게 표를 던진 것에 찬성하지 않으며, 1970년에는 그가 여전히 쿠바를 봉쇄하기를 원했고 월맹을 폭격하기를 원했던 사실에 충격을 받았다. 분명히 그는 주류수입상사를 흑자로 유지했으나 그의 주요한 두 무역상대자는 그리스와 스페인의 우익권력의 엘리트였다. 럭키에 대한 불만에서 나는 제 12장의 결론을 무시했다. 즉, 정신건강을 수반하는 것은 특수한(정치적인 선택이 아니라) 일과 사랑에서의 승리라는 사실을 잊어버렸다.

럭키와는 대조적으로 러브레이스는 원래의 그랜트연구진에게 감동을 주었던 것과 같이 나를 감동시켰다. 나는 러브레이스가 직장에서 어느 누구와도 결코 경쟁하지 않았기 때문에 존경을 받았다고 확신한다. 그는 자신이 "친절하고 상냥하며 아내에게 착실하기 때문에" 사람들이 자신에게 애정을 느끼고 있다고 말하였다. 인위적인 성인적응척도는 러브레이스가 정신적으로 아프며 만성적으로 화를 내는 부인을 충직하게 보살펴 왔다는 사실에 대해서는 점수를 주지 않았다. 그가 나에게 자기를 비하시키며 이야기하였던 것처럼 "제가 실제적으로 하였던 것은 저의 비겁함을 합리화하고 제도화하였던 것입니다"라는 말은 사실이었으나, 나는 그의 희생에 감동을 받았다. 나는 러브레이스의 성실함이 계속해서 고통받는 그의 부인의 인생을 구하였다고 확신한다.

러브레이스는 나에게 "저는 좀 바뀌고 싶습니다"라고 말했으나 나는 동료 시민으로서 그가 변하지 않은 것이 기뻤다. 자신에 대해 회의적이고 비관적인 러브레이스는 사악한 사냥꾼인 조 매카시를 반대했다. 그리고 그는 더 부드러운 애들라이 스티븐슨을 지지하였고 또한 그는 로버트 케네디가 1968년에 대통령으로 선출되기를 바랐다. 러브레이스는 베트남에 대한 해결책이 미국의 군사개입에 있지 않다고 믿었다. 럭키는 인종간의 통합이 느리게 이루어지기를 바란 반면, 러브레이스는 통합이 빠르게 되기를 바랐다. 사랑받지 못한 사람들은 종종 세상의 고통받고 고생하는 사람들과 동일시하며 감정이입하는 능력을 가지고 있다.

이제 나의 내적인 논쟁은 다른 쪽으로 옮겨간다. 코왈스키나 럭키와 같은 사람은 실제로 그렇게 비도덕적인가? 러브레이스의 정치관이 그의 일생동안 지속된 고통을 상쇄할 가치가 있는 것인가? 태리타운 박사의 불행했던 어린 시절이 럭키보다 더 보수적이며 보다 더 위험한 정치관으로 이끌었지 않았는가? 라이온의 자기확신이 그로 하여금 진보적인 언론의 선두에서 행진하게 만들지 않았나?

더욱이 만성적으로 우울한 사람이 자비심을 전면에 나타내기란 어려운 것이다. 비록 럭키의 총수입이 러브레이스의 수입보다 5배가 많았지만 그는 5배나 많은 사람들을 도와주었으며, 자선단체에 대한 기부는 백 배나 더 많았다. 비록 럭키의 정치관이 나와 다르다 할지라도 그는 여전히 그가 지지하는 주지사 후보자를 위해 캠페인 매니저로 잘 봉사하였다. 이와는 대조적으로 러브레이스는 "비록 제가 칵테일파티에서는 진보적인 입장을 취하지만 거리에서 그대로 따를 수는 없습니다"라고 고백했다. 때때로 그는 투표조차 하지 않았다. 러브레이스는 경제기획국이 결코 투자하지 않은 도심 재개발계획을 입안하였다. 럭키는 보스턴 도심의 흑인들을 위한 여름캠프에 (그리스나 스페인에서 우려낸 이익금을 가지고) 테니스코트를 개설하고 개인적으로 원조하였다. 럭키가 러브레이스보다 빈민가의 요구에 보다 덜 상상력 있는 해결책을 제공하였다는 것은 사실이지만 그의 테니스코트는 꿈 이상의 것이었다.

논쟁은 무승부로 끝난다. 이 세상은 모든 종류의 다양한 사람들로 이루어진다. 이 책은 도덕성에 관한 것이 아니라 정신생물학에 관한 책이다. 게다가 정서적으로 문제 있는 사람도 사회에 대해 매우 가치

있는 공헌을 한다. 럭키와 러브레이스 간의 이러한 비교가 매우 적절한 것 같지만 나의 목적은 연구에서 나타난 통계적 발견들을 실제 삶을 가지고 예증해 보는 것이다. 내가 강조하고 싶은 점은 인간의 행복이 모유를 먹은 것, 느긋한 대소변훈련과 어린 시절에 수술을 받지 않은 것에 의해 결정된다고 보지는 않는다는 것이다. 에릭슨이 표현했던 바와 같이 어린이들은 부모로부터 기본적인 신뢰, 자율성과 주도성 등을 배워야 하고, 그래야만 성인이 되어서 게임을 즐기고 친구를 사귀고 사회적 지지를 얻게 된다는 것이다.

1) 아동기의 특성이 성인기에 미치는 영향

그랜트연구 대상자에게서 아동기의 특성이 분명하게 성인기의 삶에 영향을 미친 네 가지 방식을 지금은 자세히 살펴볼 수 있다. 첫째, 아동기 때 사랑받지 못한 사람은 중년기 때 놀 줄을 모르게 되었다. 앞에서 '행운아'라는 용어로 분류된 23명의 대상자들을 '애정결핍아'라고 분류된 23명보다 경쟁적인 스포츠를 5배나 더 즐겨 하였다. 이들은 또한 친구들과 게임을 즐기거나 혹은 매우 재미있는 휴가를 5배나 더 많이 가졌다.

둘째, 중년기에서도 애정결핍아들의 불신과 의존성은 실재적이었다. 아동기를 제일 잘 보낸 사람들을 위해 그랜트연구는 아무것도 하지 않았으나, 이들은 일관되게 그랜트연구가 도움이 되었다고 여겼다. 예를 들어 럭키와 같이 온정적인 아동기를 보냈던 사람들은 그랜트연구에 대해 감사함을 느꼈으나, 그랜트연구는 전혀 그를 도우려고 노력했던 것은 아니다. 그러나 감기로 침대에 누워 있는 나의 부인을 위해 레몬파이를 주었던 사람은 바로 그의 부인이었다. 그리고 그는 다음과 같이 이야기하였다.

인간관계에서 저는 일견 손해보는 거래를 통해 성공한 것 같습니다.

즉, 제가 제 자신을 먼저 내주려고 노력하면 그 다음에 다른 사람도 그렇게 반응할 것을 믿습니다. 저는 결코 저 자신만 유리한 조건으로 관계를 맺어 본 적이 거의 없습니다.

그는 온정적이며 성공적인 사업가였다. 반면에 그랜트연구는 황폐한 아동기를 보낸 몇몇 대상자를 돕기 위해 실제로 많은 노력을 하였다. 그러나 이런 노력은 때때로 부적절한 것으로 보였으며, 연구에서 요구하는 것이 지나치게 어려운 것으로 여겼다. 이들의 '구순성' 욕구는 결코 충족되지 못하였다. 간단히 말해 비관주의, 자신에 대한 회의, 소극성, 의존성 등이 애정결핍아 사이에서 매우 자주 나타났다.

알코올중독은 한편으로는 온정적인 인간관계를 맺을 능력이 부족함을 나타내며, 다른 한편으로는 불행한 아동기의 후유증 때문에 발전한 구순적 의존성을 반영한다고 일반적으로 가정한다. 그러나 대부분의 경우 이러한 가정은 과거를 돌이켜 보는 방식을 택한 연구결과에 근거를 두고 있다. 사실상 알코올중독자인 오닐의 아동기는 매우 혐오스러운 것으로 기술되었으나, 미래를 추적하는 방식으로 모은 그의 기록에서는 이러한 과거로 거슬러 올라가는 추론을 지지할 만한 것은 아무것도 없었다. 그랜트연구 대상자 중에서 23명의 행운아들도 애정결핍아들과 마찬가지 정도로 알코올중독에 걸렸고, 때때로 알코올중독을 치료하는 것이 바로 그 사람을 치료하는 것이 되었다.

이와는 대조적으로 여러 가지 약물남용은 대개 정서적 불편함의 증상인 것처럼 보였다. 따라서 사람 자체를 치유한 후에야 그와 같은 증상적인 약물사용이 사라졌다. 평온한 아동기를 보내도 후에 종종 과도하게 흡연하거나 혹은 알코올을 남용하거나 혹은 진정제를 사용하였다. 그러나 불행한 아동기는 종종 이 세 가지 모두와 연관되어 있었다. 칼톤 태리타운은 다른 것으로 바꾸지 않고는 한 가지 진통제를 끊을 수 없었으며, 러브레이스는 기분을 변화시키는 많은 약물을 과도하게 사용하였다. 실제로 50세 때 행운아로 분류된 사람들에 비하여 황폐한 아동기를 보낸 사람들을 모든 종류의 처방약을 약 10배나 많이 먹었다.

세 번째 결론, 즉 아동기의 총체적인 환경이 성인기의 정신질환을 예측할 수 있다는 것은 누구에게도 놀라운 것은 아니다. 제일 좋은 아동기를 보낸 사람들의 반수가, 그러나 가장 나쁜 아동기를 보낸 사람들은 단지 1/10만이 30명의 적응을 잘한 사람에 속했다. 행운아들의 단지 1/10만이, 그러나 애정결핍아들의 반수가 한때 정신적인 병에 걸린 것으로 진단받았다. 애정결핍아들은 5배나 더 비정상적으로 불안한 듯이 보이며, 정신과적 진단을 받았고, 정서적 질병으로 입원한 경험이 있었다. 모든 종류의 더 많은 처방약을 먹은 것과 마찬가지로 애정결핍아들은 또한 사소한 신체적인 병 때문에 2배나 더 많은 의료진찰을 받으려고 하였다. 이들은 정신과에서 5배나 많은 시간을 보냈다.

그러나 이들의 좋지 않은 건강은 단지 정서적이거나 혹은 상상적인 것이 아니었다. 아동기의 환경은 정말로 이들의 신체적 건강에 영향을 미쳤다. 53세에 이르러 23명의 애정결핍아 1/3 이상이 고혈압, 당뇨병, 심장병과 같은 만성적 질병으로 고생하였다. 4명은 죽었다. 가장 행복한 아동기를 보낸 23명은 모두 다 살아 있었으며, 단지 2명만이 만성적으로 아팠다. 53세에 애정결핍아보다 2배나 많은 행운아들이 여전히 매우 훌륭한 신체적 건강을 즐기고 있었다.

성인기의 정신적 질병은 거의 어느 한 사람이나 혹은 한 사건의 잘못으로 일어나는 것은 아니었다. 왜냐하면 인간발달 측면에서 정신질병은 갑작스런 상해 때문이 아니고 인간의 영혼에 가장 지속적인 해가 되는 끊임없는 정서적 외상 때문인 것이다. 아동기의 어느 한 가지 요인이 50세 때의 행복과 불행을 설명할 수는 없었다. 예를 들어 정신분석학자로서 나는 러브레이스의 성에 대한 공포를 회고적으로 설명하고 싶어졌으며, 그 이유를 그가 10세 때 받았던 사타구니 부분의 수술로 돌리고 싶었다. 그러나 우연의 일치로 럭키 또한 같은 나이에 생식기 수술을 받았다. 러브레이스와는 달리 럭키는 항상 '상당한 성적 호기심'을 보였다.

　맨해튼에서 실시한 정신건강의 전염병학적 연구에서 랭너(Langner)
와 마이클(Michael)은 "보고된 요인의 총수가 정신건강을 예측하는 데
가장 효과적인 방법이라고 밝혀졌다"라고 적었다.3) 또한 그랜트연구
에서도 정신건강상의 위험을 예측하는 데 가장 효과적인 방법은 아동
기의 부정적인 요인들의 양상보다는 그런 요인의 수에 있었다. 굿하트
와 라이온 모두 그들의 아버지와의 고통스런 관계에도 불구하고 살아
남았다. 약함뿐만 아니라 강함도 있었기 때문에 이들은 그럼에도 불구
하고 성공했던 것이다.

　그러나 분리된 정신적 외상이 성인기의 삶에 영향을 미치지 않았다
할지라도 만성적으로 왜곡된 아동기는 성인기의 적응에 영향을 끼쳤
다. 예를 들어 **친척**의 정신건강은 대상자들의 그 이후의 정신병리와
관련되지는 않으나 **부모**의 정신건강은 영향을 미쳤다. 적응을 잘하지
못한 사람들의 부모는 적응을 잘한 사람들보다 2배나 더 정신적 질병
을 가졌다. 이 효과는 환경적으로 매개되는 것 같다.

　그랜트연구 자료를 거두어들이면서 나는 유전적 효과를 평가하려고
하였다. 원래 사회사업가들은 작은할아버지와 고모할머니 등까지 포
함하는 모든 친척의 정신질환에 관하여 특히 관심을 가졌었다. 30년간
의 추수연구 동안 추가의 가족 윤곽이 종종 드러났다. 그러나 모든 자
료를 종합해 볼 때 그랜트연구 대상자들의 유전성은 예언적 중요성을
가지지는 못한 듯하였다. 어떤 사람들은 전혀 정신이상, 알코올중독,
우울증, 자살, 괴벽 혹은 무능력한 신경증 등의 기미를 보이지 않은
가계를 가졌다. 다른 사람들은 4개나 5개의 정신적 질병을 가진 친척
이 있었다. 그러나 이 두 집단 사람들의 성인기의 삶은 다르지 않았다
(물론 환경이 잘 통제되면 정신질환의 **특정** 하위형태는 가족들에게 이어져
내려오는 경향이 있다는 것을 시사해 주는 좋은 증거가 있다. 그러나 그랜
트연구 대상자들에서 정신건강의 **총체적인** 판단은 그 친척들의 정신질병의
총체적 척도에 의해 영향받지 않았다).

    황폐한 아동기의 네 번째 그리고 가장 비참한 결과는 중년기에 친구가 없다는 것이었다. 가장 좋은 어린 시절을 보낸 23명 모두와 가장 나쁜 어린 시절을 보낸 23명 중 14명만이 중년기에 친밀한 우정관계를 갖고 있다는 증거를 보여주었다. 부모 모두와 친밀한 관계를 맺었던 사람들은 30년이 지난 후에 매력적이며 사교적이고 활동적으로 보이는 것 같았다. 스티븐 코왈스키처럼 애정어린 부모의 틀 속에서 성장한 한 대상자는 25번째 동창회에서 다음과 같이 큰 소리로 떠들어댔다. "아버지는 저를 자신의 이미지에 맞도록 키웠습니다. 그것이 바로 그 지겨운 영감이 한 짓이지요! 그래서 난 그가 정말 틀림없이 나를 사랑하고 있다는 걸 압니다."

    부모와 좋지 못한 관계를 맺은 사람들은 나이에 비해 더 빨리 늙어 보였고, 매력이 없어 보였으며, 다소 경직된 면담태도를 보이는 것 같았다. 예를 들어 한 대상자의 부모의 가정은 매우 쌀쌀하여 매력적인 사회사업가조차도 그 집을 방문하였을 때 그녀가 분명히 환영받지 못한 느낌을 받았다고 말했다. 환영받지 못하는 환경에서 20년 동안 자란 한 그랜트연구 대상자는 47세 때 다음과 같이 고백하였다.

    나는 친구라는 단어가 무엇을 뜻하는지를 모르겠어요.

    대학시절에 자신의 아버지가 가정에서 주도권을 가졌다고 보았던 대상자들은 50세 때 가장 좋은 결혼생활을 하는 경향이 있었고, 반면 대학교를 졸업한 후에도 계속 자신의 어머니에게 예속되었던 대상자들의 결혼생활은 거의 대부분 이혼으로 끝나는 경향이 있었다. 이혼을 했거나 매우 불행한 결혼생활을 하는 대상자 중에는 정신적 질병을 가진 어머니가 2배, 정신적 질병을 가진 아버지가 8배나 더 많았다.

    그러나 아버지나 어머니 그 자체가 연구대상자들이 후에 어떻게 되느냐 하는 것의 핵심은 아니었다. 그랜트연구의 가장 인상적인 발견 중의 하나는 **지배적인 어머니의 이미지**가 어머니의 실제적인 지배성이나 강함을 반영한다기보다는 어머니의 나쁜 정신건강이나 젊은이 자신의 미성숙을 더 반영한다는 것이었다. 정신적 질병이 있는 어머니를 가진 대상자들은 성인이 되어서도 어머니에게 속박되어 있었으며, 반면 어머니와 — 혹은 아버지와 — 가장 따뜻한 관계를 맺었던 대상자들은 아버지가 어머니보다 지배적이라고 보는 경향이 있었다. 말을 바꾸면 지배적인 어머니는 흔히 강한 여자가 아니었다. 그녀의 지배력은 그녀 자신이 너무나 사랑해서 혹은 강해서라기보다는 그녀의 혹은 아들의 현실에 대한 관점에서 비롯되었다.

대상자들이 성인기에 접어들면서부터 신기하게도 어머니는 점점 더 약하게 기술되며, 아버지는 점차로 아동기 때보다 더욱 지배적인 모습으로 기술된다. 그러나 어머니가 아들의 주장성과 지배성을 즐길 수 있다면 그것은 여전히 아들의 미래를 위해서 매우 큰 도움이 되었다. 바이런의 어머니는 그를 "작은 망나니"이고 좋은 싸움꾼이라고 칭찬하였다. 성공적인 아들을 둔 다른 어머니도 다음과 같이 칭찬하였다. "존은 무모할 정도로 겁이 없어요." "윌리엄은 동네의 어떤 아이들과도 싸워 이겨요. …그는 전혀 겁이 없답니다." "봅은 제가 좋아하는 전제 군주랍니다."

그러나 이렇게 공격성을 허락해 주는 것은 역설을 낳았다. 이런 남자가 더욱 성공할수록 그는 더욱 — 개인적으로서가 아니라 신비한 존재로 — 여성을 두려워하였다. 이 연구에서 회사사장, 성공적인 정치가처럼 가장 독립적인 많은 사람들, 조금도 어머니의 영향하에 있지 않은 사람들, 보통보다 더 결혼생활을 잘한 사람들도 전능한 존재로서 여성을 두려워하였다. 생산적이고 '남성적인' 성공을 성취하였음에도 불구하고 자신의 가장 내면적인 환상 속에서 이런 사람들은 마치 성 조지 (Saint George)*가 그의 용을 바라보는 바로 그런 방식으로 여성을 가장 무서운 적수로 보았다. 이들은 종종 진정으로 강한 어머니를

---

* 잉글랜드의 수호성인. 악령을 퇴치하는 그림으로 유명하다 — 옮긴이.

가졌던 사람들이었으며, 이들의 삶에 대한 꿋꿋한 투쟁은 초기의 갈등과 성공적인 동일시 모두를 반영하였다.

　이러한 역설은 로버트 스트롤러(Robert Stroller)의 연구에 의해서도 입증되었다. 그는 로스앤젤레스 정신과의사로서 평생을 성정체감 발달을 연구하는 데 몰두하였다. 그는 "우리가 소년이나 성인남자에게서 보는 것처럼 남성성이란 어머니를 계속적으로 밀쳐내는 요소가 없이는 존재하지 않는다. 이 밀쳐냄은 생의 처음 몇 해에서는 글자 그대로의 뜻이며, 심리적으로는 내면의 어머니를 억누르거나 의식 밖으로 밀어내는 성격구조의 발달이다"라고 쓰고 있다.[4] 성인이 되어서 적응을 잘한 사람 30명 중에서는 **아무도 없었으나**, 적응을 잘하지 못한 사람 30명 중의 12명이 여전히 그의 어머니에게 ― 실제적으로나 아니면 자기상에서 ― 예속되어 있었다.

　그랜트연구의 가장 큰 풀리지 않는 수수께끼는 성숙한 방어유형을 결정하는 것이 무엇인가 하는 것이다. 인간발달에 관한 평생에 걸친 연구를 요약하면서 진 맥팔레인(Jean MacFarlane)은 "전체 연구대상자 중에서 가장 뛰어나게 성숙한 성인 중의 많은 사람들, 즉 잘 통합되었고 매우 능력 있고 창조적인 많은 사람들은 매우 어려운 상황에 직면했었으며, 어린 시절과 청소년기 때의 이들의 특징적 반응들이 자신들의 문제를 더욱 복잡하게 만드는 것처럼 보인 사람들이었다"고 기술했다.[5]

　그랜트연구가 콘라드(Conrad)*의 엑셀 헤이스트(Axel Heyst)의 운명론을 신봉한다 해도 소포클레스보다는 더 희망적이었다. 특히 "가정이 일단 천국으로부터 떨어지면 저주가 영원토록 대대로 인류에게 미칠 것이다. …"라고 경고한 《안티고네》(Antigone)의 합창과는 반대였다. 그랜트연구에서 성공적인 경력과 만족스런 결혼생활은 불행한 아

---

* 폴란드 태생의 영국 단편소설 작가 ― 옮긴이.

동기와는 비교적 무관하였다. 크랩처럼 유별나게 친밀한 결혼생활이나 눈부신 사업상의 성공은 종종 비교적 사랑이 없었던 아동기에 대한 보상의 한 방편일 수도 있었다. 더욱 중요한 것은 교묘한 적응기제들이 종종 개입하여 불우하게 양육된 사람들을 위로하고 소포클레스의 '지옥의 신'을 물리쳤다.

굿하트나 카밀, 크랩 등이 우리에게 보여주었듯이 교묘한 방어기제들이 불행했던 세계에 대해 치료를 해주었다. 희망과 같이 방어기제는 때때로 판도라의 상자에 있는 고뇌에 대한 진통제로 작용한다. 러브레이스의 적응책략은 럭키의 것보다 단지 덜 성숙한 것뿐이었다. 애정결핍아의 어린 시절을 보냈던 굿하트는 럭키보다 좀더 성숙한 방어를 사용하였고 그의 경력은 더욱 뛰어났다.

올리버 케인(Oliver Kane)의 생애는 황폐한 아동기를 보낸 사람에게 좋은 자아는 무엇을 할 수 있고 무엇을 할 수 없는가 하는 것을 잘 요약해 준다. 올리버는 16세가 되기도 전에 부모를 잃었으나 돈을 잘 버는 직업과 냉랭하지만 안정된 결혼생활을 하였다(25년이 지난 후 케인은 그의 아내를 다음과 같이 적었다. "나는 매순간 그녀가 매우 좋은 사람이라고 생각합니다."). 한편으로는 케인의 성인적응과 정신건강은 평균보다는 좋게 평정되었지만 다른 한편으로는 그는 한평생을 친구와의 게임이나 사회적 지지 없이 살았다.

올리버가 1세 때 아버지가 돌아가셨고, 15세 때는 어머니가 돌아가셨다. 그는 진정으로 가정을 가진 적이 없었다. 결혼 후 그와 부인은 주거용 호텔에서 살았고, 그가 그랜트연구에 보낸 주소는 자신이 속해 있는 뉴욕의 사교클럽의 것이었다. 그는 기껏해야 환상 속에서 아이를 가질 뻔했었다. 《누가 버지니아 울프를 두려워하는가?》(Who's Afraid of Virginia Wolf?)에 나오는 조지와 마사처럼 케인과 그의 부인은 상상 속에 존재하는 청소년 자녀를 어떻게 다룰까에 대해 활발한 논쟁을 벌일 것이다. 그러나 나에게 아이가 없는 이유에 대해서 다음과 같이 쓸쓸히 합리화하였다. "만약 이 세상이 올리버 케인에게 원하지 않는 것이 있다면 그것은 보다 많은 아이를 가지는 것입니다"(23명의 행운아는 87명의 자녀를 가졌고, 23명의 애정결핍아는 61명의 자녀를 낳았다).

케인의 가장 두드러진 특징은 냉정하고 뛰어난 지성과 그의 직업적 성공을 촉진시키고 결혼생활의 질을 높여준 조용하고 '냉담한' 자아였다. 그에게 "사람들이 무엇 때문에 당신을 칭찬하며 당신에게 가장 애정을 느끼는 이유는 무엇입니까?"라는 구조화된 질문을 하였을 때 그는 "저는 두뇌, 지성, 그리고 높은 규범 때문에 칭찬받습니다. … 저는 누가 저에게 애정을 느낀다고는 생각하지 않습니다"라고 대답하였다.

케인의 마음은 잘 기름쳐진 기계처럼 작동하였다. 그는 경영고문이었고, 그가 하는 일은 장래가 유망한 간부직원들과 친하게 지내는 일이었고, 그리고 나서 적임자를 적재적소에 배치하고 그 다음 문제로 넘어가는 것이었다. 이 일에서 그는 눈부시게 성공하였으나 그것이 오래된 친구가 없게 만들었다. 확실히 그의 연봉 7만 달러의 수입은 결코 재미있게 사용될 수는 없었다. 그는 운동에도 관심이 없었다. 휴가도 간 적이 없었으며, 유일한 취미는 옷을 고상하게 입는 것이었다.

그러나 케인은 충분한 통찰력을 가지고 있었다. 그는 자신의 생애를 "저는 친밀한 인간관계를 형성하기 위해 한 일이 없습니다"라고 침울하게 현실을 인정하였다. 그는 비난을 투사하지 않았다. 그는 그것을 거부하지도 않았다. 그의 훌륭한 자아는 그에게 자신의 삶이 비극을 매우 분명하게 예상하도록 해주었다. 간단히 말해 그의 삶에는 즐거움이 없었다. 개처럼 그는 다양한 색깔을 보지 못했다.

케인은 아마도 그랜트연구에서 가장 지적인 사람이었으며, 환상을 사용하였던 것을 제외하고는 다만 신경증적인 방어기제와 성숙한 방어기제만을 사용하였다. 그는 억제의 명수였다. 그에게 도움을 청하기가 어려운지를 질문하였을 때는 "네, 맞아요. 그렇게 하기가 제겐 정말 어렵습니다"라고 대답하였다. 또 다른 경우 곤경에 처했을 때에 관한 그의 좌우명에 대해 묻자 그는 "나는 이 분야에 대해 소질이 별로 없다고 생각한다. 해결할 수 있는 것은 해결하려고 개인적으로 노력하지만 해결할 수 없는 것은 침착하게 품위를 지키면서 받아들이려고 노력한다"라고 썼다. 황폐한 아동기를 보낸 많은 사람들처럼 케인은 재치로 무장하고 있었다. 처음 우리가 이야기를 나눌 때 나는 케인의 날카로운 재치 때문에 종종 웃기도 하였으나 그는 결코 웃지 않았다. 그리고 나서 우리의 면담이 끝났을 때 케네디공항 라운지에서 나와 이야기를 나눈 것으로도 충분히 냉담하지 못했다는 듯이 케인은 나에게 그의 업무용 명함을 내밀었다. 나는 그가 우리 둘 사이에 개인적인 어떠한 것도 없었다는 사실을 그렇게 차갑게 강조할 수 있다는 것에 정말로 화가 났다.

케인의 삶은 시작이 그랬던 것처럼 재앙으로 끝이 났다. 재정적 위기를 겪는 동안 그는 자가용 경비행기를 타고 산으로 갔다. 그것도 우연한 사고였을지 모르지만 케인은 항상 주의깊은 비행사였으며, 그의 유언장을 수정하고 주변을 모두 잘 정돈하면서 그 지난주를 보냈다. 죽기 1년 전에 그는 그랜트연구에 마지막 말을 남겼다.

모순되게도, 보다 많은 외적 성공을 거두면 거둘수록 난 내가 정말로 의미 있는 생활방식을 택했는지에 대해 점점 더 의심하게 된다.

조셉 콘라드가 얘기한 바와 같이 우리는 어렸을 때 희망하고 사랑하고 그리고 삶을 신뢰하기를 배울 필요가 있는 것이다.

제 14 장
친구와 부인 그리고 자녀

사랑은 오래 참습니다. 사랑은 친절합니다. 사랑은 시기하지 않습니다. 사랑은 가장하지 않습니다. 사랑은 교만하지 않습니다. 사랑은 무례하지 않습니다. 사랑은 사욕을 품지 않습니다. 사랑은 성을 내지 않습니다. 사랑은 앙심을 품지 않습니다. 사랑은 불의를 보고 기뻐하지 아니하고 진리를 보고 기뻐합니다. 사랑은 모든 것을 덮어주고, 모든 것을 믿고, 모든 것을 바라고, 모든 것을 견디어 냅니다.

— 고린도전서 13:4~7

▪ 프랜시스 오스왈드 : 제 9장에서 소개됨.

정신건강과 사랑하는 능력은 연결되어 있다. 그러나 이 연결들은 파악이 잘 안 된다. 우리는 사랑을 손에 쥘 수도 없고, 무게를 달 수도 없으며, 렌즈로 조사할 수도 없다. 시인에게 사랑을 자신의 독특한 언어로 나타내는 것은 아무런 문제도 아니지만 우리들 대부분에게 언어란 충분치 않다. 당연히 과학자들은 사랑을 기술하는 데 절망했다. 주께 이를 감사할지어다! 다행히도 우리 중 대다수는 사랑이 우리 곁에 다가올 때 말없이 사랑을 즐길 수 있다.

그럼에도 불구하고 이 장의 목표는 사랑하는 것과 정신건강 사이의 연결들을 살펴보는 것이다. 다시 한번 볼 수 없는 것을 보고 만질 수 없는 것을 만지기 위해서 독립적인 관찰자와 장기간의 추수연구를 이용하는 방법을 써야만 한다. 연구도중 주제넘은 의문들이 제기될 수 있다. 만약 자녀에게 어머니가 그렇게 중요하다면 아버지의 사랑은 이들에게 어떤 효과를 미치는가? 행복한 결혼생활이란 무엇인가? 정말 이혼이 좋지 못한 정신건강의 징후인가? 성을 두려워하면서도 사람을 사랑할 수 있는가? 사랑을 촉진시키는 적응양식은 무엇이고 방해하는 양식은 무엇인가? 사람은 친구를 반드시 가져야만 하는가?

처음부터 모든 사람이 사랑을 정신건강의 알파요 오메가로 동의한 것은 아니다. 영국의 시인이자 소설가인 키플링은 "혼자 여행하는 사람이 가장 멀리 여행하는 사람"이라고 썼다. 프로스트는 우리에게 "좋은 담장은 좋은 이웃을 만든다"고 충고한다. 유럽인들은 영원히 청소년 같은 미국인들이 너무 몰려다닌다고 비난해 왔다. 정신의학자들과 사회사업가들은 '대상관계'에 집착한다고 비난을 받았다. 문화인류학자들은 산업사회에서는 대인관계가 위험하다고 지적해 왔다.[1] 사회학자인 윌리엄 케파트(William Kephart)는 퉁명스럽게 다음과 같이 말했다.

그렇다. 성이 과대평가되고 있다. 그렇지만 사랑도 마찬가지이다. 결혼도 마찬가지이다. 그리고 (무엇보다도) 자녀도 그렇다. 문제는

우리가 정서적 애착 그 자체를 과대평가하고 있는 시대에 사는 듯하다는 것이다. [2]

내 앞에 펼쳐진 95명의 생애를 접하면서 나는 위에 언급한 회의론자들에게 대답할 수 있다고 확신했다. 나는 사랑하는 것에 가장 능숙한 대상자들과 가장 미숙한 대상자들을 비교할 수 있었다. 면담 후, 각각의 대상자들에게서 얻은 300페이지의 질문지를 읽은 후에 나는 대상자들을 집단으로 분류하는 데 아무런 문제도 없었다. 연속선의 한 극단에는 나의 방문을 따뜻하게 맞아주고 자신의 눈을 나에게 고정시킴으로써 자신의 세계에 나를 초대한 사람들이 있다. 이들은 완전한 이방인인 나에게 그들 자신을 거리낌없이 주었고, 내가 이러한 선물을 남용하지 않으리라 믿은 사람들이었다. 신비롭게도 이들이 나에게 준 선물은 나에게 짐이 되지 않고 오히려 나를 강하게 만들었다. 이들은 친구에 대해서 그리고 다른 사람과의 행복한 경험들을 말했다. 이들이 자신과 가장 가까운 사람의 이야기를 할 때 미사여구를 동원할 필요가 없었다. 대신 이들은 자신의 부모와 아내, 자녀들에 대한 감사와 믿음 그리고 찬사를 드러냈다. 나는 내가 그와 나 자신을 모두 좋아한다고 확신하면서 면담을 마칠 수 있었다.

다른 사람들은 내가 그들 삶의 침입자라고 깨닫게 만들었다. 문에 들어서자마자 이들은 나를 불안하게 쳐다보았고, 우리들의 눈이 다시는 마주치지 않도록 하였다 — 마치 인간적인 친밀함을 원하지 않는다는 듯 혹은 심지어 두렵기까지 하다는 듯. 이들은 마치 자신의 고통을 참아내는 것이 나의 책임인 양 내게 불필요한 고통을 말했다. 그러나 좀처럼 감정을 이야기함으로써 나를 존중해 주는 법이 없었다. 이들은 내게 자신의 친구가 하나도 없다고 설명하거나 사랑에 대해 조건부로 양가적으로 이야기해서 나는 이들이 어떻게 이를 견디어내는지 이상하게 여겼다. 이들의 부모와 아내, 자녀들은 그들에게 기쁨을 주기보다는 자주 긴장을 야기했다. 그리고 이들의 진정한 만족은 생명이 없는 것들에서 나오는 것 같았다. 이 면담이 끝날 때 나는 외롭고 무능하다고 느꼈고, 나와 그들의 가슴 모두를 약간 경멸하게 되었다.

사랑한다는 경험 그 자체보다 더 좋은 사랑에 대한 테스트가 어디 있겠는가? 당당하고도 확실하게 나는 대상자들을 '따뜻한', '평균적인', '상대적으로 차가운' 등의 세 범주로 분류했다. 컴퓨터는 기꺼이 그리고 충실하게, 우아하고도 통계적으로 유의한 상관을 내주었다. 사랑은 정말 너무나도 중요한 것처럼 보인다. 그리고 조금도 평정하기 어렵지 않았다.

그러나 누가 나를 믿겠는가? 사랑은 정의상 너무나 개인적인 것이다. 숙련된 임상가는 슬픔, 분노, 두려움, 기쁨 등과 같은 다른 사람의 감정을 인식하기 위해 자신의 반응을 이용하는 법을 배운다. 그러나 사랑스럽게 행동하는 능력은 다른 것이다. 이를 보여주기 위해서는 항상 두 사람이 필요하다. 만약 내담자가, 임상가가 호감이 가지 않는다는 것을 발견했다면 어찌될까? 어떤 사람이 사랑스럽거나 혹은 사랑스럽지 않다는 나의 개인적인 판단은 아마도 과학이라기보다 투사에 가까울 것이다.

그래서 나는 사랑을 측정하는 훨씬 덜 만족스러운 방법을 고안했다. 즉, 임상가인 나는 뒷전으로 물러나 있을 수 있는 방법이다. 이것은 덜 현실적이지만 믿을 만하다. 비록 이 방법이 현대과학의 보편적인 실패이기는 하지만 말이다. 몇 해에 걸쳐 대상자들은 자신의 결혼생활과 여가의 이용에 관해 2년마다 기술해 왔다. 면담에서는 이들에게 자신의 가장 오래된 친구들, 도움을 청할 수 있는 친구들 그리고 즐기는 양식을 세부적으로 기술하도록 요청하였다. 이러한 정보를 바탕을 사랑에 관한 6가지 객관적인 과업이 정해졌고, 무정보평가자가 개개의 대상자가 얼마나 많은 과업을 이룩했는지 보기 위해 자료를 재조사했다. 이러한 과업들은 ① 결혼을 하였으며 후에 이혼하지 않는 것, ② 어느 배우자도 명백한 고통을 느끼지 않으면서 적어도 10년 동안 결혼생활을 지속하는 것, ③ 자녀를 기르거나 아이를 입양하는 것, ④ 자신이 하나 혹은 그 이상의 가까운 친구가 있다고 믿는 것, ⑤ 다른 사람에게 자신이 하나 혹은 그 이상의 친한 친구가 있다고 드러내는 것, ⑥ 가족이 아닌 다른 사람들과 정기적으로 오락을 즐기는 것 등이다 (다른 정보를 지니지 않은 평정자들이 한 평점들은 물론 주관적이지만 사례의 88%에서 평정자들이 일치하였다).

1) 친구

앞으로 '우호적인 사람'이라고 부를 27명의 대상자가 여섯 개의 과업을 모두 성공적으로 이행했다. 앞으로 '외로운 사람'이라고 부를 13명의 대상자들은 2개 이상의 과업을 이행하는 데 실패했다. 어떤 사람들은 하나도 이행하지 못했다. 내 자신의 채점과 무정보 채점을 비교하면서 나의 판단대로 몇몇을 고치려 했지만 아무도 나를 믿으려 하지 않을 것이다. 그러나 40개의 사례 중 4개를 제외한 모든 사례에서 나는 덜 편향된 독립적인 채점자들과 일치했다. 따라서 채점자의 판단을 그대로 따랐다.

내가 그랜트연구에 참가한 95명의 건강한 사람들을 분류한 여러 방법 중에 27명의 우호적인 사람과 13명의 외로운 사람의 이분법은 가장 극적인 것으로 입증되었다. 언뜻 보면 이것이 당연한 것 같지만, 만약 정말로 이것이 당연하다면 평생에 걸친 연구는 불필요할 것이다. 여러분도 알다시피 인생의 한 시점에서 우리들 각자는 외롭고 또 다른 시점에서는 우리는 사랑받고 사랑하기도 한다. 우리가 이렇기도 하고 저렇기도 한데, 우리가 이웃보다 더 많은 친구를 가지고 있는지 혹은 형제들보다 더 사려깊은지 누가 말할 수 있을까? 횡단적인 연구의 기초 위에서는 사랑하는 능력에 대한 판단이 의미가 없다. 그러나 후에 분명해지겠지만 만약 연구가 종단적으로 행해진다면 고독한 사람과 우호적인 사람의 삶은 실제로 매우 달랐다.

한 사람을 우호적인 사람 혹은 외로운 사람이라고 분류하는 것은 기

〈표 14-1〉 고독한 사람과 우호적인 사람 간 적응수준의 비교

	우호적인 사람 (27명)	고독한 사람 (13명)
청소년시절 사회적 적응이 좋지 못했음	4%	62%
본가와 소원한 관계임	15%	39%
자녀들과 소원한 관계임	13%	50%*
어린 시절의 환경이 열악함	7%	46%
성인생활에 어머니가 지배적임	0%	54%
어린 시절 어머니와의 관계가 좋지 않음	30%	31%
52세에 만성적 신체질환이 있음	4%	46%
정신질환이라는 진단을 받은 적이 있음	11%	54%
미성숙한 방어기제를 사용함	11%	85%
휴가를 다 즐기지 않음	22%	85%
10회 이상의 구순적인 단순사례를 보임	4%	62%
약물이나 알코올을 무절제하게 복용	11%	39%

* 자녀를 둔 8명 중에서의 결과이다. 나머지 5명은 소원해질 자녀조차 없었다.

본적으로 성인기 삶 동안 그가 비교적으로 안정된 결혼생활을 이룩했는가 그리고 소수의 지속적인 친구들이 있는가에 바탕을 두었다. 이 사실 하나만으로도 대상자의 생애의 다른 시점에서 다른 사람과의 관계를 예언하기에 일반적으로 충분했다(〈표 14-1〉을 보라).

　나는 사람을 사랑하는 능력이란 연속선을 따라 존재하는 하나의 기술이라고 믿는다. 이 점을 더 분명히 하기 위해 비유를 하나 들어보자. 우리는 어떤 음식은 좋아하고, 어떤 음식은 좋아하지 않는다. 그러나 우리 모두는 영양분을 섭취할 수 있는 대개 비슷한 능력을 가지고 있다. 그러나 사랑은 이와 같지 않다. 오히려 사랑하는 능력은 음악적 재능이나 지능과 같다. 건강하다고 해서 선택된 모집단에서조차 사랑하는 능력 ─ 혹은 사회과학자들이 "대상관계를 맺을 수 있는 능력"이라고 부르는 것 ─ 은 매우 고르지 못하게 분포되어 있다. 그러나 개인에게서 이러한 능력은 시간이 흘러도 변치 않는 상당한 정도의 종

단적인 안정성을 내포하고 있다. 우리 모두는 사랑하고 사랑받으려는 기본적인 욕구를 가지고 있다. 만약 사랑하는 것이 먹는 것과 같다면 부인이나 친구와 친밀한 관계를 맺지 못한 사람은 형제나 자녀들로 대치할 수 있을 것이라고 가정할 수 있다. 그러나 사랑하는 능력이 연속 선상에 놓여 있다는 가설에 걸맞게 이러한 일은 벌어지지 않았다.

연구에 참가한 95명의 대상자 중 20명이 중년기에 그들의 부모 혹은 형제들과 만족스러운 관계를 유지하는 데 실패했다. 이러한 사람들 가운데 우호적인 사람이라고 불린 대상자들보다 외로운 사람이라고 불린 대상자들이 3배 가량 더 많았다. 또한 외로운 사람들은 자녀를 부모나 형제에 대신해서 사랑할 수 없었다. 한 평가자에 의해 우호적인 사람이라고 불린 27명의 사람 중 3명을 제외한 모든 대상자가 다른 평가자에 의해서도 자신의 자녀와 가깝다고 평가되었다. 두드러지게 대조적으로 13명의 외로운 사람 중 오직 8명만이 자녀가 있었고, 그나마 이들 중 4명은 소원한 아버지였다.

50세 때 우호적인 사람이라 불린 대상자 중 절반이상이 고등학교 시절 사회적 적응력 평정에서 상위 1/3 안에 들었다. 그러나 외로운 사람이라고 불린 대상자들은 단 한 사람조차도 그렇게 잘 해내지 못했다. 13명의 외로운 사람 중 절반 이상이 고등학교시절 그들의 고등학교 이후의 삶을 모르는 평가자에 의해 채점된 사회적 적응력 평정에서 하위 1/3에 속했다. 그리고 27명의 우호적인 사람 중 단 한 사람만이 그렇게 신통치 못하다고 평가되었다. 이러한 상관은 서로 다른 증거를 기초로 해서 30년이나 차이가 나게 실시한 서로 다른 평정세트에 의해서도 나타났다.

앞장에서도 제안했듯이 각 대상자의 어린 시절은 미래의 사랑하는 능력에 심대한 영향을 미쳤다. 27명의 우호적인 사람 중에 반수가 가장 좋은 환경이라고 분류된 어린 시절을 보냈다. 그러나 외로운 사람들 중에는 그러한 사람이 아무도 없었다. 외로운 사람들 중에서 절반이 하위 1/4에 속하는 어린 시절을 보냈다. 그러나 우호적인 사람들 중에는 그러한 사람이 오직 둘 뿐이었다. 외로운 사람들의 반수가 지속적으로 이들의 성인기 삶을 지배하고 동일시의 모델이 된 어머니가 있었다. 그러나 우호적인 사람들 중에는 그런 사람이 아무도 없었다. 이러한 지속적인 어머니의 지배력은 아마 이들의 외로움에 원천이 되지는 않았을 것이다. 오히려 이는 이들이 어머니의 사랑을 더 적절하고 더 지속적인 친밀감으로 대치하는 데 기본적인 어려움이 있음을 반영했다. 왜냐하면 어린아이로서 어머니와 이들의 관계는 우호적인 사람들의 그것처럼 따뜻했었던 것으로 보이기 때문이다.

사랑하는 능력은 이후의 신체적, 정신적 건강과도 또한 상관이 있었다. 외로운 사람 중 반수와 우호적인 사람 중에는 오직 1명만이 52세에 이르러 만성적인 질병을 가지고 있었다. 성인기의 어떤 시점에서 외로운 사람 중 절반과, 그러나 우호적인 사람 중에는 오직 2명만이 정신적인 질병을 지니고 있었다. 놀랄 것도 없이 외로운 사람들이 정신과적 도움을 찾는 경우가 우호적인 사람들보다 4배 가량 더 많았고, 또한 일반적인 의학적 치료를 요하는 경우도 훨씬 더 많았다. 인정하기는 싫겠지만 의사들은 종종 자신의 환자들에게 친구역할을 해주기도 한다. 그들로서는 이러한 역할을 피하기보다 이러한 일을 어떻게 효과적으로 할 수 있는가를 배우는 편이 더 나을 것이다.

아마도 우호적인 사람과 외로운 사람 간에 가장 큰 차이점은 외로운 사람이 겁이 더 많다는 것이다. 테네시 윌리엄스의《유리동물원》(Glass Menagerie)의 무대대본에는 자신의 꿈의 세계에서 벗어나서 사람들에게 다가서는 로라의 감정을 나타내는 무대분위기는 **공포**로 표현된다. 그리고 정신병원에서 정신분열성 환자들은 언제나 가장 겁에 질려 있는 사람들이다. 왜 그럴까? 그것이 실제 호랑이든, 치과의사의 집게든, 가난이나 슬픔, 죄악 같은 좀더 형이상학적인 상태이든 간에 유해한 위험에 대해서 두려움을 느낀다는 것은 항상 알고 있다. 그러나 우리가 즐거움, 성의 따뜻함과 승리에의 열광까지도 두려워할 수 있다는 것을 안 것은 극히 최근의 일이다. 소아정신과 의사들, 즉 기본권 신뢰의 개념을 주창한 에릭슨, 어머니에 대한 애착을 연구한 존 볼비(John Bowlby), 그리고 유아의 낯선 사람에 대한 불안을 연구했던 여러 학자들은 모두 우리에게 인간의 두려움이 미지의 무생물뿐 아니라 인간적 친밀감에 대한 상상된 위험에까지 뻗쳐 있음을 가르쳐 주었다.3)

그랜트연구에 참가한 대상자들에게서 두려움의 연속선은 사랑하는 능력이 없는 것과 병행했다. 학부 2학년생 때, 외로운 사람들은 개인적으로 신체검사를 받는 동안 맥박이 빨리 뛰는 경향을 보였다. 그리고 스트레스하에서 외로운 사람들은 자신이 '신경과민'이라고 더 자주 느낀다고 말했다. 13명의 외로운 사람 중 10명이 성에 대한 두려움을 나타냈다. 27명의 우호적인 사람 중에서는 오직 2명만이 그러했다.

그러나 이런 믿을 만한 차이는 수량화하기 좀더 어려운 많은 영역에까지 확장되어 나타났다. 예를 들어 13명의 외로운 사람 중 9명이 의존성, 수동성, 자신에 대한 회의, 비관주의 같은 '구순적' 특성을 나타내는 단순사례를 10개 혹은 그 이상 나타내었다. 사무엘 러브레이스의 사례사를 고려해 보면 알 수 있다. 우호적인 사람 중에서는 오직 1명의 삶에서만 10개 혹은 그 이상의 이러한 단순사례를 발견했다.

좀더 생생한 실례를 들어보자. 놀 줄 아는 능력과 남을 신뢰할 수 있는 능력을 분리시키기는 힘든데, 왜냐하면 우리 자신과 상대방 모두가 분노를 조절할 수 있다고 믿을 수 없는 한 놀이란 위험한 것이기 때문이다. 놀이에서 우리는 절망하지 않으면서 패배의 위험을 각오하고, 죄의식을 느끼지 않으면서 승리를 만끽하며, 비웃지 않으면서 실수에 대해 웃을 수 있을 만큼 서로를 충분히 믿고 충분히 사랑해야 한다. 2명을 제외한 우호적인 사람 모두가 경쟁적인 운동을 즐겼다. 반면 1명을 제외한 외로운 사람 모두가 그러한 활동을 피했다. 호레이스 램은 공격성을 두려워하는 것은 친밀감을 잃어버리는 것이라는 것을 보여주었다. 반면 프레더릭 라이온은 장난기를 통해서 잘 완화된 공격성이 어떻게 자신과 다른 사람을 맺어주는 마술적인 다리가 될 수 있는가를 보여주었다.

환상적인 무인도에서 휴일을 즐기는 능력이 현실세계에서 우호적인 사람들에게만 주어지는 특권이라는 것은 얼마나 이상한 일인가? 우호적인 사람 중 3/4이 완전한 휴가를 즐겼다. 그러나 13명의 외로운 사람 중에서는 오직 2명만이 완전한 휴가를 가졌다. 실제적인 휴가가 없는 대신 외로운 이들은 자기자신으로부터 휴가를 얻으려 했다. 외로운 사람들이 3배나 더 알코올 혹은 진정제의 과다사용자들이었다.

외로운 사람들은 또한 자신의 적응기제에 의해 매우 심하게 왜곡되어진 세상에서 살았다. 실제로 사랑하는 능력과 방어의 성숙도 사이에는 강력한 상관이 있었다. 방어의 성숙도는 좋은 결혼생활, 총체적인 사회적응력, 자녀와의 친밀도 그리고 인간관계를 맺는 이들의 능력에 대한 나의 그리고 다른 평가자들의 주관적인 판단과 강하게 상관되어 있었다. 간단한 용어로 말하자면 27명의 우호적인 사람 중 12명이 성숙한 방어인 이타주의, 억제, 유머, 예상, 승화 등의 기제를 현저하게 보여주었다. 외로운 사람 중에는 이에 해당되는 사람이 아무도 없었다. 사랑과 미덕 사이의 간결한 등식이 더 분명한 적은 없었다. 반대로 성격결함과 인기없는 것도 서로 맞물려 있다. 13명의 외로운 사람 중 11명이 미성숙한 방어를 현저하게 보여주었다. 27명의 우호적인 사람 중에는 오직 3명만이 그러했다. 정말로 투사와 환상을 드러내는 단순사례들이 우호적인 사람보다 외로운 사람에게서 30배나 더 자주 나타났다.

그러나 만약 사랑하는 능력과 삶에 적응하는 능력이 상호의존적이라면, 이를 좌우하는 것은 마음인가 머리인가? 무엇이 수레이고 무엇이 말인가? 이 책 전반에 걸쳐서 성숙한 방어가 어린아이로서 사랑받은 사람에게 더 자주 일어나는 축복이라고 제안할 수 있는 증거는 미약하다. 억제는 따뜻한 어린 시절과 단지 약하게 연관되어 있을 뿐이다. 억제는 성인으로서 사랑하는 능력과 훨씬 강력한 상관이 있다.

무엇이 원인이고 무엇이 효과인가? 갑자기 사랑이 없어져서 생긴 심각한 우울증은 즉각적이고 미성숙한 방어를 동원하게끔 한다. 그러나 특징적으로 의심 많고 자기파괴적이며 가상의 고통에 포위된 사람들 역시 사랑이 없는 듯하다. 어린이가 차가운 '정신분열증적인' 어머니에 의해 황폐되는 만큼, 자주 어머니의 사랑도 정신분열증의 방어적인 왜곡을 지닌 어린이에 의해 황폐화될 것이다. 마지막으로 만약 미성숙한 방어가 사랑이 없는 것에 대한 방어로 전개되는 것이라면, 이것은 사랑과 믿음의 관계를 통해 가장 쉽게 무너질 수도 있을 것이다. 익명의 알코올중독자 갱생회 모임에서 알코올중독자의 부인은 처음으로 자신의 피학성을 깨달을 수 있다. 진실로 이해심 깊은 교도관 앞에서 범죄자는 그의 분노를 충동적으로 행동화하는 것을 멈추고 이러한 분노가 자기자신으로 향하는 것을 막을 수 있다. 개방적이고 사랑스런 약혼자의 진심 어린 온정에서 윌리엄 미티 같은 이론천문학자는 별에 대한 그의 생생한 환상을 포기하고 자신의 지구로 귀환할 수 있을 것이다. 비극은 미성숙한 방어가 이를 없애기 위해 필요한 바로 그 힘인 사랑을 배척한다는 데 있다. 사랑하는 능력과 방어기제 성숙도 사이에 인과적 관계는 간단치 않다.

적응양식의 선택에 관해 내가 지금까지 제시한, 다소 한쪽으로 치우친 **심리역동적** 논의를 프랜시스 오스왈드의 삶을 통해 바로잡아 보도록 하자. 그는 제임스 오닐의 경우와 마찬가지로 부적응에서 생물학적 결함의 중요성을 보여준 사람이었다. 제 9장에서 이미 소개했듯이 프랜시스 오스왈드는 외로운 사람 중의 하나였다. 그의 삶은 사랑하는 능력이 성인기에 이유 없이 나타난 끈덕진 투사 때문에 파괴될 수 있음을 보여주었다. 그의 적응능력을 그를 둘러싼 사람들과 부분적으로 관계가 없는 것으로 보지 않는 한 그의 역사는 이해될 수 없고, 정신적 고통에 대한 생물학적 요소를 감안하지 않는 한 그의 우울은 이해될 수 없었다. 그러나 그의 삶은 적응과 사랑하는 능력 사이의 연관을 분명하게 보여준다.

나는 프랜시스 오스왈드와의 면담을 생생히 기억한다. 플로리다치고는 날씨가 유별나게 추웠다. 나는 집에서 면담할 것을 요청했으나 그는 나에게 남쪽에 있는 대소택지(Everglade)를 보여주고 싶다고 했다. 오스왈드가 과학자이고 얼마간은 탐험가였음에도 불구하고 그는 완전히 부실한 자동차용 도로지도에 매달려 결국 플로리다에 초행인 나에게 길을 물어보았다. 아마도 그가 나에게 보여주고자 했던 곳이 너무 멀었거나 혹은 아마도 그가 단순히 길을 찾을 수 없었을 것이다. 나는 왜 그런지를 전혀 몰랐다. 대신 우리는 대양근처의 절벽 위에 주차했고, 그의 고독에서 나오는 얼음 같은 차가움과 2월의 회색빛 대서양에서 둘러싸인 채 그의 삶에 대해 토론했다.

　오스왈드는 잘 웃었고, 나에게 세련된 대중연설가처럼 개인감정을 섞지 않은 채 분명하게 말하였다. 그러나 나는 청중의 맨 끝줄에 남아 있었다. 그는 나에게 자신에 대한 견해를 보여주고자 노력했으나 여기서 또 대소택지를 겨울바다로 대치했다. 그가 자기자신을 정말로 다 주었거나 혹은 그를 알게 되어 내가 더 풍성해졌다고 느낄 수가 없었다. 대다수의 연구대상자들과 달리 오스왈드는 우리가 그랜트연구의 자료를 가지고 무엇을 하는지 전혀 관심이 없었다.

　우리가 공항에서 헤어질 때 나는 곧 세계를 한 바퀴 날아갈 참이었는데 오스왈드는 이를 개의치 않는 듯했다. 대신에 내가 그의 차에서 내리자마자 그는 나에게 1년 전 생긴 수술자국을 보여주기 위해 바지 자락을 들어올렸다. 그리고 나서 그는 내가 그의 상관에게 자신의 망상체계를 정당화할 수 있도록 도와줄 수 있는지 물어보았다. 실제적으로 그의 수술은 오래 전에 치유되었고, 면담 동안 그는 지극히 정상이었다. 내가 떠나려 했을 때 그는 나를 붙잡아두고 따뜻해질 수 있는 길을 찾고 있었던 것으로 추측된다. 차 안이 너무 추웠다.

　오스왈드의 간헐적인 피해망상이 그를 연구대상자 중 제일 분명한 '정신질환자'로 만든 것은 아니었다. 진짜 비극은 그가 사람들에게 어떻게 접근하는지를 잊어버렸다는 것이다. 모든 증거를 통해 보면 오스왈드의 아동기와 청소년기 발달은 중간 정도에 드는 것이었다. 실제로 오스왈드는 '매우 헌신적인 가정'에서 자라났다. 이는 굿하트의 경우보다 훨씬 더 안정적인 것으로 보인다. 무정보평가자는 그의 어린 시절을 평균 이상이라고 채점했다.

오스왈드는 고등학교시절 운동선수이자 최상의 소년단원이었다. 그의 어머니에 따르면 그는 늘 다른 이들에게 사려 깊고, 이웃의 많은 젊은이들의 '등불'이라 "불렸다". 오스왈드가 그랜트연구에 참가했을 때 연구자들은 그를 "명석하고 분별력 있고 야심만만하며 매력적이고 매우 균형이 잡혀 있다"고 했고, 그가 "몸에 밴 매너와 유머감각 그리고 상당한 위엄을 갖춘 뛰어난 사회적 능력"을 지니고 있다고 관찰했다. 의사는 그를 "다소 육체적으로 정신적으로 미성숙한, 매우 유쾌하고 매력적이고 매너 좋고 튼튼한 소년"으로, 그러나 "야심만만하고 조심스럽고 언행에 있어 매우 점잖다"라고 했다.

오스왈드의 양육에서 가장 큰 흠은 다만 그것이 너무 엄격했다는 것이었다. 따라서 대학 때 그의 가장 큰 결점은 그의 양심이 너무나 엄격하다는 것이었다. 그럼에도 불구하고 대학시절의 오스왈드를 보면서, 중년기 침체의 절망 속에서 명령을 망상적으로 투사하고 같은 병실의 환자가 자신을 마약단속반에 걸리게 하기 위해 벽에다 마리화나를 뿌렸다고 주장하는 그런 사나이를 예언할 수는 없었다. 과거를 되돌아보면 나는 그의 어린 시절 기로에서 그의 편집증과 말년의 우울증을 설명할 수 있는 실마리를 끄집어낼 수는 있다. 그러나 미래를 추적하는 방식으로 수집된 증거는 나의 사후추론을 약화시켰다. 오스왈드의 경우 그랜트연구의 종단적 자료는 그의 정신병리적 증상을 더 한층 신비스럽게 만들었다.

프랜시스 오스왈드의 어린 시절은 불행하지 않았고, 심지어 회고적으로 돌이켜 보더라도 그에 대한 가족의 관심은 적절한 것 같았다. 대학원 시절 논문지도 교수는 그를 아들처럼 사랑했다. 그리고 오스왈드는 연구에 참가한 다른 대상자의 부인처럼 헌신적이었던 여자와 결혼했다. 문제는 다른 사람들을 멀어지게 했던, 세계를 바라보는 오스왈드의 방식이었다. 왜곡하는 자아가 '말'이었고, 사랑이 없는 것이 '수레'가 되었다(올리버 케인은 불행한 어린 시절을 보냈지만 성숙한 방어들을 가졌다는 것을 기억하라).

오스왈드의 청소년시절에 미래의 고독을 짐작케 하는 조짐이 있었다. 대학교 때 오스왈드와 가장 친했던 두 친구가 연구자들에 의해 비사교적이고 고립되었다고 여겨졌던 그랜트연구의 대상자들이었고, 오스왈드처럼 외로운 사람에 속했다는 사실이 우연은 아닌 것 같다. 비록 그가 다재다능한 고등학교 운동선수였지만 대학교에서 크로스컨트리 달리기 같은 고독한 운동만을 택했다. 대학생활 동안 그의 애인은 1,600 km 떨어져 있었다. 그는 자신이 그녀를 차 버리고 대학근처의 여자를 사귄다면 그 애인은 마술에 의해 노처녀나 혹은 음탕한 바람둥이가 될 것이라고 상상했다. 그러나 자신이 멀리 떨어져 있어도 성실했음에도 불구하고 그는 그녀가 결혼하자고 재촉한다는 사실에 겁을 먹었다. 전쟁 후에 오스왈드는 계속적인 악몽에 시달렸다. 꿈속에서 그는 감옥 안에 갇혀 있었는데, 안으로 침입하려는 '약탈자들'에게 창살 사이로 총을 쏘아 이를 방어했다.

외로운 사람은 삶의 진실을 배우는 데 평균 이상의 어려움이 있는 것 같았다. 따라서 비록 오스왈드가 아버지를 의사로 둔 생물학전공자였지만 대다수의 대상자들보다도 그는 자위행위에 더 혼란스러워했다. 그리고 연구에 참가한 정신의학자들은 "프랜시스는 자위행위에 대해서 어떤 정확한 정보나 충고도 결코 받은 적이 없었다"라고 기록했다. 20세 때 연구진은 다음과 같이 관찰했다.

주요 문제는 이 소년의 감수성이 거의 편집증에 도달해 있다는 것이다. 그는 자신이 듣는 많은 말들이 그것들이 소리나는 방식과 다른 의미를 지닌다고 생각한다.

결과적으로 대학시절 그의 건전함에 대한 평가는 A에서 B로 깎였다. 그러나 판단은 아직도 정신적인 건강함을 분명히 보장해 주는 것이었다.

26세 때 프랜시스 오스왈드는 성에 대한 생각이 지속적으로 자신의 사고에 침범해서 긴장해 있는 것을 알았다. 그러나 그는 여성에게 가까이 접근할 수 없었고, 누구에게서든 흠을 잡았다. 곤경에 처했을 때에 대한 그의 좌우명은 "나는 일반적으로 개인적인 관계에 대해, 특히 남자라는 것에 대해 너무나도 환멸을 느낀다"라는 것이었다. 30세 때 전에 그를 굉장히 좋게 생각했던 의사가 다음과 같이 썼다.

프랜시스는 사람들의 동기를 의심한다. 그리고 그는 다른 사람에게 행여 폭력을 쓰지 않도록 자제해야 한다고 느꼈다.

그리고 나서 반동형성이 투사를 완전히 대신하게 되어 오스왈드는 자신의 점증하는 불신에 대해 망각하게 되었다. "나는 사람들이 그렇지 않다는 것이 판명되기 전까지 그들을 믿는 경향이 아직도 있다. 나는 바로 이 점 때문에 몇 번인가 고통을 받았다."

중년기에 들어서 오스왈드의 세상에 대한 불신은 그를 압도했다. 첫째로, 냉정한 학교당국이 그의 승진을 막는 듯했다. 그리고 나서는 동료교수들이 그를 경계하게 되었다. 결국 그는 "내 상관이 나를 의심하기 시작했다"고 말했다. 즉, 그를 공산주의 첩자, 약물중독자라고 믿는다는 것이었다. 오스왈드는 점차적으로 알코올에 의존하게 되었고, 모든 비난을 투사했다. 그는 "두 큰 애들에 대한 스트레스가 내가 마시는 맥주의 양을 증가시켰다"고 썼다. 그는 살이 쪘고, 실수하기 일쑤였으며, 고혈압과 만성적인 등의 통증으로 고생했다.

이 모든 것이 오스왈드가 사랑하는 것을 힘들어하게 된 것에 대한 전조였다. 나이 26세에 아직도 숫총각인 채 오스왈드는 "결혼 전에도 후에도 가장 지속적인 친구"였던 콜리 종의 개를 끔찍하게 사랑했다.

그는 개와 함께 숲에서 한 번에 몇 달씩 지내곤 했다. 20년이 지난 후 그는 취한 채로 한밤중에 멀리 떨어져 있는 친구들에게 전화를 걸곤 했다. 그러나 내가 가까운 이웃에 있는 친구들에 대해 물어보았을 때 그는 그가 받았던 크리스마스 카드의 수로 이들에 대해 이야기할 수 있을 뿐이었다. 그는 2,400 km나 떨어진 그랜트연구를 믿고 도움을 청했다. 휴가중 그는 외로운 탑 안에서 근무하는 소방감독자와 쉽게 친구가 되었다. 그러나 그는 직장에서는 결코 친구를 만들지 않았다. 오히려 그는 자신의 동료들을 야심만만한 '정치가'이거나 혹은 그들의 연구를 자신에게 떠맡기려는 술수가들로 생각했다. 편집증환자들은 사랑을 갈구하는 만큼이나 지독하게 사랑을 두려워한다.

죽기 전에 오스왈드는 플로리다 대소택지를 구하려는 단체에서 무료로 자문역을 했다. 나는 그에게 일을 하게 영향을 준 역할모델이 누구냐고 물어보았고, 그는 조그만 대학에서 일하다 싫증이 나서 사회사업가가 된 한 대상자에 관해 말했다. 그러나 오스왈드는 단지 그런 사람이 있다는 것을 알기만 할 뿐이었고, 이들은 결코 친구가 아니었다. 오스왈드는 내게 만약 TV 인터뷰 동안 누군가가 다른 사람에게 친절한 말이라도 하면 자기는 울기 시작하곤 한다고 말했다. 그러나 그의 가장 오래된 친구에 관해 말해 달라고 하였을 때, 그는 "크리스마스 때 한 문장도 채 안 되는 인사말"을 적어 보내는, 14년 동안 보지 못한 전우에 관해 말했다. 갑자기 그의 기억이 홍수처럼 쏟아졌다. "저는 정말 그 친구를 매우 좋아합니다." 그리고 오스왈드는 "그 망할 놈이 제게 편지를 한 통도 안 쓰지요"라고 말하며 웃었다. 그는 혹시 자신이 내년에 서부로 여행을 할 때 그 친구를 보게 될지도 모르겠다고 말했다. 나는 오스왈드에게 그가 가장 편하게 부담을 줄 수 있는 친구에 관해 말해 달라고 하였다. 그는 하루에 16시간 동안 일하고, 11시 반에서 12시 사이에 점심을 하는데 그 시간이 이야기를 나누는 유일한 시간인 그런 친구에 관해 이야기를 했다. 그런 사람에게는 도움을 요청할 것 같지 않게 보인다고 내가 말하자 그는 미소지으며, "그러나 그는 그런 사람이지요"라고 의기양양하게 말했다.

프랜시스 오스왈드는 가족으로부터 매우 심각하게 고립되어 있었다. 1952년에 그의 어머니가 죽을 때까지 그는 자신의 형제나 누이를 만나보지 않았다. 1962년에는 그는 형의 장례식에 가지 않았다. 그의 누이에 관해 따뜻하게 말하면서 그는 "저는 그녀의 가족이나 아이들을 만나본 적이 없지만 제가 생각하기에 우리 모두는 상당히 친하답니다" 라고 덧붙였다. 이쯤 되자 나는 뼛속까지 추워졌다.

비록 제 9장에서 오스왈드가 편집증적 성격의 전형처럼 그려졌지만, 그럼에도 불구하고 그는 그랜트연구에 대해 완전한 신뢰를 보냈다. 수년 동안 우리 연구자들은 그에게 특별한 애정을 느꼈다. 그러나 오스왈드가 나이를 먹으면 먹을수록 그의 투사와 환상은 더욱 더 많아졌다. 그의 반동형성은 귀머거리나 퇴화하는 뇌의 질병을 지닌 사람들에게서 은밀하게 나타나듯이 투사와 자기파괴로 대치되었다. 방어가 퇴행해 감에 따라 오스왈드는 점점 더 사랑하는 능력을 잃어갔다. 진실로 2차 세계대전의 폭력은 지울 수 없는 상처를 남겼다. 그리고 그는 나이 30세에 부모를 모두 잃었던 것이 사실이다. 말년의 그의 음주는 알코올중독적인 측면에까지 이르렀다. 그러나 나의 가장 정확한 추측은 오스왈드가 생물학적 근원을 지닌 우울로 고생했다는 것이다.

2) 부성 (Fatherhood)

일반적으로 그랜트연구에 참가했던 대상자들의 정신건강은 그들의 자녀와의 관계에서 반영되었다. 내가 연구를 통해 가장 뛰어난 그리고 가장 유명한 성공을 한 대상자 중 하나에게 사람들이 무엇 때문에 그를 존경하느냐고 묻자 그는 주저하지 않고 "제 아내와 가족들 때문에 존경받습니다"라고 대답했다. 나는 그를 정서적인 한계가 없고, 친구를 만드는 탁월한 능력이 있는 굉장히 성공한 사업가로 보았다. 그러나 그는 고대 로마의 코르넬리아(Cornelia)*가 자신에 대해 생각했던 것과 똑같은 관점에서 자신을 보았다. 즉, 가족이 그의 보석이었다.

1975년에 15세 혹은 그 이상 되었을 자녀들에 관한 격년제 질문지의 대답을 제외하고는 두 명의 독립적인 평가자들은 연구대상자들에 대한 어떤 정보도 가지고 있지 않았다. 평가자들은 각 대상자가 그들의 자녀들과 얼마나 친밀하고 또한 자녀들의 '전반적인 적응'과 얼마나 밀접한지를 평가했다. 전반적인 적응에는 자녀들의 동년배들과의 사회적 관계, 정서적 건강과 학업성적이 포함되었다. 평가할 당시 자녀들의 평균연령은 22세였다. 예를 들어 정서적 건강이 1에 해당되는 평가는 "뚜렷한 우울, 위기 혹은 비행의 기간이 없는 행복한 젊은이"를 나타내었다. 그리고 4의 평가는 "지속적으로 정서적 문제가 있고 불량한 적응, 비행, 정신분열증 그리고 혹은 정신과적인 입원"을 나타냈다 (자녀들의 적응이 어떻게 평가되었는지는 부록의 상세한 설명을 보라). 비록 자녀들의 적응에 대한 이러한 판단은 인상에 의한 것이었다고 하더라도 세월이 흐르면서 자녀들 사이의 지속적인 차이는 너무나 분명해졌다. 그리고 평가자들간에 상당한 일치가 있었다.

상대적으로 좋은 아버지의 한 사람이며 우호적인 사람 중 한 사람인 대상자에게서 나온 다음의 예를 고려해 보자. 그는 자신의 16세 된 아들 프레더릭이 "걱정 많은 사람(worrier)이고, 다른 사람의 감정에 매우 예민하다. 주의집중을 하는 놀라운 능력이 있다. 과묵하고 특별히 음악과 운동에서 선천적인 리더이다. 매우 특별한 재능을 지녔다. 그의 선생님들에 따르면 직업적인 바이올린 연주자가 될 수 있다고 한다. 그러나 체육, 생물학, 화학에도 흥미가 있다. 매우 운동신경이 좋다. 여러 팀의 주장이고 여자친구가 있다"고 썼다.

17세 때에도 프레더릭은 여전히 다음과 같았다. "의대에 진학하는 것에 흥미가 있는 운동선수이다. 그러나 생물학을 전공한다. 차분하고 느긋하다. 많은 재능을 지니고 있다. 잘 조직화되었고 한 우물을

---

* 기원전 2세기경의 로마의 현모양처이며 로마의 민권옹호자였던 가미우스와 티베리우스 그라추스 형제의 어머니 — 옮긴이.

판다."19세에 이르자 그는 다음과 같은 스탠퍼드대학교 2학년이 되어 있었다. "시골을 좋아하고 도시를 싫어한다. 생물학과 신경생리학에 흥미가 있다. 그애는 다음주에 올림픽예선 조정경기에 참가한다. 매사를 잘하면서도 이 사실을 모른다. 여동생이 그애를 따른다."

21세에 프레더릭은 전공을 신경생리학으로 바꾸었으며 여전히 다음과 같았다. "예일대학교 대학원에서 입학허가를 받았다. 지금은 양심적인 병역기피자이다. 하마터면 해병대에 입대할 뻔했다. 의사가 될 것이다. 매우 예민하다."

그의 딸에 대한 보고도 이처럼 열렬했다.

30명의 적응을 잘한 사람의 자녀들과 30명의 적응을 잘하지 못한 사람의 자녀들을 비교했을 때 그 차이는 극적이었다. 그러나 자녀들의 적응을 평가했던 사람들은 그들 아버지의 적응에 관해서는 아무런 정보도 없었다. 아버지에게 걱정과 고통을 불러일으키지 않았던 청소년 자녀는 없었다. 그러나 일단 청소년시절의 폭풍이 잠잠해지자 두 집단의 자녀들은 그들의 아버지만큼이나 달라보였다. 적응을 잘한 사람의 자녀 중 절반이 일류대학교에 진학했다. 적응을 잘하지 못한 사람의 자녀들 중에는 이에 해당되는 사람이 1/6밖에 안 되었다. 적응을 잘하지 못한 사람도 적응을 잘한 사람만큼 똑똑했다. 돈도 문제가 아니었다. 오히려 적응을 잘하지 못한 사람의 자녀는 자기 아버지의 교육적 수준과 동일시할 능력이 부족하거나 동일시하려고 하지 않은 듯했다.

적응을 잘하지 못한 사람의 자녀들이 고등학교와 대학을 중퇴하는 경우가 2배 가량 되었다. 적응을 잘한 사람의 자녀의 2/3가 정서적으로, 사회적으로 성공적이라고 판단되었다. 반면 적응을 잘하지 못한 사람의 자녀 중 오직 1/3만이 이에 해당되었다. 비교적 적응을 잘한 사람의 자녀 7명 중 1명이, 그러나 적응을 못한 사람들의 자녀 중 거의 절반이 지속적으로 불행하고, 불만족스러워 하며 책임을 거부하는 것 같았다.

이러한 발견에 대해 여러 설명이 가능하다. 첫째로, 투사가 한몫을 했을지도 모른다. 성공하지 못한 대상자는 자신의 자녀들이 그들 스스로의 삶의 어두움 속에 갇혀 있다고 상상할지도 모른다. 반면 비교적 적응을 잘한 사람은 자녀들에게 그들 자신의 성공적 열기를 듬뿍 받게 했을지도 모른다. 그러나 편향된 보고가 대학선택의 차이 혹은 비교적 적응을 잘한 사람들의 88명의 자녀 중 오직 한 명만이, 그리고 적응을 잘하지 못한 사람들의 57명의 자녀 중 5명이 심각한 비행청소년이었거나 정신과에 입원을 요했다는 사실에 대한 설명이 될 수는 없었다.

둘째, 이를 비슷한 사람끼리 결혼을 했다고 설명할 수 있다. 사랑할 줄 아는 대상자는 대체로 행복한 결혼생활을 했고, 이들 자녀들의 월등한 적응은 더 좋은 어머니와 안정된 가정에 의해 설명될 수 있다. 그러므로 아마도 잘 적응한 자녀와 잘 적응한 아버지 간의 관계는 우연에 불과할 수도 있다. 그러나 밝혀진 바에 따르면 결혼생활의 질은 자녀들의 적응보다 대상자들의 전반적인 사랑하는 능력에 더 상관되어 있었다. 이는 어머니가 중요하지 않았다고 말하는 것이 아니다. 다만 아버지가 중요했다고 말하는 것뿐이다.

셋째로, 아마도 유전적인 요인이 답이 될 수 있을 것이다. 유전적인 영향을 배제할 수는 없지만, 환경적인 영향에서 유전적인 요인을 분리한 모든 연구에서 위의 상관이 일차적으로 부모에게서 물려받은 것이 아님을 시사했다. 정신병 가족력 그 자체는 대상자들 스스로의 적응에 영향을 미치지 않은 것처럼 자녀들의 적응에도 영향을 미치지 않았다.

환경이 중요했고, 아버지의 정서적 성숙도는 이들의 자녀들이 얼마나 잘될 것인가와 밀접히 상관되어 있었다. '서툰 아버지들'(the poor fathers)은 대학시절에 정서적 건전함에 있어 'C'를 받았던 경우가 3배나 더 많았다. 그리고 이들이 성인이 되어 정신적으로 병들어 있었던 경우가 8배나 더 많았다. 이들의 성인기 삶 동안 '훌륭한 아버지'(the best fathers) 중 1/10과 그리고 가장 서툰 아버지 중 절반이 주로 미성숙한 방어기제를 이용했다. 프랜시스 오스왈드의 경우처럼 아버지의 환상과 투사는 불행한 자녀들과 가장 밀접히 연관되어 있는 방어였다.

훌륭한 아버지의 절반이, 그리고 최고로 나쁜 아버지들의 1/10만이 상대적으로 행복했던 어린 시절을 보냈다. 그랜트연구에 참가했던 대상자들의 어머니들이 손자들의 적응에 미쳤던 영향을 통계적으로 나타낼 수는 없었다. 그러나 자신의 아버지와 소원한 관계를 맺었던 대상자들은 특별히 그들 스스로 좋지 않은 아버지가 되는 것 같았다.

사회적 변인들은 서툰 아버지와 좋은 아버지를 구분하는 데 아무런 역할도 하지 않았다. 많은 하인들을 통해서 부모의 영향이 완화되었던 상류사회 가정에서 자라난 대상자들이 가족들끼리 친밀하게 엮인 중류계급 가정에서 자라난 사람들보다 더 나쁜 아버지가 된 것은 아니었다. 후자의 사람들이 대학졸업 후 처음에는 더 많은 경제적 좌절을 겪으며 사회적으로 불이익을 당했으나, 사회적으로 신분이 상승한 사람들보다 더 좋은 아버지가 된 것도 아니었다. 사회적 신분이 상승한 많은 대상자들이 나쁜 아버지가 되었지만 사회적 신분이 하강한 많은 대상자들 역시 그러했다.

에릭 에릭슨이 중년기의 성숙도를 파악할 수 있다고 한, 남을 돌보는 능력에 외로운 사람들은 좀처럼 도달하지 못했다. 생산적이 되지 못했던 프랜시스 오스왈드 자신의 실패는 우연히 저지른 말의 실수로 강하게 드러났다. 그에게 가장 큰 걱정이 무엇이냐고 물어보자 그는 "제 가족을 부양할 수 있을까 봐 걱정됩니다"라고 대답하였다. 원래 그는 "부양할 수 없을까 봐"라는 뜻으로 말했던 것이다.

비록 오스왈드 자신의 어린 시절의 상대적으로 좋은 판정을 받았지만 대상자들의 자녀의 삶에만 초점을 맞춘 무정보평가자는 오직 태리타운 박사만을 나쁜 아버지라고 인식하였다. 오스왈드의 실패는 2년에 한 번씩 대답한 질문지를 통해 연대순으로 기록되었다. 맏아들 윌리엄이 8세가 되었을 때 그는 다음과 같이 썼다.

두 큰 애들 윌리엄과 제인 사이에 문제가 있어서 제인이 극단적으로 위축되었기 때문에 우리는 보스턴에 있는 소아정신과 의사와 상담했다. 제인의 회복은 진저리가 날 정도로 느리고, 돈, 시간, 정신적 에너지의 소비는 아내와 나 모두를 혼란스럽게 한다.

다음 10년 동안 제인의 적응은 계속적인 걱정거리의 근원이 되었다. 후에 오스왈드는 다음과 같이 썼다.

16살이 된 제인은 계속 정신과에 다닌다. 지금 2년 반이나 됐다! 그리고 지금까지 그애가 부모에 반항하려고 저조한 성적을 받는 것을 멈추게 하는 데 아무런 진전이 없다. … 그애가 전반적으로 A나 B를 받을 수 있기 때문에 나는 이 모든 일에 대해 너무나 실망한다. … 제인은 큰 상점에서 자질구레한 물건을 훔쳤다. 경비원이 돈을 내고 그애를 데려가라고 전화를 걸었다.

그애는 매우 총명하지만 혼란스럽다. 그애는 창조적이나 그렇게 성급하지만 않다면 훨씬 더 창조적이 될 것이다. 그애는 종종 자제력을 잃고 자신에게 가장 유용한 것들을 부수어 버리거나 혹은 자신이 창조한 바로 그 물건들을 파괴한다.

그는 20세 된 제인에 대해 다음과 같이 적었다.

힘들었다가 매우 만족스러웠다가를 반복한다. 그애는 아이 셋 중에서 가장 문제를 많이 일으킨다. 그애는 당신이 믿지 못할 정도로 일부러 꾸물거릴 수 있다. 그러나 또한 믿을 수 없을 정도로 매우 열심일 수도 있다. 그애는 한 학기를 빼먹은 후 뉴욕의 시립대학에 다닌다. 어느 쪽으로 가야 할지 너무 모른다. 환상적인 운동신경으로 배드민턴과 테니스에 적극적이다.

오스왈드는 15세 된 아들 윌리엄이 "많은 일에 불만족스러워 하고 약간 게으르다"라고 썼다. 19세에 "윌리엄은 다른 친구들과 함께 아파트로 이사했다. 이는 그의 정신과의사의 간접적인 그리고 때때로 직접적인 강요로 실행되었다. 그애는 집에서 보여왔던 것보다 더한 적대감을 가지고 집을 뛰쳐나갔다. 그애는 이번 학기에 전문대학에 입학한다. 나는 그애가 나 때문에 실패했다고 느낀다. 그애의 저조한 학업성적은 부모, 특히 나를 겨냥한 것이다.” 1년후 오스왈드는 20세 된 아들 윌리엄이 “작년 겨울에 결혼했다. 현실에 뿌리를 내리고 훨씬 더 진지해졌다”라고 희망적으로 썼다. 그 후에 그는 내게 “결혼한 지 2년도 채 안 되어서 윌리엄의 아내가 아들과 이혼했습니다. 며느리가 그것을 원했고, 아들녀석은 원하지 않았죠. 지난 6월에 그애가 집에 있었을 때 우리는 이제껏 중 최상의 대화를 나누었습니다”라고 말했다. 결국 오스왈드는 희망적으로 “윌리엄은 이제 어른이 되었다. 그애는 브랙요새에서 사병으로 근무하고 있다. 그애는 3주에 2번 주말에 집에 온다. 제대하면 복학할 계획을 세우고 있다. 지금은 이곳 저곳 돌아다니는 데 즐거움을 갖고 있다.” 그의 셋째 아이에 대해 오스왈드는 “두 아이와의 관계를 그렇게 망쳐 놓고 다음 아이와 어떻게 그렇게 잘 지낼 수 있는지 나도 이해할 수 없다”고 썼다.

투사의 가장 큰 위험은 이러한 편집증적 성격이 자신의 부모와 가졌던 어려움을 자녀들과도 되풀이하게끔 한다는 것이다. 악몽이나 편견에서처럼 사소한 잘못들이 놀랄 만큼 과장된다. 처음에는 그 자신의 분노를 부모에게 투사했기 때문에 편집증적 어린이는 자신이 투사한 분노 때문에 학대받는다고 상상한다. 후에 그는 자신이 대접받았다고 상상하는 방식으로 자녀들을 무의식적으로 대한다. 따라서 프랜시스 오스왈드는 아들이 “대부분의 행동이 항상 나를 골탕먹이려고 고의적으로 계산된 것이다”라고 보았고, 제인과 윌리엄 둘 다 “아내와 나를 괴롭히려 한다”고 두려워했다. 그러나 실제적으로 지나치게 엄격하고 자녀들의 삶을 위험하게 했던 것은 바로 오스왈드 자신이었다. 메인주 바닷가에서 자신의 딸과 항해도중 폭풍우 속에서 길을 잃어버린 후 오스왈드는 다음과 같이 썼다.

딸애는 항해를 계속하기에는 너무 지쳐서 조타수석에 앉아 조용히 울고 있었다. 이는 내가 소년이었을 때 우리 아버지와 메릴랜드 해변에서 벗어나 안개 속에서 길을 잃은 것을 생각나게 했다. 모터보트 안에서 맴을 돌듯 그리고 항해 후 제자리로 돌아오듯, 한 세대에서 다음 세대로 가치와 태도와 전수된다는 사실이 나를 놀라게 한다.

프랜시스 오스왈드가 나를 태우고 대소택지로 가는 입구를 찾아헤맬 때 나는 이 사실을 떠올리고는 섬뜩해졌다.

3) 결혼

좋은 결혼은 좋은 정신건강만큼이나 정의하기 힘들며, 그 개념은 어느 모로 보나 가치가 개입되어 있다. 우리 사회에서 결혼의 역할에 대한 의문이 커지고 있다. 심지어 어떤 사람에게는 이 연구에 기본을 이루는 증거들조차 매우 시대에 뒤떨어진 것으로 보일 정도이다. 결혼이란 단순히 시대에 뒤떨어진 관습이 아닌가? 구닥다리 국수주의적 시대의 백인 중산층 남녀들 사이에서 성행한 한때의 유행이 아닌가? 물론 충분히 그럴 가능성이 있다. 그러나 혹시 누군가 역사의 한 시점에서의 미국 중산층 문화의 한계점을 받아들인다면 그랜트연구는 다음의 몇 가지 질문에 해답을 줄 수 있다. 이혼하는 것이 이혼하지 않는 것보다 더 건강하게 되는 때는 언제인가? 안정된 결혼생활에서 성적인 적응은 얼마만큼 중요한가? 행복한 결혼생활이 정신건강의 지표라는 것은 사실인가? 정말로 행복한 결혼생활이라는 것이 있는가?

그랜트연구에서 보면 세월이 지나도 행복한 결혼생활을 유지하는 대상자들의 능력만큼 분명하게 정신건강을 예언하는 한 가지 종단적인 변인도 아마 없을 것이다. 한 사람이 여러 해에 걸친 자신의 결혼생활을 어떻게 묘사하느냐 하는 것이 정신적 질병을 가졌다거나 혹은 가지지 않았다고 분류되는 보다 객관적인 사실만큼이나 효과적으로 그의 직업적 성공, 사용하는 방어의 상대적 성숙성 그리고 자신의 행복에 대한 주관적 판단을 예언해 준다.

이 사실을 살펴보기에 앞서 행복한 결혼생활이 존재한다는 것을 분명히 하고 이것을 어떻게 알아냈는지 설명하는 것이 필요하다. 1954년, 1967년, 1972년에 대상자들은 결혼생활의 안정성, 이혼을 고려한 정도, 성생활에 대해 만족하는 정도, 그리고 결혼생활의 불일치를 해결하는 데 상대적으로 얼마나 용이한가에 관한 선다형 질문지에 답했다. 1967년에 이들의 부인들도 똑같은 질문지에 답했다.

95명의 대상자 중 26명이 자신의 결혼생활이 "안정적이고", 이혼을 "결코 고려해 본 적이 없으며", 성적 적응이 아직도 "만족스럽다" 혹은 "매우 만족스럽다"고 생각한다고 일관되게 보고했다. 그리고 이들의 부인도 이와 일치했다. 이들 대상자들은 모두 최하 10년 동안 그리고 평균 20년 동안 결혼생활을 해왔다. 따라서 25년의 성인기를 보낸 후 95명의 대상자 중에서 26명의 안정되고 즐거운 결혼생활이 있었다. 나는 앞으로 이러한 결혼을 '행복한 결혼'이라고 부를 것이다.

행복한 결혼생활을 하는 대상자들을 어떻게 알아볼 것인가? 냉소적인 사람들은 아마 이러한 대상자들을 거짓말쟁이거나 혹은 폴리아나라고 간주할 것이다. 그러나 해리와 반동형성, 즉 바꿔 말하면 사용자들에게 불쾌한 정서적 현실을 거부하고 행복한 신화로 대치하게 한 적응양식은 자신의 결혼생활이 불행하다고 보는 사람들에게서 훨씬 자주 이용되었다. 나는 연구에 참가한 사람들이 자신의 결혼생활에 대해 그들 자신에게 결코 거짓말을 하지 않았다고 말하려는 것이 아니다. 나는 다만 수십 년이 지난 후 이러한 자기기만이 소용없게 되었다는 것을 강조하고 싶을 뿐이다. 반면에 억제는 오래 지속되는 행복한 결혼생활과 강력하게 상관이 있었다.

자신의 결혼생활에 대한 이들 대상자들의 의견의 타당성을 검증하는 두 번째 방법은 시간이 더 지나도록 놔두는 것이었다. 1967년에 가장 안정적으로 보였던 26명의 행복한 결혼생활을 하는 사람들은 18명의 불행한 결혼생활을 하는 사람들과 1972년에 대조를 이루었다. 1967년에 18명의 대상자들은 결혼생활을 계속 유지했는데, 그러나 이들은 결혼생활이 "불안정"하고, 성적 적응은 "원하는 만큼 좋지 않다"거나 "나쁘다"라고 보았고, 적어도 "문득문득" 이혼을 고려한다고 했다. 만약 결혼생활을 양분하는 준거가 완전히 덧없는 것이거나 혹은 거짓말에 의한 것이라면 5년이 지난 후 몇몇의 행복한 결혼생활은 깨져 있고, 그러나 좀더 정직하게 평가되었던 몇몇의 불행한 결혼생활은 좋아졌을 것이다. 그러나 행복한 결혼생활을 하고 있다고 주장한 26명의 대상자 중 23명이 1972년에 아직도 자신의 결혼생활이 완전히 만족스럽다고 보았다. 불행한 결혼생활을 한 18명의 대상자 중 오직 4명만이 5년이 흐른 후 자신의 결혼생활이 조금이라도 나아졌다고 평가했다. 다른 14명의 대상자 중 4명이 실제적으로 이혼했고, 6명이 자신의 결혼생활이 더욱 더 악화되었다고 믿었다. 그리고 이들의 부인도 이에 동의했다.

이혼을 하고 두 번째 결혼을 한 대상자와, 비록 불행하더라도 자신의 원래 부인과 첫 번째 결혼생활을 유지하는 대상자들을 비교하는 것은 흥미로웠다. 이혼이 모든 종류의 정신질환자에게서 더 빈번히 일어난다는 명백한 증거가 있다. [4] 그러나 또한 만성적으로 불행한 결혼생활에서 오직 이혼만이 새롭고 안정된 결혼생활의 가능성을 열 수 있다는 데는 거의 의문의 여지가 없다. 이혼을 고려하는 친구를 보면서 많은 사람들이 자신과 내적인 토론을 계속한다. 한편으로 이혼은 가정의 안정성을 어기는 것이고, 종교적 선서를 파기하는 것이며, 또 불행한 어린이들을 양산한다. 다른 한편으로는 이혼은 낡아빠진 사회적 관례들과 경직된 부모로서의 도덕성에서 벗어나는 것이며, 만성적으로 고통받아왔던 정서적인 감옥에서 탈출하는 것을 허용하고, 실제적으로 전투중인 부모 사이에서 누구편도 들 수 없는 불안정한 상태에서 아이들을 구해줄 것이다. 따라서 그랜트연구에 참가한 재혼자들의 운명은 커다란 관심거리가 되었다.

1967년 이혼한 상태였던 17명의 대상자 중 14명이 1973년에 이르러 재혼한 지 1년 이상이 되었다. 이러한 14명의 재혼 중에서 8명은 또 이혼으로 끝나고 말았고, 좋은 결혼생활의 범주를 벗어나는 결점들을 보여주는 경우가 4명 더 있었다. 다른 말로 하면 14명의 재혼자 중 오직 둘만이 — 비록 그 당시 모두 짧은 기간의 결혼생활을 했지만 — 분명하게 행복한 것으로 보였다.

이들의 결혼에 대한 선다형 진술의 타당도를 시험하는 또 다른 방법은 이들이 자신의 결혼생활에 대해 말한 것을 조사하는 것이다. 행복한 결혼생활을 유지한 한 대상자는 다음과 같이 썼다.

나는 이보다 더 행복한 결혼생활을 바랄 수 없다. 우리는 처음부터 사이가 아주 좋았던 것 같다. 예를 들어 나는 우리의 첫 번째 데이트를 기억한다. 20년이 지난 지금에도 우리는 이 날을 축하하고 있다. 결혼 초기부터 상대방이 자신이 좋아하지 않는 일을 했을 때 우리는 이를 거리낌없이 말했다.

또 다른 대상자는 "우리의 결혼생활은 한 해 한 해 나아지고 있다. 나는 어떻게 내가 그렇게 선택을 잘 할 수 있었는지, 어떻게 그렇게 운이 좋았는지 모르겠다"라고 썼다. 세 번째 사람은 우리에게 "아내와 나는 더할 나위 없이 가까운 사이다. 많은 시간을 함께 즐긴다"라고 말했다.

이러한 진술들을 불행한 결혼생활을 한 대상자들의 그것과 대조해 보자. 한 대상자는 "지난 2년 동안 우리를 묶어주었던 것은 아이들과, 둘 중 어느 누구에게도 뾰족한 대안이 없었다는 것이었다. 그것은 타성이었다"라고 썼다. 다른 대상자는 "마누라가 접시를 던지면 나는 그것을 붙잡는다. 나는 절대로 접시를 되던지지 않았다. 마누라가 나를 때려도, 비록 제정신이 들게 한 대 찰싹 때리기는 해도 나는 결코 마누라를 때리지 않는다"고 썼다. 이 대상자는 결코 이혼을 고려해 본

적이 없었다. 그러나 그가 자신의 성적 적응을 "나쁘다"라고 했고, 자신의 결혼생활이 "매우 깨지기 쉽다"고 한 것은 놀라운 일이 아니다.

안정된 결혼생활이 정신건강의 지표라고 주장할 만한 증거는 무엇인가?

30명의 적응을 잘한 사람의 결혼생활과 30명의 적응을 잘하지 못한 사람의 결혼생활을 비교하면 대답은 분명해진다. 30명의 적응을 잘한 사람 모두가 결혼했으며, 성인기의 대부분을 결혼한 채로 보냈다. 이들이 47세가 되었을 때 오직 5명의 결혼생활만이 변변치 못한 것으로 나타났다. 그리고 2명이 이혼으로 끝났다. 이와 대조적으로 30명의 적응을 잘하지 못한 사람 중에서 오직 9명만이 안정적으로 결혼생활을 했으며, 대부분의 성인기를 독신인 채로 보낸 사람이 7명 더 있었다. 그리고 47세까지 30명의 적응을 잘하지 못한 사람은 모두 합해서 17번의 이혼을 했다.

다음의 인용문들은 20년 동안 만족스러운 결혼생활을 영위한 적응을 잘한 사람들을 특징짓고 있다.

나의 아내는 이제까지 내가 안 사람 중에서 가장 친절하고 사려 깊은 사람이다.
우리의 결혼은 완벽한 도전이었고 완벽한 흥분이었다.
아내와 테니스 복식팀을 이루는 것이 내 최고의 즐거움이다.
우리는 매우 행복하게 적응하고 있다. 나는 그녀가 자랑스럽다.
나는 아내를 사랑하고 자랑스럽게 생각한다. 그녀는 나의 가장 좋은 친구이다.
나는 아내가 자랑스럽다. 내가 이렇게 성공하지 않았다면 나는 그녀의 성공에 분개했을 것이다.
아내가 없는 행복이란 생각할 수도 없다.
아내와 함께 하기 때문에 사는 것이 훨씬 재미있다.
아내는 대단한 여자이다. 나와는 천생연분이다.

결혼생활은 예상보다 훨씬 쉽게 풀렸다. 우리는 많은 시간을 함께 보낸다.

우리의 결혼은 위대하다. 내 아내는 내게 일어난 일 중 최고의 것이다.

다음의 양가적인 인용문은 30명의 적응을 잘하지 못한 사람 중에서 가장 성공한 결혼생활을 하는 9명의 대상자들을 특징짓고 있다.

아내는 애정이 넘친다. 너무나 좋은 어머니이다.

그녀는 지배적인 사람이다. 결혼생활은 예상했던 것보다 훨씬 좋았다.

안정된 결혼생활이다. 그 이유는 하느님만이 아실 일이다. 결혼생활의 중심은 아내의 흥밋거리와 아내의 친구들이다.

그녀는 내게 잔소리를 한다. 그러나 정서적으로는 따뜻한 사람이다.

좋은 결정이었다. 그러나 그녀는 걱정이 많고 주의 깊은 완벽주의자이다.

나머지 21명의 적응을 잘 못한 사람 중 재혼을 했거나 첫 번째 결혼생활을 간신히 유지하는 사람들은 12명이었다. 이들 12명의 대상자들의 코멘트는 더욱 더 명백하게 양가적이다. 예를 들면 다음과 같다.

아내는 열등감을 가지고 있다. 나는 아내에게 성적으로 이끌리지 않는다.

나는 아내보다도 더 애정적이다 (주말을 제외하고 이들 부부는 따로 살았다).

아내는 그녀의 맥주를 좋아한다 (이들 부부 역시 따로 살았다).

이혼을 심각하게 고려했다. 그러나 아내 없이 사느니 아내를 참아내는 편이 더 쉽다.

아내의 공격은 때론 너무나 난폭해서 나를 울게 만든다. 나는 아내를 사랑한다고 생각한다.

우리는 각자 다른 방에서 잔다. 만약 다시 시작할 수 있다면 나는 딴 사람과 결혼하겠다.

<표 14-2> 행복한/불행한 결혼생활을 하는 이들간의 적응수준 비교

	1967년 현재 결혼적응		
	좋음 (26명)	나쁨 (18명)	이혼 (17명)
적응을 잘 못함(Worst Outcome)	8%	50%	59%
부모, 형제들과 소원함	12%	22%	41%
자녀들과 소원함	19%	31%	46%
자녀들의 정서상태가 좋지 않음	33%	44%	36%
연구대상자가 성인이 되어서도 어머니가 지배적임	4%	11%	47%
소극적 행동이 많음	35%	61%	35%
미성숙한 방어 사용	23%	39%	71%
친구가 별로 없음	8%	33%	53%
정신의학적인 질환을 앓고 있음	8%	50%	41%
약물과 알코올을 무절제하게 복용	8%	56%	41%
성에 대한 두려움을 표현한 적이 있음	0%	50%	41%

〈표 14-2〉는 행복한 결혼생활을 하는 26명의 대상자와 불행한 결혼생활을 간신히 유지하는 18명의 대상자 및 1968년까지 적어도 한 번 이혼을 했던 17명의 대상자들을 비교했다.

불행한 결혼생활을 하는 사람은 대개 자녀나 종교가 결혼생활을 지속케 하는 이유라고 언급했다. 확실히 불행한 결혼생활을 하는 사람들은 이혼한 사람들보다 훨씬 더 규칙적으로 교회에 참석했다. 한 대상자는 "이혼은 상상할 수도 없다. 따라서 나는 이를 억지로 참고 있다. 종교와 아이들만 아니었다면 우리 결혼은 아마도 15년 전에 끝장났을 것이다"라고 했다. 다른 대상자는 "욕망에 의해서뿐만 아니라 결심에 의해서도 결혼생활을 유지할 수 있다는 것을 받아들인다면 결혼생활은 안정적이게 된다"라고 썼다. 세 번째 대상자는 "우리가 이혼을 어떻게 해서라도 피하려는 후기 빅토리아시대 사람 같은 답답한 부부라는 이유 외에는 결혼생활을 고수할 만한 아무런 이유가 없다"라고 썼다. 불행한 결혼생활을 참아냈던 사람들은 이혼을 시도했던 사람들보다 삶의 다른 측면에서도 더 소극적인 것 같았다.

이혼했던 대상자들은 자신의 어머니가 21세가 지난 후에도 삶의 중요한 부분은 차지했었던 것 같다. 이들은 보다 더 미성숙한 방어를 사용하는 것 같았으며, 외로운 사람에 속하는 듯했다. 이들을 자주 정규적 종교생활에서뿐만 아니라 그들의 부모형제들과 다른 사회조직과의 관계에서도 고립되었다.

놀랍게도 행복한 결혼생활을 한 사람의 자녀들은 불행한 결혼생활을 하는 사람에게서 태어난 자녀들보다 아주 조금 정도 좋은 적응을 보였을 뿐이다. 그러나 불행한 결혼생활을 한 대상자가 자신의 자녀들과 사이가 더 먼 것 역시 진실이었다.

불행한 혹은 와해된 결혼생활을 하는 35명의 대상자들은 행복한 결혼생활을 하는 사람들보다 정신적인 질병이 있다고 진단받은 경우가 5배나 많았다. 이들 중 심리치료를 받았거나 기분전환용 약을 사용하는 경우가 역시 5배나 많았다. 이러한 발견은 분명히 성별에 의해, 그리고 문화에 의해 편향되어 있다. 버클리대학교의 인간발달연구소에서 나온 종단적 연구의 결과들은 미국 중산층 여성의 경우 결혼생활이 이들의 정신건강의 예언인자가 되기에는 불충분하다는 것을 보여준다.[5] 다른 문화와 다른 시대에서는 결혼생활의 성공은 아마도 정신건강과 전혀 관계가 없을지도 모른다. 그러나 매우 중요한 논점은 한 대상자가 실제로 이혼을 하느냐 마느냐 하는 것이 아니라 그가 20년 동안 다른 사람과 즐겁게 살 수 있는가 없는가에 관한 것인 듯하다.

앞장에서 보았듯이 어린 시절은 장차의 세상에 대한 신뢰와 친구관계 모두를 예언했다. 그러나 안정적인 결혼생활은 예언하지 못했다. 종종 결혼생활은 적응기제처럼 불행한 어린 시절을 보수(repairing)하기 위한 하나의 수단이 될 수 있는 것 같다. 몇몇의 사례에서, 예를 들어 허만 크랩과 프랜시스 오스왈드에서, 좋은 결혼생활이라는 외부 현실이 부적당한 방어양식에 대해 효과적인 해독제가 되었다. 오스왈드는 절대적으로 헌신적인 부인과 결혼했는데 그의 말을 빌리면 그녀는 "내가 아는 누구보다도 남들에게 사려 깊었다". 오스왈드의 고통스런 생애의 마지막 6년 동안 그의 내부의 방어양식은 정신병적이라고밖에는 말할 수 없을 정도였지만, 그러나 그의 부인은 그가 살아남을 수 있었던 중요한 이유였다.

연구가 진행되는 동안 만약 설문지가 대상자들의 성적 생활을 너무 꼬치꼬치 파고들 경우 질문지가 회수되지 않을 확률이 매우 높아진다는 사실이 분명해졌다. 따라서 해를 거듭할수록 체계적으로 모은 성적 적응에 관한 정보는 단지 대상자들이 이를 "매우 만족스럽다", "만족스럽다", "바라던 만큼은 좋지 않다" 혹은 "나쁘다"라고 여기는지 아닌지에 관한 것뿐이었다. 이런 식으로 평가된 성적 적응은 대상자들이 다양한 친구관계를 가지고 있는지 없는지, 스포츠를 잘하는지 못하는지, 성적으로 자극적인지 또는 남성적인 체격을 갖고 있는지 없는지 여부와 상관이 없었다. 정말로 프로이트식의 교리와는 반대로 성적 즐거움의 결여는 정신적인 질병에 대한 객관적인 증거와 단지 약한 상관만이 있을 뿐이었다. 미성숙한 방어를 사용하는 대상자의 성적 적응은 연구에 참가한 나머지 대상자들과 마찬가지로 좋았다. 그리고 프랜시스 오스왈드의 성적 적응은 굿하트의 그것보다 지속적으로 좋았다. 그래도 태초부터 지금까지 남녀관계에 대해 얌전한 체하는 여자들과 도덕가들은 '성격장애자'가 가장 많이 재미를 본다고 슬퍼해 왔다.

결혼생활에서의 지속적인 성적 만족은 다른 영역과 상관이 있었다. 생애를 통해 꾸준히 결혼생활에서 성적 적응에 만족을 느끼는 사람들은 전반적으로 훨씬 더 좋은 적응을 향유하며, 그들의 직업을 즐기고 경력상 성공을 거둔 것 같았다. 재미있게도 이런 사람들은 대학시절에 더 좋은 학점을 받은 듯했고, 성인기의 삶을 통해 인내심이 많고 절제하는 것처럼 보였다. 다른 각도에서 보면 자신의 성적 적응을 불행하다고 지속적으로 느끼는 대상자들은 우울하고 소극적이고 직업적 성공이 결여된 것으로 보이는 듯했고, 알코올과 진정제의 과다사용자들이 되는 듯했다.

결혼생활에서의 성적 불만족보다 훨씬 더 강력한 정신건강의 예언인자는 성에 대한 뚜렷한 두려움이었다. 결국 성적인 적응은 매우 많은 부분이 배우자에게 달려 있다. 그러나 성에 대한 두려움은 세상에 대한 불신과 밀접하게 연관되어 있었다. 예를 들어 불행한 결혼생활을 했거나 이혼을 한 35명의 대상자 중 절반이 성적인 관계에 대해 두려워하거나 불편해 하는 증거를 나타냈다. 이러한 단순사례는 행복한 결혼생활을 하는 대상자들 중에서는 한 사람에게서도 관찰되지 않았다. 그렇지만 남편이 50세가 될 때까지 성적 적응이 이상적이지 못한 행복한 결혼생활도 많았다.

결론적으로 성숙과 '생식성'(Genitality)*은 행복한 성적 적응으로 정의된다는 전통적인 프로이트식의 지혜는 이번 연구에 의해서 매우 약하게 지지되었을 뿐이다. 연구대상자가 50세 때 부부생활 혹은 혼외정사에서 지극한 기쁨을 발견하는가 아닌가보다 그가 친구, 아내, 부모 그리고 자녀를 사랑할 수 있는가 없는가가 정신건강과 생산성에 훨씬 더 나은 예언인자가 됨이 입증됐다.

45세가 될 때까지 프레더릭 라이온, 데이비드 굿하트 그리고 스티븐 코왈스키는 삶이란 게임에서 엄청난 성공을 거두었다. 그러나 만약 이들이 자신의 부인과 친구를 사랑하고 자신에게 의존하는 사람들을 돌보는 능력을 계발하지 않았다면 그 다음 10년은 하찮은 것이 되었을 것이다.

비록 내가 인간의 언어를 말하고 천사의 말을 한다 해도 사랑이 없다면 울리는 징이나 요란한 종과 같다.**

---

* 정신분석 이론에서 성관계를 맺는 상대에게 애정이나 행복 등의 완전한 만족감을 느끼게 되는 성격발달의 마지막 단계 — 옮긴이.
** 고린도전서 13장 1절 — 옮긴이.

제4부

결론

제 15 장

성숙하는 자아

그가(로이 캄파넬라) 레버를 밀었다. 그리고 휠체어는 부러진 몸을 싣고서 힘차게 출발하였으며 내 곁을 떠났다. 그리고 아마도 로이 캄파넬라도 역시 운동선수의 수고한 부상 속에, 또 인간들의 눈부신 궁궐 내에 갇혀 있지만 그러나 인간의 영혼을 도약시키는 데 경탄할 정도로 자유스러웠다.

— 로저 칸, 《여름날의 소년들》

숙달하기 위한, 통합을 위한 그리고 경험을 통해 의미를 파악하기 위한 노력은 여러 가지 자아기능 중 하나가 아니라 바로 자아의 본질이다.

— 제인 뢰빙거, 《자아발달이론》[1]

■▰▓

• 등장인물 소개 •

- 윌리엄 포사이드 : 제 7장에서 소개됨.
- 아담 카슨 박사: 제 10장에서 소개됨.

이 책의 중심주제는 만일 우리가 갈등을 우아하게 해결하고 본능적 충동들을 창조적으로 이용한다면 우리의 적응양식이 성숙해야 한다는 것이다. 그러나 인간은 단순한 동물이 아니기 때문에 마음의 성숙은 육체와 영혼의 발달 모두를 고려하지 않고서는 철저하게 이해할 수 없다. 이러한 주장이 정신뿐만 아니라 영혼의 성장도 언급한다면 그것이 단지 형이상학적인 허황된 공상 이상의 것이라는 것을 어떻게 입증할 수 있을까? 이러한 주장이 마음의 생물학적 측면을 내세운다면, 성인들이 육체가 쇠잔하는 것처럼 보이는데도 성장을 계속한다는 증거를 어떻게 보여줄 수 있을까? 브루클린팀의 위대한 포수 로이 캄파넬라 (Roy Campanella)의 성장에 대해 어떻게 논리적으로 설명할 수 있을까? 스포츠작가 로저 칸(Roger Kahn)에게는 30세 때의 야구스타 로이 캄파넬라보다는 50세 때의 불구인 그가 더 위대하게 보였다.

첫 번째 단계는 적응양식들이 성숙한다는 면을 입증하는 것이다. 1937년에 안나 프로이트는 "심리적 과정(방어)의 연대기가 여전히 정신분석이론의 가장 모호한 분야 중의 한 가지임"을 파악하였지만,[1] 이러한 연대기의 존재에 대해서는 의심하지 않았다. 여러 해에 걸쳐 여러 작가들이 아동들이 지닌 방어기제의 성숙에는 발달적 위계체계가 있음을 제시하였지만,[2] 이러한 연구들은 실험을 통한 입증이 부족하였기에 곤경에 처해 있었다.

내가 아는 한 버클리대학 인간발달연구소의 노마 한(Norma Hann)을 제외한 어느 누구도 성인의 자아방어기제의 성숙을 체계적으로 연구하지 않았다. 노마 한과 잭 블록(Jack Block)은 미래를 추적해 가는 방식으로 청소년들을 30세와 45세의 모습과 비교하였다.[3] 이들이 선정한 표본집단에는 남녀 모두가 포함되었기 때문에 이들의 연구결과가 이 연구결과를 확신시켜 준 사실은 특별한 의미를 갖는다. 버클리대학교의 연구자들은 시간이 흐름에 따라 반동형성과 공상을 반영하는 행동들은 감소하지만 이타주의와 억제를 반영하는 행동들은 증가한다는 것을 밝혀냈다. 이들은 또 30세의 모습과 비교해 볼 때 45세 때에 "훨

씬 더 동정적이고 다른 사람에게 베풀고 생산적이며 신뢰할 수 있는 것"으로 비춰지는 것도 알았다. 4)

그랜트연구에서 취합된 자료는 한과 블록의 관찰결과, 즉 세월이 흐름에 따라서 성숙한 방어기제가 상대적으로 더 높은 빈도로 사용된다는 점을 지지하였다. 5) 다른 말로 하면 성인의 생애주기에서 중년기는 경력에 더 몰두하고 다른 사람에 대한 책임감이 늘어날 뿐만 아니라 적응양식에서도 점진적인 성숙을 보인다. 〈그림 15-1〉은 청소년시절에 그랜트연구 대상자들이 성숙한 방어기제보다 미성숙한 방어기제를 두 배 정도 많이 사용하는 경향을 보여준다. 그러나 젊은이 시절에는 미성숙한 방어기제에 비해 성숙한 방어기제를 두 배 정도 많이 사용하고 마지막으로 중년시절에는 미성숙한 방어기제보다 성숙한 방어기제를 4배 정도 많이 사용하는 경향이 있다는 것을 보여준다.

〈그림 15-1〉에서 나타난 바와 같이 성숙해 감에 따라 공상과 행동화가 감소하고 동시에 억제가 증가한다는 것은 새로운 것이 아니다. 그러나 해리, 억압, 승화 및 이타주의가 중년기에 증가하는 것처럼 보이는 것과 투사, 건강염려증 및 피학증이 청소년기에 가장 흔한 점은 청소년기와 중년기에 대한 여러 가지 통속적인 개념과는 일치하지 않는다. 우리는 때로 젊은이를 꿈 많은 예술가로, 중년을 건강염려증으로 끊임없이 시달리는 사람으로 생각한다.

〈그림 15-1〉은 성인의 생애주기에 대해 제 10장에서 나타난 관찰결과, 즉 25세부터 35세까지의 10년은 죄의식의 시기에 해당한다는 점을 지지하고 있다. 한(Hann)도 역시 청소년기의 반항이 약해진 후에는 반동형성과 억압과 같은 방어기제가 훨씬 높은 빈도로 사용되는 점을 관찰한 바 있다. 6) 또 다른 연구에서 컬럼비아대학교의 심리학자 퍼시벌 사이몬스는 12세부터 18세까지 연령집단과 25세부터 31세까지 연령집단의 주제통각검사를 비교하였다. 7) 그는 범죄성의 주제는 적어지고 죄의식과 우울증에 대한 주제는 많아지는 것을 알았다. 다루기 곤란한 특정 범인들에게서, 25세부터 40세 사이에 신기하게도 개전의

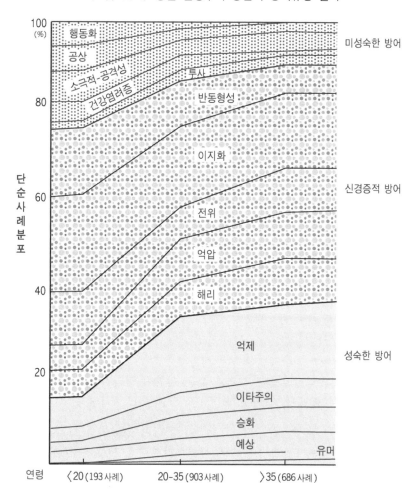

〈그림 15-1〉 성인 인생주기 동안의 방어유형 변화*

* 이 그림은 95명의 연구대상자가 청소년기, 젊은 성인기, 그리고 중년기에 보여 준 방어적 단순사례의 분포를 보여준다. 〈그림 15-1〉에서 〈그림 15-3〉까지를 위한 자료는 다음과 같은 방식으로 얻었다. 각 대상자의 기록에서 적응적 단순 사례가 나타날 때마다 나이와 방어로 이름을 붙였다. 그리고 95명의 연구대상 자의 전 생애에 걸쳐서 나타난 2천여 개의 적응적 단순사례들 각각을 세 연령집 단, 12세~19세, 20세~35세, 36세~50세로 나눌 수 있었다. 자세한 것은 〈부 록 2〉를 참조.

<그림 15-2> 만년소년들의 성인기 동안의 방어유형 변화

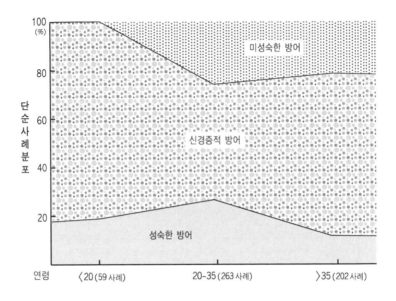

* 이 그림은 실제로는 결코 성인기 인생주기에 들어가지 못한 7명의 연구대상자
  의 방어변화를 보여준다.

정을 보이고 폭력범죄를 저지르고 싶은 성향이 사라진다는 점은 범죄
학자들에게는 이미 잘 알려져 있다. 25세 이후에 자살과 자신에 대한
비난은 꾸준히 증가하는 반면 살인범죄는 점차 감소하게 된다.

　〈그림 15-2〉와 〈그림 15-3〉은 심리사회적으로 성숙한 그랜트연구
대상자(즉, 에릭슨의 일생주기를 밟아나간 대상자)와 그렇지 못한 대상
자를 구분해 주는 적응양식에서의 성숙의 변화유무를 보여준다. 적응
양식의 성숙은 틀림없이 생산적이 될 대상자와 만년소년으로 남아 있
었던 대상자를 구분해 주었다. 시간이 흘러도 만년소년은 어떤 의미
있는 변화도 보이지 못했다. 반면에 생산적인 대상자들의 적응유형은
〈그림 15-1〉에 제시된 것처럼 성숙의 변화를 두드러지게 보여주며,
중년기에서 미성숙한 방어기제의 사용은 결국에 사라졌다. 로스앤젤
레스의 정신분석학자이며, 성인발달에 대한 경험적 연구자인 로저 고

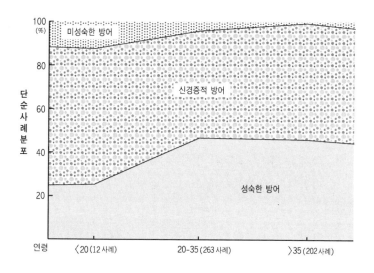

〈그림 15-3〉 생산적인 사람의 성인기동안의 방어유형 변화:
적응을 잘한 30명의 방어변화

울드(Roger Gould)의 표현에 의하면, "배우자와 자녀들의 강력한 요구들을 추려내면서 자율성을 유지하는 것은 이전의 과제들보다 더 커다란 과제로서, 훨씬 고도로 발달된 심리적 장치를 필요로 한다".8)

〈그림 15-2〉를 검토하면서 독자들은 청소년시절에 만년소년이 적응을 잘한 사람보다 미성숙한 방어기제를 적게 사용한 것에 대해 의문을 제기할 것이다. 이 의문에 대한 대답은 만일 극적인 청소년기의 혼란이 원칙이 아니라면, 안나 프로이트가 "청소년기 과정 동안 꾸준히 평형상태를 유지한다는 그 자체가 이미 비정상적"이라고 한 것이 아마도 옳았을 것이라는 것이다.9) 청소년시절 만년소년들은 생산적인 사람들보다 덜 위험을 감수하였다. 또한 아마도 이들은 미성숙한 방어기제로 확인되었을 행동들에 대해서 충분히 언급할 만큼 항상 그랜트연구진을 믿지도 않았다. 어떤 경우이든 청소년시절의 모험심에 의해 완화되지 않은 채로 만년소년들을 성인으로서의 삶 속에서 〈그림 15-2〉에 제시된 평범한 그랜트연구 대상자들보다 훨씬 더 복잡한

생활과제에 계속 직면하였으며, 미성숙한 방어기제에 훨씬 더 의존하였다.

1) 방어기제의 성숙과 생물학적 요인

그랜트연구를 수행했던 10년 동안 나는 방어기제의 근원을 설명하는 데 어려움을 겪었다. 즉, 학습이나 사회화에만 기초를 둔 설명은 충분한 것 같지 않았다. 결국 많은 운동 또는 지적인 기술처럼 〈그림 15-1〉과 〈그림 15-3〉에 설명된 적응의 성숙해 가는 유형은 심리사회적 요인과 마찬가지로 생물학적 요인의 영향을 많이 받는다는 결론에 도달하였다.

다른 말로 하면 프랜시스 드밀, 고트프리 카밀과 허만 크랩 등이 보여준 자아발달은 아담 카슨에게서 보이는 심리사회적 발달과는 병행할지라도 뚜렷이 구분된다. 자아의 발달은 생물학적 발달(신체적 성숙)과 (IQ 및 연령으로 반영되는) 인지 또는 지적 발달과는 구분된다. 그러나 자아의 발달은 대인관계적 환경의 영향을 많이 받는 심리사회적 발달보다는 내부의 발달에 더 의존적이라는 점에서는 생물학적, 인지적 및 지적 발달과 거의 비슷하다. 다른 식으로 표현하면 심리사회적 발달은 신프로이트 학파 또는 에릭슨 학파에서 주장하는 일생주기의 단계적 절충을 반영한다고 볼 수 있다. 정신분석학적 용어에 따르면 이러한 발달모델을 종종 **심리성적**(*psychosexual*) 모델이라고 부르며, 단계들의 이름은 심리성적인 은유적 표현으로 구순기(*oral*), 항문기(*anal*), 성기기(*phallic*), 잠재기(*latent*), 사춘기(*puberty*), 생식기(*genital*)라고 부른다. 이 모델의 목표는 다른 사람들과 서로 사랑하는 관계의 성취에 있다. 반면에 자아의 발달모델들은 융이나 피아제식의 성숙에 대한 개념을 더 반영하고 있다. 이 모델들은 우리 자신들의 내적 경험을 이해하고 극복해 나가는 패턴들의 전개를 반영한다. 예컨대 심리사회적으로는 덜 성숙하였지만 잘 적응하고 있는 초등학교 고학년

482

학생들은 심리사회적으로 훨씬 성숙한 청소년들보다 성숙한 방어기제를 더 많이 사용한다.

자아의 발달과 사회적 발달을 더 세밀하게 구분해 보자. 그랜트연구 대상자의 경우 놀랍게도 성숙한 방어기제의 발전과 사회적 또는 유전적으로 좋게 태어나는 것은 서로 별개인 것 같았다. 자신을 사립학교에 진학시켜 준 대학교육을 받은 부모를 가졌거나 대공황의 어려움을 겪지 않은 연구대상자들은 궁극적으로 자식들을 쓰라린 경제적 빈곤으로부터 보호해 주지 못했던 교육수준이 낮은 부모를 가진 대상자들보다 더 성숙한 방어기제를 사용한 것은 아니었다. 정신질환에 걸린 친척이 없는 연구대상자들도 성숙한 방어기제를 선택적으로 전개하지는 않았다. 또한 정신이상, 신경증 및 기괴한 행동으로 '점철된' 가계를 지닌 연구대상자들도 미성숙한 방어기제를 선호한 것도 아니었다.[10] 더욱 문제가 되는 것은 **심리사회적 성숙과는** 달리 방어기제의 성숙은 따뜻한 지지적인 어린 시절과는 거의 상관이 없었다. 예컨대 굿하트와 태리타운 중 누가 더 열악한 어린 시절을 보냈느냐 하는 것은 명확하지 않지만 확실히 태리타운이 덜 성숙한 방어기제를 사용하였다. 좋은 유전자와 행복한 시절이 적응을 위해 노력하는 과정에서 우리들의 유일한 동지는 아니며 인간이 자아는 성공뿐만 아니라 역경 속에서도 성장한다.

제11장에 실렸던 사례들은 미성숙한 방어기제가 보다 더 성숙한 형태로 진전되도록 촉진시키는 **생물학적** 요인에 대한 단서를 제시하고 있다.

첫째, 만일 뇌가 손상당했다면 미성숙한 또는 정신병적인 방어기제로의 퇴행은 생물학적으로 손상된 신경계에 대한 건전한 적응일 수도 있다.

제임스 오닐의 삶은 만성적 알코올중독으로부터의 회복이 어떻게 방어적 퇴행으로 나아갈 수 있으며, 어떻게 적응양식의 성숙과 연합될 수 있는가를 설명하고 있다. 젊었을 적에 오닐은 회계학과 경제학에 강박적인 흥미를 보였다. 상습적으로 취했을 때 그는 비록 덜 적응적이긴 하지만 더 흥분되는 강박적인 도박의 세계로 도피하였다. 성숙한 마음의 평정을 찾은 후에 매사추세츠 주지사에게 공공교육을 위한 재원마련을 위해 어떻게 주의 복권사업을 시작할 수 있는가에 대해 조언을 줌으로써 그는 내적 만족과 사회적 보상을 얻을 수 있었다.

둘째, 시간이 흐름에 따라 성인은 점차적으로 더 많은 경험을 쌓은 그리고 아마도 더욱 고도로 발달된 중추신경계를 갖추게 된다.

40세 또는 50세까지도 뇌의 구조 및 복잡성이 지속적으로 변화한다는 점은 실제로 가능하다. 11) 신경학자들이 수초화(myelinization)라고 부르는 신경들간의 증가된 절연현상이 중년이 될 때까지 계속된다는 증거도 있다. 아동의 경우 그러한 증가된 절연현상은 정신발달에 중요한 것으로 알려져 있으며, 성인에서도 그와 유사한 변화현상은 성인의 자아발달에서 보이는 발달변화의 한 부분을 설명해 줄 수 있을 것이다. 이러한 성숙은 사회적 반응(행동)을 훨씬 통합된 양식으로 촉진시키기도 하고, 단순히 경험획득 차원을 넘어서 20세 이후에도 우리가 정신적으로 계속 성장하는 이유를 설명하는 데 도움을 준다. 실제로 16세 이후부터 뇌는 1년에 1g씩 줄어들며, 12) 신경은 놀라운 비율로 죽어간다. 횡단적 연구에 의하면 지능지수는 20대 초반을 기점으로 죽는 순간까지 하강하게 된다. 그러나 최근의 동일한 사람에 대한 종단적 결과에 의하면 40세부터 50세까지도 인간의 지능은 안정적이거나 혹은 오히려 증가하기도 한다. 13) 축적된 경험과 더 복잡해진 뇌가 같이 작용하여 미성숙한 방어기제들을 유발시킬 예기치 못한 또는 애매한 본능적 및 외적 위험들이 확률을 감소시켜 줄지 모른다.

성숙은 단지 가치가 개재된 이상(ideal)이 아니라 동물의 경우처럼 인간에게도 생물학적 실재를 반영한다. 이 책에서 논의된 18가지 적응기제에 대한 나의 발달적 서열화는14) 제인 뢰빙거가 제안한 자아의 발달단계와15) 로렌스 콜버그(Lawrence Kohlberg) 16)가 기술한 도덕성

발달단계의 순차적 순서와 매우 비슷하다. 〈그림 15-1〉과 제 2장의 사례사에서 보면 생물학적 발달은 지적 및 도덕성 발달에서와 마찬가지로 적응양식이 성숙과정에서도 동일한 종류의 역할을 하는 것 같다. 생물학적 발달 자체는 특정수준의 지적 또는 자아발달에 대해서는 충분한 원인은 아니지만 필수적인 원인이다. 프랜시스 드밀의 경우처럼 연약한 마마보이에서 남성다운 보험관리인으로 뒤늦게 변화된 것이 이러한 과정을 시사한다.

적응적 성숙에 영향을 미치는 세 번째 변인은 사랑하는 사람과의 지속된 관계들에 대한 외관상의 환경적 영향이었다.

그러나 생물학적 성숙에도 사람들과의 더 많은 안락감과 인간관계에 대한 깊어진 이해가 따라온다. 그랜트연구 대상자의 삶에서 나타났듯이 이들은 시간이 지남에 따라 가장 고립된 사람들조차 서로에게 향하게 하는 과정을 보여주었다. 이미 아담 카슨, 고트프리 미노 카밀, 제이콥 하이드 및 허만 크랩의 삶들은 만일 30세 이전에 친밀감이 이루어지지 않을 경우 계속되는 성숙에 의해 인생의 후반부에 나타난다는 예를 제시하였다. 그랜트연구에서 25세 때와 비교해서 50세에 인간관계에 덜 개입된 연구대상자는 한 사람도 없었다. 노마 한은 한 개인 내에서 대인관계에서 편안함을 더 많이 느끼는 이런 경향은 70세가 될 때까지 증가한다는 사실을 보여주었다. [17]

인간관계에 대한 능력이 예외 없이 성숙한다는 것을 보여준 인상적인 예는 자신의 부모를 혐오하면서 성장한 한 그랜트연구 대상자에서 엿볼 수 있다. "물리학 분야에 대한 연구는 나의 경력상의 영원한 선택일 것이다"라고 그는 25세에 썼다. "물리학에서 수행했던 연구는 내가 지금까지 한 일 중에서 가장 만족스런 일이었다." 이것은 그가 정신분열증에 걸린 여자와 매우 지적이긴 하지만 열정도 없으며 자녀도 없는 결혼생활을 하던 때였다. 그 결혼은, 즉 현실보다는 그 자신의 마음속에 더 많이 존재했을 때였다. 공상이 그의 주된 방어였다. 30세가 되자 그는 순수물리학에 대한 관심을 좀더 인간적인 응용분야 — 임상의학에서의 방사선 측정기 및 인공두뇌학의 활용 — 쪽으로 돌렸으며, 좀더 현실적으로 재혼하였다. 그 후 얼마 안 되어서 여전히 과학자인 그는 의과대학을 가기로 결심하였다. 이러한 선택을 하자마자 비로소 그는 어떤 누구와도 편안한 친밀감을 즐길 수 있게 되었다. 40세에 이르러 의학적 수련을 마친 후 그는 청소년의학이라는 새로운 경력을 시작하였다. 비록 나에게 친구들이란 여전히 자신의 강점이 아니라고 말했지만 두 번째 결혼은 그에게나 그의 부인에게나 행복했으며 그는 자기 자녀들을 사랑하였다. 오늘날 그의 연구대상은 전자분야가 아닌 전적으로 환자들이었다.

2) 방어기제의 성숙과 환경

만약 내적 성숙이 우리의 적응양식에 영향을 준다면 환경은 어떤 역할을 담당할까? 첫째, 억압, 예상 및 이타주의의 획득은 실습에 의해서 증진된다. 아동이나 성인의 경우 모두에게 현재의 불안을 참는 것을 배우는 동안에 처음에 어떤 사람이 우리 곁에 앉아 있어야만 미래의 고통을 효과적으로 예상하는 것을 배우게 된다. 아동들에 대한 추수연구에 의하면 어린 시절 부모로부터 헤어지면 만족을 연기시키는 아동의 능력이 손상되고, 심하게 와해된 가정에서 자란 아동들은 예상도 억압도 숙달하지 못하는 특징을 보인다. 예를 들면 안정된 초기의 애정관계를 박탈당한 태리타운 박사는 시간관념이 거의 없었고, 장래에 대한 계획을 세울 능력도 뒤떨어졌으며, 확실히 만족을 연기할 수가 없었다.

어떤 연구대상자들은 다른 사람들이 제공하는 것을 받아들이는 데유별나게 숙달된 것 같았다. 제7장에서 티머시 제퍼슨 시장이 성숙한 자아방어 기제의 발달을 통해 지속적인 성장을 하는 예로 제시되었다. 그의 지속적인 성장은 부분적으로는 다른 사람들로부터 배울 수 있는 능력에서 비롯된 것이다. 어떤 재능이든지 그 일부가 훌륭한 스승들의 영향을 받는다면, 일부는 다른 사람들이 가르치는 내용을 학습하고 종합할 수 있는 지속적인 능력에서 유래한다. 시장으로서 경력을 준비하기 위해 제퍼슨은 두 가지의 대학원 학위를 땄다. 또한 그는 그에게 영향을 주었으며, 그들의 교육내용을 내재화했고 동화했으며, 또 이제는 사는 과정에서 생기는 복잡한 일을 해결하는 데 이용할 수 있게 된 여러 명의 스승을 댈 수 있었다. 그는 심지어 그랜트연구 대상자가 된 것 자체도 유용하게 이용하였다. 다른 사람에게 도움을 청하는 일이 얼마나 어려우냐고 내가 물었을 때, 그는 "그랜트연구는 저에게 사람들과 문젯거리들을 토론할 수 있는 능력을 가르쳐 주었습니다. 종종 제가 다른 모든 사람의 문제들을 담는 그릇이라고 느낍니다. 그러나 나는 도시행정위원 중 한 사람과 친밀한 관계를 맺어 왔으며 그와 의논합니다"라고 대답하였다.

둘째, 방어기제가 가르쳐질 수 없다 하더라도, 이것들은 흡수될 수 있다. 예를 들면 정신질환을 앓았던 친척이 있었던 그랜트연구 대상자들은 미성숙한 방어기제를 계속해서 사용하진 않았지만, 정신질환을 앓는 부모가 있는 환경에서 자란 그랜트연구 대상자는 계속해서 미성숙한 방어기제를 사용하였다. 어린 시절 미성숙한 방어기제와 계속 접촉하면 그러한 방어기제의 사용을 영구화시키는 것 같다. 반면에 바이런, 코왈스키 및 럭키와 같은 금욕주의자들은 그들 부모와 평균보다 훨씬 좋은 관계를 즐겼으며, 이러한 관계는 왜 이들이 억제를 능숙하게 사용하게 되었는가를 설명하는 데 도움을 줄 것이다.

인간의 자아는 비록 정확히 알 수는 없지만 거의 대부분이라고 할 정도로 그것이 지금까지 경험해 온 사람들의 침전물이다. 비록 연구대상자들이 성숙한 적응양식을 발달시키기 위해 아주 좋은 어린 시절이 필요하지는 않더라도 — 실제로 필요하지 않았다 — 이들은 비록 언제인지는 모르지만 그들 생애의 결정적 시점에서 동일시를 위한 모델과 긍정적 대상 모두의 역할을 담당할 수 있는 자비로운 사람과의 밀접한 관계를 필요로 했다. 대상자들의 성인기 동안 적응양식의 변화와 관계된 중요한 인물들은 대개 친한 친구, 부인 및 심리치료자였다. 고트프리 카밀 박사의 건강염려증이 이타주의로 점진적인 변환을 보인 것은 이러한 과정을 반영하고 있다. 관계들의 내재화가 더욱 중요할 때인 연구대상자들의 아동기와 청소년기에 관해 미래를 추적해 가는 방식으로 얻은 자료를 그랜트연구가 제시하지 못한 점은 유감스러운 일이다.

셋째, 방어기제가 미성숙한 형태로부터 더욱 성숙한 형태로 발전되는 점을 이해하면서, 성인들의 세계가 아동들의 세계보다 더 안전하고 예측이 가능하다는 점을 깨닫는 것도 역시 중요하다. 친숙하지 못한 공격적인 또는 성적인 열망으로 충만된 청소년은 40세의 노련한 성인보다 이러한 열망을 잘 이용하기 위해서 승화하거나 혹은 이타주의적 행동을 사용하는 능력이 뒤져 있다. 동일한 맥락에서 풍부한 사랑을 받은 사람은 단 한 명의 친구에만 의존하는 사람보다 대상을 상실했을 때 더 성숙하게 반응하는 여유를 지니게 된다. 역으로 말하면, 오랫동안 지속되는 외부생활로 인한 스트레스(예를 들면 정신질환을 가진 부모 또는 만성적 질환)는 종종 부적응적 방어기제를 조장시키고 성숙을 억제하였다. 그러나 이런 스트레스가 제거되면 회복된다. 무정하게 들릴지 모르지만 크랩은 자기 어머니의 죽음을 통해 도움을 받았고, 또한 자기 아버지를 나중에 재발견함으로써 도움을 받았다.

이미 지적했듯이 잡지편집인으로서 프레더릭 라이온의 승화는 가족이 그의 주장적인 행동들을 존중하였던 상대적으로 안정된 가정이라는 상황과 언론의 자유를 보장하는 나라에서 살고 있다는 두 가지 요인에 의해서 촉진되었다. 사회적 지지는 성숙한 방어기제와 밀접한 관계가 있었다.[18] 여기에서 사회적 지지란 안정된 가정이든, 교회이든, 테니스클럽이나 혹은 현상유지를 통해 이익을 얻는 사회계층이든 어디엔가 소속되어 있다는 것을 의미한다.

마지막으로 넓은 의미의 심리치료도 방어수준의 변화에 영향을 준다. 카밀 박사가 받은 정신분석, 오닐 박사가 속한 알코올중독자 갱생회, 허만 크랩의 지지적 결혼생활 등 모두는 경직된 방어기제를 버리도록 해주었고 더 융통적인 대처수단으로 대치되었다.

3) 방어기제의 성숙과 인지·도덕적 발달

발달위계에 따라 방어기제를 조직화하면서 나는 인간의 성장과 발달
에 대한 적응적 의미뿐만 아니라 도덕적 의미가 있다는 것을 암시했
다. 빅토리아시대의 동화줄거리처럼 이타주의, 꿋꿋함, 선견지명이 적
응을 잘 하는 사람을 선택하는 준거로서 사용된 바로 그 물질적 성공,
다른 사람을 사랑하는 것 및 정신적 평온을 가져다주었다. 반대로 가
장 인기 없고 책임감이 없으며 유치한 것으로 평가된 30명의 그랜트연
구 대상자들을 나타내 주는 것은 바로 기괴함, 편견 및 충동적인 행동
같은 '비도덕적' 행동을 가져다주는 방어기제였다.

나는 방어기제들의 성숙이 도덕성처럼 인지적 성숙과 충동통제력의
발전 둘 다와 연결된다고 암시하였다. 서로 다른 연령층에서 즐기는
농담의 예측할 수 있는 변화를 생각해 보자. 이것들은 웃기기 위해 일
부러 엉덩방아를 찧거나 의자 위에 압정을 올려놓는 장난 등과 같은
소극적 공격성으로부터 만화나 익살 및 교정의 낙서 같은 전위를 거쳐
모방과 브로드웨이 코미디 같은 더 복잡한 전위로, 그리고《펀치》
(Punch)나《뉴욕커》(New York) 등의 잡지만화 같은 성인의 유머에 나
타난 현실의 미묘한 완화로 발전된다.

이 과정이 단순한 사회화가 아닌 내적인 성장을 반영한다는 증거를
제공하기 위해서, 그리고 이 과정이 단지 1950년과 1970년 사이에 일
어난 미국의 정치적, 사회적 가치의 변화가 아니라는 것을 보여주기
위해서 피아제와 뢰빙거 및 콜버그의 연구를 되돌아보자.

발달심리학자들은 도덕발달과 자아발달이 단일한 과정이라는 것을
점점 더 확신하게 되었다. 피아제의 연구 이전에 프로이트 학파와 예
수회원(Jesuit)들은 만약 아이가 7세가 될 때까지 자신들이 맡아 키우
기만 하면 그 아이의 이후 도덕발달은 보장할 수 있을 것이라고 생각

하였다. 피아제는 이것이 사실이 아니라는 것을 보여주었다. 인간마음의 발생학적 전개는 아동기 이후에도 오랫동안 계속된다.[19] "자아발달의 많은 부분이 내부로부터 온다"는 이 책의 주제와 유사하게 피아제의 발자취를 따르는 연구자들은 서양문화에서 도덕발달이 적어도 부분적으로는 사회계층, 국적 및 종교적 설득과는 독립적으로 발달한다는 것을 보여주었다. 가장 중요한 것은 도덕발달이 그것을 가르치려는 많은 공식적 노력과는 독립적으로 발달한다는 것이다. 하인츠 하르트만에서 보이듯이 현대의 정신분석학 이론은 피아제와 일치하는 것이지 프로이트와 일치하는 것이 아니다. 즉, 양심이 아니라 적응적 성숙이 그리고 외부적으로 유도된 초자아가 아니라 자아가 도덕성의 주체이다.[20]

피아제는 지적 발달이 과학적 발전을 되풀이한다고 제안했다.[21] 그는 각 세대에서 성숙하는 아이들은 초기 과학자들이 발견한 것과 동일한 순서로 물리적인 자연법칙을 이해할 수 있다고 지적하였다. 피아제는 도덕발달에서도 유사한 발견을 하였다. 고대세계에서 올림퍼스의 신은 인간의 모든 투사된 욕망을 행동화하고 있다. 만약 사람이 제우스만큼 강력할 수만 있다면 그는 자기 마음대로 행동할 것이다. 그 다음에 종교가 성숙해 감에 따라 이러한 환상은 당한 만큼 그대로 복수하는 법과 죄에 대한 엄격한 율법(돌에 새겨진 반동형성)에 의해 대치되는데, 이것은 내재화하여 결코 깨지지 말아야 한다. 사람들은 자신이 죄를 지었을 때 타락한 천사탓이라고 생각해 버렸다. 3세에서 8세 사이에 전 세상의 아이들에게서 같은 과정이 진행된다. 그리스 신들의 행동화가 구약성서의 투사와 반동형성으로 대치된다. 그런 다음 더 성숙해 감에 따라 아이들은 죄인의 의도가 행동보다 더 중요하다고 믿는다는 것이 피아제에 의해 관찰되었다. 그리고 신약성서에서처럼 자비의 개념이 어린이들의 눈에는 눈, 이에는 이 식의 도덕성을 약화시킨다. 각 세대에서 아이들은 서구 도덕가들을 올림퍼스 산으로부터 모세의 율법을 거쳐 산상수훈을 이끌었던 그 단계를 되풀이한다.

490

더 최근에 세인트루이스에 있는 워싱턴대학교의 제인 뢰빙거와 시카고 대학교와 하버드대학교에서 연구한 로렌스 콜버그, 이 두 명의 발달심리학자는 면밀한 경험적 연구로부터 얻어진 성숙에 수반되는 적응적 책략의 발전과 도덕적 성장을 보여주는 이론적 모델을 제시했다.[22] 뢰빙거와 콜버그는 피아제에 의해 제시된 잠정적 발판 위에서 이것을 확장하였다. 이들은 나보다 학문으로서의 심리학에서 과학적 엄밀성을 훨씬 더 조심스럽게 지켰다. 더 중요한 것은 두 연구가 모두가 그들의 발견을 다양한 문화, 성, 사회계급에 걸쳐 확인할 필요성에 주의했다는 것이다. 최근에 하버드대학의 정신병리학자인 스튜어트 하우저(Stuart Hauser)는 그의 중요한 논평에서 콜버그와 뢰빙거의 발견을 확증하는 아주 많은 실험적 연구들이 있다는 것을 보여주었다.[23]

로렌스 콜버그는 도덕성의 성숙이 '불변하는 발달과정'을 따른다는 극단적 입장을 취했다. 그는 여러 가지 증거에 의해 "더 발전된 사고 단계의 사용은 각 선행단계의 달성에 의존하고, 각각은 이전 단계의 재구조화와 전위를 포함한다"고 제안한다.[24] 주일학교와 부모 훈계가 도덕발달에 거의 영향을 주지 못한다는 놀라운 증거를 재음미하면서 콜버그는 도덕적 행위가 고정된 죄의식에 의해서보다는 성숙된 추리능력에 의해 더 잘 많이 조절된다고 말한다. 그는 이론적으로 보면 더 심한 죄의식으로 고통받는 신경증적인 아동이 통제집단의 아동보다 도덕적 판단을 발달시키는 데 실제로 더 늦다는 것을 발견하였다(이와 유사하게 생산성을 달성하지 못한 그랜트연구 대상자들은 더 성숙한 동료들보다 더 많은 죄의식을 느꼈지만 실제로는 덜 도덕적이었다).

콜버그가 비록 노마 한이나 나와는 매우 다른 개념적 틀을 가지고 자료를 수집하였지만, 그의 결론은 방어기제의 발달위계와 잘 맞아떨어진다. 콜버그의 도덕성 단계는 죄의식을 완전히 회피하려는 아장아장 걷는 어린 아이의 욕구(거부)로부터 체제에 순응하려는 아동의 욕구(반동형성)로, 다수에 복종하려는 청소년의 욕구(억압)로, 공동체의 요구들에 반응하려는 성인의 욕구(이타주의)로 이동하고, 마침내 자기 자신의 양심의 요구에 복종하려는 현인의 욕구에서 정점에 이른다.

콜버그는 성숙한 도덕성이란 "행동의 장기적인 결과를 예언하는 능력"(예상)과, "즉각적인 작은 만족보다 멀지만 더 큰 만족을 선호하는 능력"(억제)을 포함하며, 이들 발달과정은 "한 사람의 행동에 대한 다른 사람의 반응을 예언하는 능력"(이타주의에 관한 나의 개념에 내재된 능력)을 포함한다고 제안하였다. 그는 비록 도덕발달이 고정된 단계를 따르지만 단계이동이 일어나는 시기는 개인에 따라 매우 다양하다고 제안하였다. 지능이 높고 동료들간에 인기가 있으며 높은 사회계층에 속하는 아동은 "같은 단계를 통해 발달하지만 더 빨리 그리고 더 발전된 단계까지 발달하는 것 같다".[25]

자아의 발달을 체계적으로 연구한 또 다른 발달심리학자인 제인 뢰빙거는 사람이 성숙해 감에 따라 자신의 갈등들을 점점 많이 내재화한다고 제안하였다. 그녀는 피험자들이 "이것은 너의 문제가 아니라 바로 나의 문제이다"라고 말할 수 있을 때 중요한 발달적 변화가 일어나는 것을 보았다. 사실상 이것은 미성숙한 방어기제로부터 신경증적인 방어기제로의 변화를 암시한다. 그 다음으로 뢰빙거는 더 성숙하면서 본능적인 갈등을 부끄럽고 고통스러운 것으로 지각하는 것으로부터 그것에 창조적으로 대처하는 방향으로 변화가 이루어진다고 제안한다. 전위와 반동형성은 이타주의와 승화로 변화된다. 콜버그와 피아제처럼 뢰빙거도 자아의 발달은 비가역적(*irreversible*)이고, 단계적으로 발달하는 것으로 본다.

나의 모델과 관찰에서는 자아발달이 콜버그 모델보다 훨씬 더 가역적이지만 확실히 성숙과 도덕성은 분리될 수 없다. 카밀 박사는 40세까지도 자신의 이상주의를 분명한 모습으로 규정할 수 없었던 많은 사람 중 하나일 뿐이다. 두 번째 그랜트연구 대상자는 20세 때 독가스를 제조하는 새로운 방법을 개발하였다. 50세인 현재는 공기오염을 감소시키는 데 그의 연구를 집중시키고 있다는 사실을 상기해 보아야 한다. 세 번째 사람은 젊은 시절에는 핵탄두의 폭발반경을 계산하며 보내다가 이것에 반대하며 군수산업체를 떠나서 50세에는 인본주의에 대한 대학과정을 선도적으로 제창하고 있다.

중년의 그랜트연구 대상자들과 30년 전 그들 자신간의 또 다른 차이는 의도가 행위가 되었다는 것이다. 25세 때 이들은 종종 투표하는 것을 잊어버렸으나 47세 때 이들은 투표하는 것을 항상 기억하였다. 확실히 연구대상자 중에 47세가 되어서도 이기적인 사람이 있으나 이들이 18세 때 지금보다 더 좋게 행동하지는 않았다. 18세 때 아치 벙커는 지옥의 천사(Hell's Angel)*였지 평화봉사단의 자원자는 아니었다. 비록 태리타운 박사가 45세 때보다 18세 때 더 이상주의적으로 말했다할지라도 실제로 그는 중년에 이르러 세상에 더 많이 공헌했다.

영적인 성장에 대해 시적인 은유를 조금 더 사용한다면, 우리가 먼저 다른 사람들을 우리의 내부에 받아들이기까지는 지금의 모습 이상으로 우리 자신을 나누어 세상에 되돌려줄 길이 없다. 완전한 성숙에 도달하기 위해서 우리는 먼저 재발견하여야 하며, 내재화되어 영원해진 부모가 신선한 힘의 원천이 된다. 둘째로, 돌보아줄 새로운 사람을 그들이 죽거나 떠나기 전에 찾아야 한다. 다른 말로 하면 내재화하고 동일시하는 것이 성장하는 것이다.

이 연구에는 한 사람은 매우 성공하였지만 다른 하나는 상대적으로 실패한 형제가 있었다. 이들이 어렸을 때 아버지가 집을 나갔다. 형은 그 당시 6세였고, 아버지를 자신의 삶에서 영구적으로 배제시킴으로써 그의 배신행위에 반응했다. 그는 이후에 누구와도 동일시할 수 없었고 그의 삶은 절망의 연속이었다. 동생은 아버지가 집을 나갈 때 단지 4세였는데, 그는 계속해서 아주 집요하게 아버지를 대신할 사람과 접촉했다. 젊은 시절에 그는 아버지와 재결합하기 위해 수천 km를 여행하였다. 그의 생애를 통해 3명의 훌륭한 스승과 2명의 부인을 얻었

---

* 오토바이 폭주족 ― 옮긴이.

는데, 이들 각각은 각자의 방식으로 그를 풍요롭게 해주었다. 그는 중년에 젊은이들에게 영향력 있고 책임감 있는 지도자로서 봉사했다.

독자는 이 점에서 비웃을지도 모른다. 문자 그대로 임신하지 않는다면 한 사람이 어떻게 다른 사람의 내부에 들어올 수가 있는가? 분명히 정신분석가들은 개인이 다른 사람을 통합한다(incorporating), 내사한다(introjecting), 그리고 내재화한다(internalizing)라고 말한다. 그러나 이것은 단지 프로이트적 상상에 의해서 신화를 만들어가는 과정의 부분이 아닐까? 종교적 성만찬(예를 들면 성만찬의 포도주와 빵을 통해 주예수의 피와 살을 받아들이는 것), 교육(예를 들면 전문가의 지혜를 흡수), 혹은 사랑에 빠지는 것(예를 들면 그녀는 내 마음 속에 살아 있다) 등에 대해 잠깐 생각해 보면 다른 사람의 신체를 자신의 안으로 가져온다는 것이 정신분석가에게 한정된 은유가 아니라는 것을 알 수 있다. 아담 카슨 박사는 나에게 "그러나 아버지가 저를 걱정하고 계시며 내 인생의 대부분을 통해 그래오셨다는 것은 의심할 여지가 없습니다. 저는 아버지의 물리적 존재를 항상 느껴오고 있습니다"라고 말했다. 카슨 박사가 그것을 내게 말하고 난 후에 그가 전화에 응할 때 그의 전체 성격이 변했다는 것에 나는 매료되었다. 갑자기 현명한 상담자의 역할에서 그는 25년 전 그의 아버지가 연구진들에게 사용했던 것과 똑같은 말과 버릇을 사용했다. 그것은 마치 그의 아버지가 아들의 사무실로 걸어 들어가서 아들의 신체로 들어간 것 같았다. 아마도 중년의 임상가인 카슨이 젊은 연구자 시절 잃어버렸던 신에 대한 청소년시절의 믿음을 회복했다는 것이 우연의 일치는 아닐 것이다.

프랜시스 드밀은 젊은 시절의 강한 사람의 존재를 의식하게 되었을 때 새로운 힘을 발견한 사람의 또 다른 예를 보여준다. 프레더릭 라이온은 청소년 때 그의 아버지를 무시했다. 그러나 더 나이가 들어서 그는 어머니 쪽에서 유력한 남자의 발자취를 따랐는데, 역시 중년에 이르러서야 그 사람의 중요성을 인정하였다. 세 번째 사람도 대학시절에는 여전히 자신이 동일시한 어떤 인물도 없었다고 부인했다. 47세가 되어서 그에게 같은 질문을 했을 때 처음에는 몸을 사리면서 "그것에 대해 한 번도 생각해 본 적이 없습니다"라고 주장했다. 그러다가 갑자기 외할아버지 얘기를 꺼내며 "제게 많은 영향을 주셨던 분이고, 선풍적인 인기를 얻은 분이었고, 제가 순수하게 존경했던 유일한 사람입니다. 그 분은 정말 훌륭한 분이었습니다!"라고 말했다.

자신의 아버지를 원래부터 거부했던 사람은 극적이고 감정적이고 혼란스러운 경향이 있었다. 마치 청소년기에 자신의 아버지를 인정하는 것이 너무 큰 위협을 야기하는 것처럼 보였다. 이런 사람은 흔히 인생의 후반부에 가서야 종국적인 정체감을 발견했다. 반대로 자신이 무엇을 원하는지를 알고 그것을 행한 사람, 보다 더 자신을 억제할 수 있고 양심적인 사람, 항상 잘 형성된 정체감을 지니고 있던 티머시 제퍼슨과 헨리 크레이 페니같이 강박적인 사람들은 자신의 아버지가 자신에게 얼마나 중요한가를 전혀 주저 없이 말한 사람들이다. 보스턴의 정신분석학자인 아나 마리아 리주토(Ana Maria Rizzuto)는 최근에 성인들이 느끼고 경험한 신의 이미지와 자신의 부모의 내재화된 모습 간에 놀라운 일치성이 있다는 것을 밝혔다.26)

4) 인생주기의 발전과 종교

그랜트연구 대상자들에서 청소년기의 종교와 중년기의 종교 간에는 질적인 차이가 있는 듯 보인다. 수세기 동안 40세가 넘은 나비들은 40세가 안 된 애벌레들이 오랜 종교적 '나비'의 진실을 잊어버렸다고 불평해 왔다. 젊은이들이 나이든 사람의 종교를 결코 공유하지 않았다는 것은 아마도 사실일 것이다. 10대들은 그들의 부모가 믿는 신에 동의하지 않을 것이다. 대신에 그들은 특성상 그들 내부에서 형성되고 있는 정체감에 대한 어떤 영적인 정당성을 갈구한다.

따라서 만약 그랜트연구 대상자의 종교적 개입에 대한 전형적인 유형이 있다면, 물론 모든 대상자마다 다르지만, 청소년기에는 비교적 높게 종교에 개입하다가 20세에서 40세 사이에는 감소하고 그 다음 점차적으로 다시 증가한다는 것이다. 다르게 표현하면 사람이 나이가 듦에 따라 그들이 이해하는 신은 구약성서적인 양심의 대용물로서는 덜 중요해지고, 오히려 우주의 배후에 있는 더 충분히 동화되었지만 볼 수는 없는 신뢰할 수 있는 힘이 된다. 이 힘은 에릭슨이 이것 없이는 생산성이 불가능하다고 한 "종(species)에 대한 믿음"이라고 불렸던 것을 촉매하는 것이다.

예상의 방어기제를 묘사하기 위해 소개되었던 국무성 분쟁해결자인 윌리엄 포사이드는 깊어지는 종교적 믿음과 인생주기의 발전 간의 관계를 보여준다. 그는 14세까지는 관습적으로 종교적이었던 사람이었다. 제10장의 로버트 조르단처럼 포사이드는 종교를 규칙으로 이루어진 것이라고 지각했고 그 규칙을 따랐다. 그 후 그는 의심을 품기 시작했다. 청소년시절 그는 정기적인 기도를 포기했고, 대학시절에는 아예 교회를 포기했다. 37세가 되어서 그는 잠정적으로 교회로 돌아왔고, 소문에 의하면 그의 자녀들에게 종교적 유산을 전하고 있다는 것이다.

포사이드가 교회로 돌아온 시기는 그의 아버지가 돌아가신 다음 해였고, 그 해는 또한 그가 경력상 능력을 강하게 의심하던 때였다. 포사이드가 자신의 아버지를 회상하면서 내게 "우리는 별로 가깝지 않았습니다"라고 말하기 시작했다. 그런 다음 거의 무심결에 그는 반대방향으로 말을 계속해갔다. "저의 아버지를 제게 영향을 주었던 분으로 언급해야 한다고 생각합니다"라고 덧붙였다. 청소년기와 성인기 초반에 그들은 떨어져 살았으나 그가 30대였을 때 "우리는 서로 가깝게 생활하기 시작했고, 저는 세상의 문제에 대해 아버지와 진지한 토론을 기대하곤 했습니다. 제가 실제로 느낄 수 있었던 것보다 아버지에 대한 더 깊은 애착이 있었을 것이라고 생각합니다". 그리고는 40세의 나이가 되어서 종교적 믿음, 그 자신의 직업적 능력에 관한 신뢰 및 내재화된 아버지에 대한 의식적 인식이 하나가 되었다. 다른 역동적 관계이긴 하지만 크랩의 경우처럼 포사이드에게서 부모의 죽음은 중년을 특징짓는 내재화된 가치의 재배열과 재평가를 촉진했다.

48세에 말 그대로 세상을 결합시키려고 노력하고 하루에 14시간을 일해야 하는 윌리엄 포사이드에게 종교에 몰두하는 것은 뒷전이었다. 그럼에도 불구하고 그는 대도시 중심부의 저소득층이 사는 지역의 교회에서 장로가 되어 기독교 교육의 지도자로서 봉사할 시간을 낼 수 있었다. 국제적으로 활동함에도 불구하고 포사이드는 매주 그곳 예배에 참석했으며, 지금은 그의 자녀들 중 하나가 그를 교회에 소개했다고 설명했다. 그는 "우리가 전생애에 걸쳐서 찾는 것이 바로 이것이라는 것을 확신했다"고 말했다. 49세에 그는 "나는 진실로 집을 발견했다. 나는 결코 예수의 신성(divinity)을 받아들일 수 없었다. 그러나 나는 우주에 대한 어떤 설명을 찾고 최소한 창조주가 가능함을 믿으려는 욕구가 있다고 생각한다"고 썼다. 52세에 그는 자신의 종교적 믿음이 훨씬 더 깊어졌다고 기술했다. 이제 그는 40대 초반에서부터 종교가 진정한 욕구를 충족시켜 주었다고 인정할 수 있게 되었다.

45세의 나이에 흔히 종교로 되돌아간다고 하더라도 이들은 또한 그 거래의 목적을 유지하는 데 대한 책임을 점점 더 지게 된다. 한 대상자는 19세 때 크리스천 사이언스의 열렬한 신자였다. 그는 물질을 넘어서는 마음을 믿었고, 사후의 삶을 믿었으며, 그의 마법과 같은 믿음이 그가 의사가 되는 것을 가로막지나 않을까 하고 염려했다. 25세 때 그는 의과대학을 마쳤는데, 곤경에 처할 때마다 여전히 신이 모든 것을 돌봐줄 것이라는 신념으로 되돌아가곤 했다. 그럼에도 불구하고 20세부터 30세까지 실제로는 결코 교회에 나가지 않았다.

35세가 넘어서 그는 점차 더 종교에 열중하게 되었다. 그는 크리스천 사이언스의 자비로운 힘이 그를 위해 자신의 일을 해줄 것이라고는 더 이상 기대하지 않았다. 그는 의사였고 빈민가에 의료혜택을 전하는 일을 개척하는 데 활동적으로 참여하였다. 제도상의 지원 없이도 그는 시카고 빈민가에서 의료제도를 개선하는 데 노력했고, 그 자신이 악마와 싸우는 수단으로서 질병과 싸우고 있다고 보았다. 그러나 그에게서 현재 적은 암이었다. 그리고 그러한 암에 대한 몰두가 메리 베이커 에디(Mary Baker Eddy)식의 의미에서 죽음에 대한 거부를 불가능하게 만들었다. 실제로 그는 지금 그의 젊은 시절에 믿었던 종교가 죽음의 존재를 무시하도록 했다는 데 대해 심히 유감스럽게 여겼고, "크리스천 사이언스의 달콤함과 경박한 철학"에 대해 참을 수 없다고 하였다. 그리고 그는 장로교의 집회에 참석했다.

먼담을 마치면서 이 수줍은 의사는 머리 뒤로 손을 가져갔다. 목까지 올라오는 스웨터를 입고 있는 그는 절반은 소년 같은 외과의사였고, 절반은 활기찬 사나이였다. 그는 건강하고 남성적이며 단호했으나 내게 교회에서 그를 위해 마련해 준 송별파티에 대해서 이야기하기로 작정했다. 그는 그 파티가 실제로 그에게 사람들의 감정의 깊이를 보여주었다고 말했고, 눈물로 젖은 눈을 닦아내며 "선생님도 자신이 사랑받고 있다는 것을 발견하면 놀랄 것입니다"라고 덧붙였다.

이 의사의 원래의 종교적 미성숙에 대한 책임이 그의 내부에 있는 것이지 크리스천 사이언스에 있는 것이 아니라는 것을 설명하기 위해서 칼톤 태리타운의 경험을 상기해 보는 것이 필요하다. 태리타운 박사는 어머니가 돌아가신 후에야 결국 술을 끊었고, 마침내 자신을 위한 새로운 힘의 원천으로서 크리스천 사이언스에 대한 어머니의 강한 믿음을 내재화하였다. 절대적인 의미에서의 참된 종교는 드러나지 않았을지도 모른다. 그러나 우리가 자신의 종교적 믿음을 사용하는 방식은 우리의 성숙, 적응양식 및 우리를 사랑해 온 사람들을 반영한다.

내재화한 부모의 재발견이 새로운 성장에 의해 수반된다 할지라도 때로는 나쁜 쪽의 부모도 좋은 쪽의 부모처럼 받아들여져야 한다. 19세 때 한 대상자는 그의 어머니를 매력적이고 힘이 있는 존재로 보았다. 그는 어머니의 지적인 열의뿐 아니라 건초열과 천식까지 닮았다.

반대로 그는 아버지를 나약하고 소원하며 친구가 없고 편두통과 여러 가지 내장계통의 질병에 시달린다는 사람으로 보았다. 취소(*undoing*)라는 방어기제의 특징을 지닌 그는 연구진에게 "아버지는 내 여동생만 맹목적으로 귀여워했다. 그러나 나를 좋아하지 않는다는 것은 아니다"라고 설명했다. 실제로 아버지와 아들은 의식적으로 아무것도 공유하지 못했고, 25세 때 그 그랜트연구 대상자는 독신이었고 직업적으로도 유능하지 못했다. 고트프리 카밀처럼 그는 40세가 지나서야 정신분석을 끝맺고 결혼했으며 직업적 유능감을 갖게 되었다.

그러나 그가 40세가 된 후에 아버지가 죽었다. 아버지를 잃은 이 대상자는 갑자기 전에 결코 앓아본 적이 없지만 항상 그의 아버지를 특징지었던 두 가지 증상인 대장염과 두통을 앓기 시작했다. 45세 때 나와의 면담에서 그는 자신의 대머리가 "아버지쪽 가계에서 물려받은 것"이고, 뿐만 아니라 많은 가치 있는 것들을 아버지쪽에서 물려받았다고 밝혔다. 이제 그는 아버지를 두 부모 중에서 더 강한 존재이며 놀라운 유머감각의 소유자로 기술했다. 반대로 과거에 전능했던 어머니는 지금에 와서는 "신경증적이고 소심하고 힘이 없는 존재"로 기술되었다. 신비하게도 그녀의 천식과 건초열은 이제 그녀 혼자만의 것이 되었다. 10년 후 55세 때 현재 프린스턴대학교에서 학과장을 맡고 있는 이 대상자는 알레르기 증상 없이 지내고 있다. 이따금 그는 여전히 대장염을 치료하기 위한 약을 복용하고 두통 때문에 간혹 아스피린을 먹는다.

이 책 전반에 걸쳐서 신약성서에서 나온 주제와 은유가 반복적으로 성숙과 연결되었다. 나의 신교도적 가정교육의 협소함을 발달에 대한 이해로 강요하고 있는 것은 아닐까 하고 걱정했다. 물론 나는 그렇게 자랐고, 이 편견을 나에게서 완전히 지우기란 불가능할 것이다. 그러나 나는 1976년《데이달로스》(*Daedalus*)*에 실린, "성인기"라는 학제간 연구에 안심했다.[27] 이 발행물은 그들의 혈통과 종교적, 지적 관심 둘 다의 관점에서의 문화간 차이 때문에 신중히 선택된 다양한 사회과학자들에 의해 씌어졌다. 이들은 사회질서의 엄청난 복잡성은 동물과는 달리 인간이 자신의 사회적 모형에 조화하기 위해서는 수십 년 동안 성장해야 한다는 것을 의미한다는 데 의견을 같이했다. 이들은 내부에 있는 신비로운 힘에 의존했던 것처럼 외부로부터의 똑같이 신비로운 힘에 의해 영감을 받아서 이루어진 천로역정이라는 기독교적 은유가 이러한 모델에 적합하다는 것을 알았다. 그들 자신의 종교적 성향과는 무관하게 사회과학자들은 인생주기에 대한 이미지가 무한한 성장에 대한 암시적 잠재력을 갖는 '기독교적' 삶을 은유로서 제공해도 된다고 동의하는 것 같다. 이 심포지엄에서 편협한 기독교적 세계관을 명백히 벗어날 수 있었던 학자인 에릭 에릭슨은 "성인기의 윤리규칙은 다른 사람에게 도움이 될 것을 하라. 바로 그렇게 할 때 네 자신이 성장하도록 도와줄 것이다"라고 썼다. [28]

95명의 건강한 남자의 삶을 연구하면서 이 책은 이들의 성숙과 적응양식 및 외부적 순응(external adjustment)에 초점을 맞추었다. 의심할 여지없이 이 세 변인 각각은 다만 통합된 인간성격의 측면들을 반영한다. 제 5장에서 나는 외부적 순응과 적응양식의 선택간에 상호관련성을 설명했다. 이 장의 첫 번째 부분에서는 성숙과 '성숙한' 적응양식의 발달 간의 관계를 검토했다. 이제 성숙과 외부적 순응 간의 관계를 요약해 보자.

나의 증거는 〈표 15-1〉에 나와 있는데 이것은 에릭슨의 인생주기의 연속적 단계를 극복해감에서 적응을 잘한 사람과 적응을 못한 사람 간의 상대적인 성공을 대비하고 있다. 여기서 나는 다시 한번 자아성숙이 아닌 심리성적인 성숙에 대해 말하고 있다.

〈표 15-1〉은 적응을 잘한 사람이 적응을 잘하지 못한 사람보다 성

---

* 미국 학술원에서 발행하는 잡지 — 옮긴이.

<표 15-1> 적응을 잘한/못한 사람 간의 에릭슨 인생주기 모델관련 비교

	잘한 30명	못한 30명
• 어린 시절 환경이 좋지 않음	17%	47%*
• 50세에 비관주의, 자신에 대한 회의, 소극성, 그리고 성에 대한 공포를 보임	3%	50%*
• 대학시절 성격통합이 하위 1/5에 해당되었음	0%	33%*
• 연구대상자의 경력선택이 아버지와 동일시한 것을 반영	60%	27%*
• 성인생활이 어머니에 의해 지배됨	0%	40%**
• 30세 이전에 결혼하지 못했음	3%	37%*
• 50세에 황폐한 친구관계를 보임	0%	57%**
• 현재의 직업에서 관리책임이 거의 없음	20%	93%**
• 아버지가 다녔던 대학교에 자녀도 입학했음	47%	10%*
• 자녀의 적응이 좋거나 훌륭하다고 할 수 있음	66%	23%*
• 연간 평균 자선기부액(달러)	3천	5백

* 유의미한 차이(p<.03 : 우연히 이런 차이가 나타날 확률은 33번 중 1번).
** 매우 유의미한 차이(p<.001 : 우연히 이런 차이가 나타날 확률은 1,000번 중 1번).

인기의 인생주기의 단계를 우아하게 극복한다는 점을 보여준다. 30명의 적응을 잘하지 못한 사람은 에릭슨이 어린 시절의 가장 중요한 과제라고 제안한 기본적 신뢰감, 자율성 및 주도성을 발달시키는 데 적합하지 않다고 무정보평가자에 의해서 평가된 어린 시절을 3배나 더 경험하였다. 자신과 세상에 대한 이들의 불신감은 성인기의 삶에서도 지속되었다. 왜냐하면 비관주의, 자신에 대한 회의 및 성에 대한 공포를 반영하는 행동적 단순사례들이 적응을 잘 하지 못한 사람들의 삶에서 훨씬 더 빈번히 나타났다. 청소년기에 적응을 잘하지 못한 사람의 성격은 무정보평가자들에 의해 덜 통합된 것으로 평가되었고, 성인이 되어서는 이들의 정체감이 덜 확립된 것으로 보였다. 적응을 잘하지 못한 사람은 그들의 아버지를 역할모델로서 덜 내재화하였으며, 어머니의 외부적 영향에 더 의존적이었다.

객관적으로 보면 30세와 50세 때 둘 다에서 적응을 잘하지 못한 사람은 친밀감의 과제를 훨씬 덜했다. 그들의 결혼생활과 우정형태는 빈약했다. 결국 중년기에는 에릭슨의 추상적인 개념인 생산성을 간접적으로 반영하는 현실적인 과제를 수행하는 데 있어서 적응을 잘한 사람과 적응을 잘하지 못한 사람 간에 5배의 차이가 있었다. 적응을 잘하지 못한 사람은 확실히 다른 성인에 대한 책임을 기꺼이 받아들이지 못했다. 명백히 이들은 자신의 자녀들에게 덜 줄 수밖에 없었다. 왜냐하면 이들의 자손들은 아버지의 학문적 수준을 성취하지 못했을 뿐 아니라 사회적으로나 정서적으로 적응을 잘한 사람의 자손들만큼 쉽게 세상에 적응하지도 못했기 때문이다. 끝으로 이들은 돈으로 측정될 수 있는 측면에서도 세상에 공헌한 것이 더 적었다.

제 16 장

다시 살펴보는 정신건강

정상(Normal)이란 어린이 눈 속의 밝은 미소이며, 또한 백만 어른들 속에 도사린 죽음의 시선이기도 하다. 마치 위대한 신과도 같이 사람의 목숨을 살릴 수도 있고 죽일 수도 있다. 그건 평범한 것이 아름답게 된 것이고, 또한 평균적인 것이 치명적이 된 것이기도 하다. 정상이란 없어서는 안 되는 잔악한 건강의 신이며, 나는 그 신의 사제다. 나의 도구는 무척 정교하고 나의 동정심은 진실된 것이다. 이 방에서 많은 아이들을 성심껏 도와주었다. 애들에게 얘기를 들려주어 공포를 물리쳐주고 많은 고통을 덜어주기도 하였다. 그러나 또한 의심의 여지없이 어린이들에게 선하고 악한 양면에서 신에게 반항하는 개성의 부분을 잘라냈다. 이 부분은 보다 성스럽고 보다 훌륭한 신에게만 속하는 부분인 것이다.

— 피터 셰퍼, 《에쿠스》

· 등장인물 소개 ·

· 알란 포 : 샌프랜시스코에 거주하는 시인으로, 사려깊고 양심적인 병 역거부자이자 정신건강이 단순한 것이 아니라는 것을 보여주는 감정 이입적인 인습타파주의자.

— 적응유형 : 승화.

내가 그랜트연구 대상자의 삶에 대해 보고하고자 할 때마다 친구들은 종종 나의 결론의 협소함을 문제시한다. 예를 들면 창조적인 예술가를 내가 어떻게 설명했는가? 나는 도스토예프스키는 10억 중에 한 명 있을까 말까한 사람이고, 나의 결론은 단지 평범한 사람들 100명을 계속해서 면담한 것에 기초하고 있다고 대답하곤 한다. 그런데 내가 이 책의 통계적 결론을 내리게 해준 면담을 끝낸 후에 나는 알란 포 (Alan Poe)와 면담했다.

면담은 우연히 이루어졌다. 다른 연구계획을 위한 자료를 모으기 위해 나는 10명을 더 면담하기로 하였다. 나는 다른 일 때문에 샌프란시스코에 머물고 있었는데 나의 임시변통의 전화에 대해서 포는 친절하게도 나와 만날 것에 동의했다. 일요일 아침 일찍 나는 오페라를 보러 가기 위하여 샀던 가는 줄무늬가 쳐진 양복을 입고 노스비치(North Beach)를 향해 텔레그래프 언덕을 터벅터벅 걸어내려 왔다. 이곳은 샌프란시스코의 일부인데 나는 동부에서 발간되는 신문을 통해서 노스비치가 히피, 투쟁적인 예술가들, 알코올중독자 그리고 잭 케로액 (Jack Kerouac)의 지저분한 무리들의 마지막 생존자가 어울려 사는 곳이라고만 알고 있었다. 그곳은 그랜트연구 대상자가 살 만한 곳 같아 보이지는 않았다. 특히 사교계 명사록에 기록된 아버지에 때문에 레이크 포레스트 사립학교와 명문 앤도버 사립고등학교 그리고 마침내 일류대학교까지 나온 알란 포가 살 만한 곳 같아 보이지는 않았다. 나는 이슬비 속을 걸어가면서 내가 만날 사람이 어떤 사람인지 궁금했다.

나는 50세인 알란 포의 굉장한 활력과 감수성이 예민한 날카로운 눈에 즉시 강한 인상을 받았다. 단지 그의 말쑥하게 빗어 내린 머리와 악센트만이 명문학교 출신임을 암시했다(유명한 영화배우 험프리 보가트도 역시 앤도버를 나왔다는 사실로부터 완전히 벗어나지는 못했다). 나는 포 뒤에 있는 3평방피트쯤 되는 사무실, 거실, 부엌으로 쓰이는 초라한 공간을 들여다보았다. 처음에 부엌이 내 눈에 들어왔는데 마치 예인선의 부엌처럼 소박하였다. 어느 육체노동자인 독신남자의 부엌을 채우고 있을 듯한 접시가 쌓여 있는 하수구, 더러운 난로, 낡은 커피주전자, 드문드문 있는 음식통조림 그리고 알루미늄 소금통 등이 차 있었다. 부엌의 왼쪽에는 단단하고 단순하고 실용적인 떡갈나무 탁자가 찌그러진 소파를 향해 있었고, 구석에는 놀랍게도 포의 대학문장이 새겨진 나무의자가 있었다. 이미 어질러진 방의 저쪽 구석에는 포의 서재가 있었고, 그곳은 1평방피트 넓이로, 수동식 타자기와 깨끗하고 평범한 타자용지더미 조금과, 바삭바삭 소리가 나는 원고더미가 있었고 책은 없었다. 그게 전부였다. 그곳은 차라리 작은 마을의 신문사나 수도사의 작은 방 같았다. 그리고서 나는 다시 부엌을 보았다. 예인선의 선장이 관찰하고 있는 내게 "대학은 여전하지요? 그렇지요?"라고 말했다. 나는 그의 두터운 스웨터와 볼품없는 바지, 작업화를 보고, 그리고 나서 나의 은행원 스타일의 양복, 소형 서류가방 그리고 오페라를 보러 가기 위해 광을 낸 구두를 보았다.

알란 포는 면담을 시작했다. "나는 당신네들에게 불만이 있습니다. 나는 동성연애자이지요." 그리고는 그는 그랜트연구에 대한 복사본을 내게 던졌다. 그는 연구의 요약에서 내가 비행, 알코올중독, 정신병, 동성연애를 그랜트연구 대상자들에게서도 비록 드물기는 하지만 나타나는 결점으로서 논의했던 점을 지적했다. 포가 불평하는 것은 타당했다. 바로 그 해에 미국정신의학협회는 동성연애는 더 이상 정신병으로 분류되지 않는다고 결정했다. 만일 조직화된 정신의학에 대한 비평이 옳지 않고, 정신건강이 단지 문화적인 착각이 아니라면 우리가 어떻게 어떤 사람을 아프다거나 혹은 건강하다고 결정할 수 있겠는가?

나는 알란 포가 귀기울일 필요가 있는 연구대상자라는 것을 깨달았다. 그는 줄담배를 피우고, 커피를 꿀꺽꿀꺽 마시고는 강의를 했고, 나는 그가 말하는 것을 가능한 빨리 받아썼다. 그는 세 번 결혼했고 수입이 1만 달러 미만이며 그랜트연구가 그를 대학시절 '건전성'에서 'C'라고 판정했다는 자세한 정보를 내게 알려줬다. 그는 아무런 게임도 즐기지 않았고, 휴가도 보내지 않았으며, 그의 이전 직업을 마지못해서 즐겼다고 말했다. 그는 과음을 했고, 의사는 "그의 신체건강 상태가 매우 좋지 않다"고 했다. 내가 지금까지 발전시켰던 기준에 의하면 포는 정신건강의 밑바닥 1/5에 해당된다. 그러나 그는 100명 중 한 명이었고, 그래서 그는 강의했고 나는 결정했다.

그는 내게 "당신의 정상에 대한 정의는 무엇입니까?"라고 묻고는 자기가 제2차 세계대전 동안 양심적인 병역거부자였음을 지적했다. 그는 결코 이것을 후회하지 않았다. 그는 항상 그 이유를 분명히 말할 수 있었고, 양심적인 반대자와 프랑스 레지스탕스 지도자가 어떻게 여전히 같다고 볼 수 있는지를 설명했다. 그는 "나는 제2차 세계대전 동안 《타임》지의 전쟁뉴스를 처음부터 끝까지 읽은 유일한 양심적인 병역거부자였습니다"라고 고백했다. 그는 나치가 인류의 적이라는 것을 결코 의심한 적이 없지만 모든 군국주의자에 대해서도 그렇게 느꼈다.

전쟁 후에 포는 계속해서 자신에게 진실하고자 노력했다. 그랜트연구 대상자들 중에서 소설가가 되려고 했던 대부분의 사람들은 35세가 되어서는 포기했으나 포는 참고 견뎠던 극소수 작가 중의 하나였고, 그는 30년 동안 매일 쓰는 훈련을 했다. 그의 작품이 출판되지 않았기 때문에 그는 명백하게 '도덕적'인 일련의 일을 통해서 생계를 유지했다. 그 일은 대도시 중심부의 저소득층이 사는 지역학교에서 영어를 가르치는 것과, 시에라 클럽(Sierra Club)을 위한 광고문안을 쓰는 것이었는데, 이 일들은 그의 재능을 항상 날카롭게 하는 것이어서 45세에 마침내 결실을 맺기 시작했다. 중년에 그의 출판되지 않은 소설들은 시로 발전되어 종종 작은 서부 해안지역의 문학비평 잡지에 실렸으며, 가끔은 《뉴요커》와 《애틀랜틱》잡지에 실렸다. 그러나 그의 방이 시사하듯이 그는 시를 지어 부자가 되진 못했다.

훨씬 더 문제가 되었던 것은 포의 세 번 결혼이 이혼으로 끝났다는 사실이었다. "나는 성공을 견딜 수가 없습니다"라고 설명했다. 그러나 태리타운과는 달리 포는 항상 그의 부인들을 진심으로 사랑했으며, 나는 그가 본질적으로 다른 사람을 배려하고 동정심이 있는 사람이라는 것을 한순간도 의심하지 않았다. 그러나 포는 그의 나라가 전쟁중일 때 평화론자로 있었던 것보다 더 갈등하고 있었다. 그가 대학시절에 만일 다른 소년이 자기의 어깨에 팔을 놓기라도 하면 마치 누군가 뱀으로 그를 휘감는 것 같다고 털어놓은 것을 보고 그랜트연구의 정신과 의사는 깜짝 놀랐다. 포는 50세가 되고, 그의 세 번째 결혼이 붕괴되고, 그의 두 번째 동성연애 사건이 있고서야 비로소 자기가 누구인가를 깨달았다. "지금 나는 나의 노란 배지(yellow)*를 자랑스럽게 달고 있습니다"라고 말하였다. 그는 그가 유태인이나 흑인, 평화론자와 동성연애자들이 정말로 어떻게 느끼는지를 이해한다고 믿었다.

포는 계속해서 이야기했다. "그래요. 나는 1년 동안 당신 같은 사람들을 여러 각도에서 생각했습니다." 그는 왜 우리들이 건강한 성격을 동조를 통해서처럼 반항을 통해서도 발전시킬 수 있음을 깨닫지 못하는지를 의아해 했다. 그는 자신이 "와스프(WASP)라는 누에고치 안"에서 자랐다고 설명하였다. "나는 레이크 포레스트에 있는 사립학교를 나왔고, 앤도버를 거쳐 대학교까지 나왔습니다. 그것은 모두 누에고치였습니다"라고 말했다.

50세에 포는 험프리 보가트가 영화에서 성숙해 보이는 것과 같은 방식으로 성숙한 생산성도 이해했다. 그는 내게 "노스비치의 젊은이들은 20대이고, 나는 아저씨처럼 행동합니다. 그들은 실제 나를 '알란 아저씨'라고 부르기조차 합니다. … 나는 충고를 하기에 충분할 만큼 나이를 먹었고 그들이 자신의 일에 열중하게 도와줄 만큼 충분히 보살펴 줍니다"라고 말했다.

그리고 나서 그랜트연구에서의 건강에 대한 모든 규범을 어겼던 알란 포의 강연은 계속되었다. "1970년 이후로 나는 내 생애의 어떤 때보다도 더 잘 적응했고 더 행복했고 보다 창조적이었습니다. … 그런데 이처럼 된 것이 50세가 되어서 내 신진대사가 변해서 무엇을 할 것인지

---

* 저속하고 선정적인 것을 나타내는 의미로 쓰인다 — 옮긴이.

를 알기 때문일까요?" 그는 태도를 바꾸어 잠시 쉬고는 불쑥 말했다.

술에 관한 문제를 들춰내 봅시다. … 당신은 알코올문제가 없는 작가를 상상할 수 있습니까? 당신에게 알코올에 한 긍정적인 측면을 알려드리지요. 나는 매일 아주 열심히 일하기 때문에 오후 5시가 되면 녹초가 됩니다. 타자기 앞에 4시간에서 7시간 정도 앉아 있으면 탈진하고, 마음은 가장 엄격한 훈련상태에 있습니다. 오후 5시에 개 목걸이에서 손을 떼고 '개'를 풀어놓아 집을 온통 뛰어다니게 합니다. 때때로 잠에서 깨어날 때 머리가 아프면 개를 그만큼 더 뛰게 해야 한다는 것을 압니다. 개가 운동을 잘했으면 아침이 되면 다시 개를 묶습니다.

그는 지난 5년 동안에 오후 5시 이전에 술에 취했던 적은 단지 5일도 되지 않을 뿐이었다고 말했지만 내 생각에 아마 저녁식사 후에 맨정신이었던 적은 단지 10일에 지나지 않았을 것이다. "나는 위험한 게임을 상대로 놀고 있는 것을 알고 있습니다"라고 고백했다. 그러나 지난 6달 동안 그의 지배적인 기분은 "기차게 좋은"것이었다.

나는 포의 주위에는 죽음, 자살, 우범지대가 만연하다고 느꼈으나 그는 불가사의할 정도로 단순히 자신의 힘을 길들이는 것을 통해서 살아갔다. 그는 자신이 파괴된 인간관계의 고통에 대해 쓸 수 있었기 때문에 파괴된 인간관계에서 오는 모든 고통을 극복할 수 있다고 생각하였다. 그는 "엉덩이를 한 대 걷어차일 때마다 나는 그것이 내가 글을 쓰는 데 도움이 될 것이라는 것을 압니다. … 당신은 굉장히 객관적이 될 수 있고, 어려움들을 뚫고 당신의 방식대로 일할 수 있습니다"라고 하였다. 그는 30년 전에 그랜트연구에 다음과 같은 글을 보냈다.

서머싯 몸(Somerset Maugham)*은 예술가가 이 세상에서 유일하

---

* 영국의 작가 — 옮긴이.

게 자유로운 사람이라고 썼다. 왜냐하면 예술가는 저주받을 일을 마음대로 털어놓을 수 있기 때문이다.

아마 진부한 존재가 아니라는 단순한 즐거움이 휴가를 보내지 않고, 아주 사랑스러운 그의 자녀들과도 거의 놀지 않고, 현명하지 못하게 그러나 너무 자주 사랑한 것 등을 보상해준 것 같다.

포는 또한 내가 집에 가는 길에 깊이 생각했던 연구의 모순점에 관하여 경고했다. "당신은 당신이 깨닫고 있는 것보다 훨씬 더 큰 문제를 가지고 있으며, 그래서 많은 오래된 생각들은 이미 적합하지 않습니다." 동시에 그는 그랜트연구의 중요성을 "인간을 전체로 연구하는 것은 오늘날 매우 중요합니다. 맹점이 있어서는 안 됩니다"라고 역설하였다.

나는 그의 아파트를 어리벙벙한 채, 그러나 생각에 잠긴 채 떠났다.

포는 천천히 나와 함께 케이블카가 있는 곳으로 걸었다. 샌프란시스코에는 이슬비가 내리고 있었고 그는 내게 "나는 선천적으로 그리고 기본적으로 행복한 사람이라고 느낍니다"라고 말했다. 그리고 그는 "자기 내부의 빛을 따르지 않는 사람들은 어떻게 느끼는지" 궁금하다고 덧붙였다. 마지막으로 그는 어떤 사람이 제2차 세계대전이 절정일 때 윈스턴 처칠에게 "원기가 왕성합니까?"하고 물었다는 일화 하나를 들며 우리의 면담을 마쳤다.

나는 케이블카에 올랐고, 그는 그의 아파트로, 그의 젊은 동성연애자인 '조카들'에게로, 그리고 시(詩)로 노벨문학상을 받겠다는 그의 꿈으로 돌아갔다. 그러나 나는 작별인사를 하면서 프랑크 스톡튼(Frank Stockton)의 단편소설 《미녀인가 호랑이인가?》(*The Lady or the Tiger?*)의 끝에서 독자가 그랬던 것처럼 결정을 못보고 있음을 느꼈다. 질투심 많은 운명은 알란에게 경기장의 쌍둥이문 중 어느 쪽을 향하게 했는가? 그는 '미녀'가 들어 있는 문으로 가서 결국 그의 시에 정통하게 되고 명성을 얻게 될 것인가, 아니면 그가 연 문은 '호랑이'가 숨겨져 있어 포는 마침내 그의 '개'에 대한 통제를 잃고 삼켜질 것인가? 나는 모른다. 그러나 내가 훌륭한 옷을 입고 나의 존경할 만한 친구의 훌륭한 아파트로 안개를 뚫고 걸어가면서 내게 중요한 것은 그가 행복하고 배려를 한다는 것이었다. 나는 그가 "원기왕성한 채"로 문으로 접근한다는 것을 알았다.

프로이트는 "창조적인 예술가의 문제 앞에 서면 분석은, 아아 슬프게도 그것은 무기를 버려야만 한다"[1] 라고 썼고, 나는 이에 동의해야만 했다. 여기에 태리타운 박사처럼 객관적으로 곤란을 겪지만 그러나 내가 굿하트만큼 존경하는 사람이 있었다. 여기에 30년 전에 애국적인 그랜트연구진에게 도전했던 것처럼 55세에 내게 도전할 수 있는 사람이 있었다. 포는 24세에 양심적인 병역거부자였을 때 "만일 사람들이 이후 20년 안에 그 자체를 파괴하는 데 열중하고 있는 사회에 순응했다면, 그것이 그 사람들에 관해 무엇을 증명해 주는가?"라고 썼다.

나는 우리의 토론을 계속할 필요가 있다고 느꼈고 그래서 보스턴에 돌아가서 알란 포에게 이 책의 제1장을 보냈다. 내가 굿하트와 태리타운을 취급한 방식이 그랜트연구가 좋은 기회를 놓칠지도 모른다는 그의 걱정을 누그러뜨렸는가? 그는 답장을 써 왔다. "당신도 아시다시피 나는 약간 걱정을 합니다. … 내가 그 걱정을 적어보낸다면 아마 당신이 그 책의 뒷부분을 쓰는 데 도움을 될 것입니다." 물론 그는 옳았다. 그리고 양심적인 병역거부자와 레지스탕스 지도자들도 종종 옳다. 편지는 다음과 같이 계속되었다.

좋습니다. 자료는 굉장합니다. 당신이 사용한 방법론은 꽤 정교합니다. 그러나 마지막 판단과 마지막 평가는 단순해 보입니다. 내가 읽은 바에 의하면 그들은 좋은 수입, 안정된 가정, 적당한 직업적 만족, 사랑할 능력과 노는 능력을 가지고 있는 것으로 귀착하는 것 같아 보입니다. 그리고 환자 혹은 피험자 혹은 우리가 그를 무엇으로 부르든지 간에 그는 최후의 결과를 성취하기 위해 적응하거나(그것은 추측건대 좋은 것이며) 혹은 적응하지 못하여 목표를 달성하지 못합니다(그것은 추측건대 나쁜 것입니다). 그는 자신의 삶을 극복함으로써 만족스럽게 대처하거나 혹은 계속 무기력합니다. 정말로 진정으로 이것이 당신이 이해한 이야기의 전부입니까? 그렇지 않으리라고 생각합니다. 또 그렇지 않기를 절실히 바랍니다!

나는 삶에 대한 성공적인 적응에 관한 당신의 모든 기준을 충족시키는 불쌍한 개자식을 상상할 수 있습니다. 그는 교도소에 앉아서 벽을 쳐다보고 있거나 혹은 은퇴한 후 탐파(Tompa) 근처에 살면서 바다쪽을 내다보며 다음 번 폐의 통증이 오는 것을 기다리면서 자기의 삶에서 무엇을 놓쳐버렸나를 생각하겠지요. … 죽기 전 마지막 의식이 있는 순간에 마치 "나는 열심히도 살았구나"라고 말하는 것처럼 그의 얼굴에 과거를 회고하는 웃음을 씩 웃는 사람과, 항상 괴롭히는 끝나지 않는 사업 때문에 시간을 되돌리려는 노력으로 마지막 숨이 붙어 있을 때까지 분투하는 어떤 다른 사람과의 차이는 무엇입니까? 제기랄, 나는 모릅니다. 그러나 생각해 볼 가치가 있다고 확신합니다.

… 나는 당신이 머리 속 깊은 곳에서 이리저리 생각해 보길 원할 두 가지 모호한 개념을 가지고 있습니다.

하나는 당신이 '축하의 느낌'(celebrant sense)이라고 부르리라고 생각되는 것 혹은 아름다운 히피의 단어인 '기차게 좋은 기분'(wow)에 대한 것입니다. 굿하트의 삶의 서술에는 그런 축하의 느낌이 없습니다. 아마 있을지도 모르지요. 아마 그것은 당신 생각에는 높은 가치가 아닐지도 모릅니다. 그러나 나는 이것이 건강한 적응의 모든 과정에서 중요한 요소라고 생각합니다. 인생은 즐길(enjoyed) 필요가 있습니다!

고려할 필요가 있다고 생각하는 적응의 다른 요소는 내가 50세가 되어서야 깨달은, 나로서는 큰 발견입니다. 그것은 종교적, 철학적 또는 신비적인 성향에 따라 여러 가지 이름으로 불립니다. 그러나 나는 이것을 감정이입(empathy)이라고 부릅니다. … 나는 베트남전쟁에 대해서 계속 생각하고 있습니다. 나는 매우 적응을 잘한 그랜트 연구의 'A 유형'의 사람들, 우리 역사상 가장 큰 도덕적, 군사적, 정치적 재앙으로 우리를 이끌었던 콧대 센 외교정책을 입안한 케네디 행정부의 '가장 현명하고 가장 훌륭한 사람들'에 관하여 계속해서 생각하고 있습니다. 무엇이 잘못되었습니까? 경기에서 이기기 위해서는 상대방을 아는 것이 기본적인 법칙이 아닙니까? 그렇다면 케네디와 그의 동료들이 마주한 적군의 발포명령자는 누구입니까? 호치민입니다. 호치민에 관해서 알기 위해 중앙정보부가 필요하진 않겠지요!《타임》지를 읽어보면 그에 관해서 완전히 훌륭한 윤곽을 얻을 수 있습니다. 시인이며, 셀렘담배를 계속해서 피워대는 사람이고, 세계 공산주의자의 사회적 서열에서 스탈린과 동격이며, 벼락출세한 모택동보다는 윗자리에 있는 사람이라고. 그는 티토(Tito)처럼 그의 독립적인 정치기반의 확실한 두목으로서 지략에 뛰어나고, 프랑스에서 교육받은 지성인으로 그의 이상주의는 사실은 맑스나 엥겔스와 연결되어 있는 것과 마찬가지로 미국 독립선언의 정신과도 연결이 되어 있었습니다.

무엇이 잘못되었습니까? 지성이나 권력 혹은 의지는 부족하지 않은데 단지 감정이입이 믿어지지 않을 만큼 부재합니다. … 만약 감정이입이 없다면 지성이나 권력 그리고 의지는 단지 소리나는 구리와 울리는 꽹과리에 불과합니다. … 지금 내가 말하는 바를 오해하지 마십시오. 나는 단순한 중류계급의 미덕에 반대하는 것이 아닙니다. 사실 나는 오히려 이것에 감탄합니다(아마 내가 그렇게 살지 못하기 때문에). 그러나 나는 진정한 적응은 더 큰 차원이라고 생각합니다.

정진하길-그리고 신의 축복이 있기를

알란 포

나는 그의 편지를 받고 깜짝 놀라 말을 잃고 그것을 나의 연구조교에게 건네주었다. 전과 마찬가지로 그녀는 내게 현명하고 간결하게 "선생님이 덧붙일 것이 별로 없군요. 거기에 다 들어 있어요"라고 조언했다.

1952년에 그랜트연구진은 알란 포의 미래를 예측하려고 했다.

만일 그의 보다 관습적이고 조용한 기본성격이 이미 표현되지 않았다면, 포가 성숙함에 따라 그것이 전면에 드러나는 것이 가능할 것이다. 그의 결혼생활에 대한 위협(연애사건) 그리고 경제적 안전을 얻고 가족을 부양하려는 오랜 투쟁 같은 다른 요인들이 그를 이미 정복시킨 것처럼 보인다.

나는 포가 50세에 이 결론에서 벗어난 것이 기뻤다. 중상류층이 주로 사는 교외로 이사가는 대신에 포는 "나이를 먹으면 먹을수록 당신이 그렇게 철저히 연구했던 20세 난 아이에 대해 점점 더 감복합니다. … 그 아이는 그가 자라난 중상류계층의 문화의 큰 덩어리들을 거부했습니다. … 여기 이 52세 먹은 남자는 아직도 그를 따라잡는 데 어려움이 많습니다"고 썼다.

그랜트연구진이 알지 못했던 점은 만일 포가 자신이 속한 계층에 동조하는 부모와 동일시했다면, 마치 성인이 되어서도 계속해서 반동형성을 사용했던 다른 사람들처럼 숨이 막혔을 것이라는 점이다. 결국 포의 어린 시절은 태리타운 박사의 어린 시절보다 그렇게 좋은 것은 아니었다. 대신에 포는 그가 양심적인 병역거부자이고 시인이라는 점을 결코 잊지 않았다. 소로와 간디는 여전히 그의 영웅으로 남아 있다. 이들도 또한 그랜트연구의 적응점수에서 아주 좋은 점수를 받지는 못했을 것이다.

그러나 일반적으로 그랜트연구진은 포에 대해서 빈틈이 없었다. 1940년에 포의 호흡패턴을 보여주는 호흡운동 기록기를 바라보면서 — 그리고 물론 집시가 엽차 잎을 바라보는 방식으로 수많은 다른 단서들도 바라보면서 — 한 생리학자는 "나는 만일 그 불안정성이 특수한 유형일 경우 사회가 불안정한 개인들을 위한 피난처를 제공해 준다는 사실에 대해 포가 좋은 예가 된다고 생각한다"라고 썼다. 알란 포가 19세에 자신을 '조울증' 아니면 '버릇없는 선머슴'이라고 진단했을 때 연구진의 정신의학자는 현명하게도 그 진단을 "어느 누구도 길들일 수 없는 통제 불가능한 유성의 불꽃"이라고 바꾸었다. 연구진의 의사는 "만일 알란이 그의 에너지와 열정을 통제할 수 있다면 아마 괴짜이긴 하지만 대단히 성공한 사람이 될 것이다. 그를 보고 있으면 노엘 코워드(Noel Coward) 생각이 많이 난다!"고 썼다.

55세에도 알란 포는 아직도 정력을 심하게 낭비하지만, 이것은 조증(mania)이나 정서적인 병 때문은 아니다. 원기왕성한 에너지는 억압적인 문화가 아직도 후벼파는 오래된 상처를 처리하는 그의 방식이다. 에드나 세인트 빈센트 밀레이(Edna St. Vincent Millay)가 제안했듯이 아낌없는 연소는 짧은 대신 "아름다운 빛을 낸다".

그러나 내 속에 있는 청교도적인 과학자정신에 의하면 생물학의 모든 법칙을 포기할 만큼 그렇게 빛나게 승화를 사용하는 것은 모험을 건 도박이라는 주의사항을 첨부한다. 소로나 간디 같은 사람들이 매일 태어나는 것이 아니다. 나는 알란 포를 만나기 전에 100명 이상을 면담했고, 처음 면담한 100명에게서 "감정이입"과 "기차게 좋은 기분을 느끼는" 능력은 보다 관습적인 건강의 지표와 상관이 있었다.

여기서 배워야 할 점은 우리 모두가 포에게 달려가서 그를 모방해야 한다는 것이 아니라 어떻게 포의 열정을 우리 자신에게 통합할 수 있을지를 스스로에게 물어야만 한다는 것이다. 예술가는 결코 우리가 그의 삶을 살 것을 고집하지 않고 우리가 그의 창조적 가능성의 특별한 감각을 기억할 것을 고집할 뿐이다. 그 답례로 내 안에 있는 청교도는 이혼이 건강하지 못하거나 나쁜 것이 아니라고 인정할 것이다. 단지 사람을 오랜기간 동안 사랑하는 것이 좋다는 것뿐이다.

이 책을 쓰면서 나는 색안경을 쓰고 나의 직업의 편파들을 드러내 보인다. 나는 사람의 성격을 생물학적 및 내적 발달로부터 발전해 가는 것으로 이해한다. 나는 건강과 병을 만져서 알 수 있고 절대적인 것이며 상대적이거나 가치가 내재되어 있는 것으로 보지 않는다. 일반적으로 사회학자들은, 그리고 특히 알란 포는 나의 편협함에 대해 마음껏 떠들 수 있다. 건강이란 보통 가치가 내재되어 있는 것이 아닌가? 그것은 문화마다 다르지 않은가? 아마 건강은 단지 보는 사람의 눈에서만 타당하고 전적으로 상대적일 수도 있을 것이다.

"아니다!"라고 나는 외친다. 존 키츠처럼 나도 의사이고 또 나도 아름다움과 진실은 하나라고 믿는다. 그러나 이것을 어떻게 증명하는가? 분명히 증명해 보이기 위해서는 실험과 의견일치가 필요하고, 따라서 이 책은 통계, 비교 그리고 독립적인 평가자에 의한 등급들로 어질러져 있다.

그러나 무슨 소용이 있는가? 내가 '적응'이라고 말할 때 사회학자들은 항상 '동조'와 '순응'으로 듣는다(여기에서 내가 의미하는 사회학자는 인류가 내부에서 일어난 것보다는 외부에서 일어나는 것에 더 많은 영향을 받는다고 보는 사람이다). 나는 적응과 순응 사이의 차이를 강조했다. 제2차 세계대전 동안 자신의 선더볼트 폭격기를 타고 다닌 에드워드 키츠 중위가 양심적인 병역거부자이며 노동자편에 있었던 알란 포보다 더 동조를 잘하고 순응을 잘한 것은 분명한 사실이다. 그러나 정말로 그가 잘 적응했을까? 에드워드 키츠 중위와 알란 포는 분명히 레슬리 앙스트나 프랜시스 오스왈드보다는 더 잘 적응하였다. 레슬리 앙스트는 그의 실험실에 순응한 결과로 얻어진 안전과 권태를 싫어하였고, 최전방에서 싸우는 해병대원이 될 것을 주장하면서 동조한 프랜시스 오스왈드는 결국 살인에 적응할 수 없기 때문에 전투에서 정신병을 얻고 말았다. 잘 적응했던 바이론과 라이온은 결코 동조주의자가 아니었고, 적응을 잘 못했던 스미스와 램은 물론 동조주의자이었다.

예술이 상업적인 삽화와 다르듯이 적응은 순응과는 다르다. 순응은 스냅사진으로 보일 수 있지만 적응은 최소한 활동사진기가 필요하다. 알란 포는 정신건강에 관한 우리의 모든 정적인 개념을 어겼지만, 그를 건강하지 않다고 하는 것은 4,000살 먹은 소나무나 바람에 시달리는 바닷가의 삼목이 병들었다고 하는 것과 같은 것이다.

사회학적 지식이 풍부한 정신분석가 노만 진버그(Norman Zinberg)

516

는 사회학과 정신의학 사이의 갈등을 다음과 같이 잘 표현했다.

개인이 사회에서 기능하는 능력은 그의 성격에만 의존하는 것이 아니라 또한 그가 살고 있는 바로 그 사회의 지침에 달려 있다. 그러므로 어떤 것이 심리적으로 잘못되었다면 그것은 주관적이고 문화적인 것이지 객관적이고 타고난 것은 아니며, 더욱이 신체적인 질병과는 매우 다른 것이다.[2]

진버그는 내가 미성숙한 방어기제들을 다루는 제9장에서 처했던 방심할 수 없는 위험한 상태를 예상했다. 거기서 나는 생물학이 가치와 사실을 분리할 수 있다고 자랑하였으나 물론 그것은 그렇게 되었으면 좋겠다는 희망일 뿐이다. 사회학자들은 의사들이 종종 피험자와 관찰자 사이에서 일어나는 상호작용을 잊는다는 것을 안다. 미성숙한 방어기제는 바로 이 상호작용 때문에 부적응적이다. 마찬가지로 제8장에서처럼 적응의 신경증적 기제가 성공으로 이끄는지 아니면 재난으로 이끄는지는 개인의 '건강'보다는 외부적인 환경에 더 많이 달려 있다.

진버그, 레잉, 토마스 자츠, 필립 슬래터, 어빙 고프만 등의 작가들에 의해서 제기된 정신건강에 대한 도전을 더 확장시키면서, 피터 세쥐크(Peter Sedgwick)는 더 나아가 정신건강이라는 개념에 얼마나 많은 가치가 포함되어 있는가를 지적했다. 세쥐크는 병이란 순전히 가치판단이라고 주장한다. 즉, 사회적 관심의 지시하에 적용된 생물학에 불과하다고 주장했다.

식물의 병은 튤립, 순무(turnip) 혹은 훌륭한 자연경관을 마련해 주는 느릅나무에게 타격을 줄 수도 있다. 그러나 만일 사람이 관심을 갖지 않은 식물의 종, 예를 들면 사막의 풀 같은 것이 균류나 기생충의 공격을 받았다면 우리는 병이라고 하지 않고 단지 두 종 사이의 경쟁이라 말할 것이다.[3]

그는 또한 "옥수수나 감자를 해치는 고조병은 **인간발명품이다.** 왜냐하면 만일 인간이 감자나 옥수수보다는 차라리 기생충을 재배하기를 원한다면 '고조병'이라는 것은 없고 감자나 옥수수는 단지 기생충 수확에 필요한 사료에 불과한 것이다"라고 주장한다. 세쥐크는 집요하게 다음과 같이 자신의 견해를 납득시킨다.

> 70세 된 사람의 대퇴부의 골절은 자연의 세계 안에서는 가을에 작은 가지에서 잎이 떨어지는 것 이상의 중요한 일이 아니다. [4]

그렇다면 이 책에 "가치가 내재되어 있다"라고 할 분별 있는 비평가들에게 내가 어떻게 지적으로 반응할 수 있을까? 나는 이 책에 그런 면이 있다는 것에 동의하지만 이러한 비평이 왜 요점을 잘못 이해하고 있는지를 설명하고자 한다. 첫째, 적응은 도덕성을 의미하지 않고 — 물론 그것은 가치판단이다 —, 적응은 **성공**을 의미하며, 내가 성공이라고 말할 때는 단지 다른 사람의 눈에 비친 성공을 의미하는 것은 아니다. 알란 포는 원기왕성하였다.

둘째, 나병이나 종기와는 달리 미성숙한 방어는 무인도에서는 사라지는 것이 사실이다. 또 이 책에서 논의된 것처럼 정신건강은 **사회적 성공으로** 정의되어야만 한다는 것이 사실이다. 이 책에서 사용된 정신건강에 대한 객관적인 기준, 즉 일하는 것과 사랑하는 것도 미성숙한 방어처럼 무인도에서는 특별히 중요한 것은 아니다. 그럼에도 불구하고 일하는 것과 사랑하는 것은 아직도 사회, 사실상 모든 사회의 목표이다.

셋째, 나는 정신의학적 병명을 붙이는 것이 위험하다는 사회학자들에게 동의한다. 사회는 차별에 의해 그리고 건강과 병, 병과 나쁨을 혼동함으로써 무서운 상처를 입힐 수 있다. 알란 포가 양심적인 병역 거부자가 된 것은 그리고 동성연애자가 되기로 선택한 것은 건강해서이지 병 때문이 아니다. 그의 삶은 사회의 반응에 의해서 심하게 상처를 입었다. 맥락을 달리해서 제임스 오닐의 알코올중독은 그와 함께 일한 회사동료들이 부르기로 선택한 '도덕적 타락'이 아니라 '병'이었다. 그는 사회와 그의 부인 그리고 그의 건강을 돌보는 체계가 그에게 '알코올 중독자'라고 이름붙이기까지 20년이나 기다렸다는 것 때문에 도움을 받은 것이 아니라 상처를 입었다. 제임스 오닐이 스스로 "나는 알코올중독자다"라는 이름을 부를 수 있었을 때는 그는 점점 치료되고 있는 중이고, 알란 포가 "나는 동성연애자다"라고 말할 수 있었을 때처럼 오닐은 자신을 수용하는 과정에 있었다. 사회학자들이 생물학적 가치와 사회적 가치 사이에 차이가 없다고 주장하는 것은 잘못이다.

넷째, 의사가 사회학자의 논쟁에서 승리할 기회를 갖는 것은 단지 경험적 증거를 나열할 때뿐이다. 이 책에서의 가치판단은 100명의 실제의 삶을 35년 동안 추적하고 서로서로에 대해서 체계적으로 비교한 것에 기초하고 있다. 진주조개가 한 알의 모래로 쓰리고 무기력하게 만드는 염증을 유발하는 모욕을 당하는 것보다 진주를 만드는 것이 더 좋고 건강하고 아름답다고 내가 주장하는 것은 보여줄 수 있는 결과에 기초하고 있다.

만일 내가 편견을 가진 의지가 약한 관찰자라면 생물학은 매우 간결하다. 피부경결(callus)이 존재하면 방어법 또한 존재한다. 마찬가지로 만일 독자가 굿하트의 이타주의가 태리타운의 편견보다 더 건강하다고 느낀다면 나의 가치를 공유하는 것이 되는 것이다. 그러나 이타주의가 하나의 과정으로서 투사와는 다르다고 말하거나 경험적으로도 이타주의가 사회적 결과에서도 다른 것을 관찰하는 것은 가치가 아니다. 편집증적인 종교재판에 의해 이단자와 마녀로 규정되어 화형당해 죽은 사람보다 마틴 루터 킹의 셀마와 버밍햄에서의 감동적인 행진에서 죽은 사람이 더 적다.

몇몇 문화에서 십이지장충이나 간질이 사회적으로 용인된다는 사실이 이것들이 적응적이게 만들지는 않는다. 또 동성연애가 병으로 분류된다는 사실이 동성연애를 분별 있는 사회에서의 실패로 만들지도 않는다. 경험적으로 보면 알코올중독과 십이지장충은 매우 많은 다른 기능들을 방해한다. 그러나 동성연애나 혹은 민주당에게 일관되게 투표하는 것 혹은 《월스트리트 저널》을 정기적으로 읽는 것은 상대적으로 적응과 거의 관계가 없다.

다섯째, 나는 몇몇 사회학자들의 건강의 상대성에 대한 주장은 와해될 지경에 처해 있다고 생각한다. 루소가 주장하는 고상한 야만인 (Noble Savage)과 래잉의 초월적인 정신분열증 환자는 진실을 이상화한 것이다. 이들이 인간의 고통을 부정한다는 점에서 이 이미지들은 마리 앙투아네트(Marie Antoinette)*의 태평스럽게 양치는 소녀들이나 혹은 스테판 포스터(Stephen Foster)**의 노래에 나오는 행복한 검둥이와 유사하다. 만일 어떤 사람이 진실로 "원기왕성"한지를 알아내기 위해서는 선다형 질문지를 가지고서가 아니라 그에게 직접 물어볼 필요가 있다.

마지막으로, 사회적 성공은 아무리 인도적으로 정의한다 해도 가치판단이다. 그러나 전진운동과 속도의 개념 또한 마찬가지이다. 속도, 전진운동, 그리고 사회적 성공, 이 세 가지 모두는 관찰자 시점에 의한 것이다. 그러나 만일 우리가 우리 자신의 삶의 공간을 이해하기를 원한다면 우리는 판단 없이는 할 수가 없다.

노만 진버그는 현상세계를 단순화함으로써 우리가 그것을 왜곡하는 것을 피할 수 없고, 따라서 "정신건강을 찾는 과정은 그 자체가 목적이 될 것이다. 만일 **투쟁**을 선택한다면 우리가 고귀해지겠지만, 만일 궁극적인 목적이 전생애를 통해 '**건강한**' 사람들로 이루어진 이상적인 사회라고 믿는다면 우리는 타락할 것이다"고 경고했다.[5] 한 고참동료는 가장 건강한 그랜트연구 대상자 한 사람이 얼마나 많은 방어를 보이는지를 인식하고는 "어휴, 병리가 얼마나 많은가!"라고 외쳤다. 한

---

* 루이 16세의 왕비로서 프랑스 혁명 때 처형됨 — 옮긴이.
** 미국의 민요 작곡가 — 옮긴이.

순간 그는 적응이 변화와 병과 환경적 불균형에 대한 강력한 반응을 반영해야 한다는 것을 잊어버렸다.

만일 건강의 개념이 정의되고 사용되려면 신중함과 자제가 훈련되어야 한다고 한 진버그의 경고는 옳다. 그러므로 이 장의 결론을 내리면서 건강에 대한 연구를 하기 위해 어떤 안전장치가 필요한가에 대해 개관하는 것이 중요할 것 같다. 첫째, 건강은 상대적인 것이고 개방적인 용어들로 넓게 정의되어야 한다. 둘째, 건강의 개념은 경험적으로 확인되어야 한다. 셋째, 확인은 특히 여러 문화의 비교연구에 의존함을 의미한다. 마지막으로, 건강에 대해 연구하는 사람은 누구라도 진정한 건강과 가치가 내재되어 있는 도덕성 사이에는, 인간의 적응과 단순히 다윈식의 적자생존에 집착하는 것 사이에는, 그리고 삶에서의 진정한 성공과 단순히 세속적인 성공을 추구하는 것 사이에는 차이가 있다는 것을 기억해야만 한다.

정신건강의 넓은 정의란 무엇인가? 아마 지금까지 마리 야호다(Marie Jahoda)가 그녀의 책《긍정적인 정신건강에 대한 최근의 개념》에서 가장 훌륭한 정의를 제공하고 있는 것 같다.6) 실재하는 사람들 안에서 구체적인 특성을 찾아야만 한다는 속박에서 벗어나 야호다는 정신건강의 6개의 일반적인 속성을 제시하였다. 정신적으로 건강한 사람은 자신의 정체감과 자신의 감정들을 느껴야 한다. 이들은 미래지향적이며 시간이 지남에 따라 삶에서 투자의 열매를 거둘 것이다. 이들의 영혼은 통합되어야 하고 이들이 스트레스에 저항할 수 있도록 해주어야 한다. 이들은 자율성을 가지고 있어야 하며 이들의 요구를 충족시키는 것이 무엇인지를 깨달아야 한다. 이들은 자기환경의 지배자가 되어 일할 수 있고 사랑할 수 있고 놀 수 있고 효과적으로 해결을 할 수 있어야 한다.

비록 이 책이 매우 다른 개념적 틀에서 씌어졌지만 억제, 예상, 유머, 이타주의 및 승화가, 야호다가 건강과 같다고 본 바로 그 추상적인 성질을 촉진시키고, 환상, 피학증, 행동화, 투사 및 우울증이 야호다가 말한 모든 기준을 방해한다는 것을 이해하기 위해서는 많은 상상의 비약을 필요로 하지 않는다.

피터 세쥐크를 뛰어나게 반박하는 가운데 생명윤리학(bio-ethics)과 신경학 분야의 연구교수인 레오 카스(Leo Kass)는 건강이란 말 그대로 "전체성"(wholeness)을 의미하고, 치료한다는 것은 "전체를 만든다는 것"을 의미한다는 점을 지적했다. 그는 건강을 "생명체가 자신만의 독특한 우수성에 따라 행동하는 것"으로 재정의하고, 이 정의를 보다 시적으로 다음과 같이 확장시켰다. "예를 들어 건강한 다람쥐란 무엇인가"라고 카스는 물었다.

> 사진 속의 다람쥐도 아니도, 실제로 혹은 완전히 자고 있는 다람쥐도 아니며, 심지어 정상적인 혈압, 혈청칼슘, 전체 신체아연(body zinc), 정상적인 소화력, 번식력 등의 총체도 아니다. 오히려 건강한 다람쥐는 털이 빽빽한 꼬리를 가지고 있는 놈인데, 이놈은 다람쥐답게 보이고 행동한다. 이놈은 나무 사이를 과감하게 뛰어다니고, 도토리를 모으고 묻고 덮은 뒤에 나중에 파먹는다. 이놈은 나뭇가지에 앉아서 밤을 까면서 위험의 낌새를 맡고 경계하고 주의하면서 꼬리를 리드미컬하게 친다. 이놈은 재잘거리고 놀고 구애하고 짝 짓고 나무의 맨 꼭대기에 있는 보이지 않는 큰집에서 새끼를 기른다. 이놈은 격렬하게 싸우고 교활하게 약탈한다. 이놈은 생기왕성하고 심지어는 화도 내며 많은 인간보다 더 신중함을 보여준다.

요약하면 건강이란 자연적 기준 또는 규범이다. 건강은 도덕적 규범이 아니고, '사실'에 반대되는 '가치'가 아니고, 의무가 아니고 활동 속에서 그 자체를 드러내 보이는 존재의 상태이다.[7]

제인 뢰빙거는 카스가 기술한 건강한 다람쥐의 복잡성을 그대로 되풀이하면서 다음과 같이 적었다.

> 성숙한 자아발달의 분야에 깊이 관여하면 할수록 충동의 통제, 성격

발달, 대인관계 그리고 의식적인 편견이란 점점 더 한 가지의 여러 측면들처럼 보인다. 그런데 이 측면들이 너무도 밀접하게 얽혀 있어서 좀처럼 정의할 수도 없고, 더구나 따로따로 분리해서 측정할 수도 없는 것처럼 보인다.[8]

정신병에서 가치의 문제를 해결하기 위해서 우리는 과학적 방법에도 의존하여야 한다. 천연두의 예방접종은 여러 세대에 걸친 테스트를 거쳐서 가능하게 되었다. 열이 났을 때 피를 뽑거나 정신분열증을 고치기 위한 인슐린 혼수상태는 단지 덧없는 의학적인 유행이었음이 증명되었다. 신체의학에서는 기준의 발달을 통해 매우 다양한 배경과 신념을 가진 사람들조차 건강과 병이 무엇으로 구성되어 있는가 하는 것에 합의할 수 있다. 정신건강에 대해서도 이와 같은 기준의 발달이 필요하다. 어디에도 미성숙한 방어기제를 개념화하고 다루는 것보다 더 엄격한 실험적 방법이 필수적인 곳은 없다. 왜냐하면 미성숙한 방어기제는 관찰자와의 상호작용을 통해 모든 사람의 세계관을 왜곡시키기 때문이다. 이성적 평가의 필요성은 특히 형사재판의 분야에서 명백해진다.

이 책의 가장 심각한 한계는 세 번째 안전장치에 실패했다는 점이다. 분명히 그랜트연구는 비교문화적이 아니다. 되풀이하자면 연구대상에 여성이 포함되지 않았고, 모두 대학졸업생들이고, 또 흑인이 포함되지 않았고, 모두 미국인이고, 제1차 세계대전 이후부터 1924년 이전에 태어난 사람만 포함하고 있다는 사실 때문에 이 책의 결론에 대한 신뢰도가 떨어진다.

그러나 하나의 단일한 연구에서는 실험적 방법과 비교문화적 타당성 검증의 필요성이 서로 충돌한다. 그랜트연구가 지난 50여 년 동안 전 세계인구에서 무작위로 뽑은 천명의 대상자에게 초점을 맞췄을 경우에 야기되었을 혼란을 상상해 보라. 누가 식생활, 전염병, 문화, 전쟁의 효과와 관찰자의 감정이입, 나아가 정서가 담긴 단어번역까지를 통제할 수 있겠는가?

독자 스스로가 그랜트연구 대상자들이 우리와 같은 인간이고 또 인간적인 고통을 치유하는 과정을 반영하는지를, 그리고 언제, 어쩌면 우리가 잘 알지 못하는 조그만 부족사회에서나 있을 법한 이해하기 힘든 풍속을 반영하는지를 판단해야 한다. 나 자신은 비교문화적 연구가 세계의 어떤 한 지역과 또 다른 지역 사이에서의 정신건강이 우리가 생각하는 것만큼 차이가 있는 것은 아니라는 것을 보여줄 것이라고 믿어 의심치 않는다. 예를 들어 뉴욕의 건설현장 인부와 일본의 귀족 그리고 호주 원주민이 먹는 음식이 매우 다르다는 점을 고려해 보자. 그렇지만 각각의 음식에 들어있는 건강유지에 필요한 기본적인 영양분은 똑같다.

건강에 대한 연구에서의 마지막 안전장치로서의 건강한 성공은 물질주의와는 반드시 구별되어야 한다. 나는 그랜트연구가 때때로 이 두 가지를 혼동하고 있다는 점을 인정한다. 적응에 초점을 맞추어 보면 이 책은 스펜서(Spencer)와 다윈의 이론을 생각나게 한다. 또한 이 책은 오직 적자만이 생존한다는 것을 내포하고 있다. 설사 스티븐 코왈스키가 건강의 모델이라 할지라도 과연 강력한 공격성과 견고한 방어 이상은 삶에 없는가? 정말로 경기에서 이길 수 없다면 경기를 포기해야 하는가? 물론 결코 그렇지 않다.

그랜트연구 대상자에서의 문제점은 그들이 남자였다든가 또는 사회체제로부터 혜택을 누리고 있었다는 것보다 오히려 이들이 자기신뢰 때문에 선발되었다는 것이다. 그들은 과도한 성취를 해야만 한다는 유령에 사로잡혀 평생을 살았다. 어떤 대상자들은 말없는 절망의 삶을 산 대가로 경력상의 성공을 얻었다. 그리고 건강한 자아의 기능과 성공에도 불구하고 그 과정 속에서 건강한 의존성과 결혼생활과 휴가가 때때로 희생당한 것처럼 보였다. 그러나 마치 오래되었지만 현재까지 살아있는 고목의 기이한 모습같이 미친 것 같은 행동이 상처치유에 도움이 될지도 모른다는 것도 역시 기억하자. 케인과 뉴톤같이 일에 미친 사람들도 제한된 삶 속에서 잘 살아갈 수 있었다. 사실 제 11장의 전반에 걸친 요점은 우리의 염려에도 불구하고 직업적 성공이 일반적으로 황폐한 가정생활과 관련이 없다는 것이다.

건강한 성공 대 물질주의의 논쟁을 명백히 하기 위해서는 주제를 약간 벗어나서 생각해 보는 것이 도움이 될지도 모른다. 건강이란 명성을 의미하지도 않고 명성 또한 건강은 아니다. 건강은 살아가는 데 성공하는 것이고, 이것은 이름이 나는 것과는 매우 다른 것이다. 나는 그랜트연구 대상자들의 삶에서 행운이 어떤 역할을 했는가 하는 질문을 받고 있다. 살아가면서 적응의 유형이 우연히 이들에게 가해진 모욕보다 결과에 더 많은 영향을 끼쳤다고 나는 대답한다. 어린 시절이 지난 후에는 행운과 건강한 발달은 비교적 관련이 없었다.

그러나 행운과 명성은 분리할 수 없는 것처럼 보인다. 불운 때문에 명성을 얻지 못하고, 또 아마 위험할 정도로 뛰어났을지도 모를 잠재력을 우연한 사건 때문에 펼치지 못한 그랜트연구 대상자가 4명 있었다. 이들 모두는 가장 건강하고 가장 야심만만했으며 또 가장 책임감이 강한 대상자에 속했다. 어떤 의미로는 이들 각각에게는 이카루스〈Icarus〉*와 같은 점이 있었다. 즉, 태양에 너무 가깝게 날아오르는 것은 항상 위험하다는 점이다.

그 네 명 중 한 명은 모든 어린이들의 역사책에 나올 운명이었는데 그의 절정기가 오기도 전에 덧없이 살해되었다. 한 대도시의 가장 뛰어났던 시민운동 지도자는 그랜트연구의 적응분야에서 완벽한 점수를 받았음에도 불구하고 50세에 갑자기 심장마비로 쓰러졌다. 세 번째 대상자는 불운하게도 1967년 학생운동의 후유증 속에 재단의 지지가 없어지고 가족상황이 일련의 외부적 요인으로 어려움에 처했을 때 대학 학장이 되어 고생했다. 다른 때였으면 그는 일류대학교의 총장으로 옮겨갔을 것이다. 네 번째 대상자는 15년 이상 열심히 노력하여 한 계단

---

* 그리스 신화에 나오는 인물. 밀로 붙여 만든 날개로 하늘을 날다가 너무 높이 올라 태양열에 밀이 녹아버리는 바람에 바다로 떨어져 죽는다 — 옮긴이.

한 계단씩 이룩한 뛰어난 정치적 경력을 누렸는데, 뜻밖에 그가 대응하기에는 너무 강한 두 유형의 정치적 경쟁자가 우연히 차례로 나타나는 바람에 그 경력은 산산이 부서졌다. 두 번의 연속적인 선거패배는 대부분의 정치인이 견딜 수 있는 패배 이상이었다.

치명적인 '사고'에 이를 때까지의 각 대상자의 삶을 살펴보면 오직 흠잡을 데 없는 성공의 기록만이 있을 뿐이었다. 각 대상자는 건강한 금욕주의와 억제 그리고 왕성한 정력으로 힘들었던 어린 시절 또는 신체적인 핸디캡을 극복했다. 각 대상자는 가장 적응을 잘한 사람에 속했다. 각 대상자는 보통 이상의 따뜻한 인간관계를 누렸다. 그러나 아마도 각 대상자는 이들의 삶의 초기에 보다 평범한 위치에 기꺼이 만족했어야 했는지 모른다. 나는 연구대상자들 대부분에게서 성공한 것이 건강한 것으로 보이는 한 가지 이유는 이들이 언제 멈출지를 알았기 때문이라고 생각한다.

제 17 장

요약

일생에 걸쳐 우리는 환경에 적응하는 과정 속에서 살아가고 있다. 즉, 삶이란 단지 이런 적응과정에 불과하다. 약간 실패할 경우에는 어리석은 것이지만, 심하게 실패할 경우에는 미친 것이다. 내적으로 그리고 외적으로 일어나는 우연한 일들을 융합하고 조정해야 하는 부담을 감당할 수 있을 정도의 적응력이 있는가 혹은 없는가에 따라 삶은 성공적일 수도 있고 그렇지 않을 수도 있다.

— 사무엘 버틀러, 《일체중생의 길》

한 뛰어난 심리학자는 최선의 인간기능에 대한 연구에서 "우리는 개인적으로 그리고 사회적으로 추구해야 될 가치들과 관련된 실제적인 관계들을 밝혀야 한다"고 적었다.[1] 그렇다면 그랜트연구에 참가한 대상자들과의 예기치 않은 교제를 통해 내가 배운 가장 큰 교훈은 무엇인가? 35년 동안 이들의 삶을 관찰하면서 내가 전달하고자 하는 중요한 교훈들은 무엇인가?

첫 번째 결론은, 개별적인 외상적 사건들이 개인의 삶을 결정짓는 일은 거의 없다는 것이다. 그렇다고 해서 일찍 부모를 잃었다든가 학술분야에서 기대하지 않았던 상을 받는다든가 혹은 장래 배우자가 될 사람과의 우연한 첫 번째 만남 혹은 심장발작과 같은 사건이 인생의 궤도를 갑작스럽게 변화시키지 않는다는 것은 아니다. 도로상에서 실수로 혹은 우연히 길을 잘못 들어서 국토횡단 여행이 영향을 받을 수 있는 것처럼 예기치 않은 사건들이 우리의 삶에 영향을 미친다. 하지만 단 한 번 길을 잘못 들었다고 해서 전체적인 여행의 질이 변화되는 일은 거의 없다. 명성의 경우와는 달리 정말로 건강에 영향을 미치는 삶의 조건이나 적응을 촉진하는 조건 혹은 이후의 성장을 방해하는 조건은 각기 고립된 개별적인 사건들이 아니다. 행운을 만들거나 파괴하는 것은 적응기제의 선택과 다른 사람들과의 지속적인 관계 사이의 끊임없는 상호작용인 것 같다.

비록 아버지나 어머니의 상실로 인해 어린이와 청소년의 정신건강이 심각하게 영향을 받을 수 있다 할지라도, 어린 시절의 단일한 그 어떤 상실도 그랜트연구 대상자들의 중년기 적응에 중요한 결정인자로 작용한 것 같지는 않다. 그 어떤 운명의 변덕도, 프로이트학파에서 주장하는 그 어떤 외상도, 또 사랑하는 사람의 그 어떤 상실도 영원히 벗어날 수 없는 어떤 지속적인 양가감정적 관계만큼 인간의 영혼을 황폐하게 만들지는 않을 것이다. 부모를 갑작스럽게 잃는 것은 혼란스런 부모가 계속 살아있는 것만큼 나쁘지는 않으며, 부모 중 한 사람과 혼란스런 관계를 맺는 것은 전반적으로 혼란스러운 어린 시절을 보내는 것만큼 성인기의 적응에 영향을 미치지는 않는다(올리버 케인에게는 15세 때 그의 어머니가 돌아가신 것보다도 어린 시절에 경험한 홀어머니의 우울과 메마른 정서가 더 깊은 상처를 주었을 것은 당연하다). 만일 학교와 지역사회 정신건강 단체들이 정신질환이나 알코올중독 혹은 둘 다에 해당되는 부모의 아이들에 대해 특별한 관심을 가지고 이들을 가려낸다면 예방정신의학에 많은 도움이 될 것이다.

두 번째 결론은, 아돌프 마이어(Adolf Meyer)가 그 어떤 정신질환도 존재하지 않으며 단지 스트레스에 대한 특징적인 반응패턴이 있을 뿐이라고 한 주장은 옳았다는 것이다. 물론 내가 마이어의 주장에 전적으로 동의하는 것은 아니다. 왜냐하면 분명하게 기질성 뇌손상은 특수한 질병을 일으킬 수 있고, 조울정신병은 정말로 유전적 결함에 기인할 수도 있으며, 지속된 알코올중독 때문에 생긴 인간의 황폐화가 질병과 유사할 수도 있고, 또 결국에 가서 정신분열증이 적응의 실패가 아니라 태어날 때부터 가지고 있는 결함이라고 판명될 수도 있다. 하지만 신경증, 우울증 및 성격장애와 같은 교과서와 진단분류에서 이른바 '병'이라고 불리는 대부분의 것들은 삶에 적응하기 위한 내적 투쟁의 외현적인 증거에 불과하다. 이것들은 단지 누군가가 알아내고 이름을 붙여 명명하여 구체화시킨 진행중인 적응과정을 반영한다.

달리 말하면 대부분의 정신질환은 마치 골절이 나을 수 있도록 골절 주위를 건드리면 아플 정도로 붉게 부어오른 것과 흡사하며, 당뇨병 같은 실체가 있는 생화학적 결함과는 유사하지 않다. 만일 우리가 관점을 바꾸기만 하면 이전에는 신경증적 공포나 몹시 싫은 편견으로 보였던 것이 이해할 수 있는 적응과정의 일부가 된다. 1856년 클로드 버나드(Claude Bernard)는 이를 명확하게 보고 "우리가 병적인 현상에 대한 설명을 정상적 생명현상에 대한 설명에서 분리시키는 한 우리에게 결코 의학이라는 학문은 없을 것이다"라고 말했다. [2] 현대 외과학의 위대한 진보 중 하나는 자연적인 상처치료를 방해하지 않는 법을 배울 만큼 그것을 이해하는 것 말고는 상처치료를 앞당기기 위해 할 수 있는 일은 아무것도 없다는 것을 인식한 것이었다.

중세 이래로 염증의 신호로서의 **붉어짐**, **발열**, **팽창** 및 **통증**은 질환이 아닌 정상적인 인간의 반응으로 여겨졌다. 보다 최근에 의사들은 이런 염증의 기저에 있는 지나치게 많은 백혈구, 항체, 모세혈과 삼출물 및 신경종단이 건강하고 정상적인 것임을 확인했다. 정신질환과 만성적인 나쁜 행실도 이와 마찬가지이다. 건강한 염증의 과정은 치료되거나 처벌될 것이 아니라 이해받고 지지받을 필요가 있다.

물집이나 골절처럼 불안과 우울은 모험이 가득한 삶의 대가가 된다. 삶에 도전하고 또 성장하는 과정에서 우리는 양심과 본능 사이의 내적 균형의 불일치를 만들어내고, 또 그런 불안정한 균형과 우리가 사랑하는 사람들 사이에 불일치가 일어난다. 물론 의사들은 종기를 째고 공포를 둔감화시킬 수도 있고, 찌꺼기를 제거하고 불안을 마비시킬 수 있다. 하지만 의학의 많은 부분이 그렇듯이 정신의학의 많은 부분도 자연적인 치유과정을 단순히 지지해 주는 것이 된다.

하지만 내가 대부분의 정신질환은 적응적인 반응이며 독립적인 결함이 아니라고 주장하는 것은 의사들이 정신건강 영역에서 나가야 된다는 것이 아니라 그들이 다른 사람들을 들여놓아야 한다는 것을 시사하는 것이다. 한편으로 나는 삶에 적응하는 것이 생물학적인 것이며 따라서 삶에 적응하는 문제는 철학자나 형이상학자가 아닌 의사의 영역이라고 주장하고 있다. 또 한편으로 모든 사람이 생물학을 이해할 수 있다고 주장한다. 마치 고혈압 환자가 자신의 혈압을 측정하는 법을 알 권리가 있는 것처럼, 또 임산부가 분만직전에 의식이 있는 상태에서 분만실로 가야 할 때를 알 권리가 있는 것처럼 자아의 방어기제에 대해 배우는 데 있어 특별하거나 성스럽거나 겁낼 것은 아무것도 없다. 진실이라면 공유될 수 있는 많은 것이 생물학에 있다.

이 책의 세 번째 결론은 두 번째 결론과 관계가 있다. 나는 18가지의 기본적인 적응기제를 예시하고 구분하려고 애썼다. 나는 독자들이 이제 방어기제들은 서로 다르고 이런 차이점들이 중요한 의미가 있다는 것을 확신하기를 기대한다.

이 책에서 정의된 방어의 위계는 성인의 성장을 예견하고 성인의 정신건강을 정의하는 데 사용될 수 있다. 방어는 환경적 스트레스가 광기를 일으키는가, 아니면 '진주'를 만드는가의 여부를 결정하는 중요한 변인이 될 수 있다. 달리 표현하면 정서적으로 병든 사람들에서 관찰되는 점차로 많아지는 스트레스 중 상당부분이 빈약한 적응의 원인이 되는 것이 아니라 결과인 것이다. 빈약한 적응은 불안과 우울을 드러나게 하고 불안과 우울은 다시 스트레스를 지각하는 역치를 낮추므로 스트레스를 더 많이 느끼게 한다. 역으로 성공적인 억제는 언제나 고통에 대한 인내성을 증가시킨다.

내가 이 대상자들로부터 배운 위대한 교훈 중의 하나 — 전생애에 대한 미래를 추적해 가는 연구에서 나오는 진짜 교훈 중의 하나 — 는 이 세상의 개자식들(son of bitch)은 태어날 때부터 후레자식으로 태어난 것도 아니고 또 이들이 일부러 개자식이 된 것도 아니라는 당연한 발견이다. 개자식들은 이들에게는 불합리한 세상으로 보이는 환경에 적응하려는 무의식적인 노력에 의해 생겨나는 것이다. 이들을 사랑하기 위해서는 이들에 대한 일련의 사건들을 상세히 알 필요가 있다. 하지만 대개 이런 지식은 부족하고 심지어는 우리의 친척들에 대해서도 이런 지식이 부족한 것은 마찬가지다.

그랜트연구에서 이들의 삶들을 살펴볼 수 있었던 특전 덕분에 연구 대상자 중 결국에는 내가 좋아하지 않게 된 사람은 단 한 사람도 없었다. 이것은 이들이 그렇게 사랑스러워서도 아니고 또 내가 그렇게 마음이 넓어서도 아니다. 나는 이들을 이해했기 때문에 이들을 좋아한 것이었다. 우리가 곧잘 정신병리라고 지각하는 것은 상당부분은 잠재적인 치유과정을 반영하는 것이다.

방어의 분화된 위계를 이해하게 되면 스트레스와 위기의 대혼란 속에서조차도 우리는 또한 보다 합리적인 방식으로 다른 사람을 도울 수 있게 된다. 우리는 성숙한 방어에 대해 존경해야 하며, 이것을 기리고 육성하도록 배워야 한다. 금욕주의, 이타주의 및 예술적 창조성은 좀처럼 방해되어서는 안 된다. 거꾸로 편협한 고집쟁이와 범죄자는 자신의 모습을 직면하도록 하거나 도움을 받아야만 한다. 하지만 미성숙한 방어가 논쟁이나 해석 혹은 처벌로 깨뜨려지는 일은 아마도 거의 없을 것이다. 결국 심리치료와 해석적 상담에서 성공하려면 내담자의 신경증적 방어들 — 공포증인 사람의 전위, 강박적인 사람의 해리와 취소 및 히스테리성인 사람의 신경증적 부정과 억압 — 을 찾아내려고 애써야 한다. 신경증적인 사람들은 항상 가장 잘 변화하며 또 가장 고마워한다.

방어는 분명히 은유적인 것이다. 중력이라는 개념처럼 방어는 단지 논리적으로만 가능할 것이다. 하지만 방어를 이해함으로써 비합리적인 사람은 합리적으로 될 수 있고 사랑받지 못하는 사람은 사랑스러운 사람이 될 수 있다. 만일 우리가 방어에 대해 제대로 인식하지 못한다면 이것들 때문에 두려워하게 될 수도 있고 방어가 전염되지나 않을까 하는 걱정에 사로잡히게 될 수도 있다. 전체 형사재판 체계에서 불합리하고 낭비적으로 보이는 것의 상당부분은 범죄자들의 적응기제와 손상된 사회의 적응기제가 똑같이 충분히 이해되지 못한 데서 연유한 것이다. 우리는 공격받고 있을 때 친절하거나 공감적이 되기는 매우 어려우며, 불필요한 세상의 고통 중의 대부분은 우리가 방어적 행동을 이해할 수 없는 것을 보고 반응하거나 혹은 방어적 행동의 기저에 깔린 것을 이해하려 하기보다는 그것을 액면 그대로 취급해 버림으로써 야기된다.

이러한 이해는 오로지 방어에 대한 정확한 인식으로부터만 나올 수 있다. 최근의 한 예는 마틴 루터 킹이 "백인들은 그들 자신의 죄책감에 의한 분노를 흑인들에게 투사하고 그래서 두려워하게 되었다"는 사실을 인식했을 때 나타났다. "만일 우리 백인형제들이 두려움을 극복하려 한다면, 기독교적인 사랑(Christian Love)에 대해 헌신할 뿐만 아니라 흑인이 백인에게 품고 있는 구세주같은 사랑(Christ-like Love)에 또한 의지해야만 합니다. … 흑인은 자신과 백인 모두를 위한 정의를 추구한다는 것을 백인에게 납득시켜야 합니다"[3] 라고 분명하게 말할 수 있게 됨으로써 얼마나 많은 사람들을 킹 목사가 구제했는지를 누가 추측이나 할 수 있겠는가?

방어의 기원이라는 문제와 씨름하면서 10년을 보낸 후 방어의 정교함에 경탄하고 또 때때로 이것들을 이해할 수 있게 되어서 즐거움을 느낀 것에 만족하려 한다. 나는 왜 특정방어는 나타나는데 다른 것은 나타나지 않는지에 대해 설명할 수가 없다. 내 생각으로는 방어의 기원은 유머나 예술의 기원처럼 여러 요인에 의해 결정되는 것 같다. 이 세 가지는 모두 다 갈등과 내부의 힘 그리고 어린 시절 외부의 도움이 우연히 혼합된 결과이다. 또한 이 세 가지는 고통, 재능, 수용적인 청중, 문화적인 허용 그리고 동일시와 자기수양 및 자발성의 진기한 혼합을 필요로 한다. 유전인자, 부모의 양육, 친밀한 관계 및 고독이 모두 다 예술적 창조에 영향을 미친다. 따라서 나는 개개의 방어에 대한 선택도 마찬가지로 틀림없이 복합적일 것이라고 생각한다.

이 책의 네 번째 결론은 성인들은 시간이 경과함에 따라 변한다는 것이다. 만일 우리가 미래를 추적해 가는 방식으로 삶을 보게 되면 회고적으로 볼 때와는 다르게 보인다. 우리는 과거에 결코 우리가 상상하는 작은 나비가 아니었다. 돌이켜보면 변하는 것은 단지 시대일 뿐이며, 일단 어른이 되면 항상 어른으로 남아있는 것처럼 보인다. 하지만 여러 해 동안 성인을 추적해 보면, 놀라운 변화와 발전을 밝혀낼 수 있다. 성인기에 나타나는 발달상의 불일치가 9세 때의 성격과 15세가 되었을 때의 성격의 차이만큼이나 크다는 것을 발견할 수 있다. 여드름을 비유로 해서 생각해 보자. 어느 한 시점에서는 여드름이 몇 년 동안 비누나 식이요법 및 가장 비싼 피부과 전문의사의 치료에도 잘 듣지 않는, 치료가 불가능한 질환처럼 보인다. 하지만 미래를 추적해 가는 방식으로 종단적으로 보게 되면 여드름은 신비하게도 20세가 되었을 때는 사라질 수 있는 질환이라는 것을 예언할 수 있다. 성인의 삶에서의 정신질환도 종종 이와 마찬가지다.

그러나 이런 변화는 신비한 것도 아니며 또한 외부에서 오는 것도 아니다. 삶을 횡단적으로 보려는 것은 마치 타임즈광장의 중앙에 서서 교통을 이해하려고 애쓰는 것과 같다. 교통혼잡은 당황스럽고 또 외부 사건들이 중요한 것처럼 보인다. 하루 중 특정한 시간, 교통 신호등, 비 및 우연한 사고들이 모두 중요한 것처럼 보인다. 하지만 만일 각각의 차들을 시간의 조망에서 보게 되면 갑자기 각각의 차들은 비록 충분히 예언가능한 것은 아닐지라도 규정된 진행방향을 갖게 되며, 멀리서 보게 되면 이 진행방향은 타임즈광장에 영향을 미치는 복잡한 외부의 사회적 힘에 의해서가 아니라 운전자에 의해 훨씬 더 많이 지배된다는 것을 알 수 있다.

그랜트연구가 시작되었을 때 이 연구는 예언을 가능하게 할 것이고 일단 모든 자료가 수집되면 대학교의 상담자가 2학년 학생들을 면담한 후 이들의 삶에서 각자가 무엇을 해야할지를 이야기해 줄 수 있을 것으로 기대되었다. 하지만 그렇게 되지 않았다. 인생의 주기는 단일한 예견가능한 결과들을 가진 단계들의 불변의 순서 이상이다. 대상자들의 삶은 놀라운 일들로 가득 차 있으며 또 그랜트연구는 그 어떤 예언을 할 수 있는 표도 제공하지 않는다. 대신 전생애에 관한 연구는 천체운항에 관한 연구에 비유할 만하다. 육분의좌(sextant)도 천체도도 우리가 어디로 가야만 하는지를 예견할 수 없다. 하지만 이들은 둘 다 우리가 어디에 있는지를 확인할 수 있도록 해준다는 점에서 매우 귀중하다. 나 자신의 삶에서 그리고 환자들과의 임상작업에서, 나는 그랜트연구 대상자들의 삶이 상당히 유용한 항해지도를 제시해 주었다는 것을 알게 되었다.

물론 나는 많은 독자들이 "왜 이 연구에 우리와 비슷한 사람들을 포함시키지 않았는가?" 하고 항의하는 것을 들을 수 있다. 희망은 문화인류학자들이 우리에게 보여주었던 것처럼 연구대상이 트로브리안섬 사람이든 고대 그리스인이든 아니면 그랜트연구 대상자든 관계없이 비록 이들이 특이하다 할지라도 연구만 잘된다면 그와 같은 표집을 통해 우리 모두가 뭔가를 배울 수 있을 것이라는 것이다.

이 책의 다섯 번째 결론은, 정신건강은 존재한다는 것이다. 통속적인 신념에 반하지만 일에서 행운이 있는 사람은 사랑에서도 행운이 있다. 즉, 겉으로 드러난 정서적 고통이 별로 없는 사람은 두통과 고혈압이 생기지 않으며 오히려 신체적으로도 건강하다. 내과의사를 자주 찾는 사람들은 또한 정신과의사도 가장 자주 찾아간다. 내적인 행복, 외부적인 놀이, 객관적인 직업적 성공, 성숙한 내적 방어, 외관상 훌륭한 결혼생활과 같은 이 모든 것들은 완전한 상관이 있는 것은 아니지만 높은 상관이 있으며, 적어도 키와 몸무게의 상관만큼이나 높은 상관이 있다. 알란 포의 역설은 예외이지 원칙은 아니다.

이제 나는 정신건강이 실제로 만질 수 있다고 믿을 뿐만 아니라 이것이 성격의 한 차원으로 존재한다고 믿고 있다. 나는 정신건강이 지능이나 음악적 능력과 아주 유사하게 어떤 연속선상에 존재하며, 단순히 이런저런 정신질환이 없음을 의미하는 것은 아니라고 믿는다. 장기치료, 특히 심리치료의 효과적인 평가는 개별적인 증상의 유무에 초점을 맞추는 것보다는 환자가 나타내는 외적 행동이 연속선상에서 긍정적인 쪽으로 이동해 가는 것을 기록함으로써 더 잘 이루어질 수 있다.

보다 큰 사회의 일원으로서 우리의 과제는 우리 문화와 우리 자신의 행동이 다른 사람들로 하여금 게임을 즐겨 할 수 있게 하고, 예술을 창조할 수 있게 하고, 자신의 일을 즐길 수 있도록 애쓰는 것이다. 우리는 다른 사람들이 그들의 자녀를 잘 돌봐서 자녀가 사랑할 줄 아는 사람이 될 수 있도록 도와야만 한다. 우리는 편집증환자의 투사가 한

편의 소설이 되고, 어떤 괴짜의 성적 공상이 하나의 조각작품으로 되며, 또 어떤 범죄자의 살인충동이 창조적인 입법이나 《뉴욕커》 잡지의 예리한 시사만화로 변화할 수 있도록 어떻게 도울 수 있는가를 자문해 보아야 한다.

비록 정신분석학적인 용어를 사용했다 할지라도 이 책은 내과학의 아버지인 클로드 버나드와 월터 캐논(Walter B. Cannon)이 주장한 신체건강의 모델을 따른다. 생리적 평형을 유지하는 동질정체(homeostasis)가 가능한 개체는 살아남는다. 건강한 사람은 인색하다는 의미나 '항문-보유적'(anal-retentive)이라는 의미에서가 아니라 보존할 능력이 있고 개인적인 손실을 평가할 수 있다는 의미에서 보수적인 사람이다. 한스 셀리(Hans Selye)는 틀렸다. 우리를 죽이는 것은 스트레스가 아니다. 우리가 살아갈 수 있도록 해주는 것은 다름아닌 스트레스에 대한 효율적인 적응이다.

끝으로, 내가 책의 첫머리에서 제기한 "정신건강이란 무엇인가?"라는 물음에 어떻게 답해야 할까? 나는 고트홀드 레싱(Gotthold Lessing)의 위대한 18세기 연극인 《현인 나단》(Nathan the Wise)에서 주인공이 제시했던 똑같은 우화로 답을 대신하려 한다. 어떤 화가 난 왕이 나단에게 만일의 경우에는 죽을 각오를 하고 기독교나 이슬람교 혹은 유대교 중에서 유일한 진짜종교를 식별하라고 요구하였다. 유대교도인 나단은 종단적인 조망을 유지할 필요가 있다고 부드럽게 지적하였다.

옛날에 동방에 어떤 사람이 살았습니다. 그에게는 불가사의한 힘을 지닌 반지가 있었는데 그 반지 때문에 그는 사랑을 받았습니다. 그 보석은 오팔(opal)이었고 수많은 아름다운 빛을 발하였습니다. 그런데 그것은 신비스런 힘을 지니고 있어 반지의 소유자는 신과 인간의 사랑을 받게 되었습니다. 다만, 그가 이러한 신뢰와 믿음으로 반지를 끼었을 때만…….

그런 후 나단은 그 반지 주인의 세 아들이 제각기 얼마나 그 반지를 유산으로 받고 싶어했는지를 이야기했다. 반지 주인은 아들 모두를 똑같이 사랑했기 때문에 세 아들에게 똑같은 반지를 하나씩 주었다. 아버지가 죽은 후 세 아들은 그들 중 단 한 사람만이 진짜 반지를 가질 수 있다는 것을 깨닫고 급히 서둘러 재판관에게 달려갔다. 그들은 자신이 유일한 진짜 반지를 가진 행운의 주인공으로 판명되기를 갈구하였다.

나단은 재판관의 판결을 다음과 같이 전술한다.

그만들 두어라! 내가 방금 듣기로 진짜 반지는 반지의 소유자로 하여금 신과 인간에게 똑같이 사랑받게 하고 호감을 주게 만드는 놀라운 능력을 가지고 있다. 그런 능력이 틀림없이 진짜 반지를 가려줄 것이다. 왜냐하면 가짜 반지는 이런 힘이 없을 테니까.… 그러니까 너희들 각자는 결과로 증명될 상을 얻으려고 애쓰라. 반지의 덕과 그리고 부드럽고 아주 따뜻한 애정을 지닌 반지의 힘 때문에… 그 반지의 가치는 너희의 자손들 대에서 저절로 증명될 것이다.

[주]

서론

1) C. W. Heath(1945). *What People Are*(Cambridge: Harvard University Press), p. 4.

2) F. Barron(1963). "Personal Soundness in University Graduate Students," in *Creativity and Psychological Health*(Princeton: D. Van Nostrand Co).

3) H. Hartmann(1958). *Ego Psychology and the Problem of Adaptation*(New York: International Universities Press), p. 23.

4) C. W. Heath(1945). *op. cit.*; E. Hooton. *Young Man, You are Normal*(New York: Putnam).

5) *Ibid.*

6) E. Glover(1956). *On the Early Development of Mind* (New York: International Universities Press).

7) F. Barron, op. *cit.*

8) L. Tolstoy(1967). letter to Valerya Aressenyev. November 9, 1856, quoted by H. Troyat in *Tolstoy*(New York: Doubleday), p. 158.

9) R. R. Grinker(1962). "Mentally Healthy Young Males(Homoclites)," *Archives of General Psychiatry* 6: 405~453.

10) L. Havens(1974). *Approaches to the Mind*(Boston: Little, Brown).

11) S. Freud, "The Neuro-psycoses of Defense"(1894), *The Complete Psychological Works of Sigmund Freud*(London: Hogarth Press Ltd., 1964) 3: 45~61; S. Freud, "Further Remarks on the Neuro-Psychoses of Defense"(1896), *The Complete Psychological Works of Sigmund Freud* 3: 162~185.

제 2 장

1) J. P. Monks(1951). *College Men at War*(Boston: American Academy of Arts and Science).

2) D. Cahalan and I. H. Cisin(1968). "American Drinking Practices: Summary of Findings from a National Probability Sample: I) Extent of Drinking by Population Subgroups," *Quarterly Journal Studies of Alcohol* 29: 130~151.

3) L. Srole, T. S. Langer, S. T. Michael, M. K. Opler, and T. A. C. Rennie(1962). *Mental Health in the Metropolis*(New York: McGraw-Hill).

4) M. H. Oden and L. M. Terman(1968). "the Fulfillment of Promise-40 Year Follow-Up of the Terman Gifted Group," *Genetic Psychological Monographs* 77: 3~93; L. M. Terman and M. H. Oden(1959). *The Gifted Group at Midlife*(Stanford: Stanford University Press).

제 3 장

1) G. E. Vaillant(1974). "Natural History of Male Psychological Health: Some Antecedents of Healthy Adult Adjustment," *Archives of General Psychiatry* 31: 15~22.

2) A. H. Chapman(1976). *Harry Stack Sullivan*(New York: G. P. Putnam's Sons).

3) A. Freud(1937). *Ego and the Mechanisms of Defense*(London: Hogarth Press Ltd).

4) H. Hartman(1958). *Ego Psychology and the Problem of Adaptation*(New York: International Universities Press).

5) E. Erikson(1950). *Childhood and Society*(New York: Norton).

6) C. Briscoe et al. (1973). "Divorce and Psychiatric Disease," *Archives of General Psychiatry* 29: 119~125.

제 5 장

1) S. Freud(1894). "The Neuro-Psychoses of Defence" *The Complete Psychological Works of Sigmund Freud*(London: Hogarth Press Ltd.), 3: 45~61.

2) S. Freud(1906). "My Views on the Part Played by Sexuality in The Aetiology of the Neuroses," *The complete Psychological Works of Sigmund Freud* 7: 276.

3) S. Freud(1936). "A Disturbance of Memory on the Acropolis," *The Complete Psychological Works of Sigmund Freud* 22: 239~248, at 245.

4) A. Freud(1937), *Ego and the Mechanisms of Defense*(London: Hogarth Press Ltd.).

5) R. S. Wallerstein(1967). "Development and Metapsychology of the Defense Organization of the Ego," *Journal of American Psychoanalytic Association* 15: 132~149.

6) S. Freud(1905). "Three Essays on the Theory of Sexuality," *The Complete Psychological Works of Sigmund Freud* 7: 125~245, at 238~239.

7) *Ibid.*, p. 238.

8) S. Freud (1905). "Jokes and Their Relation to the Unconscious," *The Complete Psychological Works of Sigmund Freud* 8: 233.

9) P. M. Symonds (1945). *Defenses: The Dynamics of Human Adjustment* (New York: Appleton-Century-Crofts).

10) A. Freud, *op. cit.*

11) G. L. Bibring, T. F. Dwyer, D. S. Huntington and A. Valenstein (1961). "A Study of the Psychological Process in Pregnancy and of the Earliest Mother-Child Relationship: II, Methodological Considerations," *The Psychoanalytic Study of the Child* 16: 25~72.

12) E. Semrad (1967). "The Organization of Ego Defenses and Object Loss," in D. M. Moriarity, ed., *The Loss of Loved Ones* (Springfield, Ill.: Charles C. Thomas).

13) O. Fenichel (1945). *The Psychoanalytical Theory of Neurosis* (New York: W. W. Norton & Co.).

14) L. C. Kolb (1968). *Noyes' Modern Clinical Psychiatry* (Philadelphia: W. B. Saunders Co.).

15) G. E. Vaillant (1971). "Theoretical Hierarchy of Adaptive Ego Mechanisms," *Archives of General Psychiatry* 24: 107~118.

16) G. E. Vaillant (1976). "Natural History of Male Psychological Health, V: The Relation of Choice of Ego Mechanisms of Defense to Adult Adjustment," *Archives of General Psychiatry* 33: 535~545.

17) N. Haan (1963). "Proposed Model of Ego Functioning: Coping and Defence Mechanisms in Relationship to IQ Change," *Psychological Monographs* 77: 1-23; T. Kroeber (1963). "The Coping Functions of the Ego Mechanisms," *The Study of Lives* (New York: Atherton Press), pp. 178~198.

18) N. Hann (1964). "The Relationship of Ego Functioning and Intelligence to Social Status and Social Mobility," *Journal of Abnormal and Social Psychology* 69: 594~605.

19) A. Weinstock (1967). "Longitudinal Study of Social Class and Defence Preferences," *Journal of Consulting Psychology* 31: 539-541; D. R. Miller and G. E. Swanson (1960). *Inner Conflict and Defence* (New York: Holt & Co).

20) G. E. Vaillant, "Natural History of Male Psychological Health, V: …," *op cit.*

21) T. S. Langner and S. T. Michael(1963). *Life Stress and Mental Health* (New York: Free Press).

22) *Ibid.*, p. 156.

23) J. Piaget(1965). *The Moral Judgement of the Child*(New York: Free Press).

24) J. H. Flavell(1963). *The Developmental Psychology of Jean Piaget*(Princeton, N. J.: Van Nostrand).

25) L. Kohlberg(1964). "Development of Moral Character and Moral Ideology," in M. Hoffman and L. W. Hoffman, eds., *Review of Child Development Research*(New York: Russell Sage Foundation) 1: 383~431.

제 7 장

1) D. Hamburg and J. E. Adams(1967). "A Perspective on Coping Behavior," *Archives of General Psychiatry* 17: 277~284.

2) I. Janis(1958). *Psychological Stress*(New York: Wiley & Sons).

3) R. S. Ezekiel(1968). "The Personal Future and Peace Corps Competence," *Journal of Personal and Social Psychology*, Monograph Supplement 8: 2(February), pp. 1~26.

4) S. Freud(1905). "Jokes and Their Relation to the Unconscious," *The Complete Psychological Works of Sigmund Freud* 8: 233.

5) Ibid., p. 225.

제 8 장

1) S. Freud(1894). "The Neuro-Psychoses of Defence," *The Complete Psychological Works of Sigmund Freud*(London: Hogarth Press Ltd.), 3: 45~61.

2) S. Freud(1914). "On the History of the Psychoanalytic Movement," *The Complete Psychological Works of Sigmund Freud* 14 : 7~66, at 16.

3) S. Freud(1901). *Interpretation of Dream*, *The Complete Psychological Works of Sigmund Freud* 5 : 606.

4) S. Freud(1926). "Id, Inhibition, and Anxiety," *The Complete Psychological Works of Sigmund Freud* 20: 120.

5) S. Freud(1894). "The Neuro-Psychoses of Defence," *op cit.*, pp. 48, 52.

6) A. Leighton(1959). *My name is Legion: The Stirling County Study of Psychiatric Disorder and Sociocultural Environment*, vol. 1(New York : Basic Books).

7) D. C. Leighton, J. S. Harding, D. B. Macklin et al., *The Character of Danger* (New York : Basic Books).

8) M. Beiser (1972). "The Lame Princess: A Study of the Remission of Psychiatric Symptoms Without Treatment," *American Journal of Psychiatry* 129 : 257~262.

9) D. C. Leighton, J. S. harding, D. B. Macklin, C. C. Hughes, and A. H. Leighton (1963). "Psychiatric Findings of the Stirling County Study," *American Journal of Psychiatry* 119: 1021~1026.

10) G. E. Vaillant (1972). "Why Men Seek Psychotherapy, I: Results of a Survey of College Graduates," *American Journal of Psychiatry* 129: 645~651.

11) S. Freud (1894). "The Neuro-Psychoses of Defence," *op cit.*, p. 53.

12) K. Lorenz (1963). *On Aggression* (New York: Harcourt, Brace and World).

13) I. Janis (1958). *Psychological Stress* (New York: Wiley & Sons).

제 9 장

1) G. E. Vaillant (1976). "Natural History of Male Psychological Health, V: The Relation of Choice of Ego Mechanisms of Defense to Adult Adjustment," *Archives of General Psychiatry* 33: 535~545.

2) E. Erikson (1969). *Gandhi's Truth* (New York: Norton).

3) A. Freud (1937). *Ego and the Mechanisms of Defense* (London: Hogarth Press Ltd).

제 10 장

1) C. G. Jung (1971). "The Stages of Life," *The Portable Jung*, J. Campbell, ed. (New York: Viking), p. 12.

2) E. Erikson (1950). *Childhood and Society* (New York; Norton).

3) J. Block (1971). *Lives Through Time* (Berkeley: Bancroft); D. Levinson et al. (1974). "The Psychosocial Development of Men in Early Adulthood and the Mid-Life Transition," in *Life History Research in Psychopathology*, D. Ricks, A. Thomas and M. Roff, eds. (Minneapolis: Minnesota University Press) 3: 243~258; M. H. Oden and L. M. Terman (1968). "The Fulfillment of Promise-40 Year Follow-up of the Terman Gifted Group," *Genetic Psychological Monographs* 77: 3~93; G. Sheehy (1976). *Passages* (New York: E. P. Dutton); R. W. White (1957). *Lives in Progress* (New York: Holt, Rinehart & Wiston); G. W. Goethals and D. S. Klos (1976). *Experiencing Youth* (Boston: Little, Brown).

4) J. Clausen (1972). "The Life Cource of Individuals," *Aging and Society*, vol. 3, *The Sociology of Age Stratification*, M. W. Riley, J. Johnson, A. Foner, eds. (New York: Russell Sage Foundation), pp. 457~514.

5) A. Freud (1958). "On Adolescence," *Psycoanalytical Study of the Child*, vol. 13 (New York: International Universities Press).

6) H. Peskin and N. Livson (1972). "Pre-and Post-pubertal Personality and Adult Psychologic Functioning," *Seminars in Psychiatry* 4: 343~353.

7) F. L. Wells and E. L. Woods (1946). "Outstanding Traits," *Genetic Psychological Monographs* 33: 127~249.

8) D. Offer and J. B. Offer (1975). *From Teenage to Young Manhood* (New York: Basic Books); S. King (1973). *Five Lives* (Cambridge: Harvard University Press).

9) E. Erikson (1959). "Identity and the Life Cycle: Selected Papers," *Psychological Issues*, vol. 1, no. 1.

10) J. Kagan and H. Moss (1962). *From Birth to Maturity* (New York: Wiley & Sons).

11) T. M. Newcomb et al. (1967). *Persistence and Change: Bennington College and Its Students After Twenty-Five Years* (New York: Wiley & Sons); R. G. Kuhlen (1964). "Personality Change with Age," in *Personality Change*, P. Worchel and D. Byrne, eds. (New York: Wiley & Sons).

12) R. Gould (1972). "The Phases of Adult Life: A Study in Developmental Psychology," *American Journal of Psychiatry* 129: 521~531.

13) V. C. Crandall (1972). "The Fels Study: Some Contributions to Personality Development and Achievement in Childhood and Adulthood," *Seminars in Psychiatry* 4: 383~398; G. H. Elder (1974). *Children of the Great Depression* (Chicago: University of Chicago Press): R. D. Cox (1970). Youth Into Maturity (New York: Mental Health Materials Center); L. M. Terman and M. H. Oden (1959). *The Gifted Group at Midlife* (Stanford: Stanford University Press); T. Lidz (1968). *The Person* (New York: Basic Books).

14) D. Levinson et al., *op. cit.*

15) E. Jacques (1965). "Death and the Mid-Life Crisis," *International Journal of Psychoanalysis* 46 : 502~514.

16) B. L. Neugarten (1964). *Personality in Middle and Late Life* (New York: Atherton).

17) B. L. Neugarton and J. Datan (1972). as quoted in O. Brim (1976). "The-

ories of the Male Mid-Life Crisis," *The Counseling Psychologist* 6: 2~9.

18) B. L. Neugarton(1963). "Women's Attitudes Towards the Menopause," *Vita Humana* 6 : 140~151.

19) G. Winokur and R. Cadoret(1975). "The Irrelevance of the Menopause to Depressive Disease," in *Topics in Psychoendocrinology*, E. J. Sachar, ed. (New York: Grune and Stratton).

20) G. F. Streib and C. J. Schneider(1971). *Retirement in American Society* (Ithaca, N. Y.: Cornel University Press).

21) A. Roe(1965). "Changes in Scientific Activities With Age," *Science*, 150: 313~318, at 318.

22) E. Erikson(1968). *Identity: Youth and Crisis*(New York: W. W. Norton & Co), p. 138.

23) C. G. Jung. "The Stages of Life," *op. cit.*, p. 18.

24) B. L. Neugarton(1970). "Dynamics of Transition of Middle Age to Old Age," *Journal of Geriatric Psychiatry* 4: 71~87.

25) O. C. Brim(1976). "Theories of the Male Mid-Life Crisis," *The Counseling Psychologist* 6 : 2~9.

26) B. L. Neugarton(1975). "Adult Personality: Toward a Psychology of the Life Cycle," in *The Human Life Cycle*, W. C. Sze, ed. (N. Y.: Jason Aronson).

27) B. L. Neugarton(1964). *Personality in Middle and Late Life*(New York: Aronson), p. 189.

제 11 장

1) J. Breuer and S. Freud(1957). *Studies on Hysteria*(New York: Basic Books).

2) L. Freeman(1972). *The Story of Anna O.* (New York: Walker Co.).

3) *Ibid.*

4) G. E. Vaillant(1976). "The Natural History of Alcoholism: I, A Preliminary Report," Presented at the 1976 Annual Meeting for Life History Research in *Psychopathology*(Fort Worth, Texas, October 6~8).

제 12 장

1) L. Srole, T. S. Langer, S. T. Michael et al(1962). *Mental Health in the Metropolis: Midtown Manhattan Study*, vol. (New York: McGraw-Hill).

2) L. Luborsky and H. Bachrach(1974). "Factors Influencing Clinicians

Judgments of Mental Health," *Archives of General Psychiatry* 31: 229~299.

3) S. Freud(1916-1917). "Introductory Lectures to Psychoanalysis," *The Complete Psychological Works of Sigmund Freud* 16 : 397~398.

4) G. H. Elder(1969). "Occupational Mobility, Life Patterns, and Person-ality," *Journal of Health and Social Behavior* 10: 308~323.

5) C. Briscoe et al. (1973). "Divorce and Psychiatric Disease," *Archives of General Psychiatry* 29: 119~125.

6) G. E. Vaillant(1963). "Prospective Prediction of Schizophrenic Remis-sion," *Archives of General Psychiatry* 120: 367~375.

7) G. E. Vaillant(1966). "A Twelve-Year Follow-up of New York Narcotic Addicts: IV Some Characteristics and Developments of Abstinence," *American Journal of Psychiatry* 123: 573~584.

8) E. Gleuck and S. Glueck(1968). *Delinquents and Now-Delinquents in Perspective*(Cambridge: Harvard University Press).

9) H. Hartman(1958). *Ego Psychology and the Problem of Adaptation*(New York: International Universities Press), pp. 15~16.

10) J. Kagan and H. Moss(1962). *From Birth to Maturity*(New York: Wiley & Sons).

11) R. R. Grinker and B. Werble(1962). "Mentally Healthy" Young Males (Homoclites), Archives of General Psychiatry 6 : 27~75.

12) L. Luborsky and H. Bachrach, *op. cit.*

13) R. R. Grinker and B. Werble, op. cit: J. Golden, N. Mandel, B. Glueck, and Z. Feder(1962). "A Summary Description of Fifty 'Normal' White Males," *American Journal of Psychiatry* 119: 48~56.

14) F. Barron, *op. cit.*

15) R. Reinhardt(1970). "The Outstanding Jet Pilot," *American Journal of Psychiatry* 127: 732~736.

제 13 장

1) E. Siegelman, J. Block, and Von der Lippe(1970). "Antecedents of Optimal Psychological Adjustment," *Journal of consulting and Clinical Psychiatry* 35: 283~289; L. Kohlberg, J. LaCrosse, and D. Ricks(1972).

2) G. E. Vaillant(1972). "Why Men Seek Psychotherapy, I : Results of a Survey of College Graduates," *American Journal of Psychiatry* 129 : 645~651.

3) T. S. Langner and S. T. Michael(1963). *Life Stress and Mental Health*

(New York Free Press).

4) R. J. Stoller (1974). "Symbiosis, Anxiety and the Development of Masculinity," *Archives of General Psychiatry* 30: 164~170, at 169.

5) J. MacFarlane (1964). "Perspectives on Personality Consistency and Change from the Guidance Study," *Vita Humana* 7: 115~126, at 121.

제 14 장

1) R. Gorney (1971). "Interpersonal Intensity, Competition, and Synergy: Determinants of Achievement, Aggression, and Mental Illness," *American Journal of Psychiatry* 128: 436~445.

2) W. M. Kephart (1974). "Is Sex Overrated?" *Medical Aspects of Human Sexuality* 8 : 8.

3) K. Robson (1972). "Development of Object Relations During the First Year of Life," *Seminars in Psychiatry* 4: 301~316.

4) C. W. Briscoe and J. B. Smith (1974). "Psychiatric Illness-Marital Units and Divorce," *Journal of Nervous and Mental Disease* 158: 440~445.

5) T. R. Peskin (1975). "Personality Antecedents of Divorce," Presented at the Western Psychological Association Symposium: Interpersonal Relationships Over the Life Span (Sacramento, California, April 26).

제 15 장

1) J. Loevinger (1969). "Theories of Ego Development," in *Clinical Cognitive Psychology: Models and Integrations*, L. Breger, ed. (Englewood Cliffs, N. J.: Prentice-Hall).

1) A. Freud (1937). *Ego and the Mechanism of Defense* (London: Hogarth Press Ltd.), p. 57.

2) L. Murphy (1962). *The Widening World of Childhood* (New York: Basic Books): G. L. Engel (1962). *Psychological Development in Health and Disease* (Philadelphia: W. B. Saunders Co.).

3) N. Hann (1972). "Personality Development from Adolescence to Adulthood in the Oakland Growth and Guidance Studies," *Seminars in Psychiartry* 4: 399~414.

4) J. Block (1971). *Lives Through Time* (Berkeley, California: Bancroft).

5) G. E. Vaillant (1976). "Natural History of Male Psychological Health, V: The Relation of Choice of Ego Mechanisms of Defense to Adult Adjustment," *Archives of General Psychiary* 33: 535~545.

6) N. Haan, *op. cit.*

7) P. M. Symonds, *From Adolescent to Adult* (New York: Columbia University Press).

8) R. Gould (1972). "The Phases of Adult Life: A Study in Development Psychology," *American Journal of Psychiatry* 129: 521~531, at 522.

9) A. Freud (1958). "On Adolescence," in *The Psychoanalytic Study of the Child*, vol. 13 (New York: International Universities Press).

10) G. E. Vaillant (1974). "Natural History of Male Psychological Health: Some Antecedents of Health Adult Adjustment," *Archives of General Psychiatry* 31: 15~22.

11) P. I. Yakovlev and A. R. Lecours (1967). "The Myelogenetic Cycles of Regional Maturation of the Brain," in *Regional Development of the Brain in Early Life*, A. Minkowski, ed. (Oxford: Blackwell Scientific Publications).

12) R. R. Sears and S. S. Feldman (1973). *The Seven Ages of Man* (Los Altos, California: William Kaufman).

13) P. B. Baltes (1968). "Longitudinal and Cross-Sectional Sequences in the Study of Age and Generation Effects," *Human Development* II: 145~171.

14) G. E. Vaillant (1971). "Theoretical Hierarchy of Adaptive Ego Mechanisms," *Archives of General Psychiatry* 24: 107~118.

15) J. Loevinger (1966). "The Meaning and Measurement of Ego Development," *American Psychologist* 21: 195~206.

16) L. Kohlberg (1964). "Development of Moral Character and Moral Ideology," in *Review of Child Development Research* (New York: Russell Sage Foundation) 1: 383~431.

17) N. Haan (1975). as quoted by Margie Casady, "If You're Active and Savvy at 30, You'll Be Warm and Witty at 70." *Psychology Today* (November), p. 138.

18) G. E. Vaillant (1976). "Natural History of Male Psychological Health, V: The Relation of Choice of Ego Mechanisms of Defense to Adult Adjustment," *Archives of General Psychiatry* 33: 535~545.

19) J. H. Flavell (1963). *The Development Psychology of Jean Piaget* (New York: Van Nostrand): J. Piaget (1965). *The Moral Judgement of the Child* (New York: Free Press).

20) H. Hartman (1960). *Psychoanalysis and Moral Values* (New York: International Universities Press).

21) J. H. Flavell, *op. cit.*

22) J. Loevinger(1976). *Ego Development*(San Francisco: Jossey Bass): L. Kohlberg, *op. cit.*

23) S. T. Hauser(1976). "Loevinger's Model and Measure of Ego Development: A Critical Review," *Psychological Bulletin* 83: 928~955.

24) L. Koulberg, *op. cit.*, p. 404.

25) *Ibid.*, p. 406.

26) A. Rizzuto(1974). "Object Relations and the Formation of the Image of God," *British Journal of Medical Psychology* 47: 83~99.

27) S. R. Graubard, ed. (1976). "Adulthood," *Daedalus*(Proceedings of American Academy of Arts and Sciences) 105, no. 2(Spring).

28) E. H. Erikson, "Reflections on Dr. Borg's Life Cycle," *Daedalus, op. cit.*, p. 10.

제16장

1) S. Freud(1928). "Dostoevsky and Parricide," *The Comlpete Psychological Works of Sigmund Freud* 21:175~196, at 177.

2) N. Zinberg(1970). "The Mirage of Mental Health," *British Journal of Sociology* 21: 262~287, at 265.

3) P. Sedgwick(1973). "Illness-Mental and Otherwise," *Hastings Center Studies* 1: 19~40, at 30~31.

4) *Ibid.*, p. 31.

5) N. Zinberg, *op. cit.*, p. 271.

6) M. Jahoda(1959). *Current Concepts of Positive Mental Health*(New York: Basic Books).

7) L. R. Kass(1975). "Regarding the End of Medicine and the Pursuit of Health," *The Public Interest* 40: 11~42, at 28.

8) J. Loevinger(1966). "The Meaning and Measurement of Ego Development," *American Psychologist* 21: 195~206, at 200.

제17장

1) M. B. Smith(1961). "Mental Health Reconsidered," *American Psychologist* 16: 299~306.

2) C. Bernard(1975). *An Introduction to the Study of Experimental Medicine*(New York: Dover), p. 146.

3) C. S. King(1970). *My Life with Martin Luther King, Jr.* (New York: Avon Books), p. 116.

부록 A
방어기제에 대한 설명 *(A Glossary of Defenses)*

제1수준 — '정신병적'*(Psychotic)* 기제들

이 기제들은 5세 이전의 '건강한' 어린이들에서, 성인의 꿈과 공상에서 일반적으로 나타난다. 사용자에게는 이 기제들이 외부현실을 변화시킨다. 관찰자에게는 이 기제들이 '미친' 것처럼 보인다. 이 기제들은 종래의 정신치료적 해석에 의해서는 별로 영향을 받지 않지만, 현실의 변화(예를 들면 진정제, 긴장된 상황의 제거나 발달적 성숙)로 변경된다. 정신치료에서, 무시되는 현실에 사용자를 직접 직면시키면서 강한 대인관계의 지지를 보여주면 이 기제들이 일시적으로 포기될 수 있다.

1) 망상적 투사 *(Delusional Projection)*

외부현실에 대한 명백한 망상을 포함하는데 보통 피해망상을 나타낸다. 자신의 감정을 다른 사람에게서 지각하고 그 지각에 따라 행동하는 것(예를 들면 유동적 편집증적 망상)과, 다른 사람이나 다른 사람의 감정을 자신의 내부에서 그대로 지각하는 것(예를 들면 교란된 우울증환자들의 "악마가 내 심장을 갉아먹는다"라는 주장)을 포함한다. 현실검증이 아예 포기된다는 점에서 투사와 구별될 수 있다. 또 소망충족이 없다는 점에서 왜곡과 구별되며, 인정된 내적 감정에 대한 책임을 여전히 투사한다는 점에서 내사화와도 구별될 수 있다. 중독성 정신병에서 망상적 투사는 그렇지 않으면 혼란스러웠을 지각들을 적응적으로 조직화한다.

2) 부정 (Denial)

외부현실의 부정을 가리킨다. 억압과는 달리 내적인 현실지각(예를 들어 "나는 화나지 않았다")보다는 외적인 현실지각(예를 들어 "여자아이들도 고추가 생길 수 있다")에 영향을 준다. 부정은 다른 사람에 대한— 특히 다른 사람이 없을 때 — 중요한 대치물로서 공상(예를 들면 "내 마음 속에 그 사람을 새로 만들 거야")을 사용하는 것을 포함한다.

3) 왜곡 (Distortion)

내적 욕구에 맞게 외부현실의 모습을 크게 바꾸는 것이다. 비현실적인 과대망상, 환각, 소망충족적 망상과 줄기찬 망상적 우월감을 포함한다. 자신의 행동에 대한 개인적 책임을 완강히 거부하는 것을 포함할 수 있다. 또한 비현실적 강박관념, 행동에 대해서 생각하는 것뿐만 아니라 그에 따라 행동하는 것을 포함한다. 왜곡에서는 다른 사람과의 즐거운 결합이 있을 수 있다(예를 들어 "예수는 내 몸에 살고 있고 나의 모든 기도를 들어주신다"). 그러나 공격적인 느낌에 대한 책임을 다른 데 돌림으로써 고통을 완화하려는 망상적 투사와는 다르게, 왜곡에서는 불쾌한 감정이 유쾌한 감정으로 바뀐다. 종교적인 신념에서 보이는 것처럼 왜곡은 꽤 적응적일 수도 있다.

제 2 수준 — '미성숙한 기제들' (Immature)

이 기제들은 3세에서 15세의 '건강한' 사람들에서, 성격장애에서, 정신치료를 받는 성인에게서 일반적으로 나타난다. 사용자에게 이 기제들은 대부분 대인간 친밀성에 위협을 받거나 그것의 손실을 겪을 위험 때문에 생기는 고통을 변화시켜 주지만, 관찰자에게 이 기제들은 사회적으로 바람직하지 않은 것으로 보인다. 변화가 어려울지라도, 미성숙한 기제들은 개선된 대인관계(예를 들어 개인의 성숙, 더욱 성숙한 배우자, 더욱 직관적인 치료자 혹은 더욱 공정한 가석방 허가자), 혹은 정신치료를 오래하면서 반복적이고 설득적인 치료해석을 해줌으로써, 혹은 동료들이 직면(confrontation) 시킴으로써 변화된다.

4) 투사 (Projection)

자신이 인정하지 못하는 감정들을 다른 사람에게 귀인시키는 것이다. 심한 편견, 근거 없는 의심으로 인한 친밀관계 거부, 외부위험에 대한 지나친 경계, 다른 사람들이 정의롭지 못한 행동을 하는 것을 수집하는 것을 포함한다. 이 기제를 사용하는 사람의 행동은 기괴하고 심술궂지만, '법조문'에는 맞는다.

5) 정신분열증적 환상 (Schizoid Fantasy)

갈등해결과 만족을 위하여 환상을 사용하고 자폐증적인 은둔(autistic retreat)에 빠지는 경향이다. 사람들과 친밀한 관계를 아주 회피하고, 다른 사람을 거부하기 위하여 기행을 이용하는 것과 관련이 있다. 정신병적 부정과는 반대로, 이 기제를 사용하는 사람은 자신의 환상을 완전히 믿지도 않으며, 행동화하려고 고집하지도 않는다. 그럼에도 불구하고 정신분열증적 환상은 단지 바라는 것과는 달리 충족되지 않는 대인관계 욕구를 만족시키기 위하여, 또는 다른 사람에 대한 공격성이나 성적인 충동을 겉으로 표현하는 것을 감추기 위하여 사용된다. 해리와는 달리 환상이 내부세계가 아닌 외부세계를 다시 만든다.

6) 건강염려증 (Hypochondriasis)

사별, 외로움 혹은 수용할 수 없는 공격적인 충동에서 야기된 다른 사람에 대한 비난이 처음에는 자신을 비난하는 것으로 그리고 후에는 통증에 대한 호소, 신체적 질병 그리고 신경쇠약으로 변형된 것이다. 양면적 감정의 대상의 사람들을 자신의 내부에서 지각한다는 내사화의 여러 가지 측면을 포함하여 그럴듯한 질병을 야기시킨다. 동일시와는 달리 건강염려증적 내사화는 신경증적 불쾌감과 고통의 느낌을 야기한다. 내사화 결과가 '자아와 분리'되기 때문이다. 이 기제를 쓰면 개인은 고통이나 불편함 때문에 타인들에게 직접적인 요구를 하는 대신에, 혹은 (종종 표출되지 않은) 의존소망을 타인들이 무시했다고 불평하는 대신에 고통이나 불편함을 갖고 다른 사람을 심하게 비난할 수 있다. 이 기제는 천식, 궤양 혹은 고혈압과 같은 질병을 수반하지 않는다. 히스테리성 전환증상들과 달리 건강염려증에는 "아름다운 무관심"의 정반대가 따라온다.

7) 소극적-공격적 행동 (Passive-Aggressive Behavior)

다른 사람에 대한 공격성이 소극성을 통해 간접적으로 그리고 비효과적으로 표현되거나 자신에게 향하는 것을 말한다.

실패, 태만, 혹은 (적어도 처음에는) 자신보다는 다른 사람에게 영향을 주는 질병 등을 포함한다. 관심을 끌기 위하여 어리석거나 도발적인 행동을 하거나, 경쟁적 역할을 맡는 것을 피하기 위하여 광대짓을 하는 것을 포함한다. 가학-피학적 관계를 맺는 사람들은 종종 소극적-공격적 방어와 건강염려증적 방어를 둘 다 보인다.

8) 행동화 (Acting Out)

무의식적 소망이나 충동을 그것에 수반되는 감정을 의식하는 것을 피하기 위하여 직접 표현하는 것을 말한다. 자신의 감정을 자각하는 것을 피하기 위하여 신체적 행동(motor behavior), 비행 혹은 충동적 행동, '성질 부리기'(tempers) 등을 하는 것을 포함한다. 또한 긴장(예를 들어 주관적 불안이나 우울)을 완화시키기 위하여 약물사용, 태만, 도착(변태) 혹은 자해를 만성적으로 사용하기도 한다. 행동화는 본능표현이 조금이라도 지연되면 나타날 긴장을 피하기 위하여 만성적으로 충동들에 굴복하는 것이다.

554

제3수준 — '신경증적'(*Neurotic*) 방어기제들

이 기제들은 3세에서 90세에 이르는 '건강한' 사람들에게서, 신경증적 장애에서, 성인이 심한 스트레스를 이겨낼 때 일반적으로 나타난다. 사용자에게서 이 기제들은 개인의 사적 감정이나 본능 표현을 변경시켜 준다. 관찰자에게서 이 기제들은 익살이나 기벽 또는 '신경증적 콤플렉스'로 보인다. 흔히 이 기제들은 종래의 단기 정신치료 해석에 의하여 극적으로 변화된다.

9) 이지화 (*Intellectualization*)

본능적 소망에 대하여 형식적이고 감정 없이 생각하며, 그 소망들에 따라 행동하지 않는다. 사고는 의식되지만 감정이 없다. 이 용어는 고립, 합리화, 의식(*ritual*), 취소(*undoing*), 받은 대로 되돌려 줌(*restitution*), 신비적 사고 등의 기제들을 포괄한다. 이 기제들은 서로 다르지만, 보통 한 묶음으로 나타난다. 이지화는 사람과 친밀성 관계를 피하기 위하여 생명이 없는 것에 지나치게 주의를 돌리거나, 전체를 지각하는 것을 피하기 위하여 부적절한 세부사항에 지나친 관심을 보이는 것을 포함한다. 행동화하지 않은 강박증적 사고·행동은 여기 포함되지만, 정신내적 전위의 한 형태로도 볼 수 있다.

10) 억압 (*Repression*)

설명이 안되는 순진함, 기억착오 혹은 어느 한 감각기관에서 오는 자극을 인식하지 못하는 것이다. 감정은 의식에 남아 있지만 생각은 없어진다. 억압의 '망각'은 억압된 것이 실제로는 망각된 것이 아니라는 것을 보여주는 매우 상징적인 행동이 종종 따라온다는 점에서 독특하다. 이 기제는 소중한 목표를 지연만 하는 것이 아니라 상실할 정도로 충동을 무의식적으로 억누른다는 점에서 억제(*suppression*)와 다르다. 부정과 달리, 외부사건에 대한 인식과 반응보다는 본능과 감정의 의식적 지각을 막는다. 만일 한 남자가 눈물을 흘리지만 누구 때문에 우는지 잊어버린다면 이는 억압이라고 할 수 있다. 그러나 만일 그가 눈물을 흘린 사실을 부인하거나 죽었음을 슬퍼하는 대상이 아직도 살아 있다고 주장한다면 이는 부정을 나타내는 것이다.

11) 전위 (Displacement)

감정을 유발시키는 사람이나 상황보다 상대적으로 덜 좋아하는(덜 중요한) 대상에게 감정들의 방향을 돌리는 것을 말한다. 용이한 '전이' (transference), 감정적으로 중요한 사람들을 사물이나 낯선 이들로 대치하는 것을 포함한다. 장난질, 적대적인 의도가 감추어진 재치(위트), 그리고 풍자만화(캐리커처)는 전위를 포함한다. 대부분의 공포증들, 많은 히스테리성 전환반응, 그리고 편견이 전위와 관련 있다.

12) 반동형성 (Reaction Formation)

수용할 수 없는 본능적 충동에 정반대되는 식으로 행동하는 것을 말한다. 스스로 보살핌을 받고 싶은데 다른 사람은 지나치게 보살피기, 정말로 좋아하는 사람이나 사물을 '미워'하기, 혹은 미운 경쟁자나 불유쾌한 과제를 '좋아'하기를 포함한다.

13) 해리 (Dissociation)

정서적 고통을 피하기 위하여 개인의 성격이나 정체감을 일시적이지만 극적으로 수정하는 것을 말하며, 신경증적 부정과 유사어이다. 둔주 (Fugues, 기억상실증), 많은 히스테리성 전환반응, 갑자기 나타나는 근거없는 우월성이나 무모함, 그리고 자신의 행동이나 감정에 대한 책임을 지각하는 것을 단기적으로 거부하는 것을 포함한다. 또한 불안이나 고통스러운 정서를 없애기 위하여 과잉활동적이 되고 공포스러운 상황을 스스로 찾는 행동을 하는 것, 무대연기를 통하여 본능적 소망을 '안전하게' 표현하는 것, 불행함을 잊기 위하여 종교적 '환희'나 약물중독을 급성적으로 사용하는 것을 포함한다. 해리는 왜곡보다는 다른 사람이 더 쉽게 이해할 수 있으며, 행동화보다는 다른 사람을 더 배려하고, 짧게 지속된다.

제 4 수준 — '성숙한' 기제들(*Mature*)

이 기제들은 12세에서 90세까지의 '건강한' 사람에게 일반적으로 나타난다. 사용자에게 이 기제들은 외부현실, 대인관계 그리고 개인의 사적인 감정을 통합시켜 준다. 관찰자에게 이 기제들은 편리한 미덕들로 보인다. 증가된 긴장상황에서 이 기제들은 미성숙한 기제로 변화될 수도 있다.

14) 이타주의 (*Altruism*)

대리적이지만 건설적이며 다른 사람에게 봉사하면서 본능충동이 만족되는 것을 말한다. 자비롭고 건설적인 반동형성, 인간애, 그리고 다른 사람에게 봉사하며 보답도 잘 받는 것을 포함한다. 이타주의는 가상의 이익이 아니라 실제적인 이익을 제공한다는 점에서 투사나 행동화와 다르며, 이 방어기제를 사용하는 사람에게 최소한 부분적인 만족을 남긴다는 점에서 반동형성과 다르다.

15) 유머 (*Humor*)

개인이 불편하거나 굳어지지 않으면서, 또 다른 사람에게 불쾌한 영향을 미치지 않으면서 생각과 감정을 겉으로 표현하는 것이다.

어떤 게임들과 즐거운 (놀이같은) 퇴행이 여기 들어간다. 전위의 한 형태인 재치와는 달리 유머는 현실을 있는 그대로 인정하게 만든다. 유머를 쓸 때는 언제나 "관찰하는 자아"의 어떤 요소가 있다. 희망과 마찬가지로 유머는 참아내기에 너무 힘든 것을 참으면서도 거기에 초점을 맞추도록 해주지만, 반대로 재치는 항상 주의분산을 포함한다. 정신분열증적 환상과는 달리 유머는 결코 다른 사람들을 배제시키지 않는다.

16) 억제 (*Suppression*)

의식적 충동과 갈등에 대한 관심을 미루려는 의식적이거나 반의식적인(*semiconscious*) 노력을 말한다. 어려운 상황에서도 희망을 찾는 것, 인정되는 불편함을 최소화하는 것, 힘든 상황에서 꿋꿋한 것, 그리고 의도적으로 미루되 피하지는 않는 것을 포함한다. 억제에서는 "나는 그것을 내일 생각할 거야"라고 말하고, 다음날 잊지 않고 그것에 대해 생각한다.

17) 예상 (*Anticipation*)

미래에 일어날 심리적 불편감에 대하여 현실적으로 예견하거나 계획하는 것을 말한다. 죽음이나 외과수술, 이별을 앞두고 목표지향적이지만 지나치게 조심성 있게 계획하거나 걱정하고, 미리 그러나 현실적으로 정서적인 예견을 하는 것, 정신치료에서 얻은 '통찰'을 의식적으로 사용하는 것을 포함한다.

18) 승화 (*Sublimation*)

부정적인 결과나 커다란 쾌락 손실 없이 간접적이거나 약하게 본능을 표현하는 것을 말한다. 즐거운 게임, 스포츠 그리고 취미를 통하여 공격성을 표현한 것, 연애할 때 본능표현을 약화시켜 낭만적으로 하는 것도 포함한다. 유머와 달리 승화에서는 '자아에 의한 퇴행'이 실제적인 결과들을 가져온다. '신경증적' 방어들과는 달리 승화에서는 본능들이 댐으로 막거나 흐름이 바뀌기보다는 흘러갈 길이 열린다. 훌륭한 예술적 표현들이 여전히 승화의 전적인 예이다. 투사에서는 감정(예를 들면 분노)이 다른 사람에게로 귀인된다. 전위에서는 감정이 그 자신의 것으로 인정되지만, 상대적으로 중요한 대상을 향하여 방향이 전환되며, 흔히 만족은 없다. 승화에서는 감정들이 인정되고, 수정되고, 상대적으로 의미있는 사람이나 목표를 향하며, 결과적으로 본능충족이 어느 정도 된다.

부록 B
면접 계획 (*The Interview Schedule*)

다음은 내가 연구대상자들이 47세가 되었을 때 2시간의 면접지침으로 사용한 질문들의 반구조화한 계획이다. 당연히 이 질문들은 항상 동일한 순서로 제시되었다. 나는 면접내용을 모두 기록하였다. 한 특정한 질문이 대상자의 생애에서 문제가 있는 영역을 유도해 낼 때마다 나는 대상자가 그 문제를 극복하기 위해 사용한 수단을 물어보았다.

1) **직업** (*work*)
   a. 어느 직업에 종사하십니까? 책임분야에 최근 어떠한 변화들이 있었습니까?
   b. 지금부터 10년 후에 당신은 어떤 목표를 추구하겠습니까?
   c. 당신의 일에서 무엇이 제일 좋고 무엇이 제일 싫습니까?
   d. 당신에게 무엇이 가장 어렵습니까?
   e. 어떤 직업을 더 좋아했을까요?
   f. 상사와의 관계에서 좋은 점과 불편한 점은 무엇입니까? 부하직원들과의 관계에서 좋은 점과 불편한 점은 무엇입니까?
   g. 이 사람들과의 관계에서 문제가 발생하면 어떻게 해결하십니까?
   h. 돌이켜볼 때 현재 하는 일을 어떻게 시작하게 되었습니까?
   i. 동일시하는 인물이 있었습니까?
   j. 직업 외에 어떤 활동을 하십니까? 책임의 정도는 얼마입니까?
   k. 은퇴에 대하여 어떤 계획을 가지고 계십니까?
   l. 한달 이상 직업을 가지지 않은 경험이 있습니까? 그 이유는 무엇이었습니까?

m. 은퇴 후 첫주 동안 무엇을 할 예정입니까? 예상되는 느낌은 어떤
   것입니까?

2) 가족 (family)

a. 부모와 형제 간에 대하여 새로운 소식을 말해 주십시오.

b. 각각의 자녀들, 그들의 문제들 그리고 걱정되는 것들을 이야기해
   주십시오.

c. 자녀들을 다루는 일에 당신 부모와 어떤 차이가 있습니까?

d. 가족 중 돌아가신 분이 있습니까? 그 죽음에 대한 최초의 반응,
   두 번째 반응, 그리고 결국 감정을 다루었던 수단은 무엇입니까?.

e. 이것은 묻기에 가장 어려운 질문입니다만, 아내는 어떤 분입니까?

f. 완벽한 사람은 아무도 없습니다. 무엇 때문에 아내를 염려하십니
   까?

g. 의견상 불일치가 생길 때는 어떻게 해결하십니까?

h. 이혼을 생각해 본 적이 있습니까? 설명해 주십시오.

i. 부모의 관계의 질과 그 관계에서 얻는 즐거움의 정도는 어떠십니
   까?

j. 어릴 때 부모 중 누가 가정을 주도했습니까?

3) 건강 (medical)

a. 전반적으로 당신의 건강은 어떻습니까?

b. 1년에 며칠 정도 아파서 직장을 쉬었습니까?

c. 감기에 걸리면 어떻게 하십니까?

d. 구체적으로 의학적으로 문제들이 있습니까? 그에 대처하는 수단
   은?

e. 의학적 문제들에 대한 견해와 잘못된 생각은 무엇입니까?

f. 대학시절 이후 다치거나 입원한 경력은?

g. 흡연유형과 금연유형 및 기억은 어떠합니까?

h. 약물과 술을 사용하는 유형은?

i. 정서적인 긴장이나 피로 혹은 정서적 질병으로 일을 못한 경험이 있습니까?

j. 건강이 일에 미치는 효과, 일이 건강에 미치는 효과는 어떻습니까?

k. 얼마나 쉽게 피곤을 느끼십니까?

l. 건강이 여생(餘生)에 미치는 영향은 어떻습니까?

4) 심리 (*psychological*)

a. 지난해 가장 큰 걱정거리는 무엇이었습니까?

b. 지난 6개월간 지배적이었던 기분은?

c. 어떤 사람들은 도움이나 충고를 구할 때 어려움을 겪습니다. 당신은 어떻습니까?

d. 가장 오래된 친구들에 대하여 이야기해 주실 수 있습니까? 왜 그들과 친구가 되었습니까?

e. 가장 편하게 도움을 청할 수 있는(가족 외) 사람은 누구입니까?

f. 어떤 사교모임에 속해 있으며 즐기는 패턴은 무엇입니까?

g. 얼마나 자주 친구들과 어울립니까?

h. 사람들이 당신을 비난하거나 화내는 점은 어떤 것입니까?

i. 사람들이 당신을 칭찬하거나 좋아하는 점은 어떤 것입니까?

j. 자신에 대해 만족하는 점과 불만족하는 점은 어떤 것입니까?

k. 정신과의사와 면담한 경험이 있습니까? 누구와? 언제? 얼마간 입니까? 기억나는 것은 무엇이며, 무엇을 배웠습니까?

l. 생각은 하지만 다른 사람에게 이야기하지 않는 계속되는 공상이나 걱정은 무엇입니까?

m. 정서적 긴장이 당신에게 주는 영향은 어떠합니까?

n. 곤경에 처했을 때 당신의 철학은 무엇입니까?

o. 취미와 여가시간 활용 및 운동

p. 휴가는 보통 누구와 어떻게 보내십니까?

q. 사례기록을 들고 나오는 질문들

r. 그랜트연구에 대하여 궁금한 점

부록 C
평점 척도 (*Rating Scales*)

1. 성인기 적응척도 (*Adult Adjustment Scale*) — 32점 평점 척도

(대학졸업에서부터 1967년까지) 25년의 전기간을 고려하여 다음의 32
개 항목 중에서 사실인 항목마다 1점이 할당되었다. 7점 이하는 '적응을
잘한 사람'(*Best Outcomes*)으로, 14점 이상은 '적응을 못한 사람'(*Worst
Outcomes*)으로 정의하였다.

1) 경력 (*Career*)

a. 가능하면 졸업 후 5년마다 계속 승진하거나 책임이 커지지 못함.

b. 《미국인명록》이나 《미국 과학자 인명록》에 미등록.

c. (교직, 성직, 공무원 혹은 자선사업과 유사한 일이 아닌 경우) 근로
소득이 연간 4만 달러 이하.

d. (1967년 화폐가치로) 근로소득이 연간 2만 달러 이하.

e. (소득, 직무, 직업적 지위 면에서) 직업적 성공이 아버지의 성공을
분명하게 능가하지 않음.

f. 직업적 성공이 아버지의 성공과 분명히 동등하지 않음.

*g. 과외의 공공봉사 활동에 장기간 능동적으로 참여하지 않음.

h. 다른 사람의 눈에는 좋아 보일지라도 자신의 직업을 정말로 원하
는 것이 아니거나 혹은 세월이 가면서 그의 현실적인 야망에 부합
되지 않았음.

※ 각 항목에 대한 일치도는 85%~100%이고, *표시가 된 항목에 대
한 일치도는 75%~85%이다.

2) 사회적 건강 (*Social Health*)

a. (별거 없이) 10년 이상 결혼생활을 유지하기 못하였거나 혹은 결혼 1년이 지난 후 2번 혹은 그 이상 결혼생활에 대하여 뚜렷한 만족을 표현하지 못함(후에 발생한 이혼은 이 항목에 영향을 주지 않았다).

b. (홀아비를 제외하고) 이혼, 별거 혹은 독신.

c. 아이들을 갖거나 입양허가를 결코 원하지 않았음(이 항목은 외부원인에 의하여 독신인 사람에게는 해당되지 않는다 — 예, 가톨릭 성직자).

d. 자녀들의 1/3 이상이 두드러지게 학업성적이 나쁘거나 비행을 범하거나 정신과적 치료를 받고 있음(결과적인 자료분석은 이 질문이 1975년에는 유용하였으나, 1967년에 질문되었을 때는 아무것과도 상관이 없음을 보여주었다).

e. 의무나 필요에서가 아니면 생존하고 있는 본래의 가족과 접촉하고 있지 않았음.

f. 친한 친구들에 대한 관심이 보통 이하라거나 혹은 평균보다 적은 수의 친한 친구를 가지고 있다고 정기적으로 진술했음(주관적인 증거).

*g. 적어도 1개의 사교모임의 구성원이 아니고, 1명 이상의 친한 친구를 가지고 있다는 증거가 2번 이하에서 나옴(객관적인 증거).

h. 다른 사람을 포함하는 규칙적인 여가나 운동경기가 없음(가족구성원 제외).

※ 참고 : a, b, c, f, g, h는 외로운 사람(*Lonely*)을 우호적인 사람(*Friendly*)과 나누기 위하여 사용되었다.

3) 심리적 건강 (*Psychological Health*)

*a. 서술된 생애의 절반 이상 동안, 정해진 휴가기간을 다 사용하지 않았거나 휴가를 집에서 허드렛일을 하면서 또는 친척들을 의무적으로 방문하면서 보냈음.

b. 대상자가 너무 조용하거나, 침착하거나, 감정을 통제하였거나 혹은 냉정해서 어떤 것을 놓쳤다는 명시적 진술(2번 이상 표현). 〔항목 3) -d와 같이 이 항목은 전반적인 적응과는 유의미한 상관이 없었다〕.

*c. 3번 이상, 그리고 최근 3년간에 한 번도 직업에 대하여 만족감을 표현하지 못함.

d. 3번 이상, 그리고 과거 3년간에 한 번 직업에 대하여 불만족을 표현하였거나, 혹은 개인적인 만족이나 성공이 같이 좋아지지 않으면서 30세까지 한 번 이상 직업분야를 바꾸거나 직장을 3번 바꿨음.

e. 알코올로 이한 피해(건강, 일, 가족관계를 방해하는)가 있다는 증거. 혹은 3년 이상 매주 진정제나 자극제 사용, 혹은 3년 이상 하루에 6온스 이상의 독한 술, 혹은 1년 이상 동안 진정제 복용.

f. 정신적인 쇠약, 알코올의 오용으로 인하여, 혹은 신체적 질병이 있다는 증거가 없는데 '신체적인' 질병으로 인하여 병원에 입원한 경험이 있음.

g. 만성적으로 우울하거나, 자기 생애에 대하여 불만족이라는 2번 이상의 증거, 혹은 자신이나 다른 사람이 일관되게 정서적인 병이 있다고 했다는 증거.

h. 정신과적 도움을 받기 위해 10번 이상 방문.

4) 신체적 건강 (*Physical Health*)

a. 대학졸업 후 한 번의 입원이나 심각한 사고〔이 항목은 전반적인 적응과 유의미한 상관을 보이지 않는다〕.

b. (전쟁의 상처를 제외하고) 대학졸업 이후 두 번 이상의 수술이나 심각한 사고〔이 항목은 전반적인 적응과 유의미한 상관을 보이지 않는다〕.

c. (외과수술 혹은 신체검사로 인한 것을 제외하고) 대학졸업 이후 2번의 입원경력.

d. 대학졸업 이후 자신의 일반적인 건강에 대한 평가가 1/4 이상의

평가기회에서 가장 긍정적인 것으로 표현되지 않음.

e. 평균적으로 볼 때 질병으로 인해 1년에 두 번 이상 근무하지 못함.

f. 평균적으로 볼 때 질병으로 인해 1년에 다섯 번 이상 근무하지 못함.

g. 심각하게 활동을 제한하는(의학적 치료를 요구하는) 만성적 질병을 겪었거나 혹은 질병으로 인하여 1개월 이상 연속적으로 근무하지 못함.

h. 정기적으로 처방약과 몇 가지 매약(賣藥)을 복용하거나 혹은 (두통, 알레르기, 피부병과 같은) 경미한 의학적 상태로 인해 병원을 찾음.

2. 아동기 환경척도(*Childhood Environment Scale*) — 20점 평점 척도

1970년대, 2학년 이후 연구대상자들의 운명을 모르지만 아동기 발달의 최근 이론들, 특히 에릭스의 발달단계 이론을 모르지 않는 연구자들이 20점 척도로 아동기의 적합성에 관해 이들을 평정하였다. 평가자들에게 주어진 유일한 자료는 (a) 가정생활에 대한 대상자의 보고에 대한 정신과의사와 가족연구가들의 언급들, (b) 대상자와의 관계에 대한 부모의 진술, (c) 부모로부터 가족연구가가 얻은 발달적이고 의학적인 개인사들이었다. 가족연구가는 이들의 가정에서 부모들과 면접을 하였다.

6점 이하는 '애정결핍아'(*Loveless*)로, 14점 이상은 '행운아'(*Lucky*)로 정의하였다. 20점 척도는 다음과 같다.

a. 유아기/아동기 문제들: 음식문제, 많이 울었음, 비사교적, 다른 언급된 문제들(예, 공포증) — 평점 없음. 특별히 문제를 일으키지 않았던 평균적인 아동기 — 1점. 10세까지 어떤 문제도 알려지지 않았음. 보통 사회적이고 '착함' — 2점.

b. 아동기 건강: 심하거나 장기간의 질병 혹은 신체적 이상 — 평점 없음. 아동기 때 사소한 질병은 겪었지만 심한 소아질병은 겪지

않았음―1점. 항상 건강하였음―2점.

c. 가정 분위기: 가족의 응집력이 결여되었거나, 어릴 때 어머니가 돌보지 않았거나, 부모가 별거하였거나, 가정생활에 영향을 끼친 잦은 이사와 경제적인 역경 등으로 인해 화목하지 않은 가정―평점 없음. 평범한 가정이거나 정보가 없음―1점. 공유하는 분위기에서 부모와 함께 여러 가지를 하는 따뜻하고 응집력 있는 가정분위기: 이사를 거의 안하고 재정적으로 안정―2점.

d. 모자관계: 소원하거나 적대적인 어머니, 어머니가 없었음: 자신의 잘못된 양육방법이 타인들(예를 들어 간호사, 교사 등) 탓이라고 한 어머니: 지나치게 처벌을 가하고 요구가 많았거나 혹은 과보호적 그리고 또는 유혹적인 어머니―평점 없음. 특정한 정보가 없거나 외견상 평범한 관계―1점. 자율성과 자존심을 고양시킨 따뜻한 어머니―2점.

e. 부자관계: 없거나 소원하거나 적대적이거나 지나치게 처벌을 가한 아버지: 비현실적인 기대를 한 아버지―평점 없음. 특정한 정보가 없거나 외견상 평범한 관계―1점. 긍정적 자율성을 고무하여 주거나 아들의 자존심을 개발하여 주고 상호관심을 갖는 활동들을 같이 한 따뜻한 아버지―2점.

f. 형제관계: 시종일관 한 형제가 다른 형제를 음해한 심한 경쟁과 파괴적인 관계: 형제가 없음―평점 없음. 정보가 없음―1점. 최소한 한 명의 형제와 친밀한 좋은 유대관계―2점.

g. 고등학교 적응: 두드러진 사회문제를 보임―평점 없음. '평균적인' 사회적응을 보였지만 경쟁적인 스포츠를 하지 않았음―1점. 사회적인 성공, 경쟁적인 스포츠에 참가―2점.

h. 전반적인 인상〔이는 주어진 자료에 기초 아동기환경에 대한 평점자의 전반적인 인상이었다〕: 일반적으로 부정적이거나 돌보아주지 않은 환경이라는 인상―평점 없음. 주로 중립적인 인상을 받음―3점. 따뜻하게 유지된 관계와 자율성, 자존심 그리고 독창력을 기르게 해주는 환경을 포함한 긍정적인 아동기―6점.

각 참여자들은 0점에서 20점까지의 평점을 받았다. 평정자간 신뢰도는 r=.71이다 (똑같은 내용을 판단하는 서로 다른 평정자간의 일치도를 통계적으로 표현하는 것으로 r=.7 이상이면 보통 적절하다고 평가된다).

3. 객관적 신체건강척도(Objective Physical Health Scale) — 5점 평점 척도

1969년과 1974년에 다른 분야의 평가를, 물론 알지 못하는 (대상자들 자신의) 의사로부터 신체검사가 모든 대상자에 대하여 행해졌다. 이 검사들은 거의 모두 내과의사가 실시하였고 보통 혈관과 소변, 일상적인 혈액작용, 그리고 심전도와 흉부 X-선 검사를 포함하였다. 각 대상자의 건강은 다음의 기초에 의거하여 평가되었다.

1=좋은 건강, 신체검사결과 정상이고, 양성결과들이 모두 *reversible.*

2=많은 사소한(*minor*) 만성적 호소들: 허리 아픔, 전립선염, 통풍, 담석, 단순한 관절염, 만성적 귀 문제들 등.

3=기능적 불능 없이 만성적 질병: 완전히 낫지 않고 아마도 계속 나빠질 질병들(예, 고혈압, 폐기종, 당뇨병)

4=기능적 불능을 가져오는, 아마도 회복이 불가능한 만성적 질병(예, 후두염, 움직이지 못할 정도의 허리아픔, 고혈압과 심한 비만, 당뇨병과 관절염, 다중 경화증).

5=사망자.

4. 결혼만족도 척도(Marital Happiness Scale) — 4점 평점 척도

다음의 질문지가 1954년, 1967년 그리고 1972년에 대상자들에게서 우송되었고 1967년과 자료분석이 완전히 실시된 1975년에는 대상자들의 아내에게서도 우송되었다. 1954년~1972년 질문지에서 i, j, k에 대한 대답의 평균들은 '결혼만족도'를 평가하는 데 사용되었다.

1= '꽤 안정적'으로 보이고, 성적인 적응면에서 최소한 '만족스럽고', 별거를 '결코'고려해 본 적이 없는 결혼생활. 〈표 14-2〉에서 이러한 것은 행복한 결혼으로 불린다.

2='1'로 평점할 만큼 한결같이 좋은 결혼생활이 아니거나 '3'으로 평점하기에는 좋은 결혼생활.

3=〈표 14-2〉에서 불행한 결혼으로 불린 결혼생활. 오랜 기간에 걸쳐 '꽤 취약한'것으로 보이며, 성적인 적응 면에서는 '원하는 만큼 좋지 않으며', 별거를 '심각하게' 고려해 본 적이 있는 결혼생활(때때로 어떤 대답은 더 나쁠 수 있지만 다른 대답에서는 한 단계 더 좋을 수 있는 단계이다. 예를 들어 성적 적응이 '오히려 나쁘다고' 고려되지만, 이혼은 '단지 무심코' 생각하게 되는 것일 수 있다).

4=이혼.

실제 질문지는 다음과 같다. 결혼생활의 적응문제에 대한 다음의 항목들에서 적합한 곳에 동그라미를 하여 주십시오.

a. 전반적으로 나와 아내는 기질이 비슷하다 /다르다.

b. 전반적으로 우리는 똑같은 방식으로 /다르지만 서로 보완되는 방식으로 /상반되는 방식으로 생각하고 일한다.

c. 아내와 나는 결코 /드물게 /때때로 /빈번히 /계속적으로 의견이 불일치한다.

d. 의견의 불일치는 보통 사소한 / 보통 / 심각한 것들이다.

e. 의견이 불일치하는 원인은 보통 나의 일 / 아내의 일 / 아이들 양육 / 경제 / 친정식구 / 시댁식구 / 집/ 생활의 기준 / 사교적 모임 / 외부의 관심들 / 개인의 성격 / 성교 / 그 밖에 ____에 대한 것이다(하나나 그 이상의 곳에 표시하시오).

f. 불일치에 대한 해결은 보통 쉽다 / 다소 어렵다 / 항상 어렵다.

g. 결혼으로 인하여 나는 본질적으로 변화하지 않았다 / 다소 변화하였다 / 크게 변화하였다.

h. 결혼으로 인하여 나의 아내는 본질적으로 변화하였다 / 다소 변화

하였다 / 크게 변화하였다.

i. 나의 결혼이 꽤 안정적이다/다소 약간의 결함이 있다 / 적당한 결함이 있다 / 심각할 정도로 결함이 많다 / 불안정하다고 생각한다.

j. 성적인 적응은 전반적으로 매우 만족하다 / 만족하다 / 항상 바라는 것만큼 좋은 것은 아니다 / 나쁘다.

k. 별거나 이혼에 대하여 결코 생각하지 않는다 / 단지 어쩌다가 / 심각하게 생각하였다 / 별거나 이혼중이다(상황을 기술하시오).

의견이 있으시면 원하시는 만큼 자세하게 언급해 주십시오.

5. 방어기제의 성숙도(*Maturity of Defence Scale*) — **26점 척도**

방어기제 양식의 선택은 다음과 같은 방식으로 평가되었다. 질문지에 대한 연구대상자의 반응, 면담, 요약, 심리검사, 객관적 보고서 등으로 된 전망적 연구자료들을 포함하는, 각 연구대상자에 대한 약 300쪽에 해당하는 연구철을 필자가 검토하였다. 위기와 갈등시에 각 개인의 행동은 단순사례로 기록되었다. 종종 한 단순사례가 방어행동을 반영하는 증거는 차후의 추수연구에 의존하였다. 각 단순사례에서 사용된 방어는 〈부록 A〉에서 밝힌 방어기제의 위계에 따라 잠정적으로 찾아냈으며, 단순사례가 나타난 나이도 기록되었다. 그런 후 각각의 방어적 단순사례에서 어느 한 특수한 방어기제를 확인해주는 말들을 지워버렸다. 각 개인에게서 20개 정도의 그러한 단순사례들이 수집되었다(11에서 34까지의 범위). 유사한 단순사례들은 함께 묶였다. 묶인 단순사례들과 각 대상자의 생활양식에 대한 한쪽 정도의 요약이 8년간의 경험을 지닌 정신의학적 사회사업가와 정신분석훈련을 받은 전문의 자격을 갖춘 정신과 의사인 평정자들에게 무정보로 주어졌다. 이들은 독립적으로 50명의 사례 각각을 평정하였다. 이들은 〈부록 A〉의 색인에 의해 각각의 묶인 단순사례에 대하여 명칭을 붙였다. 각 대상자는 평균 5개의 방어기제(3에서 9까지의 범위)를 사용하는 것으로 나타났다. 평정자들은 각 대상자에게 가장 특징적으로 나타나는 세 가지 방어기제를 찾아내서 이들을 주요한 방어기제라고 하였다. 그 밖의 다른 방어기제 집합들은 사소한 스타일이라고 하였다.

이 단순사례들이 조직화된 방식을 보여주는 예로서 에드워드 키츠 중위에 대한 객관적인 보고서를 들기로 하겠다. 그의 생애동안에 그는 본능적인 표현 때문에 야기되는 갈등을 다루는 매우 다른 두 가지 양식을 보여주었다. 다음은 각 무정보 평정자들에게 주어진 요약의 일부이다.

첫 번째 스타일은 키츠의 전생애를 통하여 줄곧 나타난 것이다. 그의 어머니는 연구진에게 그가 어렸을 때 '어릿광대의 시기를 거쳤지만 그것을 극복했다'고 말했다. 20세 때에 키츠는 자신의 실패를 재미있다고 회고하였고, 자신을 '끊임없이 괴롭히는 죄는 늦장을 부리는 것'이라고 보았다. 그랜트연구진은 그가 만성적으로 면담에 늦게 오는 것을 알았지만 아무도 신경 쓰지 않았다. 30세 때 그는 자신의 숨겨진 적대감을 발견한 것이 대해 연구진에게 이야기하기 시작했는데, '적대감을 하나도 가지고 있지 않음을 자랑하곤 했다'고 적었다. 그는 또한 그의 심리학과 선생에게 자기 질문지를 주어버렸고, 그래서 응답을 회피하였다. 2년 후에 그는 '지난 해 질문지 건에 대하여는 죄송합니다. 결코 받지 못했습니다'라고 기록하였다. 다른 질문지도 보내지 않았으면서, 1967년 9월 그는 '지난 5월에 보낸 당신의 호의적인 편지가 동부에 도착하였으며, 나는 지금까지 그것을 손에 넣지 못했습니다. 그 질문지를 보내드리겠습니다'라고 하였다. 그는 결코 그렇게 하지 않았다. 47세 때, 그는 여러 해 동안 아내와 별거하였지만 겉으로 드러난 갈등을 인정하지 않았으며, 결코 이혼하지도 않았다. 그는 대학원에서 7년간을 보냈지만 47세 때까지 그의 논문을 쓰고 있는 중이었다. 그의 중요한 정치활동은 연좌농성에 능동적으로 참여를 하는 것이다.

2명의 무정보 평정자들과 나는 소극적-공격적 행동이 주요한 방어기제라는 데 동의하였다.

두 번째 스타일은 에드워드 키츠의 생애 중 짧은 기간동안에 분명하게 나타났다. 10대 소년으로서 그는 비록 인간의 신체가 매력적이지 않다는 것을 알았지만 신체가 어떻게 기능하는지에 매료되었으며, 인체조각, 특히 여성의 조각에서 많은 즐거움을 얻었다. 셀리, 키츠, 워즈워드가 그가 가장 좋아하는 시인이었지만, 30세가 되기까지 그는 숫총각이었다. 비록 축구를 잘했지만 그것이 너무 공격적이라고 생각해서 비행술을 배웠다. 그는 '공중에 있다는 것 자체가 즐거웠다. 두 가지가 내 마음에 들었다. 목표를 향해 발사하는 것과 내 마음대로 작은 비행기를 조종할 수 있다는 것이다'라고 하였다. 23세에 그는 나치에 대항하여 폭격기를 조종하는 것에 대해 신바람이 난 편지를 집으로 보냈다. 백병전의 폭력성을 매우 혐오한 그는 좋아하는 공중전을 통해서 매우 훌륭한 장교라는 칭찬을 들었으며, 3개의 훈장을 받았다. 그러나 그는 독일이 중요한 적이라는 사실이 아니라면 자신의 쾌감을 이기심으로 간주하였을 것이라는 것을 알았다.

나는 이러한 단순사례들을 승화라고 명명하였다. 한 평가자는 이것을 이지화라고 하였으며 다른 평가자는 전위라고 하였다.

1) 개별적 방어기제 평정척도 (Scale for Rating Individual Defenses)

50명이 연구대상자 각각은 무정보 평정자들에 의하여 측정되었고, 각 방어기제는 다음과 같이 평정되었다. 한 방어기제가 두 평가자간에 주요한 것으로 평점된다면, 평점 5점을 받게 된다. 만약 한 평정자가 주요한 것으로 평가하고 다른 평정자가 사소한 것으로 평가한다면 그 방어기제는 평점 4점을 받게 된다. 만약 두 평정자가 모두 사소한 것으로 평가하거나, 한 평정자는 주요한 것으로 평가하였지만 다른 평정자가 그 방어기제가 없다고 평가하면 평점 3점을 받게 된다. 만약 한 평정자가 사소한 것이라고 평가하였으나 다른 평정자가 없다고 평가한다면 그 방어기제는 평점 2점을 받게 된다. 그리고 두 평정자가 방어기제가 없다고 평가하면 평점 1점을 받게 된다.

필자는 95명의 대상자 각각에게 1점에서 5점까지 방어기제를 평점하였다. 주어진 방어점수는 그 방어기제라고 명명된 단순사례들의 수를 반영한 것이다. 금욕주의자들은 억제에서 5점을 받았고 쾌락주의자들은 1점을 받았다.

2) 전반적인 방어기제의 성숙도(Scale for the Overall Maturity of Defenses)
각 연구대상자는 다섯 가지 미성숙한 방어기제의 평점 합계에서부터 다섯 가지 성숙한 방어기제의 평점 합계의 수를 빼는 방법에 의해 상대적이고 전반적인 방어기제의 성숙도의 순위가 매겨졌다. 이론적으로 중간에 위치한 (신경증적) 방어기제 집단들에 대한 평가는 가중치가 없었다. 이 절차는 무정보 평정자들에 의하여 평가된 50명과 나 혼자 평가한 45명에게 행해졌다(모든 평점에 대하여 양수로 전환하기 위하여 임의로 15점이 더해졌다. 결과는 1점에서 26점까지의 범위로 나타났으며, 미성숙한 방어기제를 사용하지 않고 성숙한 방어기제를 사용하는 사람은 매우 낮은 점수를 받았다).
여러 방어기제에 대하여 독립적인 평정자자들과 내 자신 사이의 평점 자간 신뢰도는 다음과 같이 요약될 수 있다.

전반적인 방어기제 성숙도	평정자 간 신뢰도	
	모든 평정자 대 GEV .77*	평정자 A 대 평정자 B .72*
미성숙한 방어기제들		
환상	.53*	.15
투사	.96*	.95*
소극적 공격성	.83*	.90*
건강염려증	.84*	.87*
행동화	.76*	.54*
신경증적 방어기제들		
이지화	.69*	.44
억압	.78*	.63*
반동형성	.70	.74*
전위	.63*	.41
해리	.55*	-.01

572

전반적인 방어기제 성숙도	평정자 간 신뢰도	
	모든 평정자 대 GEV .77*	평정자 A 대 평정자 B .72*
성숙한 방어기제들		
이타주의	.75*	.41
억제	.60*	.59*
유머	.81*	.74*
예상	.91*	.75*
승화	.57*	.32

+평정자 신뢰도의 설명은 아동기 환경척도에 있다.

*p<.001 (우연히 평정자간에 이와 같은 동의가 일어난 확률은 1,000번 중 1번)

6. 자녀척도 전체결과 (Overall Outcome of Children Scale) — 6에서 20점 평점 척도

각각의 연구대상자가 자신의 15세가 넘은 자녀 중에서 제일 나이가 많은 두 자녀에 대해 2년에 한 번씩 기술한 것을 근거로 해서 평정하였다. 평정자들은 연구대상자의 다른 부분에 대해서는 알지 못했다. 자녀의 평균연령은 22세였다 (15세에서 29세의 범위에서).

전반적인 결과는 항목 II, III, IV (학업적, 사회적, 정서적인 성취)에 대해 각 자녀에게 준 두 평정자들의 점수를 평균하여 평가하였다. 각 자녀의 총점 (3점에서 10점까지)이 더해졌다 (만약 자녀가 하나밖에 없는 경우에는 점수를 2배로 하였다).

6점에서 10점까지의 전체점수는 좋은 아버지라고 명명될 수 있는 그랜트연구 대상자를 찾아내기 위해 사용되었다. 13점에서 20점까지의 점수는 상대적이고 임의적인 의미에서 좋지 않은 아버지라고 명명될 수 있는 연구대상자를 찾아내기 위해 사용되었다.

평가자간 신뢰도는 r=.78이다.

1) 아버지의 자녀와의 친밀도 (*Father's Closeness to His Children*)

1=매우 지지적이고 자녀에게 일관된 관심을 보이며 함께 활동을 하고 큰 관심과 상호 친밀성을 분명하게 나타냄.

2=지지적인 가정분위기와 긍정적인 관계를 나타내지만 분명한 친밀성이 없음(분명히 친밀성이 없거나 부정적인 관계는 아님).

3=특별히 지지적이지 않으며 공공연히 거부하는 것은 아니지만 무관심하고, 함께 활동하는 일이 없고, 자녀에 대해 모른다. 혹은 자녀가 청소년기 이후 일관되게 거부하는 '지지적인'(*supportive*) 아버지.

2) 학업적 성취 (*Academic Achievement*)

(18세 이하의 아동들은 평가할 수 없다)

1=입학경쟁률이 매우 높은 대학교(하버드, 매사추세츠 공과대학, 래드클리프, 버클리, 예일, 프린스턴, 펜실베이니아, 코넬, 브린마, 컬럼비아, 브라운, 스탠퍼드, 웰즐리, 스미스, 버나드 등의 대학교가 언급됨).

2=다른 4년제 대학이나 꽤 수준높은 예술적인 훈련을 받음.

3=2년제 대학, 실업학교 혹은 2학년이 채 못 되어서 영구적으로 대학으로 중퇴함.

4=고등학교 중퇴나, 두드러지게 하위권 성적을 받거나, 능력은 있으나 대학에 진학하지 않음(모두 대학에 진학할 수 있는 여건은 마련되어 있었음).

3) 자녀의 사회적 적응 (*Social Adjustment of Children*)

1=친구가 많고, 인기가 있고, 적극적이고, 약간의 관계가 있으며, 이성과의 관계도 원만함. 인기, 지도력, 친구가 있다고 아버지가 언급함.

2=위에서 언급한 내용 중에서 하나 이상이 없거나 부정적이지만 모든 것이 부족한 것은 아님(예, 쉽게 친구를 사귀지 못한다. 한두 명의

매우 친구가 있지만 다른 관계는 전혀 없다. 시종일관 이성을 피한다).

3=매우 친한 친구도, 안면이 있는 사람도 거의 없거나, 일관적으로 좋은 관계를 맺지 못하거나(친구의 상실, 불행한 결혼) 혹은 (물리적인 이유없이) 타인과 관계된 모든 일에 대하여 극히 소극적이고 일반적으로 관심이 결여되었음.

4) 자녀의 정서적 적응 (*Emotional Adjustment of Children*)

1=탁월, 오랜 기간 심한 우울, 위기, 비행이 없이 행복함.

2=짧은 기간 동안에 문제가 있었지만 극복되었거나(예, 문제가 많은 청소년기), 매우 행복하거나 자신에게 만족해하지는 않지만 비행 행동이나 '위기'는 없었거나, 몇몇 부정적인 특성이 있으나 일반적으로 적응함.

3=시종일관 불안해하고 불만족하고 문제가 많지만 심각한 혼란은 없음. 야망, 목표, 동기 등이 결여되어 있고 청소년기 이후 모든 책임을 거부함.

4=심한 정서적인 문제와 오랫동안 부적응을 보임(예, 심각한 비행, 정신분열증, 정신과 입원).

• 지은이 · 옮긴이 소개 •

지은이_조지 E. 베일런트

정신의학자, 미국 하버드대학교 메디컬스쿨 교수.

'정상적 삶'을 사는 이들의 심리적 적응기제 분석을 목적으로

1937년 시작된 장기임상연구 '그랜트연구'에 1967년부터 참여했다.

이 연구의 성과를 담은 《성공적 삶의 심리학》 외에도

*Wisdom of the Ego*와 정신의학 분야의 고전으로 평가받는

*The Natural History of Alcoholism*의 지은이로 유명하다.

난해한 정신의학적 논의를 평이하고 유려한 서술로 접근,

대중적으로도 폭넓은 독자층을 확보하고 있다.

옮긴이_한성열

고려대학교 심리학과를 졸업하였으며, 동 대학원에서 문학석사,

미국 시카고대학교 대학원 심리학과에서 문학석사, 철학박사 학위를 취득했다.

현재 고려대학교 심리학과 명예교수, 미국 Midwestern 침례신학대학원

겸임교수, 미국 Daybreak대학교 석좌교수로 재직 중이다.

한국 사회 및 성격심리학회 회장, 한국 문화 및 사회문제심리학회 회장을

역임하였으며, 현재는 상담목회아카데미 예상 원장, 만남과풀림 상담아카데미

교육원장, 한국생명의전화 이사로 활동 중이다.

저서로 《심리학자의 마음을 빌려드립니다》, 《문화심리학》(공저),

《신명의 심리학》(공저)이 있으며, 역서로 《남자 나이 마흔이 된다는 것》,

《카운슬링의 이론과 실제》(공역), 《노년기의 의미와 즐거움》(편역)이 있다.